Datenanalyse mit Stata

Allgemeine Konzepte der Datenanalyse und
ihre praktische Anwendung

Von

Ulrich Kohler

und

Frauke Kreuter

R. Oldenbourg Verlag München Wien

Kontakt
Bitte teilen Sie uns mit, welche Erfahrung Sie beim Selbststudium oder in der Lehre mit diesem Buch gesammelt haben. Hinweise zu Fehlern, Unverständlichkeiten und fehlenden Inhalten sind herzlich willkommen.

Email: *kkstata@web.de*

Postanschrift
Frauke Kreuter
Universität Konstanz, Methoden der empirischen Politik- und Verwaltungsforschung
78457 Konstanz

Ulrich Kohler
Universität Mannheim, Methoden der empirischen Sozialforschung u. angew. Soziologie
68131 Mannheim

Die Verwendung der SOEP-Datensätze in diesem Buch erfolgt mit freundlicher Genehmigung des Deutschen Instituts für Wirtschaftsforschung, Berlin. Hardware- und Softwarebezeichnungen, die in diesem Buch erwähnt werden, sind gleichzeitig auch eingetragene Warenzeichen oder sollten als solche betrachtet werden.

Gesetzt mit Latex.

Die Deutsche Bibliothek - CIP-Einheitsaufnahme

Kohler, Ulrich:
Datenanalyse mit Stata : allgemeine Konzepte der Datenanalyse und ihre
praktische Anwendung / von Ulrich Kohler und Frauke Kreuter. - München
; Wien : Oldenbourg, 2001
  ISBN 3-486-25070-1

© 2001 Oldenbourg Wissenschaftsverlag GmbH
Rosenheimer Straße 145, D-81671 München
Telefon: (089) 45051-0
www.oldenbourg-verlag.de

Das Werk einschließlich aller Abbildungen ist urheberrechtlich geschützt. Jede Verwertung außerhalb der Grenzen des Urheberrechtsgesetzes ist ohne Zustimmung des Verlages unzulässig und strafbar. Das gilt insbesondere für Vervielfältigungen, Übersetzungen, Mikroverfilmungen und die Einspeicherung und Bearbeitung in elektronischen Systemen.

Gedruckt auf säure- und chlorfreiem Papier
Gesamtherstellung: Huber KG, Dießen

ISBN 3-486-25070-1

Danksagung

Den Anstoß zur Entstehung dieses Buches gaben die zahlreichen Studierenden der Universitäten Konstanz und Mannheim mit ihren Fragen zur Datenanalyse und zum Umgang mit Stata. Ihnen sei die Ungeduld gegenüber Unklarheiten gedankt, die beim Test erster Versionen dieses Buches in den Lehrveranstaltungen immer wieder zum Vorschein kamen.

Ganz besonders wollen wir uns bei Rainer Schnell bedanken. Er hat uns vor vielen Jahren empfohlen, Stata zu lernen und unsere Art der Datenanalyse wie niemand sonst geprägt. Seine kritischen Kommentare waren meist ebenso lehrreich wie von uns gefürchtet. Selbst wenn wir manche seiner Ansprüche hier nicht erfüllen konnten oder wollten, so glauben wir doch, dass dieses Buch in vielfältiger Weise auch das Produkt seines Wirkens ist.

Steffen Kühnel und Christina Behrendt haben das gesamte Buch gelesen und damit wohl als Erste allein mit diesem Lehrbuch Stata gelernt. Ihre Anmerkungen haben wesentlich zur Verbesserung des Buches beigetragen. Wertvolle Hinweise zu einzelnen Kapiteln - die uns schon mal Wochen hinter den eigentlichen Zeitplan zurückwarfen - verdanken wir Josef Brüderl, Nadia Granato, Anja Hall, Frank Kalter, Johannes Kopp, Konrad Kreuter und Walter Müller.

Als verlässliche Korrektur- und Testleser standen uns Martin Feldkircher, Eva Hasenbusch, Sonja Haug, Cornelia Hausen, Lars Heinisch, Oliver Kohl, Eugen Kohler, Gerit Kreuter, Claudia Queißer, Beate Rossi, Susanne Steinmann und Sonja Ziniel zur Seite. An der technischen Fertigstellung hatten Eva Hasenbusch und Lars Heinisch großen Anteil. Michael König hat uns bei Problemen mit Latex auch dann aus der Patsche geholfen, wenn die Lösung eigentlich im Handbuch stand. Ihnen allen sei dafür herzlichst gedankt.

Dem Deutschen Institut für Wirtschaftsforschung (DIW) ist es zu verdanken, dass wir die Beispiele in unserem Buch mit „realen" Daten aus dem Sozio-oekonomischen Panel gestalten konnten. Besonders genannt sei hier Rainer Pischner, der sich am DIW um unsere Belange kümmerte.

Schließlich danken wir unseren Familien und Mitbewohnern. Ohne ihren häufigen Verzicht auf unsere physische oder psychische Anwesenheit hätten wir dieses Buch nicht schreiben können.

Ulrich Kohler *Frauke Kreuter*

Inhaltsverzeichnis

0	**Zu diesem Buch**	**1**
	0.1 Aufbau	2
	0.2 Material und Hinweise zur Benutzung	3
	0.3 Hinweise für Lehrende	5
1	**„Das erste Mal"**	**7**
	1.1 Aufruf von Stata	8
	1.2 Gestalten der Bildschirmansicht	9
	1.3 Erste Analysen	10
	1.4 Do-Files	29
	1.5 Stata verlassen	31
2	**Arbeiten mit Do-Files**	**33**
	2.1 Von der interaktiven Arbeit zum Do-File	34
	2.2 Do-Files sinnvoll gestalten	40
	2.2.1 Kommentare	40
	2.2.2 Zeilenwechsel	41
	2.2.3 Befehle, die in keinem Do-File fehlen sollten	43
	2.3 Arbeitsorganisation	45
	2.4 Kurzzusammenfassung	51
3	**Elemente der Stata-Kommandos**	**53**
	3.1 Der Befehl	54
	3.2 Die Variablenliste	55
	3.2.1 Variablenliste optional oder vorgeschrieben	55
	3.2.2 Abkürzungen der Variablenliste	55
	3.2.3 Spezielle Variablenlisten	56
	3.3 Die In-Bedingung	57
	3.4 Die If-Bedingung	58
	3.4.1 Operatoren	59
	3.4.2 Funktionen	61
	3.5 Die Gewichtungsanweisung	62
	3.6 Optionen	66

3.7	Die Nummernliste			67
3.8	Dateinamen			68
3.9	Befehls-Präfixe			69
	3.9.1	„by"		69
	3.9.2	„for"		71

4 Eine allgemeine Bemerkung zu den Statistik-Kommandos   **73**

5 Erstellen und Verändern von Variablen   **77**

5.1	Die Befehle „generate" und „replace"			78
	5.1.1	Variablennamen		79
	5.1.2	Einige Beispiele		79
	5.1.3	Rekodieren mit „by", „_n" und „_N"		83
	5.1.4	Explizite Subscripte		87
5.2	Spezielle Rekodierungs-Befehle			91
	5.2.1	recode		91
	5.2.2	Der Befehl „egen"		91
	5.2.3	Befehle zum Umgang mit dem Missing		93
5.3	Beschriftung von Variablen			94
5.4	Storage-Types oder: der Geist in der Maschine			97

6 Erstellen und Verändern von Grafiken   **101**

6.1	Grafiken mit „graph"			102
	6.1.1	Typen von Grafiken		102
	6.1.2	Äußeres Erscheinungsbild		103
	6.1.3	Die Plotsymbole		106
		6.1.3.1	Strichdicke und Farbe	108
		6.1.3.2	Symbole	108
		6.1.3.3	Zusätzliche Plotsymbole	110
		6.1.3.4	Linien	111
	6.1.4	Das Datenfenster und die Datenregion		116
		6.1.4.1	Einrahmung des Datenfensters	116
		6.1.4.2	Größe der Datenregion	116
	6.1.5	Gitterlinien und Datenlabel		118
		6.1.5.1	Gitterlinien	118
		6.1.5.2	Datenlabel	119
	6.1.6	Die Legende		122
	6.1.7	Die Achsen		123
		6.1.7.1	Achsenbeschriftung und Tick-Lines	124
		6.1.7.2	Achsentitel	125
		6.1.7.3	Löschen der Legende	126
	6.1.8	Die Option „by()"		127
	6.1.9	Speichern von Grafiken		127
	6.1.10	Multiple Grafiken		128
6.2	Spezielle Grafik-Kommandos			129

Inhaltsverzeichnis

- 6.3 Ausdruck von Grafiken 131

7 Die Beschreibung von Verteilungen **135**
- 7.1 Variablen mit wenig Ausprägungen 137
  - 7.1.1 Tabellarische Darstellungen 137
  - 7.1.2 Grafische Verfahren 143
- 7.2 Variablen mit vielen Ausprägungen 146
  - 7.2.1 Häufigkeitsverteilung gruppierter Daten 147
  - 7.2.2 Beschreibung durch Maßzahlen 151
    - 7.2.2.1 Arithmetisches Mittel und Standardabweichung 151
    - 7.2.2.2 Quantile 153
    - 7.2.2.3 Vergleich von Verteilungen mit Maßzahlen . 154
  - 7.2.3 Grafische Verfahren 158
    - 7.2.3.1 Box-Plots 158
    - 7.2.3.2 Histogramme 160
    - 7.2.3.3 Kern-Dichte-Schätzer 163
    - 7.2.3.4 Quantil-Plot 168
- 7.3 Kurzzusammenfassung 172

8 Einführung in die Regressionstechnik **175**
- 8.1 Lineare Einfachregression 177
  - 8.1.1 Das Grundprinzip 177
  - 8.1.2 Lineare Regression mit Stata 181
    - 8.1.2.1 Der Koeffizientenblock 182
    - 8.1.2.2 Der Anova-Block 185
    - 8.1.2.3 Der Modellfit-Block 187
- 8.2 Die multiple Regression 189
  - 8.2.1 Multiple lineare Regression mit Stata 190
  - 8.2.2 Spezielle Kennzahlen der multiplen Regression 192
  - 8.2.3 Was bedeutet eigentlich „unter Kontrolle"? 195
- 8.3 Regressions-Diagnostik 196
  - 8.3.1 Annahmen der linearen Regression 198
  - 8.3.2 Die Verletzung von $E(\epsilon_i) = 0$ 200
    - 8.3.2.1 Linearität 201
    - 8.3.2.2 Einflussreiche Beobachtungen 205
    - 8.3.2.3 Übersehene Einflussfaktoren 215
  - 8.3.3 Die Verletzung von $VAR(\epsilon_i) = \delta^2$ 216
  - 8.3.4 Die Verletzung von $COV(\epsilon_i, \epsilon_j) = 0; i \neq j$ 219
- 8.4 Verfeinerte Modelle 219
  - 8.4.1 Kategoriale unabhängige Variablen 220
  - 8.4.2 Interaktionseffekte 222
  - 8.4.3 Regressionsmodelle mit transformierten Daten 226
    - 8.4.3.1 Modellierung nichtlinearer Zusammenhänge . 227
    - 8.4.3.2 Transformation zur Beseitigung von Heteroskedastizität 230

8.5	Koeffizienten und ihr „wahrer" Wert		231
	8.5.0.3	Bootstrap-Techniken	233
	8.5.0.4	Konfidenzintervalle in Klumpenstichproben	234
8.6	Weiterführende Verfahren		236
	8.6.1	Robuste Regressionsverfahren	236
	8.6.2	Regressionsmodelle für Paneldaten	238
8.7	Kurzzusammenfassung		246

9 Regressionsmodelle für kategoriale abhängige Variablen 249

- 9.1 Das lineare Wahrscheinlichkeitsmodell 250
- 9.2 Grundkonzepte 255
  - 9.2.1 Odds, Log-Odds und Odds-Ratios 255
  - 9.2.2 Exkurs: Das Maximum-Likelihood-Prinzip 260
- 9.3 Logistische Regression mit Stata 264
  - 9.3.1 Der Koeffizientenblock 266
    - 9.3.1.1 Vorzeicheninterpretation 267
    - 9.3.1.2 Interpretation mit Odds-Ratios 267
    - 9.3.1.3 Wahrscheinlichkeitsinterpretation 268
  - 9.3.2 Der Iterationsblock 270
  - 9.3.3 Der Modellfit-Block 272
    - 9.3.3.1 Klassifikationstabellen 273
    - 9.3.3.2 Pearson-Chi-Quadrat 275
- 9.4 Diagnostik der logistischen Regression 276
  - 9.4.1 Linearität 277
  - 9.4.2 Einflussreiche Fälle 281
- 9.5 Likelihood-Ratio-Test 286
- 9.6 Verfeinerte Modelle 288
- 9.7 Weiterführende Verfahren 293
  - 9.7.1 Probit-Modelle 293
  - 9.7.2 Multinomiale logistische Regression 296
  - 9.7.3 Ordinale Logit-Modelle 300
- 9.8 Kurzzusammenfassung 303

10 Daten lesen und schreiben 305

- 10.1 Das Ziel: Die Datenmatrix 306
- 10.2 Import maschinenlesbarer Daten 307
  - 10.2.1 Einlesen von ASCII- bzw. Textdateien 308
    - 10.2.1.1 Einlesen von Daten im Spreadsheet-Format . 308
    - 10.2.1.2 Einlesen von Daten im freien Format 311
    - 10.2.1.3 Einlesen von Daten im festen Format 312
  - 10.2.2 Einlesen von System-Files anderer Programme 315
  - 10.2.3 Exkurs: Woher nehmen, wenn nicht stehlen? 316
- 10.3 Dateneingabe 317
  - 10.3.1 Dateneingabe über den Editor 317
  - 10.3.2 Der „input"-Befehl 319

10.3.3 Der Codeplan 321
10.4 Zusammenführung von Datensätzen 326
    10.4.1 Der Befehl „append" 327
    10.4.2 Der Befehl „merge" 328
    10.4.3 Das Zuspielen von Aggregatdaten zu Individualdaten . 330
10.5 Datensätze speichern und exportieren 331
10.6 Große Datensätze, große Probleme 332
10.7 Kurzzusammenfassung 336

11 Do-Files für Fortgeschrittene und eigene Programme   337
11.1 Drei Anwendungsbeispiele 338
11.2 Makros 340
    11.2.1 Lokale Makros 341
    11.2.2 Do-Files 344
    11.2.3 Programme 345
    11.2.4 Programme in Do-Files 348
    11.2.5 Ado-Files 351
11.3 Schleifen 353
    11.3.1 Schleifen über einen Laufindex 354
    11.3.2 Schleifen über positionale Argumente 356
11.4 Selbst programmierte Stata-Befehle 359
    11.4.1 Weitergabe von Variablenlisten 362
    11.4.2 Weitergabe von Optionen 364
    11.4.3 Weitergabe von „if" und „in" 366
    11.4.4 Bilden von Variablen unbekannter Anzahl 368
    11.4.5 Veränderbare Voreinstellungen 371
    11.4.6 Syntaxkontrollen 374
    11.4.7 Erweiterte Makrofunktionen 375
    11.4.8 Veränderungen am Datensatz vermeiden 378
    11.4.9 Help-Files 380
11.5 Kurzzusammenfassung 381

12 Rund um Stata   383
12.1 Ressourcen mit Informationen 383
12.2 Pflege von Stata 384
12.3 Zusätzliche Prozeduren 386
    12.3.1 STB-Ados 386
    12.3.2 Statalist-Ados 389
    12.3.3 Andere Ados 390
12.4 Bezugsquellen 392

Literaturverzeichnis   **393**

Index   **397**

Kapitel 0

Zu diesem Buch

Das vorliegende Lehrbuch behandelt Datenanalyse, Stata und insbesondere Datenanalyse *mit* Stata. Damit ist es bislang die einzige deutschsprachige Einführung in Stata und zugleich das erste Buch über Stata, das auch Anfängern eine ausreichende Erklärung der Datenanalysetechniken liefert.

„Datenanalyse mit Stata" ist kein reines Befehls-Handbuch, vielmehr werden an praktischen Beispielen alle Schritte einer Datenanalyse vorgeführt und erklärt. Die Beispiele beziehen sich auf Themen der öffentlichen Diskussion (Einkommensungleichheit zwischen Männern und Frauen, Wahlergebnisse etc.) oder der direkten Umgebung der meisten Leser (z.B. Mieten und Wohnbedingungen). Dies erlaubt den Verzicht auf sozialwissenschaftliche Theorien zur Begründung der Analysebeispiele und den Rückgriff auf den „gesunden Menschenverstand". Betonen möchten wir, dass dieser lediglich als Platzhalter für fundiertere Theorie steht, ohne die Datenanalyse unmöglich ist. Wir haben in unseren Lehrveranstaltungen die Erfahrung gemacht, dass dieses Vorgehen eine interdisziplinäre Anwendung erleichtert. Damit ist dieses Buch auch für Biometriker, Ökonometriker, Psychometriker und andere „Metriker" geeignet - kurz für alle, die Daten analysieren möchten.

Die Auswahl der Befehle, Optionen und statistischen Verfahren ist keineswegs erschöpfend, soll aber ein grundlegendes Verständnis von Stata an die Hand geben. Alle Stata-Fragen, die über dieses Buch hinaus auftreten, sollten nach der Lektüre selbstständig gelöst werden können.

Allen Lesern, Anfängern und Fortgeschrittenen, empfehlen wir eindringlich diese Einleitung und das Kapitel „Das erste Mal" aufmerksam zu lesen, denn beide dienen als Hilfe und Wegweiser für das gesamte Buch. Anfänger sollten das Buch „von vorne nach hinten" durcharbeiten und dabei am Rechner unsere Beispiele nachvollziehen. „Umsteigern", die ihre Daten bisher mit anderen Statistikprogrammen analysiert haben, stehen am Ende ausführlicherer Kapitel Kurzzusammenfassungen der Befehle für eine erste Orientierung zur

Verfügung. Versierte Stata-Nutzer werden von dem ausführlichen Index profitieren und beim Nachschlagen vielleicht die eine oder andere bisher nicht bekannte „Zauberei" entdecken oder sich auf die Programmierung eigener Befehle stürzen. Alle, denen Stata (noch) nicht zur Verfügung steht, sind eingeladen, die Analysekapitel zu lesen, zu genießen und vielleicht sogar den einen oder anderen Hinweis (z.B. zur Diagnostik) in die Sprache des ihnen verfügbaren Statistikprogramms zu übersetzen.

0.1 Aufbau

„Das erste Mal" (Kapitel 1) zeigt die Durchführung einiger typischer Arbeiten statistischer Datenanalyse mit Stata. *Anfänger* der Datenanalyse bekommen dabei ein Gespür für Stata vermittelt und einige Grundbegriffe wie z.B. Variablen, Fälle oder fehlende Werte erläutert. *Erfahrenen Anwendern* anderer Datenanalyseprogramme ermöglicht dieses Kapitel einen raschen Einstieg in Stata. Sie finden zahlreiche Querverweise in diesem Kapitel, wodurch es als ausführliches Inhaltsverzeichnis verwendet werden kann. Das übrige Buch gliedert sich daran anschließend in drei Teile:

Die *Kapitel 2-6* dienen der Einführung in die grundlegenden Werkzeuge von Stata. In den übrigen Teilen des Buches werden diese Werkzeuge als bekannt vorausgesetzt bzw. auf die entsprechenden Stellen in diesem Teil verwiesen. Die Darstellung der Stata-Grundlagen kann nicht ohne Verfahren erfolgen, die erst im zweiten Teil des Buches erklärt werden. Wir haben uns jedoch bemüht, für diesen Zweck nur leicht Verständliches wie Mittelwerte und Kreuztabellen zu verwenden. Kapitel 2 zeigt wie Datenanalyse – nicht nur mit Stata – betrieben werden sollte: nachvollziehbar und jederzeit reproduzierbar. Das hierfür notwendige Hilfsmittel in Stata sind *Do-Files*, ohne die eine ernstzunehmende Datenanalyse nicht denkbar ist. Kapitel 3 führt in die allgemeine Befehlssprache von Stata ein. Es kann zügig gelesen und im Verlauf des Buches zum Nachschlagen verwendet werden. Kapitel 4 zeigt, wie die Ergebnisse statistischer Berechnungen in Stata für spätere Befehle genutzt werden können. In Kapitel 5 werden die Befehle zum Erstellen und Verändern von Variablen vorgestellt. Den Abschluss des ersten Teils bildet Kapitel 6, das Grafiken einführt. Wir betrachten Grafiken als ein wichtiges Hilfsmittel moderner Datenanalyse, auf das wir im zweiten Teil des Buches häufig zurückgreifen werden. Einige der in Kapitel 6 beschriebenen Möglichkeiten werden erst bei der Präsentation der Ergebnisse relevant. Dieses Kapitel kann deshalb zunächst relativ rasch durchgearbeitet und später bei Bedarf genauer gelesen werden.

In den *Kapiteln 7-9* wird gezeigt, wie Datenanalyse konkret aussehen kann. Den Anfang macht Kapitel 7 mit der Darstellung von Techniken zur Beschreibung und zum Vergleich von Verteilungen. Kapitel 8 führt in die lineare Regressionsanalyse ein. Dabei wird das Verfahren zunächst allgemein erläutert und dann an einem praktischen Beispiel vorgeführt. Daran anschließend werden die statistischen Voraussetzungen für die Gültigkeit der Ergebnisse und die Möglichkeiten zu ihrer Überprüfung aufgezeigt. Die Verfeinerung der Modelle sowie ein Ausblick auf weiterführende Verfahren runden das Kapitel ab. Kapitel 9, in dem Regressionsmodelle für kategoriale abhängige Variablen beschrieben werden, hat zur Betonung der Ähnlichkeiten dieser Verfahren den gleichen Aufbau.

In den *Kapiteln 10-12* behandeln wir Inhalte, die nicht von allen Stata-Anwendern benötigt werden, für viele aber früher oder später von Interesse sein dürften. Kapitel 10 erläutert das „Lesen" und „Schreiben" von Daten, die nicht als Stata-Dateien vorliegen. In den meisten Lehrbüchern zu Datenanalyseprogrammen steht dieses Kapitel am Anfang. Wir haben jedoch die Erfahrung gemacht, dass die meisten Anfänger zunächst nicht mit systemfremden Daten oder der Eingabe selbst erhobener Daten konfrontiert werden. Kapitel 11 stellt zunächst einige spezielle Konzepte vor, mit denen *Do-Files* für aufwendige Datenanalysen optimiert werden können. Die hierzu verwendeten Werkzeuge können auch dazu genutzt werden, eigene Stata-Befehle in Form so genannter *Ado-Files* zu schreiben. Diese werden in der zweiten Hälfte des Kapitels behandelt. Die Tatsache, dass jeder Anwender von Stata eigene Stata-Befehle programmieren kann, hat dazu geführt, dass es zusätzlich zum offiziellen Stata eine Vielzahl von Befehlen gibt, die kostenfrei über das Internet bezogen werden können. Die Fundstellen für diese Befehle, sowie weitere Ressourcen rund um Stata finden Sie in Kapitel 12.

0.2 Material und Hinweise zur Benutzung

Datenanalyse lernt man nur, indem man Daten selbst analysiert. Deshalb liefern wir Ihnen Datensätze, mit denen Sie alle in diesem Buch besprochenen Befehlszeilen selbst anwenden können und sollen. Die Datensätze zu diesem Buch erhalten Sie als Zip-Archiv unter folgender Internet-Adresse:

http://www.stata.com/datenanalyse/

Zum Extrahieren der Datei *kkdata.zip* empfehlen wir Ihnen, einen neuen Ordner anzulegen[1], z.B. *c:/kkstata*. Kopieren Sie die Datei in dieses Verzeichnis. Entpacken Sie danach die Datei *kkdata.zip* mit Hilfe eines Programms zum Entpacken von Zip-Archiven. Solche Programme sind auf vielen Rechner bereits installiert. Sie können ein solches Programm auch kostenfrei über das Internet beziehen[2].

---

[1] Zum Anlegen neuer Ordner unter Windows verwenden Sie den *Explorer*. Wechseln Sie mit dem Explorer in ein Verzeichnis Ihrer Wahl – z.B. nach *c:/* – und klicken Sie anschließend auf **Datei**. Danach wählen Sie *Neu* und anschließend *Neuer Ordner anlegen*. Geben Sie danach den Namen des neuen Ordners, z.B. *kkstata*, an.

[2] Zum Beispiel das für private Anwendungen kostenfreie Programm *pkzip* von der Firma *pkware* unter *http://www.pkware.com*.

Falls der Rechner, auf dem Stata installiert ist, eine Verbindung zum Internet hat, können Sie die Daten auch direkt aus Stata heraus installieren[3]. Hierzu geben Sie folgende Befehle in das Stata-Eingabefenster ein:

```
. mkdir c:/kkstata
. cd c:/kkstata
. net from http://www.stata.com/datenanalyse
. net get data
```

Hinweise zur Eingabe von Stata-Befehlen finden Sie zu Beginn von Kapitel 1. Falls Sie Schwierigkeiten haben, mit Hilfe einer der beiden vorgeschlagenen Methoden an die Daten und *Do-Files* zu kommen, können Sie uns gerne kontaktieren.

Bei den Beispielen in diesem Buch gehen wir davon aus, dass Ihr Arbeitsverzeichnis in Stata das Verzeichnis ist, in das Sie unser Dateipaket gespeichert und entpackt haben. Wie Sie dies feststellen können, erläutern wir ebenfalls in Kapitel 1. Nur wenn dies der Fall ist, funktionieren alle Beispiele fehlerfrei. Beachten Sie bitte auch, dass Sie unsere Datensätze nicht versehentlich mit veränderten Versionen desselben Datensatzes überschreiben. Vermeiden Sie darum die Eingabe des Befehls „save, replace", wenn Sie mit unseren Datensätzen arbeiten.

Man kann es nicht oft genug betonen: Datenanalyse lernt man nur, indem man Daten selbst analysiert. Wir legen Ihnen deshalb nahe, unsere Analysebeispiele beim Lesen des Textes mit Stata nachzuvollziehen. Immer wenn Sie eine Zeile in `dieser Schrift` sehen, die mit einem Punkt eingeleitet wird, sollten Sie diese Zeile in Stata eingeben.

Dabei ist es wichtig, dass Sie alle Befehle eingeben, da diese innerhalb eines Kapitels aufeinander aufbauen und sich viele Befehle nur dann ausführen lassen, wenn die vorangegangenen eingegeben wurden. Dies ist vor allem dann problematisch, wenn Sie aus zeitlichen Gründen ein Kapitel nicht an einem Stück durcharbeiten können. Sollte dies der Fall sein, geben Sie bitte den Befehl

```
. save mydata, replace
```

ein, bevor Sie Stata verlassen. Wenn Sie das Kapitel zu einem späteren Zeitpunkt weiter durcharbeiten, können Sie nach der Eingabe von

```
. use mydata
```

genau an der Stelle weiterarbeiten, an der Sie beim letzten Mal aufgehört hatten.

Die meisten Beispiele werden mit verfremdeten Daten der Welle 1997 des Sozio-oekonomischen Panels durchgeführt. In einigen Abschnitten wird es notwendig sein, während der Arbeit mit einem Datensatz zwischenzeitlich einen anderen Datensatz zu laden. Zu Beginn einer solchen Sequenz finden

---

[3] Dies ist erst ab der Version 6.0 von Stata möglich.

Sie den Befehl „preserve" und am Ende den Befehl „restore". Innerhalb einer solchen Sequenz sollten Sie Ihre Arbeit nicht wie gerade beschrieben unterbrechen. Stattdessen sollten Sie immer zuerst „restore" eingeben, bevor Sie den Befehl „save mydata, replace" eingeben.

Dieses Buch enthält sehr viele Grafiken. Lediglich acht Abbildungen sind nicht mit Stata erstellt worden. Alle übrigen Grafiken können vom Leser selbst erzeugt werden. Meist ergeben sich die Grafiken beim Nachvollziehen der Analysebeispiele. Einige der Grafiken sind relativ aufwändige Anwendungen der Werkzeuge aus Kapitel 6. Für diese Fälle haben wir unserem Datenpaket *Do-Files* beigelegt, mit denen die jeweiligen Abbildungen erstellt werden können. Die Namen der *Do-Files* geben wir an den entsprechenden Stellen als Fußnote an.

Wenn es uns an manchen Stellen nicht gelungen sein sollte, einen Stata-Befehl hinreichend zu erklären, oder Sie einfach nur mehr zu einem Stata-Befehl erfahren wollen, können und sollten Sie zunächst die Hilfefunktionen von Stata verwenden. Diese werden wir in Kapitel 1 erläutern. In den Online-Hilfetexten findet sich oftmals ein Verweis auf die ausführlichere Darstellung in den Handbüchern (StataCorp 1999a–1999f). Auch wir verweisen gelegentlich auf diese. Die Abkürzung [R] verweist auf das *Reference Manual* von Stata. [R] „summarize" bezeichnet z.B. den Eintrag zum Befehl „summarize" im *Reference Manual*. Die Abkürzung [U] und die Kapitelnummer verweist auf den *User's Guide*. [U] „18" bezeichnet z.B. das 18. Kapitel des *User's Guide*. Die Abkürzung [G] steht für das *Graphics Manual* und [GS] verweist auf das *Getting Started Manual*.

0.3 Hinweise für Lehrende

Dieses Buch wurde als Skript in drei Veranstaltungstypen getestet: Veranstaltungen zur Einführung in die Datenanalyse, zur Regression und zur Analyse kategorialer Daten. Die kurze Darstellung dieser Veranstaltungstypen bezieht sich auf Vorlesungen (1.5 Stunden pro Sitzung), die in einem Computer-Labor gehalten werden.

Für den Kurs „Einführung in die Datenanalyse mit Stata" empfehlen wir den Einstieg über Kapitel 1. Diese Sitzung kann gut interaktiv gestaltet werden, indem die Studierenden aufgefordert werden, nacheinander die einzelnen Befehle einzugeben und jeweils zuvor oder im Anschluss deren Bedeutung erklärt wird. Die unabhängigen Variablen, mit deren Hilfe die Stabilität der Einkommensungleichheit zwischen Männern und Frauen untersucht wird, wurden bisher alle von den Studierenden selbst genannt, so dass die schrittweise Analyse als Frage- und Antwortspiel durchgegangen werden kann. Am Ende der ersten Sitzung sollten die Studierenden ihre Befehle speichern und als Hausaufgabe einen funktionsfähigen und kommentierten *Do-File* erzeugen; hilfreich ist hierbei die Vorlage eines von Ihnen erstellten

Do-File-Musters. Die beiden darauf folgenden Sitzungen sollten die Kapitel 3 bis 5 abarbeiten und können nach diesem Einstieg problemlos etwas „trockener" unterrichtet werden. Jedem wird einleuchten, dass man zunächst einmal die „Sprache" des Programms lernen muss. Diese beiden Sitzungen sollten nicht interaktiv, sondern blockweise unterrichtet werden, sprich die einzelnen Abschnitte der Kapitel sollten am Stück vorgestellt werden. Am Ende jedes Abschnitts sollte den Studierenden die Möglichkeit gegeben werden, die Befehle „nachzutippen" und die oft erst dabei auftretenden Fragen zu stellen. Bei Zeitmangel kann auf die Abschnitte 3.5 und 5.4 verzichtet werden. Explizit eingeplant werden sollten hingegen Beispiele und eine ausführliche Besprechung der Abschnitte 3.9.2 und 5.1.4. Beide enthalten ungewohnte, aber äußerst mächtige Werkzeuge für den versierten Umgang mit Stata. Ein Befehlsüberblick und eine Übung der Inhalte des Grafik-Kapitels wird keinesfalls mehr als eine weitere Sitzung in Anspruch nehmen. Zwei Sitzungen können für das Kapitel 7 eingeplant werden. Eine dazu passende Übungsaufgabe liefert die nette Idee von Donald Bentley, die unter der Adresse *http://www.amstat.org/publications/jse/v3n3/datasets.dawson.html* beschrieben ist. Die dazu notwendigen Daten finden sich in unserem Datenpaket. Drei weitere Sitzungen sollten für Kapitel 8 eingeplant werden. Erfahrungsgemäß ist es auch mit einem Einsteigerkurs möglich, die Abschnitte 8.1, 8.2 und 8.3 jeweils in einer Sitzung zu behandeln. Selbstverständlich können dabei nur die wichtigsten Dinge angesprochen werden. Als hilfreich hat es sich erwiesen, die Berechnung der Regressionen mit den Anscombe-Daten als Hausaufgabe vor der Diagnostik-Sitzung lösen zu lassen. Die beiden vorletzten Sitzungen eines „normalen" Semesters sollten mit Kapitel 10 gefüllt werden, wobei die Erstellung eines Codeplans nicht im Unterricht behandelt werden muss, sondern ebenfalls eine Hausaufgabe darstellen kann. Als Abschluss-Sitzung bietet sich Kapitel 12 an, da dort weitere Hinweise auf Hilfestellungen zur Datenanalyse gegeben werden.

Neben dieser allgemeinen Einführung in die Datenanalyse kann mit dem vorliegenden Material ein Kurs zur „Regressionsanalyse" (Kapitel 8) oder zur „Analyse kategorialer Daten" (Kapitel 9) angeboten werden. Für beide Kurse ist es hilfreich, die erste Sitzung mit Kapitel 1 zu beginnen. Stata-Unkundigen kann damit ein kurzer Überblick über die Arbeitsweise mit diesem Programm gegeben werden. Gleichzeitig liefert es Hinweise darauf, wie später auftretende Fragen anhand der Online-Hilfe geklärt werden können. Als Abschluss-Sitzung beider Veranstaltungen ist Kapitel 12 zu empfehlen. In Kursen zur Analyse kategorialer Daten sitzt erfahrungsgemäß ein sehr heterogenes Publikum mit unterschiedlichem Erfahrungshorizont. Bevor Sie mit Kapitel 9 beginnen, sollte deshalb zunächst der Abschnitt 8.1 bearbeitet werden. Dieser knüpft nur an das vielleicht längst vergessene Wissen zurückliegender Mathematikstunden an - in der Regel lassen sich die Zuhörer aber überzeugen, dass sie schon einmal in Lage waren, eine Gerade zu zeichnen.

Kapitel 1

„Das erste Mal"

Herzlich Willkommen! Wir wollen Sie einladen, uns auf einer Tour d'Horizon durch einige typische Anwendungen computergestützter Datenanalyse zu begleiten. Wir wollen Sie dabei mit einigen Grundstrukturen von Stata vertraut machen[1]. Sind Sie ein fortgeschrittener Anwender von Datenanalyseprogrammen, werden Sie sich nach diesem Kapitel wahrscheinlich schon vom fortlaufenden Text verabschieden. Sicher werden Sie dann zwischen den einzelnen Kapiteln hin- und herspringen und allein Antworten auf Ihre speziellen Probleme suchen. Zu diesem Zweck haben wir in diesem Kapitel zahlreiche Querverweise eingefügt, die Ihnen dabei behilflich sein sollen.

Haben Sie noch nie mit einem Datenanalyseprogramm gearbeitet, werden Sie vielleicht vieles von dem, was wir Ihnen hier vorführen, zunächst nicht verstehen. In einigen Fällen werden Ihnen die statistischen Verfahren unbekannt sein. Manchmal werden Sie sich auch überlegen, was das Ganze soll. Bitte lassen Sie sich davon nicht entmutigen. Vollziehen Sie einfach jeden unserer Schritte nach. Wenn Sie das tun, erlernen Sie wichtige Grundlagen für die Arbeit mit Stata: Sie gewöhnen sich an die Arbeit mit der Tastatur – anstatt mit der Maus. Sie trainieren Ihre Fähigkeiten im Schnellschreiben – zumindest der Stata-Befehle. Sie gewöhnen sich an unseren *Jargon* und vielleicht bekommen Sie sogar ein intuitives Verständnis für das, was hier vor sich geht. Falls Sie während dieses Kapitels auf Fragen stoßen, die Sie besonders interessieren, führen Sie unsere Querverweise zu den entsprechenden Stellen im Buch.

Bevor wir mit der Sitzung beginnen, noch eine kurze Bemerkung: Stata wird im Wesentlichen durch die *Kommandozeile* gesteuert. In der Kommandozeile werden Befehle in Form von Buchstaben, Zahlen und Worten eingegeben. Einige Funktionen lassen sich zwar durch Menüs anwählen, wir werden in

---

[1] Eine ähnliche Sitzung mit kürzeren Erklärungen findet sich im *Getting-Started-Handbuch* ([GS] „12").

diesem Kapitel wie im ganzen Buch aber nicht auf die Menüführung des Programms eingehen. Dies hat drei Gründe: Erstens glauben wir, dass sich die Funktionen des Menüs selbst erklären. Sind die entsprechenden Funktionen erst einmal bekannt, dürfte es keine Mühe bereiten, die dazugehörigen Menüpunkte aufzufinden. Zweitens sind die Menüs betriebssystemabhängig. Schon aus Platzgründen verbietet sich darum eine ausführliche Behandlung der Menüsteuerung. Drittens glauben wir, dass die Arbeit mit Stata durch den ständigen Wechsel zwischen Tastatur und Maus unangenehm wird. Man wird mehr Freude an Stata haben, wenn man sich ganz auf die Kommandozeile einlässt.

Der Umfang der Menüs kann durch das kostenlose Modul Stata-*Quest* erheblich erweitert werden. Informationen zu Stata-*Quest* finden Sie auf der Stata-*Homepage* im Internet[2]. Hinweise zur Installation von Zusatzmodulen gibt Kapitel 12.

1.1 Aufruf von Stata

Naturgemäß beginnt eine Stata-Sitzung mit dem Aufruf des Programms. Dabei gehen wir davon aus, dass Stata den Hersteller-Anweisungen entsprechend auf Ihrem Rechner installiert ist[3]. Wenn Sie an einem PC mit dem Betriebssystem Windows 95/98 oder Windows NT arbeiten, erfolgt der Aufruf von Stata wie folgt:

1. Klicken Sie auf **Start**.

2. Klicken Sie auf **Programme**.

3. Klicken Sie auf **Stata**.

4. Wählen Sie **Intercooled Stata**, **Pseudo-Intercooled Stata** oder **Small Stata**.

Unter Windows 3.1 und Macintosh wird Stata durch Doppelklicken des Stata-Symbols aufgerufen. UNIX- und DOS-Anwender geben den Befehl „stata" in der Eingabeaufforderung ein.

Danach sollte die voreingestellte Bildschirmansicht von Stata erscheinen. Sie besteht aus vier Fenstern: Dem Ergebnisfenster (*Stata-Results*), dem Eingabefenster (*Stata-Command*, bzw. *Command*)[4], dem *Review*-Fenster und dem Variablenfenster. Unter DOS und UNIX erscheint lediglich das Ergebnis-Fenster mit der Stata-Eingabeaufforderung, einem Punkt.

---

[2] *http://www.stata.com/support/quest/*

[3] Anleitungen für die Installation von Stata finden sich im *Getting-Started*-Handbuch für das jeweilige Betriebssystem.

[4] Wir werden das Eingabefenster im Folgenden meistens als *Kommandozeile* bezeichnen.

1.2 Gestalten der Bildschirmansicht

Anstatt die einzelnen Fenster zu erklären, möchten wir Sie bitten, einmal die Bildschirmansicht zu verändern[5]. Sie sollen sich in diesem Kapitel ganz auf das Ergebnis- und das Eingabefenster konzentrieren. Entfernen Sie deshalb die mit *Variables* und mit *Review* überschriebenen Fenster. Windows 95/98 und Windows NT Anwender klicken dazu auf das **x**-Symbol in der oberen rechten Ecke der Fenster. Unter Windows 3.1 klicken Sie das Zeichen - oben links an und wählen danach **Schließen**.

Als nächstes wählen Sie eine andere Schriftart für das Ergebnisfenster. Klicken Sie dazu auf die linke obere Ecke des Ergebnisfensters. Im darauf erscheinenden Menü wählen Sie **Fonts** und dann die gewünschte Schriftart, z.B. **Stata 10x18**. Wenn Sie die vorgeschlagene Schriftart übernehmen, werden die Angaben im Ergebnisfenster nicht mehr vollständig lesbar sein. Sie sollten darum das Ergebnisfenster so lange vergrößern, bis der Text auf dem Bildschirm wieder im Ganzen lesbar ist. Zeigen Sie dazu mit der Maus auf die linke Umrandung des Ergebnisfensters. Sobald sich der Mauszeiger zu einem Doppelpfeil verändert, drücken Sie die linke Maustaste. Halten Sie diese gedrückt und ziehen die Maus dabei nach links. Falls dies – was wahrscheinlich ist – nicht möglich ist, weil das Stata-Fensters zu klein ist, um das Ergebnisfenster auf die gewünschte Größe zu bringen, führen Sie die gleiche Prozedur mit dem Stata-Fenster selbst durch. Dies kann auch durch Klicken des Vergrößerungssymbols an der oberen rechten Ecke des Stata-Fensters geschehen. Außerdem wird es nötig sein, das Ergebnisfenster nach oben und unten zu vergrößern. Dies geschieht analog zur Verbreiterung.

Achten Sie darauf, dass das Eingabefenster stets sichtbar bleibt. Schieben Sie das Eingabefenster wenn nötig an den unteren Rand des Stata-Fensters. Dazu zeigen Sie mit der Maus auf die Titelleiste des Eingabefensters und drücken dann die linke Maustaste. Solange Sie die Maustaste gedrückt halten, können Sie das Eingabefenster an die entsprechende Stelle des Bildschirms bewegen.

Am Ende der beschriebenen Prozedur sollte der Bildschirm ungefähr wie in Abbildung 1.1 auf der nächsten Seite aussehen. Natürlich können Sie den Ausgangsbildschirm wiederherstellen. Klicken Sie dazu einfach auf **Default Windowing** im *Preferences*-Menü. Außerdem können Sie die hier erzeugte – oder jede beliebige andere – Bildschirmansicht als Voreinstellung speichern. Dies erfolgt mit **Save Windowing Preferences** im *Preferences*-Menü[6].

---

[5]DOS- und UNIX/Linux-Anwender können diesen Abschnitt überspringen.
[6]Unter Windows NT ist das Speichern der Fenster-Präferenzen etwas problematisch. Bitte lesen Sie hierzu *http://www.stata.com/support/faqs/win/preferences.html*

Abbildung 1.1: Veränderte Bildschirmansicht von Stata

1.3 Erste Analysen

Eingabe von Befehlen

Nun können wir beginnen. Bitte tippen Sie den Buchstaben „d" und drücken Sie danach die **Eingabetaste**. Im Ergebnisfenster erscheint folgender Text:

```
. d
```

```
Contains data
  obs:             0
  vars:            0
  size:            0  (100.0% of memory free)
Sorted by:
```

Sie haben damit Ihr erstes Stata-Kommando eingegeben. Der Buchstabe „d" ist eine Abkürzung für den Befehl „describe", mit dem Datensätze näher beschrieben werden. Da Sie im Augenblick noch mit keinem Datensatz arbeiten, ist das natürlich uninteressant. Interessant ist aber, dass in Stata durch ein oder mehrere Buchstaben (bzw. Worte) Befehle eingegeben werden. Die Eingabe eines Befehls wird mit der Eingabetaste abgeschlossen.

Wir werden Sie übrigens jeweils durch folgende Schreibweise um die Eingabe eines Befehls bitten:

```
. describe
```

Immer wenn Sie ein Wort in **dieser Schrift** sehen, dass durch einen *Punkt* eingeleitet wird, sollten Sie das Wort in das Eingabefenster oder hinter die

Eingabeaufforderung schreiben und danach die Eingabetaste drücken. Tippen Sie das Wort aber *ohne* den einleitenden Punkt ein und übernehmen Sie die Groß- und Kleinschreibung. Stata ist *case-sensitive*, d.h. Großbuchstaben haben eine andere Bedeutung als Kleinbuchstaben.

Datensätze und Arbeitsspeicher

Das Ergebnis des „describe"-Befehls ist nicht ganz so uninteressant wie oben behauptet. Grundsätzlich gibt „describe" Informationen über die Anzahl von Variablen (Spalten) und Fällen (Zeilen) des geladenen Datensatzes[7]. Da noch keine Daten geladen wurden, zeigt „describe", dass der Datensatz weder Variablen (*vars*) noch Fälle (*obs*) hat.

Außerdem wird angezeigt, wie viel Prozent des Arbeitsspeichers von Stata belegt ist. Im Gegensatz zu vielen anderen Datenanalyseprogrammen lädt Stata den Datensatz direkt in den Arbeitsspeicher des Computers. Der Großteil des Arbeitsspeichers ist darum für die Daten reserviert, während Teile des Programms nur bei Bedarf geladen werden. Dies gewährleistet einen schnellen Datenzugriff und ist einer der Gründe für die hohe Rechengeschwindigkeit von Stata.

Der Arbeitsspeicher Ihres Computers setzt der Größe der bearbeitbaren Datensätze natürliche Grenzen[8]. Große Datensätze können darum eventuell erst nach dem Einbau zusätzlichen Arbeitsspeichers bearbeitet werden. Bei der heute üblichen Ausstattung mit Arbeitsspeicher tritt das Problem zu großer Datensätze jedoch eher selten ein. Was Sie außer dem Zukauf von Arbeitsspeicher in derartigen Fällen tun können, erfahren Sie in Abschnitt 10.6 auf Seite 332.

Datensätze laden

Lassen Sie uns nun einen Datensatz laden. Wechseln Sie hierzu der Einfachheit halber zunächst in das Verzeichnis, in dem sich der Datensatz befindet. Das Vorgehen hängt davon ab, in welchem Verzeichnis Sie sich augenblicklich befinden und in welchem Verzeichnis Sie die Datensätze unseres Dateipakets gespeichert haben. Nachfolgend gehen wir davon aus, dass sich die Datensätze im Ordner *c:/kkstata*[9] befinden. Außerdem nehmen wir an, dass Sie sich gegenwärtig im Ordner *c:/data* befinden. Sie können durch den Befehl „pwd"

. pwd

---

[7] Zu den Begriffen *Variable* und *Fall* siehe auch unten, Seite 13.

[8] In *Small-Stata* können nur Datensätze mit maximal 99 Variablen und ca. 1000 Fällen bearbeitet werden.

[9] Wir verwenden hier den vorwärtsgewandten Schrägstrich zu Abtrennung von Ordnern, da dies von Stata bevorzugt wird. Unter Macintosh *muss* der Schrägstrich durch den Doppelpunkt ersetzt werden. Windows-Anwender können auch den gewohnten *Backslash* verwenden.

ermitteln, in welchem Ordner Sie sich befinden.

Um in einen anderen Ordner zu wechseln, verwendet man den Befehl „cd". In der beschriebenen Konstellation können Sie

```
. cd ..
. cd kkstata
```

eingeben. Oder in einem Schritt „cd c:/kkstata" bzw. „cd ../kkstata".

Der Befehl „cd" steht für *change Directory*[10]. Mit „cd .." wechseln Sie in einen übergeordneten Ordner. Mit „cd kkstata" wechseln Sie in den Ordner *kkstata* usw. Mehr zur Eingabe von Ordnernamen erfahren Sie in Abschnitt 3.8 auf Seite 68.

Bitte überzeugen Sie sich nun, dass Sie sich in dem Verzeichnis befinden, in das Sie die Datensätze kopiert haben. Geben Sie dazu

```
. dir
```

ein. Der Befehl „dir" zeigt eine Liste der Dateien, die sich im aktuellen Ordner befinden. Bei Ihnen sollte dieser Befehl zu etwa diesem Resultat führen[11]:

```
 <dir>     8/21/00   9:25   .
 <dir>     8/21/00   9:25   ..
 2.4k      8/15/00  14:16   an1kk.do
 1.0k      8/15/00  14:16   an1kk.log
 1.0k      8/15/00  16:09   analwe.dta
  snip ✂
 8.8k      8/15/00  14:16   crdata1.do
--more--
```

Stata teilt die Ausgabe der Dateiliste in Bildschirmseiten ein. Durch das Wort *more* in der untersten Zeile des Ergebnisfensters wird Ihnen mitgeteilt, dass die Liste fortgesetzt wird. Durch Drücken der Eingabetaste können Sie die nächste Zeile einsehen, durch jede andere Taste die gesamte nächste Bildschirmseite. Mit der Laufleiste am Rande des Ergebnisfensters können Sie „rückwärts blättern". Im Ergebnisfenster können Sie sich auf diese Weise allerdings nur die letzten 1000 Zeilen ansehen[12].

Unter den Dateien, die Ihnen durch „dir" angezeigt werden, sollte sich auch die Datei *data1.dta* befinden. Falls Ihnen die Liste zu lang ist, können Sie diese mit

```
. dir *.dta
```

---

[10]Der Befehl folgt der Syntax des entsprechenden DOS-Befehls, mit der Ausnahme, dass ein Leerzeichen zwischen „cd" und „.." steht. Außerdem können Sie mit „cd" auch das Laufwerk ändern.

[11]Nicht sehen werden Sie die Zeile mit „*snip* ✂". Mit dieser Zeile wollen wir deutlich machen, dass wir Teile aus der Ausgabe *ausgeschnitten* haben. Statt „*snip* ✂" sehen Sie also ein Reihe weiterer Zeilen, die jedoch für uns unwichtig sind. Aus Platzgründen werden wir „*snip* ✂" in diesem Buch öfter verwenden.

[12]Diese Möglichkeit existiert erst seit der Stata-Version 6.0.

1.3 Erste Analysen

beschränken oder sich mit „dir data1.dta" lediglich die gesuchte Datei anzeigen lassen. Wenn Sie sicher sind, dass Sie sich im richtigen Verzeichnis befinden, können Sie *data1.dta* laden:

```
. use data1
```

Der Befehl „use" dient dazu, Datensätze in den Arbeitsspeicher zu laden. Die Syntax ist denkbar einfach: Nach „use" folgt der Name der Datei, die geladen werden soll. Wenn die Datei die Dateinamenerweiterung (Extension) „.dta" hat, genügt es, den Namen ohne Erweiterung anzugeben.

Das Laden von Datensätzen wird in Kapitel 10 ausführlich beschrieben. Vor allem wenn Sie keine Stata-Systemdateien haben, werden Sie diesen Abschnitt als hilfreich empfinden. Grundsätzliche Hinweise zur Eingabe von Dateinamen finden Sie in Abschnitt 3.8 auf Seite 68.

Variablen und Beobachtungen

Wenn Sie den Datensatz geladen haben, können Sie sich mit

```
. describe
```

die Datensatzbeschreibung ausgeben lassen. Sie erhalten dann folgende Ansicht:

```
Contains data from data1.dta
  obs:         3,340                          SOEP'97 (Kohler/Kreuter)
  vars:           47                          21 Aug 2000 17:36
  size:      230,460 (76.7% of memory free)
-------------------------------------------------------------------
   1. persnr    long   %8.0f              Unveraenderl. Personennummer
   2. intnr     long   %8.0f            * Interviewernummer
   3. bul       byte   %8.0f     bul     * Bundesland 97
   4. sex       byte   %8.0f     sex       Geschlecht
   5. gebjahr   int    %8.0f               Geburtsjahr -4Steller-
snip ><
```

Bei *data1.dta* handelt es sich um einen Auszug aus dem *Sozio-oekonomischen Panel* (SOEP). Das SOEP ist eine Befragung einer Stichprobe der deutschen Bevölkerung, die jedes Jahr mit stets denselben Befragten wiederholt wird. Aus datenschutzrechtlichen Gründen finden Sie nur die Angaben eines zufällig ausgewählten Teils der Befragten[13]. Die Datei enthält 3340 befragte Personen – die Fälle bzw. Beobachtungen (*obs*). Für jede dieser Personen finden sich 47 sog. Variablen (*vars*), die im Wesentlichen Antworten auf Fragen eines Fragebogens sind.

Im Folgenden werden wir die Begriffe „Befragte", „Fälle", „Beobachtungen" oder „Untersuchungseinheit" im Austausch verwenden. In der Regel bezeichnen diese Begriffe die Einheiten, für die Variablen gesammelt werden. Eine Erläuterung dieser Begriffe findet sich in Abschnitt 10.1 auf Seite 306.

---
[13] Außerdem wurden Teile der Daten verfremdet.

Die Variablen werden unterhalb des durchgezogenen Strichs etwas genauer beschrieben. Die erste Variable in der Liste trägt den Namen *persnr*. Dabei handelt es sich nicht um die Antwort auf eine Frage, sondern um eine willkürlich vergebene unveränderliche Personennummer. In den anderen Variablen des Datensatzes finden sich Angaben über den Interviewer, der das Interview durchgeführt hat, das Bundesland, in dem die Befragten wohnen, das Geschlecht, das Geburtsjahr der Befragten und vieles mehr. Um sich einen Überblick über den Namen und den Inhalt aller Variablen zu verschaffen, müssen Sie weiterblättern (zur Erinnerung: Sie können durch die Eingabetaste um eine Zeile und durch jede andere Taste um eine Bildschirmseite vorrücken).

Wir wollen uns hier zunächst mit einem Teil der Variablen befassen. Wir interessieren uns weniger für die Angaben über die Wohnung der Befragten und die unterschiedlichen Einstellungen, wie z.B. die Haltung zu politischen Parteien. Deshalb sollten Sie alle Variablen vom Jahr des Einzugs (*einzug*) bis zu den Sorgen über den Arbeitsplatz (*np9507*) löschen:

. drop einzug - np9507

Betrachten der Daten

Jetzt sollten Sie sich die Daten etwas genauer anschauen:

. list

Hierdurch wird eine Liste des Datensatzes angefordert. Man kann sich so den gesamten Datensatz fallweise betrachten:

```
Observation 1
        persnr        2229    intnr    145700    bul         NW
           sex     Maenner  gebjahr      1955    hst         HV
          hhgr           1      fam     ledig    bil     Sonst.
          bbil        Kein   bdauer     10.00    est   Vollzeit
          bsth          61    hhein      1840    eink      1673
          egph    Un/Angel


Observation 2
        persnr        3994    intnr    256862    bul     Thuer.
           sex     Maenner  gebjahr      1971    hst         HV
          hhgr           1      fam     ledig    bil     Abitur
          bbil        Kein   bdauer     13.00    est   not erw.
          bsth          42    hhein      1634    eink         0
          egph           .
--more--
```

Bei dem ersten Fall des Datensatzes handelt es sich um einen 1955 geborenen ledigen Mann aus Nordrhein-Westfalen. Der zweite Fall ist ebenfalls

1.3 Erste Analysen

ein lediger Mann, der aber in Thüringen lebt und 1971 geboren ist. Bei ihm finden Sie bei der Variable *egph* einen *Punkt*. Der Punkt bedeutet, dass es für die Person Nr. 3994 keine Angabe zu dieser Variable gibt – warum wissen Sie nicht. Es könnte sein, dass man dieser Person die entsprechende Frage nicht gestellt hat oder sie wollte diese Frage nicht beantworten. Wir nennen so etwas eine „fehlende Angabe" oder einen „Missing".

Weiter unten in diesem Kapitel zeigen wir Ihnen, wie man solche *Missings* definiert (Seite 20). Mehr zum Umgang mit fehlenden Werten in Stata finden Sie in Abschnitt 5.2.3 auf Seite 93. Einige Anmerkungen zum allgemeinen Umgang mit fehlenden Werten finden sich auf Seite 324.

Befehle unterbrechen und Befehle wiederholen

Da nicht alle Fälle des Datensatzes auf eine Bildschirmseite passen, werden Sie einige Male weiterblättern müssen, um alle 3340 Befragten des Datensatzes kennen zu lernen. Bevor Sie sich aber durch alle Befragten *durchblättern*, lesen Sie bitte weiter.

Das Betrachten des Datensatzes mit dem „list"-Befehl ist wenig hilfreich. Schon bei relativ kleinen Datensätzen ist die Informationsflut zu groß, um aufgenommen zu werden. Dennoch kann es manchmal sinnvoll sein, einen kurzen Blick auf die ersten Fälle zu werfen. Hier wäre es aber nützlich, sich nur die ersten Fälle anzeigen zu lassen und so das *Durchblättern* bis zum letzten Fall zu vermeiden. Dies kann mit der Tastenkombination **Strg + Pause**[14] geschehen. Um die Wirkungsweise der Tastenkombination **Strg + Pause** kennen zu lernen, drücken Sie bitte die Taste **Strg**, halten diese gedrückt und drücken dann die Taste **Pause**. Die Ausgabe der Liste wird dann mit der Meldung „-Break-" gefolgt von dem Fehler-*Code* „r(1)" abgebrochen. Die Bedeutung der Ziffern der Fehler-*Codes* ist im Handbucheintrag [R] „error messages" aufgeführt.

Die Tastenkombination **Strg + Pause** ist ein allgemeines Werkzeug zum Befehlsabbruch. Hier wurde sie verwendet, um die Ausgabe von „list" abzubrechen. **Strg + Pause** ist aber nicht auf diesen Anwendungszweck begrenzt, sondern unterbricht die Ausführung jedes Befehls und stellt den Zustand der Daten vor der Ausführung des Befehls wieder her. Da man **Strg + Pause** häufiger braucht, empfiehlt es sich, die Sequenz „Befehlseingabe"–„Befehl unterbrechen" ein wenig einzuüben. Dabei können Sie gleich eine andere wichtige Taste kennen lernen: **Bild-nach-oben**[15]. Damit können vergangene Befehle in die Kommandozeile zurückgeholt werden[16]. Das ist sehr hilfreich, wenn Sie sich einmal verschrieben haben, zumal bei längeren Befehlen. Sie

---

[14] Bzw. **Ctrl + Break** auf englischen Tastaturen. Unter Macintosh wird **command + .** verwendet, unter UNIX/Linux **Ctrl + C**.
[15] Sie finden diese Taste in dem Tastenblock oberhalb der *Cursor*-Tasten.
[16] Bei geöffnetem *Review*-Fenster können Sie den gleichen Effekt durch Doppelklicken vergangener Befehle in diesem Fenster erzielen.

können dann die Zeile verändern, indem Sie sich mit den *Cursor*-Tasten an die fehlerhafte Stelle bewegen und dort den Fehler korrigieren.

Als kleine Übung empfehlen wir Ihnen, die folgende kleine Sequenz – sagen wir fünf Mal – zu wiederholen:

1. Drücken Sie **Bild-nach-oben**, bis der „list"-Befehl in der Kommandozeile erscheint.
2. Drücken Sie die **Eingabetaste**.
3. Drücken Sie **Strg + Pause**.

Die Variablenliste

Eine andere Möglichkeit, die Fülle von Informationen des „list"-Befehls zu begrenzen, ist die Angabe einer *Variablenliste*. Mit der Variablenliste wird die Durchführung eines Befehls auf bestimmte Variablen beschränkt. Die Variablenliste wird stets an den eigentlichen Befehl angehängt. So erhalten Sie z.B. die Angaben aus den Variablen Geschlecht (*sex*) und Einkommen (*eink*) für jeden Fall mit:

```
. list sex eink

          sex      eink
  1.   Maenner     1673
  2.   Maenner        0
  3.    Frauen        0
  4.   Maenner        0
  5.   Maenner     9481
--more--
```

Um Schreibarbeit zu sparen, können Sie natürlich den zuvor eingegebenen „list"-Befehl mit **Bild-nach-oben** in die Kommandozeile holen und dann die Variablenliste anfügen. Oder Sie kürzen den Befehl selbst durch den Buchstaben „l" ab.

Ein Wort zu den Abkürzungen: Stata-Befehle sind selten länger als acht Zeichen. Eine Reihe dieser Befehle kann man jedoch weiter abkürzen. Mehr dazu erfahren Sie in Abschnitt 3.1 auf Seite 54. Hier genügt es, wenn Sie wissen, dass wir durch Kursivdruck auf mögliche Abkürzungen von Befehlen verweisen. Wenn wir z.B. schreiben:

```
. list sex eink
```

so heißt dies, dass Sie „list" durch „l" abkürzen können. Sie können übrigens auch die Variablennamen abkürzen. Dafür gibt es eine allgemeine Regel, die wir Ihnen in Abschnitt 3.2 auf Seite 55 vorstellen werden.

Die In-Bedingung

Nehmen Sie an, Sie interessieren sich für das Geschlecht der fünf ältesten Befragten und das Bundesland in dem diese wohnen. In diesem Fall wäre es sinnvoll, den Datensatz zunächst nach dem Geburtsjahr zu sortieren und dann eine Liste der fünf ersten Fälle zu erstellen:

. sort gebjahr

. list gebjahr sex bul in 1/5

Dadurch erhalten Sie folgende Liste der fünf ältesten Personen im Datensatz:

	gebjahr	sex	bul
1.	1902	Frauen	NW
2.	1902	Frauen	Berlin
3.	1904	Frauen	Hessen
4.	1904	Frauen	Bayern
5.	1906	Frauen	Meck-Vor

Mit der *In*-Bedingung kann der Befehl „list" auf bestimmte Fälle eingegrenzt werden. Doch nicht nur „list", sondern fast alle Stata-Befehle lassen sich mit der *In*-Bedingung kombinieren. Die *In*-Bedingung folgt dabei stets der Variablenliste (bzw. wenn diese weggelassen wird, dem Befehl). Angesprochen wird dabei die Position eines Falles im Datensatz. Die Werte aller Variablen für den ersten Fall erhält man mit:

. list in 1

Die entsprechenden Angaben für den zweiten *bis* vierten Fall erhalten Sie durch die Eingabe von „list in 2/4".

Maßgeblich für die Position im Datensatz ist dabei stets die augenblickliche Sortierung. Diese kann durch den Befehl „sort" verändert werden. Da oben nach der Variable *gebjahr* – dem Geburtsjahr – sortiert wurde, befindet sich die älteste Befragte (diejenige mit dem *kleinsten* Geburtsjahr) an der ersten Stelle im Datensatz[17]. Weitere Informationen zu den *In*-Bedingungen finden Sie in Abschnitt 3.3 auf Seite 57.

Zusammenfassende Maßzahlen

Meistens ist man nicht an den Variablenausprägungen der einzelnen Fälle interessiert. Stattdessen versucht man, die in einer Variable enthaltene Information in einer Maßzahl zusammenzufassen. Die bekannteste Maßzahl ist sicher der arithmetische Mittelwert. Der arithmetische Mittelwert wird mit

---

[17] Zwischen Beobachtungen, die dasselbe Geburtsjahr haben, wird die Position zufällig festgelegt. Durch

. sort gebjahr sex

können Sie innerhalb gleichaltriger Personen nach dem Geschlecht sortieren.

dem „summarize"-Befehl berechnet. Die Syntax von „summarize" folgt demselben Prinzip wie die Syntax von „list": Nach der Eingabe des Befehls folgt die Angabe einer Variablenliste, mit der festgelegt wird, für welche Variablen der Mittelwert ausgegeben werden soll.

Informationen über das Einkommen der Befragten gibt Ihnen der Befehl:

. summarize eink

Hierdurch erhalten Sie eine Tabelle, die neben dem arithmetischen Mittel (*Mean*) die Fallzahl (*Obs*), die Standardabweichung (*Std. Dev*), den kleinsten (*Min*) und den größten Wert (*Max*) enthält:

Variable	Obs	Mean	Std. Dev.	Min	Max
eink	3034	2711.907	2503.837	0	25000

Statt für die insgesamt 3340 Befragten im Datensatz wird die Tabelle nur für 3034 Befragte berechnet. Für die übrigen 306 Personen ist im Datensatz keine Information über das Einkommen gespeichert – sie haben einen *Missing* beim Einkommen. Das durchschnittliche Einkommen der Personen mit einer Einkommensangabe beträgt 2712 DM. Der Mindestwert ist 0, d.h. mindestens eine Person hat kein persönliches Einkommen. Das höchste Einkommen aller Personen im Datensatz beträgt 25000 DM monatlich. Die Standardabweichung beträgt 2504 DM.

Wie bei „list" können Sie auch bei „summarize" mehr als eine Variable angeben. Sie erhalten dann die entsprechenden Maßzahlen für alle Variablen der Variablenliste. Durch Weglassen der Variablenliste sprechen Sie alle Variablen im Datensatz an:

. summarize

Variable	Obs	Mean	Std. Dev.	Min	Max
persnr	3340	3628319	2094513	2229	7254426
intnr	2779	160384.1	79833.91	19	505404
bul	3339	8.245583	4.277823	0	16
sex	3340	1.522455	.4995703	1	2
gebjahr	3340	1951.72	18.33337	1902	1981
hst	3340	.6625749	1.234272	0	11
hhgr	3340	2.576946	1.291716	1	11
fam	3340	2.142515	1.418671	1	6
bil	3312	2.479771	1.667339	1	7
bbil	3302	3.107208	2.522246	1	10
bdauer	3292	11.38548	2.408573	7	18
est	3340	3.695509	2.866571	1	7
bsth	2100	51.71048	12.53318	10	70
hhein	3201	3861.926	2147.386	36	30000
eink	3034	2711.907	2503.837	0	25000
egph	2079	5.246753	3.190941	1	11

Weitere Maßzahlen sowie zahlreiche grafische Darstellungen für Verteilungen werden in Kapitel 7 beschrieben.

1.3 Erste Analysen

Die If-Bedingung

Nehmen Sie einmal an, Sie seien an Einkommensunterschieden von Frauen und Männern interessiert. Sie möchten deshalb wissen, ob sich das durchschnittliche Einkommen der Männer von dem der Frauen unterscheidet. Diese Aufgabe lässt sich – unter anderem – mit Hilfe einer *If*-Bedingung lösen. Durch eine *If*-Bedingung können Sie die Berechnung des Durchschnitts einer Variable in Abhängigkeit von den Werten einer anderen Variable durchführen. Um die *If*-Bedingung ausnutzen zu können, müssen Sie allerdings wissen, dass der *Wert* des Geschlechts für *männlich* 1, und der für *weiblich* 2 ist. Wie Sie normalerweise zu dieser Information kommen, zeigen wir Ihnen auf Seite 97.

Wenn Sie die Werte der Ausprägungen kennen, können Sie folgende Kommandos verwenden:

(Bitte beachten Sie das doppelte Gleichheitszeichen in der *If*-Bedingung. Ein einfaches Gleichheitszeichen in *If*-Bedingungen ist ungültig und die mit Abstand häufigste Ursache für die Fehlermeldung `invalid syntax`).

```
. summarize eink if sex==1
```

Variable	Obs	Mean	Std. Dev.	Min	Max
eink	1455	3358.348	2600.723	0	22000

```
. summarize eink if sex==2
```

Variable	Obs	Mean	Std. Dev.	Min	Max
eink	1579	2116.231	2253.243	0	25000

Durch die *If*-Bedingung wurde die Berechnung der Kennzahlen an die Ausprägung einer anderen Variable geknüpft. Deshalb zeigt die erste Tabelle das Einkommen für alle Beobachtungen, die bei der Variable *sex* den Wert 1 haben, also die Männer. Die zweite Tabelle zeigt das Einkommen für alle Beobachtungen, die bei der Variable *sex* den Wert 2 haben, also die Frauen.

Die meisten Befehle in Stata lassen sich an eine *If*-Bedingung knüpfen. Wie auch die *In*-Bedingung folgt die Angabe der *If*-Bedingung stets dem Befehl und – falls vorhanden – der Variablenliste. Falls neben der *If*-Bedingung auch eine *In*-Bedingung verwendet wird, spielt die Reihenfolge beider Bedingungen keine Rolle.

Die *If*-Bedingung kann grundsätzlich auch kompliziertere Ausdrücke enthalten, insbesondere Verknüpfungen mit dem logischen *und* bzw. *oder*. Diese werden wir in Abschnitt 3.4 auf Seite 58 ausführlich besprechen.

Definieren von fehlenden Werten

Wie man sieht, verdienen Männer im Durchschnitt deutlich mehr als Frauen, nämlich 3358 DM gegenüber 2116 DM. Allerdings werden Sie zu Recht einwenden, dass unter den Frauen mehr Personen kein persönliches Einkommen haben als Männer. Sinnvoller wäre es daher, nur diejenigen Personen für den Vergleich heranzuziehen, die überhaupt ein persönliches Einkommen haben. Zu diesem Zweck können Sie die *If*-Bedingung z.B. durch ein logisches *und* erweitern.

Eine andere Möglichkeit ist, den Inhalt der Einkommensvariable so zu verändern, dass ein Einkommen von „Null" als *Missing* deklariert wird. In diesem Fall würden die Fälle ohne Einkommen bei der Berechnung automatisch ausgeschlossen werden. Hierzu dient der Befehl „mvdecode". Mit dem Befehl:

```
. mvdecode eink, mv(0)
```

schließen Sie für die Variable Einkommen alle Fälle mit der Ausprägung 0 aus der Analyse aus.

Wie Sie diese Definition wieder rückgängig machen können erfahren Sie in Abschnitt 5.2.3 auf Seite 93. Einige allgemeinere Bemerkungen zum Umgang mit fehlenden Werten finden sich auf Seite 324 im Kapitel 10.

Das Befehls-Präfix „by"

Nun wollen wir Ihnen zeigen, wie Sie mit Hilfe des Befehls-Präfixes „by" die oben gezeigten Tabellen mit nur einem Kommando erstellen können. Als Befehls-Präfixe bezeichnen wir Befehle, die vor den eigentlichen Stata-Befehl gestellt und von diesem durch einen Doppelpunkt getrennt werden. Der Befehls-Präfix „by" besteht aus dem Präfix selbst und einer Variablenliste, die wir hier als *By*-Liste bezeichnen werden. Das Präfix „by" bewirkt, dass der eigentliche Stata-Befehl für alle Kategorien der Variablen aus der *By*-Liste wiederholt wird. Vorraussetzung ist allerdings, dass der Datensatz zuvor nach den Variablen der *By*-Liste sortiert wurde. Hier ist ein Beispiel:

```
. sort sex
. by sex: summarize eink

-> sex= Maenner
Variable |     Obs        Mean   Std. Dev.       Min        Max
---------+-----------------------------------------------------
    eink |    1344    3635.712   2512.693          5      22000

-> sex= Frauen
Variable |     Obs        Mean   Std. Dev.       Min        Max
---------+-----------------------------------------------------
    eink |    1324    2523.813    2241.93          3      25000
```

1.3 Erste Analysen

Dies ist im Wesentlichen dieselbe Ausgabe wie auf Seite 19. Die Werte haben sich etwas verändert, eine Folge der Veränderung der Einkommensvariable mit „mvdecode". Durch das Befehls-Präfix „by" wurden lediglich die Überschriften über den Tabellen verändert.

Gegenüber der Eingabe mit *If*-Bedingungen bietet die Eingabe mit der „by"-Konstruktion einige Vorteile. Der Wichtigste ist, dass Sie die Werte der Kategorien nicht kennen müssen. Bei Verwendung von „by" ist es unwichtig, ob das Geschlecht mit den Werten 1 und 2 oder z.B. mit 0 und 1 verkodet wurde[18]. Daneben spart „by" Schreibarbeit, insbesondere wenn die Variable mehr als zwei Ausprägungen hat. Schließlich erlaubt „by" die Angabe mehrerer Variablen in der *By*-Liste. In diesem Fall wird der Stata-Befehl für alle Kombinationen der Kategorien der *By*-Liste wiederholt.

Das Befehls-Präfix „by" ist eines der interessantesten Werkzeuge von Stata. Insbesondere in Verbindung mit den Befehlen zur Bildung und Veränderung von Variablen ergeben sich Anwendungsmöglichkeiten, die auch erfahrene Anwender von Datenanalyseprogrammen überraschen dürften. Mehr hierzu finden Sie in den Abschnitten 3.9.1 auf Seite 69 und 5.1.3 auf Seite 83.

Befehlsoptionen

Oft genügen arithmetischer Mittelwert, Standardabweichung sowie Minimum und Maximum nicht, um eine Verteilung hinreichend zu beschreiben. Manchmal wird die Berechnung dieser Maßzahlen auf Grund des Skalenniveaus auch gar nicht zulässig sein. In beiden Fällen wird man an anderen Kennzahlen der Verteilung interessiert sein. Mit dem „summarize"-Befehl können mehr als die oben genannten Maßzahlen angefordert werden.

Dazu benötigt man jedoch ein neues Element der Stata-Befehle: die *Option*. Im Gegensatz zu den bisher vorgestellten Elementen von Stata-Befehlen haben Optionen nur eine befehlsspezifische Bedeutung. Je nach Befehl gibt es andere Optionen mit entsprechend unterschiedlichen Bedeutungen. Gemeinsam ist den Optionen aber, dass sie durch ein *Komma* eingeleitet werden. Allgemein gilt: Nach dem Stata-Befehl, der durch Präfix, Variablenliste, *If*- oder *In*-Bedingung näher spezifiziert worden sein kann (aber nicht muss), folgt das Komma und danach in willkürlicher Reihenfolge die Liste der gewünschten Optionen.

Der „summarize"-Befehl kennt nur wenige Optionen. Die Wichtigste ist „detail", abgekürzt „d". Mit

. summarize eink, detail

erhalten Sie eine Reihe von Perzentilen, darunter den Median (das 50%-Perzentil), das erste und dritte Quartil und weitere Perzentile, das Brut-

---
[18] Zur Kodierung von Variablen siehe auch Abschnitt 10.3.3 auf Seite 321.

toeinkommen der Personen mit den niedrigsten und höchsten Einkommen, sowie die drei so genannten *Momente* Varianz, Schiefe und Kurtosis:

```
              Berufsbez. pers. Bruttoeink. 97
-------------------------------------------------------------
         Percentiles      Smallest
  1%          49              3
  5%         253              5
 10%         489              6      Obs              2668
 25%        1170.5            6      Sum of Wgt.      2668

 50%        2645                     Mean           3083.93
                           Largest   Std. Dev.     2445.775
 75%        4431           20000
 90%        5947           22000     Variance       5981817
 95%        6999           23000     Skewness      1.898081
 99%       11004           25000     Kurtosis     11.55464
```

Für die Optionen ist es unwichtig, wie der jeweilige Stata-Befehl näher aufgebaut ist. Man kann beliebige Variablenlisten oder eine *If*- bzw. *In*-Bedingung einführen oder ein Präfix voranstellen – die Funktionsweise einer Option ist stets die gleiche. Mit

. by sex: su*mmarize* eink if bil == 4, *detail*

können Sie sich dessen vergewissern. Wenn Sie diesen Befehl eingeben, können Sie die Einkommensunterschiede zwischen Männern und Frauen für die Befragten mit Abitur ermitteln. Sie werden dann sehen, dass es auch bei den Befragten mit Abitur Einkommensungleichheit zwischen Männern und Frauen gibt.

Allgemeine Hinweise zu Optionen finden Sie in Abschnitt 3.6 auf Seite 66.

Häufigkeitsverteilungen

Neben einfachen Maßzahlen sind Häufigkeitsverteilungen und Kreuztabellen – wir wollen hier von ein- oder zweidimensionalen Häufigkeitstabellen sprechen – die häufigsten Werkzeuge elementarer Datenanalyse. Der Stata-Befehl zur Erzeugung von Häufigkeitstabellen lautet „tabulate". Zusammen mit diesem Befehl *muss* eine Variablenliste bestehend aus maximal zwei Variablen angegeben werden. Wenn Sie nur eine Variable angeben, erhalten Sie eine eindimensionale Häufigkeitstabelle der angegebenen Variable:

```
. tabu*late* sex

 Geschlecht |      Freq.      Percent        Cum.
------------+-----------------------------------
    Maenner |       1595        47.75       47.75
     Frauen |       1745        52.25      100.00
------------+-----------------------------------
      Total |       3340       100.00
```

1.3 Erste Analysen

Wenn Sie zwei Variablen angeben, erhalten Sie eine zweidimensionale Häufigkeitsverteilung:

```
. tabulate est sex
```

```
Erwerbstat |      Geschlecht
    us 97  |  Maenner    Frauen  |     Total
-----------+----------------------+----------
        1  |      870       691  |      1561
        2  |       83       160  |       243
        3  |       37        37  |        74
        4  |       17        32  |        49
        6  |        9         4  |        13
        7  |      579       821  |      1400
-----------+----------------------+----------
    Total  |     1595      1745  |      3340
```

Die zuerst eingegebene Variable bildet dabei die Zeilen, die zweite Variable die Spalten der Kreuztabelle. In die Zellen der Tabelle werden die absoluten Häufigkeiten geschrieben, was aber mit entsprechenden Optionen verändert werden kann. Von zentraler Bedeutung sind die Optionen „row" und „column", mit denen die Ausgabe von Zeilen- und Spaltenprozenten angefordert wird. Daneben gibt es Optionen für Kennzahlen über die Stärke des Zusammenhangs. Wie schon beim „summarize"-Befehl können Sie alle diese Optionen frei mit *If*- oder *In*-Bedingungen und Befehls-Präfixen kombinieren. Näheres zum „tabulate"-Befehl finden Sie in Abschnitt 7.1.1 auf Seite 137. Weiter unten (Seite 24) finden Sie ein Beispiel einer Kreuztabelle mit Spaltenprozenten.

Variablen-Label und Werte-Label

Nun sollten Sie versuchen, die Lesbarkeit der Tabelle zu erhöhen. In den Zeilen der Tabelle werden bisher lediglich Ziffern von 1 bis 7 angezeigt. Da die Bedeutung der Ziffern unbekannt ist, fällt die inhaltliche Interpretation der Kreuztabelle schwer. Üblicherweise sollte man den Werten darum so genannte *Label* zuweisen. In Stata erfolgt dies mit dem Befehl „label".

Mit „label" können Sie den Datensatz selbst, jede Variable und die einzelnen Werte der Variable näher beschreiben. Eine ausführliche Beschreibung des Befehls finden Sie in Abschnitt 5.3 auf Seite 94.

Hier wollen wir Ihnen lediglich die Wirkungsweise der *Label* demonstrieren. Zunächst verändern wir das *Label* für die Variable *est* von „Erwerbsstatus 97" in „Erwerbstaetigkeit 97":

```
. label variable est "Erwerbstaetigkeit 97"
```

Entsprechend würden man verfahren, wenn bisher noch kein *Label* vergeben worden wäre.

Die Vergabe eines *Label* für die Werte der Variable erfolgt durch[19]:

```
. label define estlb 1 "Vollzeit" 2 "Teilzeit" 3 "Umschul."
4 "Unregelm" 5 "arb.los" 6 "Wehrd." 7 "n.erw."
. label values est estlb
```

Wenn Sie nun nochmals den „tabulate"-Befehl von oben eingeben, können Sie sich die Auswirkung der Variablen- und Werte-*Label* betrachten. Wir haben hier auch gleich noch Spaltenprozente angefordert und die Ausgabe der Häufigkeiten (*frequencies*) unterdrückt:

```
. tabulate est sex, column nofreq
```

```
Erwerbstae |    Geschlecht
tigkeit 97 |  Maenner     Frauen |     Total
-----------+----------------------+----------
   Vollzeit |      870        691 |      1561
   Teilzeit |       83        160 |       243
   Umschul. |       37         37 |        74
   Unregelm |       17         32 |        49
      Wehrd. |        9          4 |        13
      n.erw. |      579        821 |      1400
-----------+----------------------+----------
      Total |     1595       1745 |      3340
```

Aus der Tabelle lässt sich ablesen, dass Männer häufiger Vollzeit erwerbstätig sind als Frauen (55% gegenüber 40%). Frauen sind dagegen häufiger teilzeitbeschäftigt oder gar nicht erwerbstätig. Das hat natürlich Konsequenzen für den Befund, dass Frauen im Durchschnitt weniger verdienen als Männer. Schließlich ist klar, dass Teilzeitbeschäftigte ein niedrigeres Bruttoeinkommen haben als Vollzeitbeschäftigte. Da Frauen häufiger teilzeitbeschäftigt sind, haben sie auch ein niedrigeres Bruttoeinkommen. Die Einkommensungleichheit zwischen Männern und Frauen könnte somit als Resultat von Entscheidungen zwischen Ehepartnern aufgefasst werden und nicht als Diskriminierung am Arbeitsplatz.

Die Hilfefunktionen

Es scheint also sinnvoll, den Erwerbsstatus in irgendeiner Form bei der Betrachtung von Einkommensunterschieden zwischen Frauen und Männern zu berücksichtigen[20]. Eine Möglichkeit bietet hier die lineare Regressionsanalyse.

---

[19]Der Befehl ist zu lang für eine Zeile im Buch und muss darum umgebrochen werden. Sie dürfen dies nicht übernehmen. Stata bricht die Eingabe im Eingabefenster bei Bedarf automatisch um.

[20]Teilweise ist das bereits durch den Ausschluss der Personen ohne Einkommen geschehen. Dieser Ausschluss betrifft jedoch lediglich die Personen ohne Erwerbstätigkeit, nicht auch die Teilzeitbeschäftigten. Zudem ist der Ausschluss unvollständig, da Nicht-Erwerbstätige in der Regel Arbeitslosengeld, Rente oder ähnliche Einkommen beziehen.

1.3 Erste Analysen

Das Verfahren der linearen Regressionsanalyse wird ausführlich in Kapitel 8 besprochen. Die nachfolgenden Abschnitte sind – so hoffen wir – auch dann verständlich, wenn Sie mit diesem Verfahren nicht vertraut sind.

Unglücklicherweise kennen Sie den Befehl für die lineare Regression im Augenblick noch nicht. Allerdings ist dies eine durchaus übliche Situation: Man erfährt von einem bestimmten statistischen Verfahren und möchte wissen, ob es in Stata eine entsprechende Prozedur gibt. In solchen Fällen hilft der Befehl „search". Mit „search" wird eine spezielle Datei nach den Begriffen durchsucht, die Sie eingeben. Wenn „search" fündig geworden ist, wird Ihnen eine Liste von Einträgen zu Ihrem Suchwort angezeigt. Groß- und Kleinschrift spielt bei den eingegebenen Begriffen übrigens ausnahmsweise keine Rolle.

Die Datei, die durchsucht wird, heißt *stata.key* und findet sich im Stata-Programmverzeichnis. Die Datei wird vierteljährlich ergänzt. Sie sollten Sie also regelmäßig erneuern, um die Funktion von „search" voll ausschöpfen zu können. Die Erneuerung geschieht durch die in Abschnitt 12.2 auf Seite 384 beschriebene *Pflege* von Stata.

In unserem Fall können Sie z.B. einen der folgenden Versuche starten[21]:

. search Linear Regression

oder

. search Model

oder

. search OLS

Durch jede dieser Eingaben erhalten Sie eine Liste von Einträgen, die etwas mit dem gesuchten Begriff zu tun haben. Im Fall der ersten beiden Kommandos ist die Liste sehr lang, schneller zum Ziel kommt man daher mit dem dritten Kommando[22]. Bei einigen Einträgen handelt es sich um Artikel in der Zeitschrift *Stata Technical Bulletin* (STB). Bei anderen um Antworten auf häufig gestellte Fragen (FAQs)[23], die auf den Stata-Webseiten beantwortet werden. Meistens handelt es sich aber um Befehle. Dies können Sie am Verweis auf die vorhandene *Online*-Hilfe erkennen. Unter anderem finden Sie:

snip ✂
[R]   regress . . . . Linear regression
         (help regress)
snip ✂

Es gibt also den Befehl „regress" für Lineare Regressionen. Näheres finden Sie dann durch die Eingabe von

---

[21] Beachten Sie, dass Sie nur englische Begriffe verwenden.
[22] OLS ist die Abkürzung für „Ordinary-Least-Squares", dem Schätzverfahren der linearen Regressionsanalyse.
[23] Diese sowie einige andere Ressourcen mit Informationen zu Stata werden in Abschnitt 12.1 auf Seite 383 beschrieben.

```
. help regress
```
Mit dem Befehl „help" starten Sie die so genannte „Online-Hilfe"[24]. Die *Online*-Hilfe enthält für jeden Stata-Befehl einen Hilfetext, der auf dem Bildschirm angezeigt wird und durch den Sie auf die schon bekannte Weise blättern können[25]. Sie erhalten diesen Text, wenn Sie „help" gefolgt durch den Befehl, für den Sie Hilfe benötigen eingeben.

Die Hilfetexte sind stets gleich gegliedert. Am Anfang wird der Aufbau des Befehls – die Syntax – dargestellt. Daran schließt sich eine mehr oder weniger ausführliche Beschreibung des Zwecks des Befehls an, gefolgt von einer Beschreibung der Optionen. Am Ende jedes Hilfetextes finden sich einige Beispiele zur Anwendung des Befehls und Verweise auf weitere verwandte Befehle.

Beim Durchlesen der Beschreibung erfährt man, dass mit „regress" ein lineares Regressionsmodell berechnet wird. Dazu wird zunächst der Befehl selbst, dann die abhängige (endogene) Variable *depvar* und danach die Liste der unabhängigen (exogenen) Variablen eingegeben. Dies wird in Kapitel 8 ausführlich erklärt. Allgemeine Hinweise für das Lesen von Syntaxangaben erhalten Sie in Kapitel 3.

Rekodierungen von Variablen

Die abhängige Variable unserer Fragestellung ist das Einkommen. Die unabhängigen Variablen sind das Geschlecht und der Erwerbsstatus. Leider verursachen diese unabhängigen Variablen einige Probleme:

1. Das Geschlecht ist eine dichotome, nominal skalierte Variable. Solche Variablen werden am besten mit den Werten 0 und 1 in eine lineare Regressionsanalyse eingeführt. Die Geschlechtsvariable hat jedoch die Werte 1 und 2. Dies sollten Sie ändern. Sie können entweder Ihre Variable mit dem Befehl „replace" verändern („replace sex = sex - 1") oder eine neue Variable erzeugen, die Ihren Bedürfnissen entspricht:

   ```
   . generate men = 1 if sex == 1
   . replace  men = 0 if sex == 2
   ```

   Zur Erklärung der Kommandos reicht eine Übersetzung: „Erzeuge die Variable *men* mit dem Wert 1, wenn der Wert der Variablen *sex* gleich 1 ist. Ersetze danach die Variable *men* durch den Wert 0, wenn der Wert der Variable *sex* gleich 2 ist."

---

[24]Für die *Online*-Hilfe müssen Sie keinen Internet-Anschluss haben. Alle Informationen für die *Online*-Hilfe sind lokal auf Ihrem Rechner gespeichert.
[25]Innerhalb der Hilfe können Sie auch in älteren Stata-Versionen zurückblättern. Dies geschieht durch die Taste **b**.

1.3 Erste Analysen

2. Der Erwerbsstatus ist ebenfalls eine nominal skalierte Variable. Da diese Variable aber nicht dichotom ist, können wir sie in dieser Form nicht verwenden. Allerdings sind wir lediglich an erwerbstätigen Personen interessiert. Wir können daher eine dichotome Variable erzeugen, die nur zwischen Voll- und Teilzeitbeschäftigten unterscheidet und alle anderen Personen aus der Analyse ausschließt:

```
. generate vollzeit = 1 if est == 1
. replace vollzeit = 0 if est == 2
```

Die Variable *vollzeit* bleibt für alle Befragten undefiniert, die weder Voll- noch Teilzeitbeschäftigt sind (*Missing*).

Eine ausführliche Beschreibung der Befehle zur Bildung neuer und Veränderung bestehender Variablen finden Sie in Kapitel 5. Das Rekodieren von Variablen ist der wahrscheinlich zeitintensivste Teil der Datenanalyse. Wir empfehlen Ihnen darum, sich eingehend mit diesen Befehlen zu befassen.

Lineare Regressionsanalysen

Nach der Generierung der Analysevariablen kann das Regressionsmodell berechnet werden. Der Befehl dafür ist einfach:

```
. regress eink men vollzeit
```

Es wird also einfach der Befehl „regress", dann der Namen der abhängigen und anschließend die Namen der unabhängigen Variablen eingegeben. Das Ergebnis sehen Sie hier:

```
  Source |       SS       df       MS              Number of obs =    1560
---------+------------------------------           F(  2,  1557) =   74.73
   Model |   912869980     2   456434990           Prob > F      =  0.0000
Residual |  9.5094e+09  1557   6107524.74          R-squared     =  0.0876
---------+------------------------------           Adj R-squared =  0.0864
   Total |  1.0422e+10  1559   6685237.97          Root MSE      =  2471.3

------------------------------------------------------------------------------
    eink |      Coef.   Std. Err.       t     P>|t|       [95% Conf. Interval]
---------+--------------------------------------------------------------------
     men |    905.9318   126.929      7.137    0.000       656.962    1154.902
 vollzeit|    1619.33    185.0203     8.752    0.000      1256.415    1982.245
    _cons|    1940.166   175.8614    11.032    0.000      1595.216    2285.116
------------------------------------------------------------------------------
```

Auf das Ergebnis dieser linearen Regression kann hier nicht in allen Einzelheiten eingegangen werden. Nur so viel: Das Durchschnittseinkommen der Personen, die bei allen unabhängigen Variablen den Wert 0 haben (also den teilzeitbeschäftigten Frauen) beträgt 1940 DM. Ihre vollzeitbeschäftigten Kolleginnen verdienen durchschnittlich etwa 1620 DM mehr, also etwa 3560

DM. Unabhängig von den Einkommensunterschieden zwischen Voll- und Teilzeitbeschäftigten zeigt sich, dass Männer immer noch etwas mehr verdienen als Frauen. Die Einkommensdifferenz beträgt im Schnitt etwa 906 DM. Die Einkommensungleichheit zwischen Männern und Frauen lässt sich demnach nicht durch die häufigere Teilzeit-Erwerbstätigkeit der Frauen erklären.

Die Gültigkeit dieser Schlussfolgerung hängt von einer Fülle von Faktoren ab. Dazu gehören eine Reihe formaler statistischer Aspekte des linearen Regressionsmodells, auf die wir in Kapitel 8 eingehen.

Grafiken

Das Ergebnis der linearen Regression lässt sich am besten grafisch wiedergeben. In *Conditional-Effects*-Plots werden die vorhergesagten Werte von Regressionsmodellen eingezeichnet. Variablen mit den vorhergesagten Werten von Regressionsmodellen können Sie dadurch erzeugen, dass Sie nach dem „regress"-Befehl den Befehl „predict" verwenden. Mit

```
. predict yhat
```

erzeugen Sie eine Variable mit dem Namen *yhat*, welche die vorhergesagten Werte Ihres Regressionsmodells enthält. Diese neue Variable können Sie für einen *Conditional-Effects*-Plot verwenden. Das einfachste ist es, folgende Befehle einzugeben[26].

```
. sort vollzeit
. graph yhat men, by(vollzeit) symbol(i) connect(l) sort
```

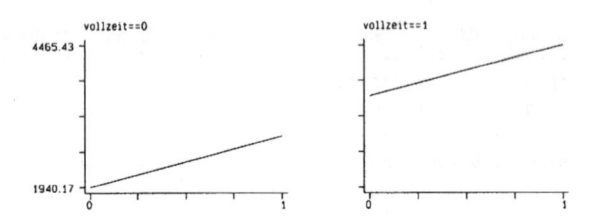

men
Graphs by vollzeit

---

[26] UNIX/Linux-Anwendern wird empfohlen zuvor
xwindow define graph
einzugeben.

Sicher haben Sie erkannt, dass die Eingabe aus dem Befehl „graph", einer Variablenliste und aus einigen Optionen besteht. Insofern enthält der Befehl nichts Neues. Die Optionen wollen wir hier nicht kommentieren, dies bleibt Kapitel 6 vorbehalten. Weitere Informationen zum *Conditional-Effects*-Plot finden Sie in Abschnitt 8.4.2 auf Seite 224.

Anhand der Steigung der Linien in der Grafik kann man das Ausmaß der Einkommensungleichheit zwischen Männern und Frauen erkennen. Je steiler die Linie, desto höher die Einkommensungleichheit. An der Lage der Linie können Sie ablesen, dass das Lohnniveau der Vollzeitbeschäftigten höher ist als das der Teilzeitbeschäftigten.

Genug gesehen? Dann blenden Sie die Grafik mit **Strg + 1** wieder aus (bzw. das *Results*-Fenster wieder ein)[27]. Sie können die Grafik jederzeit durch **Strg + 2** wieder einblenden[28].

1.4 Do-Files

Das Ergebnis der Regression ist so interessant, dass man es aufbewahren sollte. Aufbewahren heißt: das Ergebnis sollte jederzeit reproduzierbar und die Verfahren zu seiner Ermittlung nachvollziehbar sein. Mit dieser elementaren Grundlage wissenschaftlichen Arbeitens werden wir uns ausführlich in Kapitel 2 beschäftigen. Wir halten diesen Aspekt jedoch für so wichtig, dass wir die grundsätzliche Vorgehensweise bereits hier vorstellen wollen.

Wenn Sie unter Windows 95/98/NT oder Macintosh arbeiten, können Sie den Befehl „doedit" eingeben. Mit diesem Befehl rufen Sie den Stata-*Do-File*-Editor auf. Dies ist ein kleines Textverarbeitungsprogramm, mit dem einfache Texte ohne Formatierungen erstellt werden können (sog. ASCII-Format). Sie können stattdessen aber auch jeden anderen Editor, z.B. *Notepad* oder *Wordpad* verwenden. Im Folgenden werden wir die Verwendung eines externen Editors vorführen, da dieses Vorgehen für alle Betriebssysteme identisch ist. Außerdem können Sie dann einen Editor verwenden, dessen Funktionalität Sie bereits kennen.

Der Aufruf eines Editors erfolgt nach den Maßgaben des jeweiligen Betriebssystems. Wir werden das Vorgehen im Folgenden für den mit Windows ausgelieferten Editor vorstellen. Meistens finden Sie diesen Editor als einen Eintrag unter **Zubehör** im Windows-Startmenü. Klicken Sie also auf **Start, Programme** dann auf **Zubehör** und durchforschen Sie die Menüeinträge so lange, bis Sie den Editor gefunden haben.

Beachten Sie, dass auf Ihrem Computer nun zwei Programme gleichzeitig laufen – der Editor *und* Stata. Der Editor befindet sich im Vordergrund. Er

---

[27] UNIX/Linux-Anwender drücken eine beliebige Taste.
[28] UNIX/Linux-Anwender wechseln nach der Maßgabe ihres *X-Windows-Systems* zwischen Grafik- und Text-Ausgabe.

besteht im Wesentlichen aus einer freien Fläche, in die Sie einen beliebigen Text eingeben können. Natürlich können Sie auch Stata-Befehle in den Editor eingeben. Das sollten Sie jetzt tun. Schreiben Sie folgende Zeilen[29]:

---
an1.do
```
use data1, clear
mvdecode eink, mv(0)
generate men = 1 if sex == 1
replace men = 0 if sex == 2
generate vollzeit = 1 if est == 1
replace vollzeit = 0 if est == 2
regress eink men vollzeit
exit
```

Es handelt sich hier um diejenigen Befehle, welche zur Reproduktion der Regressionsanalyse notwendig sind. Neu ist nur die Option „clear" im „use"-Befehl. Diese Option muss angegeben werden, wenn sich Daten im Arbeitsspeicher befinden die durch den neuen Datensatz überschrieben werden sollen. Bitte speichern Sie diesen Text jetzt unter dem Namen *an1.do* ab und zwar in das Verzeichnis, in dem Sie auch unter Stata gearbeitet haben[30]. In den meisten Editoren werden Sie dazu den Menüpunkt **Save As** oder **Speichern unter** aus dem Menü **File** oder **Datei** verwenden. In vielen Windows-Editoren müssen Sie den Dateityp *Alle Dateien* auswählen, sonst wird die Datei automatisch mit der Extension „.txt" gespeichert.

Fertig? Dann wechseln Sie wieder zu Stata. Unter Windows können Sie dazu mit der Tastenkombination **Alt + Tab** zwischen den laufenden Programmen blättern. In anderen Betriebssystemen gibt es ähnliche Möglichkeiten. Wenn Sie den Stata-*Do-File*-Editor verwendet haben, schließen Sie diesen.

Sobald Sie wieder im Eingabefenster sind, geben Sie folgenden Befehl ein:

```
. do an1
```

Jetzt müssten hintereinander die Ausgaben der Stata-Befehle erscheinen, die Sie in Ihrem Editor eingegeben haben.

Durch den Befehl „do" wird die Ausführung so genannter *Do-Files* aufgerufen[31]. *Do-Files* sind Dateien mit mehreren Stata-Befehlen, die hintereinander ausgeführt werden sollen. Mit dem Befehl „do an1" haben Sie den *Do-File* *an1.do* aufgerufen.

Wenn Sie eine Fehlermeldung bekommen, haben Sie sich wahrscheinlich irgendwo verschrieben. Sobald Stata auf einen fehlerhaften Befehl in einem

---

[29] Wir haben den einzugebenden Text zusätzlich durch Linien markiert. Dies werden wir im Folgenden immer tun, wenn wir über Befehle reden, die in einer Datei stehen.

[30] Wenn Sie unseren Vorschlägen gefolgt sind, handelt es sich um *c:/kkstata*.

[31] Beim Stata-*Do-File*-Editor gibt es elegantere Möglichkeiten, den *Do-File* zu starten. Hinweise hierzu finden Sie in [R] „doedit".

Do-File trifft, wird die Bearbeitung des *Do-Files* abgebrochen und die entsprechende Fehlermeldung angezeigt. Wechseln Sie in diesem Fall – **Alt + Tab** – zurück zu Ihrem Editor und kontrollieren Sie dort sorgfältig die eingegebenen Befehle. Korrigieren Sie den Fehler, speichern Sie die Datei und wechseln Sie wieder – **Alt + Tab** – zu Stata. Starten Sie dann den *Do-File* erneut. Denken Sie dabei an die Möglichkeit, den zuletzt eingegebenen Befehl mit der **Bild-nach-oben**-Taste zu wiederholen. Es ist übrigens eine gute Idee, die Sequenz *Wechsel zum Editor, Speichern, Wechsel zu Stata* und *Starten des Do-Files* ein paar Mal zu wiederholen.

Wenn Sie statt der Ergebnisse die Fehlermeldung

```
file an1.do not found
r(601);
```

erhalten haben, könnte es sein, dass Sie *an1.do* nicht in das korrekte Verzeichnis abgespeichert haben. Bitte vergewissern Sie sich, dass sich die Datei in Ihrem momentanen Arbeitsverzeichnis befindet, z.B. mit

```
. dir an1.do
```

Falls sich *an1.do* dort nicht befindet, sollten Sie sich zunächst mit

```
. pwd
```

über Ihr Arbeitsverzeichnis informieren. Danach sollten Sie wieder in Ihren Editor wechseln und die Datei nochmals in dieses Verzeichnis abspeichern[32].

1.5 Stata verlassen

Sie sind nun prinzipiell am Ende Ihrer ersten Sitzung angelangt. Bevor Sie Ihre Arbeit beenden, möchten wir Sie noch bitten, folgende Befehle einzugeben:

```
. log using an1
. #review 100
. log close
```

Mit diesen drei Befehlen können Sie die bisher eingegebenen Kommandos in der Datei *an1.log* aufbewahren. Die genaue Funktionsweise der Befehle werden wir in Kapitel 2 erläutern.

---

[32] Bei manchen Editoren kann es sein, dass Sie Ihre Datei ins richtige Verzeichnis gespeichert haben und Stata diese Datei trotzdem nicht findet. Dieses Problem tritt auf, weil manche Windows-Editoren eine Datei zunächst nicht unter dem angegebenen Dateinamen speichern, sondern als eine temporäre Datei. Erst mit dem Verlassen des Editors wird dann der richtige Dateiname angelegt. In diesem Fall müssen Sie den Editor beenden bevor Sie zu Stata wechseln und „do an1" eingeben. Sollte dies zutreffen, raten wir Ihnen, in Zukunft einen anderen Editor zu benutzen.

Sie können Ihre erste Stata-Sitzung nun beenden. Geben Sie dazu einfach den Befehl

`. exit`

ein. Es erscheint:

```
no; data in memory would be lost
r(4);
```

So geht es also nicht. Die Ursache dafür ist, dass Befehle wie „generate" und „replace" den Datensatz ändern. Das Verlassen von Stata ohne Speicherung dieser Änderungen würde den endgültigen Verlust der Änderungen nach sich ziehen. Den Verlust von Daten müssen Sie in Stata immer ausdrücklich anfordern. Sie können Stata nur verlassen, wenn Sie Ihre Änderung gespeichert haben oder Sie den Verlust der Änderungen bestätigen. Wenn Sie Ihre Änderung speichern wollen, verwenden Sie den Befehl „save". Geben Sie dazu hinter „save" den Namen an, unter dem Sie die Datei speichern möchten. Verwenden Sie dabei einen neuen Namen, z.B. *mydata*:

`. save mydata`

Der Datensatz wird damit unter dem Namen *mydata.dta* in das aktuelle Arbeitsverzeichnis gespeichert. Wenn Sie einen Namen gewählt haben, der schon für eine andere Datei vergeben wurde, führt der Befehl zu einer Fehlermeldung. Stata versucht Sie daran zu hindern, versehentlich eine Datei zu überschreiben. Die einzige Möglichkeit eine vorhandene Datei zu überschreiben ist das Anfügen der Option „replace", z.B. „save mydata, replace".

Vermeiden Sie den Befehl „save, replace"! Er verwendet als Dateinamen auf jeden Fall den Namen der Datei, die Sie gerade im Arbeitsspeicher geladen haben. Die Originalversion dieser Datei kann dann unbeabsichtigt für immer verloren gehen.

Nach dem Speichern können Sie Stata mit dem Kommando „exit" verlassen:

`. exit`

Wenn Sie die Änderung am Datensatz *nicht* speichern wollen, weil Sie diese mit Ihrem *Do-File* immer wieder reproduzieren können, reicht der Befehl „exit" zum Beenden von Stata nicht aus. Sie benötigen in einem solchen Fall den Befehl

`. exit, clear`

Kapitel 2

Arbeiten mit Do-Files

Wissenschaft erhebt den Anspruch der Objektivität. Zentrales Kriterium für die Objektivität ist die *intersubjektive Nachvollziehbarkeit* (Popper 1994:18), d.h. es sollte anderen Personen möglich sein, die Forschungsergebnisse mit den gleichen Methoden zu bestätigen oder auf Grund problematischer Details zu kritisieren. Dies setzt eine sorgfältige Dokumentation aller Entscheidungen während des Forschungsprozesses voraus.

Kaum ein Bereich der wissenschaftlichen Arbeit ist so einfach zu dokumentieren wie die statistische Datenauswertung. Trotzdem gibt es immer wieder Studenten, die nicht mehr zeigen können, wie sie zu einem bestimmten Ergebnis gekommen sind. Und dieses Problem ist wahrscheinlich nicht auf Studenten begrenzt. Bei ihrem Versuch, 62 empirisch-ökonomische Arbeiten des renommierten *Journal of Money, Credit and Banking* zu reproduzieren, mussten Dewald, Thursby und Anderson feststellen, dass nur 22 der angeschriebenen Autoren Ihre Daten und Programme zur Verfügung stellten. 20 der angeschriebenen Autoren antworteten nicht, bei weiteren 20 existierten die Daten nicht. Nur eine der 22 Arbeiten, bei denen Daten und Programme zur Verfügung standen, war gut dokumentiert[1].

Zumindest für die Fälle mit fehlenden Daten und den 21 schlecht oder gar nicht dokumentierten Analysen, dürfte eine mangelhafte Arbeitsorganisation nicht ganz unbeteiligt sein. Um derartiges zu vermeiden, wollen wir in diesem Kapitel den Umgang mit *Do-Files* erläutern. Wie bereits in Abschnitt 1.4 auf Seite 29 erwähnt, sind *Do-Files* einfache Textdateien mit Stata-Befehlen, die hintereinander ausgeführt werden. *Do-Files* sind das zentrale Werkzeug, um Reproduzierbarkeit zu erreichen. Um die Reproduzierbarkeit zu optimieren, ist eine gute Organisation der *Do-Files* notwendig. Dazu werden wir Ihnen einen Vorschlag unterbreiten. Zuvor sollten Sie aber lernen, wie Sie Ihre interaktive Arbeit in einen *Do-File* umwandeln können.

---

[1] Zitiert nach Diekmann (1998).

2.1 Von der interaktiven Arbeit zum Do-File

Obwohl wir den *Do-Files* große Bedeutung beimessen, beginnen auch wir unsere Analysen meistens interaktiv. Wir probieren unterschiedliche Modelle, löschen Ausreißer, transformieren Variablen, konstruieren Indizes und vieles mehr. Bei einer Analyse sollte man sich jedoch bemühen, die wesentlichen Analyseschritte solcher interaktiven Versuche in einem *Do-File* zu dokumentieren und reproduzierbar zu machen. Es gibt zwei Möglichkeiten dies zu tun.

Alternative 1

Am Ende von Kapitel 1 haben wir Sie um die Eingabe folgender Befehle gebeten:

Ausschnitt aus Abschnitt 1.5
```
. log using an1
. #review 100
. log close
```

Prinzipiell ist die Eingabe dieser Befehls-Sequenz am Ende einer interaktiven Sitzung Voraussetzung dafür, dass die Arbeit in einen *Do-File* umgewandelt werden kann. Um sich über die Bedeutung der Befehls-Sequenz klar zu werden, sollten Sie in den Stata-*Do-File*-Editor[2] wechseln und darin die Datei *an1.log* öffnen[3]:

```
. doedit an1.log
```

Mit dem Befehl „doedit" wird der Stata-*Do-File*-Editor aufgerufen. Wenn Sie gleichzeitig einen Dateinamen angeben, wird die entsprechende Datei unmittelbar geladen[4]. Die Datei *an1.log* sieht ungefähr so aus:

an1.log
```
[71]  . d
[70]  . describe
[69]  . pwd
[68]  . cd c:/kkstata
snip ✂
[4]   . doedit
[3]   . do an1
[2]   . dir an1.do
[1]   . pwd
```

---

[2] Benutzer anderer Betriebssysteme als Windows 95/98/NT öffnen einen externen Editor.

[3] Bitte achten Sie darauf, dass Ihr Arbeitsverzeichnis *c:/kkstata* ist. Näheres hierzu auf Seite 11.

[4] Sollten Sie unser Beispiel aus Kapitel 1 nicht durchgeführt haben, können Sie stattdessen auch die Datei *an1kk.log* aus unserem Dateipaket öffnen.

2.1 Von der interaktiven Arbeit zum Do-File

Wie auch immer die Datei bei Ihnen aussieht: Sie ist ein getreues Abbild der Eingaben, die *Sie* während des Lesens von Kapitel 1 gemacht haben. Sie wurde mit der obigen Befehls-Sequenz erstellt.

Zur Erklärung: Der Befehl „log using" weist Stata an, eine Datei anzulegen, in welche die Ausgaben aller nachfolgenden Befehle geschrieben werden. Zum Befehl „log using" gehört die Angabe des Namens der Datei, die angelegt werden soll, hier: *an1*. Sofern keine Dateinamenerweiterung angegeben wird, verwendet Stata die Erweiterung *log*. Deshalb nennen wir diese Dateien *Log-Files*. Nach der Eingabe von „log using an1" wird alles, was auf dem Bildschirm erscheint, in der Datei *an1.log* gespeichert, so lange, bis der Befehl „log close" eingegeben wird.

In unserer Befehls-Sequenz steht nur ein einziger Befehl zwischen dem Öffnen und Schließen des *Log-Files*: „#review". Mit diesem Befehl wird eine Liste der zuletzt eingegebenen Befehle angezeigt. Durch die Eingabe von „#review 100" werden die hundert letzten Befehle angezeigt. Dies sollte genügen, um alle von Ihnen eingegebenen Befehle anzuzeigen. In unserer Beispieldatei wurden 71 Befehle während der ersten Sitzung eingegeben, weshalb auch nur diese angezeigt wurden. Ohne die Angabe einer Zahl hätte „#review" nur die letzten fünf Befehle angezeigt. Es können maximal hundert Zeilen angezeigt werden.

Wie bereits erwähnt, führt der Befehl „log using an1.log" dazu, dass die Ausgabe der nachfolgenden Befehle in die Datei *an1.log* geschrieben wird – so auch die Ausgabe von „#review", die Sie nun im Editor vor sich sehen.

Die Datei *an1.log* ist eine Liste von Stata-Befehlen und damit fast ein fertiger *Do-File*. Allerdings müssen die einleitenden Zeilennummern entfernt werden. Das kann recht mühsam sein. Hilfreich sind hier Editoren, mit denen Spalten bearbeitet werden können, eine Fähigkeit, die der Stata-*Do-File*-Editor leider nicht aufweist[5]. Arbeit sparen Sie auch, wenn Sie vor Entfernung der Zeilennummern fehlerhafte oder unnötige Befehle löschen. Falsch eingegebene Befehle erkennt man schnell daran, dass der Befehl mehrmals hintereinander eingegeben wurde. Normalerweise ist dann nur der letzte Befehl korrekt. Ein unnötiger Befehl in einem *Do-File* ist „describe" oder „list". Auch die zahlreichen Variationen des „summarize"-Befehls müssen nicht immer wiederholt werden. Unbedingt notwendig sind in unserem Beispiel nur die Befehle, die in unmittelbarem Zusammenhang mit der Regressionsanalyse stehen, d.h. Befehle, ohne die das Ergebnis nicht reproduzierbar wäre oder die wichtige Zusatzinformationen liefern. Entscheiden Sie selbst, welche Befehle Sie löschen wollen, und löschen Sie anschließend die einleitenden Zeilennummern und Punkte.

Unsere Datei sieht nach diesen Arbeiten so aus:

---
[5]Empfehlenswerte Alternativen sind *MEL*, *Ultra Edit*, *(X)Emacs* oder *Text Pad*. Diese können z.B. über den FTP-Server der Universität Heidelberg bezogen werden.

------- *an1.log*
```
use data1
drop einzug - np9507
mvdecode eink, mv(0)
sort sex
by sex:  summarize eink
summarize eink, detail
label variable est "Erwerbstaetigkeit 97"
label define estlb 1 "Vollzeit" 2 "Teilzeit" 3 "Umschul." 4 "Unregelm" 5
>"Wehrd." 6 "n. erw."
label values est estlb
tabulate est sex, col
generate men = 1 if sex == 1
replace men = 0 if sex == 2
generate vollzeit = 1 if est == 1
replace vollzeit = 0 if est == 2
regress eink men vollzeit
predict yhat
sort vollzeit
graph yhat sex, by(vollzeit) symbol(i) connect(l) sort border
```

Dieser *Do-File* ist nun fast schon *lauffähig*, d.h. Stata würde die Befehle ohne Fehlermeldung abarbeiten. Einziges Problem: Der „label define"-Befehl ist auf zwei Zeilen umgebrochen. Das darf nicht sein. In Abschnitt 2.2.2 auf Seite 41 werden wir Ihnen zeigen, wie Sie mit diesem Problem umgehen können.

Zuvor sollen Sie aber noch die zweite Möglichkeit zur Generierung von *Do-Files* aus einer interaktiven Sitzung kennen lernen. Davor sollten Sie Ihre jetzige Datei als *Do-File* speichern. Wir schlagen dazu den Namen *an1.do*[6] vor. Achten Sie darauf, dass Sie die Datei in das Verzeichnis (z.B. *c:/kkstata*) speichern, in dem Sie unter Stata mit unserem Buch arbeiten. Achten Sie außerdem darauf, dass Ihr Editor keine anderen Erweiterungen als „.do" an die Datei anhängt[7].

Alternative 2

Im vorhergehenden Abschnitt haben Sie Ihre interaktive Arbeit durch das Speichern der Ausgabe von „#review" in einem *Log-File* aufbewahrt. Natürlich können Sie mehr als die Ausgabe von „#review" in einem *Log-File* speichern. Nach der Eingabe von „log using *Dateiname*" werden alle Eingaben *und* deren Ergebnisse so lange in eine Textdatei gespeichert, bis Sie dies durch „log close" beenden.

---

[6]Wenn Sie alle unsere Schritte in Kapitel 1 nachvollzogen haben, existiert zwar bereits eine Datei dieses Namens, aber diese Datei enthält im Wesentlichen den Inhalt, den Sie jetzt vor sich sehen. Sie können diese darum überschreiben.

[7]Im unter Windows-Zubehör ausgelieferten Editor werden alle Dateien mit der Extension „.txt" abspeichert. Sie müssen bei **Speichern-unter** den Dateityp **Alle Dateien** auswählen, um einen Dateinamen und eine Extension Ihrer Wahl einzugeben.

Für die Erstellung eines *Do-Files* aus interaktiver Befehlseingabe ist diese Eigenschaft nur bedingt zweckmäßig. Zwar enthält der *Log-File* alle Eingaben, und diese können für einen *Do-File* genutzt werden. Doch würde dieser *Log-File* auch alle Fehlermeldungen und Ergebnisse der interaktiven Arbeit enthalten. Diese haben in einem *Do-File* nichts zu suchen und müssten zuerst mühsam gelöscht werden.

Aus diesem Grund gibt es die Option „noproc" des „log"-Befehls. Diese Option führt dazu, dass nur die Eingaben, nicht aber die Ergebnisse in einen *Log-File* geschrieben werden.

Wir wollen Ihnen die Anwendung dieser Option an einem Beispiel illustrieren. Zu diesem Beispiel ist zu sagen, dass es für Anfänger möglicherweise ein wenig fortgeschritten ist. Bitte konzentrieren Sie sich dann nur auf das Grundsätzliche: das Erstellen des *Do-Files*.

Unser Beispiel knüpft an die Analyse in Kapitel 1 an. Dort haben Sie herausgefunden, dass Frauen im Allgemeinen weniger verdienen als Männer. Ein multiples Regressionsmodell zeigte Ihnen, dass dieser Unterschied nur teilweise auf die häufigere Teilzeit-Beschäftigung der Frauen zurückzuführen ist.

Nach wie vor haben Sie jedoch Zweifel an Ihren Ergebnissen. Sie argumentieren:

- Es ist bekannt, dass das Einkommen der erwerbstätigen Bevölkerung mit zunehmendem Alter steigt. Gleichzeitig verzichten Frauen nach wie vor häufiger zugunsten der Familienarbeit auf die Erwerbsarbeit. Somit ist die Gruppe erwerbstätiger Frauen stärker aus schlechter verdienenden jüngeren Personen zusammengesetzt als die erwerbstätiger Männer.

- Die Einkommensungleichheit zwischen Männern und Frauen ist ein aussterbendes Phänomen. Lange Jahre haben Frauen das Ziel beruflichen Aufstiegs dem Ziel der Familiengründung untergeordnet. Daraus resultierte ein allgemein geringerer beruflicher Ehrgeiz, der sich in der entsprechend geringeren Bezahlung der erwerbstätigen Frauen niederschlug. Dies ist heute anders. Junge Frauen verfolgen ihre beruflichen Karrieren heute mit der gleichen Zielstrebigkeit wie Männer, weshalb Einkommensungleichheit zwischen Männern und Frauen nur bei älteren Frauen feststellbar ist.

Zur Überprüfung dieser Hypothesen müssen Sie sich zunächst über die notwendigen Analyseschritte klar werden. In dieser Situation empfiehlt es sich, zuerst interaktiv einige Versuche zu machen. Wechseln Sie darum jetzt zum Eingabefenster von Stata. Bevor Sie Ihre Versuche starten, sollten Sie Ihren ursprünglichen Befund reproduzieren. Geben Sie bitte ein[8]:

---

[8] Wir haben die Bildung der beiden neuen Variablen etwas eleganter gestaltet. Mehr dazu erfahren Sie auf Seite 80. Anstelle der Eingabe von Hand können Sie auch den *Do-File anchap1.do* aus unserem Dateipaket starten.

```
. use data1, clear
. mvdecode eink, mv(0)
. generate men = sex == 1 if sex ~= .
. generate vollzeit = est == 1
. replace vollzeit = . if est > 2
. regress eink men vollzeit
```

Nun können Sie sich daran machen, Ihre oben angeführten Zweifel in entsprechende Analysen umzusetzen. Da Sie bereits wissen, dass Ihre Versuche in einem *Do-File* münden sollen, sollten Sie die notwendigen Vorkehrungen treffen. Geben Sie folgenden Befehl ein:

```
. log using an1.do, noproc
```

Beachten Sie, dass *an1.do* hier als *Log-File* verwendet wird, obwohl er die Dateinamenerweiterung „.do" trägt. Dabei werden Sie anhand einer Fehlermeldung feststellen, dass die Datei *an1.do* bereits existiert. Wie immer können mit Stata Daten nur verloren gehen, wenn dies explizit erwünscht ist. Dies gilt auch für *Log-Files*. Durch die Option „replace" könnten Sie den bisherigen *Do-File* mit einem neuen überschreiben. Doch das wäre in diesem Fall kein guter Rat. Die Datei *an1.do* enthält ja Ihre bisherigen Analysen, die Sie ebenfalls aufbewahren wollen. Besser, Sie verwenden einen anderen Namen, oder, noch besser, Sie hängen die nachfolgende Analyse direkt an die bisherigen Analysen an. Dazu gibt es die Option „append". Also:

```
. log using an1.do, noproc append
```

Sie glauben, die Ergebnisse seien dadurch beeinflusst, dass unter den erwerbstätigen Frauen einkommensschwache jungen Frauen überwiegen. Sie sollten darum das Alter *kontrollieren*. Das Alter können Sie aus dem Geburtsjahr erzeugen:

```
. generate age = 1997 - gebjahr
```

Das Alter ist eine metrische Variable. Sie sollten diese Variable zentrieren, d.h. von jedem Wert den Mittelwert abziehen. Andernfalls gibt Ihnen die Regressionskonstante der multiplen Regression das geschätzte Durchschnittseinkommen von Nulljährigen wieder, was Sie kaum interessieren dürfte!

Bei der Zentrierung Ihrer Altersvariable sollten Sie sich auf die Fälle beschränken, für die Sie die Regressionsanalyse durchführen. Das sind die Erwerbstätigen mit gültigen Werten auf allen im Regressionsmodell verwendeten Variablen. Es gibt zahlreiche Möglichkeiten, dies zu tun. Wir möchten Sie bitten, einmal selbst nach einer Möglichkeit zu suchen. Wenn Sie das tun wollen, schlagen wir Ihnen vor, den Befehl

```
. log off
```

einzugeben. Danach können Sie Befehle ausprobieren, ohne dass diese in den *Log-File* gespeichert werden.

Wenn Sie eine Lösung gefunden haben, geben Sie

2.1 Von der interaktiven Arbeit zum Do-File

```
. log on
```

ein. Danach können Sie Ihre endgültige Strategie nochmals eingeben. Nach „log on" werden Ihre Eingaben wieder in den *Log-File* übernommen.

Um die Zentrierung des Alters auf der Basis der im Modell enthaltenen Fälle durchzuführen, gehen wir wie folgt vor[9]: Zunächst bilden wir eine Variable mit dem Namen *miss*, welche die Anzahl der fehlenden Angaben jedes Falls bei den Variablen unseres Modells enthält:

```
. egen miss = rmiss(eink vollzeit men age)
```

Den hier verwendeten Befehl kennen Sie noch nicht und wir werden ihn hier auch nicht erklären. Seien Sie versichert, dass er funktioniert und stellen Sie Ihre Neugier bis auf Seite 92 zurück.

Die neu gebildete Variable *miss* benutzen wir, um uns auf diejenigen Fälle zu beschränken, welche *keine* fehlenden Werte auf den angegebenen Variablen haben:

```
. summarize age if miss==0
```

Variable	Obs	Mean	Std. Dev.	Min	Max
age	1560	41.01346	14.18531	16	91

Jetzt bilden wir eine weitere Variable mit dem Namen *age_z*, bei der der Mittelwert des Alters (41) vom Alter jeder Person abgezogen wird:

```
. generate age_z = age - 41 if miss==0
```

Nun zur zweiten Hypothese. Sie glauben, die Einkommensungleichheit sei bei jüngeren Personen *kein Thema mehr*. Dies lässt sich durch einen „Interaktionseffekt" modellieren[10]. Hierzu erzeugen Sie die Variable *agemen* durch:

```
. generate agemen = age_z * men
```

Nun können Sie betrachten, wie es um Ihre Vermutungen steht:

```
. regress eink men vollzeit age_z agemen
```

Source	SS	df	MS			
Model	930890193	4	232722548	Number of obs =		1560
Residual	9.4914e+09	1555	6103791.52	F(4, 1555) =		38.13
				Prob > F =		0.0000
Total	1.0422e+10	1559	6685237.97	R-squared =		0.0893
				Adj R-squared =		0.0870
				Root MSE =		2470.6

eink	Coef.	Std. Err.	t	P>|t|	[95% Conf. Interval]	
men	901.9763	126.9232	7.106	0.000	653.0176	1150.935

---
[9] Eine elegantere Art Variablen zu zentrieren, finden Sie in Kapitel 4.
[10] Mehr zu Interaktionseffekten finden Sie in Abschnitt 8.4.2 auf Seite 222.

```
vollzeit |   1635.737    185.2772       8.829   0.000      1272.318    1999.157
   age_z | -9.926761    6.193307      -1.603   0.109     -22.07488    2.221353
  agemen |  13.84235    8.840025       1.566   0.118     -3.497275    31.18198
   _cons |  1930.176    175.9686      10.969   0.000      1585.015    2275.337
```

Das Modell schätzt das durchschnittliche Einkommen erwerbstätiger Frauen *mittleren Alters* auf 1930 DM. Anders als erwartet, scheint das Einkommen mit dem Alter nicht anzusteigen sondern zurückzugehen. Der negative Koeffizient bei der Variable *age_z* bezieht sich allerdings nur auf die Frauen, deren Einkommen demnach im Schnitt um 9.93 DM pro Lebensjahr zurückgeht. Bei den Männern steigt das Einkommen mit dem Lebensalter und zwar um 13.84 DM *mehr* als bei den Frauen, d.h. um 13.84 − 9.93 = 3.91 DM pro Jahr. Anders formuliert: Die Einkommensungleichheit zwischen Männern und Frauen, die im mittleren Alter, d.h. mit 41 Jahren 901.98 DM beträgt, steigt mit jedem Jahr um 13.84 DM an, weil die Frauen im Schnitt um 9.93 DM weniger und die Männer um 3.91 DM mehr verdienen. Umgekehrt ist die Einkommensungleichheit umso geringer, je jünger die Befragten sind. Dennoch bliebe z.B. für 21-Jährige noch immer eine Einkommensungleichheit von immerhin 625 DM bestehen.

Sie wissen damit, dass Ihre ursprüngliche Schätzung (Seite 27) für die Einkommensungleichheit zwischen Männern und Frauen von 905 DM für die jüngeren Frauen etwas zu hoch gegriffen ist. Andererseits reichen Ihre Vermutungen nicht aus, um den Einkommensunterschied zwischen Männern und Frauen zu erklären. Der grundsätzliche Befund der Einkommensungleichheit bleibt auch bei den jüngeren Personen bestehen.

Auch dieses Ergebnis erscheint interessant genug, um es nachvollziehbar aufzubewahren. Da Sie die Eingaben aufgezeichnet haben, ist dies kein besonderes Problem mehr. Bitte schließen Sie den *Log-File* und wechseln Sie wieder in den Editor:

```
. log close
. doedit an1.do
```

In *an1.do* finden Sie Ihre zuletzt eingegebenen Befehle am Ende der Datei. Die Kommandos haben bereits genau die Form, die für einen *Do-File* benötigt wird. Nur fehlerhaft eingegebene Kommandos müssen gelöscht werden.

Danach müssen Sie nur noch einige mehr oder weniger *kosmetische* Veränderungen vornehmen. Welche, zeigen wir im folgenden Abschnitt.

2.2 Do-Files sinnvoll gestalten

2.2.1 Kommentare

Die wichtigste kosmetische Änderung in *an1.do* ist die Kommentierung. Die Nachvollziehbarkeit von *Do-Files* wird beträchtlich erhöht, wenn man sie mit

2.2 Do-Files sinnvoll gestalten

Kommentaren versieht. Durch Kommentare kann man Überschriften einfügen, begründen, warum eine Analyse durchgeführt wurde, oder Stichworte zu den erzielten Ergebnissen machen.

Zwei Techniken zur Einführung von Kommentaren stehen Ihnen zur Verfügung. Die erste Technik bezieht sich auf Zeilen, die ausschließlich Kommentare enthalten. Diese werden durch ein Sternchen („*") eingeleitet. Sie können in Ihrem *Do-File* z.B. folgende Kommentarzeilen eingefügen:

――― *an1.do*
```
* Analyse zur Einkommensungleichheit zwischen Maennern und Frauen
* ----------------------------------------------------------------

* Datensatz: SOEP-Daten 1997, Auszug, Lehrstichprobe, 1 Pers./Haushalt
use data1
drop einzug - np9507

* Deskriptive Statistik des Einkommens
mvdecode eink, mv(0)
sort sex
by sex: summarize eink
summarize eink, detail
snip ✂
```
―――

Die zweite Technik bezieht sich auf Kommentare, die innerhalb einer Zeile auftreten. Diese Kommentare werden durch das Zeichen „/*" eingeleitet und mit „*/" beendet. Zwei Beispiele für solche Kommentare sehen Sie hier:

――― *an1.do*
```
snip ✂
* Vorbereitung Regressionsanalyse
generate men = 1 if sex == 1          /* Geschlecht */
replace men = 0 if sex == 2
generate vollzeit = 1 if est == 1     /* Vollzeit-Teilzeit */
replace vollzeit = 0 if est == 2
snip ✂
```
―――

2.2.2 Zeilenwechsel

Eine nicht nur kosmetische Änderung ist notwendig, weil der Befehl „label define estlb" im *Log-File* umgebrochen wurde (Seite 36). Immer wenn eine Zeile im *Log-File* länger als 80 Zeichen ist, erfolgt ein Umbruch. Die Zeile wird dann in der nächsten Zeile, eingeleitet durch „>", fortgesetzt. In *Do-Files* ist diese Konstruktion allerdings nicht möglich. Der Befehl endet mit dem Zeilenwechsel. Der „label define"-Befehl in Ihrem *Do-File* würde von Stata deshalb nicht vollständig gelesen.

Sie können das Problem prinzipiell dadurch bereinigen, dass Sie einfach Zeilenumbruch und Fortsetzungszeichen entfernen. Die Eingabe eines Befehls in einem *Do-File* ist nicht auf 80 Zeichen pro Zeile begrenzt. Empfehlenswerter ist aber, auf zu lange Zeilen zu verzichten und eine Obergrenze von 80, besser 75 Zeichen einzuhalten. Für lange Befehle braucht man darum die Möglichkeit, den Befehl über mehrere Zeilen fortzusetzen. Dazu stehen zwei Techniken zur Verfügung. Die erste Technik ist der Befehl „#delimit".

Mit „#delimit" wird das Zeichen definiert, mit dem ein Befehl abgeschlossen wird. Dabei stehen Ihnen zwei Zeichen zur Auswahl: der Zeilenwechsel und das Semikolon. Die Voreinstellung ist der Zeilenwechsel. Innerhalb von *Do-Files* können Sie aber auf das Semikolon umstellen. Dann wird der Befehl nicht mehr mit dem Zeilenwechsel, sondern mit dem Semikolon abgeschlossen. Ein Anwendungsbeispiel sehen Sie hier:

———————————————————————————————————— *an1.do*
```
snip ✀
#delimit ;
label define estlb
 1 "Vollzeit"
 2 "Teilzeit"
 3 "Umschulung"
 4 "Unregelm"
 5 "arb.los"
 6 "Wehrd."
 7 "n.erw.";
#delimit cr
snip ✀
```
————————————————————————————————————

Durch „#delimit ;" wird auf das Semikolon als Befehlsende umgestellt. Der Befehl „label define" erstreckt sich nun über mehrere Zeilen. Durch „#delimit cr" wird wieder auf den Zeilenwechsel (*Carriage Return*) zurückgestellt.

Manche Anwender von Stata verwenden in *Do-Files* übrigens grundsätzlich das Semikolon als Befehlsende. Wir tun dies nicht, da wir manchmal nur Ausschnitte aus unserem *Do-File* laufen lassen wollen. Darum verwenden wir meistens die zweite Technik zur Fortsetzung eines Befehls über mehrere Zeilen.

Bei der zweiten Möglichkeit zur Fortsetzung von Befehlen in der nächsten Zeile verwendet man die oben beschriebene Konstruktion zur Kommentierung innerhalb einer Zeile. Der Grundgedanke dabei ist, dass der Zeilenwechsel *auskommentiert* wird. Ein Beispiel sehen Sie hier:

———————————————————————————————————— *an1.do*
```
snip ✀
label define estlb 1 "Vollzeit" 2 "Teilzeit" 3 "Umschulung" /*
*/ 4 "Unregelm" 5 "arb.los" 6 "Wehrd." 7 "n.erw."
snip ✀
```
————————————————————————————————————

2.2 Do-Files sinnvoll gestalten

Der Zeilenwechsel befindet sich in diesem Beispiel zwischen den „/* */"-Zeichen, gehört also zu einem *Kommentar*. Der Befehl endet deshalb erst mit dem Zeilenwechsel in der nächsten Zeile.

2.2.3 Befehle, die in keinem Do-File fehlen sollten

Es gibt Befehle, die in keinem *Do-File* fehlen sollten. Jeder *Do-File* sollte mit folgenden Befehlen beginnen[11]:

———————————————————————————————————— *an1.do*
```
version 6.0
set more off
capture log close
log using an1.log, replace
snip ✂
```
————————————————————————————————————

Zur Erläuterung: Mit „version" geben Sie an, für welche Version von Stata der *Do-File* geschrieben wurde. Dadurch stellen Sie sicher, dass Ihr *Do-File* auch unter zukünftigen Stata-Versionen noch fehlerfrei abläuft. Nach dem Befehl „version" verhält sich Stata für die Dauer des *Do-Files* entsprechend der angegebenen Version. Die Angabe der Version sollte daher stets der erste Befehl in einem *Do-File* sein.

Danach kann man die Reihenfolge etwas variieren. Wir haben zunächst die bildschirmweise Ausgabe ausgeschaltet. Durch „set more off" läuft der *Do-File* ohne Unterbrechung ab. So nützlich die Aufteilung der Ausgabe in Bildschirmseiten in der interaktiven Arbeit sein mag, so unnütz ist sie beim Ablauf eines *Do-Files* – zumindest wenn Sie die Ergebnisse des *Do-Files* in einem *Log-File* speichern. Ein Zurücksetzen dieser Einstellung am Ende des *Do-Files* ist nicht notwendig. Die Angabe gilt *lokal*, d.h. nur während des *Do-Files*.

Nun sollten Sie dafür sorgen, dass die Ergebnisse Ihres *Do-Files* gespeichert werden. Den Befehl dafür kennen Sie bereits – „log using". In unserem Beispiel finden Sie den Befehl in der vierten Zeile. Als Dateinamen verwenden wir stets den Namen des *Do-Files* mit der Erweiterung *log*. Oben haben wir darum den Befehl „log using an1.log" verwendet. Würde der *Do-File* anders heißen, müsste der entsprechende Namen verwendet werden.

Da die Datei *an1.log* möglicherweise bereits existiert – vielleicht erzeugt von einer früheren Fassung von *an1.do* –, sollte man stets auch die Option „replace" angeben. Der veraltete *Log-File* wird dann überschrieben[12].

---
[11]Die hier vorgestellten Empfehlungen haben wir dem Stata *NetCourse 141* entnommen. Zu den Stata Internet-Kursen siehe Abschnitt 12.1 auf Seite 383.
[12]Wenn Sie unsere Schritte in Kapitel 1 nachvollzogen haben, werden Sie einen *Log-File* mit dem Namen *an1.log* besitzen. Er enthält die mit „#review" aufgerufenen Befehle der ersten Sitzung und ist jetzt wertlos, da die wichtigen Befehle mittlerweile in Ihrem *Do-File* sind.

Warum folgt der „log using"-Befehl nicht direkt auf den „set more off"-Befehl? Weil „log using" in *Do-Files* oft zu unnötigen Fehlermeldungen führt. Diese Fehlermeldungen treten auf, wenn Sie bereits einen *Log-File* geöffnet haben. Dies kommt vor, wenn Sie zuvor einige interaktiv eingegebene Befehle in einen *Log-File* geschrieben und vergessen haben, diesen *Log-File* zu schließen. Um die Ergebnisse eines *Do-Files* aufzuzeichnen, müssen solche versehentlich geöffneten *Log-Files* geschlossen werden. Das ist allerdings einfacher gesagt als getan. Denn es kommt nicht immer vor, dass ein *Log-File* geöffnet ist. Die Angabe von „log close" führt aber zu einer Fehlermeldung – und damit zum Abbruch des *Do-Files* –, wenn gar kein *Log-File* geöffnet ist. Um dies zu vermeiden, haben wir den Befehl „capture" vor den „log close"-Befehl geschrieben. Der Befehl „capture" kann vor jeden beliebigen Stata-Befehl gesetzt werden. Er sorgt dafür, dass Fehlermeldungen beim nachfolgenden Befehl ignoriert werden. Dies ist natürlich meistens nicht erwünscht. Wenn ein Befehl fehlerhaft ist, wollen wir normalerweise darüber informiert werden. Der Befehl „log close" innerhalb eines *Do-Files* ist aber eine Ausnahme. Der Befehl führt ja nur dann zu einer Fehlermeldung, wenn kein *Log-File* geöffnet ist. Der Befehl „log close" ist dann unnötig, und der *Do-File* kann einfach fortgesetzt werden.

Am Ende jedes *Do-Files* sollten folgende Befehle stehen:

―――――――――――――――――――――――――――――――――――― *an1.do*
```
snip ✂
log close
exit
```
――――――――――――――――――――――――――――――――――――

Der Befehl „log close" bedarf keiner weiteren Erklärung. Er ist notwendig, um den zuvor geöffneten *Log-File* wieder zu schließen. Beachten Sie aber, dass „log close" nur ausgeführt wird, wenn der *Do-File* fehlerfrei abläuft. Wird die Bearbeitung des *Do-Files* durch einen Fehler unterbrochen, bleibt der *Log-File* geöffnet.

Interessanter ist der Befehl „exit". In Kapitel 1 haben Sie „exit" als Befehl zum Verlassen von Stata kennen gelernt. In *Do-Files* hat „exit" eine andere Bedeutung. Mit „exit" wird der *Do-File* beendet und zur interaktiven Befehlseingabe zurückgekehrt. Das heißt jedoch nicht, dass Stata ohne den Befehl „exit" den *Do-File* nicht beendet und *nicht* zur interaktiven Befehlseingabe zurückkehrt. Nach dem letzten Befehl eines *Do-Files* beendet Stata den *Do-File* automatisch. Allerdings können sich dann Probleme ergeben: Wie oben erwähnt, wird in Stata ein Befehl durch einen Zeilenwechsel abgeschlossen. Ein Befehl, der nicht durch einen Zeilenwechsel abgeschlossen wird, ist kein Befehl. Es ist darum wichtig, dass Sie auch nach dem letzten Befehl in einem *Do-File* einen Zeilenwechsel eingeben. Das wird oft vergessen, weil nach dem letzten Befehl kein Zeilenwechsel mehr benötigt wird, um einen weiteren Befehl einzugeben. Wenn „log close" der letzte Befehl in einem *Do-File* wäre, hätte das die Folge, dass Ihr *Log-File* nicht geschlossen würde. Alles, was Sie danach interaktiv eingeben, würde dann unbemerkt in Ihren *Log-File* geschrieben – eine höchst unerwünschte Konsequenz.

Wenn Sie sich dagegen angewöhnen, „exit" als letzten Befehl einzugeben, wird „log close" automatisch mit einem Zeilenwechsel abgeschlossen. Ob „exit" mit einem Zeilenwechsel abgeschlossen wird oder nicht, ist dagegen gleichgültig. Stata kehrt in beiden Fällen zur Eingabeaufforderung zurück.

Die Verwendung von „exit" hat noch einen weiteren Vorteil: Hinter „exit" ist der *Do-File* zu Ende. Sie können darum nach „exit" jeden beliebigen Text eingeben. Das können Sie nutzen, um den Inhalt Ihres *Do-Files* etwas genauer zu beschreiben. Abbildung 2.1 auf der nächsten Seite zeigt ein Beispiel, wie der vollständige *an1.do* aussehen könnte[13]. Darin finden Sie auch ein Anwendungsbeispiel für diese Eigenschaft von „exit".

2.3 Arbeitsorganisation

Übersichtliche und leicht lesbare *Do-Files* sind nur der erste Schritt, um Nachvollziehbarkeit von Analysen zu erreichen. Der zweite Schritt ist eine geeignete Arbeitsorganisation. Durch eine geeignete Arbeitsorganisation sollten Sie sicherstellen, dass

1. wichtige Dateien nicht verloren gehen,
2. Sie Ihre *Do-Files* zu einem bestimmten Ergebnis problemlos wiederfinden,
3. alle Arbeitsschritte nachvollziehbar dokumentiert sind und
4. alle Analysen problemlos reproduzierbar sind.

Um diese Ziele zu verwirklichen, wollen wir Ihnen einen Vorschlag[14] zur Arbeitsorganisation machen. Natürlich handelt es sich dabei lediglich um einen Vorschlag. Jede Forschungsarbeit hat ihre Eigengesetzlichkeiten, die entsprechend berücksichtigt werden müssen. Unabhängig davon haben wir mit dem folgenden Verfahren gute Erfahrungen gemacht.

Unser Vorschlag basiert zunächst auf der Unterscheidung zweier Typen von *Do-Files*. Wir unterscheiden

1. *Analyzing-Do-Files*, mit denen Datensätze analysiert werden und
2. *Create-Do-Files*, mit denen Datensätze erzeugt bzw. bearbeitet werden.

---

[13]Sie finden diesen auch als *an1kk.do* in unserem Dateipaket.
[14]Wir haben diesen Vorschlag dem Stata *NetCourse* 141 entnommen. Zu den Stata Internet-Kursen siehe Abschnitt 12.1 auf Seite 383.

```
* Analyse zur Einkommensungleichheit (Maenner vs. Frauen)
* ---------------------------------------------------------
version 6.0
set more off
capture log close
log using anl, replace

* Datensatz: SOEP--Daten 1997, Auszug
use data1, clear                              /* siehe (1) */
drop einzug - np9507

* Deskriptive Statistik des Einkommens
summarize ein
mvdecode eink, mv(0)                          /* siehe (2) */
sort sex
by sex: summarize eink
summarize eink, detail

* Erwerbstaetigkeit nach Geschlecht
label variable est "Erwerbstaetigkeit 97"
label define estlb 1 "Vollzeit" 2 "Teilzeit" 3 "Umschulung" /*
*/ 4 "Unregelm" 5 "arb.los" 6 "Wehrd." 7 "n.erw.", modify
label values est estlb
tabulate est sex, col                         /* siehe (3) */

* Vorbereitung Regressionsanalyse
generate men = sex == 1                       /* Geschlecht */
generate vollzeit = est == 1                  /* Vollzeit-Teilzeit */
replace vollzeit = . if est > 2               /* siehe (4) */

* Regressionsanalyse I
regress eink men vollzeit

* Grafische Ergebnisdarstellung
predict yhat
sort vollzeit
graph yhat sex, by(vollzeit) symbol(i) connect(l) sort
```

```
* Vorbereitung Regressionsanalyse II
generate age = 1997 - gebjahr                 /* Alter */
egen miss = rmiss(eink vollzeit men age)
summarize age if miss==0
generate age_z = age - r(mean) if miss == 0   /* siehe (5) */
gen agemen = age_z * men                      /* Alter * Geschlecht */

* Regressionsanalyse II
regress eink men vollzeit age_z agemen

log close
exit

Beschreibung
------------
Analyse zur Einkommensungleichheit (Maennern vs. Frauen).
Hypothesen in Kohler/Kreuter (Kapitel 1 und 2). Haeufigere
Teilzeiterwerbstaetigk. ist nicht hinreichend zur Erklaerung
der Einkommensungleichheit. Dasselbe gilt fuer das geringere
Durchschnittsalter der erwerbstaetigen Frauen. Die Ein-
kommensungleichheit ist zwar staerker bei aelteren Personen,
ist aber auch bei juengeren noch deutlich vorhanden.

Notes:
------
(1) SOEP - Lehrstichprobe + zufaellige Auswahl jeweils nur
    einer Person aus jedem Haushalt (Erstellung: crdata1.do).
(2) Personen mit Einkommen von 0 werden ausgeschlossen.
(3) Frauen sind haeufiger teilzeiterwerbstaetig als Maenner,
    der Erwerbsstatus sollte darum kontrolliert werden.
(4) Hierdurch werden nicht erwerbstaetige Personen aus den
    Analysen ausgeschlossen.
(5) Zentrierung vgl. Aiken/West (1991)
```

Abbildung 2.1: Beispiel eines *Do-Files*

2.3 Arbeitsorganisation

Eine strikte Trennung dieser beiden Typen ist dabei nicht möglich. In einem *Do-File* zur Analyse von Datensätzen müssen die Datensätze immer auch bearbeitet werden. Aber wir versuchen dies zu reduzieren und derartige Arbeiten in den *Create-Do-Files* zu erledigen. In *Create-Do-Files* werden wir allerdings unter *keinen* Umständen eine Analyse durchführen.

Die Unterscheidung von *Do-Files* ist nur sinnvoll, wenn sie bereits aus dem Namen hervorgeht. Darum beginnen die Namen aller unserer *Create-Do-Files* mit den Buchstaben „cr", während die Namen von *Analyzing-Do-Files* mit den Buchstaben „an" beginnen. Wenn wir uns bei unseren Dateinamen auf acht Zeichen beschränken, haben wir genau sechs Zeichen zur Verfügung, um etwas über den näheren Inhalt des *Do-Files* auszusagen[15]. Das ist meistens ausreichend.

Die Ergebnisse der *Analyzing-Do-Files* werden stets in einem *Log-File* aufgezeichnet. Dieser *Log-File* trägt den Namen des *Do-Files*, jedoch mit der Erweiterung „log". Der *Analyzing-Do-File*, den wir in diesem Kapitel erstellt haben, heißt z.B. *an1.do*. Mit ihm wird der *Log-File an1.log* erstellt.

Mit den *Create-Do-Files* erzeugen wir neue Datensätze. Das heißt: Wir lesen einen bestimmten Datensatz ein, bilden neue Variablen, rekodieren bereits vorhandene Variablen oder löschen Fälle und Variablen usw. Die so erzeugten neuen Datensätze werden anschließend gespeichert und bilden dann die Grundlage für unsere Analysen. Der Name des neuen Datensatzes entspricht dem Namen des *Create-Do-Files* ohne die Buchstaben *cr*. Den Datensatz, den wir für die meisten unserer Beispiele in diesem Buch verwenden, haben wir mit *crdata1.do*[16] erzeugt. Er trägt deshalb den Namen *data1.dta*.

Die Trennung von *Create-* und *Analyzing-Do-Files* ist nur sinnvoll, wenn ein bestimmter Datensatz Gegenstand mehrerer Analysen ist. Veränderungen an einem Datensatz, die nur für eine spezielle Analyse Sinn machen, gehören eher in den *Analyzing-Do-File*. Veränderungen, die für mehrere Analysen bedeutsam sind, sind besser in einem *Create-Do-File* aufgehoben. Sie müssen dann nur einmal durchgeführt werden, was im Einzelfall deutliche Zeitersparnisse mit sich bringt. Die Entscheidung darüber, welche Veränderungen an einem Datensatz in einen *Create-Do-File* aufgenommen werden, kann ohne eine sorgfältige Planung der Analysen nicht getroffen werden.

Neben den *Create-* und *Analyzing-Do-Files* gibt es einen weiteren *Do-File*-Typ in unserer Arbeitsorganisation: der *Master-Do-File*, kurz *Master-File*. Der *Master-File* enthält eine Liste von „do"-Befehlen. Seine Funktion soll im Folgenden verdeutlicht werden.

Wenn wir ein neues Projekt beginnen, legen wir gleichzeitig einen *Do-File* mit dem Namen *master.do* an. In diesen *Do-File* schreiben wir zunächst nur eine

---

[15] Die meisten Betriebssysteme erlauben heute die Vergabe längerer Namen. Trotzdem ist es sinnvoll, sich auf acht Zeichen zu beschränken. Acht Zeichen bieten maximale Kompatibilität und darüber hinaus spart man sich, die langen Namen in den Kommandos schreiben zu müssen. Zu Dateinamen allgemein lesen Sie bitte Abschnitt 3.8 auf Seite 68.

[16] Zur Dokumentation haben wir *crdata1.do* in unser Dateipaket aufgenommen.

Überschrift, den Namen unseres Analysevorhabens. Da es sich bei unserem *Master-File* um einen *Do-File* handelt, muss diese Überschrift als Kommentar gekennzeichnet werden (und die Datei mit „exit" beendet werden). Der erste Eintrag in *master.do* könnte z.B. so aussehen:

---
master.do
```
* Beispielanalysen fuer Kohler/Kreuter, Datenanalyse mit Stata
exit
```

Danach beginnt die eigentliche Arbeit. Lassen Sie uns das Vorgehen anhand der Analysen eines fiktiven Buches kurz skizzieren:

Für das erste Kapitel beabsichtigen wir eine kleine Beispielanalyse vorzuführen. Über die inhaltliche Problemstellung mussten wir uns zunächst klar werden. Daher haben wir interaktiv einige Versuche gemacht. Diese mündeten schließlich in der Generierung eines Datensatzes, der uns die Bearbeitung verschiedener, sozialwissenschaftlich interessanter Fragestellungen erlaubte. Zur endgültigen Generierung dieses Datensatzes haben wir einen *Do-File* geschrieben, den wir *crdata1a.do* genannt haben. Natürlich waren während der Entwicklung des *Do-Files* einige Testläufe nötig, bis wir sicher waren, dass er absolut fehlerfrei funktioniert. Dies war dann der Zeitpunkt, zu dem wir erneut auf den *Master-File* zugegriffen haben. Wir öffneten die Datei, ergänzten sie um die Zeile „do crdata1a" und kommentierten diesen Eintrag:

---
master.do
```
* Beispielanalysen fuer Kohler/Kreuter, Datenanalyse mit Stata
do crdata1a              /* Erstellung Auszug aus dem SOEP '97 */
exit
```

Nach der ersten Erstellung des Datensatzes *data1a.dta* durch *crdata1a.do* haben wir eine Plausibilitätsanalyse vorgenommen, d.h. wir haben intensiv nach Fehlern im Datensatz gesucht. Solche Fehlerkontrollen sind wichtig, um zu vermeiden, dass inhaltliche Ergebnisse auf Grund von Rekodierungsfehlern zustande kommen. Um auch später noch feststellen zu können, nach welchen Fehlerquellen wir gesucht haben (und nach welchen nicht), haben wir uns entschlossen, diese Fehlersuche ebenfalls in einem *Do-File* zu dokumentieren. Diesen nannten wir *anfehl1a.do*. Auch während der Entwicklung dieses *Do-Files* waren einige Testläufe nötig, bis wir sicher waren, dass er absolut fehlerfrei funktioniert. Jeder dieser Testläufe wurde in einen *Log-File*, hier mit dem Namen *anfehl1a.log*, aufgezeichnet. Diese Datei enthielt somit die jeweils aktuellsten Ergebnisse. Als nach einiger Zeit der *Do-File* ohne Fehlermeldungen lief, haben wir unsere Datei *master.do* wie folgt erweitert:

2.3 Arbeitsorganisation

─── *master.do*
```
* Beispielanalysen fuer Kohler/Kreuter, Datenanalyse mit Stata
do crdata1a              /* Erstellung Auszug aus dem SOEP'97 */
do anfehl1a              /* Fehlerkontrollen in data1.dta */
exit
```
───

Die sorgfältige Inspektion der in *anfehl1a.log* aufgezeichneten Ergebnisse unserer Fehlerkontrollen ergab einen kleinen Fehler bei der Variable für den Erwerbsstatus. Diese haben wir mit einem weiteren *Do-File* (*crdata1b.do*) korrigiert. Natürlich erstellt dieser *Create-Do-File* nun den Datensatz *data1b.dta*. Nach Fertigstellung von *crdata1b.dta* haben wir nochmals eine Fehlerkontrolle durchgeführt und dabei keine Fehler mehr festgestellt. Auch diese Fehlerkontrolle erfolgte mit einem *Do-File* (*anfehl1b.do*) und natürlich werden beide *Do-Files* kommentiert in den *Master-File* aufgenommen:

─── *master.do*
```
* Beispielanalysen fuer Kohler/Kreuter, Datenanalyse mit Stata
do crdata1a              /* Erstellung Auszug aus dem SOEP'97 */
do anfehl1a              /* Fehlerkontrollen in data1.dta */
do crdata1b              /* Korrektur der Fehler aus anfehl1a.do */
do anfehl1b              /* Fehlerkontrolle in data1b.dta */
exit
```
───

Danach begannen wir mit den eigentlichen Analysen. In der ersten Analyse ging es um die Einkommensungleichheit von Frauen und Männern. Diese Analyse findet sich im *Do-File an1.do*. Auch diesen *Do-File* haben wir mehrmals getestet und schließlich die Zeile „do an1" in unsere Datei *master.do* aufgenommen.

Diese Beispiele lassen sich beliebig fortsetzen. Immer wenn eine Analyse als abgeschlossen gelten kann, wird der entsprechende *Do-File* an das *Ende* von *master.do* geschrieben. Im Laufe eines Projektes entsteht hierdurch ein exaktes Protokoll aller Analysen. Anhand der Kommentare in *master.do* lässt sich der grobe Inhalt der jeweiligen Analyse schnell ermitteln. Es ist dadurch einfach, die Analyse von Beginn an nachzuvollziehen. Wenn es sein müsste, könnten alle Analysen durch Eingabe von

```
. do master
```

auch von Beginn an wiederholt werden. Dies wird jedoch normalerweise nicht nötig sein.

Zwei wichtige Bemerkungen wären noch zu machen. Erstens: Sobald ein *Do-File* Teil von *master.do* geworden ist, sollten *keine* Änderungen mehr an ihm vorgenommen werden. Sollten wir einen Fehler in einem älteren *Do-File* entdecken, werden wir die Datei verbessern und *unter einem neuen Namen* an das Ende von *master.do* schreiben. Das gilt insbesondere auch dann, wenn wir bereits zahlreiche Analysen mit einem Datensatz vorgenommen haben, der durch einen fehlerhaften *Create-Do-File* erstellt wurde. Eine vergleichbare Situation haben Sie bereits kennen gelernt. Oben hat sich im *Do-File anfehl1a.do* gezeigt, dass *data1a.dta* einen Fehler enthält. Anstatt den Fehler in *crdata1a.do* zu korrigieren und den *Do-File* nochmals auszuführen, haben wir diesen Fehler mit einem weiteren *Do-File* (*crdata1b.dta*) korrigiert. Entsprechend würden wir verfahren, wenn zwischen der Erstellung des Datensatzes und der Entdeckung des Fehlers bereits mehrere verschiedene Analysen vorgenommen worden wären. Nehmen Sie z.B. an, Sie hätten folgende Sequenz in Ihrem *Master-File*:

---
master.do
```
* Beispielanalysen fuer Kohler/Kreuter, Datenanalyse mit Stata
do crdata1a          /* Erstellung Auszug aus dem SOEP'97 */
do anfehl1a          /* Fehlerkontrollen in data1.dta */
do crdata1b          /* Korrektur der Fehler aus anplaus1.do */
do anfehl1b          /* Fehlerkontrolle in data1a.dta */
do an1               /* Einkommensungleichheit Maenner/Frauen */
do anmiete           /* Description der Mieten */
do anpi              /* Part.-Identif. und Wohneigentum */
exit
```

Bei Ihrer aktuellen Analyse stellen Sie fest, dass der Datensatz *data1b.dta* einen bisher nicht entdeckten Fehler enthält, der auf eine falsche Rekodierung in *crdata1a.do* zurückzuführen ist. Anstatt den Fehler in *crdata1a.do* zu korrigieren, sollten Sie den Fehler durch einen *Do-File* (z.B. *anfehler.do*) dokumentieren, in einem weiteren *Do-File* (z.B. *crdata1c.do*) korrigieren und danach die Analysen aus *an1.do* bis *anpi.do* wiederholen. Da Sie dabei auf den neuen Datensatz *data1c.dta* zurückgreifen, empfiehlt es sich, die entsprechenden Änderungen an *an1.do* bis *anpi.do* unter einem neuen Dateinamen zu speichern und entsprechend im *Master-File* zu dokumentieren. Dieser könnte dann z.B. so aussehen:

---
master.do
```
* Beispielanalysen fuer Kohler/Kreuter, Datenanalyse mit Stata
do crdata1a          /* Erstellung Auszug aus dem SOEP'97 */
do anfehl1a          /* Fehlerkontrollen in data1.dta */
do crdata1b          /* Korrektur der Fehler aus anfehl1.do */
do anfehl1b          /* Fehlerkontrolle in data1b.dta */
do an1               /* Einkommensungleichheit Maenner/Frauen */
do anmiete           /* Description der Mieten */
do anpi              /* Part.-Identif. und Wohneigentum */

* Fehler in data1b, -> Korrektur und Wiederholung in an1 - anpi
do anfehler          /* Entdeckung Fehler in data1b.do */
do crdata1c          /* Korrektur des Fehlers */
do an1k              /* Korrigierte Ergebnisse von an1.do */
do anmietek          /* Korrigierte Ergebnisse von anmiete.do */
do anpik             /* Korrigierte Ergebnisse von anpi.do */
exit
```

Dieses Vorgehen hat den Vorteil, dass auch der Fehler selbst jederzeit reproduzierbar bleibt. Das mag möglicherweise übertrieben erscheinen. Bedenken Sie aber, dass zwischen dem Fehler und seiner Entdeckung eine lange Zeit liegen kann. Es ist durchaus möglich, dass sich die falschen Zahlen bereits in Ihre Texte (hoffentlich nicht: Veröffentlichungen) eingeschlichen haben. Durch das hier vorgestellte Verfahren fällt es auch noch nach langer Zeit relativ leicht, die Ursache für falsche Zahlen zu ermitteln. Es gibt wenig Dinge, die so frustrierend sind, wie den Ursachen einer Zahl hinterherzuspüren, die mit den Ergebnissen einer aktuellen Analyse nicht mehr übereinstimmt.

Unsere zweite Bemerkung betrifft den Speicherplatz auf Ihrer Festplatte. Erzeugen Sie keine dauerhaften Datensätze. Löschen Sie jeden Datensatz, den Sie mit einem *Create-Do-File* erzeugt haben, sobald Sie ihn für Ihre aktuellen Analysen nicht mehr benötigen. Ein Beispiel sind die Datensätze *data1a.dta* und *data1b.dta* im obigen *Do-File*. Beide sind fehlerhaft, und sie werden nach ihrer Korrektur nicht mehr benötigt. Darum sollten Sie diese Datensätze dem Stata-Befehl „erase" löschen und dies an der entsprechenden Stelle im *Master-File* dokumentieren:

---
master.do

```
do crdata1a           /* Erstellung Auszug aus dem SOEP'97 */
do anfehl1a           /* Fehlerkontrollen in data1.dta */
do crdata1b           /* Korrektur der Fehler aus anplaus1.do */
erase data1a.dta
do anfehl1b           /* Fehlerkontrolle in data1a.dta */
snip ✀
```

Wenn Sie einen älteren *Analyzing-Do-File* wiederholen möchten (z.B. *anpi.do*) führt diese Praxis vielleicht zur Fehlermeldung „file data1b.dta not found". Doch Sie können dann den Datensatz rasch mit dem entsprechenden *Create-Do-File* reproduzieren. Der Namen des *Create-Do-Files* geht ja aus der gesuchten Datei hervor.

Nach derselben Logik können Sie auch *Log-Files* bedenkenlos löschen. Denn auch diese sind jederzeit exakt reproduzierbar. Schließlich brauchen Sie auch nur von Ihren *Do-Files* eine Sicherungskopie zu erstellen. Alle Datensätze und *Log-Files*, die Sie jemals während Ihres Projektes erstellt haben, können Sie ja durch den Befehl „do master" jederzeit völlig identisch reproduzieren.

2.4 Kurzzusammenfassung

Drei Grundregeln sollten Sie beachten:

1. Veröffentlichen Sie nur Ergebnisse, für die Sie einen *Do-File* haben.
2. Versuchen Sie Ihren *Do-File* möglichst übersichtlich zu gestalten.

3. Erstellen Sie einen *Master-File*.

Folgende Befehle zum Arbeiten mit *Do-Files* sollten Sie kennen:

`doedit`   startet den Stata-*Do-File*-Editor.

`do`   führt einen *Do-File* aus.

`run`   verhält sich wie „do", allerdings ohne Ausgabe der Ergebnisse.

`log using`   zeichnet die Ergebnisse der nachfolgenden Befehle in einer Datei auf. Die Option „replace" wird zum Überschreiben einer vorhandenen Datei verwendet. Der Option „append" dient dem Anhängen des *Log-Files* an eine bestehende Datei. Mit „noproc" werden nur die Befehle, nicht deren Ergebnisse aufgezeichnet.

`log close`   beendet die Aufzeichnung der Befehle.

`log on/off`   dient zum vorübergehenden An- und Ausschalten der Aufzeichnung des *Log-Files*.

`#review`   zeigt die letzten fünf Befehle. Durch Angabe einer Zahl kann spezifiziert werden, wie viele Befehle aufgelistet werden sollen (maximal 100).

`#delimit`   definiert das Zeichen für das Befehlsende. Hierdurch kann ein Befehl in einem *Do-File* über mehrere Zeilen fortgesetzt werden.

`*`   leitet eine Kommentarzeile in einem *Do-File* ein.

`/*`   leitet einen Kommentar innerhalb einer Zeile in einem *Do-File* ein.

`*/`   beendet einen Kommentar innerhalb einer Zeile in einem *Do-File*.

`erase`   löscht eine Datei. Der Name der Datei muss vollständig, d.h. einschließlich der Extension angegeben werden.

Kapitel 3

Elemente der Stata-Kommandos

In diesem Kapitel soll die Grammatik der Stata-Sprache verdeutlicht werden. Wie Sie vielleicht bereits in Kapitel 1 bemerkt haben, sind Stata-Kommandos aus immer den gleichen, in spezifischer Reihenfolge angeordneten Kommandoteilen aufgebaut: Den Kern bildet der eigentliche *Befehl*. Ihm können, abgetrennt durch einen Doppelpunkt, *Befehls-Präfixe* vorangestellt werden. Direkt an den Befehl angeschlossen wird eine *Variablenliste*. Danach folgen in beliebiger Reihenfolge die Angabe über die etwaige Gewichtung des Datensatzes (die *Gewichtungsanweisung*), die *If*-Bedingung und die *In*-Bedingung. Schließlich werden, abgetrennt durch ein Komma, die *Optionen* eingegeben. In einigen Befehlen lassen sich zudem *Nummernlisten* und *Dateinamen* angeben. Zwei weitere wichtige Bausteine sind *Ausdrücke* und *Funktionen*. Sie werden vor allem in *If*-Bedingungen benötigt und deshalb auch dort beschrieben.

Die Eigenschaften dieser Befehlsbausteine sollen im Folgenden etwas ausführlicher besprochen werden. Beachten Sie, dass diese Bausteine allgemein gültig sind, d.h. für jeden Befehl dieselbe Bedeutung haben. Sie können einen Baustein aber nur verwenden, wenn er für einen Befehl *zugelassen* oder *vorgeschrieben* ist. Die Information darüber erhalten Sie über die Syntax-Angabe der *Online*-Hilfe. Ein Baustein gilt als zugelassen, wenn er bei der Syntax-Angabe genannt wird. Erfolgt die Nennung *nicht* in eckigen Klammern, so ist der Baustein zwingend vorgeschrieben. Bausteine, die nicht angegeben werden, sind nicht zugelassen.

Beispiel: Die Syntaxangabe von „summarize" lautet:

```
[by varlist:]  summarize [varlist] [weight] [if exp] [in range]
                  [, { detail | meanonly } format ]
```

Demzufolge sind alle oben genannten Bausteine außer der Nummernliste zugelassen und keiner zwingend vorgeschrieben.

Um die Beispiele in diesem Kapitel nachvollziehen zu können, laden Sie bitte unseren Beispieldatensatz[1]:

. use data1, clear

3.1 Der Befehl

Der Befehl ist das Kernstück jedes Stata-Kommandos. Mit ihm wird festgelegt, welche Prozedur Sie anfordern. Grundsätzlich kann man *interne* und *externe* Befehle unterscheiden. Als Anwender diese Unterscheidung jedoch normalerweise nicht. Mit einer Ausnahme: Die meisten internen Befehle können abgekürzt werden [2].

In der *Online*-Hilfe wird die maximal mögliche Abkürzung farblich hervorgehoben. Man ist allerdings nicht immer gut beraten, diese maximal mögliche Abkürzung auch auszuschöpfen. Besonders nicht in *Do-Files*. Die Lesbarkeit eines *Do-Files* wird durch starkes Abkürzen der Befehle beeinträchtigt. Bedenken Sie, dass zwischen der maximal möglichen Abkürzung und dem Ausschreiben des gesamten Befehls alle Variationen möglich sind.

Beispiel: Folgende Abkürzungen für „summarize" sind erlaubt:

. su
. sum
. summ
. summa
. summar
. summari
. summariz

Wir empfehlen „summarize" mit „sum" abzukürzen. Wie bereits erwähnt verwenden wir in diesem Buch Kursivdruck, um auf mögliche Abkürzungen von Befehlen hinzuweisen. Dabei orientieren wir uns jedoch nicht an der maximal möglichen Abkürzung, sondern versuchen so etwas wie den *international üblichen Standard* wiederzugeben. Quelle hierfür sind insbesondere die Beiträge in der *Statalist* (Seite 383), in denen sich ein solcher Standard abzuzeichnen scheint. Unsere Vorschläge beruhen jedoch letztlich auch auf unserem persönlichem Empfinden und sind entsprechend zu bewerten.

---

[1]Bitte achten Sie darauf, dass Ihr Arbeitsverzeichnis *c:/kkstata* ist. Näheres hierzu auf Seite 11.

[2]Die Unterscheidung von externen und internen Befehlen ist auch deshalb interessant, weil man externe Befehle selbst programmieren kann. Für zahlreiche Prozeduren, die nicht zum Lieferumfang von Stata gehören, liegen externe Befehle vor. Einzelheiten hierzu finden Sie in Kapitel 12. Das Programmieren eigener Prozeduren wird in Kapitel 11 besprochen.

3.2 Die Variablenliste

Bei fast allen Befehlen kann eine Variablenliste eingegeben werden. In der *Online*-Hilfe wird dies durch den Ausdruck *varlist* kenntlich gemacht. Die Variablenliste ist eine von Leerzeichen unterbrochene Liste von Variablennamen. Anzahl und Reihenfolge der Variablen spielen dabei keine Rolle.

3.2.1 Variablenliste optional oder vorgeschrieben

Bei einigen Befehlen *kann* eine Variablenliste angegeben werden, ohne dass dies zwingend vorgeschrieben ist. Bei anderen Befehlen *muss* eine Variablenliste angegeben werden. Welche der beiden Möglichkeiten zutrifft, erfahren Sie bei der Syntax-Angabe in der *Online*-Hilfe.

Wenn die Angabe einer Variablenliste nicht zwingend vorgeschrieben ist, kann es sein, dass der Befehl im Falle des Weglassens der Variablenliste für alle Variablen durchgeführt wird. So führt der Befehl „summarize" ohne Angabe einer Variablenliste zur Berechnung der Mittelwerte und Standardabweichungen aller Variablen des Datensatzes. Bei anderen Befehlen führt das Weglassen der Variablenliste zur Wiederholung des Befehls mit der zuletzt beim selben Befehl eingegebenen Variablenliste. Dies gilt insbesondere für *alle* Befehle zur Berechnung von Modellen (z.B. „regress").

Bei einigen Befehlen muss eine Variablenliste spezifiziert werden. Dies ist dann der Fall, wenn eine Wiederholung oder Anwendung auf alle Variablen nicht möglich oder nicht sinnvoll ist. Sollte bei derartigen Befehlen dennoch einmal die Angabe aller Variablen erwünscht sein, so kann die Variablenliste durch den Ausdruck „_all" ersetzt werden.

Beispiel: Mit dem Befehl „drop" werden die Variablen der angegebenen Variablenliste aus dem Datensatz gelöscht. Durch

. drop einzug bauj

werden die Variablen *einzug* und *bauj* aus dem Datensatz gelöscht. Das Weglassen der Variablenliste führt aber nicht zu einer Anwendung auf alle Variablen, da dadurch der gesamte Datensatz gelöscht würde. Sollten Sie dies tatsächlich beabsichtigen, so lautet die Anweisung „drop _all"[3].

3.2.2 Abkürzungen der Variablenliste

Variablennamen können abgekürzt werden. Es genügt nur so viel des Namens einzugeben, dass die Variable eindeutig identifizierbar wird.

---

[3]Wenn Sie diesen Befehl eingegeben haben, sollten Sie den Datensatz wieder laden, bevor Sie weiterlesen.

Beispiel: Die Variable *sex* im Datensatz *data1.dta* ist z.B. durch den Buchstaben „s" eindeutig identifiziert; keine andere Variable im Datensatz beginnt mit diesem Buchstaben. Die Variable *bil* ist dagegen allein durch den Anfangsbuchstaben nicht von den Variablen *bul, bauj, balk bbil* und *bdauer* unterscheidbar. Es muss mindestens *bi* eingegeben werden.

Eine weitere Möglichkeit Schreibarbeit bei der Eingabe von Variablenliste zu sparen ist die Angabe von Variablenbereiche. Dabei gibt es zwei Möglichkeiten:

- Variablen mit gleichen Anfangsbuchstaben können durch die *Wildcard* „*" gemeinsam angesprochen werden.

- Variablen, die im Datensatz hintereinander stehen, können durch einen Bindestrich gemeinsam angesprochen werden. Die Reihenfolge der Variablen im Datensatz entspricht der Auflistung im Anschluss an den „describe"-Befehl.

Beispiel: Der Befehl

```
. summarize np* e*
```

zeigt die Mittelwerte und Standardabweichungen für alle Variablen, die mit *np* und *e* anfangen. Mit

```
. summarize kuech-tel
```

wird die Tabelle für alle Variablen von *kuech* bis *tel* aufgefordert.

Die Abkürzungen von Variablen und Variablenbereichen können leicht überstrapaziert werden. Statt des Befehls

```
. summarize renov zimmer kuech dusch wc heiz kell balk gart tel
```

kann man auch den Befehl

```
. su r z ku-t
```

eingeben. Wenn es jedoch darum geht, Ihre Arbeit nachvollziehbar aufzubewahren, ist die erste Alternative sicher vorzuziehen. Wir empfehlen Ihnen deshalb, Variablennamen in *Do-Files nicht* abzukürzen.

3.2.3 Spezielle Variablenlisten

Statt der Bezeichnung *varlist* finden sich manchmal auch Bezeichnungen wie *varname* oder *depvar* in den Syntaxangaben der *Online*-Hilfe. Dabei handelt es sich um Variablenlisten, die nicht länger als eine Variable sein dürfen. Diese speziellen Variablenlisten können teilweise mit der allgemeinen Variablenliste kombiniert werden. Diese Konstruktion wird immer dann verwendet, wenn die Reihenfolge der Variablen in der Variablenliste von Bedeutung ist.

3.3 Die In-Bedingung

Beispiel: Beim Kommando für die lineare Regression muss die abhängige (endogene) Variable spezifiziert werden. Dies geschieht dadurch, dass diese Variable an den Beginn der Variablenliste gestellt wird. Insofern ist die Reihenfolge der Variablen hier entscheidend. Die Syntaxangabe der linearen Regression lautet deshalb:

```
regress depvar [varlist] ...
```

Der Ausdruck *depvar* bezieht sich auf die abhängige Variable. Der Ausdruck *varlist* bezieht sich auf die unabhängigen Variablen. Wie bei jeder Auflistung von Variablen unter *varlist* ist auch hier die Reihenfolge innerhalb der *varlist* bedeutungslos[4].

3.3 Die In-Bedingung

Mit der *In*-Bedingung wird die Ausführung eines Befehls auf bestimmte Fälle eingegrenzt. Die *In*-Bedingung besteht aus dem Kennwort „in" und der Angabe eines *Fallbereichs*. Die Angabe des Fallbereichs erfolgt entweder durch Bezug auf einen einzelnen Fall oder durch die Angabe eines geschlossenen Bereichs. Zwischen dem Anfang und dem Ende des Bereichs steht der Schrägstrich „/".

Beispiel: Mit

```
. list persnr sex gebjahr in 10
```

wird die Personennummer, das Geschlecht und das Geburtsjahr des *zehnten* Falls angezeigt:

	persnr	sex	gebjahr
10.	21501	Frauen	1924

```
. list persnr sex gebjahr in 10/15
```

fordert die entsprechenden Angaben für den zehnten bis 15. Fall an.

	persnr	sex	gebjahr
10.	21501	Frauen	1924
11.	24140	Maenner	1938
12.	26437	Maenner	1956
13.	28265	Maenner	1953
14.	30324	Frauen	1922
15.	32964	Maenner	1950

---

[4]Die Konstruktion der Variablenliste bei Modellbefehlen ist stets dieselbe: zuerst die abhängige Variable, dann die Liste der unabhängigen Variablen. In der *Online*-Hilfe wird dies jedoch nicht immer in der oben aufgeführten Weise wiedergegeben. Dies gilt insbesondere bei Modellbefehlen, die ursprünglich nicht von Stata-Mitarbeitern, sondern von Benutzern geschrieben wurden. Hier findet sich teilweise nur der Ausdruck *varlist* in der *Online*-Hilfe. Beachten Sie, dass die abhängige Variable auch in diesen Fällen zuerst angegeben werden muss.

Andere Gestaltungsmöglichkeiten als die in diesen Beispielen gezeigten bestehen nicht. Insbesondere können keine Falllisten oder Kombinationen aus Falllisten und Bereichen eingegeben werden. Befehle wie „list sex in 1 15 26" oder „list sex in 1/10 16" sind ungültig. Allerdings lässt sich die Angabe des Fallbereichs durch ein vorgestelltes Minuszeichen variieren.

Beispiel:

. list persnr sex gebjahr in -5/-1

Mit −1 ist der erste Fall *von unten* gemeint. Entsprechend ist −5 der fünfte Fall *von unten*. Der obige Befehl zeigt demnach die fünf letzten Fälle des Datensatzes. Wenn zuvor z.B. nach dem Geburtsjahr sortiert wurde, wären dies die fünf jüngsten Personen im Datensatz. Bei Verwendung des Minuszeichens sollten Sie allerdings beachten, den Fallbereich weiter in der richtigen Reihenfolge anzugeben. Der fünftletzte Fall steht im Datensatz *vor* dem letzten und muss darum zuerst genannt werden. Der Befehl „list persnr sex gebjahr in −1/−5" ist ungültig. Solange Sie dies berücksichtigen, können Sie auch Kombinationen der Zählrichtung verwenden. Der Befehl

. list persnr sex gebjahr in 3330/-5

ist zulässig, weil in diesem Datensatz der fünftletzte Fall der 3336. Fall ist und deshalb nach dem 3330. Fall kommt.

3.4 Die If-Bedingung

Die *If*-Bedingung besteht aus dem Kennwort „if" und einem Ausdruck. Durch diesen Baustein wird die Reichweite eines Befehls auf diejenigen Fälle eingegrenzt, für die der Ausdruck *wahr* ist.

Ausdrücke bestehen aus Funktionen und Operatoren. Ein einfaches Beispiel für eine *If*-Bedingung haben Sie in Kapitel 1 kennen gelernt:

. summarize eink if sex == 1

Variable	Obs	Mean	Std. Dev.	Min	Max
eink	1455	3358.348	2600.723	0	22000

In diesem Beispiel ist die Variable *sex* und der Wert 1 eine *Funktion*, das doppelte Gleichheitszeichen ein *Operator*. Bei allen Fällen, bei denen die Werte der beiden Funktionen gleich sind, ist der Ausdruck „sex==1" *wahr*. Der „summarize"-Befehl wird darum nur für diese Fälle durchgeführt.

In *If*-Bedingungen können wesentlich kompliziertere Ausdrücke verwendet werden als in diesem Beispiel. Die Variationsmöglichkeiten ergeben sich durch Verwendung verschiedenster Operatoren und Funktionen .

3.4 Die If-Bedingung

3.4.1 Operatoren

Durch

`. help operators`

können Sie sich einen Überblick über die Operatoren verschaffen, die Ihnen für Ihre Ausdrücke zur Verfügung stehen:

```
Operators in expressions
------------------------

                                                    Relational
        Arithmetic              Logical         (numeric and string)
       ------------------    ------------------  ------------------
    +   addition              ~   not            >    greater than
    -   subtraction           |   or             <    less than
    *   multiplication        &   and            >=   > or equal
    /   division                                 <=   < or equal
    ^   power                                    ==   equal
                                                 ~=   not equal
    +   string concatenation

        Note that a double equal sign (==) is used for equality testing.
```

In *If*-Bedingungen sind nur solche Ausdrücke sinnvoll, die wahr oder falsch sein können. Dies ist immer gegeben, wenn die Ausdrücke *relationale* Operatoren enthalten. Die Verwendung der *relationalen* Operatoren wirft im Prinzip keine größeren Probleme auf.

Beispiel:

`. summarize eink if gebjahr < 1979`

zeigt das durchschnittliche Einkommen für Personen, die 1997 über 18 Jahre alt waren.

`. summarize eink if gebjahr <= 1979`

zeigt das durchschnittliche Einkommen für Personen im Alter von 18 Jahren und darüber.

`. summarize eink if gebjahr ~= 1979`

zeigt das durchschnittliche Einkommen aller Befragten außer dem der 18-jährigen.

In Ausdrücken, die sich auf Variablen mit fehlenden Werten (*Missings*) beziehen, ist allerdings Vorsicht geboten. *Missings* werden in Stata auf $+\infty$ gesetzt. Sie werden darum durch Ausdrücke mit den relationalen Operatoren für $>$ und $\geq$ leicht versehentlich eingeschlossen. Hierzu möchten wir Ihnen folgendes Beispiel geben:

`. tabulate bil, missing nolabel`

```
Schulabschl |
      uss 97 |      Freq.       Percent        Cum.
-------------+-----------------------------------
           1 |       1280         38.32       38.32
           2 |        961         28.77       67.10
           3 |         89          2.66       69.76
           4 |        425         12.72       82.49
           5 |        334         10.00       92.49
           6 |        187          5.60       98.08
           7 |         36          1.08       99.16
           . |         28          0.84      100.00
-------------+-----------------------------------
       Total |       3340        100.00
```

Durch die Option „missing" des „tabulate"-Befehls können die fehlenden Werte angezeigt werden. Sie werden durch einen *Punkt* gekennzeichnet. Die Variable *bil* – die Schulbildung – hat 28 fehlende Werte.

Die Fälle mit fehlenden Angaben werden in Stata auf $+\infty$ gesetzt. Folglich werden diese Fälle durch den Befehl

. sum*marize* gebjahr if bil >= 6

eingeschlossen, und der Befehl auf 251, statt der eigentlich erwartbaren 223 Fälle angewendet:

```
Variable |      Obs        Mean     Std. Dev.        Min         Max
---------+----------------------------------------------------------
 gebjahr |      251     1957.92     18.56647         1904        1981
```

Wenn der Durchschnitt *ohne* die Fälle mit unbekannter Schulbildung berechnet werden soll, muss die *If*-Bedingung näher spezifiziert werden. Dies geschieht durch Verknüpfung mehrerer Bedingungen mit den *logischen* Operatoren.

Im obigen Beispiel führen folgende Befehle gleichermaßen zum gewünschten Ergebnis:

. sum*marize* gebjahr if bil == 6 | bil == 7
. sum*marize* gebjahr if bil >= 6 & bil <= 7
. sum*marize* gebjahr if bil >= 6 & bil ~=.

Der erste Befehl verwendet das Stata-Symbol für das logische *oder*. Der Ausdruck wird *wahr*, wenn entweder die erste oder die zweite oder beiden Bedingungen *wahr* sind. Die beiden anderen Befehle verwenden das Stata-Symbol für das logische *und*. Die eingesetzten Ausdrücke werden nur dann wahr, wenn *beide* Bedingungen *wahr* sind.

Durch die logischen Operatoren können bis zu 66 Teilbedingungen zu einem Ausdruck verknüpft werden. Dabei hat *und* Vorrang vor *oder*. Der Ausdruck „if bil == 1 | bil == 2 & sex == 1" begrenzt den Stata-Befehl zunächst auf *alle* Personen mit Volks- oder Hauptschulabschluss und schließt dann

3.4 Die If-Bedingung

zusätzlich Männer mit Realschulabschluss ein. Wenn nur Männer mit Hauptschulabschluss oder Mittlerer Reife angesprochen werden sollen, so müssen entsprechende Klammern gesetzt werden: „if (bil == 1 | bil == 2) & sex == 1". Bei komplizierteren Ausdrücken empfehlen wir, grundsätzlich Klammern zu verwenden.

3.4.2 Funktionen

In den bisherigen Beispielen wurden nur einfachste Funktionen verwendet. So wurden die Werte der Funktion $f(x) = \text{sex}_i$ mit den Werten der Funktion $f(x) = 1$ verglichen. Natürlich können auch komplizierte Funktionen verglichen werden. Insbesondere können einzelne Funktionen durch die arithmetischen Operatoren zu neuen Funktionen verknüpft werden, und diese untereinander verglichen werden.

Beispiel: Durch

```
. tabulate hst if hhein/hhgr >= 2 * eink
```

erhält man eine Auszählung der Stellung im Haushalt für alle Personen, deren Pro-Kopf-Haushaltseinkommen mehr als das doppelte des eigenen Gehalts beträgt.

Neben der Bildung von Funktionen durch arithmetische Operatoren stehen in Stata eine Reihe spezieller Funktionen wie z.B. die Wurzeln, der Logarithmus, die Exponierung usw. zur Verfügung. Diese Funktionen im engeren Sinne haben folgenden Aufbau: „Funktionsname(Argument)".

Der *Funktionsname* gibt an, welche Funktion berechnet werden soll. Durch die Funktion „sqrt()" wird z.B. die Quadratwurzel berechnet, durch die Funktion „ln()" der natürliche Logarithmus und durch „abs()" der Betrag (die Absolutwerte). Mit dem *Argument* wird angegeben, für welche Werte die Funktion berechnet werden soll. Das Argument ist ein Ausdruck oder selbst eine Funktion.

Beispiel: Durch

```
. display sqrt(2 + 3/5)
```

erhält man das Ergebnis von $\sqrt{2 + \frac{3}{5}}$.

```
1.6124515
```

Eine vollständige Liste aller Funktionen, die Ihnen zum Aufbau Ihrer Ausdrücke zur Verfügung stehen, erhalten Sie durch den Eingabe von

```
. help functions
```

3.5 Die Gewichtungsanweisung

Die Gewichtungsanweisung führt dazu, dass jeder Beobachtung des Datensatzes ein bestimmtes Gewicht zugewiesen wird. Die Gewichtungsanweisung hat folgende Syntax:

```
[gewichtungstyp = exp]
```

Die Gewichtungsanweisung steht in eckigen Klammern. Innerhalb der eckigen Klammer wird zunächst der Gewichtungstyp angegeben, danach ein Gleichheitszeichen gefolgt durch den Namen der Variable[5], welche die Gewichte für die Beobachtungen enthält.

Im Wesentlichen lässt Stata drei Typen von Gewichtungsvariablen zu:

fweight   *Frequency-Weights*,

aweight   *Analytic-Weights* und

pweight   *Sampling-Weights*.

Wenn lediglich „weight" als Gewichtungstyp angegeben wird, so wird der für das jeweilige Kommando *übliche* Gewichtungstyp verwendet. Manche Kommandos kennen darüber hinaus den Gewichtungstyp „iweight", *Importance-Weights*, der aber keine einheitliche statistische Bedeutung hat. Jedes Kommando, dass *Importance-Weights* zulässt, wird dies auf eine spezifische Weise tun. Hier muss man das Handbuch konsultieren. Die drei übrigen Gewichtungstypen haben eine klare statistische Bedeutung, die nachfolgend beschrieben werden soll.

Frequency-Weights

Frequency-Weights werden für Gewichtungsvariablen verwendet, welche angeben, wie oft eine Beobachtung im Datensatz vorkommt.

Beispiel: Mit dem Befehl

. summarize gebjahr

erhalten Sie das arithmetische Mittel und die Standardabweichung der Variable Geburtsjahr in Ihrem Datensatz. Der Mittelwert beruht auf 3340 Beobachtungen, wobei jede Beobachtung nur einmal auftritt.

Variable	Obs	Mean	Std. Dev.	Min	Max
gebjahr	3340	1951.72	18.33337	1902	1981

---

[5] Genau genommen wird ein Ausdruck angegeben. Typischerweise handelt es sich jedoch um eine Variable.

3.5 Die Gewichtungsanweisung

Bitte bewahren Sie Ihren Datensatz jetzt mit

. preserve

auf und laden Sie folgenden Datensatz:

. use freqwe, clear

Mit „preserve" werden die augenblicklich verwendeten Daten in eine Datei ausgelagert. Danach kann man andere Datensätze in den Arbeitsspeicher laden um etwas auszuprobieren. Durch „restore" wird der ursprüngliche Datensatz dann wieder hergestellt. Wir werden diesen Trick in diesem Buch öfters anwenden.

Anhand von „describe" sehen Sie, dass dieser Datensatz *nur* 78 Beobachtungen enthält. Die Variablen sind das Geburtsjahr (*gebjahr*) und die Variable *n*.

Bitte geben Sie nun nochmals das „summarize"-Kommando von oben ein, benutzen Sie aber diesmal die Stata-Gewichtungsanweisung:

. sum*marize* gebjahr [f*weight* = n]

Variable	Obs	Mean	Std. Dev.	Min	Max
gebjahr	3340	1951.72	18.33337	1902	1981

Das Ergebnis ist mit obigem identisch. Wieder haben Sie 3340 Beobachtungen, ein arith. Mittel von 1951.74 und eine Standardabweichung von 18.36 („Std. Dev").

Dass der Mittelwert auf 3340 Fällen beruht, mag Sie überraschen. Betrachten Sie sich den Datensatz darum einmal mit

. list

	gebjahr	n
1.	1902	2
2.	1904	2
3.	1906	5
4.	1907	4
5.	1908	2

snip ✂

Jedes Geburtsjahr ist im Datensatz nur einmal vertreten, d.h. es gibt nur eine Beobachtung, die 1904 geboren wurde, nur eine, die 1903 geboren wurde und nur eine, die 1927 geboren wurde usw. Allerdings wird jedes Geburtsjahr unterschiedlich *gewichtet*. Das Geburtsjahr 1902 wird mit dem Faktor 2 gewichtet, das Geburtsjahr 1904 ebenfalls mit dem Faktor 2 und das Geburtsjahr 1927 mit 39. Der Gewichtungstyp *Frequency-Weight* interpretiert diese Angabe so, dass jede Beobachtung genau so oft vorkommt, wie in der Gewichtungsvariable steht. Der „summarize"-Befehl von oben geht also davon aus, dass es nicht nur eine, sondern zwei Beobachtungen mit einem Geburtsjahr von 1902 gibt. Entsprechend wird mit den anderen Beobachtungen verfahren.

Der Datensatz *frewe.dta* enthält bezüglich des Alters dieselbe Information wie unser *großer* Beispieldatensatz. Statt aber identische Fälle untereinander – zwei Beobachtungen mit dem Geburtsjahr 1902 usw. – zu schreiben, werden alle identischen Fälle nur einmal aufgeführt, zusammen mit der Angabe, wie oft es diesen Fall gibt. Bei *häufigkeitsgewichteten* Daten handelt es sich damit nur um eine andere Art, dieselbe Information zu notieren; um eine sparsamere Art übrigens, und damit um eine Möglichkeit, für Ihren Arbeitsspeicher zu große Datensätze zu bearbeiten[6].

Analytic-Weights

Bitte laden Sie folgenden Datensatz in den Arbeitsspeicher:

. use analwe, clear

und geben Sie

. summarize gebjahr [fweight = n]

ein:

```
Variable |        Obs        Mean    Std. Dev.       Min        Max
---------+-----------------------------------------------------------
 gebjahr |       3340    1951.738    1.454884    1943.962       1973
```

Hierdurch erhalten Sie den bekannten Mittelwert. Achten Sie nun aber auf die Standardabweichung („Std. Dev."). Sie beträgt 1.45. Geben Sie nun

. summarize gebjahr [aweight = n]

ein.

```
Variable |      Obs      Weight        Mean   Std. Dev.       Min        Max
---------+--------------------------------------------------------------------
 gebjahr |       17   3340.0000    1951.738   1.499435   1943.962       1973
```

Die beiden Ergebnisse unterscheiden sich nicht beim arithmetischen Mittelwert, dafür aber umso deutlicher hinsichtlich der Fallzahl und der Standardabweichung. Welches Ergebnis ist das Richtige?

Das hängt davon ab, wie die Daten zustande gekommen sind. Wenn jede Beobachtung exakt so viele identische Beobachtungen repräsentiert, wie in der

---

[6]Die Datei *crfreqwe.do* in unserem Dateipaket zeigt, wie *freqwe.dta* aus *data1.dta* erstellt wurde. Die Befehle sind allerdings für den Augenblick noch ein wenig fortgeschritten. Einfacher ist der umgekehrte Weg. Durch „expand n" können Sie einen herkömmlichen Datensatz mit 3340 Fällen aus dem *häufigkeitsgewichteten* Datensatz machen. Das Kommando ist nützlich, wenn eine Prozedur einmal keine *Frequency-Weights* zulassen sollte.

3.5 Die Gewichtungsanweisung

Gewichtungsvariable angegeben, so ist das erste Ergebnis korrekt. Hier sind die Daten aber anderer Natur. Um unsere Erklärung besser nachvollziehen zu können, geben Sie bitte

. list

ein.

	bul	gebjahr	n
1.	Berlin	1953	79
2.	Schl.Hst	1954	60
3.	HH	1948	31
4.	Nieders.	1951	293
5.	HB	1944	26

snip ✂

Der Datensatz besteht aus 17 Fällen, einem für jedes Bundesland. Für jedes Bundesland ist das Geburtsjahr und ein Gewicht angegeben. Das Geburtsjahr ist hier das durchschnittliche Geburtsjahr aller Befragten aus dem jeweiligen Bundesland und das Gewicht gibt an, wie viele Fälle der Berechnung des jeweiligen Bundeslandes zu Grunde liegen. Es handelt sich also um sog. *Aggregatdaten*. Natürlich handelt es sich bei den Beobachtungen, die dem Mittelwert eines Aggregats zu Grunde liegen, nicht um identische Beobachtungen, sondern um Menschen unterschiedlichen Alters. Wir haben deshalb keine 3340 Beobachtungen, sondern nur 16 Mittelwerte, die eine unterschiedliche Menge von Informationen verdichten[7]. In einer Situation wie dieser müssen Sie *Analytic-Weights* verwenden.

Sampling-Weights

Die dritte Art von Gewichtung ist wahrscheinlich die interessanteste – und eines der Dinge, die Stata vielen Mitbewerbern voraus hat. Bei der Datenanalyse ist man meistens mit einer Stichprobe aus einer Grundgesamtheit konfrontiert. Aus dieser Stichprobe will man Rückschlüsse über die Grundgesamtheit ziehen. Die meisten statistischen Verfahren beruhen dabei auf der Annahme einer einfachen Zufallsstichprobe. Kennzeichen einer einfachen Zufallsstichprobe ist, dass alle Elemente der Grundgesamtheit mit der gleichen Wahrscheinlichkeit in die Stichprobe gelangen. In der Praxis sind solche Stichproben aber die Ausnahme. Die Regel sind Stichproben, die Gruppen von Personen mit unterschiedlichen Auswahlwahrscheinlichkeiten aufweisen. Wendet man auf solche Daten die Verfahren für einfache Zufallsstichproben an, so macht man zwei Fehler: Man erhält verzerrte Punktschätzer, d.h. Mittelwerte, Median, Regressionskoeffizienten usw. entsprechen nicht den korrekten Werten und man trifft unzulängliche Rückschlüsse von der Stichprobe auf die Grundgesamtheit (Kish 1965).

---

[7] Der Datensatz wurde mit der Datei *cranalwe.do* in unserem Dateipaket erstellt.

Um den ersten Fehler zu bereinigen, d.h. um unverzerrte Punktschätzer zu erhalten, genügt es, die Daten mit dem Kehrwert der Auswahlwahrscheinlichkeit zu gewichten. Dabei ist es gleichgültig, ob man *Frequency-Weights* oder *Analytic-Weights* anwendet. Beide führen zum selben Ergebnis. Für den zweiten Bereich wird es komplizierter. Hier führen beide oben genannten Gewichtungsverfahren zu falschen Ergebnissen. Ein bestimmter Fall ist ja weder mehrmals identisch vorhanden, noch verdichtet ein Fall mit einem hohen Gewicht mehr Information. Jede Beobachtung ist nur eine einzelne Beobachtung. Mit den *Sampling-Weights* stellt Stata Ihnen einen Gewichtungstyp zur Verfügung, mit dem die unterschiedlichen Auswahlwahrscheinlichkeiten korrekt gehandhabt werden.

Bevor Sie weiterlesen, sollten Sie Ihren Datensatz mit

. restore

wieder herstellen.

3.6 Optionen

Nahezu jeder Stata-Befehl kann durch *Optionen* näher spezifiziert werden. Optionen werden durch ein Komma vom eigentlichen Kommando abgetrennt. Bei mehreren Optionen steht nur ein Komma. Das Komma leitet also nicht eine Option, sondern eine Liste von Optionen ein. Die Reihenfolge der Liste der Optionen eines Befehls ist beliebig.

Beispiel:

```
. tabulate renov wgurt, missing row column
```

Renovierun gsbeduerft igkeit	v.z.kl.	Wohnungsgroesse, Beurteilung HV zu klein richtig zu gross			v.z.gr.	Total
nein	29	240	1519	173	13	1989
	1.46	12.07	76.37	8.70	0.65	100.00
	32.95	44.12	63.45	65.53	54.17	59.55
mittel	43	253	761	74	10	1150
	3.74	22.00	66.17	6.43	0.87	100.00
	48.86	46.51	31.79	28.03	41.67	34.43
ja	14	47	102	12	1	177
	7.91	26.55	57.63	6.78	0.56	100.00

--more--

Mit diesem Kommando wird eine Kreuztabelle ausgegeben, die zusätzlich zu den absoluten Häufigkeiten die bedingten relativen Häufigkeiten (sog. Zeilen-

und Spaltenprozente) enthält[8]. Die Berechnung erfolgt einschließlich der Personen, welche die Frage nicht beantworten wollten. Beachten Sie: Das Komma steht vor der Liste von Optionen.

Üblicherweise stehen Optionen am Ende eines Kommandos, also nach dem Befehl, der Variablenliste, den *If*- oder *In*-Bedingungen und der Gewichtungsanweisung. Optionen können aber innerhalb eines Kommandos an jeder Stelle nach der Variablenliste stehen. Wenn Sie nach den Optionen weitere Befehlsteile spezifizieren wollen, müssen Sie die Optionen mit einem Komma beenden.

Beispiel: Folgenden Eingaben sind gleichbedeutend:

. tabu*late* bil sex, m*issing* r*ow* col*umn*, if bul == 1
. tabu*late* bil sex if bul == 1, m*issing* r*ow* col*umn*

Die meisten Optionen lassen sich abkürzen. Über das Ausmaß der Abkürzungsmöglichkeit informiert die *Online*-Hilfe. Der Teil einer Option, der mindestens eingegeben werden muss, ist farblich hervorgehoben. Wir werden in diesem Buch durch Kursivdruck auf gebräuchliche Abkürzungen Optionen hinweisen.

3.7 Die Nummernliste

Einige Befehle haben den Ausdruck *numlist* in ihrem Syntaxdiagramm. Eine Nummernliste ist eine Liste von Zahlen, die Stata als Zahlen *versteht*. Dem Verständnis von Stata für Zahlen ist es zu verdanken, dass Nummernlisten abgekürzt eingegeben werden können:

Die Eingabe von	bedeutet
1,2,3,4	1, 2, 3, 4
1 2 3 4	1, 2, 3, 4
1/4	1, 2, 3, 4
2 4 to 8	2, 4, 6, 8
8 6 to 2	8, 6, 4, 2
2 4 : 8	2, 4, 6, 8
8 6 : 2	8, 6, 4, 2
2(2)8	2, 4, 6, 8
8(-2)2	8, 6, 4, 2
8/10 15 to 30 32 to 36	8, 9, 10, 15, 20, 25, 30, 32, 34, 36
8/10(5)30(2)36	8, 9, 10, 15, 20, 25, 30, 32, 34, 36

Beispiele für die Anwendung von Nummernlisten finden Sie in den Abschnitten 3.9.2 auf Seite 71 und 6.1.7.1 auf Seite 124.

---
[8] Zur Interpretation dieser Tabelle vgl. Abschnitt 7.1.1 auf Seite 137.

3.8 Dateinamen

In einer ganzen Reihe von Befehlen können oder müssen Dateinamen eingegeben werden. Meistens werden Dateinamen hinter dem Kennwort „using" eingegeben. In einzelnen Fällen kann das Kennwort jedoch auch weggelassen werden.

Unabhängig vom Betriebssystem besteht ein vollständiger Dateiname für Stata aus einer Adresse, einem Namen und einer Extension. Die Adresse gibt normalerweise an, in welchem Verzeichnis oder Ordner sich eine Datei befindet. Der Name ist der Name der Datei und die Extension ist ein Kürzel für den Typ einer Datei. Die hier zumeist verwendete Datei „c:/kkstata/data1.dta" befindet sich z.B. im Ordner „c:/kkstata" und heißt „data1". Es handelt sich dabei um eine Datei vom Typ „.dta"; dies ist die Extension für Stata-Datensätze.

Die Eingabe der Adressen erfolgt in der durch das Betriebssystem vorgegebenen Weise. So werden unter Macintosh Doppelpunkte zur Abtrennung von Ordnern verwendet, unter UNIX/Linux der Schrägstrich und unter DOS und Windows der *Backslash*[9]. Die Eingabe des eigentlichen Dateinamens ist dagegen für alle Betriebssysteme gleich, d.h. es wird einfach der Dateiname angegeben. Wenn im Dateinamen Leerzeichen oder andere Sonderzeichen auftreten muss der komplette Namen in Anführungszeichen gesetzt werden. Beachten Sie aber, dass Leer- und Sonderzeichen in Dateinamen nicht in allen Betriebssystemen verwendet werden dürfen.

Beispiel: Der Befehl zur Beschreibung der *fiktiven* Datei *C&A.dta* im Ordner *Meine Daten* würde unter Windows

```
. describe using "c:/Meine Daten/C&A.dta"
```

lauten.

Wann immer Sie einen Dateinamen eingeben, müssen Sie Stata den kompletten Namen mitteilen. Dies bedeutet jedoch nicht, dass Sie immer den kompletten Namen eintippen müssen:

- Wenn Sie einen Dateinamen ohne Adresse eingeben, geht Stata davon aus, dass sich die Datei im momentanen Arbeitsverzeichnis befindet. Informationen über das momentane Arbeitsverzeichnis erhalten Sie durch den Befehl *print working directory*:

    ```
    . pwd
    ```

- Wenn Sie einen Dateinamen ohne Extension eingeben, sucht Stata nach einer Datei mit einer Extension, die zu dem jeweiligen Befehl passt. Folgende Tabelle zeigt, welche Befehle nach Dateien der angegebenen Extension suchen, bzw. mit dieser Extension speichern.

---

[9]Unter DOS und Windows kann auch der vorwärtsgewandte Schrägstrich verwendet werden.

Extension	Befehle
.dta	use; save; post; append; merge; joinby; describe
.raw	infile (mit *varlist*); infix (mit *varlist*); insheet; outsheet; outfile
.dct	infile (ohne *varlist*); infix (ohne *varlist*)
.log	log
.do	do; run
.gph	graph using; graph, saving()

Schließlich ist zu erwähnen, dass es sich bei den Dateinamen nicht notwendig um Dateien auf Ihrem Rechner handeln muss. Internet-Adressen sind genauso geeignet. Sie können Stata-Dateien damit auch direkt aus dem Internet laden, falls Ihr Rechner einen Netzzugang hat:

```
. preserve
. use http://www.stata.com/datenanalyse/data1.dta
. restore
```

Dies gilt für alle Befehle, in denen ein Dateiname angegeben werden kann.

3.9 Befehls-Präfixe

Befehls-Präfixe sind Kommandoteile, die vor den eigentlichen Stata-Befehl gestellt werden und von diesem durch einen Doppelpunkt abgetrennt werden. Zwei Befehls-Präfixe wollen wir Ihnen hier ausführlich vorstellen: „by" und „for". Ein weiteres Präfix – „xi" – werden Sie im Rahmen von Kapitel 8 kennen lernen. Nur am Rande erwähnen wollen wir hier das Präfix „sw", mit dem sog. *Stepwise*-Varianten von statistischen Modellen angefordert werden. Aus einer Reihe von Gründen wollen wir diese Verfahren in diesem Buch jedoch nicht vorstellen[10].

3.9.1 „by"

Der Befehls-Präfix „by" besteht aus dem Präfix selbst und einer Variablenliste, die wir hier als *By*-Liste bezeichnen. Durch „by" wird der eigentliche Stata-Befehl für alle Kategorien bzw. Kombinationen der Kategorien der Variablen aus der *By*-Liste wiederholt. Die Verwendung des Präfixes „by" setzt voraus, dass der Datensatz nach den Variablen der *By*-Liste sortiert wurde.

Beispiel: Die Eingabe von

```
. sort sex
. by sex: summarize eink
```

---

[10] Zu den Gründen: *http://www.stata.com/support/faqs/stat/stepwise.html*.

bewirkt, dass „summarize" zunächst für alle Männer (Kategorie 1) durchgeführt wird und danach für die Frauen (Kategorie 2).

```
-> sex= Maenner
Variable |     Obs        Mean   Std. Dev.       Min         Max
---------+-----------------------------------------------------------
    eink |    1455    3358.348    2600.723         0       22000

-> sex= Frauen
Variable |     Obs        Mean   Std. Dev.       Min         Max
---------+-----------------------------------------------------------
    eink |    1579    2116.231    2253.243         0       25000
```

Wenn mehr als eine Variable in der *By*-Liste angegeben wird, wird der Befehl für alle Kombinationen der Kategorien der Variablen wiederholt. Voraussetzung ist wieder, dass zuvor nach den Variablen der *By*-Liste sortiert wurde.

Beispiel: Die Befehle

. sort sex est
. by sex est: sum*marize* eink

bewirken, dass „summarize" zunächst für alle vollerwerbstätigen Männer berechnet wird. Danach wird „summarize" für alle teilzeitbeschäftigten Männer berechnet usw. Das gleiche Ergebnis lässt sich zwar auch mit entsprechenden *If*-Anweisungen erzielen, jedoch wären im vorliegenden Beispiel zwölf solcher Befehle notwendig.

Schwierigkeiten bereitet manchmal die Unterscheidung des Präfixes „by" von der Option „by()". Einige Befehle kennen die Option „by()". Sie wird wie andere Optionen auch, durch ein Komma getrennt, an das Stata-Kommando angehängt. In den Klammern der Option „by()" wird eine Variablenliste eingesetzt. Die Option „by()" führt dazu, dass der entsprechende Befehl Kategorien dieser Variablenliste in *befehlsspezifischer* Weise behandelt. Dagegen führt „by" als Präfix *befehlsunabhängig* zur Wiederholung des Befehls für unterschiedliche Kategorien der *By*-Liste.

Beispiel:

. graph eink bdauer, by(sex)

führt zur Darstellung *einer* Grafik mit zwei *Scatterplots*. Nach

. by sex: graph eink bdauer

wird der Grafik-Befehl dagegen zweimal hintereinander durchgeführt. Die zweite Grafik wird durch Drücken einer beliebigen Taste angezeigt.

Das Befehls-Präfix „by" ist aus technischen Gründen nur für *interne* Befehle zugelassen. Alle *externen* Kommandos können nicht mit „by" kombiniert werden. Aus diesem Grund wurde das externe Kommando „byvar" entwickelt. „byvar" hat eine ähnliche Syntax und dieselbe Funktion wie „by", kann aber auf alle Befehle angewendet werden.

Der Befehl „byvar" gehört nicht zum offiziellen Lieferumfang von Stata. Es handelt sich um einen inoffiziellen von einem Benutzer geschriebenen Befehl. Um den Befehl „byvar" ausführen zu können, müssen Sie das Paket STB 55, ip9.1 installieren. Wie das geht und wo Sie das Paket finden erfahren Sie in Abschnitt 12.3.1 auf Seite 386.

3.9.2 „for"

Das Befehls-Präfix „for" besteht aus dem Präfix selbst, der Definition des Listentyps (*listtype*), einer Liste von Parametern (*forlist*) und verschiedenen Optionen. Das Befehls-Präfix „for" dient dazu, den eigentlichen Stata-Befehl nacheinander mit allen Parametern der *forlist* durchzuführen. Dazu wird in den eigentlichen Stata-Befehl der Platzhalter „X" eingebaut[11]. Dieser Platzhalter wird sukzessiv durch die Parameter der *forlist* ersetzt.

Beispiel:

. for varlist kuech dusch wc gart: tabulate np9402 X

führt nacheinander folgende Befehle aus:

. tabulate np9402 kuech
. tabulate np9402 dusch
. tabulate np9402 wc
. tabulate np9402 gart

Die forlist

Die Parameter der *forlist* können sein: eine Variablenliste, Zahlen oder eine beliebige Liste von Parametern. Um welche Art der *forlist* es sich handelt, wird vor der Parameterliste festgelegt. Wenn es sich um eine Liste von Variablen handelt, wird *varlist* angegeben. Danach können Sie nach den üblichen Regeln für Variablenlisten existierende Variablen angeben. Wenn es sich um eine Liste von Zahlen handelt, geben Sie *numlist* ein. Danach können Sie die in Abschnitt 3.7 auf Seite 67 vorgestellten Abkürzungsmöglichkeiten für Nummernlisten einsetzen. Zur Generierung neuer Variablen geben Sie *newlist* und für Wort- oder Buchstabenlisten *anylist* ein.

Beispiel:

. for numlist 1/10: generate rX=uniform()

erzeugt zehn Variablen mit den Namen *r1 r2 ... r10*. Die Werte der einzelnen Variablen entsprechen der Funktion „uniform()". Dies ist die Stata-Funktion für eine gleichverteilte Zufallsvariable mit Werten zwischen 0 und 1. Alle

---

[11]In allen Versionen vor Stata 6.0 wurde das Zeichen „@" als Platzhalter verwendet. Es kann auch in den neueren Programmversionen als Platzhalter verwendet werden, muss dann allerdings vor der Definition des Listentyps mit „@ in" spezifiziert werden.

gebildeten Variablen enthalten also völlig zufällige Werte zwischen 0 und 1. Derartige Zufallszahlen sind in der Praxis erstaunlich häufig von großem Nutzen.

Mehr als eine forlist

Das Präfix „for" erlaubt die Angabe von mehr als einer *forlist*. Die unterschiedlichen Listen werden dabei durch einen *Backslash* (\) voneinander getrennt. Im eigentlichen Stata-Befehl wird durch „X" auf die erste *forlist* Bezug genommen, durch „Y" auf die zweite durch „Z" auf die dritte, durch „A" auf die vierte usw. Es können bis zu neun *forlists* spezifiziert werden. Vor jeder *forlist* wird jeweils der entsprechende Listentyp spezifiziert[12].

Beispiel:

. for varlist kuech dusch wc \ newlist kueche_d dusche_d wc_d: generate Y=X-1

erzeugt die neuen Variablen *kueche_d*, *dusche_d* und *wc_d*, welche den gleichen Inhalt wie die Variablen *kuech*, *dusch* und *wc* haben, nur dass die Werte 0 und 1 statt 1 und 2 verwendet werden. Es werden hintereinander folgende Befehle durchgeführt:

. generate kueche_d = kuech - 1
. generate dusche_d = dusch - 1
. generate wc_d = wc - 1

Mehrere Befehle nach einem „for"-Präfix

An das Befehls-Präfix „for" kann mehr als ein Befehl angehängt werden. In diesem Fall werden mit dem ersten Parameter der *forlist* zunächst sämtliche Befehle durchgeführt, bevor der zweite Parameter verwendet wird. Die Befehle werden durch einen *Backslash* (\) voneinander abgetrennt.

Beispiel: Durch

. for varlist gebjahr eink: summarize X \ generate Xz = X - r(mean)

werden die Variablen *gebjahr* und *eink* zentriert, d.h. von jeder Variable wird ihr Mittelwert abgezogen. Dazu wird zunächst der Mittelwert berechnet – „summarize gebjahr" – und danach die neue Variable erzeugt. Der Name der neuen Variable entspricht dem Namen der Ursprungsvariable mit dem zusätzlichen Buchstaben „z".

Der Befehl „summarize" speichert den Mittelwert in der Funktion „r(mean)". Mehr zu solchen *gespeicherten Resultaten* erfahren Sie in Kapitel 4.

---

[12]Sie können die Lesbarkeit Ihrer „for"-Befehle erhöhen, indem Sie anstatt der vorgegebenen Platzhalter selbst Platzhalter definieren, die einen inhaltlichen Bezug zu den Vorgängen haben. Zum Beispiel werden durch
. for NEU in new x2-x5 \ POWER in num 2/5: gen NEU = wohngr^POWER
vier neue Variablen mit den Namen *x2*, *x3*, *x4* und *x5* gebildet, deren Werte die potenzierten Werte der Variable *wohngr* sind.

Kapitel 4

Eine allgemeine Bemerkung zu den Statistik-Kommandos

Unter Statistik-Kommandos verstehen wir alle Befehle, mit denen Berechnungen durchgeführt werden. In Kapitel 1 haben wir z.B. die Befehle „summarize", „tabulate" und „regress" als Beispiele für solche Statistik-Kommandos vorgestellt. Die Berechnungen der Statistik-Kommandos sind stets auf einen ganz spezifischen Zweck ausgerichtet – zu spezifisch, um in einem Kapitel wie diesem behandelt zu werden. Eine grundlegende Eigenschaft verbindet jedoch alle Statistik-Kommandos: Die Ergebnisse der Berechnungen werden als „interne Resultate" gespeichert. Als Stata-Nutzer können Sie mit diesen gespeicherten Ergebnissen arbeiten, mit ihnen weitere Berechnungen durchführen, sie als Variable speichern oder sie einfach nur anzeigen.

Um die Beispiele in diesem Kapitel nachvollziehen zu können, laden Sie bitte unseren Beispieldatensatz[1]:

```
. use data1, clear
```

Stata unterscheidet herkömmliche Statistik-Befehle und Modellbefehle. Die durch die herkömmlichen Statistikbefehle gespeicherten *internen Resultate* werden durch den Ausdruck „r()" angesprochen, wobei innerhalb der Klammer jeweils ein spezifischer Name eingesetzt wird. Modellbefehle speichern die internen Resultate in Ausdrücken mit der Konstruktion „e()", wobei ebenfalls ein spezifischer Name innerhalb der Klammer eingetragen wird. Man nennt die entsprechenden Statistik-Befehle darum auch *R*- bzw. *E*-Typen.

---

[1] Bitte achten Sie darauf, dass Ihr Arbeitsverzeichnis *c:/kkstata* ist. Näheres hierzu auf Seite 11.

Sowohl „r()" als auch „e()" können als Namen für Behälter angesehen werden, in denen sich die Ergebnisse bestimmter Berechnungen befinden.

Beispiel: Der Befehl „summarize" ist ein R-Typ. Er speichert seine Ergebnisse in Behältern mit folgenden Namen:

r(N)   Fallzahl

r(sum_w) Summe der Gewichtung

r(mean)   arith. Mittel

r(Var)   Varianz

r(min)   Minimum

r(max)   Maximum

Warum benötigt man gespeicherte Ergebnisse? Hier einige Beispiele mit den gespeicherten Ergebnissen des „summarize"-Befehls:

- Sie können die gespeicherten Ergebnisse nutzen, um eine Variable zu zentrieren, d.h. Sie ziehen von jedem Wert der Variable den Mittelwert ab:

    . summarize eink
    . generate ein_z = eink - r(mean)

- Sie können die gespeicherten Ergebnisse nutzen, um eine Variable zu standardisieren. Hierzu wird eine Variable zunächst zentriert und danach durch ihre Standardabweichung geteilt:

    . generate ein_s = (eink - r(mean))/(sqrt(r(Var)))

- Sie können die gespeicherten Ergebnisse nutzen, um die Polung einer Variable umzukehren (zu spiegeln):

    . generate ein_m = r(max) + 1 - eink

- Sie können die gespeicherten Ergebnisse verwenden, um die Ober- und Untergrenzen des 95%-Konfidenzintervalls des Mittelwerts zu berechnen. Unter dem üblichen Annahmenkranz ergeben sich die Grenzen des 95%-Konfidenzintervalls durch $CI = \bar{x} \pm 1.96 * \sqrt{s^2/n}$, wobei $\bar{x}$ das arithmetische Mittel, s^2 die Varianz und n die Fallzahl ist. Alle diese Angaben finden sich in den gespeicherten Ergebnissen von „summarize":

    . summarize eink
    . display _r(mean) + 1.96 * sqrt(r(Var)/r(N))

    bzw. für die untere Grenze:

    . display _r(mean) - 1.96 * sqrt(r(Var)/r(N))

Kurz: An die gespeicherten Ergebnisse sollten Sie immer dann denken, wenn Sie ein Kommando schreiben, in das Sie ein Ergebnis eines vorhergehenden Befehls eintragen wollen. Es ist dann *immer* besser, den Behälter für das Ergebnis einzusetzen, anstatt das Ergebnis abzutippen.

Jedes Statistik-Kommando legt zumindest seine wichtigsten Ergebnisse in internen Resultaten ab. Um mit diesen Ergebnissen arbeiten zu können, müssen Sie wissen, welche Resultate welchen Ergebnissen zugeordnet sind. Folgende Informationsquellen stehen Ihnen dazu zur Verfügung:

- Im alphabetisch nach Befehlsnamen geordneten *Reference-Manual* findet sich bei jedem Befehl der Abschnitt *Saved Results*. Darin werden die vom jeweiligen Kommando gespeicherten Ergebnisse genannt.

- Durch den Befehl „return list" nach einem *R*-Typ werden die Inhalte der jeweils gespeicherten „r()"-Behälter angezeigt.

- Durch den Befehl „estimates list" nach einem *E*-Typ werden die Inhalte der jeweils gespeicherten „e()"-Behälter am Bildschirm angezeigt.

Wenn Sie die gespeicherten Ergebnisse verwenden, sollten Sie beachten, dass die Behälter ständig mit neuen Inhalten gefüllt werden. Jeder neue Statistik-Befehl füllt andere Ergebnisse in die Behälter und löscht gleichzeitig die alten Ergebnisse.

Beispiel: Die Befehlssequenz

```
. summarize eink
. tabulate bil sex
. generate ein_c = eink - r(mean)
```

erzeugt *keine* zentrierte Variable. Der Behälter „r(mean)" ist leer. Es wird hier zwar eine neue Variable *ein_c* erzeugt, diese enthält aber nur *Missings*. Weil die gespeicherten Ergebnisse ständig überschrieben werden, ist es oft notwendig, sie in einen anderen – dauerhafteren – Behälter umzufüllen. Der beste Behälter für Ergebnisse von *R*-Typen sind *lokale Makros*. Lokale Makros werden durch den Befehl „local" erstellt. Mit

```
. summarize eink
. local x = r(mean)
```

speichert man z.B. das interne Resultat des „summarize"-Befehls („r(mean)") in einem Behälter mit dem Namen „x". Natürlich können Sie einen beliebigen Namen vergeben – sofern er nicht länger als *sieben* Zeichen ist. Diesen Behälter können Sie dann anstelle des gespeicherten Ergebnisses verwenden. Allerdings sollte Stata wissen, dass mit dem *Behälter* „x" nicht etwa die *Variable* „x" gemeint ist. Dazu wird der Name des Behälters speziell markiert: Vor den Behälternamen kommt das französische *Accent grave* bzw. ein rückwärtsgewandtes einfaches Anführungszeichen ('), hinter den Behälternamen ein vorwärtsgewandtes einfaches Anführungszeichen (')[2]. Den Inhalt des Makros 'x' können Sie sich also durch

. display 'x'

betrachten. Der Inhalt bleibt so lange unverändert, bis Sie seinen Inhalt durch den Befehl „local" verändern.

Beispiel: Die Differenz der Mittelwerte einer Variable zwischen zwei Gruppen lässt sich wie folgt ermitteln:

. summarize eink if sex == 1
. local mean0 = r(mean)
. summarize eink if sex == 2
. display r(mean) - 'mean0'
-1242.1179

Die Ergebnisse von *E*-Typen können Sie nur teilweise in lokale Makros umfüllen. Der Grund dafür ist, dass einige Ergebnisse von *E*-Typen in Matrizen abgelegt werden. Um Sie dauerhaft zu speichern, müssen Sie darum ebenfalls Matrizen verwenden. Hierfür stehen die Stata-Matrix-Befehle zur Verfügung, für die Sie durch

. help matrix

eine Einführung erhalten[3].

---

[2] Auf deutschen Tastaturen finden Sie das rückwärtsgewandte einfache Anführungszeichen rechts oben auf der Taste neben dem „ß". Um das Zeichen zu erzeugen müssen Sie die *Shift*-Taste gedrückt halten und nach der Eingabe des Zeichens die Leertaste drücken. Das vorwärtsgewandte einfache Anführungszeichen findet sich rechts neben dem „ä".

[3] Lokale Makros und Matrizen sind in erster Linie Programmierwerkzeuge. In Abschnitt 11.2.1 auf Seite 341 werden wir darum noch ausführlicher auf sie eingehen. An dieser Stelle genügt es, wenn Sie sich einprägen, dass Matrizen, und mehr noch lokale Makros, auch außerhalb von Programmen Werkzeuge darstellen, dessen Umgang zu erlernen sich lohnt.

# Kapitel 5

Erstellen und Verändern von Variablen

Um die Beispiele in diesem Kapitel nachvollziehen zu können, laden Sie bitte unseren Beispieldatensatz[1]:

. use data1, clear

Was den Zeitaufwand betrifft, besteht statistische Datenanalyse zum größten Teil aus dem Erstellen und Verändern, kurz: dem Rekodieren von Variablen. Zwei – im Prinzip identische – Befehle sind die Grundlage all dieser Arbeiten: „generate" und „replace". Diese beiden Befehle sind sozusagen das tägliche Brot des Stata-Anwenders. Jeder kennt sie und jeder weiß damit umzugehen. Mehr noch: Fast keine Kommandos mit „generate" und „replace" bergen besondere Schwierigkeiten. Es sind Standardanwendungen, eingespielte Sequenzen ohne besonderen intellektuellen Reiz, lästiges Pflichtprogramm auf dem Weg zur Analyse des inhaltlichen Problems.

Von Zeit zu Zeit aber trifft es jeden: ein schwieriges Rekodierungsproblem. Da soll eine spezielle Variable gebildet werden und der Standard hilft nicht weiter. Dann wird das Rekodieren zum Krimi. Man durchlebt anfängliche Verzweiflung, Anspannung im Wechsel mit Überdruss und Wut und schließlich auch Glück, wenn die Lösung gefunden wurde.

Dabei treten solche Rekodierungsprobleme meist völlig unverhofft auf. Sie können den Anfänger genauso treffen wie den *alten Hasen*. Herausragende Statistikkenntnisse sind kein Schutz, genauso wenig die Vermeidung komplizierter inhaltlicher Fragestellungen. Auf einmal gibt es Rekodierungsprobleme!

---

[1] Bitte achten Sie darauf, dass Ihr Arbeitsverzeichnis *c:/kkstata* ist. Näheres hierzu auf Seite 11.

In diesem Abschnitt wollen wir einige grundsätzliche Anweisungen zum Rekodieren von Daten mit Stata geben. Dabei ist es unmöglich, alle denkbaren Problemfälle abzuarbeiten. Stattdessen wollen wir Ihnen zeigen, wie man auf *stataische* Weise rekodiert. Unser Ziel dabei ist es, Ihnen Werkzeuge an die Hand zu geben, mit denen Sie auch schwierige Probleme lösen können. Ansonsten empfehlen wir Ihnen, sich eine Art leidenschaftliche Begeisterung für Rekodierungsprobleme anzulegen. Wie wär's z.B. damit, nur so *zum Spaß*, die Rekodierungsprobleme zu lösen, die nahezu wöchentlich in der *Statalist*[2] diskutiert werden?

5.1 Die Befehle „generate" und „replace"

Der Befehl „generate" dient dazu, Variablen neu zu erstellen, der Befehl „replace" verändert den Inhalt einer bereits vorhandenen Variable. In Stata sind diese – prinzipiell identischen – Aufgaben getrennt worden, um zu vermeiden, dass Informationen unabsichtlich verloren gehen. Es ist unmöglich, mit „generate" eine bereits vorhandene Variable zu überschreiben. Umgekehrt können Sie mit replace keine neuen Variablen erstellen. Ansonsten ist die Syntax der beiden Befehle *vollkommen* identisch: Dem Befehlsnamen folgt die Angabe der Variable, die erstellt bzw. verändert werden soll. Danach steht ein Ausdruck, mit dem der Inhalt der neuen Variable festgelegt wird. Das Präfix „by" ist erlaubt, genauso wie *If*- und *In*-Bedingungen.

Durch

```
. generate newvar = 1
```

wird eine neue Variable erstellt, die bei allen Beobachtungen den Wert 1 hat:

```
. tabulate newvar
```

newvar	Freq.	Percent	Cum.
1	3340	100.00	100.00
Total	3340	100.00	

Mit

```
. replace newvar = 0
```

wird die gerade neu erstellte Variable verändert. Anstatt den Wert 1 hat die Variable nun den Wert 0:

```
. tabulate newvar
```

---

[2]Näheres dazu in Kapitel 12.

5.1.1 Variablennamen

Wenn Sie mit „generate" arbeiten, sollten Sie sich an bestimmte Regeln für die Variablennamen halten. Die Namen von Variablen können aus acht Zeichen bestehen. Als Zeichen dürfen Buchstaben (A–Z und a–z), Zahlen (0–9) und der Unterstrich (_) verwendet werden. Folgende Namen sind nicht erlaubt:

_all	double	long	_rc
_b	float	_n	_se
byte	if	_N	_skip
_coef	in	_pi	using
_cons	int	_pred	with

Einige Variablennamen sind erlaubt, aber nicht empfehlenswert. So sollte man den Variablennamen e vermeiden, da er an einigen Stellen mit dem e der wissenschaftlichen Schreibweise von Zahlen verwechselt werden kann. Weiterhin sollten man Namen vermeiden, die mit einem Unterstrich beginnen, da interne Stata-Variablen mit einem Unterstrich beginnen und es deshalb zu Konflikten kommen kann. Der Variablenname X kollidiert mit dem Platzhalter „X" im „for"-Präfix. Schließlich empfehlen wir Ihnen auf Namen, die mit einem I (ein groß geschriebenes i) beginnen, zu verzichten, da der Befehl „xi" diese Variablen löscht.

5.1.2 Einige Beispiele

Die in „generate" oder „replace" spezifizierte Variable wird mit dem Inhalt des *Ausdrucks* gefüllt. Dabei gelten die allgemeinen Regeln für Ausdrücke aus Abschnitt 3.4. So teilt

. generate pkheink = hhein/hhgr

für jede Person des Datensatzes das Haushaltseinkommen (*hhein*) durch die Haushaltsgröße (*hhgr*) und berechnet so das Pro-Kopf Haushaltseinkommen. Das Ergebnis wird in die Variable *pkheink* geschrieben. Mit

. generate logeink = log(eink)

wird für jede Person der natürliche Logarithmus des Einkommens berechnet und das Ergebnis in eine Variable mit dem Namen *logeink* geschrieben. Durch

. replace logeink = log(eink)/log(2)

verändert man die Variable *logeink* derart, dass statt des natürlichen Logarithmus der Logarithmus zur Basis 2 erzeugt wird. Der Befehl

. generate raweink = hhein - miete

berechnet, wie viel des Haushaltsnettoeinkommens (*hhein*) übrig bleibt, wenn die Ausgaben für die Wohnungsmiete (*miete*) abgezogen sind. Durch

```
. generate r = uniform()
```
wird eine gleichverteilte Zufallsvariable mit Werten zwischen 0 und 1 erzeugt. Eine standard-normalverteilte Zufallsvariable, d.h. eine Variable mit einem Mittelwert von 0 und einer Standardabweichung von 1 wird mit

```
. generate r01 = invnorm(uniform())
```
erzeugt. In „generate" bzw. „replace" können alle in Abschnitt 3.4.2 auf Seite 61 eingeführten *Funktionen* verwendet werden. Die Funktionen können zudem mit den *Operatoren* aus Abschnitt 3.4.1 auf Seite 59 verknüpft werden. Letzteres ist bei den algebraischen Operatoren (Addition, Subtraktion, Multiplikation, Division, Exponierung) unmittelbar einsichtig.

Weniger offensichtlich ist vielleicht die Verwendung der relationalen Operatoren. Wie oben erwähnt, sind Ausdrücke mit relationalen Operatoren *wahr* oder *falsch*. Aus der Sicht von Stata ist dieser Satz allerdings nicht ganz korrekt. Korrekt ist: Falsche Ausdrücke haben den Wert 0, wahre den Wert 1.

Mit Hilfe dieser Eigenschaft wollen wir die Variable *bremen* bilden, die den Wert 1 für Personen aus Bremen hat und 0 für alle anderen Personen. In der Variable Bundesland (*bul*) ist Bremen mit dem Wert 4 verkodet[3]. Es genügt daher der folgende Befehl:

```
. generate bremen = bul == 4
```
Für alle Befragten, die bei *bul* nicht den Wert 4 aufweisen ist der Ausdruck „bul == 4" falsch. Da „falsch" für Stata 0 bedeutet, erhalten diese Befragten in der neuen Variable *bremen* den Wert 0. Für die Befragten mit dem Wert 4 auf der Variable *bul* (also die Bremer) ist der Ausdruck „wahr". Sie bekommen deshalb in der neuen Variable den Wert 1:

```
. tabulate bremen
```

bremen	Freq.	Percent	Cum.
0	3314	99.22	99.22
1	26	0.78	100.00
Total	3340	100.00	

Der Befehl:

```
. generate hanse1 = bul == 2 | bul == 4
```
erzeugt die Variable *hanse*, mit dem Wert 1 für alle Personen aus Hamburg (*bul* == 2) oder Bremen und 0 in allen anderen Fällen.

An diesen Beispielen können Sie sehen, dass Sie auf diese Weise relativ einfach Variablen mit den Werten 0 und 1 erzeugt werden können. Solche als *Dummy-Variable* bezeichneten Variablen werden in der Praxis sehr häufig benötigt.

---

[3]Wie Sie zu dieser Information kommen, lernen Sie auf Seite 97.

5.1 Die Befehle „generate" und „replace"

Allerdings ist Vorsicht geboten, wenn die Originalvariable *Missings* aufweist, da diese ebenfalls mit dem Wert 0 in die neue Variable aufgenommen werden. Ein einfacher Weg, dies zu vermeiden, ist es, die Bildung der neuen Variable durch eine *If*-Bedingung auf die gültigen Werte zu beschränken:

```
. generate hanse2 = bul == 2 | bul == 4 if bul ~= .
```

Unabhängig davon, ob die im „generate"-Befehl verwendete Variable ein *Missing* enthält oder nicht, empfiehlt sich eine gewohnheitsmäßige Anwendung dieser Konstruktion.

Natürlich können Sie relationale und algebraische Operatoren in Ihren Ausdrücken mischen. Zum Beispiel könnte man aus den einzelnen Elementen Wohnungsausstattung einen additiven Index für die Wohnungsausstattung konstruieren. Beachten Sie allerdings, dass die Eingabe von

```
. generate wausst = kuech==1 + dusch==1 + wc==1 + heiz==1 + kell==1
+ balk==1 + gart==1
```

nicht zum (wahrscheinlich) erwarteten Ergebnis führt:

```
. tabulate wausst
```

wausst	Freq.	Percent	Cum.
0	3340	100.00	100.00
Total	3340	100.00	

Korrekt ist dagegen :

```
. replace wausst = (kuech==1) + (dusch==1) + (wc==1) + (heiz==1) + (kell==1)
+ (balk==1) + (gart==1)
. tabulate wausst
```

wausst	Freq.	Percent	Cum.
0	12	0.36	0.36
1	20	0.60	0.96
2	29	0.87	1.83
3	52	1.56	3.38
4	227	6.80	10.18
5	714	21.38	31.56
6	1334	39.94	71.50
7	952	28.50	100.00
Total	3340	100.00	

Die Addition hat gegenüber der Überprüfung auf Gleichheit Vorrang. Der Ausdruck „kuech == 1 + dusch == 1 + ..." ist darum zu lesen als „kuech == (1 + (dusch == 1 + ...)". Bei komplizierten Ausdrücken ist stets Vorsicht angebracht. Meist empfiehlt sich die explizite Klammersetzung. Dies gilt auch dann, wenn die Klammersetzung lediglich die Stata-Regeln abbildet.

Vorsicht ist auch geboten bei Befehlen wie diesem:

```
. generate hheink_d = hhein >= 3000
```

erzeugt die Variable *hheink_d*, mit dem Wert 1 für alle Personen mit einem Haushaltseinkommen von mindestens 3000 DM und dem Wert 0 in allen anderen Fällen. Der Ausdruck „hhein >= 3000" ist allerdings auch für diejenigen Befragten *wahr*, welche keine Angabe über ihr Haushaltseinkommen gemacht haben. Denn die fehlenden Angaben sind wie auf Seite 59 beschrieben mit dem Wert $+\infty$ verkodet. Mit

```
. replace hheink_d = . if hhein == .
```

kann dies korrigiert werden.

Rekodierungskommandos wie das letzte sind häufig. Das Kommando weist den in der *If*-Bedingung spezifizierten Fällen einen Wert auf einer (neuen oder alten) Variable zu. Die meisten Rekodierungsprobleme lassen sich durch solche Kommandos lösen – wenn auch nicht immer auf die eleganteste Art. Schon die oben erstellte Variable *hanse* hätte auf diese Weise erstellt werden können.

```
. generate hanse3 = 0
. replace hanse3 = 1 if bul == 2 | bul == 4
```

Entsprechend kann diese Vorgehensweise angewandt werden, um eine Variable stärker zusammenzufassen. Die Variable Bundesland können Sie z.B. wie folgt zu den Regionen *Nord*, *Süd*, *Ost* und *West* zusammenfassen:

```
. generate region = 1 if bul>= 1 & bul <= 4
```

erzeugt die Variable *region* und vergibt den Wert 1 für alle Fälle aus Schleswig-Holstein (*Code* 1), Hamburg (2), Niedersachsen (3) und Bremen (4). Alle übrigen Fälle erhalten einen *Missing*. Der Befehl

```
. replace region = 2 if bul>= 5 & bul <= 7
```

überschreibt den *Missing* bei allen Personen aus Nordrhein-Westfalen (5), Hessen (6), Rheinland-Pfalz + Saarland (7), mit der Ziffer 2. Durch

```
. replace region = 3 if bul == 8 | bul == 9
```

wird das Gleiche mit der Ziffer 3 für Baden-Württemberg (8) und Bayern (9) wiederholt. Schließlich setzt

```
. replace region = 4 if bul >= 11
```

Personen aus allen anderen Länder auf die Ziffer 4. Berliner Befragte (0) sind derzeit noch mit dem *Missing* verkodet. Vielleicht sollte man sie speziell ausweisen:

```
. replace region = 5 if bul == 0
```

Da oft vergessen wird, auf die *Missings* zu achten, empfehlen wir in solchen Fällen, immer zuerst eine neue Variable zu generieren und für alle Fälle den

5.1 Die Befehle „generate" und „replace"

Wert 0 zu vergeben. Danach werden alle Zusammenfassungen über den „replace"-Befehl durchgeführt. Zur Kontrolle können Sie mit einem einfachen „tabulate"-Befehl immer sehen, ob der Wert 0 in der neuen Variable noch auftaucht. Unter diesem Wert befinden sich alle restlichen Fälle, die Sie bisher in Ihrer Zusammenfassung nicht berücksichtigt hatten. Wenn Sie den übrigbleibenden Fällen den *Missing* zuweisen wollen, so können Sie dies tun, indem Sie statt einer Zahl einen *Punkt* eingeben. Mit

```
. replace region = . if region==5
```

würden Sie allen Berliner Befragten wieder den *Missing* zuweisen[4].

Weitere Beispiele wollen wir uns hier ersparen. Die *If*-Bedingungen können komplizierter gestaltet werden. Dasselbe gilt für die Werte, die den Variablen zugewiesen werden. Die Idee bleibt stets dieselbe.

Die meisten Rekodierungsprobleme können durch solche einfachen Standardbefehle gelöst werden. Oft gibt es aber elegantere Lösungen. Und: manche Probleme lassen sich so überhaupt nicht bzw. nur mit erheblichem Aufwand lösen. Sie sollten sich darum in jedem Fall auch mit den folgenden Rekodierungskonzepten vertraut machen. Die sind zwar etwas schwieriger zu lernen, doch die Mühe lohnt sich.

5.1.3 Rekodieren mit „by", „_n" und „_N"

Gestatten Sie uns, Ihren Lerneifer für die nachfolgenden Konzepte durch das folgende kleine Beispiel anzustacheln: Stellen Sie sich vor, Sie wollten eine Variable erzeugen, die für jeden Interviewer angibt, wie viele Personen er bzw. sie befragt hat. Ihr Datensatz sieht derzeit ungefähr so aus[5]:

```
. sort intnr
. list persnr intnr in 1/12
```

	persnr	intnr
1.	4489018	19
2.	2871857	19
3.	3058053	19
4.	6416098	19
5.	5019385	19
6.	7187154	19
7.	4400355	19
8.	4773914	19
9.	3477336	19
10.	4680834	287
11.	2332548	287
12.	1650333	1025

---

[4] Beim Umgang mit *Missings* ist ein wenig Vorsicht geboten. Aus diesem Grund gehen wir in Abschnitt 5.2.3 auf Seite 93 noch etwas ausführlicher darauf ein.

[5] Die Reihenfolge der befragten Personen eines Interviewers ist bei Ihnen möglicherweise anders. Wichtig ist hier nur, dass immer alle Befragten eines Interviewers zusammen stehen.

Für jeden Befragten findet sich also eine Angabe darüber, wer ihn interviewt hat. Man kann nun einfach feststellen, dass Interviewer Nr. 19 neun Interviews geführt hat, Interviewer Nr. 287 dagegen nur zwei. Diese Angabe könnte man dann an die entsprechende Stelle im Datensatz schreiben, der danach etwa so aussehen würde:

	persnr	intnr	intcount
1.	4489018	19	9
2.	2871857	19	9
3.	3058053	19	9
4.	6416098	19	9
5.	5019385	19	9
6.	7187154	19	9
7.	4400355	19	9
8.	4773914	19	9
9.	3477336	19	9
10.	4680834	287	2
11.	2332548	287	2
12.	1650333	1025	1

Wie aber würden Sie diese Variable erzeugen? Denken Sie einen Augenblick darüber nach, bevor Sie weiterlesen.

Sie haben ein Lösungsidee? Gratulation! Wahrscheinlich arbeiten Sie dann nicht das erste Mal mit einem Datenanalyseprogramm. Der aus anderen Datenanalyseprogrammen naheliegende Lösungsweg wäre eine Zusammenfassung der Fälle für jeden Interviewer. Diese eventuell unter dem Stichwort *aggregate* bekannten Lösungen würden Sie in Stata mit dem Befehl „collapse" verwirklichen. Stata bietet aber noch eine weitaus geschicktere Lösung für diese Fragestellung:

```
. sort intnr
. quietly by intnr: generate intcount = _N
```

Dieses Vorgehen ist ziemlich elegant, verlangt wenig Schreibarbeit, benötigt wenig Rechenzeit, verwendet nur grundlegende Konzepte und erhält Ihren Datensatz in der ursprünglichen Form. Im Prinzip kennen Sie die verwendeten Konzepte bereits: das Präfix „by" und der „generate"-Befehl. Den Befehl „quietly" kennen Sie zwar nicht, aber das ist unwichtig. „quietly" kann vor jedes Kommando gesetzt werden und dient dazu, die Ergebnisausgabe zu unterdrücken. Sie erreichen dasselbe Ergebnis auch mit „by intnr: generate intcount = _N", nur dass dann eine ziemlich lange Ausgabe auf dem Bildschirm erscheint, die vollkommen nutzlos ist.

Bleibt zu klären, was „_N" ist. Dazu werden wir zunächst erläutern, was „_n" ist. Bei „_n" handelt es sich um einen Platzhalter für die aktuelle Position einer Beobachtung im Datensatz. Sie können „_n" nutzen, um Ihren Datensatz mit einer laufenden Nummer zu versehen:

```
. generate lfd = _n
```

5.1 Die Befehle „generate" und „replace"

In der hierdurch entstandenen Variable *lfd* hat der erste Fall den Wert 1, der zweite den Wert 2, der zehnte den Wert 10 usw.:

```
. list lfd persnr intnr in 1/12
```

	lfd	persnr	intnr
1.	1	4489018	19
2.	2	2871857	19
3.	3	3058053	19
4.	4	6416098	19
5.	5	5019385	19
6.	6	7187154	19
7.	7	4400355	19
8.	8	4773914	19
9.	9	3477336	19
10.	10	4680834	287
11.	11	2332548	287
12.	12	1650333	1025

Zusammen mit dem Präfix „by" ist „_n" die Position eines Falles innerhalb der jeweiligen Kategorie der *By*-Variable. Wenn „by" den Datensatz entlang der Kategorien der *By*-Variable in Gruppen aufteilt, steht „_n" für die Position einer Beobachtung innerhalb der jeweiligen Gruppe. Demnach erzeugt

```
. quietly by intnr: generate intlfd =_n
```

eine Variable, welche die Interviews jedes Interviewers durchnummeriert:

```
. list lfd persnr intnr intlfd in 1/12
```

	lfd	persnr	intnr	intlfd
1.	1	4489018	19	1
2.	2	2871857	19	2
3.	3	3058053	19	3
4.	4	6416098	19	4
5.	5	5019385	19	5
6.	6	7187154	19	6
7.	7	4400355	19	7
8.	8	4773914	19	8
9.	9	3477336	19	9
10.	10	4680834	287	1
11.	11	2332548	287	2
12.	12	1650333	1025	1

Wenn Sie sich die Bedeutung von „_n" klar gemacht haben, können wir die von „_N" klären. „_N" ist der höchste Wert von „_n". Über alle Fälle betrachtet ist „_N" die Zahl 3340:

```
. display _N
3340
```

Hinter dem Präfix „by" steht „_N" für den höchsten Wert von „_n" innerhalb der jeweiligen Kategorie der *By*-Variable. Im unserem Datensatz hat „_N" für den Interviewer Nr. 19 den Wert 9, für die Interviewer Nr. 287 den Wert 2 usw.

Der Befehl „by intnr: generate intcount = _N" lautet damit für den ersten Interviewer: „generate intcount = 9", für den zweiten Interviewer „generate intcount = 2" usw. Dies führt uns zum gewünschten Ergebnis:

```
. list lfd persnr intnr intlfd intcount in 1/12
```

	lfd	persnr	intnr	intlfd	intcount
1.	1	4489018	19	1	9
2.	2	2871857	19	2	9
3.	3	3058053	19	3	9
4.	4	6416098	19	4	9
5.	5	5019385	19	5	9
6.	6	7187154	19	6	9
7.	7	4400355	19	7	9
8.	8	4773914	19	8	9
9.	9	3477336	19	9	9
10.	10	4680834	287	1	2
11.	11	2332548	287	2	2
12.	12	1650333	1025	1	1

Rekodierungen mit „by", „_n" und „_N" sind gewöhnungsbedürftig. Wenn man sich jedoch das Prinzip klar gemacht hat, ergeben sich schnell viele Anwendungsbeispiele. Hier nur ein weiteres Beispiel:

Gewünscht ist eine Variable für alle tatsächlich auftretenden Kombinationen zwischen Familienstand und Bildung. Die Variable soll den Wert 1 für verheiratete Befragte („fam == 1") mit Hauptschulabschluss („bil==1") haben, den Wert 2 für verheiratete Befragte mit Realschulabschluss („bil == 2") usw. Der normale Weg dies zu tun, ist

```
. generate fambil = 1 if fam == 1 & bil == 1
. replace fambil = 2 if fam == 1 & bil == 2
. <usw>
```

Insgesamt müssen Sie auf diese Weise 42 Kommandos eingeben. Mit den neu erlernten Konzepten reichen dagegen vier Zeilen:

```
. sort fam bil
. quietly by fam bil: replace fambil = 1 if _n == 1
. replace fambil = sum(fambil)
```

Warum? Stellen Sie sich folgenden kleinen (fiktiven) Datensatz vor:

	fam	bil	schritt1	schritt2
1.	1	1	1	1
2.	1	1	.	1
3.	1	1	.	1
4.	1	1	.	1
5.	1	1	.	1
6.	1	2	1	2
7.	2	1	1	3
8.	2	1	.	3
9.	2	1	.	3

5.1 Die Befehle „generate" und „replace"

```
10.      2       2  |     1       4
11.      2       2  |     .       4
12.      2       2  |     .       4
```

Der Datensatz enthält die Variablen Familienstand und Bildung, wobei für jede der Variablen lediglich zwei Ausprägungen vorkommen. Der Datensatz ist nach Familienstand und Bildung sortiert. Mit dem Kommando „by fam bil: generate fambil = 1 if _n == 1" wird die Variable in Schritt 1 erzeugt. Das Kommando weist dem ersten Fall („if _n == 1") jeder Kombination der beiden *By*-Variablen („by fam bil:") den Wert 1 („generate fambil = 1") zu. Das zweite Kommando berechnet $\sum_{i=1}^{n}$ fambil$_i$. Berechnet wird also die laufende Summe der in Schritt 1 gebildeten Variablen. *Missings* werden dabei wie 0 behandelt.

5.1.4 Explizite Subscripte

In vielen statistischen Formeln spielen so genannte Subscripte eine wichtige Rolle. Bekannt ist z.B. folgende Formel für den Median der Variable X:

$$x_{\text{med}} = \frac{x_{\frac{n}{2}} + x_{\frac{n}{2}+1}}{2} \tag{5.1}$$

Die Formel besagt, dass in einer (sortierten) Liste derjenige Wert der Median ist, der in der Mitte zwischen dem $\frac{n}{2}$-ten und dem unmittelbar folgenden Wert liegt. Der Ausdruck $\frac{n}{2}$ ist ein *Subscript*. In unserem Datensatz liegt der Median des Geburtsjahrs in der Mitte zwischen den Beobachtungen $\frac{3340}{2} = 1670$ und $\frac{3340}{2} + 1 = 1671$.

In Stata können Variablen ebenfalls mit Subscripten versehen werden. Subscripte werden in eckige Klammern eingeschlossen und direkt an den Variablennamen angehängt. Das Geburtsjahr der Beobachtung mit der laufenden Nummer 1670 lässt sich darum wie folgt anzeigen:

```
. sort gebjahr
. display gebjahr[1670]
1955
```

Allgemeiner ist jedoch folgende Schreibweise:

```
. display gebjahr[_N/2 + 1]
```

Dies zeigt das Geburtsjahr der $\frac{n}{2} + 1$-ten Beobachtung. Entsprechend ergibt sich der Median durch:

```
. display 0.5 * (gebjahr[_N/2] + gebjahr[_N/2 + 1])
1955
```

Subscripte sind ein wichtiges Hilfsmittel zur Rekodierung von Variablen. Sie werden vor allem dann eingesetzt, wenn die Angaben einer Beobachtung in eine oder mehrere andere Beobachtungen kopiert werden sollen. Diese Vorgehensweise erläutern wir Ihnen kurz anhand zweier fiktiver Datensätze.

Eine typische Anwendung von Subscripten ergibt sich häufig in hierarchischen Datensätzen wie z.B. diesem:

```
. preserve
. use hierarch, clear
. list
```

	hhnr	eink	hst	bst
1.	1	0	2	.
2.	1	1100	3	51
3.	1	2600	1	52
4.	2	0	2	.
5.	2	6000	1	15
6.	3	3300	1	62
7.	4	620	3	61
8.	4	1100	2	62
9.	4	7000	1	53
10.	4	0	3	.

In diesem Datensatz wurden jeweils alle erwachsenen Personen in insgesamt vier Haushalten (*hhnr*) nach ihrem persönlichen Bruttoeinkommen (*eink*) befragt. Gewünscht wird nun eine Variable, die das Haushaltsbruttoeinkommen jedes Haushalts enthält. Bitte denken Sie wieder ein wenig über die Lösung nach, bevor Sie weiterlesen.

Unsere Lösung lautet:

```
. sort hhnr
. quietly by hhnr: generate hheink=sum(eink)
. quietly by hhnr: replace hheink = hheink[_N]
```

Das Kommando „generate hheink = sum(eink)" kennen Sie bereits. Es berechnet $\sum_{i=1}^{n} eink_i$. In diesem Fall wird jedoch nicht vom ersten bis zum letzten Fall des Datensatzes aufsummiert, sondern – „by hhnr:" – vom ersten bis zum letzten Fall jedes Haushalts. In der letzten Beobachtung („_N") jedes Haushalts steht danach die Summe der Bruttoeinkommen aller Haushaltsmitglieder. Diese Zahl wird durch „by hhnr: replace hheink = hheink[_N]" auch den übrigen Personen im jeweiligen Haushalt zugewiesen.

Ein ähnlicher Fall ist die Zuweisung des Berufs (*bst*) des Haushaltsvorstands (*hst==1*) zu den übrigen Mitgliedern desselben Haushalts. Die Kommandos lauten:

```
. sort hhnr hst
. quietly by hhnr: generate bst_hv = bst[1] if hst[1] == 1
```

Hier wird den Befragen nicht die Angabe der *letzten* Beobachtung ihres Haushalts zugewiesen, sondern der ersten! Durch die *If*-Bedingung können Sie sicherstellen, dass der Beruf der ersten Beobachtung nur dann den übrigen

5.1 Die Befehle „generate" und „replace"

Haushaltsmitgliedern zugewiesen wird, wenn die erste Person tatsächlich auch der Haushaltsvorstand ist. (Dies wäre wichtig, wenn es vorkommt, dass in einzelnen Haushalten der Haushaltsvorstand nicht interviewt wurde.)

Rekodierungen mit Subscripten werden auch im Rahmen von Zeitreihen- und Panelanalysen benötigt. Hier ist ein kleiner Ausschnitt eines (ebenfalls fiktiven) Paneldatensatzes:

```
. use panel, clear
. list
```

	persnr	welle	lebzuf
1.	1	84	2
2.	1	85	3
3.	1	86	1
4.	2	84	2
5.	2	85	1
6.	2	86	1
7.	3	84	3
8.	3	85	2
9.	3	86	1

Jeder Befragte wurde in diesem Datensatz zu drei Zeitpunkten – 1984, 1985 und 1986 – beobachtet[6]. Einzige inhaltliche Variable des Datensatzes ist die *Allgemeine Lebenszufriedenheit*. In Datensätzen wie diesem, ist man oft am Einfluss der früheren Lebenszufriedenheit auf die aktuelle Lebenszufriedenheit interessiert. Durch

```
. sort persnr
. quietly by persnr: generate lag_1 = lebzuf[_n-1]
```

erzeugen Sie eine Variable, die innerhalb jeder Person (*by persnr:*) jeder Beobachtung den Wert der Beobachtung *davor* (*_n-1*) zuweist:

```
. list
```

	persnr	welle	lebzuf	lag_1
1.	1	84	2	.
2.	1	85	3	2
3.	1	86	1	3
4.	2	84	2	.
5.	2	85	1	2
6.	2	86	1	1
7.	3	84	3	.
8.	3	85	2	3
9.	3	86	1	2

Entsprechend wird durch *lebzuf[_n-2]* jeweils der Wert der vorletzten Beobachtung, durch *lebzuf[_n-3]* der Wert der vorvorletzten Beobachtung usw. zugewiesen.

---

[6]Die Struktur dieses Datensatzes gleicht der des hierarchischen Datensatzes im vorherigen Beispiel: Dort hatten wir mehrere Beobachtungen innerhalb eines Haushalts, nun haben wir mehrere Beobachtungen für eine *Person*.

Bitte laden Sie nun Ihren ursprünglichen Datensatz wieder in den Arbeitsspeicher:

```
. restore
```

Um dem Eindruck entgegenzuwirken, dass Subscripte lediglich in speziellen Datensätzen nötig sind, nun noch ein – zugegeben etwas schwierigeres – Beispiel für unseren Datensatz. Bitte bilden Sie eine Variable, welche für die Personen eines Bundeslandes (*bul*) mit dem gleichen Wohnumfeld (*wum*) und demselben Haustyp (*htyp*) jeweils den Median ihrer Wohnungszufriedenheit (*np0105*) enthält. Nehmen Sie der Einfachheit halber das auf volle Stellen gerundete Ergebnis von $\frac{n}{2}$ als die Position des Medians. Auf ganze Stellen runden können Sie durch die Funktion „round(x,y)", welche den Wert von x in Einheiten von y wiedergibt.

Die Lösung dieses Beispiels lautet:

```
. generate miss = np0105 == .
. sort miss bul wum htyp
. quietly by miss bul wum htyp: generate med_wzuf = np0105[round(_N/2,1)]
```

Dies ist im Prinzip eine einfache Standardanwendung des Erlernten. Allerdings sollte man beachten, dass die Wohnungszufriedenheit *Missings* enthält. Der mittlere Wert jeder Kategorie der *By*-Variable sollte ohne diese fehlenden Werte berechnet werden, d.h. „_N" sollte ohne die fehlenden Werte bestimmt werden. Wir erreichen dies, indem wir die Beobachtungen mit dem *Missing* aus dem Datensatz entfernen („drop if np0105 == .") oder durch die oben gezeigte Konstruktion.

Die Abschnitte 5.1.3 und 5.1.4 waren vergleichsweise schwierig. Sie mögen sich fragen, ob diese Verfahren nicht einfacher möglich sind und die Antwort lautet in vielen Fällen *ja*. Für spezifische Aufgaben gibt es spezielle Kommandos, mit denen eine ganze Reihe komplizierter Rekodierungen einfach durchgeführt werden können. Wie, zeigen wir Ihnen im folgenden Absatz. Unglücklicherweise verstellen diese speziellen Befehle etwas den Blick auf die grundlegenden Konzepte von Stata. Dies führt dazu, dass Anwender in Fällen, bei denen ein spezielles Kommando nicht weiterhilft zu nicht *stataischen* und damit suboptimalen Lösungen kommen. Lassen Sie uns darum zu unserer Rechtfertigung den Gründer und Präsident von Stata – William Gould – zu Wort kommen. Dieser hat sich vor einiger Zeit in einem Brief an die Statalist wie folgt geäußert: *What I am trying to say is that learning how to use „by ... : explicit subscripting, and _n and _N will pay you back".*

5.2 Spezielle Rekodierungs-Befehle

5.2.1 recode

Die vielleicht häufigste Aufgabe bei Rekodierungen ist das Zusammenfassen mehrerer Werte einer Variable. Ein Beispiel für einen solchen Fall haben wir auf Seite 82 besprochen. Dort wurden die Werte der Variable Bundesland zu *Nord*, *West*, *Süd* und *Ost* zusammengefasst. Statt der auf Seite 82 aufgezeigten Vorgehensweise zu folgen, können Sie auch den Befehle „recode" verwenden. Dazu würden Sie eingeben:

```
. generate region1 = bul
. recode region1 1/4 =1 5/7 =2 8 9 =3 11/max =4 0 =5
```

Im Befehl „recode" werden bestimmten Werten einer Variable, gemäß einer Zuordnungsregel, neue Werte zugewiesen. Oben wird z.B. den Werten 1 bis 4 („1/4") der neue Wert 1 zugewiesen, den Werten 8 und 9 der neue Wert 3 („8 9 =3"). Statt eines Wertes können auch die Begriffe „min" und „max" verwendet werden, wobei „min" den kleinsten und „max" den größten Wert einer Variable darstellt[7]. Der *Missing* gilt hier übrigens *nicht* als der größte Wert.

Mit „recode" steht Ihnen ein einfaches Kommando zum Zusammenfassen von Variablen zur Verfügung. Gegenüber Rekodierungen mit „generate" und „replace" hat „recode" allerdings den Nachteil, sehr viel langsamer zu sein. Auf unserem Rechner benötigt der oben eingegebene „recode"-Befehl ca. 44/100 Sekunden, während die äquivalenten fünf Befehle von Seite 82 zusammen nur 16/100 Sekunden benötigen. Wenn Geschwindigkeit eine Rolle spielt, z.B. in großen Datensätzen oder bei *sehr* vielen Rekodierungen, sollte dies berücksichtigt werden.

5.2.2 Der Befehl „egen"

Im Befehl „egen" wird eine große – und ständig wachsende – Zahl von Erweiterungen des „generate"-Befehls zusammengefasst. In ihrem Kern sind diese Erweiterungen nichts anderes als ein (oder mehrere) „generate"- und „replace"-Kommandos. Der Befehl „egen" dient dazu, den Benutzer vom Nachdenken über die entsprechenden Kommandos zu entlasten.

Die Struktur von „egen" gleicht derjenigen von „generate". Nach dem Befehl folgt der Name der Variable, die erzeugt werden soll, dann ein Gleichheitszeichen und schließlich die „egen"-Funktion. Im Gegensatz zu den allgemeinen Stata-Funktionen aus Abschnitt 3.4.2, können „egen"-Funktionen nur innerhalb des Befehls „egen" angewandt werden.

---
[7]Wenn Variablen entlang der Quartile oder anderer Perzentile kategorisiert werden sollen, helfen die Kommandos „xtile" und „pctile" (siehe „help pctile").

Beispiel: Eine hilfreiche „egen"-Funktion ist „rsum(varlist)". Diese Funktion erzeugt eine Variable, deren Inhalt die Summe der Werte der angegebenen Variablenliste enthält. Damit lässt sich auf einfache Weise ein additiver Index, ähnlich dem auf Seite 81, konstruieren. Um einen additiven Index der Wohnungsausstattung zu erstellen, sollten Sie die einzelnen Ausstattungsmerkmale zunächst so rekodieren, dass die Ziffer 1 für vorhanden und 0 für nicht vorhanden steht:

```
. for var kuech-gart: replace X = 0 if X == 2
```

Mit diesem Befehl wird nacheinander für die Variablen Küche bis Garten der Wert 2 (nein, nicht vorhanden) durch den Zahlenwert 0 ersetzt. Danach können Sie „egen" anwenden:

```
. egen ausst = rsum(kuech-gart)
. tabulate ausst
```

ausst	Freq.	Percent	Cum.
0	12	0.36	0.36
1	20	0.60	0.96
2	29	0.87	1.83
3	52	1.56	3.38
4	227	6.80	10.18
5	714	21.38	31.56
6	1334	39.94	71.50
7	952	28.50	100.00
Total	3340	100.00	

Bei der Berechnung der Summe behandelt „rsum(varlist)" *Missings* genauso wie den Zahlenwert 0. Dies ist nicht immer erwünscht. Mit dem Befehl „egen" und der Funktion „rmiss(varlist)" kann darum berechnet werden, wie viele fehlende Werte jeder Befragte bei den Variablen der angegebenen Variablenliste hat:

```
. egen ausst_m = rmiss(kuech-gart)
```

Die neue Variable *ausst_m* kann nun auf unterschiedliche Weise genutzt werden. Eine Möglichkeit ist, obige Tabelle nur für diejenigen Fälle anzuzeigen, die bei *keiner* der Variablen einen *Missing* haben:

```
. tabulate ausst if ausst_m == 0
```

Es gibt noch viele andere „egen"-Funktionen. Da „egen"-Funktionen zudem von jedem Benutzer selbst programmiert werden können, wächst ihre Zahl ständig. Sie sollten sich darum im konkreten Fall stets die Liste der „egen"-Funktionen näher ansehen („help egen"). Unabhängig davon, wollen wir an dieser Stelle jedoch nochmals darauf verweisen, dass einige der „egen"-Funktionen einfach durch „generate" durchgeführt werden können – einfach zumindest dann, wenn man gelernt hat, die Dinge auf *stataische* Weise zu sehen.

5.2.3 Befehle zum Umgang mit dem Missing

Die allgemeinsten und gleichzeitig einfachsten Befehle zum Umgang mit dem *Missing* sind „generate" und „replace". In diesen Befehlen werden fehlende Werte durch einen *Punkt* angesprochen. Dieser Punkt wird dabei wie eine ganz normale Zahl verwendet.

Beispiel: Mit

```
. replace eink = . if eink == 0
```

wird in der Variable *eink* der Wert 0 durch den *Missing* ersetzt.

Es kommt häufig vor, dass in allen Variablen eines Datensatzes immer der gleiche Wert durch einen *Missing* ersetzt werden soll. Zum Beispiel werden im SOEP Antwortverweigerungen grundsätzlich mit der Zahl -1 verkodet. In konkreten Datenanalysen werden solche Antwortverweigerungen praktisch immer mit einem *Missing* belegt. Es wäre also naheliegend, -1 global durch *Missing* zu ersetzen. Hierzu haben Sie zwei Möglichkeiten. Sie können obigen „replace" Befehl zusammen mit „for" verwenden, oder Sie verwenden den Befehl „mvdecode".

Beispiel: Folgende Befehle haben dieselbe Bedeutung:

```
. for var _all: replace X = . if X == -1
. mvdecode _all, mv(-1)
```

Erklärungsbedürftig ist nur der zweite Befehl[8]: Mit „mvdecode" wird für die Variablen einer Variablenliste der in der Option „mv()" angegebene Wert durch einen *Missing* ersetzt. Als Variablenliste wurde hier _all verwendet, womit alle Variablen im Datensatz gemeint sind[9].

Natürlich können auch weitere Werte durch den *Missing* ersetzt werden. Im SOEP bedeutet der Wert -2 z.B. grundsätzlich *Trifft nicht zu*, was soviel bedeutet wie: „Dem Befragten wurde diese Frage nicht gestellt". Auch dieser Wert wird normalerweise durch einen *Missing* ersetzt.

```
. mvdecode _all, mv(-2)
```

Manchmal kommt es vor, dass man die Definition von *Missings* wieder aufheben möchte. Dies ist zwar prinzipiell leicht möglich, in der Praxis aber manchmal außerordentlich problematisch. Allgemein können Sie fehlende Werte mit „replace" oder mit „mvencode" durch eine Zahl ersetzen. „mvencode" hat die gleiche Syntax wie „mvdecode", wirkt aber in die genau umgekehrte Richtung.

Beispiel: Durch

```
. replace eink = 0 if eink == .
```

verwandeln Sie den *Missing* in der Variable *eink* in die Ziffer 0. Durch

---

[8]Der Umgang mit dem Befehls-Präfix „for" wurde in Abschnitt 3.9.2 auf Seite 71 erklärt.
[9]In unserem Beispieldatensatz sind die beiden obigen Befehle wirkungslos, da -1 bereits durch *Missing* ersetzt wurde.

```
. mvencode _all, mv(-1)
```
ersetzen Sie den fehlenden Wert in allen Variablen des Datensatzes durch −1.

Dieses Beispiel zeigt auch, wie problematisch die Umwandlung von fehlenden Werten in Zahlen sein kann. Oben wurde der Wert 0 durch *Missing* ersetzt. Dabei haben Sie vielleicht bemerkt, dass die Variable *eink* bereits fehlende Werte enthielt. Indem wir nun den fehlenden Wert durch die Ziffer 0 ersetzen, setzen wir auch diese vorher existierenden *Missings* auf 0. Dasselbe geschieht im zweiten Befehl. Hier wurden zuerst die inhaltlichen Kategorien *Antwortverweigerung* und *Trifft nicht zu* auf *Missing* gesetzt, anschließend der *Missing* wieder auf die Kategorie für *Antwortverweigerung*. Die Kategorie *Trifft nicht zu* wurde hierdurch zu *Antwortverweigerung*[10].

Der gezeigte Fehler ist nicht auf die Definition von *Missings* beschränkt, sondern kann bei allen Rekodierungen auftreten. Bei der Vergabe von *Missings* passiert dies nur besonders häufig. Um das Problem zu vermeiden sollten Sie folgende Punkte beachten:

- Führen Sie Rekodierungsarbeiten stets an Kopien der Originalvariablen durch. Hätten Sie nämlich oben

  ```
  . generate einkom = eink
  . replace einkom = . if eink == 0
  ```

  verwendet, könnten Sie dies durch

  ```
  . replace einkom = 0 if eink == 0
  ```

  wieder rückgängig machen.

- Überlegen Sie sich, ob Sie den Ausschluss bestimmter Werte nicht durch eine *If*-Bedingung vornehmen wollen:

  ```
  . summarize eink if eink > 0
  ```

Im Übrigen sind Sie immer auf der sicheren Seite, wenn Sie Ihre Arbeiten mit *Do-Files* erledigen.

5.3 Beschriftung von Variablen

Zur Bildung von Variablen gehört immer auch ihre Beschriftung. Durch eine geeignete Beschriftung sollen die Inhalte einer Variable klar zum Ausdruck

---

[10]In anderen Datenanalyseprogrammen (z.B. SPSS) wird dieses Problem dadurch umgangen, dass die fehlenden Werte ihre ursprüngliche Ziffer beibehalten und lediglich intern als *Missing* markiert werden. Dabei können mehrere Werte auf diese Weise markiert werden. In Stata gibt es diese Möglichkeit nicht.

5.3 Beschriftung von Variablen

gebracht werden. Hierzu dienen im Wesentlichen drei Konzepte: *Variablenname*, *Variablenlabel*, und *Wertelabel*[11].

Der *Variablenname* ist weniger eine Beschriftung einer Variable als die Variable selbst. Beim Variablennamen handelt es sich um denjenigen Namen, der mit „generate" erzeugt wird und unter dem Stata die Variable kennt. Variablennamen können maximal 8 Zeichen lang sein.

Im Allgemeinen unterscheidet man *sprechende* und *logische* Variablennamen. Logische Variablennamen verwenden einen logischen Schlüssel zur Bezeichnung der Variablen. Häufig wird z.b. der Buchstabe „v" und die Fragebogennummer verwendet. Die Variable *v1* wäre also die erste Frage eines Fragebogens, *v2* die zweite usw. Im SOEP werden logische Variablennamen verwendet, aus denen das Erhebungsjahr, der Fragebogentyp und die Fragenummer hervorgeht[12]. Sprechende Variablennamen weisen direkt auf den Inhalt einer Variable hin. So enthält die Variable *sex* das Geschlecht der Befragten.

Wir empfehlen Ihnen, bei der Eingabe von Daten von einem Fragebogen (siehe Kapitel 10) logische Variablennamen zu verwenden. Bei der Bildung von Variablen zur Vorbereitung von Analysen sind dagegen sprechende Variablennamen besser geeignet.

In der Regel reichen die acht Zeichen des Variablennamens nicht aus, um den Inhalt einer Variable zweifelsfrei zu beschreiben. Zur näheren Beschreibung dient deshalb das *Variablenlabel*. Der Benutzer findet das Variablenlabel in der rechten Spalte der Ausgabe des „describe"-Befehls sowie bei der Ausgabe einiger statistischer Prozeduren.

Anders als der Variablenname, ist das Variablenlabel zur Funktion von Stata unwichtig. Variablenlabel dienen dem Benutzer. Datensätze ohne Variablenlabel sind für den Benutzer außerordentlich lästig, insbesondere bei logischen Variablennamen.

Die Vergabe des Variablenlabels erfolgt durch den Befehl „label", mit dem gleichzeitig auch Werte und Datensätze beschriftet werden können[13]. Möchte man mit „label" eine Variable beschriften, so wird „label variable" verwendet. Danach folgt der Name der Variable und anschließend das bis zu 80 Zeichen lange *Label*.

Um die zuletzt erzeugte Variable „ausst" zu *labeln*, wird folgender Befehl verwendet:

---

[11]In Stata gibt es noch ein weiteres Konzept, so genannte Bemerkungen. In *data1.dta* haben wir die Bemerkungen verwendet, um den Namen und den *Record-Type* der Variable in der SOEP-Datenbank wiederzugeben. Durch
. notes
können Sie diese Angaben einsehen.
[12]Die Variable *np9401* in unserem Beispieldatensatz steht für die Antworten auf die Frage 94 des Personenfragebogens („p") der Erhebungswelle von 1998 („n").
[13]Zur Beschriftung von Datensätzen siehe Abschnitt 10.5 auf Seite 331.

```
. label variable ausst "Additiver Index der Wohnungsausstattung"
```

Auf die Anführungszeichen kann dabei verzichtet werden, wenn das *Label* keine besonderen Zeichen – Bindestriche, Leerzeichen, Kommata usw. – enthält. Umlaute und ß werden in Stata nur korrekt angezeigt, wenn Sie für das Ergebnisfenster eine Schriftart gewählt haben, welche diese Sonderzeichen kennt. Im Interesse der Austauschbarkeit von Datensätzen sollten Sie jedoch auf solche Zeichen verzichten.

Wie die Variablenlabel sind auch die *Wertelabel* eine Hilfe für den Benutzer. Bei Wertelabel werden den Werten einer Variable bestimmte inhaltliche Merkmale unterlegt. Dies ist vor allem bei Variablen mit nominalem Skalenniveau wichtig. Die Ziffern der Variable für das Geschlecht („sex") in unserem Datensatz sind nutzlos, wenn man nicht weiß, dass die Zahl 1 für „männlich" und die Zahl 2 für „weiblich" steht. Um diese inhaltliche Bedeutung der Zahlen festzuhalten, werden Wertelabel vergeben.

Die Vergabe eines *Labels* für die Werte einer Variable erfolgt ebenfalls mit dem Befehl „label". Diesmal sind jedoch zwei Schritte nötig:

1. Die Definition eines Behälters, der die Werte und *Label* enthält.

2. Die Verknüpfung dieses Behälters mit der gewünschten Variable.

Die Schritte können in beliebiger Reihenfolge vorgenommen werden.

Im folgenden Beispiel werden der oben (Seite 91) erzeugten Variable *region1* Wertelabel zugewiesen. Zunächst wird der Inhalt des *Behälters* definiert. Der Befehl hierfür lautet „label define". Hinter diesen Befehl wird der Name des Behälters (max. 8 Zeichen), danach die Definition der Werte gesetzt. Die Definition der Werte geschieht durch Angabe des Wertes und anschließender Nennung des Inhalts:

```
. label define region 1 "Nord" 2 "West" 3 "Sued" 4 "Ost"
```

Die Anführungszeichen sind hier zwingend vorgeschrieben. Auch hier sollten Umlaute vermieden werden. Die maximale Länge der Wertelabel beträgt 80 Zeichen. In der Praxis hat es aber Vorteile, wenn Sie sich auf deutlich kürzere *Label* beschränken. Um volle Kompatibilität mit älteren Stata Versionen zu erhalten, dürfen nicht mehr als 8 Zeichen verwendet werden.

Die Definition eines Behälters hat zunächst noch keine Konsequenz. Erst wenn der Behälter einer Variable *übergestülpt* wird, werden die Definitionen wirksam. Dies geschieht durch „label value *Variablenname Behältername*":

```
. label value region1 region
```

Nach diesem Befehl verwenden statistische Prozeduren wie „tabulate" die Wertelabel statt der Zahlen für ihre Ausgabe:

```
. tabulate region1
```

Die Vergabe der Wertelabel in zwei Schritten erscheint anfangs ein wenig kompliziert. Das Verfahren hat jedoch auch Vorteile. Der Wesentliche ist, dass ein Behälter zur Beschriftung mehrerer Variablen verwendet werden kann. In unserem Datensatz haben wir z.B. alle Variablen zur Wohnungsausstattung mit dem Behälter *janein* verknüpft. In diesem Behälter ist 1 mit „Ja" und 2 mit „Nein" definiert. Wann immer eine Variable auftritt, deren Werte dieselbe Bedeutung haben, können wir sie ebenfalls mit dem Behälter *janein* verknüpfen.

Übrigens: Auf Seite 92 hatten wir die Werte der Ausstattungsvariablen verändert. Die Variablen enthalten nunmehr die Werte 0 und 1 statt 1 und 2. Entsprechend sind die Wertelabel im Behälter *janein* nicht mehr zutreffend. Das lässt sich jedoch schnell ändern. Definieren Sie den Behälter *yesno* mit den entsprechenden Informationen:

. label define yesno 0 "nein" 1"ja"

Danach können Sie allen Ausstattungsvariablen diesen Behälter zuweisen:

. for var kuech-gart: lab val X yesno

Bliebe noch zu erwähnen, dass Sie sich mit dem Befehl „label list" den Inhalt Ihrer *Label*-Behälter betrachten können. Den Inhalt des Behälters *yesno* zeigt z.B. das Kommando:

. label list yesno

yesno:
        0 nein
        1 ja

Die Eingabe von „label list" ohne Angabe eines Behälternamens führt zur Auflistung der Inhalte *aller* definierten Behälter. Um die Definition eines Behälters zu verändern, dient die Option „modify". Mit „label save" können Sie die Befehle zur Definition einzelner oder aller *Labels* in einem *Do-File* speichern.

5.4 Storage-Types oder: der Geist in der Maschine

Am Ende dieses Kapitels wollen wir Sie noch auf zwei Probleme hinweisen, denen Sie früher oder später einmal begegnen werden – und die Sie dann allzu leicht an Ihrem Verstand zweifeln lassen. In solchen Fällen sollten Sie sich an diesen Abschnitt erinnern.

Um die später vorgestellten Probleme zu verstehen, müssen wir zunächst eine etwas technisch anmutende Erläuterung machen: Stata unterscheidet zwei Typen von Variablen – alphanumerische (*Strings*) und numerische (*Reals*).

Alphanumerische Variablen bestehen aus Buchstaben und sonstigen Zeichen (auch: Zahlen, die nicht als Zahlen erkannt werden). Numerische Variablen sind Zahlen. Innerhalb der beiden Variablentypen werden folgende *Storage-Types* unterschieden:

```
. help datatypes

    Numeric
    Storage Type    Bytes         Minimum         Maximum    Precision
    -----------------------------------------------------------------
            byte    1                -127             126    (integer)
             int    2             -32,768          32,766    (integer)
            long    4      -2,147,483,648   2,147,483,656    (integer)
           float    4           +/-10^-37         +/-10^37    6*10^ -8
          double    8           +/-10^-99         +/-10^99    2*10^-16

    String                        Maximum
    Storage Type    Bytes          length
    -----------------------------------------
            str1    1                   1
            str2    2                   2
            ...
           str80   80                  80
```

Die *Storage-Types* unterscheiden sich zunächst in der Speicherplatzmenge, die sie benötigen. Die Angabe eines Falls auf einer Variable des *Storage-Types* „byte" benötigt genau ein Byte Speicherplatz. Im *Storage-Type* „double" wird für jede Angabe acht Bytes Speicherplatz zur Verfügung gestellt. Um Speicherplatz zu sparen, empfiehlt es sich natürlich, möglichst den *Storage-Type* mit dem geringsten Speicherbedarf zu verwenden. Im „generate"-Befehl können Sie darum durch ein Kennwort angeben, welchen *Storage-Type* Sie für Ihre Variable verwenden wollen[14]. Ohne dieses Kennwort werden neue Variablen als *Float*-Variable generiert.

Beispiel: :

```
. generate byte newvar1 = 1
```

Das Kennwort „byte" hinter dem „generate"-Befehl sorgt dafür, dass die neue Variable als *Byte*-Variable abgespeichert wird. Mit

```
. generate str19 newvar2 = "Dies ist ein String"
```

erzeugen Sie eine alphanumerische Variable mit einer Kapazität von 19 Stellen.

Allerdings ist es meist nicht sinnvoll, den *Storage-Type* zu spezifizieren. Denn jeder *Storage-Type* hat seine Grenzen. Zum Beispiel ist es nicht möglich, die Zahl 128 in eine neue *Byte*-Variable zu schreiben. Versuchen Sie es:

```
. generate byte newvar3 = 128 in 1
. list newvar3 in 1
```

---

[14]Die Kennworte „byte", „int", „long", „float" und „double" können darum nicht als Variablennamen verwendet werden (siehe Abschnitt 5.1.1 auf Seite 79).

5.4 Storage-Types oder: der Geist in der Maschine

```
          newvar3
    1.        .
```

Beachten Sie, dass Sie durch *keine* Fehlermeldung auf dieses Problem hingewiesen werden.
Anstatt die Grenzen der einzelnen *Storage-Types* im Kopf zu behalten, ist es besser, den voreingestellten *Storage-Type* – „float" – zu verwenden und den Datensatz erst später durch

```
. compress
```

zu optimieren.

Die Veränderung einer vorhandenen Variable mit „replace" ist unproblematisch, da „replace" den *Storage-Type* bei Bedarf automatisch erweitert.

Beispiel:

```
. replace newvar1 = 128 in 1

newvar1 was byte now int
(1 real change made)

. replace newvar2 = "Strings werden in Anfuehrungszeichen gesetzt" in 1

newvar2 was str19 now str44
(1 real change made)
```

Nun zu den beiden eingangs erwähnten Problemen:

1. In *Float*-Variablen können Werte bis zu 10^{37} gespeichert werden. Die Angaben in *Float*-Variablen sind aber nur bis zu 7 Stellen genau. Die Zahl 1234567 kann darum exakt gespeichert werden, auch 1234567 × 10^{20} nicht aber 123456789. Diese Zahl wird zu 123456792 gerundet, ist also nur bis zur siebten Stelle genau. Bei Identifikationsnummern wie z.B. *persnr* in unserem Datensatz, kann dies Probleme verursachen. Diese Variablen sollte man darum als „longs" oder „doubles" speichern.

2. Stata speichert Zahlen in binärer Schreibweise. Dezimalzahlen (mit Ausnahme von 0.5) können in dieser Schreibweise nicht exakt angegeben werden. In *Float*-Variablen werden solche Zahlen *nur* mit einer Genauigkeit von 7 Stellen angegeben. In einer solchen Variable ist die Zahl 0.1 eine 0.10000000149011612. Ähnlich ist die Zahl 1.2 in einer „float"-Variablen eine 1.200000047683716. Dies führt manchmal zu erstaunlichen Ergebnissen. Geben Sie einmal ein:

    ```
    . generate x = .1
    . list if x == .1
    ```

Eigentlich würde man nun eine Liste aller Fälle erwarten, da die Variable x ja für alle Fälle 0.1 ist. Stattdessen erhalten Sie:

x

Das Problem ist, dass die Variable x *in Wirklichkeit* nicht 0.1 enthält, sondern 0.10000000149. Unabhängig vom *Storage-Type* führt Stata Berechnungen stets mit einer Genauigkeit von ca. 16 Stellen durch. Aus diesem Grund fasst Stata die Ziffer 0.1 als 0.100000000000000014... auf, weshalb die *If*-Bedingung falsch ist. Um dieses Problem zu umgehen, können Sie Variablen mit Dezimalstellen grundsätzlich als „double" abspeichern. Für die meisten Anwender dürfte es jedoch sinnvoller sein, die 0.1 in der *If*-Bedingung auf die Präzision einer „float"-Variable zu runden:

```
. list if x == float(.1)
```

Bevor Sie sich an die Kritik dieser Eigenschaft machen, sollten Sie übrigens berücksichtigen, dass das Problem nur auftaucht, weil Berechnungen in Stata mit hoher Präzision erfolgen: *This is all rather ironic, since the problem would also not arise if we had designed Stata to use single precision for its internal calculations. Stata would be less accurate, but the problem would have been completely disguised from the user, making this entry unnecesarry* ([U] „20.9").

Kapitel 6

Erstellen und Verändern von Grafiken

In der modernen Datenanalyse spielen Grafiken eine zu Recht immer größere Rolle. Unglücklicherweise wird die Datenanalyse mit Grafiken dabei von manchen Autoren als eine Art Gegenmodell zur traditionellen *konfirmatorischen* Datenanalyse angesehen. Im Gegensatz zur konfirmatorischen Datenanalyse, bei der Hypothesen aufgestellt und verworfen würden, diene die grafisch gestützte Datenanalyse zur Generierung von Hypothesen und Modellen. Wie Schnell (1994:327–342) überzeugend darlegt, ist diese Trennung von explorativer und konfirmatorischer Datenanalyse jedoch irreführend.

Es erscheint uns sinnvoller, Grafiken als Hilfsmittel primär hypothesengeleiteter Datenanalyse zu betrachten. Darum orientierten wir uns bei der Gliederung unseres Buches an den traditionellen Verfahren und führen die grafischen Hilfsmittel dieser Verfahren in den jeweiligen Kapiteln vor. In diesem Kapitel wollen wir uns lediglich mit den grundsätzlichen Gestaltungsmöglichkeiten von Grafiken befassen.

Grafiken werden in Stata mit dem Befehl „graph" erzeugt, den wir im folgenden Abschnitt ausführlich beschreiben[1]. Neben „graph" gibt es eine mittlerweile kaum zu übersehende Anzahl spezieller Kommandos, die im Prinzip komplizierte „graph"-Kommandos sind. Anstatt jedes Mal dieses komplizierte Kommando einzugeben, wird das Kommando durch einen neuen Befehl, einen so genannten *Wrapper* ausgeführt. In Abschnitt 6.2 werden wir die Idee hinter diesen speziellen Grafik-Befehlen kurz erläutern[2].

---

[1] Einen schnellen Überblick über die Grafik-Funktionen von Stata erhalten Sie auch durch ein *Online-Tutorial*: „tutorial graphics".

[2] Hinzuweisen wäre auch noch auf die „gph"-Kommandos. Diese Kommandos sind in erster Linie als Programmierwerkzeuge gedacht. Auf eine ausführliche Besprechung dieser Kommandos mussten wir aus Platzgründen leider verzichten.

Die Beispiele in diesem Abschnitt werden mit Einpersonenhaushalten aus dem Datensatz *data1.dta* durchgeführt. Bitte geben Sie daher ein[3]:

```
. use data1, clear
. keep if hhgr==1
```

6.1 Grafiken mit „graph"

Der Grafik-Befehl wird aus den gleichen Elementen aufgebaut, wie die anderen Stata-Befehle auch. Dabei sind alle in Kapitel 3 beschriebenen Befehlsbausteine erlaubt, ohne zwingend vorgeschrieben zu sein. Von besonderer Bedeutung sind die Optionen und die Variablenliste. Im Grafik-Befehl stehen diese beiden Elemente in einem Wechselverhältnis: Je nach Option gelten unterschiedliche spezielle Regeln für die Variablenliste, umgekehrt verändern sich die voreingestellten Optionen je nach Variablenliste. Das hört sich etwas kompliziert an, ist aber, wie Sie gleich merken werden, relativ einfach.

6.1.1 Typen von Grafiken

Allgemein dienen die Optionen dazu, die nähere Ausgestaltung der Grafik festzulegen. Die wesentlichste Entscheidung betrifft hier den Grafik-Typ. Abbildung 6.1 auf Seite 104[4] zeigt ein Beispiel für jeden grundlegenden Grafik-Typ in Stata[5]. Es gibt:

1. Histogramme

    ```
    . graph wohngr, histogram
    ```

2. Balkendiagramme

    ```
    . sort htyp
    . graph wohngr, bar by(htyp) mean
    ```

3. Kuchendiagramme

    ```
    . quietly tab htyp, generate(haus)
    . graph haus1-haus7, pie
    ```

4. *Box-and-Whisker*-Plots (*Box*-Plots)

    ```
    . graph wohngr, box
    ```

---

[3] Bitte achten Sie darauf, dass Ihr Arbeitsverzeichnis *c:/kkstata* ist. Näheres hierzu auf Seite 11.

[4] Wenn Sie die Grafiken in Abbildung 6.1 auf Seite 104 auf Ihrem Bildschirm sehen möchten, geben Sie den Befehl „do grtypen.do" ein.

[5] Die inhaltliche Bedeutung der Grafik-Typen werden wir jeweils dort besprechen, wo die Grafiken benötigt werden.

5. Streifendiagramme

    `. graph wohngr, oneway`

6. *Scatterplots* (Streudiagramme)

    `. graph miete wohngr, twoway`

7. *Scatterplot*-Matrizen

    `. graph np0105 miete wohngr, matrix`

8. *Star*-Plots

    ```
    . preserve
    . sort bul
    . collapse (mean) wohngr zimmer wgurt mietur np11701 np0105
    if bul ~= ., by(bul)
    . graph wohngr-np0105, star label(bul)
    . restore
    ```

Wenn nur eine Variable angegeben wird, wird automatisch ein Histogramm gezeichnet. Die Option „hist" braucht also nicht angegeben zu werden. Umgekehrt gilt, dass die Variablenliste bei dieser Option nur eine Variable enthalten darf. Wird mehr als eine Variable angegeben, zeichnet Stata automatisch einen *Scatterplot*. Die Option „twoway" braucht also nicht angegeben werden. Umgekehrt muss die Variablenliste bei Spezifikation der Option „twoway" mindestens zwei Variablen enthalten[6].

In den Grafik-Modulen einiger Softwarepakete gibt es neuerdings auch so genannte 3D-Grafiken. Darunter werden Bilder verstanden, die durch eine optische Täuschung dreidimensional wirken: Die Rechtecke von Balkengrafiken erscheinen in solchen Grafiken als Hochhäuser, die Linien in Liniengrafiken als Bänder oder Schlangen und die Kreissegmente von Kuchendiagrammen als Tortenstücke. Solche Grafiken sind optisch eindrucksvoll, eignen sich aber nicht zur Darstellung von Daten. In Stata gibt es keine derartigen Darstellungen[7]. Wen das stört, der hat ein Problem.

6.1.2 Äußeres Erscheinungsbild

Das äußere Erscheinungsbild von Grafiken wird neben dem grundlegenden Grafik-Typ von einer Reihe weiterer Merkmale bestimmt. Nach Cleveland

---

[6] Neben den grundlegenden Grafik-Typen erlaubt Stata, bestimmte Grafik-Typen zu einer gemeinsamen Darstellungsform zu kombinieren. So können z.B. *Streifendiagramme* und *Box*-Plots gleichzeitig dargestellt werden:
`. graph eink hhein, oneway box`
Wenn nur eine *Y*-Variable spezifiziert wurde, können Streifendiagramme und/oder *Box*-Plots auch mit *Scatterplots* kombiniert werden:
`. graph miete wohngr, twoway oneway box`

[7] Vorhanden sind allerdings STB-*Ados* für dreidimensionale *Scatterplot*-Matrizen und Konturplots, siehe „search 3d". Zu STB-Ados allgemein siehe 12.3.1 auf Seite 386.

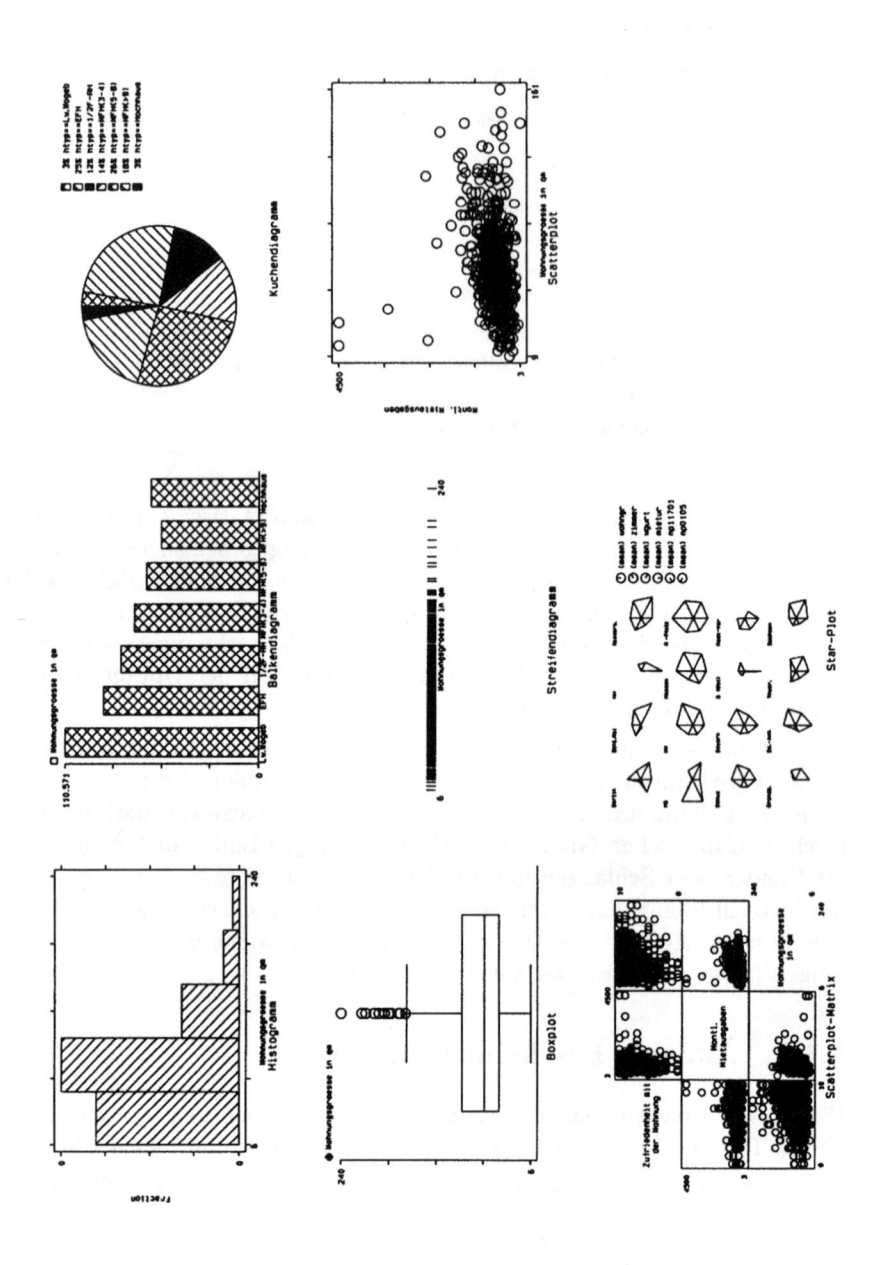

Abbildung 6.1: Grafik-Typen des „graph"-Befehls

6.1 Grafiken mit „graph"

(1994:22-25) besteht eine Grafik aus folgenden Merkmalen (Abbildung 6.2 auf der nächsten Seite):

- den „Plotsymbolen", d.h. Symbolen für die Werte, die dargestellt werden,

- dem „Datenfenster", d.h. dem Raum, den die Grafik für die eigentlichen Daten lässt,

- der „Datenregion", d.h. dem Raum, den die Daten innerhalb des Grafik-Fensters tatsächlich einnehmen,

- den „Gitterlinien", welche das Datenfenster in unterschiedliche Regionen unterteilen,

- den „Datenlabeln", d.h. Beschriftungen einzelner Datenpunkte *innerhalb* des Datenfensters,

- der „Legende", d.h. der Beschriftungen von Datenpunkten *außerhalb* des Datenfensters,

- den „Achsen", welche das Datenfenster nach links, (Y-Achse), nach unten (X-Achse), nach oben (obere Achse) und nach rechts (rechte Achse) begrenzen,

- den „Tick-Lines", welche die Achsen in Einheiten unterteilen,

- den „Achsenbeschriftungen", d.h. den Beschriftungen der *Tick-Lines*,

- den „Achsentiteln", die den Achsen eine inhaltliche Bedeutung geben.

Alle diese Bestandteile einer Grafik können durch Optionen des „graph"-Befehls mehr oder weniger flexibel gestaltet werden[8]. Diese Gestaltungsmöglichkeiten sollen im Folgenden näher erläutert werden. Dabei beziehen wir uns in erster Linie auf den *Scatterplot*. Bei Grafik-Typen, bei denen diese Gestaltungsmöglichkeiten ebenfalls in Frage kommen, können Sie sie entsprechend anwenden. Natürlich können Sie Optionen zur Veränderung von Achsen nicht verwenden, wenn der Grafik-Typ keine Achsen hat, wie z.B. der *Star*-Plot oder das Kuchendiagramm.

---

[8] Beachten Sie allerdings, dass Ihren individuellen Gestaltungswünschen einige Gestaltungsregeln für statistische Grafiken gegenüberstehen, die Beachtung finden sollten (Cleveland 1994:23-118).

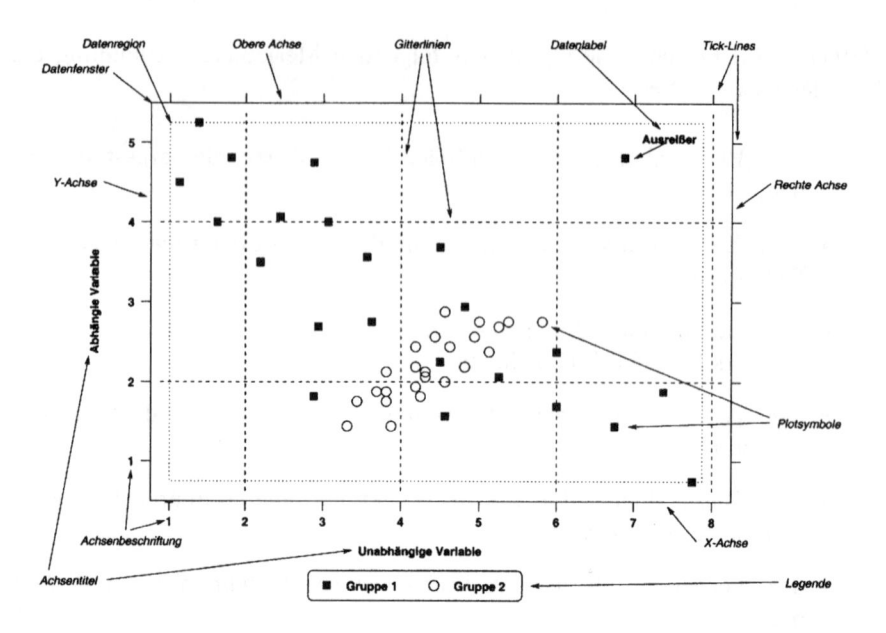

Abbildung 6.2: Gestaltungsmerkmale von Grafiken

6.1.3 Die Plotsymbole

Die Plotsymbole werden zunächst durch die Variablenliste und die grundlegende Stiloption festgelegt. Sie bestimmen, welche Art von Symbolen an welcher Stelle des Datenfensters in die Grafik eingezeichnet werden. Die Stiloption „histogramm" erzeugt senkrechte Rechtecke, die Stiloption „twoway" kleine kreisförmige Symbole usw.

Insbesondere bei der Stiloption „twoway" gehen die Gestaltungsmöglichkeiten für die Plotsymbole jedoch weiter. Zunächst können die Symbole durch die Spezifikation der Variablenliste gesteuert werden. Dazu ist zunächst zu bemerken, dass bei Scatterplots stets die *letzte* Variable der Variablenliste die X-Achse bildet. Alle übrigen Variablen bilden die Y-Achse.

Beispiel: Da die Variablenliste des Kommandos

```
. graph miete wohngr
```

.... Grafik auf der nächsten Seite ....

6.1 Grafiken mit „graph"

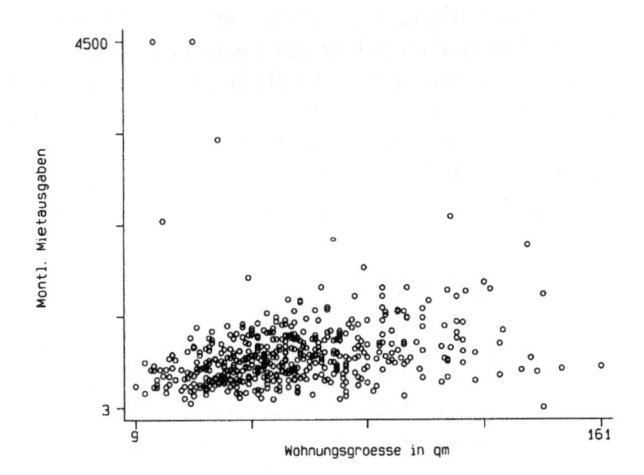

[Scatterplot: Montl. Mietausgaben vs. Wohnungsgroesse in qm]

zwei Variablen enthält, erhält man einen Scatterplot. Die Miete bildet dabei die Y-Achse, die Wohnungsgröße die X-Achse[9]. Werden mehr als zwei Variablen spezifiziert, so bilden alle Variablen außer der letzten die Y-Achse:

```
. generate miete_w = miete if bul <= 9
. generate miete_o = miete if bul >= 10 & bul ~= .
. graph miete_w miete_o wohngr
```

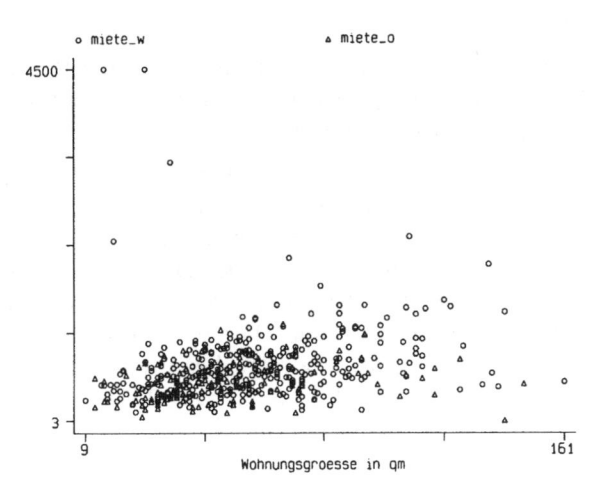

[Scatterplot: miete_w (o) und miete_o (△) vs. Wohnungsgroesse in qm]

---

[9] Die optische Darstellung der Grafik orientiert sich an den Bedürfnissen der Datenanalyse, nicht an den Bedürfnissen der Datenpräsentation. Deshalb werden die Achsen jeweils mit dem Minimum und dem Maximum der zu Grunde liegenden Variablen beschriftet. Für Präsentationszwecke müssen die Grafiken weiter bearbeitet werden.

Wenn Sie mehr als eine Y-Variable angeben, werden die Datenpunkte für die unterschiedlichen Y-Variablen durch unterschiedliche Formen und Farben gekennzeichnet. Dadurch werden unterschiedliche *Datenbereiche* sichtbar. Für jede weitere Y-Variable schlägt Ihnen Stata ein neues Symbol und eine neue Farbe vor, wobei die Zahl der möglichen Farben auf zehn und die Zahl der möglichen Symbole auf sieben begrenzt ist. Durch einen kleinen Trick (siehe Abschnitt 6.1.3.3 auf Seite 110) kann man die Anzahl der Symbole erhöhen.

6.1.3.1 Strichdicke und Farbe

Die Farben der Plotsymbole werden durch die Option „pen()" gesteuert. Jedem *Stift* von Stata ist eine andere Farbe zugeordnet. Sie haben zehn Stifte. Der Stift 1 erscheint auf dem Bildschirm hellblau. Er wird für Achsen, Titel und Beschriftungen verwendet. Für die erste Y-Variable verwendet Stata den zweiten Stift (gelb), für den zweiten Datenbereich den dritten Stift (rot) usw. Durch die Option „pen()" können Sie, statt dem Vorschlag von Stata zu folgen, selbst die gewünschten Farben wählen. Dazu geben Sie innerhalb der Klammer der Option „pen()" einfach die Nummer des gewünschten Stifts an, wobei die Ziffer 0 für den zehnten – den schwarzen – Stift steht. Wenn Sie mehr als einen Datenbereich spezifiziert haben, steht die erste Ziffer innerhalb der Klammer für den ersten Datenbereich, die zweite Ziffer für den zweiten Datenbereich, die dritte für den dritten usw.

Beispiel: Durch

```
. graph miete_w miete_o wohngr, pen(38)
```

wird der Datenbereich *miete_w* mit dem dritten Stift, der Datenbereich *miete_o* mit dem achten Stift gezeichnet. Bei einer Ausgabe auf dem Bildschirm wird dies durch andere Farben sichtbar.

Bei der Arbeit am Bildschirm muss man selten die Stifte verändern. Interessant ist die Option „pen()" jedoch für den Ausdruck der Grafiken in Schwarz-Weiß. Mit jedem Stift ist nicht nur eine Farbe, sondern auch eine Strichdicke verknüpft. Sie können die Strichdicke für jeden Datenbereich beim Ausdruck verändern. Bei geschickter Wahl der Strichdicke wird die Lesbarkeit von Grafiken in Schwarz-Weiß oft stark erhöht. Da die Wahl der Strichdicke für die einzelnen Stifte erst beim Ausdruck erfolgt, beschreiben wir die Vorgehensweise im entsprechenden Abschnitt (6.3 auf Seite 131).

6.1.3.2 Symbole

Die Form der Plotsymbole wird durch die Option „symbol()" festgelegt. Die Vorgehensweise entspricht derjenigen von „pen()". Zwischen die Klammern wird ein Kennbuchstabe für das gewünschte Plotsymbol angegeben, wobei der erste Buchstabe für den ersten Datenbereich, der zweite Buchstabe für den zweiten Datenbereich usw. steht. Folgende Formen stehen zur Verfügung:

6.1 Grafiken mit „graph"

O	Großer Kreis	o	Kleiner Kreis
T	Großes Dreieck	p	Kleines Plus-Zeichen
S	Großes Quadrat	d	Kleine Raute (*Diamant*)
.	Punkt		

Beispiel: Durch

```
. graph miete_w miete_o wohngr, symbol(Od)
```

wird der Datenbereich *miete_w* mit einem großen Kreis, der Datenbereich *miete_o* mit einer Raute gekennzeichnet.

Neben den sieben Grundsymbolen stehen Ihnen drei weitere spezielle Symbole zur Verfügung:

i   unsichtbar

[_n]   Position im Datensatz

[varname]   Wert oder *Label* der Variable *varname*.

Das unsichtbare Symbol „i" ist nur im Zusammenhang mit der Option zum Verbinden von Plotsymbolen sinnvoll (siehe Abschnitt 6.1.3.4 auf Seite 111). Die beiden anderen Symbole sind dagegen allgemein hilfreich.

Beispiel: Durch

```
. graph miete wohngr, symbol([_n])
```

wird die Position der Fälle im Datensatz als Plotsymbol verwendet.

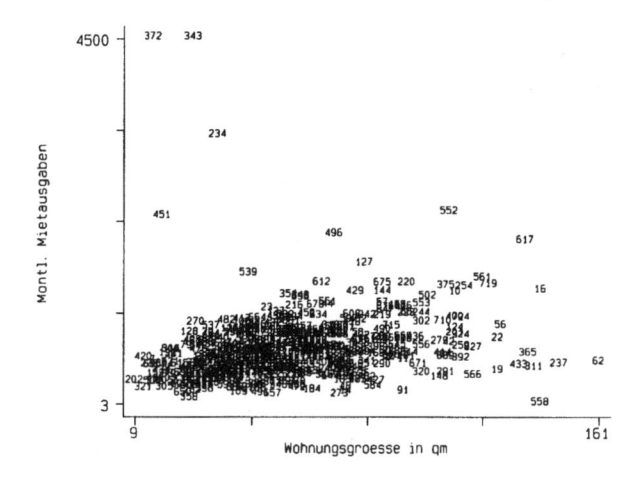

Durch das Plotsymbol *[varname]* wird der Inhalt der angegebenen Variable – hier also der Name des Bundeslandes – als Plotsymbol verwendet. Durch die zusätzliche Option „trim()" können Sie die Länge des Symbols „varname" steuern. Hier werden nur die ersten drei Zeichen der Variable *bul* verwendet:

```
. graph miete wohngr, symbol([bul]) trim(3)
```

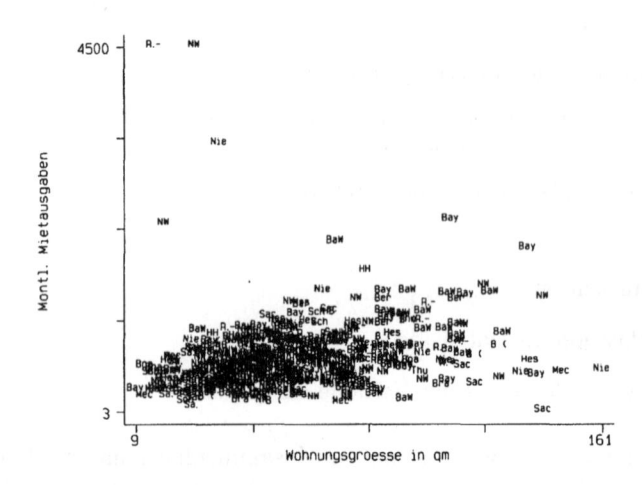

6.1.3.3 Zusätzliche Plotsymbole

Das Plotsymbol „[varname]" kann dazu verwendet werden, weitere Plotsymbole zu erzeugen. Nehmen Sie einmal an, Sie hätten folgenden Scatterplot mit fünf Datenbereichen, die einander stark überlappen:

```
. generate region = bul
. recode region 1/4 =1 5/7 =2 8 9 =3 11/max =4 0 =5
. for numlist 1/5: generate miet_X = miete if region == X
. graph miet_1 - miet_5 wohngr
```

In dieser Grafik[10] wurde die Voreinstellung von Stata verwendet. In Schwarzweißausdrucken sind die unterschiedlichen Datenbereiche in dieser Grafik schlecht voneinander zu trennen. Cleveland (1994:164) schlägt für derartige Grafiken die Verwendung folgender Plotsymbole vor:

| o | + | < | s | w |

Sie können diese Plotsymbole verwenden, indem Sie sich eines kleinen Tricks bedienen. Dazu müssen Sie eine Reihe von *String*-Variablen bilden[11], welche

---

[10]Die zur Erstellung der Grafik verwendeten Befehle werden in den Abschnitten 5.2.1 auf Seite 91 und 3.9.2 auf Seite 71 erläutert. Anstelle der Konstruktion mit „for" kann auch der Befehl „separate" verwendet werden. Ein Beispiel hierfür finden Sie auf Seite 130.

[11]Vgl. dazu Abschnitt 5.4 auf Seite 97.

das gewünschte Plotsymbol enthalten. Sie brauchen genau so viele Variablen, wie sie zusätzliche Plotsymbole brauchen, hier also drei: eine für <, eine für s und eine für w.

```
. generate str1 s1 = "<"
. generate str1 s2 = "S"
. generate str1 s3 = "W"
```

Danach können Sie diese Symbole durch das Symbol „[varname]" für Ihre Grafik nutzbar machen:

```
. graph miet_1 - miet_5 wohngr, symbol(op[s1][s2][s3])
```

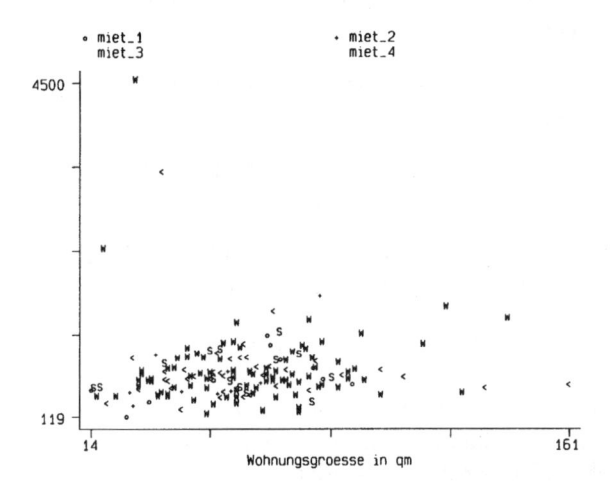

Bei der Arbeit am Bildschirm erfolgt die optische Trennung von Datenbereichen im Wesentlichen durch Farben. Die Symbole spielen kaum eine Rolle. Beim Ausdruck von Schwarzweißgrafiken müssen Sie für die Auswahl der Plotsymbole etwas mehr Sorgfalt anwenden. Dazu stehen Ihnen, zusätzlich zu den hier aufgeführten Gestaltungsmitteln, die Strichdicke und die Symbolgröße zur Verfügung. Da die Auswahl dieser Gestaltungsmittel erst beim Ausdruck erfolgt, beschreiben wir die Vorgehensweise im entsprechenden Abschnitt (6.3).

6.1.3.4 Linien

Zwischen den Datenpunkten können durch die Option „connect()" Linien gezogen werden. Die Struktur dieser Option ist dieselbe wie die von „pen()" und „symbol()". Innerhalb der Klammer werden Kennbuchstaben für unterschiedliche Linienarten angegeben. Wie bei den Optionen „pen()" und „symbol()" bezieht sich der erste Buchstabe auf die erste Y-Variable, der zweite auf die zweite usw.

Folgende Linienarten stehen Ihnen zur Verfügung:

l   verbindet aufeinander folgende Datenpunkte mit einer geraden Linie,

L   verbindet aufeinander folgende Datenpunkte mit geraden Linien, sofern sie aufsteigende Werte auf der X-Variable aufweisen,

J   verbindet aufeinander folgende Datenpunkte mit einer rechteckigen, d.h. stufenförmigen Linie,

| | verbindet die Datenpunkte von *zwei* Datenbereichen derselben Beobachtung mit senkrechten Linien,

II   wie | |, jedoch mit kleinen waagrechten Linien am Anfang und Ende der senkrechten Linie,

m   verbindet die bedingten Mediane der Y-Variablen für Abschnitte der X-Achse mit geraden Linien,

s   verbindet die Mediane der Y-Variablen für Abschnitte der X-Achse mit einer *Cubic-Splines* genannten Kurve,

.   die Datenpunkte werden nicht verbunden.

Beispiel: Durch „connect(.l)" werden die Punkte des ersten Datenbereichs nicht miteinander verbunden, während die Punkte des zweiten Datenbereichs durch gerade Linien verbunden werden.

Die Linienarten „l", „L" und „J" verbinden aufeinander folgende Datenpunkte. Aufeinander folgend heißt dabei *im Datensatz* aufeinander folgend, nicht: aufeinander folgend auf der X-Achse. Dies führt manchmal zu Irritationen.

Beispiel: Zur Illustration der Linientypen wollen wir einen kleinen künstlichen Datensatz erzeugen. Um später wieder auf den aktuellen Datensatz zugreifen zu können, geben Sie bitte

```
. preserve
```

ein. Danach können Sie Ihren Datensatz löschen und zehn künstliche Beobachtungen erzeugen:

```
. clear
. set obs 10
```

Nun sollten Sie zwei Zufallsvariablen, x und y erzeugen. Damit Sie dabei das gleiche Ergebnis erhalten wie wir, müssen Sie den gleichen *Random-Number-Seed* einstellen wie wir:

```
. set seed 731
```

Danach werden die Variablen erzeugt:

6.1 Grafiken mit „graph"

```
. generate y = uniform()
. generate x = uniform()
```

Betrachten Sie nun folgende Grafik:

```
. graph y x, symbol([_n]) connect(1)
```

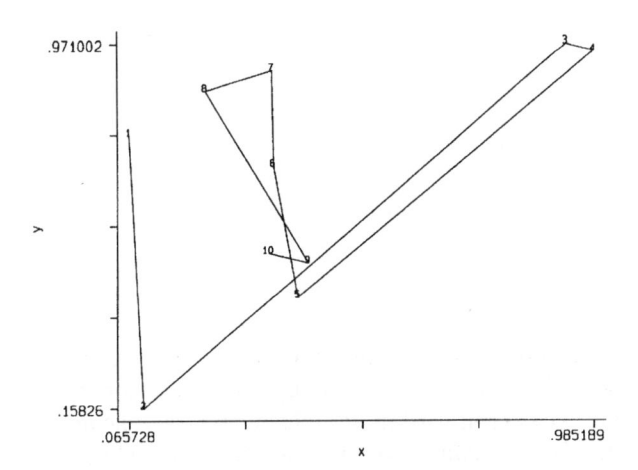

In dieser Grafik sind die Datenpunkte mit geraden Linien verbunden. Als Plotsymbol wurde die Position im Datensatz verwendet. Anhand dieser Nummer können Sie erkennen, dass die Linie zunächst vom ersten zum zweiten Datenpunkt verläuft. Diese Datenpunkte sind – zufälligerweise – auch die Datenpunkte mit den niedrigsten Werten auf der X-Achse. Danach geht die Linie zum dritten Datenpunkt. Dieser hat einen sehr hohen Wert auf der X-Achse: „connect(l)" verbindet die Punkte in der Reihenfolge der Daten, nicht in der Reihenfolge der X-Achse.

Dasselbe gilt für „connect(J)", nur dass hier die Datenpunkte stufenförmig verbunden werden:

```
. graph y x, symbol([_n]) connect(J)
```

.... Grafik auf der nächsten Seite ....

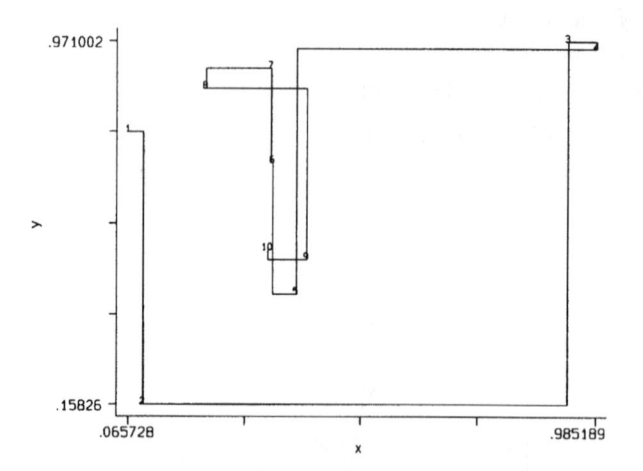

Auch bei „connect(L)" wird in der Reihenfolge der Daten verbunden, jedoch nur, wenn der nachfolgende Datenpunkt auch höhere Werte auf der X-Variable hat. Deswegen wird in der folgenden Grafik keine Linie vom siebten zum achten Datenpunkt gezogen, wohl aber vom achten zum neunten:

. graph y x, symbol([_n]) connect(L)

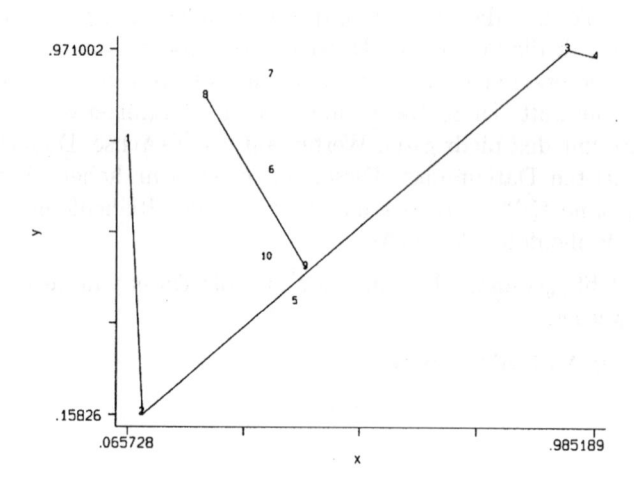

Die Eigenschaft, Punkte in der Ordnung der Daten zu verbinden, führt oft zu unerwünschten Ergebnissen. Meistens, wie z.B. bei der Darstellung von Zeitreihen, möchte man die Punkte in der Reihenfolge der X-Achse verbinden. Dies kann jedoch einfach dadurch erreicht werden, dass die Daten mit dem Befehl „sort" nach der X-Variable sortiert werden. Danach entspricht

6.1 Grafiken mit „graph"

die Reihenfolge der Daten der Reihenfolge der X-Achse. Eleganter (und auch etwas schneller) ist die Option „sort" des Grafik-Befehls: Diese sorgt für eine Verbindung der Punkte in der Reihenfolge der X-Achse, ohne die Reihenfolge der Daten im Datensatz zu verändern. Durch

. graph y x, symbol([_n]) connect(l) sort

erhalten Sie danach[12]

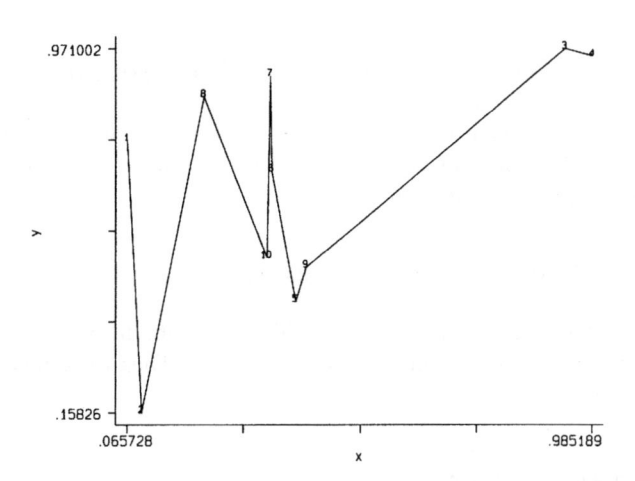

und durch

. graph y x, symbol([_n]) connect(J) sort

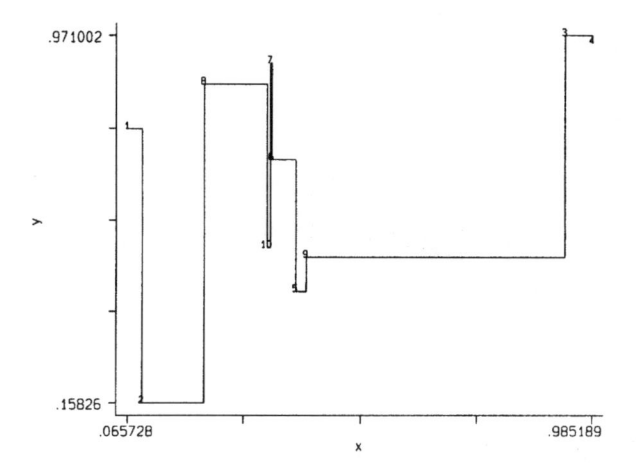

---

[12]Die gleiche Grafik erhalten Sie durch
. graph y x, symbol([_n]) connect(L) sort

Die Linienarten „II" und „||" verbinden die Punkte eines Falles von *zwei* aufeinander folgende Datenbereichen mit senkrechten Strichen. Damit lassen sich u.a. so genannte *High-Low-Charts* erstellen. Die Linienarten „s" und „m" dienen zur Konstruktion einfacher *Scatterplot-Smoother* (Seite 201).

Bevor Sie weiterlesen, sollten Sie Ihren ursprünglichen Datensatz wieder in den Arbeitsspeicher laden:

```
. restore
```

6.1.4 Das Datenfenster und die Datenregion

Das Datenfenster ist der Raum, den eine Grafik für die Datenpunkte vorsieht. Innerhalb des Datenfensters findet sich die Datenregion. Dies ist der Raum, den die Datenpunkte tatsächlich einnehmen.

6.1.4.1 Einrahmung des Datenfensters

Nach den Empfehlungen von Cleveland (1994:35) sollte das Datenfenster stets mit einem vollständigen Rahmen versehen werden. Dies erreichen Sie durch die Option „border".

Beispiel:

```
. graph miete wohngr, border
```

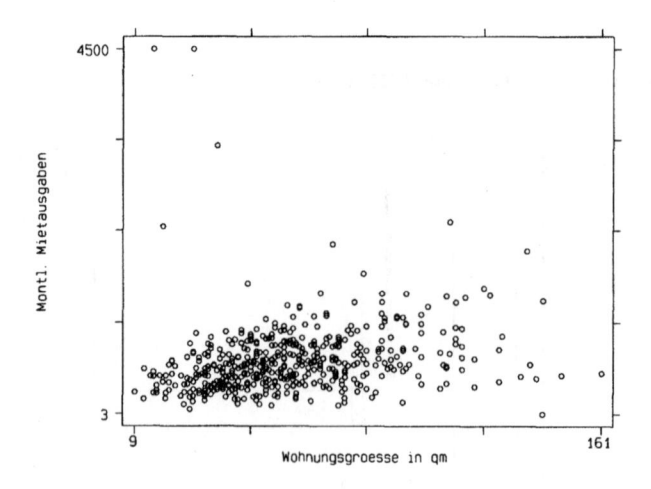

6.1.4.2 Größe der Datenregion

Die wichtigsten Gestaltungsmittel von Datenfenstern und Datenregionen betreffen deren Größenverhältnis. Die Größe des Datenfensters ist eine Funktion

6.1 Grafiken mit „graph"

der Grafikbeschriftungen. Bei gegebenen Grafikbeschriftungen ist die Größe des Datenfensters fixiert. Die Größe der Datenregion ist dann eine Funktion der Achsenskalierung, d.h. der Wahl der höchsten und niedrigsten Werte. Die Wahl der Achsenskalierung erfolgt durch die Optionen „xscale()" bzw. „yscale()". Mit „xscale()" wird die Skalierung der X-Achse, mit „yscale()" die Skalierung der Y-Achse spezifiziert. Innerhalb der Klammer wird zunächst die Untergrenze, dann die Obergrenze der jeweiligen Achse angegeben. Zwischen beiden Angaben steht ein Komma.

Beispiel:

```
. graph miete wohngr, xscale(0,300) yscale(0,5000)
```

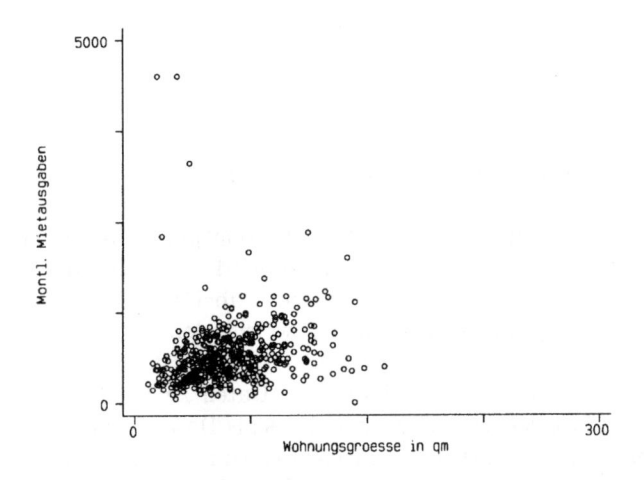

Je weiter der Skalenbereich, d.h. je niedriger der Wert der Untergrenze und je höher der Wert der Obergrenze, desto kleiner wird die Datenregion. Nach den Empfehlungen von Cleveland (1994:92-95) sollte die Datenregion möglichst das gesamte Datenfenster einnehmen[13]. Diese Empfehlung wird durch die Voreinstellung von Stata berücksichtigt. Die Untergrenze jeder Achse ist das Minimum derjenigen Variable, welche die Achse bildet. Entsprechend wird die Obergrenze jeder Achse durch den höchsten Wert der zu Grunde liegenden Variablen gebildet.

Mit der Skalierungsoption kann die Datenregion gegenüber dieser Voreinstellung verkleinert, niemals aber vergrößert werden. Die Spezifikation einer

---

[13] Diese Empfehlung ist nicht unumstritten. Einige Autoren empfehlen, Achsen stets bei Null beginnen zu lassen (Huff 1954). Die Idee hinter dieser Empfehlung ist, dass dann das Ausmaß von Unterschieden der Werte von Y-Variablen besser beurteilt werden kann. Im Gegensatz dazu vertreten wir die Auffassung, dass dieses Urteil nicht auf Grund der Skalierung von Achsen, sondern auf Grund theoretischer Vorüberlegungen erfolgt. Eine Darstellung, die möglichst genaues Ablesen der einzelnen Werte gestattet, ist hierzu am besten geeignet.

kleineren Achsenobergrenze als des Maximums der zu Grunde liegenden Variable wird von Stata allerdings nur ignoriert, das heißt die Grafik wird ohne Fehlermeldung mit der *voreingestellten* Skalierung ausgegeben. Durch diese Eigenschaft wird sichergestellt, dass stets alle Datenpunkte gezeichnet werden können.

Situationen, in denen man an einer über die Voreinstellung hinausgehenden Vergrößerung der Datenregion interessiert ist, sind häufig. Dies ist meist dann der Fall, wenn bestimmte Bereiche einer Grafik sehr dicht besetzt sind. In diesem Fall wünscht man sich meist eine Vergrößerung des entsprechenden Ausschnitts. Diesem Wunsch kann dadurch entsprochen werden, dass die Grafik durch eine *If*-Bedingung auf den entsprechenden Ausschnitt beschränkt wird.

Beispiel:

```
. graph miete wohngr if wohngr <= 150 & miete <= 2000, border
```

6.1.5 Gitterlinien und Datenlabel

Ein Blick auf die Grafiken in Publikationen zeigt, dass das Datenfenster oft auch als Raum für Informationen genutzt wird, die weit über die eigentlichen Daten hinausgehen. Oft handelt es sich dabei lediglich um so genannten *Chart-Junk*, d.h. um optische Bonbons, welche dem eigentlichen Ziel einer Grafik – Daten darzustellen – eher zuwiderlaufen. In der Regel ist es sinnvoll, das Datenfenster auf die Darstellung von Daten zu beschränken. Entsprechend sind die Möglichkeiten, etwas anderes als Daten in die Datenregion zu zeichnen, in Stata begrenzt. Das Einzeichnen von Linien an wichtigen Stellen (*Gitterlinien*) sowie die Verwendung von Datenlabeln sind jedoch – sparsam angewandt – sinnvolle Anreicherungen.

6.1.5.1 Gitterlinien

Gitterlinien werden in Stata durch die Optionen „xline()" bzw. „yline()" spezifiziert. Innerhalb der Klammer wird eine Nummernliste[14] angegeben, an der die Linien entlang gezeichnet werden sollen. Wenn die Optionen „xline" bzw. „yline" ohne Nummernliste angegeben werden, schlägt Stata Gitterlinien an *runden* Stellen vor.

Beispiel: Mit

```
. graph miete wohngr, xline(50(50)150) yline(1000)
```

.... Grafik auf der nächsten Seite ....

---

[14]Vgl. Abschnitt 3.7 auf Seite 67.

6.1 Grafiken mit „graph"

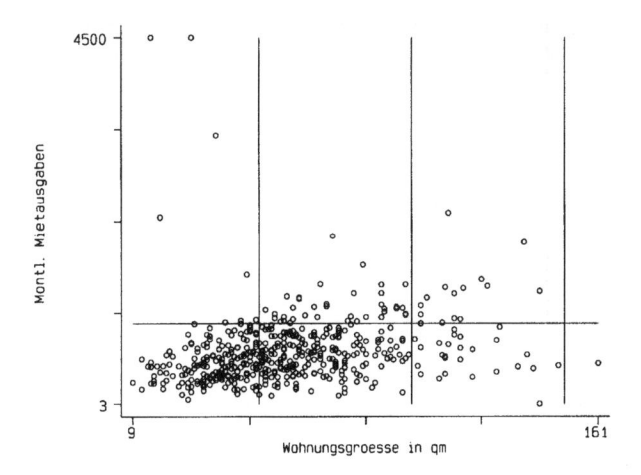

werden senkrechte Linien an den X-Achsen-Positionen 50, 100 und 150 und eine waagrechte Linie entlang der Stelle $y = 1000$ gezeichnet.

6.1.5.2 Datenlabel

Für Datenlabel muss man sich eines Tricks bedienen. Dies soll hier nochmals an einem künstlichen Beispiel erläutert werden. Machen Sie dazu zunächst Ihren Arbeitsspeicher frei:

```
. preserve
. clear
```

Erzeugen Sie nun 1000 Fälle und eine Variable mit regelmäßigen Intervallen[15] zwischen -5 bis $+5$:

```
. set obs 1000
. generate x = (_n/1000-.5)*10
```

Erzeugen Sie nun drei Variablen, mit dem Sinus, dem Kosinus und dem Arcus-Tangens Ihrer Variable:

```
. generate sin = sin(x)
. generate cos = cos(x)
. generate atan = atan(x)
```

Mit diesem Datensatz lässt sich folgende Grafik erstellen:

```
. graph sin cos atan x, border symbol(iii) connect(lll)
```

.... Grafik auf der nächsten Seite ....

---

[15] Die hierfür notwendigen Befehle werden in Abschnitt 5.1.3 auf Seite 83 erläutert.

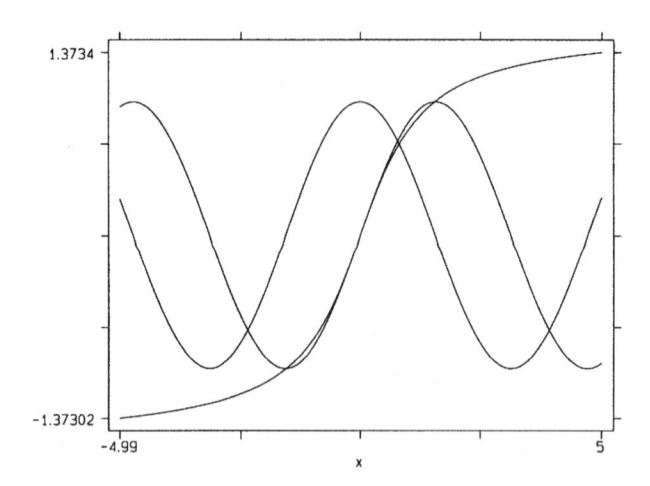

Eine schöne Grafik. Leider wird aber nicht jeder Betrachter sofort wissen, bei welcher der drei Kurven es sich um den Sinus, bei welcher es sich um den Kosinus und bei welcher es sich um den Arcus-Tangens handelt. Sinnvoll wäre es darum, jede der drei Kurven mit ihrem Funktionsnamen zu versehen. Hierfür gibt es jedoch keine Option.

Um die drei Kurven mit einem *Label* zu versehen, müssen neue Variablen erzeugt werden. Sie benötigen Variablen, welche die Position der *Label* spezifizieren und Variablen, welche den Namen der jeweiligen Funktion enthalten. Sinnvoll ist es, einen zusätzlichen Fall anzulegen, für den Sie die entsprechenden Variablen spezifizieren. Dies erfolgt durch:

. set obs 1001

Danach hat der Datensatz 1001 statt 1000 Fälle. Der neue Fall steht am Ende des Datensatzes und hat *Missings* auf allen Variablen. Für diesen Fall werden wir im Folgenden Positionen und Beschriftungen spezifizieren.

Beginnen wir mit der Position entlang der X-Achse. Dazu müssen Sie sich entscheiden, wo das Datenlabel stehen soll. Wir haben uns hier dafür entschieden, das *Label* an den Schluss jeder Kurve zu setzen. Die X-Position entspricht demnach dem höchsten Wert unserer X-Variable. Der 1001. Fall soll deshalb auf der X-Variable den bisher höchsten Wert der X-Variable erhalten. Da der Datensatz nach der Variable x sortiert ist, genügt:

. replace x = x[_n-1] in 1001

Um die Position der *Label* festzulegen, benötigen wir nun noch die jeweiligen Y-Koordinaten. Diese entsprechen dem jeweiligen Funktionswert für den höchsten X-Wert. Aus Gründen, die erst später deutlich werden, ist es besser, diese Y-Koordinaten in neue Variablen zu schreiben. Geben Sie bitte ein:

6.1 Grafiken mit „graph"

```
. generate sin1 = sin(x) in 1001
. generate cos1 = cos(x) in 1001
. generate atan1 = atan(x) in 1001
```

Die drei neuen Variablen *sin1* bis *atan1* enthalten bis auf den 1001. Fall nur *Missings*. Betrachten Sie sich nun die folgende Grafik:

```
. graph sin cos atan sin1 cos1 atan1 x, border s(iiiOTS) connect(lll)
```

Diese Grafik sieht fast so aus wie die ursprüngliche. Der einzige Unterschied besteht darin, dass am Ende jeder Linie ein Symbol eingezeichnet ist. Diese drei Symbole repräsentieren die drei neuen Datenbereiche *sin1*, *cos1* und *atan1*.

Um ein Beschriftung der Kurven zu erreichen, muss nun statt des Symbols nur noch ein entsprechendes *Label* verwendet werden. Dazu kann man sich wieder des Plotsymbols „[varname]" bedienen[16]. Wir benötigen Variablen, welche die jeweiligen Funktionsnamen enthalten. Am besten verwendet man eine *String-Variable*[17]:

```
. generate str6 sinlab = "Sinus" in 1001
. generate str8 coslab = "Cosinus" in 1001
. generate str11 atanlab ="Arc Tangens" in 1001
```

Danach können Sie es nochmal versuchen, diesmal jedoch mit der Spezifikation von Plotsymbolen für die drei neuen Datenbereiche[18]:

```
. graph sin cos atan sin1 cos1 atan1 x, symbol(iii[sinlab][coslab][atanlab])
  trim(12) connect(lll...) xscale(-5,5.8) border
```

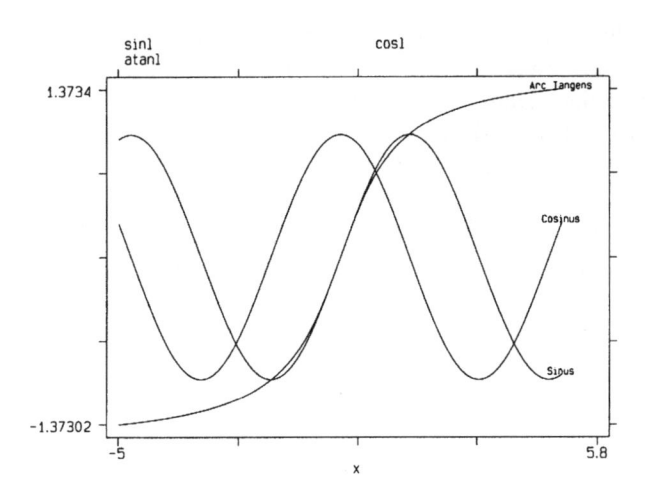

---

[16] Siehe hierzu Abschnitt 6.1.3 auf Seite 106.
[17] Vgl. Abschnitt 5.4 auf Seite 97.
[18] Durch die Erweiterung der X-Achsenskalierung mit „xscale" schaffen Sie Platz für die *Label* der Kurven.

Wem die Position der *Label* noch nicht gefällt, kann die entsprechenden Koordinaten des 1001. Falles durch Addition oder Subtraktion beliebiger Werte ändern[19].

6.1.6 Die Legende

Wenn eine Grafik mehr als eine Y-Variable mit sichtbaren Plotsymbolen enthält, wird automatisch eine Legende oberhalb der Grafik gezeichnet. Die Legende zeigt den für den jeweiligen Datenbereich verwendeten Variablennamen oder das Variablenlabel an. Die Kapazität der Legende ist auf vier Datenbereiche beschränkt. Die Flexibilität der Legende ist darum außerordentlich beschränkt. Oft ist sie gänzlich unbrauchbar. In Abschnitt 6.1.7.2 auf Seite 125 zeigen wir Ihnen darum, wie man die Legende löscht.

In vielen Fällen müssen Grafiken mit Legende weiter bearbeitet werden. Ein Beispiel liefert die zuletzt erstellte Grafik der trigonometrischen Funktionen. Statt der mühsamen Prozedur von Datenlabeln hätte man durch Verwendung sichtbarer Plotsymbole eine Legende erstellen können.

```
. graph sin cos atan x, border connect(lll)
```

Das Ergebnis dieser Grafik ist jedoch nicht befriedigend. Die Plotsymbole sind zu nah beieinander. Schöner ist eine Grafik, bei der pro Kurve nur wenige Plotsymbole in regelmäßigen Abständen eingezeichnet werden. Hierzu müssen Sie sich abermals eines kleinen Tricks bedienen: Sie benötigen für jede Kurve eine Variable für die Beschriftung.

Um die Beschriftungsvariablen zu erstellen, müssen Sie sich zunächst darüber klar werden, an welchen Stellen der Kurven die Plotsymbole eingezeichnet werden sollen. Damit die Symbole erkennbar bleiben, sollten Positionen gewählt werden, an denen die Kurven möglichst weit auseinander liegen. Außerdem sind Positionen, welche die X-Achse in *harmonisch* zueinander stehende Längen unterteilen, optisch ansprechender. Wir werden für dieses Beispiel die Positionen -2.5 und 2.5 verwenden.

Die Beschriftungsvariablen sind Y-Variablen, welche ihren zugeordneten Variablen entsprechen, jedoch nur an einigen ausgesuchten Stellen der X-Variable definiert sind[20]:

```
. generate sin_l = sin if x == -2.5
. replace  sin_l = sin if x == 2.5
. generate cos_l = cos if x == -2.5
. replace  cos_l = cos if x == 2.5
. generate atan_l = atan if x == -2.5
. replace  atan_l = atan if x == 2.5
```

---

[19]Störend ist im Augenblick noch die Legende über der Grafik. In Abschnitt 6.1.7.2 auf Seite 125 zeigen wir Ihnen, wie man diese löschen kann.

[20]Bitte beachten Sie Abschnitt 5.4 auf Seite 97, wenn Sie einen anderen Wert als 2.5 verwenden wollen.

Damit die Legende einen ansprechenden Text erhält, müssen die Beschriftungsvariablen mit einem Variablenlabel versehen werden:

. label variable sin_l "Sinus(x)"
. label variable cos_l "Cosinus(x)"
. label variable atan_l "Arc Tangens(x)"

Verwenden Sie nun sowohl die Kurvenvariablen als auch die Beschriftungsvariablen für Ihre Grafik. Die Kurvenvariablen sollten dabei das unsichtbare Plotsymbol erhalten, die Beschriftungsvariablen dürfen dagegen nicht verbunden werden. Durch die Option „pen()" stellen Sie sicher, dass Kurve und Beschriftung jeweils dieselbe Farbe erhalten:

. graph sin sin_l cos cos_l atan atan_l x, symbol(iOiTiS) connect(l.l.l.) pen(223344) border

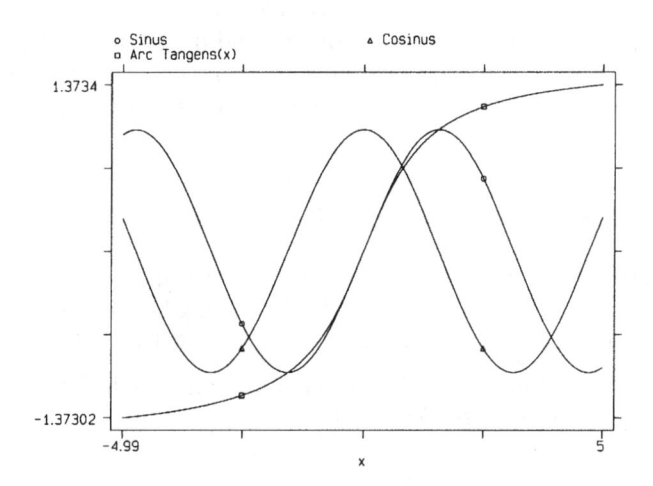

Bitte stellen Sie nun Ihren ursprünglichen Datensatz wieder her:

. restore

6.1.7 Die Achsen

Als Achsen werden hier die senkrechten bzw. waagrechten Linien verstanden, die entlang des Datenfensters gezogen werden. Die X-Achse verläuft am unteren Rand, die Y-Achse am linken Rand, die obere Achse am oberen Rand und die rechte Achse am rechten Rand des Datenfensters. In den meisten Fällen verwendet Stata die X-Achse und die Y-Achse als Voreinstellung[21]. Alternativ zur Voreinstellung können Stata-Grafiken

---

[21] Bei Kuchendiagrammen, *Star*-Plots und Streifendiagrammen werden keine Achsen gezeichnet, im Grafik-Typ Matrix werden alle Achsen verwendet.

- durch die Option „border" mit vollem Achsenrahmen versehen werden,
- durch die Option „noaxis" ganz ohne Achsen erstellt werden. *Tick-Lines* und Achsenbeschriftungen bleiben in diesem Fall jedoch weiter sichtbar.

Cleveland (1994:35) empfiehlt, Grafiken stets mit vollem Achsenrahmen, d.h. allen vier Achsen, zu versehen.

Wie in Abschnitt 6.1.4.2 auf Seite 116 aufgeführt, erfolgt die Skalierung der Achsen zwischen dem höchsten und dem niedrigsten Wert aller Variablen, die eine Achse bilden. Mit der Option „xlog" bzw. „ylog" kann für die Skalierung zwischen diesen Werten eine logarithmierte Skala angefordert werden.

Mit der Option „rescale" wird für jeden Datenbereich (für jede Y-Variable) eine unabhängige Skalierung der Y-Achse erreicht. Bei zwei Y-Variablen wird dann die erste Variable entlang der Y-Achse und die zweite Variable entlang der rechten Achse skaliert. Die Achsen werden entsprechend beschriftet. Bei mehr als zwei Y-Variablen wird die Y-Achse und die rechte Achse nicht beschriftet.

6.1.7.1 Achsenbeschriftung und Tick-Lines

Als Achsenbeschriftung werden hier die Werte bezeichnet, welche entlang der Achsen an den *Tick-Lines* stehen. Die Voreinstellung beschriftet lediglich den jeweils kleinsten und größten Wert der X- bzw. Y-Achse.

Um mehr als das Minimum und das Maximum einer Achse zu beschriften, stehen folgende Optionen zur Verfügung:

xlabel()   zur Beschriftung der X-Achse,

ylabel()   zur Beschriftung der Y-Achse,

tlabel()   zur Beschrifung er oberen Achse (*top axis*)und

rlabel()   zur Beschrifung der rechten Achse.

In die Klammer wird eine Nummernliste für die Werte geschrieben, welche beschriftet werden sollen[22]. Wenn keine Nummernliste angegeben wird, schlägt Stata *runde* Werte vor. In vielen Fällen werden Sie den Vorschlag von Stata akzeptieren.

Sowohl der automatische Vorschlag zur Beschriftung der Achsen als auch die Beschriftung der Achsen *von Hand* kann die durch „xscale" bzw. „yscale" gewählte Skalierung der Achsen verändern. Der jeweils kleinere untere Wert

---

[22] Zur Spezifikation von Nummernlisten siehe Abschnitt 3.7 auf Seite 67.

6.1 Grafiken mit „graph"

aus den Optionen „xscale()" und „xlabel()" bildet stets die Achsenuntergrenze, der größere Wert die Achsenobergrenze. Dasselbe gilt für die Y-Achse.

Tick-Lines werden von Stata grundsätzlich an den Stellen gezeichnet, an denen sich die Beschriftung befindet. Für zusätzliche *Tick-Lines* stehen folgende Optionen zur Verfügung:

xtick()   für *Tick-Lines* entlang der X-Achse,

ytick()   für *Tick-Lines* entlang der Y-Achse,

ttick()   für *Tick-Lines* entlang der oberen Achse (*top axis*) und

rtick()   für *Tick-Lines* entlang der rechten Achse.

In die Klammer wird wieder eine Nummernliste der Werte geschrieben, welche mit *Tick-Lines* versehen werden sollen. Falls nichts anderes spezifiziert wird, wird für die obere Achse die Angabe der X-Achse und für die rechte Achse die Angabe der Y-Achse übernommen.

6.1.7.2 Achsentitel

Stata kann jede Achse einer Grafik mit bis zu zwei Titeln versehen. Hierzu dient die Option „title()". Innerhalb der Klammer wird der gewünschte Titel geschrieben. Durch einen Buchstaben und die Ziffer 1 oder 2 wird spezifiziert, um welchen der insgesamt acht möglichen Titel es sich handelt:

b   steht für den *unteren* Titel (*bottom*),

l   steht für den *linken* Titel,

t   steht für den *oberen* Titel (*top*) und

r ·   steht für den *rechten* Titel.

Die Ziffer 2 steht jeweils für den achsennäheren, die Ziffer 1 für den achsenferneren Titel. Durch „b1title()" wird demnach der untere, achsenfernere Titel spezifiziert, durch „r2title" der rechte achsennähere. Der untere, achsenfernere Titel wird als Grafik-Titel verwendet und erscheint deshalb in einer größeren Schrift. Statt „b1title()" kann darum auch „title()" eingegeben werden.

Die genaue Position der Titel können Sie folgender Grafik entnehmen:

```
. graph miete wohngr, border ylabel xlabel t1title(Top-1-Titel)
   t2title(Top-2-Titel) b1title(Bottom-1-Titel) b2title(Bottom-2-Titel)
   l1title(Left-1-Titel) l2title(Left-2-Titel) r1title(Rechts-1-Titel)
   r2title(Rechts-2-Titel)
```

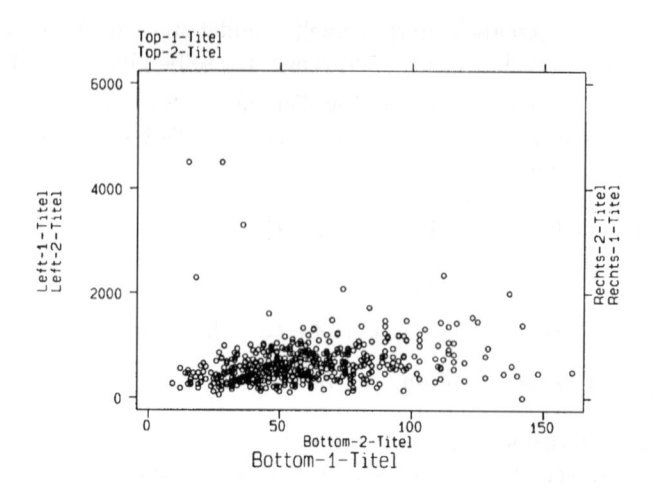

[Diagramm: Streudiagramm mit Achsenbeschriftungen „Top-1-Titel", „Top-2-Titel", „Left-1-Titel", „Left-2-Titel", „Rechts-2-Titel", „Rechts-1-Titel", „Bottom-2-Titel", „Bottom-1-Titel"; Y-Achse 0–6000, X-Achse 0–150]

In der Regel wird der achsennahe untere („b1title") und der achsenferne linke Titel „l1title" automatisch vergeben. Dabei enthält „b1title" das Variablenlabel der X-Variable, „l2title" den Variablenlabel der Y-Variable. Wenn keine Variablenlabel definiert wurden, wird der Variablenname verwendet.

6.1.7.3 Löschen der Legende

Beachten Sie, dass durch die Angabe von mehr als einer Y-Variable der Achsentitel der vertikalen Achse verschwindet und stattdessen eine Legende oberhalb des Datenfensters ausgegeben wird. Sollte dies nicht erwünscht sein, muss der linke Titel *von Hand* angegeben werden und der obere Titel – die Legende – gelöscht werden. Letzteres erreicht man dadurch, dass der obere Titel durch einen leeren oberen Titel überschrieben wird.

Beispiel:

```
. graph miete_w miete_o wohngr, l1title(Miete) t1title() t2title()
```

Titel – wie auch Achsenbeschriftungen – nehmen dem Datenbereich Raum. Es ist daher sinnvoll, diese Elemente so sparsam wie möglich einzusetzen. In Publikationen ist es meistens sinnvoll, auf den Grafiktitel („b1title") zu verzichten bzw. diesen mit dem Textverarbeitungsprogramm zu erstellen. Darüberhinaus können Sie den Abstand zwischen den vertikalen Achsen und den Achsentiteln mit der Option „gap()" vergrößern bzw. verkleinern. Der Abstand zwischen den Achsen und dem Achsentitel ist in der Voreinstellung „gap(8)". Kleinere Zahlen reduzieren den Abstand, größere Zahlen vergrößern ihn.

6.1.8 Die Option „by()"

Die Befehlsoption „by()" ist für alle Grafik-Typen außer den Scatterplotmatrizen und den *Star*-Plots zulässig. Innerhalb der Klammer kann maximal ein Variablenname angegeben werden. Die Option dient dazu, die Grafik für jede Kategorie des spezifizierten Variablennamens getrennt aber *auf einem Bildschirm* darzustellen. Wird zusätzlich die Option „total" spezifiziert, wird außerdem eine Grafik ohne die Trennung in verschiedene Gruppen dargestellt. Zur Verwendung der Option „by()" müssen die Daten zuvor nach der *By*-Variablen sortiert worden sein.

Beispiel[23]:

```
. sort region
. graph miete wohngr if region < 5, by(region)
```

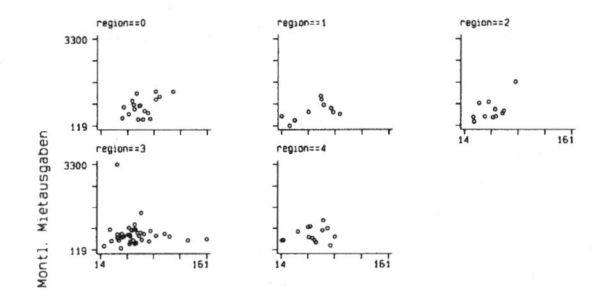

6.1.9 Speichern von Grafiken

Um eine Grafik zu speichern, wird die Option „saving()" verwendet. In die Klammer wird der *Dateiname* geschrieben, unter dem die Grafik abgespeichert werden soll. Als Dateinamenerweiterung verwendet Stata *gph*. Wenn eine bereits vorhandene Grafik *überschrieben* werden soll, muss die Option „replace" innerhalb der Klammer eingegeben werden.

Gespeicherte Grafiken können zu einem späteren Zeitpunkt am Bildschirm angezeigt oder ausgedruckt werden. Hierzu wird der Befehl „graph using Dateiname" verwendet.

---

[23] Die Variable *region* haben wir in 6.1.3.3 auf Seite 110 erzeugt.

Beispiel: Der Befehl

```
. graph miete wohngr, saving(g1, replace)
```

speichert die Grafik unter dem Namen *g1.gph* im aktuellen Arbeitsverzeichnis. Befindet sich im Arbeitsverzeichnis bereits eine Datei dieses Namens, so wird sie überschrieben. Mit

```
. graph using g1
```

können Sie die Grafik jederzeit wieder betrachten oder evt. ausdrucken.

6.1.10 Multiple Grafiken

Stata erlaubt die Erstellung multipler Grafiken. Multiple Grafiken sind Grafiken, in denen mehrere Teilgrafiken zu einer Grafik zusammengefasst werden. Für eine multiple Grafik werden die Teilgrafiken zunächst einzeln erstellt und getrennt abgespeichert. Danach werden sie durch Angabe der entsprechenden Dateinamen mit „graph using" zu einer gemeinsamen Grafik zusammengespielt.

Beispiel:

```
. graph miete, saving(mult1, replace)
. graph wohngr, saving(mult2, replace)
. graph miete wohngr, saving(mult3, replace)
. graph np0105 miete wohngr, matrix saving(mult4, replace)
. graph using mult1 mult2 mult3 mult4, margin(10)
```

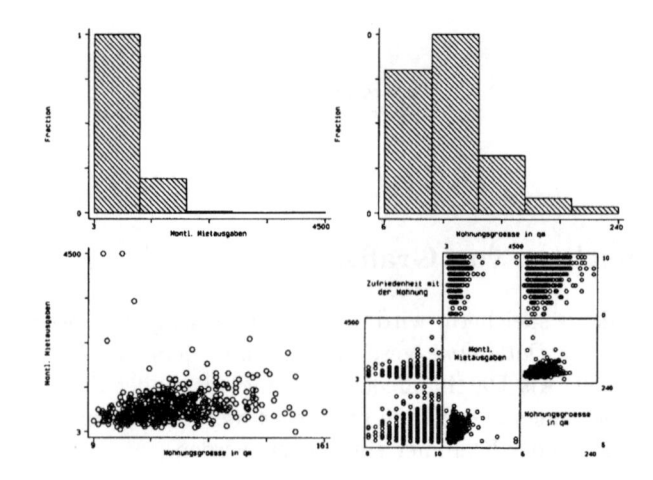

Im Beispiel wurden vier Teilgrafiken zu einer multiplen Grafik zusammengefasst. Die Option „margin(10)" wurde eingesetzt, um die Ränder um die Teilgrafiken um 10 Prozent zu vergrößern.

6.2 Spezielle Grafik-Kommandos

Natürlich kann auch eine multiple Grafik abgespeichert und wiederum in eine andere mulitple Grafik eingesetzt werden. Nur um sicher zu gehen: Versuchen Sie einmal Folgendes:

```
. graph using mult1 mult2 mult3 mult4, saving(mult5, replace)
. graph using mult1 mult2 mult3 mult5, saving(mult6, replace)
. graph using mult1 mult2 mult5 mult6
```

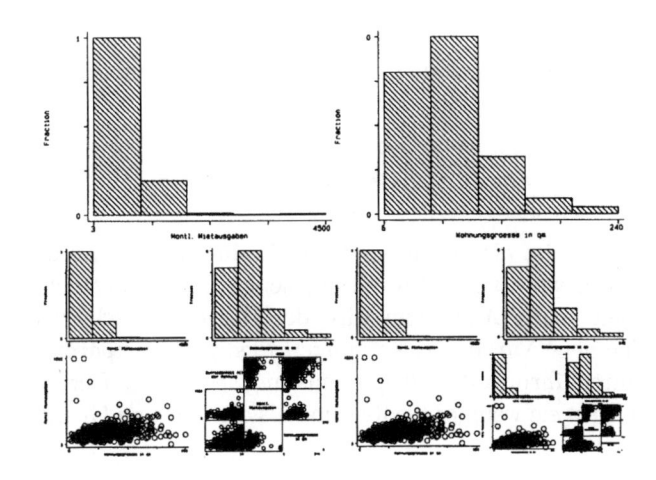

Die Anzahl der Teilgrafiken in einer multiplen Grafik ist nicht begrenzt. Die Lesbarkeit der Grafiken hat allerdings in der Drucker- bzw. Bildschirmauflösung ihre natürlichen Feinde. Sofern die Lesbarkeit nur die Beschriftung betrifft, kann diese durch den Befehl „set textsize" erhöht werden. Die voreingestellte Textgröße in Grafiken beträgt 100 Prozent. Durch „set textsize 200" wird die Textgröße verdoppelt, durch „set textsize 50" halbiert. Im Allgemeinen empfiehlt es sich, die Textgröße der Teilgrafiken von multiplen Grafiken deutlich zu erhöhen[24].

6.2 Spezielle Grafik-Kommandos

Mit dem Befehl „graph", kann eine große Anzahl von Grafiken erstellt werden. Oft ist dazu jedoch einiger Aufwand erforderlich. Bei Grafiken, die regelmäßig verwendet werden, kann dieser Aufwand leicht zu hoch erscheinen. Für einige solcher Fälle gibt es so genannte *Wrapper*: Verpackungen von komplizierten

---

[24] Durch „graph using" werden stets Grafiken mit jeweils gleich großen Teilgrafiken erstellt, wobei das Verhältnis der Achsenlängen zueinander beibehalten wird. Flexiblere mulitple Grafiken lassen sich auf relativ einfache Weise durch die „gph"-Kommandos gestalten ([G] „gph").

Grafik-Befehlen, die letztlich lediglich Schreibarbeit sparen. Ein Beispiel für einen solchen *Wrapper* ist der Befehl „hilite"[25]:

```
. hilite miete wohngr, hilite(bul==0)
```

Dieser Befehl ist ein einfacher Scatterplot der Miete gegen die Wohnungsgröße. Allerdings werden in diesem Scatterplot die Beobachtungen aus Berlin (*bul==0*) hervorgehoben. Beim Befehl „hilite" kann innerhalb der Option „hilite()" ein Ausdruck angegeben werden, der die Fälle spezifiziert, die hervorgehoben werden sollen.

Um eine solche Grafik zu erstellen, benötigt man nicht unbedingt den Befehl „hilite". Gleiches erreichen Sie auch durch:

```
. generate miete_h = miete if bul==0
. graph miete miete_h wohngr, t1title(bul==0 highlighted)
  l1title(Miete in DM) symbol(.o)
```

Der Befehl „hilite" ist also nichts anderes als eine Abkürzung dieser beiden Kommandos. Der wesentliche Vorteil des neuen Befehls besteht darin, dass er Schreibarbeit spart. Außerdem wird der Datensatz nicht verändert, da die notwendige neue Variable (hier: *miete_h*) lediglich *temporär*, d.h. für die Dauer der Durchführung des Programms angelegt wird. Der Nachteil von *Wrappern* ist, dass sie weniger flexibel sind als die ihnen zu Grunde liegenden Befehle.

Beispiel: Bei Erstellung der Grafik von Hand ist es nur ein kleiner Schritt zu folgender Darstellung[26].

```
. separate miete, by(htyp)
. graph miete1 - miete5 wohngr, t1title(" ") l1title("Miete in DM")
  symbol([htyp][htyp][htyp][htyp][htyp])
```

.... Grafik auf der nächsten Seite ....

---

[25] Die Hervorhebung der Beobachtungen erfolgt vor allem durch Farbe. Ein Schwarzweißausdruck mit kleiner Plotgröße ist ungeeignet, diese Hervorhebung zu zeigen. Wir verzichten darum hier auf die Darstellung dieser Grafik.

[26] Informationen zum Befehl „separate" erhalten Sie durch „help separate".

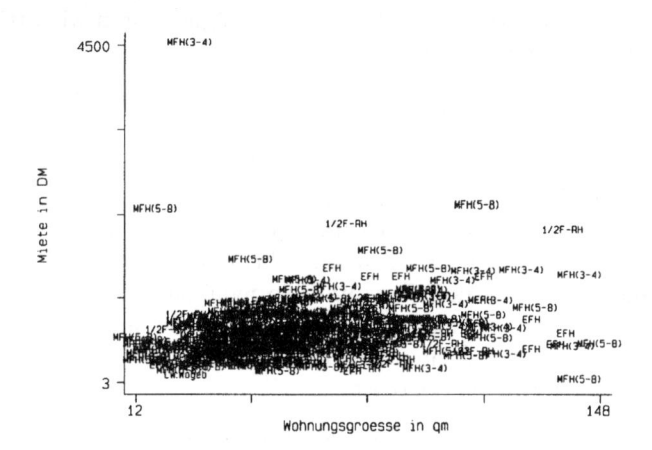

[Scatter plot: Miete in DM vs. Wohnungsgroesse in qm]

Stata bietet eine Vielzahl von *Wrappern* für spezielle Zwecke. Die meisten davon sparen viel mehr Schreibarbeit als „hilite". Wenn die entsprechenden Befehle bekannt sind, sind sie darum ein nützliches Werkzeug. Meistens werden Wrapper darum bei sehr häufig eingesetzten Grafiken verwendet. Einige Beispiele werden Sie in den nachfolgenden Kapiteln kennen lernen[27]. Eine Liste von speziellen Grafik-Befehlen erhalten Sie durch

. search Graphik

Weitere Befehle finden sich in den Archiven der *Statalist* (Abschnitt 12.3.2 auf Seite 389).

6.3 Ausdruck von Grafiken

Der Ausdruck von Stata-Grafiken unterscheidet sich zwischen Windows und Macintosh auf der einen Seite und der UNIX-Welt auf der anderen Seite. Im Folgenden soll zunächst das grundsätzliche Vorgehen anhand des Ausdrucks unter Windows und Macintosh erläutert werden. Im Anschluss daran werden die entsprechenden UNIX/Linux-Befehle kurz vorgestellt.

Unter Windows und Macintosh kann der Ausdruck von Grafiken mit Hilfe eines Menüs erfolgen. Das grundsätzliche Vorgehen erfolgt dabei in drei Schritten:

1. Erzeugen Sie die Grafik auf dem Bildschirm. Dabei kommt es nicht darauf an, ob Sie eine vorher gespeicherte Grafik mit „graph using" aufrufen, oder die Grafik unmittelbar erzeugen.

---

[27]Wenn es eine Grafik gibt, welche Sie regelmäßig verwenden, kann es sich auch lohnen, selbst einen Wrapper zu programmieren. Hinweise dazu finden Sie in Kapitel 11.

2. Klicken Sie auf **Prefs** und wählen Sie **Graph Preferences**. Danach können Sie eine Reihe von Gestaltungsmöglichkeiten wie Strichdicken, Farben, Symbolgrößen usw. auswählen.

3. Klicken Sie auf **File** und wählen Sie **Print Graph**.

Wenn Sie Grafiken auf diese Weise ausdrucken, bekommen Sie rasch einen Überblick über die Möglichkeiten zur Gestaltung von Grafiken beim Ausdruck. Von den unter **Graph Preferences** im *Prefs*-Menü aufgeführten Möglichkeiten dürften beim Ausdruck von Schwarzweißgrafiken insbesondere die Strichdicke der einzelnen *Pens* und die Symbolgröße von Interesse sein. Wenn Sie Farbausdrucke machen wollen, können Sie unter **Colors** die Farben der Stifte definieren. Achten Sie in diesem Fall darauf, dass das Feld **Use Pen Colors on Print** markiert ist.

In der Praxis kommt es eher selten vor, dass Grafiken mit Stata ausgedruckt werden. In den meisten Fällen werden Sie daran interessiert sein, Ihre Grafik in ein Textverarbeitungsprogramm zu laden. Hierzu ersetzen Sie den dritten Schritt in obiger Aufzählung einfach durch:

3. Klicken Sie auf **Edit** und wählen Sie **Copy**. Hierdurch wird die Grafik in die Zwischenablage gespeichert, aus der heraus Sie dann nach den Maßgaben Ihrer Textverarbeitung herausgeholt werden kann.

Wenn Sie viele Grafiken drucken oder in ein Dokument einfügen müssen, ist es besser, den Befehl „gphprint" in einem *Do-File* einzusetzen. Mit „gphprint" können Sie Ihre Grafiken direkt auf den Drucker oder in eine Datei ausdrucken.

Beispiel: Durch

. gphprint

wird die Grafik, welche sich im Grafikfenster befindet direkt auf dem Standarddrucker ausgedruckt. Unter Windows wird die gleiche Grafik durch

. gphprint, saving(mygraph.wmf)

als *Windows-Metafile* gespeichert. Diese Dateien können Sie dann in Textverarbeitungsprogrammen verwenden[28]. Wenn Sie einen *PostScript*-Druckertreiber als Standarddrucker installiert haben, können Sie auf die gleiche Weise auch *EPS*-Dateien erzeugen:

. gphprint, saving(mygraph)

Als Optionen von „gphprint" können die gleichen Stiloptionen wie in den Menüs angegeben werden. Folgende Optionen scheinen wichtig:

no*logo*   unterdrückt den Ausdruck des Stata-Logos unter der Grafik. Diese Option werden Sie vermutlich immer angeben.

---

[28] Unter Macintosh speichert „gphprint" die Datei im *PICT* Format.

6.3 Ausdruck von Grafiken

thickness() spezifiziert die Strichdicke der Stifte. Innerhalb der Klammer wird für jeden Stift (Seite 108) eine Zahl von 1 bis 9 angegeben, wobei 1 ein dünner Strich und 9 ein sehr dicker Strich bedeutet. Mit „t(215)" verwenden Sie für den ersten Stift die Dicke 2, für den 2 Stift die Dicke 1 und für den dritten Stift die Dicke 5.

symbols() verändert die allgemeine Plotsymbolgröße. Innerhalb der Klammer wird der Prozentsatz der Größenveränderung angegeben. „s(200)" verdoppelt die Größe, „s(50)" halbiert sie.

s#() verändert die Größe eines spezifischen Plotsymbols. Statt # wird das Plotsymbol (Seite 108) eingesetzt und innerhalb der Klammer die prozentuale Größenveränderung eingetragen. „sp(200)" verdoppelt die Größe des Plotsymbols „Plus".

Beispiel: Mit

```
. graph miete wohngr
. gphprint, nologo thickness(23)
```

druckt man die zuvor erzeugte Grafik aus. Dabei wird für die Achsen und die Beschriftungen (Stift 1) die Dicke 2 und für die Daten (Stift 2) die Dicke 3 verwendet.

Allgemeine Empfehlungen zur geeigneten Strichdicke und Symbolgröße können nicht gegeben werden[29]. Der optische Eindruck des Ergebnisses hängt insbesondere vom gewählten Drucker und der Größe, mit der die Grafik ausgedruckt wird, ab. Man muss also ausprobieren. Umso wichtiger ist es, dass die Endversion dann in einem *Do-File* aufbewahrt wird. Dazu können Sie den „gphprint"-Befehl jeweils direkt nach dem entsprechenden Grafik-Befehl einsetzen, oder, in einem eigens geschaffenen *Do-File* alle Grafiken Ihres Projekts ausdrucken. Dieser könnte z.B. so aussehen:

———————————————————————————— *gphwmf.do*
```
* Umwandlung GPH -> WMF zur Verwendung in Word
graph using twomiet1
gphprint, saving(twomiet1.wmf, replace) nologo t(22)
graph using matrix1
gphprint, saving(matrix1.wmf, replace) nologo t(12) s(60)
snip ✀
exit

Note: Strichdicke wurde so gewaehlt, dass Grafiken bei einer
Breite von 8cm optisch ansprechend wirken.
```
———————————————————————————————————————

Unter UNIX/Linux können Grafiken nicht mit einem Menü ausgedruckt werden. Anwender dieser Betriebsysteme *müssen* auszudruckende Grafiken immer abspeichern. Der Ausdruck der gespeicherten Grafiken erfolgt dann je

---

[29] Man kann aber sagen, dass Stata-Grafiken meist besser aussehen wenn Sie relativ klein und mit einem dünnen Stift ausgedruckt werden.

nach Druckermodell mit dem Programm „gphpen" oder „gphdot". Beide Programme können innerhalb wie außerhalb von Stata verwendet werden. Die Syntax ähnelt in vielem dem „gphprint" Befehl, ist aber an die üblichen UNIX/Linux Regeln angepasst. Dies bedeutet insbesondere, dass Optionen durch ein Minus eingeleitet werden.

Die Optionen zur Gestaltung der Grafiken entsprechen zum Teil denen von „gphprint". Hier sind die wichtigsten:

-n   unterdrückt den Ausdruck des Stata-Logos.

-t#   spezifiziert die Strichdicke der Stifte. „−t215" verwendet für den ersten Stift die Dicke 2, für den 2 Stift die Dicke 1 und für den dritten Stift die Dicke 5.

-s#   verändert die allgemeine Plotsymbolgröße. „−s200" verdoppelt die Größe.

-sX#   verändert die Größe eines spezifischen Plotsymbols. Statt X wird das Plotsymbol, statt # die prozentuale Größenveränderung eingetragen. „−sp200" verdoppelt die Größe des Plotsymbols „Plus".

Der wichtigste Unterschied zum Ausdruck unter Windows/Macintosh besteht darin, das „gphdot" und „gphpen" die Grafik nicht ausdrucken, sondern eine Druckdatei der Grafik erstellen, die dann mit dem UNIX/Linux Druckbefehl „lp" bzw. „lpr" ausgedruckt werden kann. Dabei muss angegeben werden, welches Format die Druckdatei haben soll. Dies geschieht mit der Option „−dX", wobei X durch den Namen einer Druckerbeschreibungsdatei ersetzt wird. Am häufigsten dürfte hier *eps.pen* für *EPS*-Dateien oder *epsc.pen* für farbige *EPS*-Dateien verwendet werden[30].

Beispiel:

. graph miete wohnung, saving(twomiet1.gph)
. gphpen -deps -n -t22 twomiet1

erzeugt aus der Datei *twomiet1.gph* die Datei *twomiet2.eps* im *EPS*-Format. Diese kann dann wie üblich ausgedruckt oder weiterbearbeitet werden.

---

[30]Ein vollständige Liste der Druckerbeschreibungsdateien findet sich in [G] „printing Unix".

Kapitel 7

Die Beschreibung von Verteilungen

Um die Beispiele in diesem Kapitel nachvollziehen zu können, laden Sie bitte unseren Beispieldatensatz[1]:

. use data1, clear

Bisher haben wir uns mit den Grundlagen von Stata beschäftigt. Datenanalyse war dabei nur Nebensache. Die Auswahl der vorgestellten Befehle erfolgte, um Ihnen die grundlegenden Regeln für die Arbeit mit Stata an die Hand zu geben. In den folgenden Kapiteln wollen wir Ihnen zeigen, wie man mit Stata Daten analysiert.

Wir beginnen mit der Beschreibung von Verteilungen, wobei wir zur reinen Beschreibung von Verteilungen auch Techniken für den Vergleich von Verteilungen vorstellen.

Ein Beispiel für die Beschreibung einer Verteilung ist die Präsentation der Ergebnisse politischer Wahlen im Fernsehen. Stellen Sie sich vor, Sie betrachten die Stimmenanteile verschiedener Parteien und erfahren, welche Partei den größten Stimmenanteil gewonnen hat. Die Beschreibung einer Verteilung ist vor allem dann interessant, wenn man weiß, was bei einer bestimmten Verteilung *viel* und was *wenig* ist. Bei der Stimmenverteilung wissen Sie vorab, dass es darauf ankommt, die meisten Stimmen zu gewinnen. Ob das Ergebnis der kleineren Parteien für diese ein gutes oder schlechtes Ergebnis darstellt, können Sie jedoch nur im Vergleich zu anderen Verteilungen feststellen, zum Beispiel den Ergebnissen der vorherigen Wahl.

Vergleiche von Verteilungen sind oftmals unerlässlich, wenn Sie aus Zahlen interessante Informationen machen wollen. Nehmen Sie einmal an, in Baden-

---

[1]Bitte achten Sie darauf, dass Ihr Arbeitsverzeichnis *c:/kkstata* ist. Näheres hierzu auf Seite 11.

Württemberg betrage der Anteil der Haushalte, die in einem Einfamilienhaus leben, 28 Prozent. Was fangen Sie mit einer solchen Information an? Wir würden als erstes versuchen, uns ein Bild darüber zu machen, ob dies im Vergleich zu anderen Bundesländern ein niedriger oder hoher Wert ist. Darum fragen wir uns, wie hoch dieser Anteil in anderen Flächenländern wie z.B. Bayern oder Niedersachsen ist. Dann können wir die Ziffern untereinander vergleichen und wenigstens beurteilen, ob 28 Prozent *vergleichsweise* viel oder wenig sind.

In unserem Datensatz finden Sie die Variable Parteiidentifikation (*np9402*). Diese können Sie sich mit

```
. list np9402
```

anzeigen lassen[2]. Wie bereits in Kapitel 1 deutlich gemacht wurde, ist die Auflistung aller Werte in den meisten Fällen wenig hilfreich. Wir wollen dies hier deshalb etwas systematischer angehen.

In einem Datensatz mit n gültigen Beobachtungen, hat die Variable X die Werte $x_i, i = 1, \ldots, n$. Unser Beispieldatensatz (*data1.dta*) enthält $n = 3340$ Beobachtungen. Wählt man für X z.B. die Parteiidentifikation aus, so werden die Werte $x_1, \ldots, x_{3340}$ durch den Befehl „list" angezeigt.

Um zu einer übersichtlicheren Darstellung zu gelangen, ist es sinnvoll, X nach den vorkommenden unterschiedlichen Zahlenwerten zu durchsuchen. Diese werden auch als *Ausprägungen* a_j bezeichnet[3], wobei j eine fortlaufende Nummer von der niedrigsten bis zur höchsten Ausprägung darstellt ($j = 1, \ldots, k$). Die Anzahl der Ausprägungen a_j einer Variable ist in der Regel um ein Vielfaches niedriger als die Zahl der Beobachtungen x_i. Über die Anzahl der Ausprägungen einer Variable informiert Sie der Befehl „inspect":

```
. inspect np9402
```

```
np9402:  PI-Partei                         Number of Observations
-----------------                                          Non-
                                     Total    Integers    Integers
|  #                    Negative       -          -          -
|  #                    Zero           -          -          -
|  #                    Positive     1375       1375         -
|  #                                 -----      -----      -----
|  #                    Total        1375       1375         -
|  #  .  .  .  .        Missing      1965
+-----------------                   -----
1                 8                  3340
   (8 unique values)

     np9402 is labeled and all values are documented in the label.
```

---
[2]Und denken Sie daran, dass Sie eine Auflistung mit **Strg+Pause** beenden können (vgl. Seite 15).
[3]Die Notation der Formeln orientiert sich an Fahrmeir et al. (1997).

7.1 Variablen mit wenig Ausprägungen

Die Parteiidentifikation hat $k = 8$ Ausprägungen („8 unique values"). Alle Ausprägungen sind positive ganze Zahlen („Integers") zwischen 1 und 8. Insgesamt haben aber nur 1375 Befragte eine dieser Ausprägungen. Die übrigen 1965 Befragten weisen eine neunte Ausprägung auf: den fehlenden Wert („Missing")[4].

Zur Beschreibung von Verteilungen gibt es viele Möglichkeiten. Welche davon genutzt wird, beantwortet sich in erster Linie anhand der Anzahl der Ausprägungen einer Variable. Variablen mit wenig Ausprägungen werden meistens durch Tabellen dargestellt. Daneben stehen auch einige grafische Techniken zur Verfügung. Die Beschreibung von Variablen mit vielen Ausprägungen ist etwas schwieriger. Häufig werden zusammenfassende Maßzahlen verwendet, vorteilhafter sind aber grafische Darstellungen.

Im Folgenden werden wir zunächst Variablen mit wenig Ausprägungen behandeln, anschließend Variablen mit vielen Ausprägungen. Dabei wollen wir die Grenze zwischen viel und wenig bei etwa sechs bis zehn Ausprägungen ziehen. Allerdings sollten Sie diese Angabe nicht zu rigoros verstehen. Für die grafischen Techniken kann die Grenze weiter gezogen werden als für tabellarische Darstellungen. Im Einzelfall ist es auch möglich, dass eine Technik für eine Variable mit vielen Ausprägungen eine gute Darstellung einer Variable mit wenig Ausprägungen liefert und umgekehrt. Entscheidend für die Wahl der Darstellungstechnik ist, dass sich die wesentlichen Aspekte einer Verteilung erkennen lassen. Man sollte darum immer mehrere Darstellungsformen ausprobieren.

7.1 Variablen mit wenig Ausprägungen

7.1.1 Tabellarische Darstellungen

Häufigkeitstabellen

Die geläufigste Darstellung von Verteilungen mit wenig Ausprägungen ist die *Häufigkeitstabelle*. Eine Häufigkeitstabelle ist eine Aufstellung der absoluten und relativen Häufigkeiten aller vorkommenden Ausprägungen a_j. Die absolute Häufigkeit h_j entspricht der Anzahl von Beobachtungen mit der Ausprägung a_j. Die relativen Häufigkeiten f_j drücken die absoluten Häufigkeiten in Relation zur Stichprobengröße aus:

$$f_j = \frac{h_j}{n} \qquad (7.1)$$

---

[4]Weitere Informationen zu *Missings* finden Sie in Abschnitt 5.2.3 auf Seite 93 sowie auf den Seiten 20 und 324.

In Stata werden Häufigkeitstabellen durch den Befehl „tabulate", abgekürzt „tab", berechnet. An den Befehl wird der Name der Variable angehängt, dessen Verteilung betrachtet werden soll. Die Eingabe von:

. tabulate np9402

zeigt die Häufigkeitstabelle der Variable *np9402*, der Parteiidentifikation:

```
    PI-Partei|      Freq.      Percent         Cum.
-------------+-----------------------------------
         SPD |       586        42.62         42.62
         CDU |       425        30.91         73.53
         CSU |        96         6.98         80.51
         FDP |        35         2.55         83.05
       B90/Gr|       127         9.24         92.29
         PDS |        68         4.95         97.24
         REP |        28         2.04         99.27
      Andere |        10         0.73        100.00
-------------+-----------------------------------
       Total |      1375       100.00
```

In der ersten Spalte dieser Tabelle finden Sie die verschiedenen Ausprägungen a_j der Parteiidentifikation. In der zweiten Spalte werden die absoluten Häufigkeiten h_j wiedergegeben, daneben die relativen Häufigkeiten in Prozent ($f_j \times 100$). Die letzte Spalte enthält die kumulierten relativen Häufigkeiten F_j; sie sind an dieser Stelle ohne Belang.

Lassen Sie uns zur Interpretation der Tabelle für einen Augenblick annehmen, es handele sich bei der Antwort auf die Frage nach der Parteiidentifikation um *Stimmen* bei der *Wahl* eines *Befragtenparlaments*. Für die SPD wurden 586 Stimmen abgegeben. Dies entspricht einem *Stimmenanteil* von $f_j = \frac{586}{1375} =$ 42.62 Prozent. SPD und Grüne zusammen haben $586 + 127 = 713$ Stimmen erhalten (rund 52%). CDU, CSU und FDP bringen es dagegen nur auf $425 + 96 + 35 = 556$ Stimmen (rund 40%). In Prozenten ausgedrückt beträgt das Verhältnis der beiden Lager zueinander 52 zu 40.

Wenn Sie das Ergebnis des „tabulate"-Befehls genauer betrachten, werden Sie feststellen, dass die Tabelle nur 1375 statt der insgesamt 3340 Fälle enthält. Dies liegt daran, dass mit „tabulate" lediglich die Fälle mit gültigen Werten angesprochen werden. Gültige Werte haben diejenigen Befragten, welche die Frage nach der Parteiidentifikation beantwortet haben[5].

Durch Angabe der Option „missing" berechnet „tabulate" die Prozentanteile unter Einschluss der fehlenden Werte.

. tabulate np9402, missing

In den nachfolgenden Darstellungen werden wir auf die Ausweisung der Personen ohne Angaben – also die Ausweisung des fehlenden Wertes – verzichten. In einigen Darstellungsformen können Sie den fehlenden Wert durch die Option „missing" einschließen. Ist dies nicht möglich, können Sie dem fehlenden

---
[5]Zum allgemeinen Umgang mit fehlenden Werten siehe Seite 324.

7.1 Variablen mit wenig Ausprägungen

Wert einen numerischen Wert zuweisen, der dann ausgewiesen werden kann. Bitte lesen Sie hierzu Abschnitt 5.2.3 auf Seite 93.

Mehr als eine Häufigkeitstabelle

Wenn Sie mehr als eine Häufigkeitstabelle mit einem Befehl anfordern wollen, müssen Sie den Befehl „tab1" verwenden[6]. Mit diesem Befehl bekommen Sie beliebig viele eindimensionale Häufigkeitstabellen einer Variablenliste ausgegeben.

Beispiel:

. tab1 np9402

. tab1 np9402 sex

. tab1 np94*, mis

. tab1 sex - est

Vergleich von Verteilungen

Wie oben ausgeführt ist die Betrachtung einer einzelnen Verteilung meist unbefriedigend. In der Regel ist man am Vergleich einer bestimmten Verteilung zu unterschiedlichen Zeitpunkten oder in unterschiedlichen Gruppen interessiert. Es ist daher naheliegend, die Ausgabe der Häufigkeitstabellen durch das Präfix „by" für entsprechende Teilgruppen getrennt durchzuführen. Durch

. sort sex

. by sex: tabulate np9402

können Sie die Verteilung der Parteiidentifikation der männlichen mit derjenigen der weiblichen „Stimmberechtigten" vergleichen.

Anschaulicher als die Darstellung in zwei eindimensionalen Häufigkeitstabellen für Männer und Frauen ist die Verwendung einer zweidimensionalen Häufigkeitstabelle, auch Kreuztabelle oder Kontingenztabelle genannt. Allgemein bestehen zweidimensionale Häufigkeitstabellen aus der gemeinsamen Verteilung h_{ij} der Variablen X und Y. Die Variable X hat die Ausprägungen $a_1, \ldots, a_k$, die Variable Y die Ausprägungen $b_1, \ldots, b_m$. Aus den Variablen X und Y lassen sich die Merkmalskombinationen $(a_i, b_j), i = 1, \ldots, k, j = 1, \ldots, m$ bilden. Für jede einzelne dieser Merkmalskombinationen lässt sich die absolute Häufigkeit h_{ij} als die Anzahl der im Datensatz vorkommenden Fälle mit der entsprechenden Kombination ermitteln. In der Regel werden die gemeinsamen Häufigkeiten in Form einer Tabelle mit der folgenden Struktur dargestellt:

---

[6]Bei Angabe von zwei Variablen im „tabulate"-Befehl erzeugt Stata eine zweidimensionale Häufigkeitstabelle (siehe folgender Abschnitt).

$$
\begin{array}{c|ccc|c}
 & b_1 & \cdots & b_m & \\
a_1 & h_{11} & \cdots & h_{1m} & \sum_{j=1}^{m} h_{1j} \\
\vdots & \vdots & \ddots & \vdots & \vdots \\
a_k & h_{k1} & \cdots & h_{km} & \sum_{j=1}^{m} h_{kj} \\
\hline
 & \sum_{i=1}^{k} h_{i1} & \cdots & \sum_{i=1}^{k} h_{im} & n
\end{array}
$$

Zur Erzeugung einer solchen „Kontingenztafel" genügt die Angabe eines zweiten Variablennamens in der Variablenliste des „tabulate"-Befehls. Dabei bildet die erste Variable die *Zeilenvariable*, die zweite die *Spaltenvariable*. Der Befehl

```
. tabulate np9402 sex
```

ergibt die zweidimensionale Häufigkeitstabelle der Variablen Parteiidentifikation und Geschlecht. Die Tabelle enthält die absoluten Häufigkeiten der verschiedenen Kombinationen, die Zeilensummen, die Spaltensummen sowie die Gesamtsumme[7]:

	Geschlecht		
PI-Partei	Maenner	Frauen	Total
SPD	317	269	586
CDU	208	217	425
CSU	55	41	96
FDP	14	21	35
B90/Gr.	60	67	127
PDS	31	37	68
Rep	17	11	28
Sonst.	4	6	10
Total	706	669	1375

Wie Sie sehen, „wählen" aus der Teilgruppe der Männer 208 die CDU und aus der Teilgruppe der Frauen 217. Allerdings ist es wegen der unterschiedlichen Fallzahlen der beiden Teilgruppen nicht sinnvoll, die absoluten Häufigkeiten miteinander zu vergleichen. Besser eignen sich die Prozentzahlen der Verteilung in den beiden Teilgruppen. Innerhalb von Kontingenztafeln werden diese als *bedingte relative Häufigkeitsverteilungen* bezeichnet, weil die Verteilung einer Variable unter der *Bedingung* betrachtet wird, dass die andere Variable einen bestimmten Wert aufweist. Unter der Bedingung, dass $Y = b_j$ ist, ergibt sich die bedingte relative Häufigkeitsverteilung der Variable X, kurz $X|Y = b_j$, indem die einzelnen absoluten Häufigkeiten durch die Anzahl der Fälle der jeweiligen Teilgruppe $Y = b_j$ dividiert werden[8]. In Worten

---

[7]In der dritten Spalte finden sich die absoluten Häufigkeiten der Parteiidentifikation, die Sie mit dem Befehl „tabulate np9402" (Seite 138) erhalten haben, Spalte zwei zeigt die absoluten Häufigkeiten der Parteiidentifikation der beiden Teilgruppen aus den Tabellen des Befehls „by sex: tabulate np9402" (Seite 139).

[8]Der senkrechte Strich in $X|Y = b_j$ wird gelesen als „unter der Bedingung, dass".

7.1 Variablen mit wenig Ausprägungen

ausgedrückt: Unter der Bedingung, dass das Geschlecht = Männer ist, ergibt sich die bedingte relative Häufigkeitsverteilung der Parteiidentifikation, indem die Anzahl der männlichen Anhänger jeder Partei durch die Anzahl der Männer insgesamt dividiert wird.

Die bedingte Häufigkeitsverteilung der Parteiidentifikation für die beiden Geschlechter kann mit Stata durch die Option „column" des „tabulate"-Befehls angefordert werden. Die Option heißt „column", da bei $X|Y = b_j$ die Verteilung von X getrennt für jede Ausprägung der Spaltenvariable betrachtet wird („Spaltenprozente")[9]:

```
. tabulate np9402 sex, column nofreq
```

	Geschlecht		
PI-Partei	Maenner	Frauen	Total
SPD	44.90	40.21	42.62
CDU	29.46	32.44	30.91
CSU	7.79	6.13	6.98
FDP	1.98	3.14	2.55
B90/Gr.	8.50	10.01	9.24
PDS	4.39	5.53	4.95
Rep	2.41	1.64	2.04
Sonst.	0.57	0.90	0.73
Total	100.00	100.00	100.00

Durch diese Prozentsätze[10] lässt sich feststellen, dass die hier befragten Männer etwas häufiger als Frauen für die SPD *stimmten*, nämlich zu 45 Prozent gegenüber 40 Prozent. Umgekehrt sind Frauen häufiger als Männer für die Grünen, die CDU und die FDP.

Neben der relativen Häufigkeitsverteilung von X unter der Bedingung $Y = b_j$ können Sie sich auch den umgekehrten Fall, die relative Häufigkeitsverteilung von Y unter der Bedingung $X = a_i$, kurz $Y|X = a_i$, berechnen lassen. Sie verwenden dazu die Option „row" des „tabulate"-Befehls. Bitte beachten Sie, dass die Optionen „row", „column" und „nofreq" frei miteinander kombiniert werden können. Jeder der folgenden Befehle ist also möglich[11]:

```
. tabulate np9402 sex, row
. tabulate np9402 sex, row col
. tabulate np9402 sex, row nofreq
. tabulate np9402 sex, row col nofreq
```

[9] Die Option „nofreq" dient dazu, die Tabelle ohne die absoluten Häufigkeiten auszugeben. Wenn Sie „nofreq" weglassen, erhalten Sie die absoluten Häufigkeiten und die Spaltenprozente in einer Tabelle.

[10] Die Zahlen entsprechen den Prozentsätzen der auf Seite 139 mit „by sex: tabulate np9402" erstellten Tabellen.

[11] Sollten Sie am Anteil der einzelnen Ausprägungskombinationen in Relation zu allen abgegebenen Stimmen interessiert sein, verwenden Sie die Option „cell". Also zum Beispiel mit „tabulate np9402 sex, cell".

Zusammenfassende Maßzahlen

Zum Vergleich der Verteilungen von Variablen mit wenigen Ausprägungen stehen Ihnen einige Maßzahlen zur Verfügung, die Sie mit der Angabe zusätzlicher Optionen des „tabulate" Befehls anfordern. Konkret handelt es sich dabei um[12]

chi2	für Pearson-Chi-Quadrat (Andreß et al. 1997:38),
gamma	für Goodman und Kruskal's Gamma (Agresti 1984:159–161),
exact	Fisher's exakter Test (Fisher 1935),
lrchi2	für den *Likelihood-Ratio*-Chi-Quadrat (Andreß et al. 1997:38),
taub	für Kendall's Tau-b (Agresti 1984:161-163) und
v	für Cramer's V (Agresti 1984:23-24).

Mehr als eine Kontingenztabelle

Die Variablenliste von Kontingenztabellen kann maximal zwei Variablen enthalten. Die Angabe einer dritten Variable führt zu einer Fehlermeldung. Es gibt zwei Gründe, warum man versucht sein könnte, mehr als zwei Variablen in der Variablenliste von „tabulate" anzugeben. Erstens die Erzeugung einer dreidimensionalen Häufigkeitstabelle[13], zweitens die Erzeugung von mehr als einer Kontingenztabelle mit einem Befehl. In letzterem Fall hilft Ihnen der Befehl „tab2". Mit „tab2" werden zweidimensionale Kontingenztabellen für alle möglichen Kombinationen der angegebenen Variablenliste erstellt.

Beispiel: Der Befehl

```
. tab2 np9401 np9402 np9403 sex
```

ist gleichbedeutend mit folgenden „tabulate"-Befehlen

```
. tabulate np9401 np9402
. tabulate np9401 np9403
. tabulate np9401 sex
. tabulate np9402 np9403
. tabulate np9402 sex
. tabulate np9403 sex
```

Wenn Sie nur an den Tabellen der drei Parteiidentifikations-Variablen mit dem Geschlecht interessiert sind, nicht aber an den Tabellen der Parteiidentifikations-Variablen untereinander, empfehlen wir die Verwendung des Befehlspräfixes „for" (Abschnitt 3.9.2 auf Seite 71).

---

[12]Eine ausführliche Darstellung der Maßzahlen finden Sie in der oben angeführten Literatur. Die Formeln finden Sie darüber hinaus in [R] „tabulate".

[13]Dreidimensionale Häufigkeitstabellen erstellen Sie durch die Verwendung des Präfixes „by" (Abschnitt 3.9.1 auf Seite 69) oder mit Hilfe des Befehls „tables", wie wir ihn in Abschnitt 7.2.2.3 auf Seite 154 verwenden.

7.1.2 Grafische Verfahren

Bei der Darstellung von Variablen mit wenigen Ausprägungen spielen grafische Verfahren eine untergeordnete Rolle. Dies liegt daran, dass diese Variablen sehr gut durch Tabellen beschrieben werden können. Bei der Präsentation von Daten in Veröffentlichungen werden dennoch oft Grafiken verwendet. Sehr oft handelt es sich dann um Balken- oder Kuchendiagramme. Diese Darstellungsformen stehen auch dem Stata-Benutzer zur Verfügung, allerdings in einer vergleichsweise simplen Variante. Balken- und Kuchendiagramme lassen sich zur Beschreibung einer Verteilung oder zum Vergleich mehrerer Verteilungen verwenden.

Balkendiagramme

Bei den im Rahmen dieses Kapitels besprochenen Grafiken werden wir jeweils eine möglichst einfache optische Gestaltung verwenden. Über Möglichkeiten zur weitergehenden Gestaltung von Grafiken informiert Sie Kapitel 6.

Balkendiagramme werden zur Darstellung von Kennzahlen einer oder mehrerer Verteilungen verwendet. Dabei wird für jede Verteilung ein Balken in der Höhe der Kennzahl gezeichnet. Als Kennzahlen können in Stata das arithmetische Mittel oder die Summe einer Variable eingesetzt werden. Voreingestellt ist die Summe.

In Stata werden Balkendiagramme mit dem Befehl „graph" und der Option „bar" erzeugt. Nehmen Sie einmal an, Sie möchten die Verteilung der Parteiidentifikation grafisch mit einem Balkendiagramm darstellen. Naheliegend erscheint dann die Eingabe des folgenden Befehls:

```
. graph np9402, bar
```

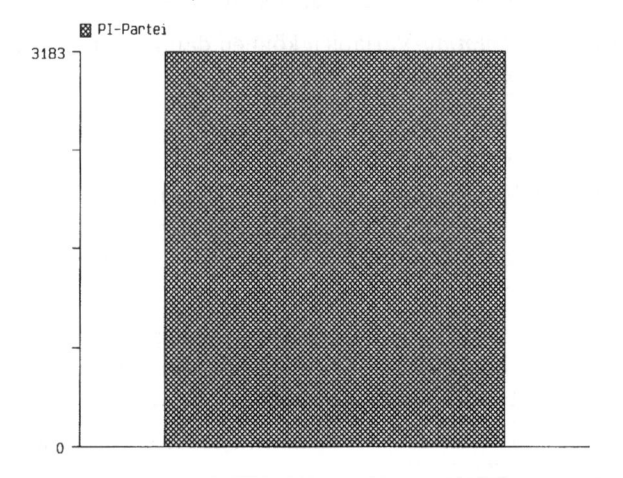

Dieses Ergebnis ist vermutlich unerwünscht. Dargestellt wird hier die *Summe* der Variable *np9402*, d.h. die Werte der Variable werden über alle Fälle aufaddiert. Diese Addition ergibt den Wert 3183, der dann die Höhe des Balkens bestimmt. Natürlich ist diese Zahl ziemlich nutzlos, und selbst wenn Sie inhaltlich bedeutend wäre, ihre grafische Darstellung bliebe pure Platzverschwendung.

Was man sich eigentlich erhofft, sind mehrere Balken, wobei die Höhe jedes Balkens der Häufigkeit einer Kategorie entspricht. Dazu muss man so genannte *Dummy*-Variablen erzeugen. Dies sind Variablen, die lediglich die Werte 0 und 1 aufweisen. Für jede einzelne Ausprägung wird dann eine Variable in das Balkendiagramm aufgenommen. Mit dem Befehl[14]

```
. generate pid_1 = np9402==1 if np9402~=.
```

erzeugen Sie z.B. die *Dummy*-Variable *pid_1*. Sie weist den Wert 1 auf, wenn ein Befragter die SPD favorisiert und für alle anderen Befragten den Wert 0. Die Summe dieser *Dummy*-Variable entspricht der Anzahl der Personen, welche die SPD favorisieren. Die Darstellung dieser Variable mit einem Balkendiagramm ergibt dann einen Balken in Höhe der Häufigkeit der SPD-Anhänger.

Um auch für die Häufigkeiten der Anhänger der übrigen Parteien Balken zu erhalten, müssen entsprechende *Dummy*-Variablen gebildet werden:

```
. generate pid_2 = np9402==2 if np9402~=.
. generate pid_3 = np9402==3 if np9402~=.
. usw.
```

oder, in einem Schritt, durch

```
. tabulate np9402, gen(pid_)
```

(Sie müssen die zuvor evt. erzeugten Variablen *pid_1*, *pid_2* usw. löschen, wenn Sie den letztgenannten Befehl eingeben wollen[15].)

Die eben erzeugten *Dummy*-Variablen können dann für das Balkendiagramm verwendet werden, z.B. durch:

```
. graph pid_1-pid_6, bar
```

Bei dieser Darstellung wird für jede der zu Grunde liegenden *Dummy*-Variablen ein Balken in der Höhe der Anzahl der Fälle mit dem Wert 1 gezeichnet. Dies entspricht der absoluten Häufigkeitsverteilung der zu Grunde liegenden Variable *np9402* (Parteiidentifikation), wobei die Angaben für *Republikaner* und *Sonstige* fehlen[16].

Wenn Sie statt der absoluten Häufigkeitsverteilung die relative Häufigkeitsverteilung darstellen wollen, können Sie sich eines kleinen Tricks bedienen: Sie verwenden zusätzlich die Option „mean".

---

[14] Die hier verwendete Konstruktion wird auf Seite 80 genauer beschrieben.
[15] Zum Beispiel mit „drop pid_*".
[16] Sie können maximal sechs *Dummy*-Variablen in das Balkendiagramm aufnehmen.

7.1 Variablen mit wenig Ausprägungen

```
. graph pid_1-pid_6, bar mean
```

Dies ist möglich, da der Mittelwert einer Variable, die lediglich die Werte 0 und 1 aufweist, der relativen Häufigkeit der mit 1 bezeichneten Kategorie entspricht.

Sollen die Verteilungen mehrerer Variablen miteinander verglichen werden, kann die Option „by()" verwendet werden. Innerhalb der Klammer von „by()" wird diejenige Variable angegeben, für deren Subgruppen die Verteilung der dargestellten Variable verglichen werden soll.

Beispiel: Der Befehl

```
. sort sex
. graph pid_1-pid_6, bar by(sex) mean
```

zeigt die relativen Häufigkeiten der Parteiidentifikation für Männer und Frauen getrennt. Dies entspricht den Spaltenprozenten in der Tabelle auf Seite 141.

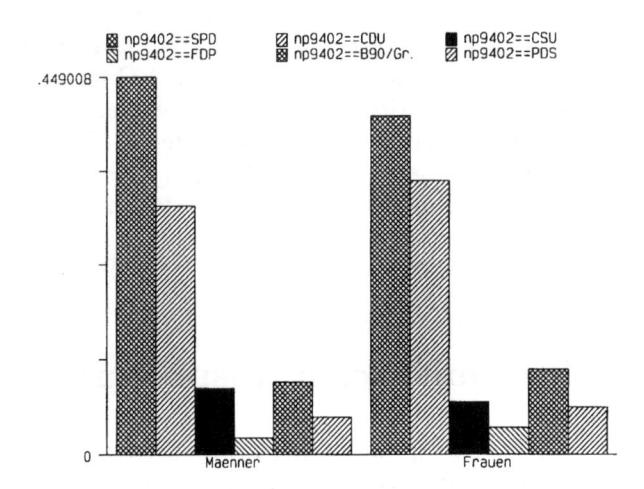

Neben den Balkendiagrammen können auch Histogramme (Option „hist" zum Befehl „graph") zur Darstellung der Verteilung von Variablen mit wenig Ausprägungen verwendet werden. Generell sind Histogramme grafische Darstellungen von Verteilungen, bei der jeweils aufeinander folgende Ausprägungen einer Variable zu einigen wenigen Ausprägungen zusammengefasst werden. Für kategoriale Variablen lassen sich Histogramme dann verwenden, wenn die Zusammenfassung von aufeinander folgenden Ausprägungen vermieden wird. Dies ist mit dem Befehl „hist" möglich:

```
. hist np9402
```

„hist" ist ein so genannter *Wrapper* (Abschnitt 6.2 auf Seite 129) eines „graph, hist"-Kommandos, der dafür sorgt, dass die Zusammenfassung der

Ausprägungen unterdrückt wird und die *Tick-Lines* an geeigneter Stelle plaziert werden. Alle übrigen Merkmale sind identisch mit dem normalen „graph, hist"-Befehl, den wir in Abschnitt 7.2.3.2 auf Seite 160 ausführlicher beschreiben.

Kuchendiagramme

Häufig werden Kuchendiagramme zur Darstellung univariater Verteilungen kategorialer Variablen genutzt. Bei dieser Darstellungsform werden Kreissegmente gezeichnet, deren Größe proprotional zur Häufigkeit der Kategorien ist.

Kuchendiagramme sind in Stata ähnlich wie Balkendiagramme implementiert. Wie bei Balkendiagrammen müssen zunächst *Dummy*-Variablen erzeugt werden. Sie können auch hier mit der Option „by()" Kuchendiagramme für unterschiedliche Teilgruppen anfordern.

Allgemein gilt die Darstellung von Verteilungen in Form von Kuchendiagrammen als ungünstig. Das Problem besteht darin, dass die menschliche Wahrnehmung bei der Beurteilung von Winkeln und Größen vor ungleich schwierigere Aufgaben gestellt wird als bei der Beurteilung von Längen oder Positionen entlang einer gemeinsamen Achse. Wir teilen die an Kuchendiagrammen geäußerte Kritik (Cleveland 1994: 262-264, Schnell 1994: 5-6) und verzichten auf eine ausführliche Darstellung zugunsten eines einzelnen Anwendungsbeispiels:

```
. graph pid_*, pie by(sex)
```

7.2 Variablen mit vielen Ausprägungen

Zur Betrachtung der Verteilung von Variablen mit vielen Ausprägungen werden *Tabellen*, *Maßzahlen* oder *Grafiken* verwendet. Bei der Darstellung in tabellarischer Form müssen Sie die Variablen jedoch zuvor gruppieren. Was Sie bei der Gruppierung von Ausprägungen beachten müssen, und wie Sie Ihre Daten sinnvoll gruppieren können, erläutern wir Ihnen in Abschnitt 7.2.1.

Im darauf folgenden Abschnitt (7.2.2) nennen wir die gängigsten Maßzahlen für den Vergleich von Verteilungen und zeigen Ihnen wie Sie diese Maßzahlen beim Vergleich von Verteilungen in tabellarischer Form verwenden können.

Für die Darstellung und den Vergleich der Verteilungen von Variablen mit vielen Ausprägungen sind Grafiken besonders gut geeignet. Einige Beispiele finden Sie in Abschnitt 7.2.3.

7.2.1 Häufigkeitsverteilung gruppierter Daten

Variablen mit vielen Ausprägungen können normalerweise nur schlecht in Form von Häufigkeitsverteilungen dargestellt werden. Durch

```
. tabulate eink
```

können Sie sehen warum: Die entstehenden Tabellen solcher Variablen werden zu groß und die absoluten Häufigkeiten der einzelnen Ausprägungen zu niedrig, um ihnen eine sinnvolle Information zu entnehmen. Für die tabellarische Darstellung einer solchen Verteilung muss deshalb erst eine *Gruppierung* der Merkmalsausprägungen vorgenommen werden. Gruppieren bedeutet, dass Sie mehrere Ausprägungen einer Variable zu einer einzigen zusammenfassen. Beim Einkommen könnte dies z.B. heißen, statt der Häufigkeit der einzelnen Ausprägungen die Häufigkeit z.B. der Einkommens*intervalle* [0 – 1000), [1000 – 2000), usw. zu betrachten. Dies wird im Folgenden als Häufigkeitsverteilung gruppierter Daten bezeichnet.

Die Erstellung einer Häufigkeitsverteilung gruppierter Daten erfolgt in zwei Schritten:

1. Bildung einer neuen Variable, in der die darzustellende Variable gruppiert wird.

2. Darstellung der neuen Variable entsprechend der Darstellung einer Variable mit wenig Ausprägungen.

Die Neubildung der gruppierten Variable kann durch die in Kapitel 5 vorgestellten Techniken erfolgen. Zusätzlich existieren einige spezielle Werkzeuge für diesen Zweck. Bevor wir Ihnen die Werkzeuge vorstellen, erlauben Sie uns jedoch einige Bemerkungen konzeptioneller Art.

Vorbemerkung zur Gruppierung von Variablen

Die Gruppierung einer Variable führt zu Informationsverlust und kann beim Vergleich von Verteilungen Unterschiede betonen oder verschleiern. Sie sollten sich deshalb bewusst für eine Art der Zusammenfassung entscheiden und über die Auswirkungen der Gruppierung im Klaren sein. In Lehrbüchern finden sich häufig allgemeine Regeln, wie z.B. die, stets gleich große Intervalle zu bilden, oder keine kategorialen Variablen zu gruppieren (vgl. Benninghaus 1998:102). In der Praxis sind solche Regeln nicht hilfreich. Tatsächlich hängt es von der Fragestellung einer Analyse ab, ob der Informationsverlust durch eine Gruppierung als problematisch angesehen werden muss. Geht es z.B. um die Entdeckung von Fehlern bei der Dateneingabe, genügen häufig die höchsten und niedrigsten Werte, und man kann alle mittleren Werte zu einem Intervall zusammenfassen. Geht es darum, die Verteilung des Einkommens von Arbeitslosen in Deutschland mit denen in Frankreich zu vergleichen, wird man vermutlich alle Einkommen über einem bestimmten Betrag zu einer einzigen Kategorie zusammenfassen, und niedrigere Einkommen relativ feingliedrig unterteilen. Dasselbe gilt auch für kategoriale Variablen mit vielen Ausprägungen. Die Variable Nationalität kann in einer Stichprobe der Wohnbevölkerung der BRD von hinreichender Größe schnell eine Anzahl von 20–30 Ausprägungen erreichen. Auch derartige Variablen lassen sich gruppieren, etwa indem man nur Deutsche und Nicht-Deutsche Befragte unterscheidet. Ob diese Gruppierung günstig ist oder nicht, entscheidet sich anhand der Fragestellung.

Spezielle Techniken zur Gruppierung von Variablen

Bei der Gruppierung von Variablen muss man zwischen kontinuierlichen und kategorialen Variablen unterscheiden. Während bei kategorialen Variablen (z.B. Nation) die Reihenfolge der Ausprägungen keine inhaltliche Bedeutung aufweist, ist dies bei kontinuierlichen Variablen (z.B. Einkommen) der Fall. Bei kategorialen Variablen bleibt einem darum nichts anderes übrig, als für jede Ausprägung getrennt zu entscheiden, ob sie mit einer anderen Ausprägung zusammengefasst werden kann oder nicht. Die Zusammenfassung erfolgt dann mit den Techniken, die in Kapitel 5 beschrieben wurden.

Bei kontinuierlichen Variablen kann man dagegen ganze Bereiche aufeinander folgender Ausprägungen gemeinsam ansprechen. Dafür stehen ebenfalls eine Reihe spezieller Techniken zur Verfügung.

Gruppierung an den Quantilen

Wenn eine Verteilung zu k Gruppen mit jeweils ungefähr gleich vielen Beobachtungen zusammengefasst werden soll, geschieht dies durch die Gruppierung einer Variable entlang spezifischer *Quantile*[17]. Hierzu werden die Befehle „pctile" und „xtile" verwendet. Mit „pctile" wird eine Variable erzeugt, welche die Werte ausgewählter Quantile der zu gruppierenden Variable enthält. Der Befehl

```
. pctile quant = eink, nquantiles(4)
```

erzeugt die Variable *quant*. Die Variable *quant* enthält lediglich *drei Werte*, durch die das Einkommen in $k = 4$ Gruppen mit gleich vielen Beobachtungen (die *Quartile*) unterteilt wird. Hier sind dies die Werte 695, 2253.5 und 4184, d.h. Sie wissen nun, dass ein Viertel aller Befragten ein Einkommen unter oder gleich 695 DM hat, ein weiters Viertel der Befragten liegt zwischen 695 und 2253.5 DM, ein weiteres Viertel zwischen 2253.5 DM und 4184 DM und das letzte Viertel hat ein Einkommen von mehr als 4184 DM. Mit der Option „nquantiles(10)" enthielte die Variable *quant* diejenigen Werte, welche das Einkommen in $k = 10$ gleich große Gruppen unterteilt (die *Dezile*).

---

[17]Vgl. Abschnitt 7.2.2.2 auf Seite 153.

7.2 Variablen mit vielen Ausprägungen

Mit „xtile" können Sie eine neue gruppierte Variable erzeugen, indem eine vorhandene Variable entlang der Werte einer dritten Variable in Gruppen aufgeteilt wird. Für unser Beispiel heißt das, Sie bilden eine neue gruppierte Einkommensvariable, wobei alle Personen, die mit ihrem Einkommen unterhalb der ersten Quantilgrenzen liegen, den gleichen Wert zugewiesen bekommen usw. Der Befehl

```
. xtile eink_4 = eink, cutpoints(quant)
```

erzeugt die gruppierte Einkommensvariable *eink_4*, bei der die Werte der Variable Einkommen (*eink*) entlang der Werte der zuvor gebildeten Variable *quant* gruppiert wird. Da die Variable *quant* die Quartile enthält, entsteht eine Gruppierung entlang der Quartile. Die erste Ausprägung der neuen Variable umfasst das Intervall vom kleinsten Wert bis zum 1. Quartil, die zweite Ausprägung umfasst das Intervall vom 1. Quartil bis zum 2. Quartil, usw.[18].

Die so gruppierten Daten können Sie danach wie eine Häufigkeitsverteilung einer Variable mit wenig Ausprägungen darstellen, z.B. mit[19]:

```
. tabulate eink_4
```

Gruppierung in Intervalle mit gleicher Klassenbreite

Bei der eben vorgestellten Gruppierung entlang der Quartile sollte die neu gebildete Variable annähernd gleich viele Beobachtungen in jeder Kategorie enthalten. Dabei entstehen Intervalle unterschiedlicher Breiten, d.h. die Differenz zwischen der Klassenobergrenze eines Intervalls c_j und der Klassenobergrenze des darunterliegenden Intervalls c_{j-1} ist in jedem entstehenden Intervall unterschiedlich[20].

Anstatt die Gruppierung an gleichen Gruppengrößen zu orientieren, könnten Sie auch an etwa gleichen Intervallbreiten interessiert sein. So ließen sich z.B. die Einkommensvariablen so gruppieren, dass alle Personen mit 0 − 1000 DM Einkommen das erste Intervall, alle Personen mit 1001 − 2000 DM das zweite Intervall bilden; für alle übrigen Intervalle würden dann entsprechend Intervalle der Breite 1000 DM gebildet, bis der höchste Wert des Einkommens überschritten ist.

Allgemein formuliert handelt es sich um eine Gruppierung, bei der der Wertebereich einer Variable in k Gruppen mit gleicher Klassenbreite $d_j = c_j - c_{j-1}$

---

[18] Im vorliegenden Fall entspricht „xtile" den Kommandos:
. generate eink_4a = .
. replace eink_4a = 1 if eink <= 695
. replace eink_4a = 2 if eink > 695 & eink <= 2253.5
. usw.

[19] Die Anzahl der Beobachtungen in den entstehenden Gruppen ist nicht immer exakt identisch, da die Ausprägungen der Originalvariable immer vollständig einer der Kategorien der entstehenden Variablen zugeschlagen werden.

[20] Im Beispiel oben ist diese Differenz für das este Intervall 695 − 0 = 695 DM , für das zweite Intervall 2253.5 − 695 = 1558.5 DM, und für das dritte Intervall 4184 − 2253.5 = 1930.5 DM.

unterteilt wird. Technisch lässt sich dies mit der Funktion „recode()" erreichen[21].

Zur Gruppierung der Einkommensvariable in Kategorien mit gleichen Intervallbreiten wenden Sie die „recode()"-Funktion wie folgt an:

. gen eink_g1 = recode(eink,1000,2000,3000,4000,5000,6000,25000)

Hierbei wird die neue Variable *eink_g1* erzeugt, welche für alle Beobachtungen mit einem Einkommen unter 1000 DM (genauer: zwischen 0 und 1000) den Wert 1000, für alle Fälle mit einem Einkommen zwischen 1001 und 2000 den Wert 2000 usw. enthält. Beobachtungen mit einem Einkommen über 6000 DM erhalten den Wert 25000 DM, das höchste Einkommen aller Befragten. Diese Beobachtungen haben ein Einkommen zwischen 6001 und 25000 DM.

Die Häufigkeitsverteilung dieser gruppierten Einkommensvariable lässt sich danach durch

. tab eink_g1

anzeigen.

Die allgemeine Syntax der „recode()"-Funktion ist:

recode($exp,x_1,x_2,\ldots,x_k$),

wobei für *exp*, ein Stata-Ausdruck[22] eingesetzt wird und für x_1, x_2, ..., x_k beliebige Zahlen in aufsteigender Reihenfolge. Die Funktion gibt den Wert x_1 wieder, wenn $exp <= x_1$ ist, x_2, wenn $exp \leq x_2$ ist usw., und x_k wenn $exp > x_1, x_2,\ldots,x_{k-1}$. Für den Ausdruck *exp* kann jeder Stata-Ausdruck (Seite 58) eingesetzt werden. Bitte studieren Sie die Wirkungsweise der Funktion indem Sie einige konkrete Werte einsetzten:

. display recode(1000,1,2,3)
. display recode(1000,800,1200,3000)
. display recode(ln(734),5,6,7,8)

Und natürlich können für *exp* auch Variablen verwendet werden. Diese Möglichkeit wurde oben bei der Bildung der Variable *eink_g1* genutzt.

Wenn Sie die Intervallgrenzen nicht selbst festlegen wollen, sondern den Wertebereich Ihrer Variable in eine bestimmte Anzahl gleich breiter Intervalle erzeugen möchten, können Sie die Funktion „autocode()" verwenden:

autocode(exp,k,min,max)

Hierdurch wird das Intervall von *min* bis *max* in *k* gleich große Intervalle unterteilt. Die Funktion gibt die Obergrenze des Intervalls an, das *exp* enthält.

---

[21] Die „recode()"-Funktion sollte nicht mit dem „recode"-Befehl aus Abschnitt 5.2.1 auf Seite 91 verwechselt werden. Denken Sie daran: Funktionen sind allgemeine Bestandteile von Stata-Befehlen. Sie können die „recode()"-Funktion also überall einsetzen, wo ein Ausdruck oder eine Funktion zulässig ist (Kapitel 3).

[22] Vgl. Abschnitt 3.4 auf Seite 58.

7.2 Variablen mit vielen Ausprägungen

```
. gen eink_g2 = autocode(eink,13,0,25000)
```

Das Ergebnis ist eine Variable mit 13 Ausprägungen. Die Ausprägungen repräsentieren jeweils Intervalle mit gleichen Intervallbreiten, wobei durch die Intervalle der Wertebereich zwischen 0 und 25000 abgedeckt wird.

Gruppierung in Intervalle mit beliebiger Klassenbreite

Die „recode()"-Funktion kann auch dazu eingesetzt werden, Variablen in Intervalle von beliebiger Klassenbreite zu gruppieren. Geben Sie dazu einfach die gewünschten Intervallgrenzen an, z.B.

```
. gen eink_g3 = recode(eink,800,1000,1500,2500,5000,10000,25000)
. tab eink_g3
```

7.2.2 Beschreibung durch Maßzahlen

Eine häufig angewandte Methode zur Darstellung von Verteilungen sind Maßzahlen. Mit Maßzahlen können Verteilungen in komprimierter Form beschrieben werden. Allgemein werden Maßzahlen für die Lage und Maßzahlen für die Streuung unterschieden. Maßzahlen für die Lage geben an, wo der Schwerpunkt einer Verteilung liegt. Maßzahlen für die Streuung sagen etwas über den Wertebereich einer Verteilung aus. Meistens werden Verteilungen durch die Angabe mindestens eines Lagemaßes und eines Streuungsmaßes beschrieben.

7.2.2.1 Arithmetisches Mittel und Standardabweichung

Den wichtigsten Befehl zur Berechnung von Maßzahlen haben Sie bereits kennen gelernt: „summarize". Mit „summarize" werden berechnet:

- das arithmetische Mittel

$$\bar{x} = \frac{1}{n}\sum_{i=1}^{n} x_i \qquad (7.2)$$

üblicherweise als der *Durchschnitt* bezeichnet. Das arithmetische Mittel ist ein Lagemaß für metrische Merkmale.

- die Stichprobenstandardabweichung

$$s = \sqrt{\frac{1}{n-1}\sum_{i=1}^{n}(x_i - \bar{x})^2} \qquad (7.3)$$

Sie gibt in etwa die durchschnittliche Entfernung der Werte vom arithmetischen Mittel wieder[23].

---

[23] Die oben gewählte Interpretation ist nicht ganz korrekt, jedoch vertretbar.

- das Minimum x_{min}, d.h. der kleinste Wert der Variable
- das Maximum x_{max}, d.h. der größte Wert der Variable

Durch

```
. summarize eink

Variable |       Obs        Mean    Std. Dev.        Min         Max
---------+-----------------------------------------------------------
    eink |      3034    2711.907    2503.837           0       25000
```

kann man feststellen, dass das durchschnittliche Einkommen der Befragten ca. 2711.91 DM beträgt. Im Schnitt weichen die Befragten um ca. 2503.84 DM vom arithmetischen Mittelwert ab. Das niedrigste Einkommen aller Befragten beträgt 0 DM und das höchste 25000 DM.

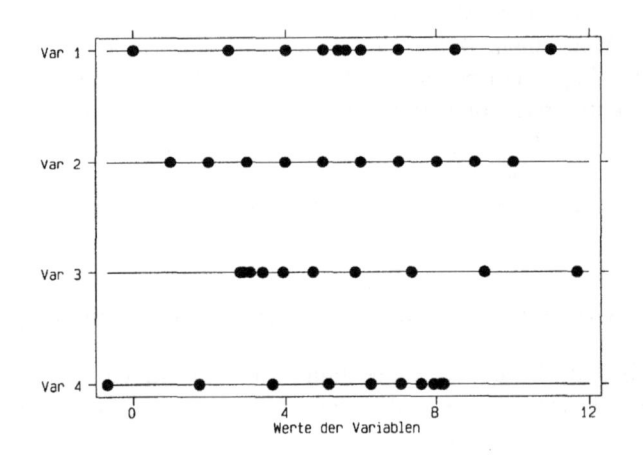

Abbildung 7.1: Verteilungen mit gleichem Mittelwert und gleicher Standardabweichung

Die Beschreibung einer Verteilung durch Mittelwert und Standardabweichung kann oft missverständlich sein. Betrachten Sie sich hierzu einmal die Daten in Abbildung 7.1[24]. Jede Zeile in dieser Grafik gibt die Werte einer Variable wieder. Die Verteilungen der vier abgetragenen Variablen sind aber sehr unterschiedlich. Im Einzelnen sehen Sie von oben nach unten eine *normalverteilte* Variable, eine *gleichverteilte* Variable, eine *rechtsschiefe* und eine *linksschiefe* Verteilung. Dennoch haben die Variablen jeweils die gleichen Mittelwerte

---

[24] Zur Erstellung der Grafik haben wir einige Tricks angewandt, die Sie in *grmeans.do* studieren können.

(5.5) und die gleichen Standardabweichungen (3.05). Nach diesem Kriterium hätten die vier Variablen demnach alle eine identische Verteilung.

Um derartige Kurzschlüsse zu vermeiden, sollten Sie weitere Kennzahlen betrachten oder grafische Darstellungen verwenden.

7.2.2.2 Quantile

Ein nützliche Ergänzung zur Standardabweichung und zum arithmetischen Mittel sind die *Quantile*. Das $p$te-Quantil ($x_{[p]}$) einer Verteilung trennt die Daten so in zwei Teile, dass $p \times 100$ Prozent der Daten unter und $1-p \times 100$ Prozent über $x_{[p]}$ liegen. Entsprechend teilt z.B. das Quantil mit $p = .5$ – der so genannte „Median" – die Daten so in zwei Teile, das 50 Prozent der Fälle unter und 50 Prozent der Fälle darüber liegen.

Die Bestimmung der Quantile erfolgt über die Position i eines Falles in der sortierten Liste einer Variable. Verwendet wird der Wert, der zuerst die Position $i > P$ mit $P = \frac{np}{100}$ hat. Gibt es einen Fall, dessen Position exakt P ist, so wird die Mitte zwischen diesem und dem Nächsten verwendet. Zur Bestimmung des 50-Prozent-Quantils bei einer Variable mit 121 gültigen Fällen würde man den Wert des 61. Falls der sortierten Liste ermitteln: ($\frac{121*50}{100} = 60.5$). Bei 120 Fällen wäre der Median die Mitte der Werte des 60. und 61. Falls in der sortierten Liste.

Für die Bestimmung der Quantile ist allein die Position in der sortierten Liste maßgeblich. Die konkreten Ausprägungen der Beobachtungen spielen für die Bestimmung der Position keine Rolle. Es ist irrelevant, ob der größte Wert einer Variable viel größer ist als die anderen Werte oder nur wenig. Aus diesem Grund sind Quantile *robust* gegen Ausreißer.

Stata berechnet eine Reihe von Quantilen, wenn „summarize" zusammen mit der Option „detail" angegeben wird:

. summarize eink, detail

Beliebige Quantile einschließlich ihrer Konfidenzintervalle können darüber hinaus mit dem dem Befehl „centile" ermittelt werden. In der Praxis sind aber vor allem die Quartile wichtig. Dies sind die Quantile mit $p = .25$ (1. *Quartil*), $p = .5$ (*Median*) und $p = .75$ (3. *Quartil*).

Aus den Quartilen lassen sich Aussagen über Schiefe und Streuung von Verteilungen gewinnen:

- Bei symmetrischen Verteilung ist das 1. und 3. Quartil ungefähr gleich weit vom Median entfernt. Liegt dagegen das 1. Quartil näher am Median als das 3. Quartil, so ist die Verteilung *rechtsschief*, im umgekehrten Fall ist sie *linksschief*.

- Die Differenz zwischen dem 3. und 1. Quartil ist der sog. *Interquartilsabstand*. Er gibt Auskunft darüber, wie groß der Wertebereich ist, den die mittleren 50 Prozent der Beobachtungen haben.

Die Quartile der Verteilungen aus Abbildung 7.1 auf Seite 152 lauten übrigens:

Variable	1. Quartil	Median	3. Quartil
Var 1	4.00	5.50	7.00
Var 2	2.98	5.50	8.02
Var 3	3.07	4.33	7.35
Var 4	3.65	6.67	7.93

Die unterschiedlichen Verteilungsformen lassen sich anhand dieser Maßzahlen gut erkennen.

7.2.2.3 Vergleich von Verteilungen mit Maßzahlen

Für den Vergleich von Verteilungen mit Maßzahlen stehen Ihnen drei Werkzeuge zur Verfügung:

- die Kombination von „summarize" mit dem Befehls-Präfix „by",
- die Option „summarize()" des „tabulate"-Befehls und
- der Befehl „table".

Das einfachste und gleichzeitig vielseitigste Werkzeug ist die Kombination von „summarize" mit „by". Mit „summarize" und „by" lassen sich alle Aufgaben der beiden anderen Werkzeuge lösen und es lassen sich einige Aufgaben lösen, die man mit den beiden anderen Werkzeugen nicht lösen kann. Eine ausführliche Beschreibung dieser Kombination finden Sie in Abschnitt 3.9.1 auf Seite 69.

Der wesentliche Vorteil der beiden zuletzt genannten Werkzeuge liegt in der übersichtlichen Darstellung der Ergebnisse.

Mit der Option „summarize" des „tabulate"-Befehls werden Mittelwerte und Standardabweichungen einer bestimmten Variable für die Ausprägungen der Variablen in der Variablenliste des Befehls angefordert. Dies lässt sich wahrscheinlich am besten durch ein Beispiel verdeutlichen. Der Befehl

. tabulate sex, summarize(eink)

ergibt eine Tabelle, bei der für die Ausprägungen des Geschlechts, die Mittelwerte und Standardabweichungen des Einkommens ausgegeben werden:

```
            |   Summary of Berufsbez. pers.
            |         Bruttoeink. 97
 Geschlecht |      Mean    Std. Dev.        Freq.
------------+-----------------------------------
    Maenner |  3358.3485   2600.7232         1455
     Frauen |  2116.2305   2253.2435         1579
------------+-----------------------------------
      Total |  2711.9067   2503.8371         3034
```

7.2 Variablen mit vielen Ausprägungen

Deutlicher werden die Vorteile des Werkzeugs, wenn die Variablenliste von „tabulate" zwei Variablen statt einer enthält. Der Befehl:

```
. tabulate bul sex, summarize(eink) nostandard nofreq
```

ergibt eine Tabelle, bei der für jede Kombination aus Geschlecht und Bundesland die Mittelwerte des Einkommens ausgegeben werden. Beachten Sie, dass wir durch die Optionen „nostandard" und „nofreq" die Ausgabe der Standardabweichungen und der Häufigkeiten unterdrückt haben:

```
              Means of Berufsbez. pers. Bruttoeink. 97
Bundesland |       Geschlecht
        97 |    Maenner     Frauen |     Total
-----------+----------------------+----------
    Berlin |  3652.1724    2844.15 | 3183.7536
  Schl.Hst |  3632.8621  1619.1111 | 2661.9464
        HH |     3929.6     1501.8 |    2715.7
snip ✂
   Sa.-Anh.|     2850.8   2165.046 | 2493.5509
    Thuer. |  3226.3077  1774.7143 | 2473.6296
   Sachsen |  2835.8125  2133.6299 | 2435.9148
-----------+----------------------+----------
     Total |  3358.3485  2117.5716 | 2712.8009
```

Der Befehl „table" ist eine Verallgemeinerung des gerade gezeigten Vorgehens. Mit „table" können nicht nur Mittelwerte, Standardabweichungen und absolute Häufigkeiten ausgegeben werden, sondern alle Maßzahlen von „summarize, detail" sowie beliebige Quantile. Außerdem können Tabellen mit bis zu sieben Dimensionen dargestellt werden.

Die Vorteile von „table" gegenüber „tabulate" mit der Option „summarize" liegen damit auf der Hand. Allerdings ist „table" langsam und hat eine vergleichsweise komplizierte Syntax.

Die Syntax von „table" besteht im Wesentlichen aus zwei Teilen: der eine spannt die Tabelle auf, der andere legt den Inhalt der Tabelle fest. Wie mit „tabulate" kann die Tabelle nur aus Zeilen

```
. table Zeilenvar
```

Zeile 1	.
Zeile 2	.

oder aus Zeilen und Spalten bestehen.

```
. table Zeilenvar Spaltenvar
```

	Spalte 1	Spalte 2
Zeile 1	.	.
Zeile 2	.	.

Darüber hinaus kann die Variablenliste um maximal eine Variable verlängert werden. Diese dritte Variable der Variablenliste definiert „Superspalten". Die Superspaltenvariable hat dieselbe Bedeutung wie das Präfix „by", nur dass die einzelnen Tabellen nebeneinander dargestellt werden. Auf diese Weise lassen sich dreidimensionale Tabellen erzeugen:

. table Zeilenvar Spaltenvar Superspaltenvar

	Superspalte 1		Superspalte 2	
	Spalte 1	Spalte 2	Spalte 1	Spalte 2
Zeile 1	.	.	.	.
Zeile 2	.	.	.	.

Schließlich können bis zu vier „Superzeilen" spezifiziert werden. Sie haben dieselbe Bedeutung wie die Superspalten, nur dass sie untereinander statt nebeneinander dargestellt werden. Superzeilen werden durch die Option „by()" angefordert:

. table Zeilenvar Spaltenvar Superspaltenvar, by(Superzeilenvarlist)

	Superspalte 1		Superspalte 2	
	Spalte 1	Spalte 2	Spalte 1	Spalte 2
Superzeile 1 :				
Zeile 1	.	.	.	.
Zeile 2	.	.	.	.
Superzeile 2 :				
Zeile 1	.	.	.	.
Zeile 2	.	.	.	.

Nach der Entscheidung, welche Tabelle aufgespannt werden soll, folgt die Entscheidung über die Werte, die innerhalb der Tabelle angezeigt werden sollen. Dazu wird die Option „contents()" verwendet. In der Klammer von „contents" wird diejenige Maßzahl angegeben, welche für die durch die Tabelle definierten Gruppen ausgegeben werden soll. Mit „contents(mean eink)" würden die Zellen der Tabelle z.B. mit dem jeweiligen durchschnittlichen Einkommen gefüllt. In „contents()" kann mehr als eine Statistik angefordert werden.

Lassen Sie uns die Funktionsweise von „table" anhand von einigen Beispielen illustrieren. Beginnen wir damit, die vorangegangenen Tabellen mit „table" zu reproduzieren. Der Vergleich des Einkommens von Männern und Frauen entsprechend dem Vorgehen auf Seite 154 würde mit „table" wie folgt aussehen:

. table sex, contents(mean eink sd eink count eink)

Das durchschnittliche Einkommen nach Geschlecht und Bundesland entsprechend der Tabelle auf Seite 155 erhält man durch

. table bul sex, contents(mean eink)

7.2 Variablen mit vielen Ausprägungen

Sie misstrauen dem Mittelwert des Einkommens und wollen lieber eine Beschreibung der Quartile? Voilà:

```
. table sex, contents(p25 eink p50 eink p75 eink)

----------+-----------------------------------
Geschlech |
t         |  p25(eink)    med(eink)    p75(eink)
----------+-----------------------------------
  Maenner |       1339         3147         4855
   Frauen |        387         1539         3356
----------+-----------------------------------
```

Ein anderes Thema: Nehmen Sie an, es geht um Mieten von Wohnungen mit unterschiedlichen Ausstattungsprofilen. Wie hoch sind z.B. die Mieten in Wohnungen mit Küche, Bad und Garten im Vergleich zu denjenigen ohne alle diese Merkmale? Durch

```
. table kuech dusch gart, contents(mean miete)
```

werden Sie feststellen, dass die Ersten im Durchschnitt monatlich 762 DM, die Zweiten 2394 DM kosten. Wenn Sie klären möchten, wie es zu diesem *seltsamen* Ergebnis kommt, sollten Sie sich als erstes die Fallzahl n ansehen, die in die Mittelwertsberechnung jeder einzelnen Kategorie eingeht. Dazu erweitern Sie die Angaben innerhalb der Zellen:

```
. table kuech dusch gart, contents(mean miete n miete)
```

Je mehr Zellen Ihre Tabelle enthält, desto eher sollten Sie darauf achten, wie viele Fälle in die Berechnung des Zellenmittelwerts eingehen. Bei kleinen Zellenbesetzungen können Ausreißer ihr Ergebnis empfindlich verändern[25].

Natürlich kann man die Ausstattungsprofile noch stärker ausdifferenzieren und natürlich können die Variablen mehr als zwei Kategorien aufweisen. Wie wäre es damit, die durchschnittlichen Mieten nach Baujahr des Hauses, der Renovierungsbedürftigkeit der Wohnung, dem Typ des Hauses und dem Wohnumfeld aufzuschlüsseln?

```
. table bauj renov, by(htyp wum) c(mean miete n miete)
```

Die Möglichkeiten des „table"-Befehls sind mit diesen Beispielen längst nicht erschöpft. Insbesondere wurde nur ein kleiner Teil der möglichen Statistiken vorgeführt. Unberücksichtigt blieben auch die Optionen zur optischen Gestaltung der Tabellen[26].

---

[25] Die 2394 DM durchschnittliche Miete ergeben sich aus den Angaben eines 1958 geborenen Mannes, der in einem Mehrfamilienhaus lebt und 289 DM Miete bezahlt und einer 1911 geborenen Frau, die in einem Mehrfamilienhaus mit mehr als 9 Mietparteien zur Untermiete lebt und dafür 4500 DM Miete bezahlt. Diese Informationen erhalten Sie mit „list miete htyp gebjahr sex hhgr wohnst if kuech==2 & gar==2 & dusch==2".

[26] Weitere Informationen zu „table" finden Sie im Stata-Handbuch unter [R] „table" sowie in der Hilfefunktion unter „help table".

Ein Nachteil von „table" ist sicherlich, dass die Tabellen mit der Anzahl der Dimensionen und Kategorien schnell sehr groß und damit oft unübersichtlich werden. Dies gilt umso mehr, wenn mehr als eine statistische Maßzahl ausgegeben werden soll. Andererseits lässt sich eine Verteilung anhand einer einzigen Maßzahl oft nicht sinnvoll beschreiben. Grafische Verfahren helfen hier weiter.

7.2.3 Grafische Verfahren

7.2.3.1 Box-Plots

In Abschnitt 7.2.2.2 auf Seite 153 wurde die Beschreibung von Verteilungen mit Hilfe von Quartilen vorgenommen. Eine mögliche grafische Darstellung der Quartile ist der *Box-and-Whisker*-Plot, kurz *Box*-Plot. *Box*-Plots werden in Stata durch die Grafikoption „box" angefordert. Hier sehen Sie ein Beispiel:

`. graph eink, box`

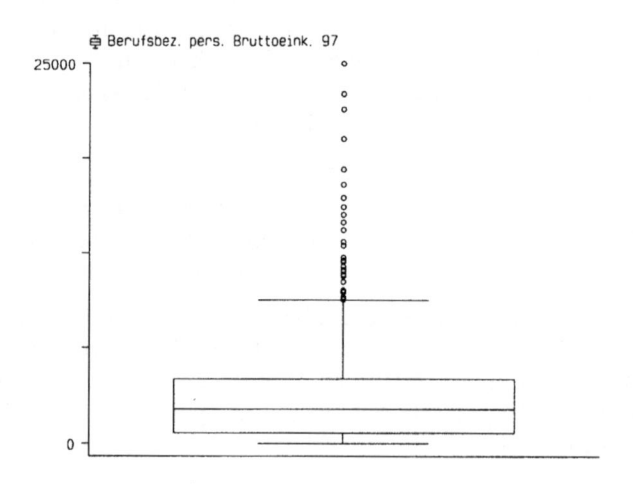

Box-Plots bestehen aus einer *Box*, daran anschließende senkrechte Linien, den *Whiskern*, die von kleinen horizontalen Linien (*Zäunen*) begrenzt werden und aus einzelnen Ausreißern. In Stata wird die *Box* durch die Quartile gebildet. Die untere Grenze der *Box* ist das 1. Quartil, die obere Grenze ist das 3. Quartil. Der Strich in der Mitte der *Box* ist der Median. Die Höhe der *Box* entspricht damit dem Quartilsabstand. Die *Whisker* reichen jeweils bis zum oberen oder unteren Zaun. Der obere Zaun ist der höchste Wert der Verteilung, der kleiner oder gleich dem 3. Quartil + dem 1.5-fachen Quartilsabstand ist. Der untere Zaun ist der niedrigste Wert, der größer oder gleich dem 1. Quartil − dem 1.5-fachen Quartilsabstand ist. Beobachtungen über

7.2 Variablen mit vielen Ausprägungen

dem oberen und unter dem unteren Zaun gelten als Ausreißer und werden einzeln geplottet.

Mit *Box*-Plots lässt sich unmittelbar eine Aussage über die Lage und die Streuung einer Verteilung machen. Darüber lässt sich die Symmetrie einer Verteilung beurteilen: *Box*-Plots bei denen der Median gleichweit vom oberen und unteren Rand der *Box* entfernt ist, und die zudem nach oben und unten gleichlange Zäune aufweisen, sind symmetrisch. Je mehr sich die *Box* nach unten verlagert, desto rechtsschiefer, je mehr sie sich nach oben verlagert, desto linksschiefer die Verteilung. Die Verteilung des Einkommens ist demnach rechtsschief.

Box-Plots eignen sich hervorragend zum Vergleich von Verteilungen. Hierzu wird die Option „by()" verwendet. Wenn Sie die Einkommensverteilungen in den einzelnen Bundesländern (*bul*) vergleichen wollen, fügen Sie die entsprechende Option an. Durch

```
. sort bul
. graph eink, box by(bul)
```

können Sie z.B. die Einkommensverteilung von Befragten aus unterschiedlichen Bundesländern miteinander vergleichen:

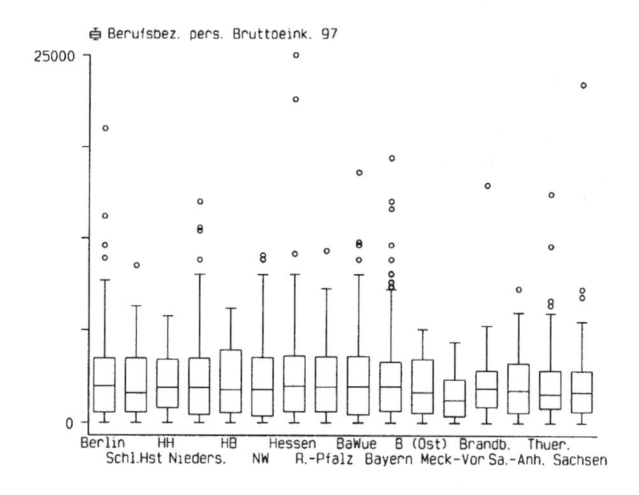

Bei kleinen Fallzahlen oder bei Variablen mit relativ wenig Ausprägungen besteht die Gefahr, dass die wenigen den *Box*-Plots zu Grunde liegenden Maßzahlen wichtige Eigenschaften der Verteilung verdecken[27]. In diesem Fall ist es hilfreich, *Box*-Plots mit einem Streifenplot zu kombinieren. Bei einem

---

[27] Die Option „vwidth" zeigt die einzelnen *Box*-Plots mit einer Breite proportional zur Fallzahl. Zusammen mit der Option „root" wird die Breite der *Box*-Plots proportional zur Wurzel der Fallzahl gezeichnet.

Streifenplot wird jeder Wert einer Variable durch einen kurzen vertikalen Strich entlang einer gedachten X-Achse repräsentiert. Dichte Bereiche einer Verteilung erscheinen bei dieser Darstellung als dunkle Flächen, weniger dichte Bereiche als einzelne senkrechte Striche.

Angefordert werden Streifenplots mit der Grafik-Option „oneway". Man kann diese Option einzeln und in Kombination mit den Optionen „box" und „twoway" verwenden[28]. Hier ist ein Beispiel für die Kombination mit „box", bei dem ebenfalls die Einkommensverteilungen der Befragten aus den unterschiedlichen Bundesländern verglichen werden:

```
. graph eink, by(bul) oneway box
```

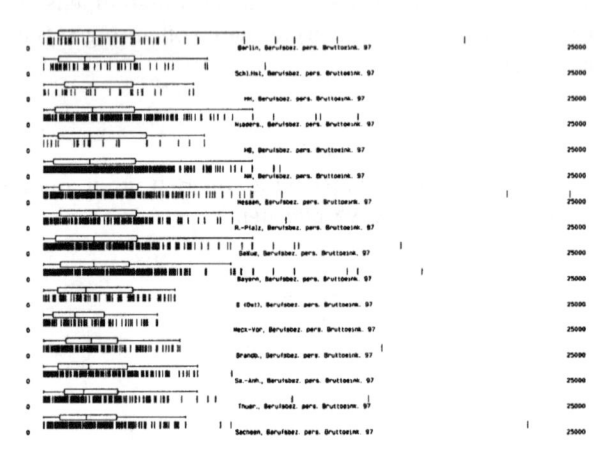

7.2.3.2 Histogramme

Das Standardverfahren zur grafischen Darstellung von Verteilungen mit vielen Ausprägungen ist das Histogramm. Histogramme sind grafische Darstellungen einer gruppierten Häufigkeitsverteilung. Über den Gruppen (hier auch als Klassen bezeichnet) der gruppierten Häufigkeitsverteilung werden Rechtecke der Höhe

$$\hat{f} = \frac{f_j}{d_j} \qquad (7.4)$$

gezeichnet, wobei f_j die absolute Häufigkeit und d_j die Klassenbreite des Intervalls j darstellt. Dadurch entstehen Rechtecke, deren *Flächen* proportional

---

[28] Ein Beispiel für eine Kombination von „oneway" mit „twoway" finden Sie in Fußnote 6 auf Seite 103.

7.2 Variablen mit vielen Ausprägungen

zur Häufigkeit des jeweiligen Intervalls sind, und deren Höhe die *Dichte* im jeweiligen Intervall widerspiegeln.

In Stata sind Histogramme derart implementiert, dass die Klassenbreite sämtlicher Intervalle der gruppierten Häufigkeitsverteilung konstant bleibt. Anders ausgedrückt: Histogramme sind in Stata grafische Darstellungen einer mit der Funktion „autocode()" (siehe Seite 150) gruppierten Häufigkeitsverteilung. Aus diesem Grund ist in diesen Histogrammen auch die Höhe der Rechtecke proportional zur Häufigkeit des jeweiligen Intervalls: Je höher das Rechteck, desto häufiger die jeweilige Klasse[29].

Histogramme werden durch die Option „hist" des Befehls „graph" angefordert. In der Praxis wird man die Option selten angeben, da sie die Voreinstellung bei einer Variablenliste mit nur einer Variable ist. Es genügt deshalb die Eingabe von

. graph eink

um ein einfaches, jedoch nicht besonders sinnvolles Histogramm des Einkommens zu erhalten.

Die Voreinstellung für Histogramme ist eine Einteilung in fünf Klassen. Das heißt die Rechtecke dieses Histogramms sind proportional zur Höhe der Häufigkeiten folgender Verteilung:

. gen eink_5 = autocode(eink,5,0,25000)
. tab eink_5

Für eine sinnvollere Darstellung sollte man eine andere gruppierte Häufigkeitsverteilung erzeugen. Dies geschieht in erster Linie, indem man mit der Option „bin()" die Zahl der Klassen erhöht. Die Bestimmung der optimalen Anzahl von Klassen für ein Histogramm ist Gegenstand einiger Debatten (vgl. Emerson/Hoaglin 1983). Ziel ist es, die Anzahl der Klassen so zu wählen, dass alle notwendigen Charakteristiken der Verteilung in der Grafik zu sehen sind und kleine Auffälligkeiten nicht überbetont werden. Als Faustregel für die Anzahl der Klassen wurden $10\log_{10} n$, $2\sqrt{n}$ und $1 + \log_2 n$ vorgeschlagen. Bei 3034 gültigen Fällen ergeben diese Vorschläge 30, 90 oder 13 Klassen als optimale Anzahl. Zur Darstellung mit Stata kommen allerdings nur 30 oder 13 Klassen in Frage, da Stata maximal 50 Rechtecke darstellen kann[30]. Im Stata-Handbuch ([G] „histogramm") wird folgende Klassenanzahl empfohlen:

$$min(\sqrt{n}, 10 * \log_{10} n) \tag{7.5}$$

was ebenfalls ein Histogram mit 30 Klassen nahelegen würde. Hier ist es:

. graph eink, bin(30) normal

---
[29] Histogramme mit unterschiedlichen Klassenbreiten können Sie mit dem *Ado*-Paket „hist3" von Ulrich Kohler erstellten. Das Paket ist mit dem „net"-Befehl über *http://www.sowi.uni-mannheim.de/lehrstuehle/lesas/ado* zu beziehen. Hinweise zur Installation von *Ado*-Paketen finden Sie in Abschnitt 12.3 auf Seite 386.
[30] Mit dem Befehl „spikeplt" kann diese Grenze umgangen werden.

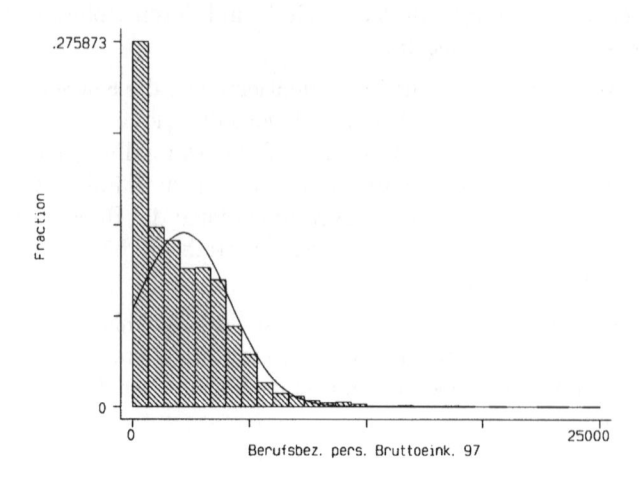

Die Abbildung zeigt eine rechtsschiefe Verteilung. Zur Verdeutlichung dieser Eigenschaft haben wir hier die Option „normal" verwendet. Diese Option ist speziell für Histogramme gedacht und dient dazu, die Kurve einer Normalverteilung mit dem Mittelwert und der Standardabweichung des Einkommens in das Histogramm zu zeichnen. Anhand des Vergleichs des Histogramms mit dieser Normalverteilung können Sie feststellen, dass das Einkommen nicht normalverteilt ist. Es ist, wie bereits gesagt, rechtsschief.

In unserem Beispiel haben 12 Prozent der Befragten kein Einkommen und liegen alle auf dem Wert Null. Um einen Blick auf den Bereich der Verteilung mit den meisten Fällen zu werfen, kann man diesen Bereich durch eine entsprechende *If*-Bedingung einschränken, oder die X-Achse durch die Option „log" logarithmieren. Wenn Sie z.B. die Einkommensverteilung nur für die Fälle betrachten wollen, die tatsächlich über ein Einkommen verfügen, und gleichzeitig die Einkommensverteilung auf einer logarithmierten X-Achse abtragen, können Sie folgendes Kommando verwenden[31]:

```
. graph eink if eink>0, bin(30) log border xlabel ylabel
```

Zum Vergleich von Verteilungen mit Histogrammen dient die Grafik-Option „by()". Nachfolgendes Beispiel zeigt die Verteilung des Einkommens für Männer und Frauen. Durch die zusätzliche Option „total" wird zudem die gemeinsame Verteilung von Männern und Frauen ausgegeben:

---

[31] Wenn Sie eine logarithmierte X-Achse verwenden, denken Sie daran, dass der Logarithmus für Null und negative Werte nicht definiert ist.

7.2 Variablen mit vielen Ausprägungen 163

```
. sort sex
. graph eink if eink>0, bin(30) by(sex) log normal total
```

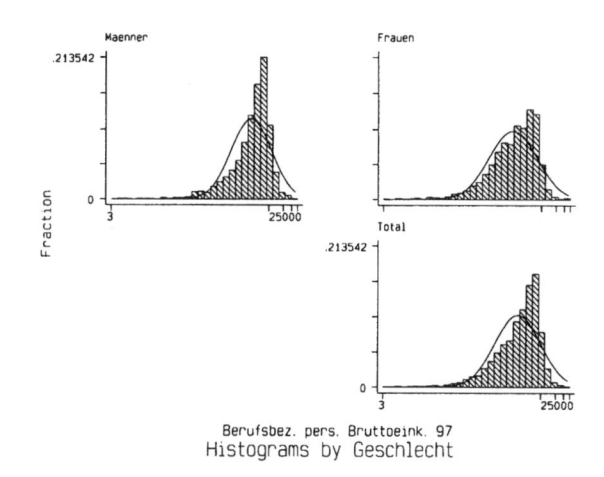

```
                 Maenner                      Frauen
        .213542
Fraction
              0
               3        25000         Total
                                .213542


                                      0
                                       3         25000
                         Berufsbez. pers. Bruttoeink. 97
                         Histograms by Geschlecht
```

Wir wollen die Darstellung hier nicht weiter interpretieren. Stattdessen wollen wir Sie auf zwei Nachteile von Histogrammen hinweisen:

Die Darstellung mit einem Histogramm ist neben der Balkenbreite abhängig von der Wahl des Ursprungs. Zudem lässt die notwendig werdende Gruppierung lässt eine oft sehr sprunghafte Verteilungsform – betrachten Sie als Beispiel hierfür einmal die Histogramme des Einkommens für die Bundesländer Bremen und Hamburg. Eine grafische Darstellung, mit der solche Probleme umgangen werden können, sind so genannte „Kern-Dichte-Schätzer".

7.2.3.3 Kern-Dichte-Schätzer

Bei der Darstellung einer Verteilung mit einem Histogramm ist man prinzipiell an der Frage interessiert, wie hoch der Anteil von Personen mit einem Wert von ungefähr x, d.h. von $x \pm h$ ist. Oben haben wir diesen Wert als $\hat{f}_{(x)}$, als Dichte an der Stelle x, bezeichnet.

In Histogrammen schätzt man diesen Wert, indem man ein Intervall definiert das x enthält und den Anteil in diesem Intervall berechnet. Das Problem dabei verdeutlichen Fahrmeir et al. (1997:99) mit Hilfe von Abbildung 7.2 auf der nächsten Seite. Die Abbildung zeigt einen Ausschnitt aus einem Histogramm. In der Abbildung hat x_1 an der Stelle x keinen Einfluss auf die Höhe des Histogramms. „Dagegen zählt die von x weiter weg gelegene Beobachtung x_2 bei der Bestimmung dieser Höhe voll mit" (Fahrmeir et al. 1997:99). Um den Anteil der Fälle zu bestimmen, die einen Wert von ungefähr x haben, wäre es somit sinnvoller, den entsprechenden Anteil im Intervall von

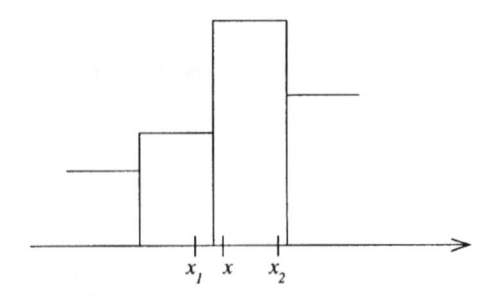

Abbildung 7.2: Ausschnitt aus einem Histogramm

$[x - h, x + h)$ zu verwenden. Die Dichte an der Stelle x würde sich dann wie in (7.4) durch Division dieses Anteils durch die Klassenbreite $2h$ ergeben.

Man kann nun für jede beliebige Stelle x auf diese Weise die Dichte bestimmen. Trägt man die Werte entlang der Y-Achse in eine Grafik ein, erhält man ein *gleitendes Histogramm*. Gleitende Histogramme gehören zur Gruppe der Kern-Dichte-Schätzer, bei denen $\hat{f}_{(x)}$ geschätzt wird durch:

$$\hat{f}_{(x)} = \frac{1}{nh} \sum_{i=1}^{n} K\left[\frac{x - x_i}{h}\right] \qquad (7.6)$$

Im Fall des gleitenden Histogramms ist

$$K_{[z]} = \begin{cases} \frac{1}{2} & \text{für } |z| < 1, \\ 0 & \text{sonst.} \end{cases} \qquad (7.7)$$

Dies sieht kompliziert aus, ist aber recht einfach. Zum besseren Verständnis überlegen Sie bitte einmal, unter welchen Bedingungen z, verstanden als $\left|\frac{x-x_i}{h}\right|$ kleiner 1 wird. Nehmen Sie dazu an, Sie wollen die Dichte an der Stelle 6 schätzen. Die Stelle 6 soll dabei das Intervall von 4 bis 8 vertreten, h ist also 2. Ihre Verteilung hat Zahlen von 0 bis 10. Setzen Sie zuerst $x_i = 9$ ein:

$$z = \frac{6-9}{2} = -1.5$$

Damit ist $|z| > 1$, K deswegen 0. Wie Sie schnell feststellen werden, wird $\left|\left[\frac{x-x_i}{h}\right]\right|$ immer dann kleiner 1, wenn sich x_i innerhalb des durch h abgegrenzten Intervalls befindet. Damit wird K immer dann $\frac{1}{2}$, wenn ein Wert innerhalb dieses Intervalls auftritt, ansonsten wird $K = 0$. Die Summation von K in (7.6) steht damit für

$$\frac{\text{Anzahl der Daten innerhalb } [x - h, x + h)}{2}$$

7.2 Variablen mit vielen Ausprägungen

Bezeichnet man den Zähler mit h_j als die absolute Häufigkeit im Intervall j, so lässt sich (7.6) schreiben als:

$$\hat{f}_{(x)} = \frac{1}{nh} * \frac{h_j}{2}$$
$$= \frac{f_j}{2h} = \frac{f_j}{d_j} \quad (7.8)$$

Gleichung (7.6) ist damit eine vergleichsweise komplizierte Art, die bereits bekannte Gleichung (7.4) auszudrücken. Interessant ist (7.6) wegen $K[z]$. $K[z]$ ist der so genannte *Kern*, daher der Name „Kern-Dichte-Schätzer". Darunter zählt man eine ganze Gruppe von Schätzern für die Dichte an der Stelle x, die alle nach (7.6) berechnet werden, sich jedoch in ihren Kernen unterscheiden. Der beim gleitenden Histogramm verwendete *Rechteck-Kern* hat dabei nur eine sehr untergeordnete Bedeutung. Der Rechteck-Kern ist dadurch gekennzeichnet, dass alle Datenpunkte innerhalb von $[x-h, x+h)$ gleich wichtig für die Schätzung von $\hat{f}_{(x)}$ sind. Üblicherweise werden jedoch Kerne verwendet, welche näher bei x liegende Datenpunkte stärker gewichten als weiter entfernte. Die mit unterschiedlichen Kernen erzielten Dichteschätzungen unterscheiden sich bei hohem n nur wenig.

In Stata sind Kern-Dichte-Schätzer durch den Befehl „kdensity" implementiert. Im einfachsten Fall folgt dem Befehl der Name der Variablen, deren Dichte geschätzt werden soll:

. kdensity eink

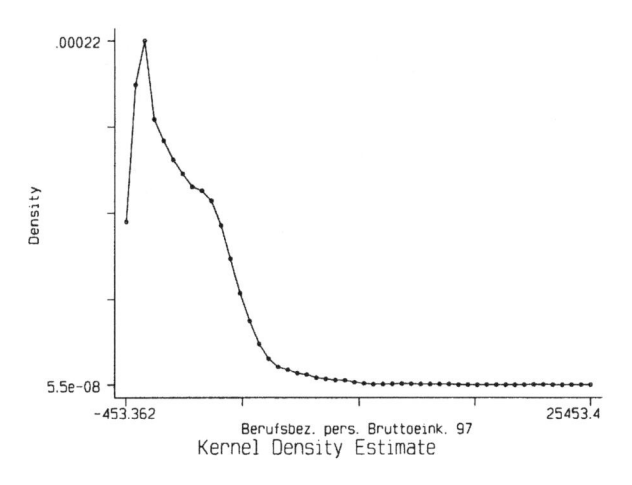

Kernel Density Estimate

In diese Grafik wird die Dichte mit einem „Epanechnikov-Kern" geschätzt[32].

---
[32] Wenn Sie einen anderen Kern bevorzugen, so haben Sie die Wahl zwischen sieben Al-

Die Abbildung zeigt die bereits hinlänglich bekannte rechtsschiefe Einkommensverteilung. Der negative Wert auf der X-Achse ergibt sich auf Grund der Tatsache, dass eine Dichteschätzung für das Minimum des Einkommens $-h$ vorgenommen wird. Sofern nichts weiter angegeben wurde, berechnet Stata einen in einem gewissen Sinn *optimalen* Wert. In unserem Beispiel können wir diesen direkt ablesen, da das Minimum unserer Einkommensverteilung 0 ist: Stata verwendet ungefähr $h = 453$, die über die Datenachse gleitenden Intervalle sind also jeweils ungefähr 906 DM breit.

Der von Stata gewählte optimale Wert ist bei schiefen oder multimodalen Verteilungen oft zu hoch. Mit der Option „width()" können Sie den Wert für h deshalb verändern. Man kann diesen Wert verkleinern, etwa auf $h = 200$ und erhält dann eine deutlich weniger geglättete Darstellung[33]:

. kdensity eink, *width*(200)

Für den Vergleich von Verteilungen mit Hilfe von Kern-Dichte-Schätzern werden die Kurven der unterschiedlichen Verteilungen in eine gemeinsame Abbildung eingezeichnet. Dazu sind zwei Schritte nötig:

1. Schätzung der Dichte für jede zu vergleichende Verteilung.

2. Darstellung der Ergebnisse des ersten Schritts in einer gemeinsamen Grafik.

Lassen Sie uns die beiden Schritte anhand eines Vergleichs des logarithmierten Einkommens von Männern und Frauen demonstrieren[34]. Wir benötigen dazu zunächst eine Variable, die das logarithmierte Einkommen enthält[35]:

. *generate* logein = log(eink)

Bevor wir die Dichte der beiden Einkommensverteilungen schätzen, müssen wir uns noch einer technischen Eigenschaft des Kern-Dichte-Schätzers in Stata bewusst werden: Stata berechnet die Dichte nicht an jeder Stelle der X-Variable. Vielmehr werden, um Rechenzeit zu sparen, in der Regel 50 Stellen ausgewählt[36]. Wenn wir die Dichte von zwei Verteilungen vergleichen wollen, müssen wir darum sicherstellen, dass Stata die Schätzung für beide Verteilungen an den gleichen Stellen vornimmt. Mit der Option „at()" kann man

---

ternativen, die sie unter „help kdensity" nachlesen können. Die Option „rectangle" z.B. verwendet den Rechteckkern, die Darstellung unterscheidet sich aber kaum von der vorhergehenden:

. kdensity eink, rectangle

Die durch h bestimmte Breite des Intervalls beeinflusst das Aussehen der Dichte-Kurve wesentlich stärker als der Kern.

[33] Zur Wahl der geeigneten Breite vgl. Schnell (1994:29).

[34] Wie Sie oben bereits gesehen haben, lässt sich die „schiefe" Einkommensverteilung logarithmiert besser vergleichen.

[35] Beachten Sie, dass Beobachtungen mit einem Einkommen von 0 DM hierdurch auf *Missing* gesetzt werden.

[36] Die Anzahl kann durch die Option „n()" verändert werden.

7.2 Variablen mit vielen Ausprägungen

eine Variable ansprechen, in der die Stellen abgelegt sind, an der die Dichte berechnet werden soll. Durch

```
. generate xhilfe = log(_n * 500) in 1/50
```

kann man sich auf einfache Weise eine geeignete Variable erzeugen[37].
Nun können wir den ersten Schritt durchführen: Die Schätzung der Dichte für jede zu vergleichende Verteilung. Beginnen wir mit der Einkommensverteilung der Männer:

```
. kdensity logein if sex==1, gen(fx1) at(xhilfe) nograph
```

Wir verwenden dazu ebenfalls den Befehl „kdensity", nun aber zusammen mit der Option „gen()". Mit „gen()" wird die geschätzte Dichte als Variable mit dem Namen *fx1* im Datensatz abgelegt. Durch „at(*xhilfe*)" greifen wir auf die oben definierten Stellen zurück, an denen die Dichte geschätzt werden soll. „nograph" unterdrückt die Ausgabe der Grafik, die uns im Augenblick nicht interessiert. Nun die Verteilung für die Frauen:

```
. kdensity logein if sex==2, gen(fx2) at(xhilfe) nograph
```

Die Dichten des Einkommens für Männer und Frauen sind nun im Datensatz gespeichert, wir können also den zweiten Schritt ausführen. Dies geschieht hier kommentarlos, um Ihr Interesse an Kapitel 6 zu wecken:

```
. label variable fx1 "Maenner"
. label variable fx2 "Frauen"
. label variable xhilfe "LOG (Einkommen)"
. graph fx1 fx2 xhilfe, connect(ll) symbol(TS) xlabel ylabel border
title("Einkommen nach Geschlecht") l1title(Dichte) sort
```

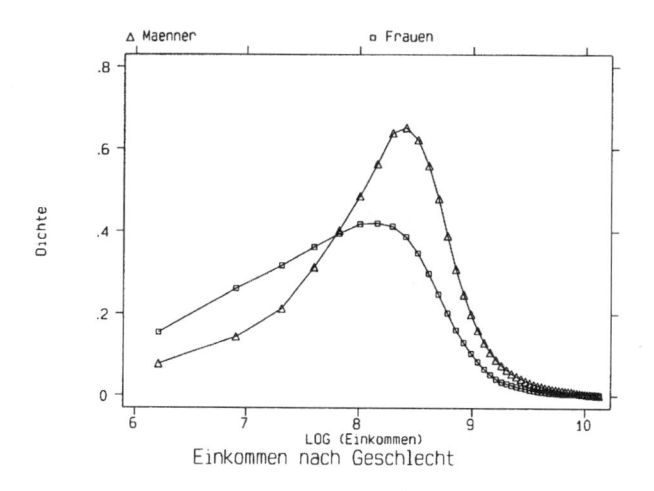

---

[37] Der Befehl erzeugt eine Variable, welche in 500er Schritten von 500 bis 50 × 500 = 25000 zählt. Bitte lesen sie Abschnitt 5.1.3 auf Seite 83, wenn Ihnen die Bedeutung des Kommandos unklar ist.

Im Vergleich zu Histogrammen liefern Kern-Dichte-Schätzer optisch ansprechendere Darstellungen. Auch fällt der Vergleich zwischen mehreren Verteilungen in der gemeinsamen Darstellung der Dichtekurven leichter als in den getrennt dargestellten Histogrammen: Die Dichtekurve der Männer ist steiler und höher als diejenigen der Frauen. Auch ist der Bereich mit der größten Dichte bei den Frauen gegenüber demjenigen bei den Männern nach links verschoben. Somit scheinen sich die Einkommen der Frauen relativ gleichmäßig über die untere Hälfte der Einkommens-Skala zu verteilen, während die Einkommen der Männer sehr viel näher am Durchschnittseinkommen liegen[38]. Schließlich sind Kern-Dichte-Schätzer nicht abhängig von der Wahl des Ursprungs. Allerdings teilen Histogramm und Kern-Dichte-Schätzer das Problem, abhängig von der Balkenbreite bzw. der Intervallbreite zu sein. Eine Darstellungsweise, die keinen der angesprochenen Nachteile aufweist, ist der nachfolgend beschriebene „Quantil-Plot".

7.2.3.4 Quantil-Plot

In einem Quantil-Plot wird jeder Wert einer Variable gegen den Anteil aller kleineren Werte geplottet. Anhand der unterschiedlich verlaufenden Steigung der sich dabei ergebenden Kurve können lokale Dichten in der Verteilung erkannt und Ausreißer ermittelt werden.

Diese Beschreibung von Quantil-Plots wird klarer, wenn man sie sich an einem Beispiel verdeutlicht. Nehmen Sie einmal an, Sie haben folgende Daten zum Geburtsjahr von zehn Personen:

```
. preserve
. use qplot.dta, clear
. list
```

Die Daten sind bereits nach der Größe des Geburtsjahrs sortiert, dies erleichtert uns die Arbeit. Betrachten wir uns nun den kleinsten Fall ($i = 1$) der Daten. Der Wert dieses Falls ist $x_1 = 1901$. Dieser Wert soll nun gegen den Anteil der Werte $< x_1$ geplottet werden. Da keine Werte unter 1901 vorkommen, ist dieser Anteil 0. Daraus ergibt sich die Plotposition des ersten Wertes mit $(0, 1901)$. Der zweite Fall ($i = 2$) hat den Wert $x_2 = 1902$. Hier gibt es genau einen kleineren Wert. Der Anteil der Werte $< x_2$ beträgt also $1/10$, daraus ergibt sich für den zweiten Fall eine Plotposition von $(0.1, 1902)$. Man könnte nun auf diese Weise fortfahren, wir wollen aber Stata diese Arbeit tun lassen. Dazu benötigen wir zunächst eine Formel für die Berechnung der Anteile der kleineren Werte. Wir verwenden $(i - 0.5)/N$ zur Berechnung[39],

---

[38] Vor allzu vorschneller Interpretation obiger Grafik sei jedoch gewarnt. Mit der Grafik kann gut die *Form* der beiden Verteilungen verglichen werden. Problematisch ist es dagegen, die Differenz zwischen den beiden Kurven zu interpretieren, da man hierbei leicht einer visuellen Täuschung unterliegt (Vgl. hierzu Schnell 1994:7).

[39] Diese Formel entspricht zwar nicht exakt der oben verwendeten Berechnungsweise, sie hat aber Vorteile, wenn mehrere Fälle den gleichen Wert haben.

7.2 Variablen mit vielen Ausprägungen

wobei i die Position in der sortierten Datenliste ist und N die Fallzahl.

Hier ist der Stata-Befehl, der diese Formel umsetzt. Wenn Sie Kapitel 5 gelesen haben, sollte er Ihnen keine Mühe bereiten.

```
. generate fraction = (_n-.5)/_N
. list
```

	gebjahr	fraction
1.	1901	.05
2.	1902	.15
3.	1904	.25
4.	1904	.35
5.	1905	.45
6.	1906	.55
7.	1906	.65
8.	1906	.75
9.	1907	.85
10.	1908	.95

Mit dem Quantil-Plot werden diese beiden Größen in einem *Scatterplot* gegeneinander geplottet[40]:

```
. graph gebjahr fraction, symbol([_n])
```

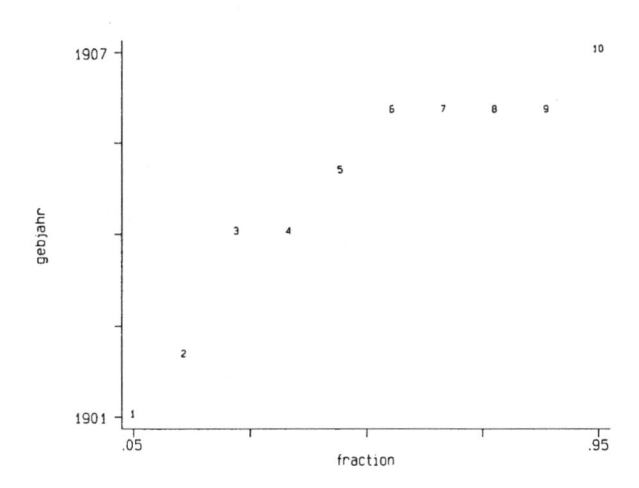

Die Fälle 6, 7, 8, 9 sind alle 1906 geboren und liegen auf einer Geraden. Bei wenig Fällen ist dies nicht unbedingt eindrucksvoll. Aber Sie können sich merken, dass gleich große x_i-Werte auf einer waagrechten Linie liegen, geringfügig unterschiedliche x_i-Werte auf einer relativ flachen Steigung und stark unterschiedliche auf einer starken Steigung. Oder, um es anders auszudrücken, die Kurve ist umso flacher, je dichter die Verteilung ist.

---

[40] Zur Option *symbol* vgl. Abschnitt 6.1.3 auf Seite 106.

Die Stärken des Quantil-Plots entfalten sich bei großen Fallzahlen. Hier ist z.B. die bereits bekannte Verteilung des Einkommens in unserem Datensatz, dargestellt mit dem Quantil-Plot.

```
. restore
. quantile eink, border ylabel xline(.25,.5,.75)
```

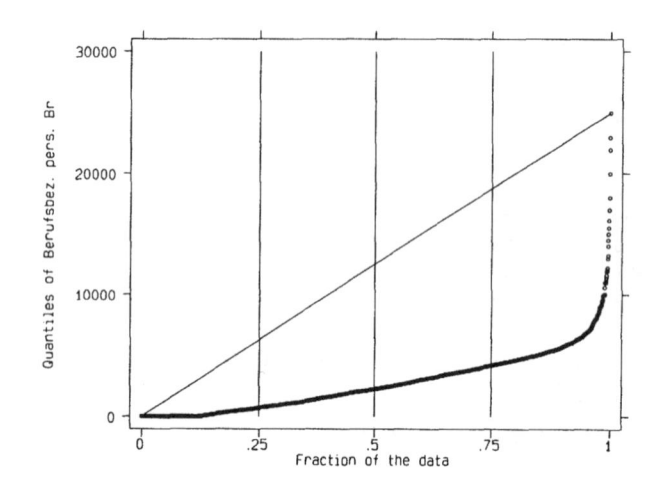

Beachten Sie, dass wir hier die Anteile der Werte $< x_i$ nicht von Hand berechnen, sondern den Befehl „quantile" verwenden. Mit „quantile" werden die beiden oben genannten Befehle in einem Schritt ausgeführt. Als Optionen sind die meisten Optionen des „graph, twoway"-Befehls zugelassen.

Der flachste, und damit dichteste Bereich der Verteilung reicht von 0 DM bis etwa 8000 DM. Danach nimmt die Dichte relativ rasch ab. Die Verteilung ist demnach rechtsschief. Man kann dies auch daran erkennen, dass alle Daten unterhalb – rechts – der Diagonalen liegen[41].

Ein nicht zu unterschätzender Vorteil von Quantil-Plots ist die Tatsache, dass jede einzelne Beobachtung dargestellt wird. Dies ermöglicht es, jeden einzelnen Ausreißer genau zu identifizieren.

Eine andere nützliche Eigenschaft des Quantil-Plots ist, dass sich beliebige Quantile darin ablesen lassen. Der Median liegt z.B. an demjenigen Y-Wert, an dem die Plotsymbole den X-Wert 0.5 kreuzen, hier also bei ungefähr 2500 DM.

Zum Abschluss zwei weitere Beispiele für Quantil-Plots. Zunächst ein Quantil-Plot einer gleichverteilten Zufallsvariable

```
. set seed 731
. generate r1 = uniform()
. quantile r1, border ylabel xline
```

---

[41] Lägen Sie oberhalb, bzw. links der Diagonalen wäre die Verteilung linksschief.

7.2 Variablen mit vielen Ausprägungen

und dann derjenige einer normalverteilten Zufallsvariablen:

```
. generate r2 = invnorm(uniform())
. quantile r2, border ylabel xline
```

Vergleich von Verteilungen mit „Q-Q-Plots"

Ein grafisches Verfahren zum Vergleich von zwei Verteilungen, das unmittelbar an die Quantil-Plots anknüpft, ist der Quantil-Quantil-Plot („Q-Q-Plot"). Für den Q-Q-Plot werden die beiden Variablen der Größe nach sortiert und dann der kleinste Wert der ersten Variable gegen den kleinsten Wert der zweiten Variable geplottet. Wenn die beiden Variablen unterschiedlich viele Fälle haben, werden die Werte der Variable mit mehr Fällen zusammengefasst.

Um die Einkommen von Männern und Frauen mit dem Q-Q-Plot zu vergleichen, muss zunächst je eine Einkommensvariable für jedes Geschlecht vorliegen. Diese lassen sich einfach aus der gemeinsamen Einkommensvariable erzeugen:

```
. generate ein1 = eink if sex==1
. generate ein2 = eink if sex==2
```

oder, mit einem Befehl:

```
. separate eink, by(sex)
```

Mit

```
. qqplot eink1 eink2, border
```

erhalten Sie folgenden Q-Q-Plot.

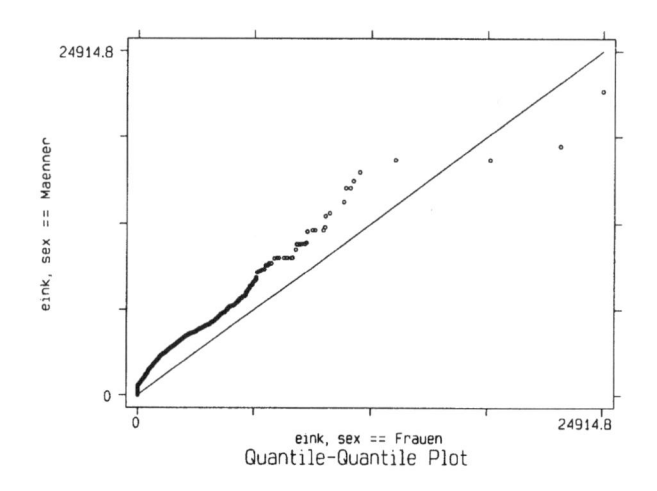

Wäre die Einkommensverteilung von Männern und Frauen gleich, so müssten die Beobachtungen auf der Hilfslinie liegen. Da die Beobachtungen näher an der X-Achse liegen, haben die Männer ein insgesamt höheres Einkommen. Außerdem zeigt sich, dass die Einkommenslücke zwischen Männern und Frauen ab etwa 10000 DM größer wird. Entgegen diesem Trend steht allerdings, dass die drei bestbezahlten Frauen mehr verdienen als die drei bestbezahlten Männer.

Was man sonst noch tun kann

In der *Statalist* – der Internet-Diskussiongruppe zu Stata – wird immer wieder folgende Frage gestellt: „Kann man mit Stata eine XYZ-Grafik machen?" Wir wollen Sie nicht davon abhalten solche Fragen zu stellen, denn meistens erhält man schnell eine Antwort und die Antwort beginnt fast immer mit „Ja, man kann und zwar müssen Sie ...". Allerdings haben die Antworten fast immer das gleiche Muster, und dieses wollen wir hier kurz andeuten.

Dem Muster liegt eine allgemeine Regel zu Grunde, sie lautet: Jede Grafik ist ein Sonderfall der Grafik-Option „twoway". Oder, anders ausgedrückt, jede Grafik besteht aus Punkten mit einer Y- und einer X-Koordinate. Um eine beliebige Grafik darzustellen, muss man darum lediglich die X- und Y-Koordinaten der darzustellenden Punkte berechnen und in einer Variable speichern. Danach kann die Grafik in aller Regel einfach mit dem „graph, twoway" Befehl dargestellt werden.

Der schwierigere Teil des Problems liegt dabei meistens in der Berechnung der darzustellenden Werte. Die Darstellung von speziellen Grafiken ist darum in den allermeisten Fällen ein Rekodierungs-Problem, zu deren Lösung Ihnen unser Kapitel 5 und die Liste der Stata-Funktionen unter „help functions" weiterhelfen dürfte.

7.3 Kurzzusammenfassung

Zur tabellarischen Darstellung von Verteilungen eignen sich:

- `. tabulate varname` Zeigt eine eindimensionale Häugigkeitstabelle der Variable *varname*.

- `. tab1 varlist` Zeigt eindimensionale Häufigkeitstabellen aller Variablen der *varlist*.

- `. tabulate rowvar colvar` Zeigt eine zweidimensionale Häufigkeitstabelle der Zeilenvariable *rowvar* gegen die Spaltenvariable *colvar*.

- `. tab2 varlist` Zeigt zweidimensionale Häufigkeitstabellen für alle Kombinationsmöglichkeiten der Variablen der *varlist*

7.3 Kurzzusammenfassung

. `table, contents(freq)` Zur Erstellung drei- und mehrdimensionale Häufigkeitstabellen

Fehlende Werte werden durch die Option „missing" eingeschlossen. Durch die Optionen „row" und „column" können in zweidimensionalen Häufigkeitstabellen Zeilen- bzw. Spaltenprozenten angefordert werden.

Die Gruppierung von Variablen erfolgt mit:

. `pctile/xtile` Gruppierung an Quantilen.

. `autocode()` Stata-Funktion zur Gruppierung in Intervalle mit gleicher Klassenbreite.

. `recode()` Stata-Funktion zur Gruppierung in Intervalle mit beliebiger Klassenbreite.

Die Beschreibung von Verteilungen mit Hilfe von Maßzahlen erfolgt mit:

. `summarize varlist` Berechnet das arithmetische Mittel, die Standardabweichung sowie das Minimum und Maximum der Variablen der *varlist*.

. `summarize varlist, detail` Berechnet zusätzlich verschiedene Quantile, die Schiefe und die Kurtosis von Verteilungen.

. `tabulate varname1, summarize(varname2)` Vergleicht die Mittelwerte und Standardabweichungen von *varname2* zwischen den Kategorien von *varname1*.

. `table, contents(statistik varname)` Vergleicht die mit *statistik* ausgewählte Maßzahl von *varname* zwischen den Zellen von mehrdimensionalen Tabellen.

Zur grafischen Darstellung von Verteilungen eignen sich

`graph, bar`	Balkendiagramme,
`graph, hist`	Histogramme,
`graph, box`	*Box*-Plots,
`graph, oneway`	Streifendiagramme,
`kdensity`	Kern-Dichte-Schätzer,
`quantile`	Quantil-Plots und
`qqplot`	Q-Q-Plots.

Kapitel 8

Einführung in die Regressionstechnik

Im vorangegangenen Kapitel haben wir die Verteilungen von Variablen beschrieben und für unterschiedliche Teilgruppen betrachtet. So haben wir z.B. die Verteilung der Parteiidentifikation und des Einkommens von Männern und Frauen verglichen. Dabei haben wir uns unterschiedlicher Verfahren bedient. In Kreuztabellen haben wir die Häufigkeiten der Nennungen für die einzelnen Parteien unter der Bedingung untersucht, dass eine andere Variable, in unserem Fall das Geschlecht, verschiedene Werte aufweist (S. 141). Bei einem anderen Verfahren haben wir Maßzahlen des Einkommens, wie Mittelwert, Quantile oder Standardabweichung zwischen Männern und Frauen verglichen (S. 154). Man könnte auch sagen, wir haben untersucht, wie das Einkommen vom Geschlecht *abhängt.*

Die Variable, deren Werte untereinander verglichen werden, bezeichnet man bei solchen Vergleichen daher als *abhängige Variable*[1]. Die Variable, zwischen denen die abhängige Variable verglichen wird, wird dagegen als *unabhängige Variable* bezeichnet[2]. In Formeln wird die abhängige Variable meistens mit Y und ihre Werte mit y_i bezeichnet. Die unabhängige(n) Variable(n) werden mit $X_1, X_2, \ldots, X_K$ bezeichnet und ihre Werte mit $x_{1i}, x_{2i}, \ldots, x_{Ki}$.

Wenn Sie nun die Verteilung einer Variable nicht nur für wenige Subgruppen vergleichen wollen, sondern am Zusammenhang zweier Variablen mit vielen Ausprägungen interessiert sind, verwenden Sie am besten einen *Scatterplot*. Dies ist eine Darstellung der gemeinsamen Verteilung zweier Variablen. In einem *Scatterplot* wird jede Beobachtung in einem zweidimensionalen Raum

---

[1] Oft finden sich aber auch die Bezeichnungen *response* Variable, *endogene* Variable oder *Predictor-Variable.*

[2] Andere Bezeichnungen sind *erklärende* oder *exogene* Variable oder *Kovariate.* Mitunter findet sich auch der Begriff *Kriteriumsvariable.*

(also in einem Achsenkreuz) abgebildet. Die Koordinaten jedes Punktes sind die Werte einer Beobachtung auf den Variablen X und Y. Die Werte der unabhängigen Variable werden entlang der X-Achse abgetragen und die Werte der abhängigen Variable auf der Y-Achse.

Drei Beispiele[3] für *Scatterplots* können Sie in Abbildung 8.1 sehen[4].

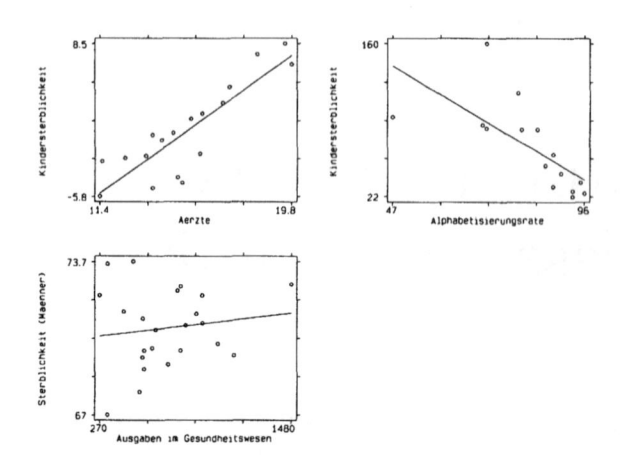

Abbildung 8.1: Drei Beispiele für *Scatterplots*

Der *Scatterplot* oben links beruht auf Daten aus 18 Ländern aus dem Jahr 1970. Er zeigt den Zusammenhang zwischen der Kindersterblichkeit und der Anzahl der Ärzte pro 10000 Einwohner. Die Punkte verteilen sich von links unten nach rechts oben, d.h. je höher die Anzahl der Ärzte, desto höher die Kindersterblichkeit. In Fällen wie diesem spricht man von einem *positiven* Zusammenhang[5].

Der *Scatterplot* oben rechts zeigt den Zusammenhang zwischen der Kindersterblichkeit und der Alphabetisierungsrate von Frauen. Hier verteilen sich die Punkte von rechts oben nach links unten, d.h. je größer die Alphabetisierungsrate, desto kleiner die Kindersterblichkeit. Dies bezeichnet man als einen *negativen* Zusammenhang[6].

Der dritte *Scatterplot* zeigt den Zusammenhang zwischen der Lebenserwartung von Männern und den Pro-Kopf-Ausgaben im Gesundheitswesen. Hier

---

[3]Die Beispiele stammen aus Howell (1997:233) und Hand et al. (1994:59). Die Datensätze liegen unserem Datenpaket bei.

[4]Wenn Sie die Grafiken in Abbildung 8.1 auf Ihrem Bildschirm sehen möchten, stellen Sie sicher, dass Sie sich im Verzeichnis c:/kkstata befinden und geben Sie den Befehl „do grscatter.do" ein.

[5]Zu diesem überraschenden Phänomen vgl. Cochrane et al. (1978), McPherson (1997).

[6]Vgl. dazu auch Hand et al. (1994:59).

verteilen sich die Punkte stärker über das Koordinatensystem. Der Zusammenhang zwischen Ausgaben im Gesundheitswesen und der durchschnittlichen Lebenserwartung ist nicht so deutlich. Wir finden daher nur einen schwachen Zusammenhang.

In allen drei Abbildungen ist der Zusammenhang in Form einer Linie wiedergegeben: der „Regressionsgerade". Das Ausmaß in dem die Punkte um die Regressionsgerade streuen, hängt mit der Korrelation r zwischen den beiden Variablen X und Y zusammen. Im ersten Beispiel liegen die Punkte nahe an der Regressiongerade, es handelt sich um eine *starke* Korrelation. Ballonartige Punktewolken, wie im dritten *Scatterplot*, sind hingegen ein Zeichen für eine *schwache* Korrelation. Der Korrelationskoeffizient von *Pearson* gibt die Stärke dieser Korrelation in Ziffern zwischen -1 und $+1$ an.

Wie sich die Punktewolke in *Scatterplots* mit den Werten von r verändert, können Sie sehen, wenn Sie unser kleines Demonstrationsprogramm aufrufen[7]. Mit

```
. do cplot 0.5
```

erhalten Sie einen *Scatterplot* von zwei Variablen, deren Korrelationskoeffizient $r = 0.5$ beträgt. Sie können die Stärke des Zusammenhangs variieren, indem Sie hinter „do cplot" einen Korrelationskoeffizienten Ihrer Wahl schreiben.

Die Ermittlung der Regressionsgerade ist die Aufgabe der linearen Regressionsanalyse. Dabei unterscheidet man die lineare Einfachregression und die multiple Regression. In der linearen Einfachregression wird lediglich eine unabhängige Variable verwendet, in der multiplen Regression dagegen mindestens zwei. Das Grundprinzip der linearen Regressionsanalyse werden wir Ihnen zunächst in Abschnitt 8.1 anhand der linearen Einfachregression vorstellen und in Form eines Anwendungsbeispiels vertiefen. Daran anschließend werden wir dieses Grundprinzip auf die multiple Regression anwenden (Abschnitt 8.2). Die hinter einer linearen Regression stehenden Annahmen und ihre Überprüfung werden wir in Abschnitt 8.3 behandeln. Die daran anschließenden Abschnitte beschäftigen sich mit komplizierteren Regressionsmodellen, der Interpretation von Stichprobendaten und einer kleinen Auswahl von Erweiterungen des linearen Regressionsmodells.

8.1 Lineare Einfachregression

8.1.1 Das Grundprinzip

In diesem Abschnitt werden Sie mit Begriffen wie „OLS", „*RSS*", „vorhergesagte Werte" und „Regressionskoeffizient" vertraut gemacht. Leser, die diese

---

[7]Bitte achten Sie darauf, dass Ihr Arbeitsverzeichnis *c:/kkstata* ist. Näheres hierzu auf Seite 11.

Begriffe bereits kennen, können diesen Abschnitt überspringen.

Das Grundprinzip aller Regressionsmodelle ist sehr einfach. Sie suchen eine Gleichung, die es Ihnen erlaubt, eine „abhängige Variable" mit einer oder mehreren „unabhängigen Variablen" möglichst gut vorherzusagen. Als Beispiel nehmen wir folgendes an:

Sie haben den Verdacht, dass die Wohnungsgröße vom Nettoeinkommen eines Haushalts bestimmt wird. Je mehr Einkommen – so vermuten Sie – desto größer die Wohnung. Gleichzeitig wissen Sie aber, dass auch wenn man kein Einkommen besitzt, die Wohnungsgröße nicht gleich Null sein kann. Das heißt die Wohnungen von Personen ohne Einkommen haben in der Regel eine gewisse Mindestgröße. Mit Hilfe einer einfachen Formel können Sie diesen Verdacht so hinschreiben:

$$\hat{y}_{Meier} = b_0 + b_1 * x_{Meier}; \text{ mit } b_0, b_1 > 0 \tag{8.1}$$

Die geschätzte Wohnungsgröße der Familie Meier $(\hat{y}_{Meier})$[8] wird berechnet, indem eine Mindestwohnungsgröße b_0 angenommen und das Haushaltsnettoeinkommen der Meiers (x_{Meier}) dazu addiert wird. Letzteres allerdings nicht mit seinem vollen Wert, sonst würden Sie ja Quadratmeterzahlen im Tausenderbereich bekommen. Vielmehr multiplizieren Sie das Haushaltseinkommen mit der Größe b_1. Die beiden Größen b_0 und b_1 sind für alle Haushalte gleich, oder, anders formuliert, sie sind *unabhängig* von den Haushalten. Die beiden Größen b_0 und b_1 werden *Regressionsparameter* oder *Regressionskoeffizienten* genannt und geben hier den allgemeinen Zusammenhang zwischen Haushaltsnettoeinkommen und Wohnungsgröße wieder.

Nun werden Sie sicher einwenden, dass das Einkommen nicht die einzige Variable ist, die einen Einfluss auf die Wohnungsgröße hat. So scheint es gut vorstellbar, dass z.B. die Familiengröße ebenfalls eine Rolle spielt oder das Alter der Familienmitglieder oder was auch immer. Wenn Sie dieses „was auch immer" nicht vollständig kennen, wird die mit der Gleichung berechnete Wohnungsgröße $\hat{y}_i$ immer von den beobachteten Werten abweichen. Diese Abweichung nennt man *Residuum* (Rest). Allgemein können Sie dies so darstellen:

$$y_i = \hat{y}_i + e_i \tag{8.2}$$

oder, unter Verwendung Ihrer ersten Vermutung in (8.1):

$$y_i = \underbrace{b_0 + b_1 * x_i}_{\hat{y}_i} + e_i \tag{8.3}$$

---

[8]Das Zeichen $\hat{y}_i$ wird immer für geschätzte Werte der Y-Variable verwendet.

8.1 Lineare Einfachregression

Mit (8.3) wird der Wert y für die Beobachtung i als Linearkombination von x_i und einer Störgröße dargestellt. Die Koeffizienten b_0 und b_1 sind von den Individuen i unabhängige konstante Zahlen und e_i ist ein Störterm für das jeweilige Individuum i.

Ziel Ihrer Bemühungen sollte es sein, Werte für b_0 und b_1 zu finden. Schließlich wollen Sie ja wissen, in welchem Ausmaß die Wohnungsgröße durch das Haushaltsnettoeinkommen bestimmt wird. Es gibt eine ganze Reihe von Verfahren zur Bestimmung der Regressionsparameter. An dieser Stelle beschränken wir uns jedoch auf das Einfachste und am weitesten Verbreitetste: *Ordinary-Least-Squares* (OLS), das Verfahren der kleinsten Quadrate. Bei diesem Verfahren geht es darum, dass der Unterschied zwischen den in Gleichung 8.3 vorhergesagten Werten und den beobachteten Werten möglichst klein wird.

Um zu verstehen, was damit gemeint ist, sollten Sie sich einmal den *Scatterplot* aus Abbildung 8.2 auf der nächsten Seite betrachten[9]. Suchen Sie in dieser Grafik eine Gerade, mit der Sie den Zusammenhang der beiden Variablen wiedergeben können. Die Punkte liegen nicht alle auf einer Gerade, aber Sie können versuchen, einen geraden Strich so durch die Punkte zu ziehen, dass die Abstände zwischen den Punkten und der Geraden insgesamt möglichst klein werden. Wie groß die Abstände zwischen den Punkten und der Linie sind, können Sie mit einem Lineal nachmessen. Addieren Sie die Abstände auf und .... Sie stolpern über das erste Problem. Negative und positive Abstände heben sich auf und in der Summe sieht es so aus, als gäbe es gar keinen Abstand. Um das zu vermeiden, können Sie einfach die Abstände quadrieren und die quadrierten Abstände aufaddieren. Wenn Sie jetzt verschiedene Linien durchlegen, die Abstände abmessen und immer wieder aufs Neue die quadrierten Abstände addieren und dann alle Ergebnisse vergleichen, wird die Linie mit der kleinsten Abstandssumme diejenige sein, die den Zusammenhang zwischen den beiden Variablen am besten wiedergibt. Diese Suche ist nichts anderes als das Schätzverfahren *Ordinary-Least-Squares*: die Minimierung der quadrierten Residuen (e_i^2). Die Punkte auf der Linie sind die für jeden beliebigen Wert von X vorhergesagten Werte ($\hat{y}_i$). Passt Ihr Modell gut, dann liegen die Punkte alle sehr nahe bei der gezeichneten Linie und die Summe der quadrierten Residuen wird klein. Passt das Modell schlecht, liegen die Punkte weit entfernt und die Summe der quadrierten Residuen wird groß.

Für die Lösung des Regressionsproblems aus Abbildung 8.2 haben wir ein kleines Hilfsprogramm vorbereitet:

```
. do grreg2
```

zeigt Abbildung 8.2 auf der nächsten Seite mit einer Regressionsgerade.

Lassen Sie uns das OLS-Prinzip nun ein wenig formaler darstellen. Es werden diejenigen Parameter (b_0, b_1) der Gleichung (8.3) gesucht, für welche die

---
[9] *grreg1.do*

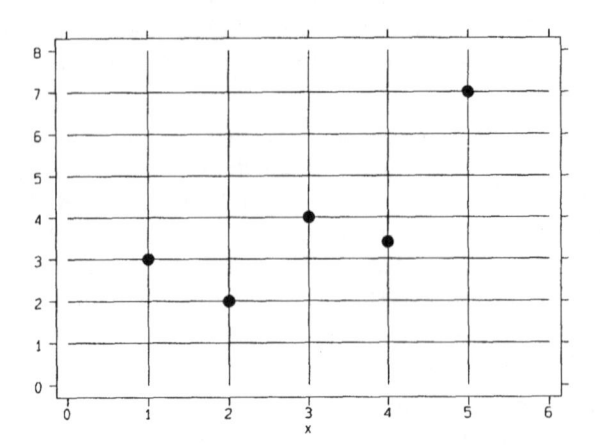

Abbildung 8.2: Übung zum OLS-Prinzip

Summe der quadrierten Residuen (*RSS* als Abkürzung für *Residual Sum of Squares*) aller Beobachtungen minimal ist. Die oben beschriebene Suche durch Ausprobieren ist sehr aufwendig. Besser und einfacher geht es, wenn Sie mit Hilfe mathematischer Verfahren die Summe der quadrierten Residuen (*RSS*) minimieren. *RSS* lässt sich als Differenz der beobachteten und der vorhergesagten Werte aufschreiben:

$$RSS = \sum_{i=1}^{n} e_i^2 = \sum_{i=1}^{n} (y_i - \hat{y}_i)^2 \qquad (8.4)$$

Durch Einsetzen von (8.1) lässt sich dies schreiben als:

$$RSS = \sum e_i^2 = \sum (y_i - b_0 - b_1 x_i)^2 \qquad (8.5)$$

Ziel des OLS-Verfahrens ist es nun, den Wert für *RSS* zu minimieren[10]. Das heißt es müssen die Werte für b_0 und b_1 gefunden werden, bei denen (8.5) möglichst klein wird. Zu diesem Zweck wird die erste partielle Ableitung von (8.5) nach b_0 und nach b_1 ermittelt, gleich Null gesetzt und aufgelöst. Es ist an dieser Stelle nicht notwendig, dass Sie die Ableitungen tatsächlich selbst durchführen können. Sie sollten jedoch sehen, dass es sich bei dem ganzen Verfahren um nichts anderes handelt als um die Suche nach dem Minimum

---

[10]Die mathematische Darstellung dieses Verfahren wird meist sehr unterschiedlich präsentiert. Für die Anhänger einer graphischen Interpretation empfehlen wir als Einstieg Cook/Weisberg (1999) oder Hamilton (1992).

8.1 Lineare Einfachregression

einer Funktion mit zwei Unbekannten. Eine Wiederholung der hierfür notwendigen Schulmathematik finden Sie z.B. bei Hagle (1995:38-58)[11].

Bevor wir mit den mathematischen Grundlagen fortfahren, rechnen Sie einmal eine Regression mit Stata. Sie werden sehen, wie einfach und hilfreich die Verwendung von Statistik-Programmen für solche Berechnungen ist. Doch Vorsicht: die einfache Berechnung der Regression sollte nicht dazu führen, dass Sie nicht weiter über das nachdenken, was Sie da tun. Wir werden im Verlauf des Kapitels auf einige inhaltliche Probleme zu sprechen kommen, welche gegen die naive Anwendung des Regressionsbefehls auf Ihre Daten sprechen.

8.1.2 Lineare Regression mit Stata

In diesem Kapitel werden wir Ihnen die Berechnung einer Regression mit Stata erläutern[12]. Im vorhergehenden Abschnitt hatten wir den Verdacht geäußert, dass sich die Wohnfläche auf das Nettoeinkommen des Haushalts zurückführen lässt. Sie sind nun an einer genauen Spezifizierung des Zusammenhangs interessiert und berechnen deshalb eine lineare Regression der Wohnfläche (*wohngr*) gegen das Haushaltseinkommen (*hhein*). Das Stata Kommando hierfür ist denkbar einfach[13]:

```
. use data1, clear
. regress wohngr hhein
```

Wie Sie sehen, besteht das Kommando aus dem Befehl „regress" und einer Variablenliste. Beachten Sie, dass die erste Variable in der Variablenliste die abhängige und die zweite die unabhängige ist. Im Anschluss an diesen Befehl erhalten Sie folgende Stata-Ausgabe:

---

[11] Falls Sie die Umformung nachvollziehen wollen, sehen die Ableitungen wie folgt aus:

$$\frac{\partial RSS}{\partial b_0} = -2\sum y_i + 2nb_0 + 2nb_1 \sum x_i \tag{8.6}$$

Wenn Sie diese partielle Ableitung gleich null setzen und auflösen ergibt sich:

$$b_0 = \bar{y} - b_1 \bar{x} \tag{8.7}$$

Nach demselben Prinzip lösen Sie die erste partielle Ableitung nach b_1 auf:

$$\frac{\partial RSS}{\partial b_1} = -2\sum y_i x_i + 2b_0 \sum x_i + 2b_1 \sum x_i^2 = 0 \tag{8.8}$$

Nun wird b_0 in dieser Gleichung durch $\bar{y} - b_1\bar{x}$ ersetzt. Nach einigen Umformungen erhalten Sie:

$$b_1 = \frac{\sum (x_i - \bar{x})(y_i - \bar{y})}{\sum (x_i - \bar{x})^2} \tag{8.9}$$

Eine ausführlichere Darstellung der Ableitung finden Sie bei Hamilton (1992:33).

[12] Falls Sie an einem schnellen Überblick über Regressionsbefehle in Stata interessiert sind, können Sie das Stata *Online-Tutorial* mit „tutorial regress" aufrufen.

[13] Bitte achten Sie auch hier darauf, dass Ihr Arbeitsverzeichnis *c:/kkstata* ist. Näheres hierzu auf Seite 11.

```
  Source |       SS       df       MS              Number of obs =    3126
---------+------------------------------           F(  1,  3124) =  694.25
   Model |   986519.069    1   986519.069          Prob > F      =  0.0000
Residual |   4439163.88 3124   1420.98716          R-squared     =  0.1818
---------+------------------------------           Adj R-squared =  0.1816
   Total |   5425682.95 3125   1736.21854          Root MSE      =  37.696


------------------------------------------------------------------------------
   wohngr |     Coef.    Std. Err.       t     P>|t|    [95% Conf. Interval]
---------+--------------------------------------------------------------------
    hhein |   .0082554   .0003133    26.349   0.000    .007641    .0088697
    _cons |   55.76733   1.385604    40.248   0.000    53.05055   58.48412
------------------------------------------------------------------------------
```

Der Ausdruck enthält drei Teile: Den *Anova-Block* oben links, den *Modellfit-Block* oben rechts und den *Koeffizientenblock* im unteren Teil der Ergebnisdarstellung. Sie sollen im Folgenden der Reihe nach erklärt werden. Beginnen wollen wir mit dem Koeffizientenblock.

8.1.2.1 Der Koeffizientenblock

Im unteren Block des Ausdrucks stehen in der Spalte mit der Überschrift „Coef." die Werte der Regressionskoeffizienten, also die Werte für b_0 und b_1 aus der Gleichung 8.3.

Neben den Regressionskoeffizienten findet sich eine Vielzahl weiterer Angaben. Diese betreffen statistische Verfahren, mit denen abgeschätzt wird, in welchem Bereich die in einer Stichprobe berechneten Regressionskoeffizienten in der Grundgesamtheit liegen dürften (vgl. Abschnitt 8.5 auf Seite 231). Die Voraussetzungen für die Anwendung dieser Verfahren sind sehr restriktiv. Wir wollen die Interpretation dieser übrigen Angaben darum zurückstellen, bis wir uns mit diesen Voraussetzungen beschäftigt haben (vgl. Abschnitt 8.3.1 auf Seite 198).

Hier sollen Sie lernen, die Regressionskoeffizienten zu interpretieren und sehen, was Sie mit den Regressionskoeffizienten in Stata anfangen können. Dabei werden Sie auch einige grundlegende Prinzipien der Modell-Befehle von Stata kennen lernen.

Der Wert für b_0 steht in der Zeile „_cons" der Regressions-Ausgabe (S. 181). Er beträgt 55.76733. Laut dem Modell steht jeder Familie ganz ohne weiteres Einkommen knapp $56\,m^2$ Wohnfläche zur Verfügung. Der Wert für b_1 steht in der Zeile, die mit „wohngr" beginnt und beträgt .0082554. Das heißt mit jeder DM zusätzlichen Haushaltseinkommens steigt die Wohnfläche um etwa $.01\,m^2$ an.

Nimmt man an, dass die Familie *Meier* aus Gleichung (8.1) über ein monatliches Nettoeinkommen von 3513,– DM verfügt, so lässt sich mit dem Modell abschätzen, wie groß die Wohnung der Familie *Meier* sein dürfte:

8.1 Lineare Einfachregression

$$\hat{y}_{Meier} = 55.76733 + 0.0082555 \text{ DM} \times 3513 \tag{8.10}$$

Sie können diese Rechnung direkt mit Stata ausrechnen. Hierzu verwenden Sie den „display"-Befehl als Taschenrechner:

```
. display 55.76733 + .0082555 * 3513
84.768901
```

Da das Abtippen der Zahlen sehr fehleranfällig ist und Sie nicht alle Kommastellen berücksichtigen können, empfehlen wir Ihnen, für solche Rechnungen auf die stata-internen Speicherfunktionen zurückzugreifen (vgl. Kapitel 4). Regressionsmodelle gehören zu den E-Typen, weshalb Sie die gespeicherten Ergebnisse durch den Befehl „estimates list" ansehen können. Wenn Sie das tun, werden Sie jedoch die Regressionskoeffizienten zunächst vergeblich suchen. Das liegt daran, dass alle Regressionskoeffizienten in einer *Matrix* abgelegt werden, genauer in der Matrix „e(b)". Um auf die Ergebnisse dieser Matrix zuzugreifen, verwendet man die Konstruktion „_b[varname]", wobei *varname* durch den Namen einer der unabhängigen Variablen oder durch die Konstante (_cons) ersetzt wird.

Die Berechnung für die Familie *Meier* sieht dann wie folgt aus:

```
. display _b[_cons]+_b[hhein]*3513
84.768382
```

Die Zahl weicht ein bisschen von obiger ab, weil die gespeicherten Ergebnisse erst ab der 16. Stelle gerundet werden. Wenn Sie statt 3513 DM ein Einkommen von 3514 einsetzen, werden Sie feststellen, dass das Ergebnis um den Betrag von $b_1 = b_{hhein} = .008$ größer ist.

Mit dem Befehl

```
. list wohngr hhein if hhein==3513
```

können Sie sich zwar nicht für Familie Meier, aber dafür für alle Haushalte mit einem Nettoeinkommen von 3513 DM ansehen, wie groß deren Wohnung tatsächlich ist.

	wohngr	hhein
2092.	114	3513
2182.	61	3513
2660.	59	3513

Sie sehen, dass die von Ihnen vorhergesagten $85\,m^2$ nicht angezeigt werden, sondern Werte zwischen $59\,m^2$ und $114\,m^2$. Die beobachteten Werte y_i weichen also von den vorhergesagten Werte $\hat{y}_i$ ab. Diese Abweichungen sind die Residuen.

Wenn Sie die vorhergesagten Werte für jeden Haushalt berechnen wollen, können Sie auf die gespeicherten Regressionskoeffizienten zurückgreifen[14]. Der Befehl zur Berechnung der vorhergesagten Werte lautet[15]:

```
. generate wohnhat=_b[_cons]+_b[hhein]*hhein
```

Das ist das gleiche Prinzip wie beim vorhergehenden „display" Befehl, nur dass die Wohnungsgröße diesmal eben nicht ausschließlich für die Familie *Meier*, sondern für alle Familien vorhergesagt wird. Das Ergebnis der Berechnung schreiben wir in die Variable *wohnhat*. Wir benutzen hier immer den Zusatz *hat* als Merkhilfe dafür, dass es sich um eine „geschätzte" Variable handelt[16].

Wenn Ihnen der zuletzt eingegebene Befehl zu viel Schreibarbeit ist, können Sie das gleiche Resultat auch einfacher erreichen: Der Stata-Befehl „predict varname" berechnet nach jedem Regressionsbefehl die vorhergesagten Werte und schreibt sie in die Variable *varname*.

Mit dem Befehl

```
. predict yhat1
```

schreibt Stata die vorhergesagten Werte in die Variable *yhat1*[17], die nun exakt die gleichen Werte beinhaltet wie die Variable *wohnhat*[18]. Bei „predict" handelt es sich um ein *Post-Estimation*-Kommando. Wird „predict" ohne weitere Option eingegeben, berechnet das Kommando die vorhergesagten Werte des zuletzt eingegebenen statistischen Modells.

Hat man die vorhergesagten Werte berechnet, fällt die Ermittlung der Residuen sehr leicht. Sie bilden lediglich die Differenz zwischen beobachteten und vorhergesagten Werten:

```
. generate resid1=wohngr-wohnhat
```

Diese Differenz ist nichts anderes als der Abstand, den Sie zwischen den Punkten und der Linie in der Grafik auf Seite 180 abgemessen hatten.

Auch für das Speichern der Residuen gibt es ein *Post-Estimation*-Kommando. Verwenden Sie den „predict"-Befehl mit der Option „resid" und geben Sie einen Variablennamen an (hier: *resid2*) unter dem Sie die Residuen abspeichern möchten[19]:

---

[14]Sie können die gespeicherten Regressionskoeffizienten überall dort einsetzen, wo Stata einen *Ausdruck* erwartet. Was hier unter Ausdruck verstanden wird können Sie in Abschnitt 3.4 auf Seite 58 noch einmal nachlesen.

[15]Sie erhalten nach Eingabe dieses Befehls den Hinweis, dass einige fehlende Werte generiert wurden. Das sind alle die Personen, für die keine Einkommensangabe im Datensatz vorhanden ist.

[16]Sie haben in den obigen Gleichungen schon gesehen, dass wir für die geschätzten Werte einen „Hut" (engl. *hat*) auf das y gesetzt hatten: $\hat{y}$.

[17]In den einzelnen Unterabschnitten dieses Kapitels wird die Berechnung der Regression mehrmals wiederholt und oftmals die vorhergesagten Werte abgespeichert. Wir verwenden dabei immer den Variablennamen *yhat* mit einer fortlaufenden Numerierung. Die Nummern nach *yhat* haben keine weitere Bedeutung.

[18]Falls Sie sich davon überzeugen wollen, geben Sie „list *wohnhat yhat1*" ein.

[19]Widerstehen Sie der Versuchung, die Variable für die Residuen *e* zu nennen. Der Name *e* ist zwar grundsätzlich als Variablenname erlaubt, kann aber an einigen Stellen zu

```
. predict resid2, resid
```
Sie können sich die von Ihnen erzeugten Ergebnisse grafisch ansehen. Hierzu zeichnen Sie den *Scatterplot* von *wohngr* und *hhein* und verwenden als zusätzliche Y-Variable die vorhergesagten Werte (*yhat1*). Die Datenpunkte der vorhergesagten Werte werden mit dem *unsichtbaren* Plotsymbol gezeichnet und mit einer geraden Linie in der Ordnung der X-Achse verbunden:

```
. graph yhat1 wohngr hhein, connect(l.) sort symbol(io) border ylab xlab
```

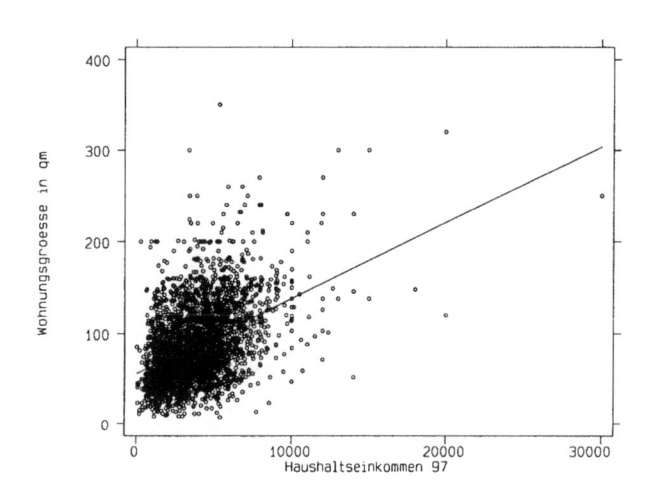

8.1.2.2 Der Anova-Block

Bevor man die Regressionskoeffizienten interpretiert, sollte man untersuchen, wie gut ein Modell zu den beobachteten Daten *passt*[20]. Dabei geht es darum zu untersuchen, ob es *klug* ist, durch die Punktewolke obiger Grafik eine Gerade zu ziehen. Erste Hinweise hierfür liefert der Modellfit-Block. Den meisten Angaben im Modellfit-Block liegen jedoch die Angaben des Anova-Blocks zu Grunde, der darum zuerst besprochen werden soll.

„Anova" ist die Abkürzung für *Analysis of Variance*. Wir verwenden die Bezeichnung Anova-Block für den oberen linken Abschnitt der Stata-Regressions-Ausgabe, weil darin die Variation der abhängigen Variable in einen erklärten und einen nicht erklärten Teil zerlegt wird. Zur Erinnerung haben wir Ihnen hier die Werte des Anova-Blocks von Seite 181 nochmals abgedruckt:

Konflikten mit der wissenschaftlichen Schreibweise von Zahlen führen. Weitere Namen auf die Sie verzichten sollten oder müssen, finden Sie in Abschnitt 5.1.1 auf Seite 79.

[20]Oft wird anstelle von „passen" auch von „erklären" gesprochen.

```
  Source |       SS         df       MS
---------+------------------------------
   Model |   986519.069      1   986519.069
Residual |  4439163.88    3124   1420.98716
---------+------------------------------
   Total |  5425682.95    3125   1736.21854
```

Zur Erklärung des Anova-Blocks wollen wir ein fiktives Beispiel konstruieren: Stellen Sie sich einmal vor, Sie werden gefragt, wie viel Wohnraum dem Studenten Paul zur Verfügung steht. Wenn Sie nichts über Paul wissen, würden Sie vielleicht diejenige Wohnungsgröße nennen, die Sie als durchschnittliche Wohnungsgröße für Studierende annehmen. In diesem Fall lägen Sie gar nicht schlecht, denn die durchschnittliche Wohnungsgröße ist derjenige Wert, mit dem man insgesamt die kleinste quadrierte Abweichung bekommt. Mit anderen Worten: Der Mittelwert ist der *OLS-Schätzer*.

In Tabelle 8.1 auf der nächsten Seite haben wir die Wohnungs- und Haushaltsgrößen von drei Studierenden einer Stadt eingetragen, in welcher der Mittelwert der Wohnungsgrößen $55\,m^2$ beträgt[21].

Verwendet man diese $55\,m^2$ um die Größe der Wohnung des Studenten *Paul* zu schätzen, so liegen wir um $15\,m^2$ zu hoch[22]. Bei den beiden anderen liegen wir einmal genau richtig und einmal unterschätzen wir um $35\,m^2$. Quadriert man diese Abweichungen und summiert Sie auf, so ergibt sich ein Gesamtabweichung von 1450. Sie wird als *Total Sum of Squares* (TSS) bezeichnet. Allgemein ist

$$TSS = \sum (y_i - \bar{y})^2 \qquad (8.11)$$

Dies entspricht dem Ausdruck im Zähler bei der Formel für die Varianz (s^2). TSS wird darum auch häufig als *Variation* bezeichnet.

Vielleicht ist es aber gar nicht so klug, den Mittelwert zu verwenden. Schließlich dürften die Wohnungen umso größer sein, je mehr Menschen in ihr leben. Den Ihnen bekannten Studenten stehen jeweils $15\,m^2$ zur Verfügung, ein Wert von dem Sie glauben, dass er auch für andere Studenten gilt. Außerdem gibt es in jedem Haushalt Bad und Küche, für die man einmal grob $30\,m^2$ veranschlagen könnte.

Sie können diese „Hypothese" in folgender Modellgleichung darstellen:

$$y_i = 30 + 15 * x_i \qquad (8.12)$$

Daraus berechnen Sie nun für jede Haushaltsgröße einen Wohnraum gemäß Ihres Modells. Die Differenz zwischen dem tatsächlichen Wohnraum und Ihrem Modell finden Sie in der letzten Spalte der Tabelle. Auch hier quadrieren

---
[21] Die Anregung zu einer solchen Tabelle stammt aus Hair et al. (1995).
[22] In Tabelle 8.1.2.2 wird die Abweichung zwischen beobachteten Werten und geschätztem Mittelwert mit $40 - 55 = -15$ berechnet.

8.1 Lineare Einfachregression

Tabelle 8.1: Haushaltsgröße und Wohnraum

	Wohngr.	⌀ Stadt	Abwei.	HH.-größe	Schätz.	Residuum
Paul	40	55	−15	1	45	−5
John	55	55	0	2	60	−5
Ringo	80	55	+35	3	75	+5

Sie die Ergebnisse und addieren sie auf. Damit erhalten Sie die bereits in Abschnitt 8.1.1 auf Seite 177 vorgestellten *Residual Sum of Squares* (RSS). Der Wert der RSS Ihrer Hypothese beträgt 75.

Wenn Sie TSS und RSS voneinander abziehen, erhalten Sie mit *Model Sum of Square* (MSS) einen Wert für die Verbesserung Ihrer Schätzung durch Ihre Hypothese:

$$\begin{aligned} TSS &= 1450 \\ -RSS &= 75 \\ \hline = MSS &= 1375 \end{aligned}$$

Die quadrierten Residuen, die Sie mit Kenntnis der Haushaltsgröße erhalten, sind um 1375 kleiner als die bei der Schätzung ohne Kenntnis der Haushaltsgröße.

In der Regressions-Ausgabe finden Sie die Angaben über MSS, RSS und TSS in der mit „SS" überschriebenen Spalte. Die erste Zeile enthält MSS, die zweite RSS und die dritte TSS. Im Output auf Seite 185 beträgt RSS mithin 4439163.88, die Gesamtzahl der quadrierten Residuen bei einer Schätzung durch den Mittelwert (TSS) beträgt 5425682.95 und die Differenz der beiden Werte (MSS) beträgt 986519.069. Diese und die übrigen Kennziffern im Anova-Block sind für den Modellfit-Block von Bedeutung.

In der mit „df" überschriebenen mittleren Spalte finden sich die Freiheitsgrade (*Degrees of Freedom*)[23]. Die Freiheitsgrade von MSS entsprechen der Zahl aller ins Modell aufgenommenen unabhängigen Variablen $k - 1$, wobei k für die Anzahl der Regressionskoeffizienten steht, also der Konstanten und allen unabhängigen Variablen. Die Freiheitsgrade von RSS sind $n - k$ mit $n =$ der Zahl der Beobachtungen. Die Freiheitsgrade von TSS sind $n - 1$. In der letzten Spalte stehen die mittleren Abweichungen (MS). Sie können diese selbst errechnen, wenn Sie Spalte 1 dieses Blocks durch Spalte 2 (die Freiheitsgrade) teilen.

8.1.2.3 Der Modellfit-Block

Zur Erinnerung hier nochmals der Modellfit-Block aus der Ergebnistabelle von Seite 181:

---
[23]Eine gut verständliche Erklärung der Freiheitsgrade findet sich bei Howell (1997:53).

```
Number of obs   =    3126
F(  1,  3124)   =  694.25
Prob > F        =  0.0000
R-squared       =  0.1818
Adj R-squared   =  0.1816
Root MSE        =  37.696
```

Im vorherigen Abschnitt haben wir Ihnen gezeigt, dass Ihnen MSS angibt, um wie viel sich die Summer der quadrierten Residuen durch die Hinzunahme unabhängiger Variablen verringert hat. Den absoluten Wert von MSS können Sie jedoch nicht zum Vergleich verschiedener Modelle verwenden. Er hängt ja nicht nur von der Qualität des Modells ab, sondern auch davon wie viele *quadrierte Residuen* (TSS) ursprünglich überhaupt zur Verfügung standen.

Folglich ist es sinnvoll, das Ausmaß der Reduktion der quadrierten Residuen relativ zur Gesamtzahl der quadrierten Residuen zu betrachten. Dies geschieht mit dem Determinationskoeffizient r^2:

$$r^2 = \frac{MSS}{TSS} = 1 - \frac{RSS}{TSS} = 1 - \frac{\sum e^2}{\sum (y_i - \bar{y})^2} \qquad (8.13)$$

r^2 ist mithin der Anteil der durch das Modell erklärten quadrierten Residuen an den insgesamt vorhandenen quadrierten Residuen. Deshalb wird r^2 als Anteil „erklärter Variation" oder als Anteil „erklärter Varianz" bezeichnet. Sie finden diese Kennziffer im Modellfit-Block der Stata-Ergebnistabelle, wo sie mit „R-squared" bezeichnet wird.

In unserem Beispiel beträgt $r^2 = .1818$. Das heißt unser Modell erklärt 18 Prozent der Variation der Wohnfläche.

Fälschlicherweise werden Regressionsmodelle oft allein anhand der Höhe von r^2 beurteilt. Dies ist nicht zulässig und in hohem Maße gefährlich. Wir werden Ihnen in Abschnitt 8.3 auf Seite 196 zeigen warum.

Eine Alternative zu r^2 ist der *„Root MSE"*. Dieser entspricht der Wurzel der durchschnittlichen Residuen des Modells aus dem Anova-Block:

$$\text{Root MSE} = \sqrt{\frac{RSS}{n-K}} \qquad (8.14)$$

Diese Maßzahl ist gut zu interpretieren, da sie in der Einheit der abhängigen Variable angegeben wird. Der *Root MSE* von 37.696 in unserem Beispiel lässt sich so interpretieren, dass wir mit unserem Modell im *Schnitt* um rund $38\,m^2$ „daneben liegen"[24].

---

[24] Die Interpretation ist nicht ganz korrekt, da es sich nicht wirklich um einen Durchschnitt handelt. Letztlich ist $\sqrt{1/n \sum e_i^2} \neq 1/n \sum e_i$. Dennoch erscheint uns obige Formulierung vertretbar.

Zwei Zeilen des Modellfit-Blocks der Regressionstabelle haben wir bisher noch nicht besprochen: die Werte hinter „F(1, 3124)" und hinter „Prob > F". Sie beziehen sich auf Stichprobendaten und beantworten die Frage, ob das Regressionsmodell als Ganzes „signifikant" ist[25]. Der F-Wert berechnet sich aus

$$F = \frac{MSS/k - 1}{RSS/n - k} \qquad (8.15)$$

Es handelt sich also um die Division der beiden Werte in der dritten Spalte des Anova-Blocks. Diese Prüfgröße folgt einer F-Verteilung und ist ein Signifikanztest für r^2. In anderen Worten: mit F wird die Hypothese geprüft, ob ein r^2, wie wir es mit unseren Stichprobendaten berechnen, überhaupt *möglich* ist, wenn r^2 in der Grundgesamtheit eigentlich gleich Null ist[26]. Oder noch anders ausgedrückt, ob es möglich ist, dass wir die Varianz der Residuen (TSS) im Modell ohne unabhängige Variablen durch die *Hinzunahme* der unabhängigen Variablen auf die Varianz der Residuen RSS in dem nun berechneten Modell reduzieren können, *obwohl* die unabhängigen Variablen in der Grundgesamtheit *nicht* zu einer Reduktion von TSS beitragen[27].

Der Wert hinter „Prob > F" gibt die Wahrscheinlichkeit an, mit der ein r^2 in der Höhe, wie wir es in unserer Stichprobe berechnen, möglich ist, wenn das r^2 in der Grundgesamtheit eigentlich Null ist[28].

8.2 Die multiple Regression

Bitte laden Sie *data1.dta* in den Arbeitsspeicher

```
. use data1, clear
```

Im vorangegangenen Abschnitt hatten wir Ihnen die lineare Regression mit einer unabhängigen Variablen vorgestellt. Eine einfache Erweiterung dieser so genannten linearen Einfachregression ist die *multiple Regression*. Kennzeichen der multiplen Regression ist, dass mehrere unabhängige Variablen verwendet werden. Die Modellgleichung der linearen Regression lautet entsprechend (8.3):

---

[25] Mehr zum Begriff der „Signifikanz" finden Sie in Abschnitt 8.5.
[26] Eine Darstellung dieses Zusammenhangs finden Sie bei Gujarati (1995:249).
[27] Oftmals wird der F-Test auch als ein Test der Nullhypothese: „Alle Koeffizienten außer der Konstanten sind gleich Null" angesehen (Gujarati 1995:247). Es ist aber denkbar, dass die Konfidenzintervalle der einzelnen Koeffizienten den Wert Null nicht enthalten und das gesamte Modell trotzdem „nicht signifikant" ist. Genaueres dazu können Sie unter *http://www.stata.com/support/faqs/stat/#tests* erfahren. Zu den Konfidenzintervallen vgl. Abschnitt 8.5.
[28] Deutlich sinnvoller als ein Test des Gesamtmodells ist die Überprüfung des Modells anhand einer anderen Stichprobe. Wenn Sie sich eine Replikation Ihrer Daten nicht leisten können, sollten Sie zumindest einen Blick auf das so genannte *Cross-Validation*-Verfahren werfen (vgl. Fox 1997).

$$y_i = b_0 + b_1 x_{1i} + b_2 x_{2i} + \ldots + b_{K-1} x_{K-1,i} + e_i \qquad (8.16)$$

Die Gleichung wird also um weitere X-Variablen und ihre zugeordneten Regressionskoeffizienten erweitert. Es gibt zwei Gründe für die Verwendung eines solchen Modells:

In Abschnitt 8.1.2 auf Seite 181 hatten wir eine einfache lineare Regression der Wohnungsgröße gegen das Haushaltseinkommen berechnet. Mit dieser Regression war es uns gelungen, 18 Prozent der Variation der Wohnungsgröße zu erklären und der durchschnittliche Fehler bei der Prognose der Wohnungsgröße lag bei 38 m^2. Wenn wir an einer guten Prognosefähigkeit unseres Modells interessiert sind, dürften uns diese Werte kaum zufrieden stellen. Eine Verbesserung der Prognosefähigkeit können wir erreichen, wenn wir weitere Variablen in das Modell aufnehmen. Dies ist der erste Grund für die Anwendung der Regression mit mehreren unabhängigen Variablen.

Der zweite Grund ist komplizierter. Wir hatten oben das Haushaltseinkommen als unabhängige Variable verwendet. Das Haushaltseinkommen dürfte mit der Größe des Haushalts zusammenhängen, da zusätzliche Haushaltmitglieder möglicherweise ebenfalls zum Haushaltseinkommen beitragen. Gleichzeitig dürften Haushalte mit mehr Haushaltsmitgliedern größere Wohnungen haben als Haushalte mit weniger Haushaltsmitgliedern. Es ist darum möglich, dass der Koeffizient für den Einfluss des Haushaltseinkommens, den Einfluss der Haushaltsgröße miteinschließt. In solchen Fällen spricht man davon, dass der Regressionskoeffizient *verzerrt* ist. Durch den Einschluss weiterer Variablen versucht man, diese Verzerrung zu vermeiden.

Im Folgenden werden wir Ihnen zunächst zeigen, wie man ein multiples lineares Regressionsmodell mit Stata berechnet und die Regressionskoeffizienten interpretiert. Danach werden wir einige spezielle Kennziffern der linearen Regression vorstellen. Schließlich wollen wir Ihnen veranschaulichen, was unter der Floskel „unter Kontrolle" bei der Interpretation der Regressionskoeffizienten im multiplen Regressionsmodell verstanden wird (Abschnitt 8.2.3 auf Seite 195).

8.2.1 Multiple lineare Regression mit Stata

Der Stata-Befehl für die multiple Regression unterscheidet sich nicht von dem für die lineare Einfachregression. Zusätzliche Variablen werden in beliebiger Reihenfolge an die Variablenliste angehängt. Dabei dürfen Sie die üblichen Regeln für *Variablenlisten* anwenden (S. 55). Wichtig ist nur, dass die abhängige Variable stets zuerst genannt wird.

Auch die Ergebnisdarstellung entspricht derjenigen der linearen Einfachregression. Einziger Unterschied hier: Sie bekommen für alle weiteren unabhängigen Variablen eine zusätzliche Zeile für die entsprechenden Koeffizienten.

8.2 Die multiple Regression

Schließlich entsprechen auch die gespeicherten Ergebnisse sowie die Möglichkeiten mit „predict" die vorhergesagten Werte bzw. die Residuen zu erzeugen, dem Vorgehen bei der linearen Einfachregression.

Beispiel: Berechnet werden soll ein Regressionsmodell der Wohnungsgröße, welches neben der Haushaltsgröße und dem Haushaltseinkommen auch die Variablen für den Gegensatz von Ost und West, sowie eine Variable für den Gegensatz von Haushalten mit Eigentumswohnungen und Haushalten mit Mietwohnungen enthält. Hierzu sind zunächst einige Rekodierungsarbeiten notwendig[29]:

```
. generate eigent = wohnst == 1 if wohnst ~=.
. generate ost = bul >=11 & bul<=16 if bul ~=.
```

Danach können Sie das Regressionsmodell berechnen:

```
. reg wohngr hhein hhgr ost eigent

  Source |       SS       df       MS              Number of obs =    3125
---------+------------------------------             F(  4,  3120) =  442.09
   Model | 1962099.29     4   490524.823             Prob > F      =  0.0000
Residual | 3461847.33  3120  1109.56645             R-squared     =  0.3617
---------+------------------------------             Adj R-squared =  0.3609
   Total | 5423946.63  3124  1736.21851             Root MSE      =   33.31


  wohngr |     Coef.   Std. Err.       t     P>|t|    [95% Conf. Interval]
---------+--------------------------------------------------------------------
   hhein |   .0053996   .0002986    18.084   0.000     .0048141    .005985
    hhgr |   3.044202   .4817339     6.319   0.000     2.099654    3.988749
     ost |  -9.290072   1.321771    -7.029   0.000    -11.8817    -6.698444
  eigent |   35.63979   1.290838    27.610   0.000     33.10881    38.17077
   _cons |   48.69432   1.612864    30.191   0.000     45.53194    51.8567
```

Die Fallzahl dieses Modells reduziert sich von 3126 auf 3125. Ursache ist der *Missing* in der Variable Bundesland. Beobachtungen, die einen fehlenden Wert auf einer der im Modell enthaltenen Variablen haben, fallen bei der Berechnung aus dem Modell heraus[30].

Die Interpretation der Koeffizienten im multiplen Regressionsmodell ist völlig identisch mit derjenigen im einfachen Regressionsmodell. Einziger Unterschied ist, dass die *b*-Koeffizienten nun — wie man sagt – „unter Kontrolle" der übrigen unabhängigen Variablen berechnet werden. Was hiermit gemeint ist, wollen wir weiter unten verdeutlichen (Abschnitt 8.2.3 auf Seite 195). Hier soll zunächst nochmals die formale Interpretation der Koeffizienten illustriert werden.

Die Regressionskoeffizienten geben die durchschnittliche Veränderung der Wohnungsgröße bei einer Veränderung der unabhängigen Variablen um eine Einheit wieder. Für den Koeffizienten des Haushaltseinkommens bedeutet

---
[29] Bei Schwierigkeiten mit diesen Rekodierungs-Befehlen lesen Sie bitte Kapitel 5.
[30] Siehe hierzu auch die Einträge unter „search impute".

dies: „Im Durchschnitt steigt die Wohnungsgröße mit jeder Mark zusätzlichen Haushaltseinkommens um .005 m^2 an. Entsprechend steigt die Wohnungsgröße mit jeder zusätzlichen Person im Haushalt um 3.04 m^2 an".

Die Variablen *ost* und *eigent* sind so genannte *Dummy*-Variablen. Hierunter werden Variablen verstanden, welche lediglich zwei Ausprägungen mit den Werten 0 und 1 besitzen[31]. Ihre Interpretation in einem Regressionsmodell ist prinzipiell dieselbe wie die aller übrigen Variablen. Bezogen auf die Variable *eigent*, die für alle Mieter 0 und für alle Eigentümer 1 ist, können wir sagen: „Mit jedem Anstieg der Variable *eigent* um eine Einheit steigt die Wohnungsgröße um durchschnittlich ca. 36 m^2". Da *Dummy*-Variablen nur einmal um eine Einheit steigen können, lässt sich das auch kürzer formulieren: „Eigentümer haben durchschnittlich um 36 m^2 größere Wohnungen als Mieter.". Entsprechend sind die Wohnungen der Ostdeutschen im Schnitt um 9 m^2 *kleiner* als die Wohnungen der Westdeutschen.

Die Regressionskonstante gibt an, wie groß die Wohnung derjenigen Personen ist, die auf allen Variablen des Modells den Wert „0" aufweisen. Das sind hier die westdeutschen Mieter ohne Haushaltseinkommen und ohne Haushaltsgröße. Ein reichlich uninteressanter Wert, da es keine Personen gibt, deren Haushaltsgröße Null ist[32].

8.2.2 Spezielle Kennzahlen der multiplen Regression

Korrigiertes r^2

In unserem Regressionsmodell ist r^2 von 18 auf 36 Prozent gestiegen. Das ist eine deutliche Verbesserung des Modells. Allerdings steigt r^2 fast immer durch die Hinzunahme weiterer unabhängiger Variablen[33]. In Ihrem Beispiel ist dies nicht weiter dramatisch, da das Verhältnis von befragten Personen und verwendeten unabhängigen Variablen sehr günstig ist. Wenn Sie aber nur mit wenigen Fällen arbeiten, z.B. bei einem Vergleich der europäischen Länder untereinander, und dabei mit vielen Variablen operieren, wird r^2 leicht zu einem unverlässlichen Maß[34].

Um dies zu verdeutlichen stellen Sie sich bitte einmal einen *Scatterplot* mit zwei Punkten vor. Diese beiden Punkte können Sie mit einer Linie verbinden,

---

[31] Es gibt auch andere Möglichkeiten zur Kodierung dichotomer Variablen (vgl. Aiken/West 1991:127-130).

[32] Es ist oftmals sinnvoll metrische unabhängige Variablen in Regressionsmodellen zu zentrieren, d.h. von jedem Wert den Mittelwert abzuziehen. Dieses Vorgehen ermöglicht eine Interpretation der Konstanten und der Koeffizienten bei der Verwendung von Interaktionseffekten. Nach einer Zentrierung der Einkommensvariable hätten Personen mit einem Einkommen von „0" das mittlere Einkommen, entsprechend würde die Regressionskonstante den vorhergesagten Wert für das mittlere Einkommen angeben. Eine einfache Art Variablen zu zentrieren, finden Sie in Kapitel 4.

[33] Der Wert von r^2 wird nur dann nicht ansteigen, wenn der Koeffizient der zusätzlichen Variable exakt Null ist. Dies ist in der Praxis so gut wie ausgeschlossen.

[34] Eine Auflistung der mit r^2 verbundenen Probleme finden Sie bei (Kennedy 1997:26ff).

8.2 Die multiple Regression

der Regressionsgerade. Sie haben alle Varianz „erklärt", da keine Abstände mehr zwischen den Punkten und der Geraden zu sehen sind. Aber heißt das nun, dass die beiden Variablen, die den *Scatterplot* aufspannen, tatsächlich inhaltlich in dem durch die Gerade angezeigten Zusammenhang stehen? Wenn Sie das Bruttosozialprodukt Großbritanniens und Deutschlands vergleichen und als einzige Variable die Länge der Küste der beiden Länder nehmen, können Sie den Unterschied im Bruttosozialprodukt zwischen Deutschland und England „perfekt" erklären — und gleichzeitig Ihre wissenschaftlichen Koffer packen.

Da der Wert von r^2 bei Hinzunahme weiterer unabhängiger Variablen allenfalls steigen aber niemals sinken kann, wird mit „Adj R-squared" eine Maßzahl ausgedrückt, welche die Zahl der Modellparameter k (alle Terme auf der rechten Seite Ihrer Gleichung) und die Zahl der Beobachtungseinheiten berücksichtigt (vgl. Greene 2000:240):

$$r_a^2 = 1 - \frac{n-1}{n-k}(1 - r^2) \tag{8.17}$$

wobei k die Zahl der Parameter und n die Fallzahl darstellt. Allerdings wird dieses korrigierte r^2 kaum von r^2 abweichen, so lange die Fallzahl nicht sehr klein wird. Generell gilt, dass es nur eine wirksame Methode gegen fehlspezifizierte Modelle gibt: sorgfältige theoretische Überlegungen und sorgfältige Diagnostik (vgl. Kapitel 8.3).

Standardisierte Regressionskoeffizienten

In unserem Regressionsmodell ist der Koeffizient für die Haushaltsgröße deutlich größer als der Koeffizient für das Haushaltseinkommen. Dieser Größenunterschied verlockt zu der Annahme, dass die Haushaltsgröße einen größeren Einfluss auf die Wohnungsgröße hat als das Haushaltseinkommen. Bei genauerer Überlegung werden Sie jedoch feststellen, dass dieser Vergleich hinkt. Die Koeffizienten geben an, wie stark sich die abhängige Variable verändert, wenn man die jeweilige unabhängige Variable um eine Einheit verändert. Sie vergleichen folglich die Veränderung der Wohnungsgröße bei einem Anstieg des Einkommens um eine Mark mit der Veränderung der Wohnungsgröße bei einer Veränderung der Haushaltsgröße um eine Person!

Zum Vergleich der Einflussstärken verschiedener Variablen mit unterschiedlichen Maßeinheiten gibt es standardisierte Regressionskoeffizienten (b_k^*). Sie werden durch

$$b_k^* = b_k \frac{s_{X_k}}{s_Y} \tag{8.18}$$

berechnet, wobei b_k den Koeffizienten der k-ten Variable darstellt, s_Y die Standardabweichung der abhängigen Variable und s_{X_k} die Standardabweichung der k-ten unabhängigen Variable.

Die standardisierten Regressionskoeffizienten werden häufig auch Beta-Koeffizienten genannt, man erhält Sie in Stata deshalb durch die Option „beta". In diesem Zusammenhang ist es hilfreich zu wissen, dass Sie Ihr zuletzt eingegebenes Regressionsmodell durch den Befehl „regress" ohne Variablenliste nochmals anzeigen lassen können – ohne dass das Modell dabei nochmals berechnet wird. Dabei erhalten Sie die Werte für „beta" in der rechten Spalte des Koeffizientenblocks.

```
. regress, beta

snip ✂
------------------------------------------------------------------------------
   wohngr |      Coef.   Std. Err.       t    P>|t|                      Beta
----------+-------------------------------------------------------------------
    hhein |   .0053996   .0002986     18.084  0.000                   .2789199
     hhgr |   3.044202   .4817339      6.319  0.000                   .0942158
      ost |  -9.290072   1.321771     -7.029  0.000                  -.100977
   eigent |   35.63979   1.290838     27.610  0.000                   .411334
    _cons |   48.69432   1.612864     30.191  0.000                          .
------------------------------------------------------------------------------
```

Die Beta-Koeffizienten werden wie folgt interpretiert: Eine Erhöhung des Haushaltseinkommens um eine Standardabweichung erhöht die Wohnungsgröße um .28 Standardabweichungen. Die Erhöhung der Haushaltsgröße um eine Standardabweichung erhöht die Wohnungsgröße dagegen nur um .09 Standardabweichungen. Gemessen am Beta-Koeffizienten hat das Haushaltsnettoeinkommen demnach einen stärkeren Einfluss auf die Wohnungsgröße als die Haushaltsgröße.

Standardisierte Regressionskoeffizienten sind zum Vergleich der Einflussstärke unterschiedlicher Variablen in einem Modell sehr beliebt. Allerdings werden dabei häufig folgende Punkte übersehen:

- Die Verwendung standardisierter Regressionskoeffizienten bei dichotomen Variablen ist *unzulässig*. Da die Standardabweichung einer dichotomen Variablen eine Funktion ihrer *Schiefe* ist, werden die standardisierten Regressionskoeffizienten gemäß (8.18) umso niedriger, je schiefer die Variable ist[35].

- In der Gegenwart von Interaktionstermen (vgl. 8.4.2) ist die Berechnung von b_k^* nach (8.18) ungültig, die von Stata ausgegebenen Beta-Koeffizienten sind deshalb nicht interpretierbar. Zur Ermittlung der

---

[35]Zur Demonstration dieses Zusammenhangs haben wir den *Do-File anbeta.do* geschrieben. In diesem Programm werden 1000 Regressionen berechnet, mit einer dichotomen unabhängigen Variable mit den Ausprägungen 0 und 1. In der ersten berechneten Regression hat keine Beobachtung die Ausprägung 1 auf der unabhängigen Variable. Mit jeder weiteren Regression erhöht sich der Anteil Beobachtungen mit $X = 1$ um einen weiteren Fall, bis in der letzten Regression wieder alle Fälle die gleiche Ausprägung auf der unabhängigen Variable haben, nämlich den Wert 1. Die Beta-Koeffizienten jeder dieser 1000 Regressionen sind in der Abbildung abgetragen.

8.2 Die multiple Regression

Beta-Koeffizienten müssen die an der Bildung des Interaktionsterms beteiligten Variablen im Vorfeld der Regression z-standardisiert werden (Aiken/West 1991:28-48).

- Standardisierte Regressionskoeffizienten sollten nicht zum Vergleich von Regressionsmodellen in zwei verschiedenen Datensätzen herangezogen werden, da die Varianzen der Variablen in den Datensätzen variieren können.

8.2.3 Was bedeutet eigentlich „unter Kontrolle"?

Die b-Koeffizienten eines Regressionsmodell geben an, um wie viel sich die vorhergesagten Werte der abhängigen Variable verändern, wenn sich die unabhängige Variable um eine Einheit erhöht. In einem multiplen Regressionsmodell wird diese Veränderung „unter Kontrolle" der übrigen unabhängigen Variablen angegeben. Im Folgenden werden wir dies genauer erläutern. Hierzu wollen wir zunächst eine einfachere Fassung des vorangegangenen Regressionsmodells berechnen:

. regress wohngr hhgr hhein

Uns interessieren hier nur die Koeffizienten des Regressionsmodells. Bitte betrachten Sie einmal den Koeffizienten des Haushaltseinkommens. Er unterscheidet sich sowohl von dem im einfachen Modell erzielten Ergebnis (S. 181) also auch von dem des multiplen Modells (S. 191):

snip ✄

```
------------------------------------------------------------------------
  wohngr |     Coef.   Std. Err.       t     P>|t|    [95% Conf. Interval]
---------+--------------------------------------------------------------
    hhgr |   3.805608     .5397       7.051   0.000     2.747406   4.863811
   hhein |   .0076273   .0003234    23.584   0.000     .0069932    .0082614
   _cons |  48.36346    1.730002    27.956   0.000    44.9714     51.75551
------------------------------------------------------------------------
```

Wie kommt es zu diesen Veränderungen? Um eine Antwort hierauf zu geben, wollen wir den Koeffizienten des Haushaltseinkommens einmal auf eine andere Art berechnen: Bitte berechnen Sie hierzu zunächst einmal die Residuen der Regression der Wohnungsgröße auf die Haushaltsgröße:

. regress wohngr hhgr
. predict e_wg, resid

Hierdurch haben Sie eine neue Variable e_wg erzeugt. Bevor Sie weiterlesen sollten Sie sich gründlich überlegen, was diese Residuen *inhaltlich* bedeuten.

Wir schlagen folgende Interpretation vor: Die Residuen entsprechen der Wohnungsgröße, aus der die Haushaltsgröße herausgerechnet wurde. Mit anderen

Worten ist dies der Teil der Wohnungsgröße der nichts mit der Haushaltsgröße zu tun hat, oder, noch anders formuliert, die von der Haushaltsgröße bereinigte Wohnungsgröße.

Nun erzeugen Sie bitte die Residuen einer Regression des Haushaltseinkommens gegen die Haushaltsgröße:

. regress hhein hhgr
. predict e_hh, resid

Auch diese Residuen können Sie inhaltlich interpretieren. Entsprechend zu oben handelt es sich hier um den Teil des Haushaltseinkommens, der nichts mit der Haushaltsgröße zu tun hat, also um das von der Haushaltsgröße bereinigte Haushaltseinkommen.

Bitte berechnen Sie nun eine lineare Regression von e_wg auf e_hh. Sie erhalten:

```
snip ><
------------------------------------------------------------------------
    e_wg |      Coef.   Std. Err.       t     P>|t|   [95% Conf. Interval]
---------+--------------------------------------------------------------
    e_hh |    .0076271   .0003234    23.587   0.000    .0069931   .0082611
   _cons |   -.1258486   .6689218    -0.188   0.851   -1.437419   1.185722
------------------------------------------------------------------------
```

Betrachten Sie sich nun den b-Koeffizienten von e_hh. Er entspricht genau dem Koeffizienten des multiplen Regressionsmodells von oben. Verwendet man nun die Interpretation der b-Koeffizienten der linearen Einfachregression zur Interpretation des Koeffizienten so würde etwa folgende Formulierung treffen: *Die von der Haushaltsgröße bereinigte Wohnungsgröße steigt mit jeder DM des um die Haushaltsgröße bereinigten Haushaltseinkommens um .0076 m^2 an.* Die gleiche Interpretation gilt auch für den Koeffizienten im multiplen Modell. Die Regressionskoeffizienten im multiplen Regressionsmodell geben somit den um die übrigen unabhängigen Variablen *bereinigten* Einfluss auf die abhängige Variable wieder. Dies bezeichnen wir als „unter Kontrolle".

8.3 Regressions-Diagnostik

Multiple Regressionsmodelle lassen sich mit Hilfe der modernen Statistikpakete einfach berechnen. Deshalb wird oft vergessen, dass der multiplen Regressionsanalyse eine Reihe von Annahmen unterliegen, die, wenn sie nicht erfüllt sind, die Ergebnisse fragwürdig erscheinen lassen[36]. Zur Illustration

---
[36] Wenn Sie mit den Annahmen und ihren Überprüfungen bereits bestens vertraut sind, können Sie sich mit „help regdiag" einen schnellen Überblick über die in Stata vorhandenen Möglichkeiten der Regressions-Diagnostik verschaffen.

8.3 Regressions-Diagnostik

bitten wir Sie, mit dem Datensatz *anscombe.dta* folgende Regressionsmodelle zu berechnen[37]:

```
. use anscombe, clear
. regress y1 x1
. regress y2 x2
. regress y3 x3
. regress y4 x4
```

Notieren Sie sich dabei für jede Regression die Ergebnisse der geschätzten Koeffizienten, die Varianz der Residuen (RSS) und die erklärte Varianz r^2. Sie werden feststellen, dass es zwischen den vier Ergebnissen keinen in den Zahlen erkennbaren Unterschied gibt. In allen vier Regressionsmodellen erhalten Sie einen r^2 von .67. Die Konstante liegt bei 3 und die Steigung der Regressionsgeraden beträgt .5. Ohne Kenntnis der Modellannahmen und ohne Kenntnis der Notwendigkeit von Regressions-Diagnostik würden Sie nun aufhören und alle vier Modelle als gut tauglich bezeichnen.

Bilden Sie nun *Scatterplots* für jede dieser Variablenkombinationen und überlegen Sie sich anschließend, welches der Modelle Sie überzeugt und welches nicht[38].

Die Grafiken zeigen sehr anschaulich, dass die Ergebnisse der linearen Regression mit Vorsicht zu genießen sind. Die Höhe von r^2 kann nicht ohne weiteres als Maß für die Modellgüte verwendet werden. Den scheinbar gleichen Werten für r^2, der Konstanten und dem Koeffizienten liegen völlig unterschiedliche Daten zu Grunde. Die erste Grafik zeigt Ihnen das Ideal, einen linearen Zusammenhang zwischen den beiden interessierenden Variablen. Der Plot zwischen $y2$ und $x2$ zeigt einen (umgekehrt) U-förmigen Zusammenhang. Durch die Regression wird die Beziehung zwischen beiden Variablen unterschätzt. Zwischen $y3$ und $x2$ besteht ein perfekter linearer Zusammenhang, der in der Regression nicht deutlich wird, weil ein einzelner Ausreißer das Ergebnis stark beeinflusst. Im letzten Plot $y4$ gegen $x4$ zeigt sich, dass die Variablen eigentlich unabhängig voneinander sind. Lediglich eine Beobachtung steuert das Regressionsergebnis.

Sie sehen, dass die Ergebnisse einer linearen Regression anfällig sind für Einflüsse ungewöhnlicher Fälle und für die funktionale Form des Zusammenhangs zwischen den abhängigen und unabhängigen Variablen. Bevor die Koeffizienten der Regression interpretiert werden, müssen Sie darum genau überprüfen, ob Ihr Regressionsmodell nicht ähnliche Schwächen aufweist, wie drei der hier gezeigten Modelle. Zur Überprüfung dieser Voraussetzungen genügte uns hier ein einfacher *Scatterplot*. In einer multiplen Regression ist dieses Verfahren allerdings nicht mehr möglich. Im Folgenden werden einige mögliche Verfahren vorgestellt.

---

[37] Der Datensatz stammt von Anscombe (1973).
[38] Es genügt wenn Sie nacheinander die Befehle „graph y1 x1", „graph y2 x2" usw. eingeben. Wir haben die Grafiken mit *granscomb.do* erzeugt. Sie sind aber erst auf Seite

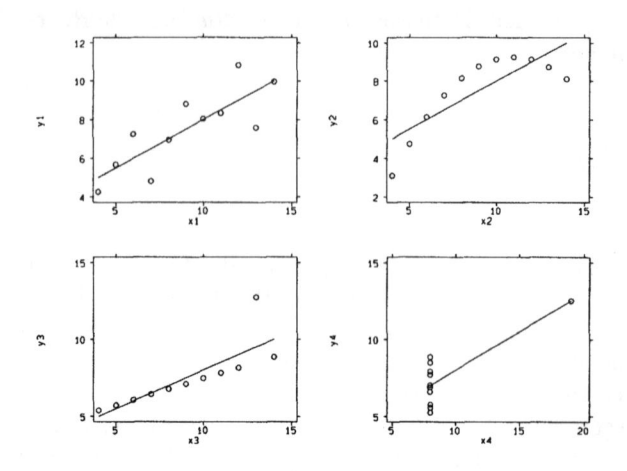

Abbildung 8.3: Scatterplots des Anscombe-Quartetts

8.3.1 Annahmen der linearen Regression

Allgemein sollen die Koeffizienten der linearen Regression zwei Eigenschaften aufweisen:

- Sie sollen „unverzerrt" (*unbiased*) sein.
- Sie sollen „effizient" (*efficient*) sein.

Es ist einfacher diese beiden Eigenschaften zu verstehen, wenn Sie sich folgende Situation vorstellen: Sie ziehen eine Stichprobe aus einer Grundgesamtheit und erheben an dieser Stichprobe die beiden Variablen Y und X. Mit diesen Variablen berechnen Sie die Regression Y gegen X und notieren das Ergebnis des Regressionskoeffizienten b_X. Nun beginnen Sie von vorn. Sie ziehen erneut eine Stichprobe aus derselben Grundgesamtheit, erheben die beiden Merkmale, berechnen die Regression und notieren sich b_X. Dabei werden Sie wahrscheinlich feststellen, dass sich b_X diesmal ein wenig von der ersten Stichprobe unterscheidet. Das gleiche Spiel wiederholen Sie sagen wir 1000-mal, so dass Sie am Ende genau 1000 Werte für b_X ermittelt haben. Nun können Sie für diese 1000 Werte einen Mittelwert berechnen. Wenn wir diesen Mittelwert als $E(b_X)$ bezeichnen und weiterhin annehmen, dass der wahre Wert für den Zusammenhang in der Grundgesamtheit β_X beträgt, so wäre es wünschenswert, dass $E(b_X) = \beta_X$ ist. Diese Eigenschaft nennt man „unverzerrt" (*unbiased*).

---

198 abgedruckt, um Ihnen den Überraschungseffekt nicht zu nehmen.

8.3 Regressions-Diagnostik

Natürlich werden wir uns in den wenigsten Fällen die Mühe machen, zur Ermittlung des wahren Regressionskoeffizienten 1000 Stichproben zu ziehen. Normalerweise begnügt man sich mit nur einer Einzigen. Unglücklicherweise erkaufen wir diese Bequemlichkeit mit der Gefahr, in einer konkreten Stichprobe mit der Berechnung von b_X völlig daneben zu liegen. Wie groß diese Gefahr ist hängt davon ab, wie weit auseinander die Werte von b_X von Stichprobe zu Stichprobe liegen: Je weiter die Werte von b_X streuen, desto höher die Gefahr, dass wir in einer konkreten Stichprobe einmal völlig daneben liegen. Es wäre also gut, wenn die Streuung der Werte von b_X möglichst klein wäre. Ist dass der Fall bezeichnet man dies als „effizient" (*efficient*).

Stellen Sie sich nun einmal vor, Sie würden zur Bestimmung der Werte von b_X unterschiedliche Methoden anwenden. Bei der ersten Methode würfeln Sie, bei der zweiten Methode verwenden Sie OLS. Welche Methode ist die bessere? Natürlich OLS, und zwar deshalb, weil OLS den wahren Wert β unverzerrter und effizienter schätzt als das Würfeln. Mehr noch: Man kann nachweisen, dass es nicht möglich ist, β unverzerrter und effizienter zu schätzen als mit OLS. Deswegen sagt man auch, die Schätzung des Regressionskoeffizienten mit OLS sei der *best linear unbiased estimator* (BLUE)[39].

Leider trifft dies nicht automatisch, sondern nur unter bestimmten Bedingungen zu, den so genannten *Gauss-Markov-Bedingungen*. Diese lauten (Hamilton 1992:110-111):

- Die Fehler haben einen Erwartungswert von Null: $E(\epsilon_i) = 0$
- die Fehler haben eine konstante Varianz: $\text{VAR}(\epsilon_i) = \delta^2$
- die Fehler sind untereinander unkorreliert: $COV(\epsilon_i, \epsilon_j) = 0; i \neq j$.

Sind diese Bedingungen nicht erfüllt[40], so sind die Regressionskoeffizienten entweder verzerrt oder nicht effizient oder beides zugleich.

Beachten Sie, dass bei der obigen Aufzählung von Fehlern (ϵ_i) und nicht von Residuen (e_i) gesprochen wird. Bei den Fehlern handelt es sich um *unbeobachtbare* Einflüsse. Da die Fehler nicht direkt zugänglich sind, werden die beobachtbaren Residuen in der Diagnostik als Ersatz für die Fehler verwendet.

Im Folgenden sollen die Möglichkeiten zur Überprüfung der Gauss-Markov-Bedingungen sowie die Möglichkeiten zur Abhilfe bei etwaigen Verletzungen vorgestellt werden. Bei den meisten dieser Verfahren handelt es sich um grafische Darstellungen[41]. Grundlegende Kenntnisse des Grafik-Befehls (Kap. 6) werden daher vorausgesetzt.

---
[39] Dies gilt nur für lineare Schätzgleichungen.
[40] Die Diskussion darüber, welche Bedingung „wie gut" erfüllt sein sollte, kann hier nicht aufgearbeitet werden. Interessante Beiträge dazu finden Sie bei Kennedy (1997).
[41] Einen umfangreichen Überblick über die grafischen Möglichkeiten der Regressions-Diagnostik und der Diagnostik diverser anderer Verfahren liefert Schnell (1994).

8.3.2 Die Verletzung von $E(\epsilon_i) = 0$

Als Fehler wird die Vielzahl der nicht beobachtbaren Einflüsse auf die abhängige Variable bezeichnet. Wenn sich diese Einflüsse gegenseitig aufheben, ist der Mittelwert der Fehler Null. Die Annahme ist verletzt wenn

1. der Zusammenhang zwischen der abhängigen und einer unabhängigen Variable nichtlinear ist

2. einzelne Ausreißer das Regressionsergebnis übermäßig stark beeinflussen

3. mit den übrigen unabhängigen Variablen im Modell korrelierende Einflussfaktoren übersehen wurden.

Die Folge der Verletzung von $E(\epsilon_i) = 0$ sind verzerrte Regressionskoeffizienten. Die Überprüfung von $E(\epsilon_i) = 0$ hat deswegen besonderes Gewicht. Alle in dem Beispiel von Anscombe gezeigten Probleme sind Verletzungen dieser Annahme.

Zur Überprüfung der Annahme können für jeden der oben genannten Problemfelder spezielle Verfahren eingesetzt werden. Einen ersten Blick auf alle drei möglichen Ursachen liefert jedoch der *Residual-versus-Fitted*-Plot. Bei dieser Darstellung handelt es sich um einen *Scatterplot* der Residuen einer linearen Regression gegen die vorhergesagten Werte. Für die zuletzt berechnete Regression kann der Plot von Hand durch

```
. regress y4 x4
. predict yhat
. predict resid, resid
. graph resid yhat
```

oder durch einen sog. *Wrapper* (vgl. Abschn. 6.2) angezeigt werden[42]:

```
. rvfplot
```

In beiden Fällen muss zuvor ein Regressionsbefehl eingegeben worden sein. Beim „rvfplot" können Sie alle Grafikoptionen normaler *Scatterplots* verwenden. In Abbildung 8.4 auf der nächsten Seite zeigen wir Ihnen die *Residual-vs.-Fitted*-Plots für die Regressionen des Anscombe-Beispiels[43]. Beachten Sie, dass der Mittelwert der Residuen in diesen Grafiken stets Null ist. Dies liegt an der Definition des Regressionsmodells, bei der die Regressionskoeffizienten

---

[42] Bei einer Regression mit nur einer unabhängigen Variablen wird der ursprüngliche *Scatterplot* der abhängigen gegen die unabhängige Variable beim *Residual-vs.-Fitted*-Plot lediglich um den Winkel der Regressiongerade gedreht. Dabei werden dieselben Probleme der Regressionsanalysen sichtbar, wie in den ursprünglichen *Scatterplots*. Der Vorteil des *Residual-vs.-Fitted*-Plots besteht jedoch darin, dass er auch bei multiplen Regressionsmodellen anwendbar ist.

[43] *granscomb.do*

8.3 Regressions-Diagnostik

so berechnet werden, dass der Mittelwert der Residuen Null wird. Damit die Annahme $E(\epsilon_i = 0)$ erfüllt ist, muss jedoch zusätzlich gelten, dass der Mittelwert der Residuen auch *lokal* Null ist. Damit ist gemeint, dass der Mittelwert der Residuen für beliebige Streifen der X-Achse Null sein soll. Innerhalb der durch die senkrechten Linien gekennzeichneten Streifen trifft dies nur für das erste und letzte Regressionsmodell zu.

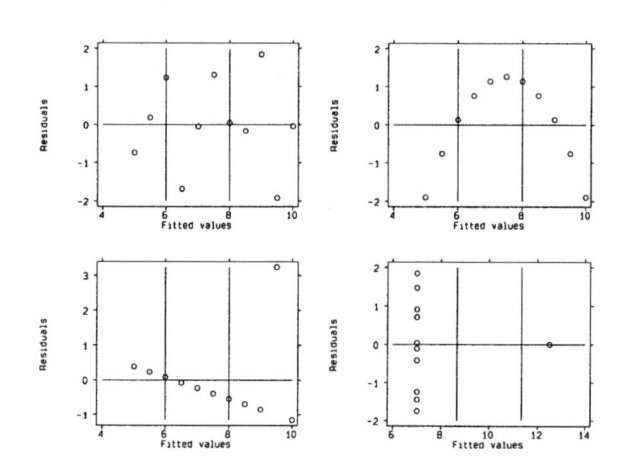

Abbildung 8.4: *Residual-vs.-Fitted*-Plots des Anscombe-Quartetts

In der Praxis fallen Verletzungen von $E(\epsilon_i = 0)$ meist nicht so leicht auf wie bei den konstruierten Daten von Anscombe. Aus diesem Grund sollen im Folgenden spezielle Diagnosetechniken für die drei Ursachen der Annahmeverletzung vorgestellt werden.

8.3.2.1 Linearität

Damit Sie die folgenden Beispiele nachvollziehen können, rechnen Sie bitte zunächst die Regression der Wohnungsgröße auf das Haushaltseinkommen und die Haushaltsgröße mit den Daten des SOEP:

```
. use data1, clear
. reg wohngr hhein hhgr
```

Eine der wichtigsten Bedingungen für die lineare Regression ist, dass die abhängige Variable tatsächlich mit einer linearen Funktion der unabhängigen Variablen beschrieben werden kann. Zur Untersuchung der funktionalen Form eines Zusammenhangs müssen *nicht parametrische* Analyseverfahren verwendet werden. Bei diesen Verfahren wird versucht, die Zahl der im vorhinein aufgestellten Annahmen möglichst klein zu halten. Als Beispiel mag der *Scatterplot* dienen, dem lediglich einige allgemeine wahrnehmungstheoretische Annahmen zu Grunde liegen. Einfache *Scatterplots* eignen sich jedoch nur bei kleinen Fallzahlen zur Untersuchung der funktionalen Form eines Zusammenhangs. Bei größeren Fallzahlen sollten informationsangereicherte *Scatterplots* verwendet werden, insbesondere solche mit so genannten *Scatterplot-Smoothern* (Schnell 1994:102–116).

Ein Beispiel für einen *Scatterplot-Smoother* ist der *Median-Trace*. Bei der Konstruktion eines *Median-Trace* wird die Variable der X-Achse in Streifen unterteilt und für jeden Streifen der *Median* berechnet. Anschließend werden die Mediane mit einer geraden Linie verbunden. In Stata kann der *Median-Trace* als eine Option des „graph"-Befehls angegeben werden. Mit der Option „bands(k)" wird die X-Achse in k gleich breite Streifen unterteilt, die anschließend mit „connect(m)" mit einer geraden Linie durch den Median verbunden werden:

```
. graph wohngr hhein, connect(m) bands(20) symbol(.)
```

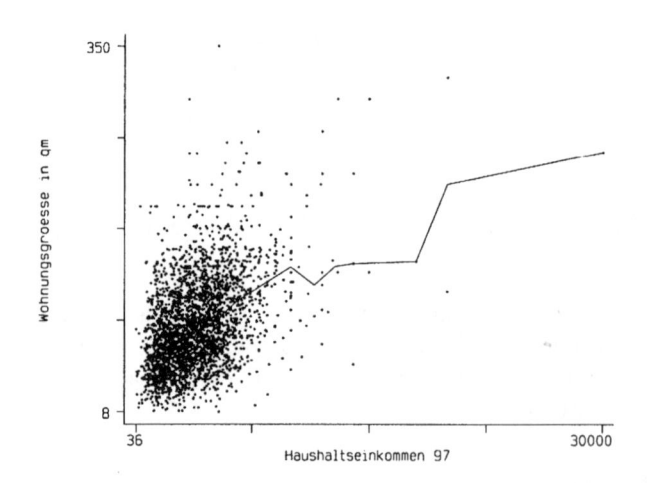

Meist ist es sinnvoll das Plotsymbol „." zu verwenden, da die Linie ansonsten kaum noch sichtbar wird. Durch eine kleinere Anzahl von Streifen erreicht man eine stärkere Glättung der Linie und umgekehrt. Die Abbildung zeigt einen im Schwerpunkt der Daten linearen Verlauf. Die Grafik zeigt auch, dass sowohl beim Einkommen als auch bei der Wohnungsgröße eine Reihe von Ausreißern vorliegen[44].

Mit Hilfe der *Scatterplot*-Matrix können Sie die funktionale Form zwischen der abhängigen Variable und allen unabhängigen Variablen in einer einzigen

---

[44]Diese stellen möglicherweise Beobachtungen dar, welche das Regressionsergebnis stark beeinflussen. Genaueres hierzu erfahren Sie im nachfolgenden Abschnitt.

8.3 Regressions-Diagnostik

Grafik darstellen[45]:

```
. graph wohngr hhein hhgr, matrix connect(m) bands(10) symbol(i)
```

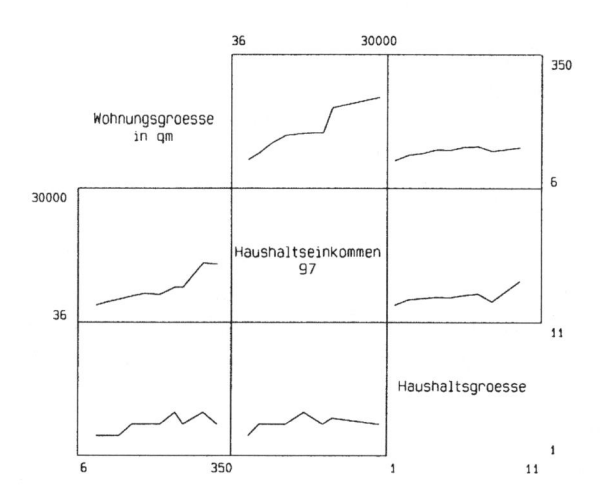

Bei der *Scatterplot*-Matrix werden alle möglichen *Scatterplots* der angegebenen Variablen gezeichnet. Die einzelnen Plots verwenden jeweils die neben der Grafik angegebene Variable als Y-Variable und die über oder unter der Grafik angegebene Variable als X-Variable. In der obersten Zeile der obigen Abbildung finden sich somit *Scatterplots* der Wohnungsgröße gegen alle unabhängigen Variablen des Regressionsmodells. Dabei scheint sich ein leicht kurvilinearer Zusammenhang der Wohnungsgröße mit der Haushaltsgröße anzudeuten. Dies muss weiter untersucht werden.

Selbst wenn für zwei Variablen ein linearer Zusammenhang festgestellt werden kann, ist es denkbar, dass sich der Zusammenhang zwischen diesen beiden Variablen durch Hinzunahme weiterer Variablen in das Regressionsmodell ändert. Das heißt durch die Kontrolle anderer Variablen kann sich die funktionale Form des Zusammenhangs zweier Variablen ändern. Aus diesem Grund muss auch die Linearität der kontrollierten Beziehung untersucht werden.

Einen Anhaltspunkt für den Zusammenhang zwischen einer unabhängigen Variable (z.B. der Haushaltsgröße) und der abhängigen Variable (hier: Wohnungsgröße) unter Kontrolle anderer unabhängiger Variablen (hier: Haushaltseinkommen) gibt der Plot der *Residuen* gegen die entsprechende unabhängige Variable (hier: Haushaltsgröße)[46].

---

[45]Damit die Linie nicht von Plotsymbolen verdeckt wird, wurde das unsichtbare Plotsymbol verwendet. Die Verwendung des unsichtbaren Plotsymbols führt zudem zu einer Beschleunigung der Grafik-Ausgabe.
[46]Bei großen Fallzahlen sollte bei seiner Konstruktion ebenfalls ein *Smoother* verwendet werden.

Ein Plot der Residuen gegen eine unabhängige Variable gibt allerdings keinen Aufschluss über die genaue Form einer etwa vorhandenen Kurvilinearität. Ein *U-förmiger* und eine *logarithmischer* Zusammenhang liefern unter bestimmten Umständen den gleichen Plot (vgl. Berk/Booth 1995)[47].

Die *Component-Plus-Residual*-Plots, auch Partielle Residuenplots genannt, sind eine Abwandlung des eben beschriebenen Plots und erlauben die Bestimmung der funktionalen Form des Zusammenhangs. In den *Component-Plus-Residual*-Plots wird anstelle der Residuen das Produkt aus Residuum und linearem Anteil der unabhängigen Variable gegen die unabhängige Variable geplottet. Was damit gemeint ist zeigt das folgende Beispiel:

Möchte man die Linearität zwischen Wohnungsgröße und Haushaltsgröße im multiplen Regressionsmodell untersuchen, so geht man wie folgt vor: Zunächst wird die Regression der Wohnungsgröße auf das Haushaltseinkommen und die Haushaltsgröße berechnet und die Residuen unter *e1* abgespeichert:

```
. regress wohngr hhein hhgr
. predict e1, resid
```

Danach wird zu den gespeicherten Residuen der lineare Anteil der Haushaltsgröße addiert und die sich daraus ergebende Größe (*e1plus*) gegen die Haushaltsgröße geplottet.

```
. generate e1plus= e1 + _b[hhgr]*hhgr
. graph e1plus hhgr, connect(m) bands(20)
```

Das gleiche Ergebnis erhalten Sie, wenn Sie den in Stata implementierten *Wrapper* „cprplot" verwenden, der die eben beschriebene Prozedur für eine unabhängige Variable Ihrer Wahl durchführt[48]:

```
. cprplot hhgr, connect(m) bands(20)
```

.... Grafik auf der nächsten Seite ....

---

[47]Die Unterscheidung dieser beiden Zusammenhangsformen ist notwendig, da bei einem U-förmigen Zusammenhang ein quadratischer Term eingefügt werden sollte und bei einem logarithmischen Zusammenhang eine Transformation der abhängigen Variable genügen kann (vgl. Abschnitt 8.4.3.1 auf Seite 227).

[48]Ebenfalls implementiert ist der *Augmented Component-Plus-Residual*-Plot von Mallows (1986): „acprplot". Anstelle des hier verwendeten *Median-Trace* kann im Befehl „cprplot" auch der *Scatterplot-Smoother* LOWESS (Schnell 1994: 109), auch *loess* genannt, verwendet werden. Hierzu wird die Option „connect(k)" angegeben. Die Berechnung ist allerdings rechenintensiv.

8.3 Regressions-Diagnostik

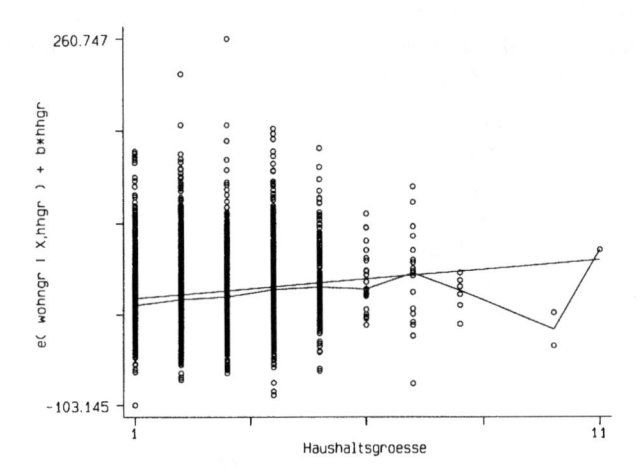

[Plot: y-axis "e(wohngr | X,hhgr) + b*hhgr" from −103.145 to 260.747, x-axis "Haushaltsgroesse" from 1 to 11]

Hinter „cprplot" wird der Name derjenigen unabhängigen Variable eingegeben, für den die Grafik erstellt werden soll. Die gerade Linie im Plot entspricht der Regressionsgerade. Die Grafik zeigt eine zurückgehende Wohnunggröße ab einer Haushaltsgröße von sieben. Dies dürfte jedoch ein Effekt der unsicheren Median-Berechnung in den Streifen mit den hohen Haushaltsgrößen sein.

Lösungsmöglichkeiten

Im vorliegenden Beispiel scheinen die vorhandenen Beziehungen linear. Liegen nichtlineare Beziehungen vor, müssen die beteiligten Variablen transformiert werden oder zusätzliche quadratische Terme in die Gleichung aufgenommen werden. Hinweise hierzu finden Sie in Abschnitt 8.4.3.1 auf Seite 227.

8.3.2.2 Einflussreiche Beobachtungen

Einflussreiche Fälle sind Beobachtungen, welche die Ergebnisse eines Regressionsmodells stark beeinflussen. Meistens handelt es sich dabei um Beobachtungen, die außergewöhnliche Kombinationen der an einer Regression beteiligten Variablen aufweisen (*multivariate Ausreißer*). Als Beispiel sei eine Person mit sehr hohem Einkommen und einer sehr kleinen Wohnung angeführt.

Multivariate Ausreißer sind nicht unbedingt durch bivariate *Scatterplots* auffindbar. Fälle die in einem *Scatterplot* als Ausreißer auftauchen, können sich bei Kontrolle einer weiteren Variable als *normal* herausstellen. Stellt sich für unser Beispiel heraus, dass die besagte Person an ihrem Zweitwohnsitz befragt wurde, erscheint die kleine Wohnung weniger überraschend. Multivariate Ausreißer sind meist *erklärbar*. In solchen Fällen besteht die „Lösung" des Problems darin, dass eine Variable für diese Erklärung in das multiple Regressionsmodell aufgenommen wird. Für das eben konstruierte Beispiel müsste der Wohnsitz in das Regressionsmodell aufgenommen werden.

Erste Hinweise auf einflussreiche Beobachtungen gibt bereits die *Scatterplot*-Matrix der an einer Regression beteiligten Variablen. Da jeder Datenpunkt eines *Scatterplots* auch in den übrigen *Scatterplots* auf der gleichen Zeile bzw. Spalte liegt, sind auffällige Beobachtungen über die Plots hinweg lokalisierbar (Schnell 1994:148). Abbildung 8.5 illustriert dies anhand einer Beobachtung, die wir zu diesem Zweck besonders hervorgehoben haben[49].

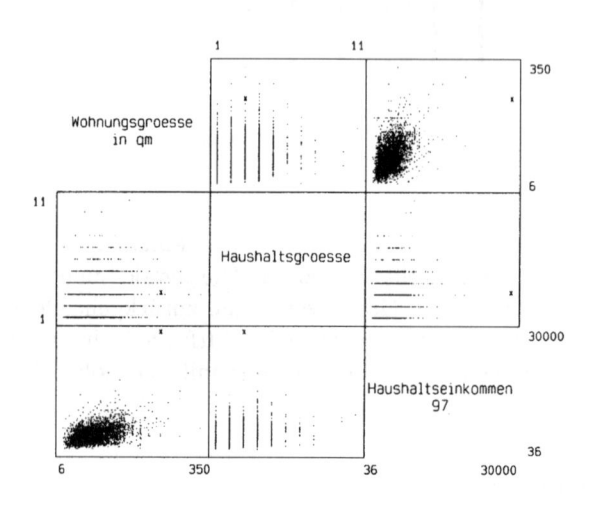

Abbildung 8.5: *Scatterplot*-Matrix mit Hervorhebung eines Datenpunktes

Eine formalere Art einflussreiche Fälle zu entdecken, ist $DFBeta$. Die Berechnung von $DFBeta$ folgt einer einfachen Logik: Zunächst wird ein Regressionsmodell berechnet. Danach wird die Regression erneut berechnet, diesmal lässt man jedoch eine Beobachtung weg. Das Ergebnis dieser Regression vergleicht man mit den vorherigen Ergebnissen. Sollte ein großer Unterschied in den berechneten Koeffizienten zu sehen sein, hat der Fall, der bei der zweiten Berechnung nicht berücksichtigt wurde, einen großen Einfluss auf die Koeffizienten. Dieses Verfahren wird nun für jede Beobachtung wiederholt. Auf diese Weise lässt sich für jede Beobachtung notieren, wie groß ihr Einfluss auf einen Regressionskoeffizienten ist. Die Berechnung wird für jeden der k Regressionskoeffizienten einzeln durchgeführt. Formal lautet die Formel zu Berechnung des Einflusses der i-ten Beobachtung auf den k-ten Regressionskoeffizienten

---

[49] *groutlr.do*. Das in diesem *Do-File* verwendete Kommando *himatrix* von Ulrich Kohler können Sie über das SSC-Archiv beziehen. Vgl. hierzu Abschnitt 12.3.3 auf Seite 390.

8.3 Regressions-Diagnostik

$$DFBeta_{ik} = \frac{b_k - b_{k(i)}}{s_{e(i)}/\sqrt{RSS_k}} \qquad (8.19)$$

mit b_k dem Koeffizienten der Variable k und $b_{k(i)}$ dem entsprechenden Koeffizienten ohne die Beobachtung i. $s_{e(i)}$ ist die Standardabweichung der Residuen ohne die Beobachtung i. Der Ausdruck im Nenner der Formel bewirkt eine Standardisierung der Differenz, so dass die Einflüsse der Beobachtungen zwischen den Koeffizienten vergleichbar bleiben (Hamilton 1992:125).

In Stata werden die Werte für $DFBeta_{ik}$ durch den Befehl „dfbeta" berechnet. Der Befehl muss nach an einem Regressionskommando eingegeben werden. Durch die Angabe einer *Variablenliste* wird spezifiziert, für welchen Koeffizienten die Veränderungen betrachtet werden sollen. Ohne Variablenliste werden alle Koeffizienten verwendet. Die Ergebnisse des Befehls „dfbeta" werden in Variablen geschrieben, die mit DF beginnen.

Durch

```
. regress wohngr hhein hhgr
. dfbeta
```

werden zwei Variablen mit den Namen $DFhhein$ und $DFhhgr$ erzeugt. Beide Variablen enthalten für jede Person ihren Einfluss auf den entsprechenden Koeffizienten. Ob es in Ihrem Datensatz einflussreiche Fälle gibt, kann z.B. mit

```
. graph DF*, oneway box
```

ermittelt werden:

Werte von $|DFBeta| > 2/\sqrt{n}$ gelten als groß (Belsley et al. 1980:28)[50]. Im vorliegenden Modell wird diese Grenze jeweils von mehreren Beobachtungen überschritten. Durch

```
. for varlist DF*: list persnr X if (abs(X) > 2/sqrt(e(N))) & X ~=.
```

erhält man eine Liste dieser Beobachtungen[51].

Eine weitere Möglichkeit zur Entdeckung von Ausreißern ist der *Added-Variable*-Plot (Partieller Regressionsplot). Um den *Added-Variable*-Plot der Variable X_1 zu erstellen, wird zunächst eine Regression von Y gegen alle unabhängigen Variablen außer X_1 berechnet. Danach wird eine Regression von X_1 auf die übrigen unabhängigen Variablen berechnet. Die Residuen dieser beiden Regressionen werden gespeichert und anschließend gegeneinander geplottet[52].

Added-Variable-Plots können in Stata nach einer Regression auch mit den Befehlen „avplot" oder „avplots" erzeugt werden. Der Befehl „avplot" erzeugt den *Added-Variable*-Plot für eine angegebene unabhängige Variable, „avplots" zeigt alle möglichen Plots in einer einzigen Darstellung.

```
. regress wohngr hhein hhgr
. avplots
```

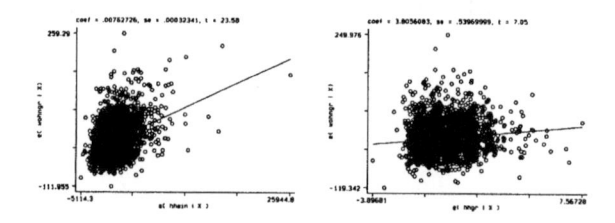

---

[50] Andere Autoren geben 1 als Grenzwert für $DFBeta$ an (Bollen/Jackman 1990:267).
[51] Zum Befehl „for" siehe Abschnitt 3.9.2 auf Seite 71. Der Ausdruck *abs(X)* ist eine allgemeine Stata-Funktion und gibt den Betrag des in Klammer stehenden Arguments wieder (Abschnitt 3.4.2 auf Seite 61). Mit *e(N)* wird die Fallzahl des zuletzt berechneten Regressionsmodells angesprochen (vgl. Kapitel 4).
[52] Die Logik des *Added-Variable*-Plots entspricht damit dem Vorgehen zur Interpretation der b-Koeffizienten des multiplen Regressionsmodells (Abschnitt 8.2.3 auf Seite 195). Ein *Scatterplot* der dort erzeugten Residuen wäre ein *Added-Variable*-Plot.

8.3 Regressions-Diagnostik

Weit außen liegende Punkte in diesen Plots sind *multivariate Ausreißer*. Derartige Fälle haben potentiell großen Einfluss auf die Regressionsergebnisse. Auffällig sind in den obigen Abbildungen vor allem einige Beobachtungen, deren Haushaltseinkommen höher ist als man dies gemessen an der sonstigen Variablenkonstellation erwarten dürfte. Besorgnis erregend ist insbesondere eine auffällige Beobachtung im Plot für das Haushaltseinkommen. Durch

. avplot hhein, symbol([persnr])

lässt sich die Personennummer dieser Beobachtung identifizieren:

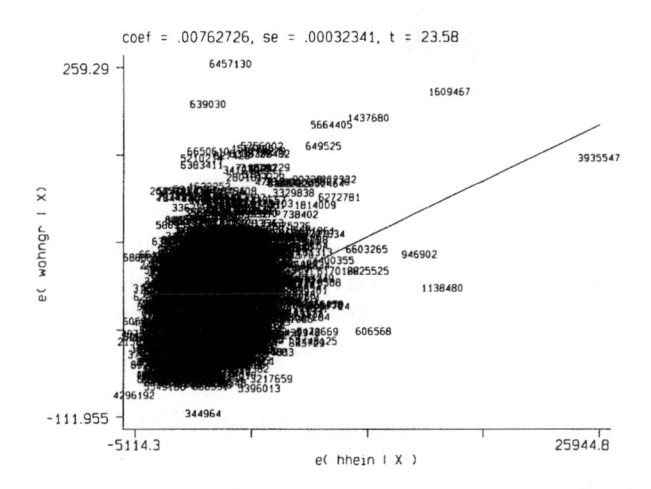

Hamilton (1992:128-129, 141) empfiehlt, *Added-Variable*-Plots zu verwenden, bei denen die Plotsymbolgröße proportional zu *DFBeta* ist. Hierzu müssen die Plots von Hand erzeugt werden. Für das Haushaltseinkommen in der vorliegenden multiplen linearen Regression würde man einen solchen Plot wie folgt erstellen[53]:

. regress wohngr hhgr
. predict ewohngr, resid
. regress hhein hhgr
. predict ehhein, resid
. generate absDF = abs(DFhhein)
. regress ewohngr ehhein
. predict yh1
. graph ewohngr yh1 ehhein [weight = absDF], border c(.1) s(0i) sort

---

[53]Im Beispiel wird die oben auf Seite 207 erzeugte Variable *DFhhein* verwendet. Die Achsen der hier erstellten Grafik sind beide mit *Residuals* beschriftet. Hierbei handelt es sich um die durch den „predict"-Befehl automatisch vergebenen *Label*. Zur Änderung dieser Beschriftung siehe Abschnitt 6.1.7.2 auf Seite 125.

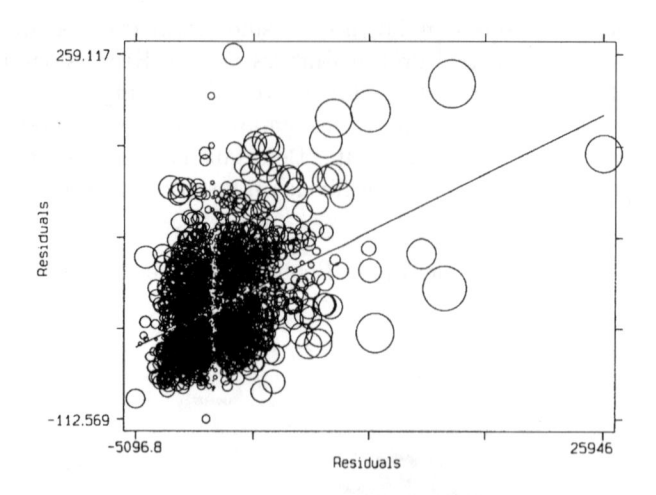

In Stata-Grafiken kann die Plotsymbolgröße über die *Gewichtungsanweisung* gesteuert werden. Der Gewichtungstyp spielt dabei keine Rolle. Im vorliegenden Fall ist darauf zu achten, dass die Werte von *DFBeta* negativ sein können. Aus diesem Grund werden zunächst die Absolutwerte von *DFBeta* berechnet und mit diesen gewichtet[54].

Die letzte Abbildung zeigt, dass der *multivariate Ausreißer* nennenswerten Einfluss auf die Regressionsgerade hat. Noch schwer wiegender sind zwei etwas links davon liegende Beobachtungen, die sich jedoch in ihrer Wirkung aufheben. Insgesamt scheinen einflussreiche Beobachtungen eher bei (gemessen an den anderen Variablen) relativ hohen Einkommen zu liegen. Die relativ wenigen Beobachtungen mit sehr hohen Einkommen beeinflussen das Regressionsergebnis vergleichsweise stark.

Bisher wurden die Auswirkungen von einzelnen Beobachtungen für die unterschiedlichen Koeffizienten getrennt untersucht. Bei vielen unabhängigen Variablen kann die Interpretation der zahlreichen *DFBeta*-Werte sehr unübersichtlich werden. Mit *Cook's D* steht eine Maßzahl zur Verfügung, die den Einfluss einer Beobachtung auf alle Regressionskoeffizienten simultan abschätzt (Fox 1991:84), also den Einfluss einer Beobachtung auf das gesamte Regressionsmodell. Sie erhalten diese Prüfgröße mit „predict" im Anschluss an den Regressionsbefehl:

```
. predict cook, cooksd
```

Der Maßzahl liegt die folgende Überlegung zu Grunde: Der Einfluss einer Beobachtung auf das Regressionsmodell setzt sich aus zwei Aspekten zusammen, dem Wert auf der abhängigen Variable und der Kombination der unabhängigen Variablen. Eine einflussreiche Beobachtung besitzt einen außergewöhnlichen Y-Wert *und* eine außergewöhnliche Kombination von X-Werten. Nur

---
[54] Zur Gewichtungsanweisung allgemein siehe Abschnitt 3.5 auf Seite 62.

8.3 Regressions-Diagnostik

wenn beide Aspekte vorliegen, werden die Koeffizienten durch die jeweilige Beobachtung stark beeinflusst. Dies wird in Grafiken aus Abbildung 8.6 verdeutlicht[55]. Die Grafiken zeigen *Scatterplots* der Wohnungsgröße gegen das Einkommen von fünf Engländern aus den Jahren 1965, 1967 und 1971.

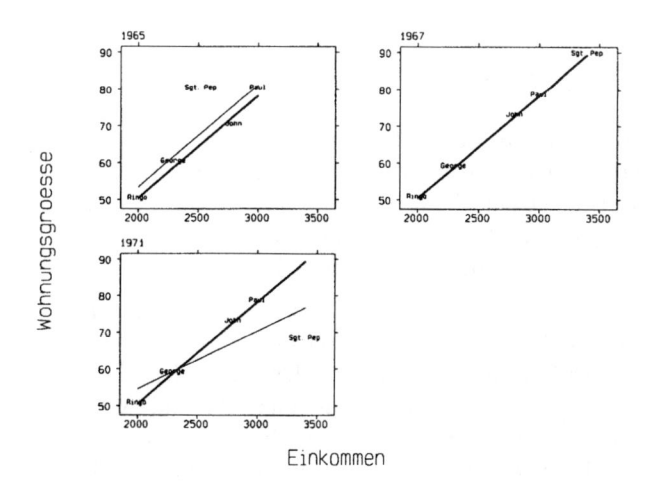

Abbildung 8.6: Scatterplots zu *Leverage* und Diskrepanz

Im ersten *Scatterplot* für das Jahr 1965 hat *Sgt. Pepper* eine für sein Einkommen außergewöhnlich große Wohnung, also einen außergewöhnlichen Y-Wert. Das Einkommen von *Sgt. Pepper* ist dagegen alles andere als außergewöhnlich: es entspricht dem Mittelwert des Nettoeinkommens der fünf Engländer. In die Abbildung sind zwei Regressionsgeraden eingezeichnet, die fette Linie ist die Regressionsgerade, die sich bei einer Regression ohne *Sgt. Pepper* ergeben würde. Wird *Sgt. Pepper* mit in die Regression aufgenommen, verschiebt sich die Regressionsgerade ein wenig nach oben. Die Steigung der Geraden (der b-Koeffizient des Einkommens) ändert sich nicht.

Im *Scatterplot* für das Jahr 1967 hat *Sgt. Pepper* ein außergewöhnlich hohes Einkommen. Die Größe seiner Wohnung entspricht dagegen genau der Quadratmeterzahl, die wir auf Grund unseres Modells erwarten würden. *Sgt. Pepper* hat also einen außergewöhnlichen Wert auf der X-Variable, jedoch einen für diesen X-Wert recht gewöhnlichen Y-Wert. Die Regressionsgeraden die sich bei einer Berechnung mit und ohne *Sgt. Pepper* ergeben, sind in diesem Fall identisch.

Im *Scatterplot* für das Jahr 1971 hat *Sgt. Pepper* ein außergewöhnlich hohes Einkommen und eine für dieses Einkommen außergewöhnlich kleine Woh-

---

[55] *grbeatles.do*

nung. Hier treffen damit beide oben genannten Aspekte zusammen. Entsprechend deutlich verändert sich die Regressionsgerade[56].

Die Feststellung, dass sich der Einfluss eines Punktes aus der Außergewöhnlichkeit der X- und Y-Werte zusammensetzt, lässt sich mathematisch wie folgt ausdrücken:

$$Einfluss = Leverage \times Diskrepanz \qquad (8.20)$$

wobei wir als *Leverage* die Außergewöhnlichkeit der Kombination der X-Variablen bezeichnen (wie im zweitem *Scatterplot*) und als Diskrepanz die Außergewöhnlichkeit der Y-Variable (wie im ersten *Scatterplot*). Da *Leverage* und Diskrepanz multipliziert werden, ist der Einfluss einer Beobachtung gleich 0, wenn einer der beiden Aspekte fehlt.

Zur Berechnung des Einflusses (8.20) benötigen wir Maßzahlen für *Leverage* und Diskrepanz. In einem Regressionsmodell mit nur einer unabhängigen Variable kann als Maßzahl für *Leverage* der Anteil des Abstands einer Beobachtung vom Mittelwert an der Summe aller Abstände vom Mittelwert verwendet werden[57]. Bei mehreren unabhängigen Variablen wird der Abstand zwischen einer Beobachtung und dem Schwerpunkt der unabhängigen Variablen unter Berücksichtigung der Korrelations- und Varianzstruktur der unabhängigen Variablen verwendet[58]. In Stata erhalten Sie den *Leverage*-Wert jeder Beobachtung durch den Befehl „predict lev, leverage" im Anschluss an die entsprechende Regression. Mit diesem Befehl würden Sie die *Leverage*-Werte jeder Beobachtung unter dem Variablennamen *lev* abspeichern.

Zur Messung der Diskrepanz scheint es zunächst naheliegend, die Residuen des Regressionsmodells zu verwenden. Dies ist jedoch nicht sinnvoll. Bedenken Sie, dass Punkte mit einem hohen *Leverage* die Regressionsgerade in ihre Richtung ziehen und dadurch kleine Residuen aufweisen können. Wendet man Gleichung (8.20) mit den Residuen als Messung der Diskrepanz an, kann es vorkommen, dass man einen kleinen Wert für den Einfluss berechnet, obwohl der Datenpunkt die Ergebnisse der Regression deutlich verändert[59]. Zur Bestimmung der Diskrepanz benötigen wir deshalb eine um den Einfluss des *Leverage* bereinigte Maßzahl. Dies ist das standardisierte Residuum e'_i einer

---

[56] Stellen Sie sich die Regressionsgerade als eine Wippe vor. Suchen Sie in Gedanken den Mittelwert der unabhängigen Variable, dort liegt der Keil oder Angelpunkt der Wippe. Punkte die weit von diesem Angelpunkt und der Regressionsgeraden entfernt liegen sind wahrscheinlich einflussreiche Punkte.

[57]
$$h_i = \frac{1}{n} + \frac{(x_i - \bar{x})^2}{\sum_{j=1}^{n}(x_j - \bar{x})^2} \qquad (8.21)$$

[58] Für Details siehe Fox (1997:271).

[59] Dies lässt sich gut anhand der vierten Grafik des Anscombe-Quartetts verdeutlichen (S. 198). Würde man den Einfluss des Ausreißers in dieser Grafik mit der Gleichung (8.20) bestimmen und dabei die Residuen als Diskrepanz-Maßzahl heranziehen, läge der Einfluss des Ausreißers bei 0.

8.3 Regressions-Diagnostik

Beobachtung. Sie erhalten die Werte der standardisierten Residuen durch das Kommando „predict varname, rstandard" im Anschluss an die entsprechende Regression[60].

Nachdem eine Maßzahl für Diskrepanz und *Leverage* gefunden ist, können beide Maßzahlen gemäß (8.20) miteinander multipliziert werden. Allerdings sollte man darauf achten, dass die beiden Werte mit einem geeigneten Gewicht in die Multiplikation einfließen. Diese Aufgabe wollen wir jedoch den Statistikern überlassen. Einer von ihnen — Cook — hat folgende Berechnung vorgeschlagen:

$$D_i = \underbrace{\frac{h_i}{(1 - h_i)}}_{Leverage} \times \underbrace{\frac{e_i'^2}{k+1}}_{Diskrepanz} \qquad (8.22)$$

wobei e_i' das standardisierte Residuum ist und h_i für den *Leverage* einer Beobachtung steht[61]. *Cook's D* Werte über 1 bzw. 4/n gelten als groß. Schnell (1994:225) empfiehlt zur Bestimmung der einflussreichen Fälle eine Grafik, bei der die Beobachtungen gegen ihre laufende Nummer im Datensatz geplottet werden und der Schwellenwert mit einer waagrechten Linie markiert wird.

Für die Grafik berechnen wir zunächst die Werte für *Cook's D* im Anschluss an die Regression:

```
. regress wohngr hhgr hhein
. predict cooksd, cooksd
```

Danach speichern wir den Schwellenwert in einem lokalen Makro (*max*). Dazu verwenden wir die Fallzahl des letzten Regressionsmodells, die von Stata als internes Resultat unter *e(N)* gespeichert wird[62].

```
. local max = 4/e(N)
```

Wir bilden eine Variable *index*, welche die laufende Nummer enthält und verwenden diese als X-Achse für die Grafik. Wir erzeugen die Grafik hier mit logarithmierter Y-Achse:

```
. generate index = _n
. graph cooksd index, border yline('max') symbol(.) ylog
```

.... Grafik auf der nächsten Seite ....

---

[60] Wobei Sie für *varname* einen Variablennamen wählen können.
[61] Ein äußerst hilfreiches Übungsprogramm bekommen Sie mit der Eingabe des Befehls „regpt". Bei „regpt" handelt es sich um einen *Ado-File*, der an der University of California programmiert wurde. Zu Ado-Files siehe Kapitel 11, zu *Ado-Files*, die über das Internet bereitgestellt werden siehe Kapitel 12.
[62] Siehe hierzu Kapitel 4 sowie Abschnitt 11.2.1 auf Seite 341.

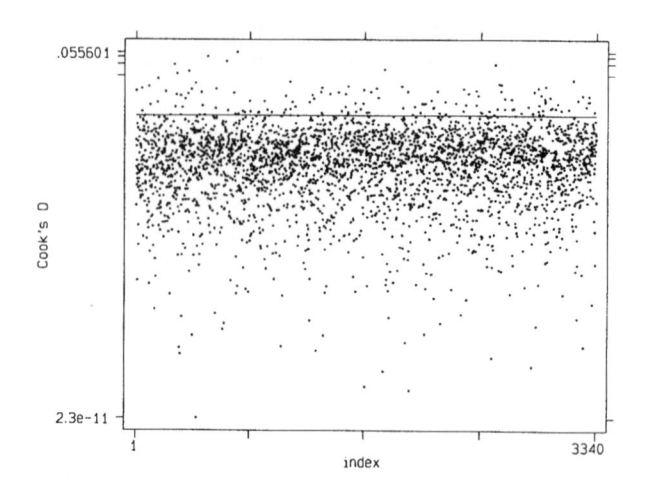

Die Abbildung zeigt eine ganze Reihe von Beobachtungen, die über dem kritischen Wert liegen. Durch

```
. generate bigcook = cooksd > 'max'
. tabulate bigcook, summarize(hhein)
```

können Sie sehen, dass es sich hierbei besonders um diejenigen Beobachtungen handelt, die ein vergleichsweise hohes Einkommen haben:

```
            | Summary of Haushaltseinkommen 97
    bigcook |       Mean   Std. Dev.       Freq.
------------+------------------------------------
          0 |       3739        1900        2975
          1 |       5474        3882         226
------------+------------------------------------
      Total |       3862        2147        3201
```

Zusammenfassend zeigen die in diesem Abschnitt vorgenommenen Analysen einen klaren Befund: Bei allen Diagnosen waren einige wenige Beobachtungen mit außergewöhnlich hohem Einkommen auffällig. Die Ergebnisse des Modells werden durch diese relativ wenigen Beobachtungen sehr viel stärker geprägt als durch die sehr vielen Beobachtungen mit kleinen, mittleren und hohen (aber nicht sehr hohen) Einkommen. Wie insbesondere der *Added-Variable*-Plot auf Seite 209 zeigt, sind diese einflussreichen Beobachtungen im vorliegenden Fall kaum problematisch, da sie nur für sich betrachtet den Regressionskoeffizienten beeinflussen. Entfernt man alle Beobachtungen mit sehr hohen Einkommen, so bleiben die Koeffizienten im vorliegenden Fall praktisch identisch.

Lösungsmöglichkeiten

Natürlich fragt man sich, was im Falle einflussreicher Beobachtungen zu tun ist. Erweist sich eine einflussreiche Beobachtung unzweifelhaft als Messfehler, ist dieser zu korrigieren oder die Beobachtung aus dem Datensatz zu entfernen. Sind die einflussreichen Beobachtungen eine Folge von extremen Werten der abhängigen Variable, können robuste Regressionsverfahren verwendet werden (Abschnitt 8.6.1 auf Seite 236). Fast immer sind einflussreiche Beobachtungen aber die Folge eines nicht vollständig spezifizierten Modells. Außergewöhnliche Fälle sind ja nur deshalb außergewöhnlich, weil unsere Theorie sie unvollständig erklärt. Da im vorliegenden Fall insbesondere sehr hohe Einkommen die Regression stark beeinflussen, sollte man sich fragen, ob es einen Faktor gibt, der die Wohnungsgröße zusätzlich beeinflusst und der typischerweise mit hohem (bzw. niedrigem) Einkommen einhergeht. Bei *rechtsschiefen* Verteilungen, wie die der Variable Einkommen, besteht eine denkbare Veränderung des Modells oft darin, das *logarithmierte* Haushaltseinkommen statt des Haushaltseinkommens zu verwenden. Inhaltlich hat dies den Effekt, dass man dem Haushaltseinkommen eine logarithmische Beziehung zur Wohnungsgröße unterstellt: Je höher das Haushaltseinkommen, desto geringer ist die Veränderung der Wohnungsgröße bei einer Veränderung des Haushaltseinkommens um jede weitere DM.

8.3.2.3 Übersehene Einflussfaktoren

Als „Übersehene Einflussfaktoren" werden Variablen bezeichnet, die einen Einfluss auf die abhängige Variable haben und gleichzeitig mindestens mit einer der übrigen Variablen im Modell korrelieren. Prinzipiell sind auch nichtlineare Beziehungen und einflussreiche Fälle übersehene Einflussfaktoren. Im ersten Fall wurde übersehen, dass eine unabhängige Variable nicht über ihren ganzen Wertebereich den gleichen Einfluss auf die abhängige Variable hat. Im zweiten Fall wurde entweder versäumt eine explizite Fehlertheorie in das Modell einzubauen oder diejenigen Mechanismen übersehen, die auch die Ausreißer erklärbar machen würden. Zur Entdeckung weiterer fehlender Einflussfaktoren kann grundsätzlich ein Plot der Residuen gegen nicht im Modell enthaltene Variablen erstellt werden (Schnell 1994:229). Allerdings ist ein solcher Plot nur möglich mit denjenigen Variablen, die im Datensatz vorhanden sind. Selbst wenn sich in dem Plot keine Auffälligkeiten zeigen, kann das Problem trotzdem bestehen. Diese Diagnostik ist deshalb notwendig aber nicht hinreichend. Die Identifizierung übersehener Einflussfaktoren ist in erster Linie ein theoretisches Problem. Vor allzu schematischer Anwendung von Hilfsmitteln zur Entdeckung übersehener Einflussfaktoren sei darum gewarnt.

Im Übrigen besteht bei dem Ziel, alle wichtigen Einflussfaktoren in das Modell aufzunehmen immer auch die Gefahr der „Multikollinearität". Einem extremen Fall von Multikollinearität werden Sie in Abschnitt 8.4.1 bei der Besprechung der Einführung kategorialer unabhängiger Variablen in das Regressionsmodell begegnen. Besteht zwischen zwei in das Modell aufgenommenen Variablen eine perfekte Linearkombination[63], wird Stata eine der beiden Variablen bei der Berechnung aus dem Modell entfernen.

Aber auch bei nur fast perfekten Linearkombinationen können Probleme entstehen: der Standardfehler (Abschnitt 8.5 auf Seite 231) der Koeffizienten erhöht sich, und es kommt zu unerwarteten Veränderungen in der Koeffizientengröße oder deren Vorzeichen. Sie sollten es darum dringend vermeiden, wahllos Variablen in das Regressionsmodell einzuführen[64].

8.3.3 Die Verletzung von VAR$(\epsilon_i) = \delta^2$

Die Annahme VAR$(\epsilon_i) = \delta^2$ fordert, dass die Varianz der Fehler für alle Werte von X gleich sein soll. Sie wird auch als *Homoskedastizitätsannahme* bezeichnet und ihre Verletzung entsprechend als *Heteroskedastizität*. Heteroskedastizität führt im Gegensatz zur Verletzung von $E(\epsilon_i) = 0$ nicht zu einer Verzerrung der Koeffizienten. Die Koeffizienten eines Regressionsmodells, bei dem die Homoskedastizitätsannahme verletzt ist, sind jedoch nicht effizient. Bei ineffizienten Schätzungen erhöht sich die Wahrscheinlichkeit dafür, dass ein konkreter Regressionskoeffizient vom wahren Wert in der Grundgesamtheit abweicht.

Die Ursachen für *Heteroskedastizität* sind vielfältig. Relativ häufig tritt das Problem auf, wenn die abhängige Variable im Modell nicht symmetrisch ist. Zur Überprüfung der Symmetrie von Variablen eignen sich die in Kapitel 7 beschriebenen Verfahren zur grafischen Darstellung von Variablen mit vielen Ausprägungen. Ein spezielles Verfahren zur Untersuchung der Symmetrie von Verteilungen ist der *Symmetrieplot* (Schnell 1994:76). Hierbei wird zunächst der Median bestimmt. Danach werden die Abstände der nächstgrößeren und der nächstkleineren Beobachtung zum Median bestimmt und beide Werte gegeneinander geplottet. Entsprechend wird auch mit den übernächsten und allen anderen Beobachtungen verfahren. Sind die Abstände stets gleich groß, liegen die Plotsymbole auf der Hauptdiagonalen. Sind die Abstände der Beobachtungen über dem Median größer als die Abstände unter dem Median so ist die Verteilung *rechtsschief*. Im umgekehrten Fall ist die Verteilung *linksschief*. In Stata werden *Symmetrieplots* durch den Befehl „symplot" erstellt. Hier ist der *Symmetrieplot* der Wohnungsgröße:

---

[63]Z.B. $x_1 = 2 + x_2$

[64]Einen weiteren Stata-Befehl wollen wir an dieser Stelle erwähnen, auch wenn wir das dahinter liegende statistische Konzept an dieser Stelle nicht weiter erläutern möchten. Zur Entdeckung von Multikollinearität können Sie im Anschluss an das Regressionsmodell „vif" eingeben, Sie bekommen dann für jede unabhängige Variable den so genannten *Variance Inflation Factor*, zur Interpretation und Erklärung vgl. z.B. Fox (1997:338).

8.3 Regressions-Diagnostik

```
. symplot wohngr
```

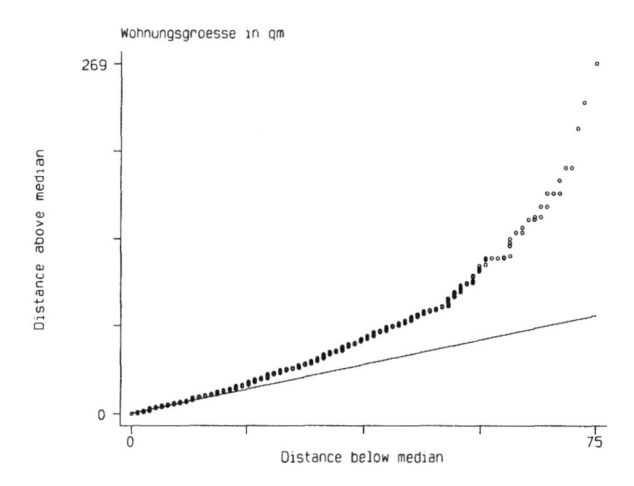

Die Abbildung zeigt eine deutlich rechtsschiefe Verteilung des Haushaltseinkommens. Bei einer solchen Verteilung ist zu befürchten, dass die *Homoskedastizitätsannahme* verletzt ist.

Die Standardmethode zur Überprüfung der Homoskedastizitätsannahme ist der *Residual-vs.-Fitted*-Plot[65]. Wir möchten Ihnen hier eine Variante des *Residual-vs.-Fitted*-Plot vorstellen, bei der die Untersuchung der Varianz der Residuen besonders betont wird. Dabei wird die X-Achse in k Gruppen mit etwa gleich viel Fällen unterteilt und für jede der Gruppen ein Boxplot der studentisierten Residuen berechnet.

Zunächst berechnen wir noch einmal die Regression einschließlich der vorhergesagten Werte und der studentisierten Residuen:

```
. regress wohngr hhein hhgr
. predict yhat3
. predict rstud, rstud
```

Für das Beispiel wurde die Zahl der Gruppen so bestimmt, dass jeder Boxplot auf etwa 100 Beobachtungen basiert[66]:

```
. local groups = round(e(N)/100,1)
. pctile quant = yhat3, n('groups')
. xtile groups = yhat3, c(quant)
```

---

[65] Eine ausführliche Diskussion dieses Plots und Varianten davon finden Sie bei Schnell (1994: 231).

[66] Bei *round()* handelt es sich um die allgemeine Stata-Funktion zum Runden von Zahlen (Abschnitt 3.4.2 auf Seite 61). Unter *e(N)* ist die in der letzten Regression verwendete Fallzahl gespeichert. Die Befehle „pctile" und „xtile" werden in Abschnitt 7.2.1 auf Seite 148 ausführlich beschrieben.

```
. graph rstud, box by(groups)
```

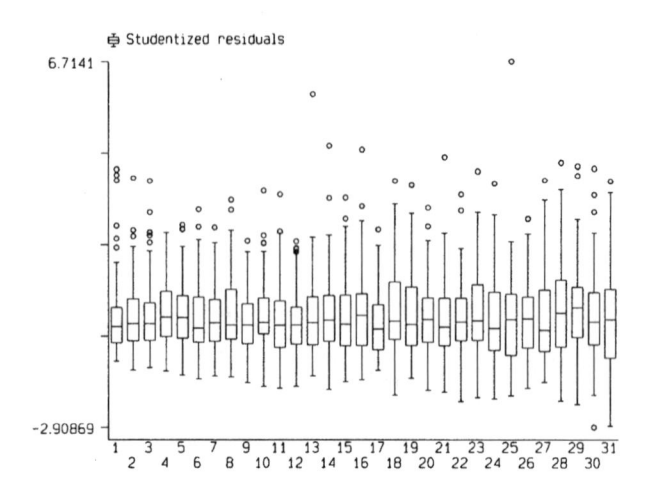

Die Abbildung zeigt eine leicht zunehmende — jedoch wohl noch akzeptable — Tendenz der Varianz der Residuen.

Lösungsmöglichkeiten

Zur Beseitigung von *Heteroskedastizität* genügt in vielen Fällen die Transformation der abhängigen Variable. Ziel dieser Transformation sollte es sein, eine möglichst symmetrisch verteilte abhängige Variable zu erhalten. Bei rechtsschiefen Variablen genügt es oft, diese Variable zu logarithmieren. Mit dem Befehl „boxcox" steht Ihnen darüber hinaus die Möglichkeit zur Verfügung, die entsprechende Variable so zu transformieren, dass sie möglichst symmetrisch wird. Weitere Erläuterungen zur *Box-Cox*-Transformation finden Sie in Abschnitt 8.4.3.2 auf Seite 230.

Führt die Transformation der abhängigen Variable zu keiner Beseitigung der *Heteroskedastizität*, können Sie die in der Regressions-Ausgabe ausgewiesenen Standardfehler der Koeffizienten nicht zur Grundlage eines *Signifikanztests* verwenden[67]. Wenn Sie dennoch an einem Signifikanztest interessiert sind, so können Sie die Option „robust" des Regressionsbefehls verwenden. Mit dieser Option werden die Standardfehler auf eine Art berechnet, welche die *Homoskedastizität* der Fehler nicht voraussetzt.

---

[67] Zu den Begriffen Signifikanz und Standardfehler siehe unten, Abschnitt 8.5 auf Seite 231.

8.3.4 Die Verletzung von $\mathrm{COV}(\epsilon_i, \epsilon_j) = 0; i \neq j$

Mit $\mathrm{COV}(\epsilon_i, \epsilon_j) = 0; i \neq j$ ist gemeint, dass die Fehler untereinander unkorreliert sein sollten. Die Verletzung dieser Annahme wird *Autokorrelation* genannt. Die Folgen der Autokorrelation sind ineffiziente Schätzungen der Koeffizienten.

Man macht sich die Bedeutung der vorliegenden Annahme am besten anhand eines Beispiels klar. Wir haben in den vorangegangenen Abschnitten versucht, die Wohnungsgröße vorherzusagen. Nehmen Sie nun einmal an, Sie hätten die Wohnungsgröße durch Schätzung der Interviewer erhoben. In diesem Fall wäre es nicht unwahrscheinlich, dass einige Ihrer Interviewer generell dazu neigen, die Wohnungen der Befragten zu unterschätzen, andere dagegen diese zu überschätzen. In diesem Fall wären alle Beobachtungen eines Interviewers untereinander in einer gewissen Hinsicht ähnlich: in dem Ausmaß mit der die Wohnungsgröße über- oder unterschätzt wird. Ein ähnlicher Fall tritt ein, wenn alle Personen eines Haushalts befragt werden. Auch in diesem Fall dürfte es unter den unbeobachteten Einflüssen (ϵ_i) Faktoren geben, die bei den Mitgliedern eines Haushalts jeweils in dieselbe Richtung weisen. Dasselbe gilt eventuell auch für die Befragten aus einer bestimmten Stichprobenregion.

Die Beispiele zeigen, dass sich die Verletzung der Unabhängigkeitsannahme auch im Bereich von Querschnittsbefragungen zeigen kann. In jüngerer Zeit wird der Umgang mit den hier gezeigten Beispielen einer Verletzung der Unabhängigkeitsannahme verstärkt im Rahmen der Literatur zu komplexen Stichproben (Lee 1989, Lehtonen 1995, Skinner 1989) sowie zu *Multi-Level-*Modellen (Hox 1995, Kreft/DeLeeuw 1998) diskutiert. Wir werden weiter unten noch etwas ausführlicher auf das Problem eingehen.

Besondere Aufmerksamkeit wird der Autokorrelation im Rahmen von Zeitreihenanalysen zuteil, da zeitlich aufeinander folgende Beobachtungen einander häufig ähnlicher sind als zeitlich weit auseinander liegende Beobachtungen (*serielle Autokorrelation*). Für Zeitreihenanalysen wurde die *Durbin-Watson-*Teststatistik eintwickelt. Diese kann in Stata mit dem Befehl „dwstat" nach einer Regression angefordert werden. Allerdings erfordert dieser Befehl, dass der Datensatz als *Zeitreihe* definiert wurde[68].

8.4 Verfeinerte Modelle

In diesem Abschnitt werden wir Ihnen einige Erweiterung des linearen Regressionsmodells vorstellen. Diese Erweiterungen beziehen sich auf den Umgang mit kategorialen unabhängigen Variablen, auf die Aufnahme von Interaktionstermen und die Modellierung von *kurvilinearen* Zusammenhängen. Die

---

[68] Da wir Zeitreihenanalysen in diesem Buches nicht behandeln, verweisen wir hier auf den die *Online*-Hilfe zu „tsset" sowie auf den Handbucheintrag [U] „29.12".

Interpretation solcher verfeinerter Modelle ist teilweise etwas schwierig. Die grafische Darstellung der Ergebnisse in *Conditional-Effects*-Plots kann hier gute Dienst leisten.

8.4.1 Kategoriale unabhängige Variablen

Probleme bereitet es, wenn Sie eine kategoriale Variable mit mehr als zwei Ausprägungen in eine Regression aufnehmen wollen. Als Beispiel hierfür sei der Familienstand angeführt. Die Variable *fam* enthält die Kategorien *verheiratet, verheiratet aber getrennt lebend, ledig, geschieden, verwitwet* und *Ehepartner im Heimatland*:

```
. tabulate fam

Familiensta |
     nd 97 |      Freq.     Percent        Cum.
------------+-----------------------------------
      verh. |       1860       55.69       55.69
   getrennt |         83        2.49       58.17
      ledig |        800       23.95       82.13
      gesch.|        270        8.08       90.21
      verw. |        312        9.34       99.55
     heimat |         15        0.45      100.00
------------+-----------------------------------
      Total |       3340      100.00
```

Die Aufnahme der Variable Familienstand in die Reihe der unabhängigen Variablen eines Regressionsmodells ist problematisch, weil eine Veränderung dieser Variable von einer Einheit zur nächsten nicht in regelmäßigen Schritten vollzogen werden kann. Es ist nicht sinnvoll anzunehmen, ein Schritt von *verheiratet* zu *getrennt lebend* habe für die Wohnungsgröße die gleiche Bedeutung wie der Schritt von *geschieden* zu *verwitwet*. Genau diese Behauptung würde man jedoch implizit treffen, wenn man eine kategoriale Variable mit mehreren Ausprägungen unverändert in ein Regressionsmodell aufnimmt. Aus diesem Grund müssen die Kategorien einzeln untereinander kontrastiert werden. Was das bedeutet wollen wir im Folgenden erläutern.

Keine Probleme bereitet es, in das Modell eine Variable aufzunehmen, die zwischen verheirateten und nicht verheirateten Befragten unterscheidet:

```
. generate married = fam == 1 if fam ~=.
```

Dazu wird eine dichotome Variable gebildet mit den Ausprägungen 0 für nicht verheiratet und 1 für verheiratet. Der b-Koeffizient dieser Variable in einem Regressionsmodell ließe sich analog zu dem der *Dummy*-Variablen in dem Modell auf Seite 191 interpretieren. Nach diesem Muster könnte man z.B. sagen, Verheiratete hätten eine um b Quadratmeter größe Wohnung als nicht Verheiratete.

8.4 Verfeinerte Modelle

Ganz entsprechend könnte man auch andere Kontraste bilden:

```
. generate separate = fam == 2 if fam ~=.
. generate unmarrie = fam == 3 if fam ~=.
. generate divorce  = fam == 4 if fam ~=.
. generate widowed  = fam == 5 if fam ~=.
. generate grasswid = fam == 6 if fam ~=.
```

Jede dieser Kontraste bildet den Gegensatz zwischen einem Familienstand und allen anderen Personen ab. Wenn Sie jedoch *alle* Kontraste in Ihr Regressionsmodell aufnehmen, wird *automatisch* eine Variable aus dem Modell entfernt:

```
. regress wohngr hhein hhgr married-grasswid
```

snip ✂

wohngr	Coef.	Std. Err.	t	P>|t|	[95% Conf. Interval]	
hhein	.0076009	.0003244	23.428	0.000	.0069648	.008237
hhgr	3.650216	.5983567	6.100	0.000	2.477003	4.823429
married	-3.94596	4.458061	-0.885	0.376	-12.68699	4.795071
separate	(dropped)					
unmarrie	-6.814667	4.531405	-1.504	0.133	-15.69951	2.070172
divorce	-9.980767	4.91478	-2.031	0.042	-19.6173	-.3442346
widowed	-1.932796	4.851237	-0.398	0.690	-11.44474	7.579146
grasswid	-30.56838	11.23332	-2.721	0.007	-52.59383	-8.542938
_cons	53.80619	4.517901	11.910	0.000	44.94783	62.66456

Ursache hierfür ist, dass von den sechs gebildeten Variablen nur fünf benötigt werden, um von jeder Person zu wissen, welchen Familienstand sie hat: Eine Person, die nicht mit ihrem Ehepartner zusammen lebt, nicht geschieden, nicht ledig, nicht verwitwet und nicht „Strohwitwe" ist, *muss* von ihrem Ehepartner getrennt leben. In solchen Fällen spricht man davon, dass eine der Variablen mit den anderen *kollinear* ist. Der Einfluss kollinearer Variablen kann in einem Regressionsmodell nicht berechnet werden. Erst nach Entfernen der entsprechenden Variable wird die Modellgleichung lösbar.

Bei der Interpretation des so berechneten Regressionsmodells ist zu berücksichtigen, dass die Konstante dem vorhergesagten Wert entspricht, wenn alle anderen Kovariaten 0 sind. Im vorliegenden Fall sind dies demnach die getrennt Lebenden. Die Wohnungsgrößen der Personen mit anderem Familienstand unterscheiden sich von diesen in Höhe der angegebenen Koeffizienten. Im obigen Modell haben die Verheirateten also eine durchschnittlich $3.95\,m^2$ kleinere Wohnung als die getrennt Lebenden. Noch kleiner sind die Wohnungen der Ledigen, deren Wohnungen durchschnittlich um $6.81\,m^2$ kleiner sind als die der getrennt Lebenden. Die übrigen Koeffizienten werden entsprechend interpretiert.

Die hier erzielten Koeffizienten sind mehr als etwas erstaunlich. Plausibel wäre es gewesen, wenn *Verheiratete* größere Wohnungen gehabt hätten als die *getrennt Lebenden*. Laut Modell ist es jedoch umgekehrt. Solche offensichtlichen Differenzen zum *Common Sense* sind zwar als Analyseergebnis durchaus nicht unerwünscht, jedoch in vielen Fällen auch einem Artefakt geschuldet. So auch in diesem Fall. Die getrennt Lebenden wohnen sehr häufig allein, d.h. sie haben meistens eine Haushaltsgröße von 1. Diese tendenzielle Kollinearität, sowie die Tatsache, dass nur wenig getrennt Lebende im Datensatz sind, führt dazu, dass der Einfluss des „getrennt Lebens" nur schwer von dem des „allein Lebens" getrennt werden kann. Unsichere Koeffizienten sind die Folge.

Anstatt wie oben die Kontrast-Variablen mühsam Variable für Variable von Hand zu bilden, können Sie auch den Befehl „tab varname, gen(neuvar)" verwenden. Dabei ist *varname* der Name der kategorialen Variable, und unter den Namen *neuvar1* bis *neuvarK* werden so viele Variablen abgespeichert, wie Ausprägungen in der kategorialen Variable vorhanden sind.

```
. tabulate egp, gen(egp_)
```

Hierdurch werden die Variablen *egp_1* bis *egp_11* gebildet. Diese können Sie ebenfalls in Ihr Regressionsmodell einsetzen. Meist ist es sinnvoll, gleich zu Beginn einen bestimmten Kontrast wegzulassen. Welcher das ist, ist letztlich aber völlig arbiträr, da sich die gewonnenen Befunde inhaltlich nicht unterscheiden.

Eine weitere Abkürzung zur Erzeugung von *Dummy*-Variablen für Kategorien einer nominalen Variable ist „xi". Den Befehl „xi" können Sie als Befehl oder als Präfix zu beliebigen Modell-Befehlen verwenden. Mit dem Befehl

```
. xi: regress wohngr i.htyp
```

berechnen Sie eine Regression der Wohnungsgröße auf die kategoriale Variable Haushaltstyp. Dabei werden für die Regression acht *Dummy*-Variablen gebildet (so viele Ausprägungen hat die Variable *htyp*) und in der Regression berücksichtigt. Automatisch wird die niedrigste Kategorie als Referenzkategorie verwendet. Der Befehl *xi* eignet sich vor allem dann, wenn Sie mit diesen *Dummy*-Variablen Interaktionseffekte modellieren wollen. Die wiederholte Verwendung von „xi" ist aber zeitintensiv, da die Variablen für jedes Modell erneut gebildet werden.

8.4.2 Interaktionseffekte

Zur Modellierung von Interaktionseffekten wollen wir die Analyse der Einkommensungleichheit aus Kapitel 1 wieder aufgreifen. Dort hatten wir versucht für alle Befragten, die über ein Einkommen verfügen, das Bruttoeinkommen durch Geschlecht und Erwerbsstatus zu erklären. Die Analyse zeigte, dass Frauen im Allgemeinen weniger verdienen als Männer, und dass dieser Unterschied nur teilweise auf die häufigere Teilzeitbeschäftigung der Frauen zurückzuführen ist.

8.4 Verfeinerte Modelle

Bitte reproduzieren Sie das Modell durch den Aufruf des dafür geschriebenen *Do-Files anchap1.do*:

```
. do anchap1
```

Nehmen Sie nun einmal an, Sie hätten die Vermutung, dass das Einkommen nicht nur vom Geschlecht und dem Erwerbsstatus abhängt, sondern auch von der Ausbildung. Höhere Bildung – so vermuten Sie – führt zu höherem Einkommen. In diesem Fall sollten Sie die Bildung in Ihr Regressionsmodell aufnehmen. Allerdings nehmen Sie gleichzeitig an, dass der Vorteil der Ausbildung umso stärker zum Tragen kommt, je älter man ist. Drei Gründe sprechen für diese Vermutung:

- Höher Gebildete beginnen ihre berufliche Karriere spät. Hoch gebildete Berufseinsteiger verdienen darum zunächst nicht wesentlich mehr — wenn überhaupt — als die weniger Gebildeten gleichen Alters, die ja meist schon einige Jahr Berufserfahrung aufweisen. Mit zunehmender Verweildauer im Beruf wächst jedoch der Vorteil hoher Bildung.

- Personen mit niedriger Bildung haben ein höheres Risiko arbeitslos zu werden. Unterbrechungen im Erwerbsverlauf können zu einem erschwerten Wiedereinstieg ins Erwerbsleben führen, oftmals nur über Teilzeit- oder Hilfsarbeiten mit einem niedrigem Gehalt. Im Extremfall würde dies sogar einen mit dem Alter eintretenden Einkommensverlust bei den niedrigen Bildungsgruppen nahelegen.

- Die Bildung war lange Zeit eine entscheidende Variable für die Höhe des Einkommens. Mittlerweile gibt es aber viele neue Berufszweige, für die es keine *klassische* Ausbildung oder ein entsprechendes Studium gibt. Die Einkommensungleichheit zwischen den verschiedenen Bildungsgruppen ist ein aussterbendes Phänomen, weshalb Einkommensungleichheit zwischen den Bildungsgruppen nur in den älteren Generationen feststellbar sein könnte.

Alle drei Gründe legen die Vermutung nahe, dass der Effekt der Bildung auf das Einkommen umso stärker ist, je älter die Personen sind, die man betrachtet. Solche, für Werte einer dritten Variable variierenden Effekte, werden *Interaktionseffekte* genannt. In einem Regressionsmodell werden Interaktionseffekte eingeführt, indem die beteiligten Variablen multipliziert werden.

Im Fall unseres Beispiels sind die Variablen Bildung und Alter am Interaktionseffekt beteiligt. Zur Erweiterung Ihres Modells können wir die Bildungsdauer in Jahren (*bdauer*) verwenden. Die Variable für das Alter erzeugen wir aus dem Geburtsjahr (*gebjahr*):

```
. generate age = 1997 - gebjahr
```

Aus einer Reihe von Gründen[69] ist es vorteilhaft, metrische Variablen wie die Bildungsdauer oder das Alter zu zentrieren, bevor man Sie in ein lineares

---
[69] Vgl. hierzu Aiken/West (1991).

Regressionsmodell einführt. Dies gilt insbesondere in Gegenwart von Interaktionstermen.

Bei der Zentrierung wird von jedem Wert einer Variable der Mittelwert der Variable abgezogen. In unserem Fall ist zu beachten, dass der Mittelwert nur auf Basis derjenigen Fälle berechnet wird, die auch in das Regressionsmodell eingeschlossen werden. Um festzustellen, um welche Fälle es sich dabei handelt, müssen wir wissen, welche Beobachtungen auf keiner der im Regressionsmodell enthaltenen Variablen einen *Missing* hat. Hierzu verwenden wir die „egen"-Funktion „rmiss(varlist)". Mit dieser Funktion wird die Anzahl fehlender Werte (*Missings*) innerhalb einer Variablenliste gezählt.

```
. egen miss = rmiss(eink bdauer gebjahr vollzeit)
```

Dieser „egen"-Befehl erzeugt die Variable *miss*. Die Variable *miss* hat die Ausprägung Null für alle Personen, die bei keiner der angegebenen Variablen (*eink bdauer gebjahr vollzeit*) einen fehlenden Wert aufweist. Mit ihrer Hilfe können wir unser Problem einfach lösen[70]:

```
. summarize bdauer if miss == 0
. generate zbdau = bdauer - r(mean) if miss==0
```

bzw.

```
. summarize age if miss==0
. generate zage = age - r(mean) if miss==0
```

Nach der Zentrierung können Sie die Interaktionsvariable bilden. Dabei multiplizieren Sie die an der Interaktion beteiligten Variablen und berechnen das lineare Regressionsmodell erweitert um die Variablen *zage*, *bdage* und die neu gebildete Interaktionsvariable *bdage*:

```
. generate bdage = zbdau * zage
. regress eink vollzeit men zage zbdau bdage
```

Auf das Regressionsmodell wollen wir hier nicht eingehen, sondern sofort die grafische Darstellung erläutern. Dabei soll insbesondere die Interpretation von Interaktionstermen verdeutlicht werden. Auch wenn die Darstellung der Ergebnisse multipler linearer Regressionen meist in Form von Tabellen erfolgt[71], halten wir eine grafische Ergebnisdarstellung bei komplizierten Regressionsmodellen für sinnvoller. Spätestens bei Modellen mit Interaktionstermen sind grafische Darstellungen sehr hilfreich. Am häufigsten angewandt wird der *Conditional-Effects*-Plot.

Im *Conditional-Effects*-Plot werden Regressionsgeraden für unterschiedliche Kombinationen der unabhängigen Variablen gezeichnet. Wir möchten eine

---

[70] Der Ausdruck *r(mean)* steht für den Mittelwert der im „summarize"-Befehl berechnet wurde (siehe Kapitel 4 auf Seite 73).

[71] In Abschnitt 12.3.1 auf Seite 386 beschreiben wir einen Befehl, mit dem die Stata-Regressions-Ausgabe in eine Tabelle umgewandelt wird, wie sie in vielen Veröffentlichungen üblich ist.

8.4 Verfeinerte Modelle 225

Grafik erzeugen, bei welcher der Zusammenhang zwischen Alter und Einkommen angezeigt wird. Allerdings möchten wir nicht nur eine Regressionsgerade für den Gesamtzusammenhang betrachten, sondern möchten gemäß unserer Interaktionshypothesen den Zusammenhang getrennt für diejenigen mit der kürzesten, der durchschnittlichen und der längsten Ausbildungszeit angezeigt bekommen. Das heißt wir berechnen insgesamt drei Regressionsgeraden.

Bei der linearen Einfachregression hatten wir die Regressionsgerade über die vorhergesagten Werte des Modells erzeugt. Diese wurden wie auf Seite 183 beschrieben mit

. predict yhat1

berechnet. Oder ausführlich mit

. generate yhat2 = _b[_cons] + _b[vollzeit] * vollzeit + _b[men] * men
+ _b[zage] * zage + _b[zbdau] * zbdau + _b[bdage] * bdage

Anders als bei der linearen Einfachregression lassen sich diese vorhergesagten Werte jedoch nicht mehr als eine Gerade in einer *zweidimensionalen* Grafik darstellen. Eine Gerade ergibt sich aber, wenn zur Berechnung der vorhergesagten Werte die Werte aller Variablen außer einer auf einen Wert *fixiert* werden. Wir können z.B. die vorhergesagten Werte für die weiblichen teilzeiterwerbstätigen Befragten mit mittlerer Bildung berechnen, wenn wir für alle Variablen bis auf das Alter fixiert den Wert 0 in die Regressionsgleichung einsetzten[72]:

. generate yh_bd0 = _b[_cons] + _b[zage] * zage

Beachten Sie, dass durch die Nullsetzung die meisten Terme aus der Gleichung fallen. Dies gilt auch für den Interaktionseffekt, da die Multiplikation von *age* mit der mittleren Bildungsdauer (0) ebenfalls Null ist.

Entsprechend lassen sich so die vorhergesagten Werte derselben Gruppe mit der niedrigsten Bildung ermitteln. Dazu geben Sie den „summerize"-Befehl für die Variable *zbdau* an und verwenden im Anschluss das gespeicherte Ergebnis r(*min*), welches den niedrigsten Wert der im „summerize"-Befehl genannten Variable enthält:

. summarize zbdau
. generate bfix = zage * r(min)
. generate yh_bdmin = _b[_cons] + _b[zage] * zage + _b[zbdau] * r(min)
+ _b[bdage] * bfix

Beachten Sie, dass die Fixierung der Interaktionsvariable ein wenig kompliziert ist, da sie bezüglich des Alters weiter variieren sollte. Wir haben deshalb die Variable *bfix* gebildet, die mit *bdage* identisch ist, nur dass der Wert der Bildung fixiert wird. Entsprechend können Sie die Bildung auch auf den höchsten Wert (r(*max*)) fixieren:

---

[72] Auf Grund der Zentrierung wissen wir, dass 0 dem Wert der durchschnittlichen Bildungsdauer entspricht. Dies ist einer der Vorteile der Zentrierung.

```
. replace bfix = zage * r(max)
. generate yh_bdmax = _b[_cons] + _b[zage] * zage + _b[zbdau] * r(max)
  + _b[bdage] * bfix
```

Damit haben Sie drei unterschiedliche Variablen mit vorhergesagten Werten für unterschiedlich gebildete teilzeiterwerbstätige westdeutsche Frauen erzeugt. Jede dieser Variablen ist für sich betrachtet eine Funktion des Alters. Die Werte für jedes Bildungsniveau liegen auf einer Gerade, diese Gerade können Sie grafisch darstellen[73]:

```
. graph yh_bd* age, border connect(lll) symbol(...) sort
```

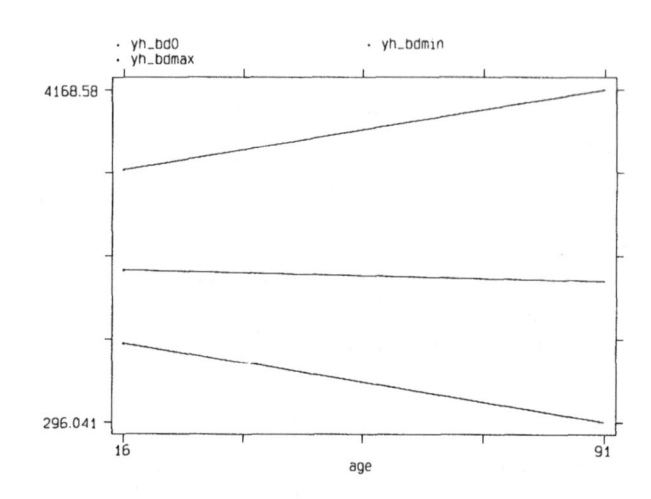

An der Grafik können Sie deutlich ablesen, was eine Interaktionvariable bewirkt: Das Alter hat für jedes Bildungsniveau einen anderen Einfluss. Je höher die Bildung, desto stärker steigt das Einkommen mit dem Alter[74]. Umgekehrt steigt, wie durch die theoretischen Überlegungen erwartet, der Effekt der Bildung — die Differenz der Linien — mit dem Alter der Befragten. In Modellen ohne Interaktionseffekte sind die Linien in *Conditional-Effects*-Plots immer parallel.

8.4.3 Regressionsmodelle mit transformierten Daten

Für die Anwendung von Regressionsmodellen mit transformierten Variablen gibt es im Wesentlichen zwei Gründe:

---

[73] Der Stern hinter *yh_bd* wird als Platzhalter verwendet. In den Grafik-Befehl werden alle Variablen aufgenommen, die mit *yh_bd* anfangen.

[74] Die obere Linie steht für die höchste Bildungsgruppe. Am Bildschirm sind die Bildungsgruppen farblich markiert. Wie Sie den Ausdruck der Grafik verbessern können, erfahren Sie in Abschnitt 6.1.6 auf Seite 122.

8.4 Verfeinerte Modelle

1. das Vorliegen einer nichtlinearen Beziehung und
2. die Verletzung der Homoskedastizitätsannahme.

Je nachdem welcher der beiden Gründe vorliegt, unterscheidet sich das weitere Vorgehen. Der wesentlichste Unterschied besteht darin, dass im Fall nichtlinearer Beziehungen (normalerweise) die unabhängige Variable transformiert wird, im Fall der Verletzung der Homoskedastizitätsannahme dagegen die abhängige Variable. Im Folgenden soll zunächst das Vorgehen zur Modellierung nichtlinearer Beziehungen erläutert werden. Daran anschließend werden wir kurz auf die Verwendung von Transformationen zur Beseitigung von Heteroskedastizität hinweisen[75].

8.4.3.1 Modellierung nichtlinearer Zusammenhänge

In Abschnitt 8.3.2.1 haben wir Ihnen regressionsdiagnostische Verfahren vorgestellt, mit denen man nichtlineare Beziehungen entdecken kann. In vielen Fällen genügen jedoch schon theoretische Überlegungen, um eine Veranlassung für die Modellierung nichtlinearer Beziehungen zu sehen: Betrachten Sie sich z.B. den Zusammenhang zwischen der Alphabetisierungsrate von Frauen und der Geburtenrate. Wahrscheinlich besteht hier ein negativer Zusammenhang. Wahrscheinlich ist aber auch, dass die Geburtenrate nichtlinear absinkt, bis sie schließlich bei Null liegt. Vielmehr dürfte die Geburtenrate mit zunehmender Alphabetisierung der Frauen zunächst rasch abnehmen und sich dann auf einen Wert bei ca. ein bis zwei Geburten einpendeln.

Nichtlineare Zusammenhänge finden sich auch häufig, wenn „Einkommen" als unabhängige Variable verwendet wird. Oftmals haben Einkommensveränderungen im unteren Spektrum einen größeren Effekt auf die abhängige Variable als Einkommensveränderungen im oberen Einkommensspektrum. Schließlich verdreifacht sich das Einkommen bei einer Veränderung von DM 500 auf DM 1500, während es sich bei einer Veränderung von DM 10000 auf DM 11000 nur noch um 10 Prozent erhöht, obwohl es in beiden Fällen um DM 1000 gestiegen ist.

Bei der Modellierung nichtlinearer Beziehungen muss man sich zunächst über die genaue Form des Zusammenhangs klar werden. Wir wollen hier drei Grundtypen nichtlinearer Beziehungen unterscheiden: *logarithmische*, *hyperbolische* und *U-förmige*. Idealtypen dieser Zusammenhänge zeigt Abbildung 8.7 auf der nächsten Seite[76]:

Bei logarithmischen Zusammenhängen steigt die abhängige Variable zunächst stark mit den Werten der unabhängigen Variable. Mit steigenden Werten der unabhängigen Variable wird dieser Anstieg jedoch allmählich schwächer. Bei

---
[75] Weitere Informationen zu Datentransformationen finden sich bei Mosteller/Tukey (1977).
[76] *grcurves.do*

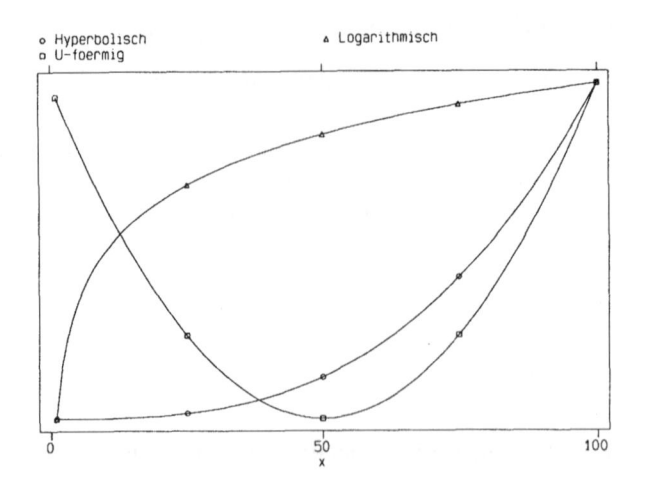

Abbildung 8.7: Grundtypen nichtlinearer Beziehungen

hyperbolischen Zusammenhängen ist es umgekehrt. Hier steigt die abhängige Variable zunächst schwach, dann immer stärker. Beim U-förmigen Zusammenhang ändert sich die Richtung des Effekts der unabhängigen Variablen. Alle drei Grundtypen können auch in *umgekehrter* Richtung auftreten. Beim logarithmischen Zusammenhang bedeutet dies, dass die Werte zunächst stark, dann schwach *fallen*. Beim hyperbolischen Zusammenhang fallen die Werte zuerst schwach, dann stark und beim *umgekehrt* U-förmigen Zusammenhang steigen die Werte zunächst und sinken dann. In der Praxis treten vor allem logarithmische Zusammenhänge recht häufig auf.

Zur Modellierung logarithmischer Zusammenhänge wird der Logarithmus der unabhängigen Variable gebildet und die ursprüngliche unabhängige Variable in der Regression durch diese transformierte Variable ersetzt. Ein stark logarithmischer Zusammenhang besteht zum Beispiel zwischen dem Bruttosozialprodukt der Länder dieser Welt und der dort anzutreffenden Kindersterblichkeitsrate. Der Datensatz *uno.dta* enthält diese Daten[77].

```
. use uno.dta, clear
. graph infmort gdp
```

Sie können diesen logarithmischen Zusammenhang modellieren, indem Sie die X-Variable logarithmieren

```
. generate loggdp = log(gdp)
```

---
[77]Das Beispiel stammt von Fox (2000), die Daten wurden aktualisiert anhand der von den Vereinten Nation auf *http://www.un.org/Depts/unsd/social/main.htm* im Jahr 2000 zur Verfügung gestellten Informationen.

8.4 Verfeinerte Modelle

und diese statt der ursprünglichen X-Variable in das Regressionsmodell aufnehmen:

```
. regress infmort loggdp
. predict yhat1
```

Zwischen den vorhergesagten Werten dieser Regression *yhat1* und der nicht transformierten unabhängigen Variable besteht dann ein logarithmischer Zusammenhang:

```
. graph infmort yhat1 gdp, connect(.l) symbol(Oi) sort
```

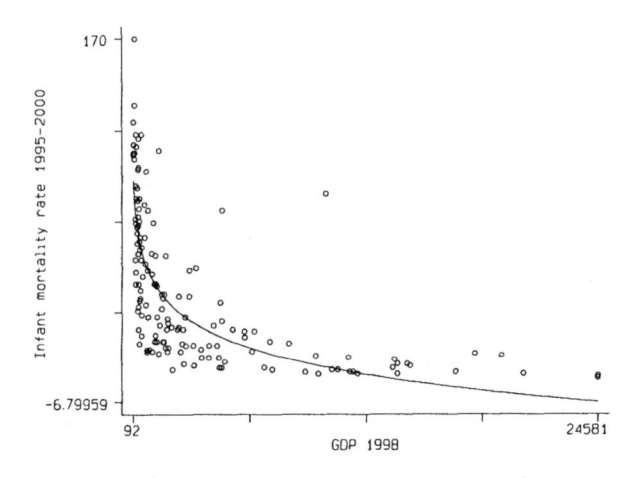

Ähnlich verfährt man bei hyperbolischen Zusammenhängen, nur dass diesmal nicht der Logarithmus sondern das Quadrat der unabhängigen Variable gebildet wird. Auch hier wird die ursprünglich unabhängige Variable durch die quadrierte Version der unabhängige Variable ersetzt[78].

Anders gestaltet sich die Modellierung von U-förmigen Zusammenhängen. Hier wird die unabhängige Variable zwar ebenfalls quadriert, die transformierte Variable wird jedoch *zusätzlich* zur nicht transformierten Variable in das Regressionsmodell aufgenommen. Ein U-förmiger Zusammenhang findet sich in den Daten des auf Seite 198 vorgestellten *Anscombe-Quartetts*. Durch zusätzliche Aufnahme eines quadratischen Terms können Sie diesen Zusammenhang perfekt modellieren:

```
. use anscombe, clear
. generate x2q = x2^2
. regress y2 x2 x2q
```

---

[78]Beispiele für hyperbolische Beziehungen in den Sozialwissenschaften sind selten. Möglicherweise steht das Jahresgehalt von Formel 1 Rennfahrern in einer hyperbolischen Beziehung zur Anzahl der Grand-Prix Siege.

```
. predict yhat
. graph y2 yhat x2, c(.1) s(Oi) sort
```

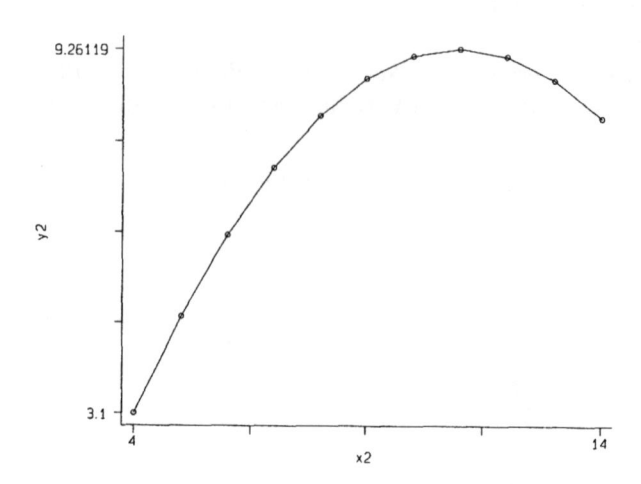

8.4.3.2 Transformation zur Beseitigung von Heteroskedastizität

In Abschnitt 8.3.3 auf Seite 216 hatten wir als eine der Ursachen für Heteroskedastizität die Verwendung schief verteilter abhängiger Variablen genannt. Aus diesem Grund muss zur Beseitigung von Heteroskedastizität stets die abhängige Variable transformiert werden. Beachten Sie jedoch, dass sich durch die Transformation der abhängigen Variable die Interpretation des Regressionsmodells ändert. Transformationen der abhängigen Variable führen dazu, dass zwischen der nicht transformierten abhängigen Variable und *allen* unabhängigen Variablen nichtlineare Beziehungen modelliert werden (vgl. Hair et al. 1995:71).

Ziel der Transformation sollte es sein, eine möglichst symmetrische oder normalverteilte abhängige Variable zu erhalten. Dabei können Sie folgende „Daumenregel" beachten: Handelt es sich um sehr breitgipflige Verteilung, ist oftmals die Inverse dieser Variable die geeignete Transformation ($1/Y$). Handelt es sich um eine rechtsschiefe Verteilung (wie bei der Wohnungsgröße), empfiehlt sich der Logarithmus und handelt es sich um eine linksschiefe Verteilung, können Sie die Wurzel verwenden (Hair et al. 1995:70).

Neben diesen Daumenregeln bietet Stata Ihnen das Kommando „boxcox". Mit diesem Kommando wird Ihnen eine Transformation vorgeschlagen, die zu einer *Normalisierung* der Verteilung führt[79].

---

[79] Achten Sie darauf, dass die Variable, die Sie zusammen mit dem „boxcox"-Befehl anwenden keine negativen Werte oder den Wert Null enthält.

```
. use data1,clear
. boxcox wohngr
```

Hierdurch erhalten Sie eine *Maximum-Likelihood*-Schätzung[80] des Parameters λ. Die Transformation der Variable erfolgt dann durch

$$y(\lambda) = \begin{cases} \frac{y^\lambda - 1}{\lambda} & \text{wenn } \lambda \neq 0 \\ \ln y & \text{wenn } \lambda = 0 \end{cases}. \tag{8.23}$$

Durch den Befehl

```
. boxcox wohngr, gen(bcwohngr)
```

erzeugt Stata direkt die Variable *bcwohngr* gemäß (8.23).

Der *Residual-vs.-Fitted*-Plot (S. 200) liefert Ihnen einen weiteren Hinweise dafür, welche Transformation bei Heteroskedastizität angewendet werden kann. Wenn die Streuung der Residuen mit Zunahme der vorhergesagten Werte größer wird, sollten Sie die Inverse der Y-Variable als abhängige Variable nehmen. Wenn die Streuung mit größer werdenen vorhergesagten Werten abnimmt, sollten Sie die Wurzel aus Y ziehen und die abhängige Variable durch diese ersetzen (Hair et al. 1995:70).

Mit welcher Transformation Sie auch beginnen, es wird ein iterativen Prozess sein, bis Sie die „richtige" gefunden haben: Sie verwenden die transformierte Variable, berechnen erneut Ihr Modell, suchen eine neue Transformation, berechnen wieder Ihr Modell usw.

8.5 Koeffizienten und ihr „wahrer" Wert

Bisher haben Sie die Daten so betrachtet, als hätten Sie alle in der Population vorkommenden Beobachtungseinheiten in Ihrem Datensatz. Dies ist in der Regel nicht der Fall. Vielmehr handelt es sich bei Ihren Daten oftmals um eine Stichprobe aus einer größeren Grundgesamtheit. Die Koeffizienten der Regression (Konstante und Steigung der Geraden) sind lediglich eine Schätzung für den in der Grundgesamtheit geltenden Zusammenhang. Nun könnte es sein, dass diese Schätzung anders ausfällt, wenn Sie aus der gleichen Grundgesamtheit eine andere Stichprobe ziehen. Diese Schwankung in den Ergebnissen nennt man Stichprobenschwankung. Haben wir es mit Stichprobendaten zu tun, interessiert uns deshalb, wie „gut" die Schätzung für die Parameter ist. Das heißt wir möchten wissen, in welchem Bereich die geschätzten Parameter liegen werden, wenn wir Stichprobenschwankungen berücksichtigen.

Zur Illustration berechnen Sie bitte folgendes Regressionsmodell zur Analyse der Wohnungsgröße:

---

[80] Zum *Maximum-Likelihood*-Verfahren allgemein siehe Abschnitt 9.2.2 auf Seite 260.

```
. use data1, clear
. regress wohngr hhein hhgr
```

Sie sehen im rechten Teil des Koeffizientenblocks für jeden berechneten Koeffizienten die „Konfidenzintervallgrenzen". Im Fall der Haushaltsgröße liegen die Grenzen des Konfidenzintervalls bei 2.7 und 4.9. Das bedeutet: Wenn wir aus der Grundgesamtheit sehr viele Stichproben ziehen würden und für jede dieser Stichproben den Koeffizienten und das dazugehörige Konfidenzintervall berechnen, würden 95 Prozent der auf diese Weise berechneten Konfidenzintervalle den „wahren" Wert des Koeffizienten der Grundgesamtheit enthalten[81].

Im Anschluss können Sie prüfen, ob der Wert Null innerhalb des Konfidenzintervalls liegt. Falls ja, müssen Sie davon ausgehen, dass die entsprechende unabhängige Variable in der Grundgesamtheit keinen Einfluss auf die abhängige Variable besitzt. Häufig wird statt der Konfidenzintervallgrenzen auch der im Koeffizientenblock abgedruckte t-Wert zur Bestimmung der „Signifikanz" der berechneten Koeffizienten verwendet. Dabei handelt es sich um *statistische* Signifikanz, nicht inhaltliche Bedeutsamkeit. Anhand der t-Verteilung wird bei einem solchen „Signifikanztest" geprüft, wie häufig die berechneten Koeffizienten auftauchen *könnten*, wenn der Koeffizient in der Grundgesamtheit eigentlich Null ist (*Nullhypothese*). Die Wahrscheinlichkeit für einen solchen t-Wert bei gegebener Stichprobengröße und unter Annahme der Nullhypothese wird in der mit $P > |t|$ überschriebenen Spalte angegeben. Ein kleiner Wert in dieser Spalte (z.B. ein Wert kleiner als 0.05) sagt jedoch nur, dass es unwahrscheinlich ist einen solchen Koeffizienten zu berechnen, wenn in der Grundgesamtheit der Koeffizient *Null* ist. Diese Interpretation bedeutet dann, dass Sie annehmen, dass die Haushaltsgröße oder das Haushaltseinkommen *überhaupt* keinen Einfluss auf die Wohngsgröße hat – eine Annahme, die Sie wahrscheinlich nie machen würden. Wir empfehlen deshalb den Blick auf die Konfidenzintervalle. Zudem werden dann die eigentlichen Effektstärken nicht so leicht aus den Augen verloren.

Die Berechnung des 95%-Konfidenzintervalls erfolgt, indem zum Regressionskoeffizienten ungefähr das 1.96-fache[82] des Standardfehlers hinzuaddiert bzw. abgezogen wird. Die Standardfehler der Variable k ergeben sich aus der Standardabweichung der Residuen (s_{e_i}) geteilt durch die Summe der quadrierten Residuen (RSS) einer Regression von k auf alle anderen unabhängigen Variablen. Diese Art der Berechnung beruht allerdings auf einer Reihe von Annahmen. Zwei davon haben Sie bereits kennen gelernt: die Annahme nicht korrelierter Fehler und die Homoskedastizitätsannahme. Sind diese Annahmen nicht erfüllt, so sind die ausgegebenen Standardfehler und

---

[81] Dies bedeutet nicht, dass der wahre Wert mit 95%-iger Wahrscheinlichkeit innerhalb der Intervallgrenzen liegt, wie auch oft gesagt wird.

[82] Der genaue Wert variiert mit der Fallzahl. Bei Fallzahlen über 30 ist 1.96 eine gute Annäherung.

8.5 Koeffizienten und ihr „wahrer" Wert

Konfidenzintervalle ungültig[83]. Darüber hinaus beruhen die ausgewiesenen Konfidenzintervalle auf der Annahme einer einfachen Zufallsstichprobe sowie auf der Annahme, dass die Fehler normalverteilt sind.

8.5.0.3 Bootstrap-Techniken

Üblicherweise beruht die Berechnung der Konfidenzintervalle auf der Annahme, dass die Fehler und damit auch die berechneten Koeffizienten normalverteilt sind. Ausgehend von dieser Annahme werden die Standardschätzfehler mit dem kritischen Wert[84] multipliziert und das Ergebnis zur Schätzung addiert bzw. von ihr abgezogen, um das 95%-Konfidenzintervall zu erhalten. Ob diese Annahme über die Verteilung der Fehler und Koeffizienten stimmt, ist jedoch fraglich und kann von Ihnen anhand einer einzelnen Stichprobe nicht beurteilt werden. Wir möchten Ihnen deshalb ein Verfahren vorstellen, mit dem Sie Konfidenzintervalle auf eine andere Art berechnen können: das so genannte *Bootstrap*-Verfahren[85].

Hinter den *Bootstrap*-Techniken steckt folgende Idee: Alle Informationen, die Sie über Ihre Grundgesamtheit haben, stecken in Ihren Stichprobendaten. Das heißt Sie verwenden *nur* Ihre Stichprobe, um eine Einschätzung über die Grundgesamtheit zu bekommen. Gehen wir noch einmal einen Schritt zurück: Angenommen Sie könnten beliebig viele Stichproben aus der Grundgesamtheit ziehen und für jede Stichprobe die Konfidenzintervalle der Regressionskoeffizienten berechnen, dann würden 95 Prozent der so berechneten Intervalle den wahren Wert des jeweiligen Koeffizienten enthalten. Leider können Sie Ihre Stichprobe nicht so häufig replizieren. Beim *Bootstrap*-Verfahren ziehen Sie deshalb diese große Zahl von Stichproben aus Ihrer Stichprobe, wobei jede der neuen Stichproben genauso viele Beobachtungen enthält, wie Ihre Ausgangsstichprobe. Das mag seltsam klingen, aber der Trick besteht darin, dass Sie eine Ziehung *mit Zurücklegen* durchführen. Einige Beobachtungen werden also wahrscheinlich doppelt oder dreifach in Ihrer Stichprobe auftauchen.

Für jede dieser Stichproben aus Ihrer Stichprobe berechnen Sie nun den Schätzer (also z.B. den Mittelwert einer Variable oder in unserem Fall die *b*-Koeffizienten). Die Verteilung der so entstandenen Schätzungen gibt Ihnen die Möglichkeit, Konfidenzintervallgrenzen für den Sie interessierenden Schätzer zu berechnen: Sie notieren lediglich den Wert der Verteilung oberhalb dessen 5 Prozent der berechneten Schätzungen liegen und den Wert der

---

[83] In Stata können durch die Option „robust" Standardfehler berechnet werden, die auch bei *Heteroskedastizität* gültig sind.

[84] Bei Modellen mit mehr als 120 Freiheitsgraden (Fallzahl abzüglich Zahl der Koeffizienten einschl. b_0) liegt der kritische Wert für ein 95%-Konfidenzintervall bei 1.96.

[85] Das englische Wort „bootstrap" steht für Stiefellaschen, die einem das Anziehen der Schuhe erleichtern. Als Redewendung wird „bootstrap" so verwendet, wie die deutsche Wendung „sich an den eigenen Haaren aus dem Sumpf ziehen". Das heißt sich selbst helfen und in unserem Kontext heißt es, sich mit den vorliegenden Informationen zu helfen und nicht auf Verteilungsannahmen zurückzugreifen.

Verteilung unterhalb dessen 5 Prozent der berechneten Schätzungen liegen[86].

Mit dem Kommando „bs" können Sie in Stata die „Stichprobenziehung aus der Stichprobe" durchführen. Sie müssen dabei lediglich angeben, welche statistische Berechnung durchgeführt werden soll (hier: „regress *wohngr hhein hhgr*") und für welchen Schätzer Sie die *Bootstrap*-Konfidenzintervalle berechnen wollen (hier z.B. den Koeffizienten für die Variable *hhein*). Zusätzlich müssen Sie angeben wie viele „neue" Stichproben gezogen werden sollen[87]. Diesem Verfahren liegt ein Zufallsprozess zu Grunde. Damit Sie unser Ergebnis reproduzieren können, setzen wir vor dem „bs"-Befehl einen *Seed*.

```
. set seed 731
. bs "reg wohngr hhein hhgr" "_b[hhein]", reps(1000) dots
```

Bootstrap statistics

Variable	Reps	Observed	Bias	Std. Err.	[95% Conf. Interval]	
bs1	1000	.0076273	2.03e-07	.0004064	.0068297	.0084248 (N)
					.0068651	.0084089 (P)
					.0068759	.0084177 (BC)

N = normal, P = percentile, BC = bias-corrected

Sie sollten bei der Anwendung eines *Bootstrap*-Verfahrens jedoch sicher wissen, wie Ihre Stichprobe aus der Grundgesamtheit gezogen wurde. Dieser Ziehungsprozess *muss* bei der *Bootstrap*-Ziehung nachvollzogen werden[88]. Für die meisten Bevölkerungsumfragen ist die Anwendung des *Bootstrap*-Verfahrens deshalb deutlich aufwendiger als hier vorgestellt, da z.B. die Ziehung einer Klumpenstichprobe (vgl. Abschnitt 8.5.0.4) nachvollzogen werden muss.

8.5.0.4 Konfidenzintervalle in Klumpenstichproben

Unglücklicherweise basieren die meisten allgemeinen Bevölkerungsumfragen nicht auf einer einfachen Zufallsstichprobe sondern auf einer Klumpenstich-

---
[86] Die hier vorgestellte Methode wird als *percentile method* bezeichnet. Einen groben Überblick über die verschiedenen Methoden zur Berechnung von Konfidenzintervallen geben Mooney/Duval (1993:42); eine ausführliche Darstellung finden Sie bei Efron (1993); gut verständlich ist die Präsentation von Stine (1990).

[87] Wenn Sie die Konfidenzintervalle gemäß der eben beschriebenen Methode interpretieren wollen, sollten Sie mindestens 1000 Stichproben ziehen. Wundern Sie sich aber nicht, wenn Ihr Rechner mit diesem Verfahren eine Weile beschäftigt ist. Wenn Sie die Option „dots" zusätzlich eingeben, sehen Sie das Voranschreiten der Prozedur. Auf einem Pentium II Rechner dauert dieser Befehl etwa zwei Minuten.

[88] Wir haben hier nur den einfachsten Fall einer „einfachen Zufallsstichprobe" beschrieben, um Ihnen das Verfahren vorzustellen. Die Optionen des *Bootstrap*-Verfahrens finden Sie unter „help bs".

8.5 Koeffizienten und ihr „wahrer" Wert

probe[89]. Dabei wird aus der (mehr oder weniger bearbeiteten) Stimmbezirksdatei des Bundeswahlleiters zunächst eine Stichprobe von Stimmbezirken gezogen, den „Sampling-Points". Die Interviewer realisieren die Interviews danach nur innerhalb dieser *Sampling-Points*[90]. Für die organisatorischen und ökonomischen Vorteile einer solchen Vorgehensweise muss ein Nachteil in Kauf genommen werden: Die Standardschätzfehler sind oft größer als solche, die durch einfache Zufallsstichproben gewonnen werden (Kish 1965)[91].

In Stata stehen Ihnen spezielle Befehle zur Korrektur der Standardschätzfehler in Klumpenstichproben zur Verfügung. Dabei wird die Varianz eines Schätzers in einer komplexen Stichprobe in Verhältnis gesetzt zur Varianz eines Schätzers in einer einfachen Zufallsstichprobe. Die Standardfehler werden um dieses Verhältnis korrigiert[92].

Wenn Sie für unser Beispiel die möglicherweise homogenisierenden Effekte durch den Interviewer berücksichtigen wollen, können Sie folgende Befehls-Sequenz eingeben:

. svyset psu intnr

. svyreg wohngr hhein hhgr

Mit „svyset psu intnr" wird die Variable *intnr* als klumpendefinierende Variable (*primary sampling unit*) definiert. Sie erhalten nun die Ergebnisse für 2661 Beobachtungseinheiten, die von 429 Interviewern interviewt wurden[93]. Zwischen den korrigierten Konfidenzintervallen und den Konfidenzintervallen ohne Berücksichtigung der Interviewereffekte gibt es in diesem Beispiel keinen deutlichen Unterschied[94]. Sie sollten aber generell darauf achten, dass Ihr

---

[89]Ein Beispiel für eine „einstufige Klumpenstichprobe" wäre die Auswahl von Krankenhäusern und danach die Auswahl von Patienten innerhalb der ausgewählten Krankenhäuser. Ein Beispiel für eine „mehrstufige Klumpenstichprobe" wäre die Auswahl von Schulen, innerhalb der Schulen die Auswahl einzelner Klassen und innerhalb der Klassen die Auswahl einzelner Schüler (vgl. Levy/Lemeshow 1999:227). Das SOEP, das dem hier verwendeten Datensatz *data1.dta* zu Grunde liegt, ist ebenfalls eine mehrstufige Klumpenstichprobe (Pannenberg et al. 1998).

[90]Klumpenstichproben werden oft notwendig, wenn keine Liste der Beobachtungseinheiten vorhanden ist, aus denen eine einfache Zufallsstichprobe gezogen werden kann. Neben dieser organisatorischen Notwendigkeit sind Klumpenstichproben zudem oft kostengünstiger als einfache Zufallsstichproben. Zur detaillierten Darstellung dieses Verfahrens vgl. Schnell et al. (1999) und ADM (1999).

[91]Ein Grund dafür kann in der relativen Homogenität der Beobachtungseinheiten innerhalb eines Klumpens liegen. Zum Beispiel gehören die Bewohner eines bestimmten Stadtviertels oftmals einer ähnlichen Einkommensgruppe an, sie sind sich demzufolge in ihrem Einkommen sehr ähnlich. Ein anderer Grund dafür kann im Verhalten der Interviewer liegen, welches die Antworten der Befragten auf eine für den Interviewer typische Art beeinflusst. Eine leicht verständliche Einführung in diese Problematik findet sich bei Levy/Lemeshow (1999:231).

[92]Die in Stata verwendeten Formeln zur Berechnung der korrigierten Standardfehler von Regressionsmodellen finden Sie in [R] svyreg. Mit „help svyset" bekommen Sie einen Überblick über die Anwendungsmöglichkeiten. Für eine Anwendung dieser Korrekturfaktoren siehe Schnell/Kreuter (2000).

[93]Für 561 Fälle fehlt die Angabe der Interviewernummer im Datensatz.

[94]Anders sieht dies aus, wenn Sie die Mittelwerte der Sorgenvariablen z.B. *np9506* mit

Datensatz Informationen über klumpendefinierende Variablen enthält (d.h. die Angabe des *Sampling-Points* und die Angabe des Interviewers), um Ihre Ergebnisse auf Design-Effekte prüfen zu können.

8.6 Weiterführende Verfahren

Neben der multiplen linearen Regression lässt sich mit Stata eine Vielzahl von verwandten Modellen berechnen. Der Platz in diesem Buch reicht nicht aus, um sie ausführlich darzustellen. Für die wichtigeren dieser Verfahren wollen wir jedoch in diesem Abschnitt kurz den Grundgedanken beschreiben. Für eine Vertiefung wollen wir ausdrücklich auf die dem jeweiligen Befehl zugeordneten Einträge im alphabetisch geordneten *Stata Reference Manual* [R] verweisen. Dort finden sich auch Auswahlbibliographien zu den einzelnen Verfahren.

8.6.1 Robuste Regressionsverfahren

Als robuste Regressionverfahren bezeichnet man Regressionsmodelle, deren Ergebnisse „robust" gegenüber *einflussreichen Beobachtungen* sind. Im Gegensatz zur *normalen* Regression reagieren robuste Regressionsverfahren relativ unempfindlich auf multivariate Ausreißer[95]. Zwei solche Verfahren wollen wir hier anführen: die *Median-Regression* und die *Robust-Regression*.

Median-Regression

Die Median-Regression ist der bisher besprochenen OLS-Regression außerordentlich ähnlich. Während bei der OLS-Regression die Summe der quadrierten Residuen $\sum (\hat{y}_i - y_i)^2$ minimiert wird, wird bei der Median-Regression die Summe der *absoluten* Residuen $\sum |\hat{y}_i - y_i|$ minimiert. Durch die Quadrierung der Residuen in der OLS-Regression, werden große Residuen stärker gewichtet als kleine Residuen. In der Median-Regression entfällt diese Eigenschaft. Aus diesem Grund ist die Median-Regression unempfindlicher gegen große Residuen als die OLS-Regression.

Der Name Median-Regression resultiert aus der Tatsache, dass der vorhergesagte Wert der Median-Regression eine Schätzung des Medians der abhängigen Variable darstellt. Die vorhergesagten Werte der OLS-Regression sind dagegen als eine Schätzung des arithmetischen Mittelwerts der abhängigen

---

„svymean np9506" berechnen. Dort erhalten Sie mit dem Kommando „svymean np9506, deft" Design-Effekte von 1.45, d.h. die Konfidenzintervalle sind 1.45-mal größer als die für eine einfache Zufallsstichprobe berechneten Intervalle.

[95] Robuste Regressionsverfahren sollten nicht mit der „robusten" Berechnung von Standardfehlern verwechselt werden, wie sie durch die Option „robust" angefordert werden kann (S. 218).

8.6 Weiterführende Verfahren

Variable anzusehen. Die vorhergesagte Werte beider Regressionen beschreiben somit eine bestimmte Eigenschaft – die zentrale Tendenz — der Verteilung der abhängigen Variable.

Die Median-Regression wird in Stata als ein Spezialfall einer Quantil-Regression behandelt. Bei Quantil-Regressionen werden die Koeffizienten so bestimmt, dass die *gewichteten*, d.h. mit einem bestimmten Faktor w_i multiplizierten, absoluten Residuen möglichst klein werden:

$$\sum(|y_i - \hat{y}_i| \times w_i) = min \qquad (8.24)$$

Bei der Gewichtung wird zwischen positiven und negativen Residuen unterschieden. Werden positive und negative Residuen gleich gewichtet, so erhält man eine Median-Regression. Werden positive Residuen mit dem Faktor 1.5 und negative Residuen mit 0.5 so erhält man eine *3. Quartils-Regression* usw.

Quantil-Regressionen werden in Stata mit dem Befehl „qreg" berechnet. Wie bei allen Stata-Modellbefehlen wird nach dem Befehl zunächst die abhängige, danach die Liste der unabhängigen Variablen eingegeben. Wenn keine weiteren Optionen verwendet werden, wird eine Median-Regression berechnet.

Als Beispiel für eine Median-Regression wollen wir die UNICEF–Daten verwenden, die Sie in der Einleitung dieses Kapitels kennen gelernt hatten. Dazu laden Sie den Datensatz „unicef.dta", der für sechzehn Staaten aus Süd– und Mittelamerika Informationen über die Kindersterblichkeit und die Alphabetisierung der Frauen enthält.

```
. use unicef, clear
```

Um den Effekt der Median–Regression stärker zu verdeutlichen, bitten wir Sie zunächst die Werte für Bolivien zu löschen.

```
. drop if land=="Bolivia"
```

Berechnen Sie für die verbleibenden 15 Länder nun zunächst eine lineare Regression und speichern Sie die vorhergesagten Werte unter der Variable *meanhat* ab:

```
. regress mort5 literacy
. predict meanhat
```

Danach berechnen Sie die Median-Regression:

```
. qreg mort5 literacy
. predict medhat
```

Sehen Sie sich das Ergebnis der beiden Berechnungen im *Scatterplot* der Variable *mort5* gegen die Variable *literacy* an. Mit dem nachfolgenden Befehl bekommen Sie die Regressionsgeraden beider Berechnungen in diesen *Scatterplot* gezeichnet.

```
. graph mort5 meanhat medhat literacy, connect(.ll) symbol(O..) border
```

Robust-Regression

Bei der *Robust-Regression* werden gewöhnliche OLS-Regressionen durchgeführt, wobei jedoch der Einfluss von Beobachtungen mit großen Residuen durch Gewichtung mit *Analytic-Weights* (Abschnitt 3.5 auf Seite 62) reduziert wird. Das Problem besteht dabei darin, die *richtige* Gewichtungsvariable zu finden. Hierzu wird ein iteratives Verfahren verwendet: Zunächst wird eine *normale* Regression berechnet und *Cook's D* ermittelt (S. 210). Anschließend wird eine weitere Regression berechnet, wobei Beobachtungen mit einem *Cook's D* > 1 ausgeschlossen werden und die übrigen Beobachtungen anhand der absoluten Residuen gewichtet werden. Dieses Verfahren wird so lange wiederholt, bis sich die Gewichtungsvariable praktisch nicht mehr ändert. Das Ergebnis der letzten gewichteten Regression ist dann das Ergebnis der *Robust-Regression*[96].

Der Stata-Befehl für die *Robust-Regression* lautet „rreg". Die Syntax ist identisch mit derjenigen von „regress". Wie gewohnt wird zunächst die abhängige Variable, danach die unabhängigen Variablen eingegeben. Zur Illustration der *Robust-Regression* empfehlen wir Ihnen, zur letzten Grafik (dem Ergebnis der Median-Regression) noch die Regressionsgerade der *Robust-Regression* hinzuzufügen:

```
. rreg mort5 literacy
. predict ryhat
. graph mort5 ryhat meanhat medhat literacy, connect(.lll) symbol(O...) bor
```

8.6.2 Regressionsmodelle für Paneldaten

Grundlagen

Bei Paneldaten wird eine Variable X für jede Person $i, i = 1, \ldots, n$ zu mehreren Zeitpunkten $t, t = 1, \ldots, T$ erhoben. Ein Beispiel für solche Daten ist das SOEP, bei dem jedes Jahr immer wieder dieselben Personen befragt werden. Diese Daten lassen sich, wie in Tabelle 8.2 gezeigt, in eine Datenmatrix schreiben.

Tabelle 8.2: Paneldaten im *weiten* Format

i	$X_{t=1}$	$\ldots$	$X_{t=T}$
1	x_{11}	$\ldots$	x_{1T}
$\vdots$	$\vdots$	$\ddots$	$\vdots$
n	x_{n1}	$\ldots$	x_{nT}

---

[96] Zum Verfahren vgl. insbesondere Hamilton (1992).

8.6 Weiterführende Verfahren

Bei solchen Daten gibt es zwei Quellen der Variation für die Werte von X:

1. die Variation zwischen den Beobachtungen (*Between*-Variation) und
2. die Variation innerhalb der Beobachtungen (*Within*-Variation).

Beispiele für diese beiden Variationsarten zeigen die nachfolgenden Tabellen. Tabelle 8.3 zeigt ein Beispiel für einen Datensatz mit *Between*-Variation und Tabelle 8.4 ein Beispiel eines Datensatzes mit *Within*-Variation.

Tabelle 8.3: Paneldaten mit *Between*-Variation

i	$X_{t=1}$	...	$X_{t=T}$
1	4	4	4
2	5	5	5
3	9	9	9

Tabelle 8.4: Paneldaten mit *Within*-Variation

i	$X_{t=1}$	...	$X_{t=T}$
1	4	5	9
2	4	5	9
3	4	5	9

Regressionsmodelle für Paneldaten unterscheiden sich darin, welche Quelle der Variation analysiert wird. *Between-Effects*-Modelle analysieren die Variation zwischen den Beobachtungen, *Fixed-Effects*-Modelle die Variation innerhalb der Beobachtungen und *Random-Effects*-Modelle beide Quellen der Variation.

Zur Präsentation der Formeln für die unterschiedlichen Panel-Regressionsmodelle ist es üblich, die Paneldaten in einem anderen Format als in Tabelle 8.2 auf der vorherigen Seite darzustellen. Verwendet wird das „lange" Format, bei dem die Werte der einzelnen Erhebungswellen untereinander geschrieben werden (vgl. Tabelle 8.5 auf der nächsten Seite) und nicht nebeneinander wie oben in Tabelle 8.2:

(Es ist sinnvoll bei diesem Format zwischen Beobachtungen und Untersuchungseinheiten zu unterscheiden. Eine Beobachtung ist ein bestimmter Wert x_{it}, während eine Untersuchungseinheit den jeweiligen Befragten darstellt. Das heißt für jede Untersuchungseinheit i gibt es T Beobachtungen.)

Tabelle 8.5: Paneldaten im *langen* Format

i	t	X
1	1	x_{11}
⋮	⋮	⋮
n	1	x_{n1}
⋮	⋮	⋮
1	T	x_{1T}
⋮	⋮	⋮
n	T	x_{nT}

Fixed-Effects- und Random-Effects-Modelle

Wurden mehrere Variablen erhoben, lässt sich mit OLS aus Daten in der Form von Tabelle 8.5 folgendes einfaches Regressionsmodell berechnen:

$$y_{it} = b_0 + b_1 x_{1it} + e_{it} \tag{8.25}$$

In diesem Modell wird die Panelstruktur der Daten ignoriert, d.h. es wird so getan, als ob ein normaler Querschnittsdatensatz vorliegt. Formal wird in (8.25) die Annahme getroffen, dass alle Beobachtungen voneinander unabhängig sind. Entgegen dieser Annahme scheint es jedoch wahrscheinlich, dass die Beobachtungen einer Untersuchungseinheit, einander ähnlicher sind als die Beobachtungen zweier unterschiedlicher Untersuchungseinheiten. Eine Möglichkeit diesen Gedanken zu formulieren ist die Aufspaltung des Fehlerterms e_{it} aus (8.25):

$$y_{it} = b_0 + b_1 x_{it} + \underbrace{\nu_i + \epsilon_{it}}_{e_{it}} \tag{8.26}$$

ν_i ist der Teil des Fehlerterms, der für eine Untersuchungseinheit spezifisch ist, d.h. jeder Befragte hat einen eigenen zeitkonstanten Wert von ν_i.

Auf der Basis von (8.26) lassen sich zwei Modelltypen berechnen:

1. Man kann ν_i als Koeffizienten von *Dummy*-Variablen für die einzelnen Untersuchungseinheiten, d.h. als Konstante für jede Untersuchungseinheit auffassen:

$$y_{it} = \underbrace{b_0 + \nu_i}_{a_i} + b_1 x_{it} + \epsilon_{it} \tag{8.27}$$

8.6 Weiterführende Verfahren

Die Koeffizienten a_i und b_1 werden dabei so bestimmt, dass $\sum \epsilon_{it}^2$ minimal wird.

2. Man kann ν_i als Zufallsvariable auffassen und die β-Koeffizienten durch *Maximum-Likelihood*[97] bestimmen.

Der erste Modelltyp ist ein *Fixed-Effects*-Modell[98], der zweite ein *Random-Effects*-Modell.

Mehr zu Fixed-Effects-Modellen

Bei wenig Untersuchungseinheiten lassen sich *Fixed-Effects*-Modelle einfach berechnen. Hierzu wird in Datensätzen im *langen* Format für jede Untersuchungseinheit eine *Dummy*-Variable gebildet. Zusammen mit den übrigen unabhängigen Variablen bilden diese *Dummy*-Variablen ein Set unabhängiger Variablen, deren Koeffizienten mit OLS berechnet werden.

Nehmen Sie als Beispiel einmal folgenden (fiktiven) Datensatz:

```
. use fixed, clear
. list
```

	i	t	X	Y
1.	1	1	2	6
2.	1	2	3	5.7
3.	1	3	4	5
4.	2	1	4	15
5.	2	2	5	11
6.	2	2	6	6

Betrachtet man nur die Variablen X und Y der in der Tabelle gezeigten Daten, stellt man einen leicht positiven Zusammenhang fest: höhere Werte von X führen zu höheren Werten von Y und umgekehrt. Entsprechend ergibt die Berechnung einer linearen Regression nach (8.25) durch

```
. regress Y X
```

einen b-Koeffizienten von .53.

Betrachtet man dieselben Variablen für jede Untersuchungseinheit getrennt, ergibt sich allerdings ein anderes Bild: *Innerhalb* jeder Untersuchungseinheit besteht ein negativer Zusammenhang zwischen X und Y — höhere Werte von X führen zu *niedrigeren* Werten von Y. Berechnet man eine einfache lineare Regression zunächst nur für den ersten Befragten, erhält man einen b-Koeffizienten von $-.5$. Beim zweiten Befragten einen b-Koeffizienten von -4.5.

---

[97] Zum *Maximum-Likelihood*-Verfahren siehe Abschnitt 9.2.2 auf Seite 260.
[98] Andere Namen für diesen Modelltyp sind *Individual-Dummy-Regression*, *Within-Regression* und *Covariance*-Modell.

```
. regress Y X if i == 1
. regress Y X if i == 2
```

Im Schnitt über beide Befragte beträgt der Zusammenhang also -2.5. Denselben Wert erhält man, wenn man das *Fixed-Effects*-Modell gemäß (8.27) berechnet:

```
. tabulate i, gen(pers_d)
. regress Y X pers_d1 pers_d2
```

Die Berechnung des *Fixed-Effects*-Modell erfolgte hier durch Bildung von *Dummy*-Variablen für die einzelnen Untersuchungseinheiten. Bei einer großen Anzahl von Untersuchungseinheiten ist dies nicht mehr praktikabel. Hierfür existieren rechentechnisch günstigere Formulierungen.

Wie können die Ergebnisse des *Fixed-Effects*-Modell interpretiert werden? Ungefähr so: Es gibt zwei Befragte. Der Befragte 2 hat — aus welchen Gründen auch immer — grundsätzlich etwas höhere Werte auf der Variable Y als der Befragte 1. Kontrolliert man diese generellen Unterschiede zeigt sich, dass *innerhalb* beider Befragter hohe Werte von X zu niedrigen Werten von Y führen und umgekehrt. Im Schnitt über beide Befragten beträgt dieser negative Zusammenhang $b = -2.5$. Im *Fixed-Effects*-Modell wird zur Berechnung der Koeffizienten lediglich die Variation innerhalb einer Untersuchungseinheit betrachtet.

Abbildung 8.8 auf der nächsten Seite stellt die Situation grafisch dar[99]. In der Abbildung werden die durch die Gleichungen (8.25) bzw. (8.27) vorhergesagten Werte durch Geraden wiedergegeben. Die gemessenen Werte werden durch Symbole dargestellt, wobei für jede Untersuchungseinheit unterschiedliche Symbole verwendet wurden. Die unterschiedlichen Ergebnisse der beiden Regressionsmodelle sind hier offensichtlich.

In der vorangegangenen Interpretation wurde eine interessante Eigenschaft von *Fixed-Effects*-Modellen lediglich am Rande erwähnt. Es wurde gesagt, dass der Befragte 2 — *aus welchen Gründen auch immer* — grundsätzlich etwas höhere Werte auf der Variable Y hat als der Befragte 1. Man könnte nun einige Vermutungen anstellen, warum diese grundsätzlichen Unterschiede bestehen. Vielleicht liegt es am unterschiedlichen Geschlecht der beiden Befragten, an der unterschiedlichen genetischen Ausstattung, der unterschiedlichen vergangenen Sozialisation oder an einem anderen unveränderlichen, d.h. zeitinvariatem, Merkmal, welches die beiden Untersuchungseinheiten unterscheidet. Ein Überprüfung dieser Hypothesen mit einem *Fixed-Effects*-Modell ist allerdings nicht möglich.

Unveränderliche Merkmale lassen sich mit *Fixed-Effects*-Modell nicht untersuchen[100]. Technisch liegt dies daran, dass solche Merkmale mit den *Dummy*-Variablen für die einzelnen Untersuchungseinheiten vollständig kollinear sind.

---

[99] *grfixed.do*

[100] Dies gilt nicht für Interaktionen von zeitveränderlichen und zeitkonstanten Variablen. So ist im Beispiel der Zusammenhang zwischen X und Y beim Befragten 1 kleiner als

8.6 Weiterführende Verfahren

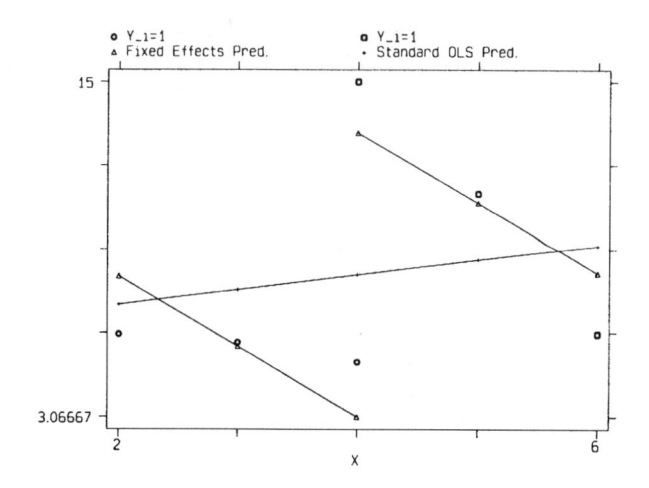

Abbildung 8.8: Regressionsgeraden für Standard-OLS- und *Fixed-Effects*-Modell

Interpretativ lässt sich argumentieren, dass das *Fixed-Effects*-Modell individuelle Veränderungen untersucht. Ein unveränderliches Merkmal kann aber nicht die Ursache für eine Veränderung eines Merkmals bei einer bestimmten Untersuchungseinheit sein.

Mehr zu Random-Effects-Modellen

Bei *Random-Effects*-Modellen wird der Fehlerterm ν_i in (8.26) als Zufallsvariable aufgefasst. Anders als ϵ_{it} ist ν_i aber für jede Beobachtung einer Untersuchungseinheit konstant. Inhaltlich heißt dies, dass sich die Beobachtungen einer Untersuchungseinheit einander ähnlicher sind als die Beobachtungen unterschiedlicher Untersuchungseinheiten. Je größer der Anteil von ν_i am Gesamtfehler, desto ähnlicher sind sich die Beobachtungen einer Untersuchungseinheit. Die b-Koeffizienten des *Random-Effects*-Modells werden also unter der Annahme geschätzt, dass die Beobachtungen einer Untersuchungseinheit einander ähnlicher sind[101].

Random-Effects-Modelle lassen sich als Spezialfall der so genannten *General-Estimation-Equation* (GEE) darstellen (Liang/Zeger 1986). Ausgangspunkt

---

beim Befragten 2. Durch Interaktionsterme lässt sich dieser Unterschied als Ursache zeitkonstanter Kovariaten modellieren.

[101] Die Koeffizienten werden durch *Maximum-Likelihood* oder durch einen gewichteten Durchschnitt des *Fixed-Effects*-Modells und des *Between-Effects*-Modells bestimmt. Letzteres ist eine Regression in die jeweils die Mittelwerte über die Zeit der Befragten eingehen. Siehe hierzu Johnston/DiNardo (1997: 392-395).

für die nachfolgende Darstellung dieser Modelle ist ein einfaches Regressionsmodell gemäß (8.25) für Paneldaten im *langen* Format (siehe Tabelle 8.5 auf Seite 240). Berechnet man die Residuen dieser Regression, so lassen sich diese wie in Tabelle 8.6 darstellen.

Tabelle 8.6: Residuen einer einfachen Regression auf Paneldaten

UE	Zeitpunkt (t)			
(i)	1	2	...	T
1	e_{11}	e_{12}	...	e_{1T}
2	e_{21}	e_{22}	...	e_{2T}
⋮	⋮	⋮	⋱	⋮
n	e_{n1}	e_{n2}	...	e_{nT}

In der Tabelle wurden die Residuen jeweils einer Erhebungswelle untereinander geschrieben. In den Zeilen der Tabelle stehen die Untersuchungseinheiten. Behandelt man die Tabelle wie eine herkömmliche Datenmatrix mit den Residuen zu den einzelnen Zeitpunkten als Variablen und Untersuchungseinheiten als Beobachtungen, kann man damit beginnen, Korrelationen zwischen den Fehlern für die einzelnen Zeitpunkte zu berechnen. Hierdurch gelangt man zu folgender Korrelationsmatrix $\mathbf{R}_{t,s}$

$$\mathbf{R}_{t,s} = \begin{pmatrix} 1 & & & \\ r_{e_{i2},e_{i1}} & 1 & & \\ \vdots & \vdots & \ddots & \\ r_{e_{iT},e_{i1}} & r_{e_{iT},e_{i2}} & \cdots & 1 \end{pmatrix} \quad (8.28)$$

Die Berechnung der Regression nach (8.25) geht nun – unter anderem – davon aus, dass alle Korrelationen der Korrelationsmatrix 0 sind, formal:

$$\mathbf{R}_{t,s} = \begin{cases} 1 & \text{für } t = s \\ 0 & \text{sonst} \end{cases} \quad (8.29)$$

Trifft diese *Annahme* nicht zu, ist das Modell nicht korrekt spezifiziert.

Bei Paneldaten sollte man normalerweise von korrelierten Fehlern ausgehen. Liegt für einen Befragten in Welle 1 ein hohes Residuum vor, heißt dies, dass das Modell die abhängige Variable dieses Befragten nicht angemessen *erklärt*. Es gibt nun aber wenig Gründe dafür, dass dasselbe Modell in der nächsten Welle besser geeignet sein sollte die Werte desselben Befragten vorherzusagen. Hohe Residuen eines Befragten in Welle t dürften typischerweise mit hohen Residuen in Welle $t+1$ einhergehen, d.h. alle Korrelationen der Korrelationsmatrix $\mathbf{R}_{t,s}$ dürften größer als 0 sein.

In *Fehlerkomponentenmodellen* kann man nun damit beginnen, Hypothesen über die Struktur der Korrelationsmatrix der Fehler aufzustellen. Die nach dem einfachen Regressionsmodell einfachste Struktur der Fehlerkorrelationsmatrix ist

$$\mathbf{R}_{t,s} = \begin{cases} 1 & \text{für } t = s \\ \rho & \text{sonst} \end{cases} \tag{8.30}$$

Dies ist das *Random-Effects*-Modell. Die hypothetische Struktur von $\mathbf{R}_t, s$ ist hier, dass sich die Beobachtungen einer Untersuchungseinheit über die Zeit hinweg ähnlicher sind als die Beobachtungen verschiedener Untersuchungseinheiten.

Natürlich lassen sich andere Strukturen denken. Naheliegend ist, dass die Ähnlichkeit der Beobachtungen einer Untersuchungseinheit umso größer sind, je kürzer der Zeitabstand zwischen den Beobachtungen ist. Dies ließe sich z.B. durch eine so genannte AR(1) Korrelationsmatrix überprüfen[102].

$$\mathbf{R}_{t,s} = \begin{cases} 1 & \text{für } t = s \\ \rho^{|t-s|} & \text{sonst} \end{cases} \tag{8.31}$$

Durch weitergehende Strukturierung der Korrelationsmatrix lassen sich nahezu beliebig viele Modellvarianten erstellen[103].

Panel-Regressionen mit Stata

Die speziellen Befehle zur Analyse von Paneldaten werden in Stata als die „xt"-Kommandos bezeichnet[104]. Um sie anwenden zu können, müssen die Paneldaten zunächst im *langen* Format vorliegen. Datensätze im *weiten* Format können durch „reshape" in das lange Format umgewandelt werden.

Der Datensatz *data2.dta* ist ein Paneldatensatz im weiten Format. Wir wollen für das folgende Beispiel nur einen Teil der Variablen verwenden: die

---

[102] AR steht hier für Auto-Regression.
[103] Der GEE-Ansatz ist nicht auf Paneldaten beschränkt. Schon bei Paneldaten können statt der Erhebungszeitpunkte auch die Untersuchungseinheiten als Gruppierungsdimension verwendet werden. Allerdings müsste man dann begründen, warum hohe Residuen der i-ten Untersuchungseinheit mit hohen Residuen der $i+1$ten Untersuchungseinheit einhergehen sollten. In anderen hierarchischen Datensätzen können die jeweiligen Hierachieebenen als Gruppierungsvariablen verwendet werden. Durch entsprechende Spezifikation der Matrix $\mathbf{R}_{t,s}$ lassen sich dann beliebige Hypothesen über die Fehlerstruktur innerhalb der Hierarchieebenen überprüfen.
[104] Eine Übersicht über alle „xt"-Kommandos erhalten Sie durch „help xt".

Personennummer, das Geschlecht, das Geburtsjahr, die Wohnungsgröße, das
Haushaltseinkommen sowie die Haushaltsgröße.

```
. use data2, clear
. keep persnr gebjahr sex wohngr* hhgr*
```

Beachten Sie, dass die Variablen für die Personennummer, Geburtsjahr und
Geschlecht über die Erhebungswellen stabil sind, während die drei übrigen
Variablen über die Zeit hinweg variieren. Aus diesem Grund gibt es für jede
Erhebungswelle eine eigene Variable der Wohnungsgröße, der Haushaltsgröße
und des Haushaltseinkommens. Durch

```
. reshape long wohngr hhgr, i(persnr) j(welle)
```

wird der Datensatz in das *lange* Format gebracht. Danach enthält der Datensatz nur noch jeweils eine Variable für die Wohnungsgröße, das Haushaltseinkommen und die Haushaltsgröße. Als zusätzliche Variable findet sich die Variable *welle*, welche die Jahreszahlen enthält, die ursprünglich Teil der Variablennamen waren. Alle nicht in der Variablenliste von „reshape" genannten Variablen werden ebenfalls in den neuen Datensatz übernommen.

Damit „reshape" einfach zu handhaben ist, empfiehlt es sich, eine einheitliche Struktur für die Namen zeitveränderlicher Variablen bei den Daten im weiten Format zu verwenden[105].

Damit die „xt"-Kommandos verwendet werden können, muss Stata bekannt sein, welche Variable im Datensatz die Personen und welche die Zeit definiert. Dies geschieht mit den Befehlen „iis" und „tis"

```
. iis persnr
. tis welle
```

Anschließend können Sie die Panelmodelle berechnen. Das *Fixed-Effects*-Modell erhalten Sie durch

```
. xtreg wohngr hhgr, fe
```

Das *Random-Effects*-Modell erhalten Sie durch

```
. xtreg wohngr hhgr, re
```

und unterschiedliche Varianten der *General-Estimation-Equation* erhalten Sie durch Varianten des Befehls „xtgee".

8.7 Kurzzusammenfassung

Die Syntax in Stata zur Berechnung einer Regression folgt immer dem gleichen Schema, unabhängig davon um was für eine Regression es sich handelt.

---

[105] Am einfachsten ist es, ähnliche Namen wie in unserem Beispiel-Datensatz zu verwenden. Wie Sie schnell eine große Zahl von Variablen umbenennen können, lernen Sie in Kapitel 11.

8.7 Kurzzusammenfassung

Sie berechnen zuerst Ihr Modell, speichern dann wahlweise vorhergesagte Werte und andere Ergebnisse ab und können mit Hilfe dieser abgespeicherten Werte die Güte Ihres Modells untersuchen, Ausreißer identifizieren und Informationen zur Modellverbesserung sammeln.

- `. regress y x` Berechnet eine OLS (*Ordinary-Least-Squares*) Regression der „abhängigen" Variable (y) auf eine einzelne „unabhängige" Variable (x). Die Bezeichnungen y und x stehen hier nur als Platzhalter. Wichtig ist, dass Sie die abhängige Variable immer als erste eingeben.

- `. predict neuvar, option` Im Anschluss an den Regressionsbefehl können die Ergebnisse der Rechenoperation mit predict in eine neue Variable (*neuvar*) gespeichert werden. Welche Ergebnisse unter diesem Variablennamen abgespeichert werden, wird über den *option* Zusatz bestimmt. Wenn die vorhergesagten Werte abgespeichert werden, wird die Option weggelassen.

- `. predict yhat` Ist ein Beispiel für den „predict" Befehl. Dieser Befehl speichert die vorhergesagten Werte für jede Beobachtung in eine Variable mit dem Namen *yhat*. Der Name für diese Variable (yhat) kann beliebig vergeben werden.

- `. predict error, resid` Hier wird für jede Beobachtung das Residuum, also die Differenz zwischen dem beobachteten und dem vorhergesagten Wert, in eine Variable unter dem Variablennamen *error* gespeichert.

- `. regress y x1 x2 x3` Berechnet die multiple Regression der „abhängigen" Variable y auf die „unabhängigen" Variablen $x1$, $x2$ und $x3$.

- `. regress y x1 x2 x3, beta` Berechnet eine multiple Regression der „abhängigen" Variable y auf die „unabhängigen" Variablen $x1$, $x2$ und $x3$. Im Ausdruck erscheinen die standardisierten Regressionskoeffizienten.

Weitere Optionen für den Befehl `. predict neuvar, option` sind

`rstudent`   Die studentisierten Residuen.

`rstandard`   Die standardisierten Residuen.

`cooksd`   Das Einfluss-Maß *Cook's D*.

`dfbeta`   Das Einfluss-Maß *DFBeta*, als Einfluss einer Beobachtung auf die Koeffizienten.

`stdr`   Die Standardfehler der Residuen.

Die wichtigsten Befehle der Regressions-Diagnostik lauten:

graph y yhat x, connect (.1) symbol(oi) sort Zeichnet einen *Scatterplot* zwischen y und x mit der Regressionsgeraden (yhat).

graph e yhat, twoway box yline(0) Zeichnet einen *Scatterplot* zwischen den Residuen (e) und den vorhergesagten Werten (yhat).

avplots Liefert *Added-Variable*-Plots.

rvfplots Liefert den Plot der Residuen gegen die vorhergesagten Werte.

cprplots Liefert *Component-Plus-Residual*-Plots.

help regdiag Für weitere Informationen zur Diagnostik.

Kapitel 9

Regressionsmodelle für kategoriale abhängige Variablen

In den Sozialwissenschaften haben Sie es oftmals mit kategorialen abhängigen Variablen zu tun. Dies können Variablen sein, deren Ausprägungen dichotom (z.B. Mietwohnung *ja* oder *nein*), nominal (*CDU, SPD, Grüne*) oder ordinal (*keine Sorgen, einige Sorgen, große Sorgen*) sind. Einige Verfahren zur Modellierung solcher Variablen werden wir Ihnen in diesem Kapitel vorstellen. Wir beginnen dabei mit einem Verfahren für dichotome abhängige Variablen: der „logistischen Regression".

Die logistische Regression ähnelt in vielem der linearen Regression. Wir werden sie deshalb in Analogie zum vorherigen Kapitel erläutern. Falls Sie bisher noch keine Erfahrung mit der linearen Regression gesammelt haben oder Ihnen diese völlig unbekannt ist, empfehlen wir Ihnen, zunächst Kapitel 8 bis Abschnitt 8.1.2.1 zu lesen.

Genauso wie bei der linearen Regression wird in der logistischen Regression die abhängige Variable aus der Kombination der unabhängigen Variablen vorhergesagt. Eine solche Kombination der unabhängigen Variablen wird Linearkombination genannt und sieht wie folgt aus:

$$b_0 + b_1 x_{1i} + b_2 x_{2i} + \ldots + b_{K-1} x_{K-1,i}$$

Dabei steht x_{1i} für den Wert der ersten unabhängigen Variable des Befragten i, x_{2i} für den entsprechenden Wert der zweiten unabhängigen Variable usw. Die Koeffizienten $b_1, b_2, \ldots, b_{K-1}$ stehen für die den Variablen zugeordneten Gewichte.

Anders als in der linearen Regression muss man in der logistischen Regression eine ganz bestimmte Transformation der abhängigen Variable betrachten. Warum eine solche Transformation notwendig ist und warum deshalb die lineare Regression nicht verwendet werden kann, erläutern wir Ihnen in Abschnitt 9.1, die Transformation selbst in Abschnitt 9.2.1.

Abschnitt 9.2.2 enthält einen *Exkurs* zur Methode, mit der in der logistischen Regression die Koeffizienten bestimmt werden. Dieser Abschnitt ist etwas schwieriger. Da er für das erste Verständnis der logistischen Regression nicht wichtig ist, können Sie diesen Exkurs zunächst überspringen.

Die Berechnung einer logistischen Regression mit Stata stellen wir Ihnen in Abschnitt 9.3 vor. Daran anschließend behandeln wir Verfahren zur Überprüfung der Grundannahmen des Modells (Abschnitt 9.4). Die Verfahren zur Überprüfung der Signifikanz der Koeffizienten behandeln wir in Abschnitt 9.5. Abschnitt 9.6 zeigt einige Möglichkeiten zur verfeinerten Modellierung von Zusammenhängen.

Einen Überblick über weiterführende Verfahren, insbesondere Verfahren für kategoriale Variablen mit mehr als zwei Ausprägungen, finden Sie in Abschnitt 9.7.

9.1 Das lineare Wahrscheinlichkeitsmodell

Warum ist die lineare Regression nicht geeignet? Stellen Sie sich einmal vor, Sie wurden von einer internationalen Schiffssicherheitsaufsichtsbehörde eingestellt und sollen den Untergang der Titanic unter die Lupe nehmen. Sie sollen herausfinden, ob das in der Schifffahrt geltende Prinzip „Frauen und Kinder zuerst" bei der Rettung praktiziert wurde oder ob die These des Kinofilmes „Titanic" zutrifft, nach der sich feine Herren der ersten Klasse ihren Platz in den Rettungsbooten auf Kosten von Frauen und Kindern der dritten Klasse erkauft haben.

Wir haben Ihnen für diese Untersuchung die Daten über den Untergang der Titanic zur Verfügung gestellt[1], den Sie mit

```
. use titanic2, clear
```

in den Arbeitsspeicher laden können[2]. Bitte verschaffen Sie sich, bevor Sie weiterlesen, zunächst mit den Befehlen

---

[1] Es handelt sich um reale Daten. Den Datensatz und seine exakte Beschreibung finden Sie unter *http://amstat.org/publications/jse/archive.htm*. Aus didaktischen Gründen haben wir den Originaldatensatz insofern verändert, als wir Erwachsenen und Kinder in fiktive weitere Altersgruppen unterteilt haben. Der Originaldatensatz unterscheidet lediglich zwischen Erwachsenen und Kindern. Unser Dateipaket enthält sowohl den *Do-File*, mit dem wir unsere „Fälschung" vorgenommen haben (*crtitanic2.do*), als auch den Originaldatensatz (*titanic.dta*).

[2] Bitte achten Sie darauf, dass Ihr Arbeitsverzeichnis *c:/kkstata* ist. Näheres hierzu auf Seite 11.

9.1 Das lineare Wahrscheinlichkeitsmodell

```
. describe
. tab1 _all
```

einen Überblick über den Inhalt des Datensatzes. Sie werden dabei feststellen, dass der Datensatz Angaben über das Alter (*age2*), das Geschlecht (*sex*) und die Fahrscheinklasse (*class*) der Passagiere der Titanic enthält. Darüber hinaus ist für jeden Passagier verzeichnet, ob er die Katastrophe überlebt hat oder nicht (*survived*).

Um die Nachteile der linearen Regression auf kategoriale abhängige Variablen zu verdeutlichen, spielen wir ein solches Modell einmal durch. Wir untersuchen zunächst, ob Kinder tatsächlich häufiger gerettet wurden als Erwachsene. Wie müsste ein *Scatterplot* mit der Variable für das Überleben als Y-Variable und dem Alter als X-Variable in diesem Fall aussehen?

Bitte machen Sie sich einmal die Mühe von Hand eine Skizze für diesen *Scatterplot* anzufertigen. Dabei werden Sie sehen, dass die Punkte eigentlich nur auf zwei horizontalen Linien abtragen werden können. Einmal auf dem Wert 0 (nicht überlebt) und einmal auf dem Wert 1 (überlebt). Wenn Kinder tatsächlich häufiger gerettet wurden als Erwachsene, müsste die Anzahl der Punkte auf der 0-Linie im Verhältnis zu denen auf der 1-Linie zunehmen, je weiter Sie nach rechts kommen.

Durch

```
. graph survived age2
```

können Sie kontrollieren, ob Ihre Skizze korrekt ist. Dabei werden Sie feststellen, dass diese Grafik nicht sonderlich informativ ist, da die Plotsymbole häufig direkt übereinander gezeichnet werden und die Anzahl der Datenpunkte auf diese Weise unsichtbar bleibt. Mit Hilfe der „graph"-Option „jitter()" gelangen Sie zu einer informativeren Darstellung. Mit „jitter()" wird zu jedem Datenpunkt eine kleine Zufallszahl hinzuaddiert, wodurch übereinanderliegende Fälle sichtbar werden. Innerhalb der Klammer steht eine Zahl zwischen 1 und 30, mit der die Größe der Zufallszahl gesteuert wird[3].

```
. graph survived age2, jitter(2)
```

.... Grafik auf der nächsten Seite ....

[3] Wir raten Ihnen dringend, möglichst kleine Zahlen zu verwenden.

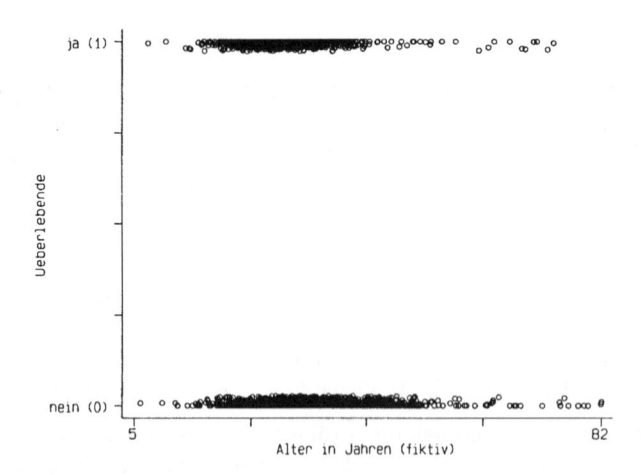

Bei der Betrachtung der Grafik entsteht der Eindruck, dass es tatsächlich einen negativen Zusammenhang zwischen dem Alter und dem Überleben der Titanic-Katastrophe gibt. Der Eindruck wird bestätigt, wenn Sie die Regressionsgerade in die Grafik einzeichnen[4]:

```
. regress survived age
. predict yhat
. graph survived yhat age2, jitter(2) s(oi) c(.1) sort ylab(0(.25)1)
```

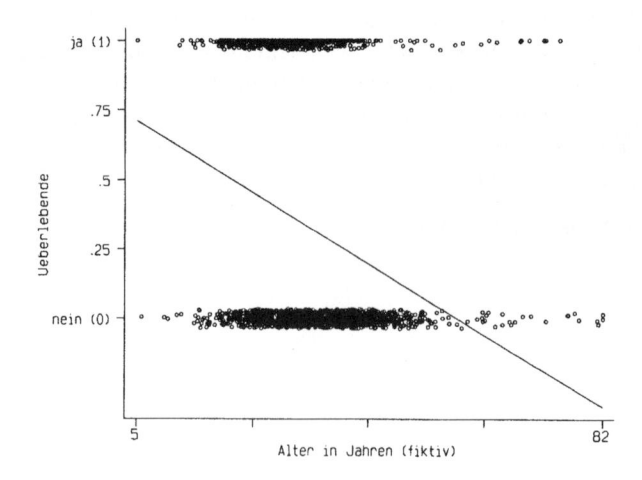

Wichtiger als diese Bestätigung des negativen Zusammenhangs ist uns jedoch, dass die Grafik das zentrale Problem der linearen Regression für eine

[4]Zu diesen Befehlen siehe Abschnitt 8.1.2.1 auf Seite 182.

9.1 Das lineare Wahrscheinlichkeitsmodell

dichotome abhängige Variable offenbart: In der Abbildung zeigt die Regressionsgerade ab dem Alter von etwa 60 Jahren vorhergesagte Werte von unter 0. Was hat dies inhaltlich zu bedeuten? Vergegenwärtigen Sie sich, wie die vorhergesagten Werte bei einer dichotomen abhängigen Variable allgemein interpretiert werden. Bisher hatten wir die vorhergesagten Werte immer als geschätztes durchschnittliches Ausmaß der abhängigen Variable für die jeweilige Kombination der unabhängigen Variablen aufgefasst. In diesem Sinne würden wir hier z.B. sagen: das Überleben von 5-Jährigen beträgt im Schnitt etwa .7. Eine wenig überzeugende Interpretation, wenn man bedenkt, dass man nur Überleben oder nicht Überleben kann – ein bisschen Überleben gibt es nicht.

Allerdings lässt sich der vorhergesagte Wert einer dichotomen abhängigen Variable auch noch auf eine andere Weise interpretieren. Hierzu müssen Sie sich klar machen, was der arithmetische Mittelwert einer dichotomen Variable mit den Ausprägungen 0 und 1 bedeutet. Die Variable *survived* z.B. hat den arithmetischen Mittelwert von .3230. Dies entspricht dem Anteil der mit 1 kodierten Passagiere an den Passagieren insgesamt[5]. Die Interpretation lautet also: Der Anteil der Überlebenden im Datensatz beträgt ca. 32 Prozent, oder mit anderen Worten, die Wahrscheinlichkeit im Datensatz auf einen Überlebenden zu treffen, beträgt .32.

Allgemein sind die vorhergesagten Werte der linearen Regression Schätzungen des bedingten Mittelwerts der abhängigen Variable. Sie können deshalb für jeden Wert der unabhängigen Variable die Wahrscheinlichkeitsinterpretation anwenden: Der vorhergesagte Wert von ca. .7 für die 5-Jährigen bedeutet eine Überlebenswahrscheinlichkeit von .7. Auf Grund dieser Interpretationsmöglichkeit nennt man das lineare Regressionsmodell für dichotome abhängige Variablen auch *lineares Wahrscheinlichkeitsmodell*[6].

Wie lassen sich mit Hilfe der Wahrscheinlichkeitsinterpretation die negativen vorhergesagten Werte der über 60-jährigen Passagiere interpretieren? Eigentlich gar nicht, denn nach der mathematischen Definition von Wahrscheinlichkeiten liegen Wahrscheinlichkeiten grundsätzlich zwischen 0 und 1. Ein Modell, welches die Wahrscheinlichkeiten mit Hilfe einer *Geraden* darzustellen versucht, wird jedoch bei hinreichend großen bzw. kleinen Werten der X-Variable zwangsläufig vorhergesagte Werte von über 1 oder unter 0 produzieren. Dies ist das *erste Problem* der OLS-Regression bei dichotomen Variablen[7].

Das *zweite Problem* betrifft die Homoskedastizitätsannahme der linearen Re-

---
[5] Durch „tab survived" können Sie sich hiervon überzeugen.
[6] Abgekürzt oft auch *LPM* für *Linear-Probability*-Modell. Zum LPM allgemein siehe auch Aldrich/Nelson (1984).
[7] In der Praxis ist dieses Problem dann von untergeordneter Bedeutung, wenn vorhergesagte Werte von über 1 oder unter 0 für realistische Werte der unabhängigen Variablen nicht auftreten. Dennoch scheint ein Modell sinnvoller, welches solche *unmöglichen* Wahrscheinlichkeiten von vornherein ausschließt.

gression, wie wir sie in Abschnitt 8.3.3 auf Seite 216 vorgestellt haben. Nach dieser sollte die Varianz der Fehler für alle Werte von $\hat{Y}$ konstant sein. Als Hinweis auf eine mögliche Verletzung dieser Annahme hatten wir Ihnen einen *Scatterplot* der Residuen[8] gegen die vorhergesagten Werte vorgeschlagen. Für unser lineares Wahrscheinlichkeitsmodell erhalten Sie eine solche Grafik durch

```
. predict r, resid
. graph r yhat, yline(-.6,.4) ylab(-.6,.4,1.4) xlab(-.25(.25).75,.6) xline(.6)
```

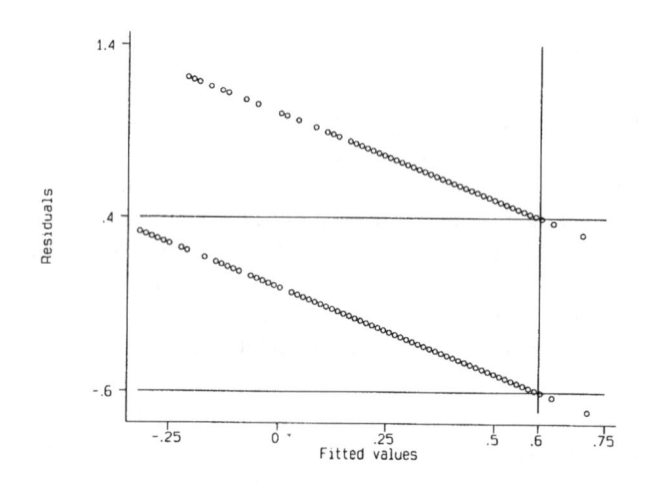

In dieser Grafik sehen Sie, dass für jeden vorhergesagten Wert nur zwei mögliche Residuen auftreten können. Weniger offensichtlich ist, dass sich diese beiden Residuen unmittelbar aus den vorhergesagten Werten ergeben. Wenn Sie für eine Person die überlebt hat (*survived=1*) auf Grund ihres Alters den Wert .6 vorhersagen, haben Sie ein Residuum von 1 − .6 = .4. Wenn Sie für eine Person die nicht überlebt hat (*survived=0*) den Wert .6 vorhersagen, erhalten Sie für diese Person einen Wert 0 − .6 = −.6. Die Residuen sind demnach entweder $1 - \hat{y}_i$ oder $-\hat{y}_i$. Die Varianz der Residuen beträgt $\hat{y}_i \times (1 - \hat{y}_i)$ und ist daher umso größer, je näher die vorhergesagten Werte sich an .5 annähern. Die Residuen des linearen Wahrscheinlichkeitsmodells sind daher *qua definitionem* heteroskedatisch. Von praktischer Bedeutung ist dieses Problem vor allem dann, wenn man an den Konfidenzintervallen der *b*-Koeffizienten interessiert ist.

Zusammenfassend lässt sich sagen, dass eine lineare Regression mit einer dichotomen abhängigen Variable zwar möglich ist, jedoch grundsätzlich zwei Probleme aufweist. *Erstens* können nicht alle vorhergesagten Werte inhaltlich interpretiert werden und *zweitens* können mit diesem Modell keine korrekten Konfidenzintervalle ermittelt werden. Zur Vermeidung dieser Probleme

---

[8] Als Residuum wird die Differenz zwischen beobachtetem Wert und vorhergesagtem Wert bezeichnet.

benötigen wir ein Modell, welches ausschließlich Wahrscheinlichkeiten zwischen 0 und 1 produziert, und dessen Konfidenzintervalle auf Annahmen beruhen, welche von dem Modell eingehalten werden. Beides wird durch das logistische Regressionsmodell erfüllt, dessen Grundkonzepte wir im Folgenden darstellen werden.

9.2 Grundkonzepte

9.2.1 Odds, Log-Odds und Odds-Ratios

Im vorangegangenen Abschnitt hatten wir festgestellt, dass die lineare OLS-Regression bei einer dichotomen abhängigen Variable unerwünschte vorhergesagte Werte produzieren kann. Dies liegt offensichtlich daran, dass wir versucht haben, Werte in den Grenzen von 0 und 1 mit einer Geraden darzustellen. Die Werte, die sich mit einer Linearkombination[9] berechnen lassen, unterliegen grundsätzlich keiner Beschränkung. Das heißt theoretisch können Werte zwischen $-\infty$ und $+\infty$ auftreten. Insofern sollten für Regressionsmodelle, die auf einer Linearkombination aufbauen, nur abhängige Variablen verwendet werden, deren Wertebereich ebenfalls unbegrenzt ist. Da der Wertebereich von Wahrscheinlichkeiten zwischen 0 und 1 liegt, sind diese als abhängige Variable ungeeignet. Wir benötigen also eine andere Form der abhängigen Variable. Eine Alternative ist die *logarithmierte Chance*. Was hierunter zu verstehen ist, zeigen wir Ihnen mit Hilfe der Titanic-Daten des vorangegangenen Abschnitts.

Oben hatten wir Hinweise darauf erhalten, dass Kinder eine höhere Überlebenschance hatten als Erwachsene. Nun wollen wir untersuchen, ob auch der zweite Teil des Prinzips „Frauen und Kinder zuerst" gültig ist. Wir fragen uns deshalb zunächst, ob Frauen die Titanic-Katastrophe eher überlebt haben als Männer. Den ersten Hinweis auf die Überlebenschancen von Frauen und Männern erhalten Sie durch eine Kreuztabelle zwischen *sex* und *survived*:

```
. tabulate sex survived, row
```

Geschlecht	Ueberlebende nein	ja	Total
frau	126	344	470
	26.81	73.19	100.00
mann	1364	367	1731
	78.80	21.20	100.00
Total	1490	711	2201
	67.70	32.30	100.00

---
[9]Eine solche Linearkombination hatten wir Ihnen zu Beginn auf Seite 249 vorgestellt.

In Abschnitt 7.1.1 auf Seite 139 haben wir derartige Tabellen mit Hilfe von Zeilen- oder Spaltenprozenten interpretiert. In diesem Sinne könnten wir anhand der hier vorliegenden Zeilenprozente feststellen, dass der Anteil der Überlebenden insgesamt ca. 32 Prozent beträgt, wobei derjenige der Frauen um ca. 50 Prozentpunkte über demjenigen der Männer liegt (73 % gegenüber 21 %). Alternativ zur Betrachtung der Zeilenprozente kann die Zahl der Überlebenden ins Verhältnis zu der Zahl der Gestorbenen gesetzt werden. Für die Frauen würde man also 344 : 126 berechnen:

. display 344/126

2.7301587

Auf den gleichen Wert[10] kommen Sie, wenn Sie die Anteilswerte (hier die Zeilenprozente) ins Verhältnis setzen

. display .7319/.2681

2.7299515

Da die beiden Anteilswerte gleichzeitig die Wahrscheinlichkeit zu überleben bzw. zu sterben angeben, kann man diese Kennziffer wie folgt interpretieren: „Für die Frauen ist die Wahrscheinlichkeit zu überleben fast 3 × so hoch wie die Wahrscheinlichkeit zu sterben." Oder umgekehrt: „Die Wahrscheinlichkeit zu sterben beträgt ungefähr ein drittel (1 : 2.73 = .366) der Wahrscheinlichkeit zu überleben." In der Praxis spricht man meist davon, dass die Überlebenschance ca. 2.73 zu 1 beträgt, bzw. das Sterberisiko ca. 1 zu 2.73 ist.

Allgemein können Sie dieses Verhältnis so aufschreiben:

$$Chance_{Leben} = \frac{Wahrscheinlichkeit_{Leben}}{Wahrscheinlichkeit_{Sterben}} \qquad (9.1)$$

oder etwas kürzer mit Zeichen anstatt Text:

$$Odds = \frac{P(Y=1)}{1 - P(Y=1)} \qquad (9.2)$$

wobei *Odds* die Chance zu überleben bezeichnet. Wir verwenden hier *Odds* als Symbol, weil in der kategorialen Datenanalyse die Chance meist als *Odds* bezeichnet wird, was nichts anderes ist, als eine der englischen Bezeichnungen für Chance.

Im Zähler steht die Wahrscheinlichkeit zu Überleben $P(Y = 1)$ und im Nenner die Wahrscheinlichkeit zu sterben $1 - P(Y = 1)$. Diese beiden Wahrscheinlichkeiten addieren sich zu 1, mehr Möglichkeiten als Überleben oder Sterben gibt es nicht. Deshalb können Sie für die Sterbewahrscheinlichkeit auch „1− der Wahrscheinlichkeit zu Überleben" schreiben.

---

[10]Die Abweichungen sind Rundungsfehler.

9.2 Grundkonzepte

Sie können die Überlebenschance auch für die Männer berechnen. Ihre Überlebenschance ist deutlich niedriger als die der Frauen: $\frac{367}{1364} = 0.269$. Das heißt für Männer steht die Chance, zu den Überlebenden zu gehören, bei 0.269 : 1. Oder umgekehrt, Männer gehören 3.72-mal öfter zu den Opfern als zu den Überlebenden.

Natürlich können Sie die Überlebenschancen von Männern und Frauen auch mit Hilfe einer Maßzahl miteinander vergleichen. Sie können z.B. ausrechnen, wie groß die Überlebenschance von Männern im Verhältnis zu der von Frauen ist. Dazu teilen Sie die *Odds* der Männer durch die *Odds* der Frauen:

```
. display .269/2.73
.0985348
```

Dieses Verhältnis wird Chancenverhältnis bzw. *Odds-Ratio* genannt. Im vorliegenden Fall würde man sagen, die Überlebenschance eines Mannes sei 0.099-mal so groß wie die einer Frau, bzw. ca. zehnmal kleiner als die einer Frau. Anscheinend wurde die Regel „Frauen und Kinder zuerst" berücksichtigt. Ob sich dieser „Schein" halten lässt, werden wir weiter unten (Seite 289) noch einmal genauer untersuchen.

Zuvor sollten wir uns jedoch einmal die Eignung der *Odds* für unser statistisches Modell betrachten. Erinnern Sie sich an die Diskussion im vorangegangenen Abschnitt? Dort untersuchten wir die Veränderung der Wahrscheinlichkeit, die Titanic-Katastrophe zu überleben in Abhängigkeit vom Alter. Dabei ergab sich das Problem, dass bei der Vorhersage dieser Wahrscheinlichkeiten mit einer Linearkombination Werte außerhalb des Definitionsbereichs von Wahrscheinlichkeiten resultieren können. Was wäre, wenn wir statt der Wahrscheinlichkeiten *Odds* heranziehen würden?

Tabelle 9.1: Wahrscheinlichkeiten, Odds und Logits

$P(Y=1)$	$odd = \frac{P(Y=1)}{1-P(Y=1)}$		$\ln(odd)$
.01	1/99 =	.01	−4.60
.03	3/97 =	.03	−3.48
.05	5/96 =	.05	−2.94
.20	20/80 =	.25	−1.39
.30	30/70 =	.43	−.85
.40	40/60 =	.67	−.41
.50	50/50 =	1.00	0
.60	60/40 =	1.50	.41
.70	70/30 =	2.33	.85
.80	80/20 =	4.00	1.39
.95	95/5 =	19.00	2.94
.97	97/3 =	32.33	3.48
.99	99/1 =	99.00	4.60

Bitte betrachten Sie sich hierzu einmal Tabelle 9.1 auf der vorherigen Seite. In der ersten Spalte der Tabelle haben wir einige ausgewählte Wahrscheinlichkeitswerte aufgeführt. Sie sehen, dass die Wahrscheinlichkeiten zunächst nur langsam größer werden, dann schneller und schließlich wieder langsamer. Die Werte bewegen sich zwischen 0 und 1. Nehmen Sie einmal an, es handele sich bei den Werten um die Überlebenswahrscheinlichkeiten von Titanic-Passagieren unterschiedlichen Alters. In der ersten Zeile stünde dann die Gruppe der ältesten Passagiere mit der niedrigsten Überlebenswahrscheinlichkeit und in der untersten Zeile die Gruppe der jüngsten Passagiere mit der höchsten Überlebenswahrscheinlichkeit. Sie können nun nach (9.2) für jede dieser Gruppen die Chance (*Odds*) ausrechnen, mit der die Personen innerhalb dieser Gruppe die Titanic-Katastrophe überlebt haben. Stellen Sie sich dazu vor, jede Gruppe besteht aus hundert Personen. In der ersten Gruppe hätten Sie bei einer Wahrscheinlichkeit von .01 eine Person von hundert, die überlebt hat. Als Chance ausgedrückt: Eins zu Neunundneunzig (1 : 99); und wenn Sie 1/99 berechnen, erhalten Sie den Wert .010101. So können Sie für alle Zeilen der Tabelle vorgehen. Eine Inspektion der Werte der *Odds* zeigt, dass diese zwischen 0 und $+\infty$ liegen. Ein *Odds* von 0 ergibt sich, wenn es in einer bestimmten Gruppe keine Überlebenden gibt, ein *Odds* von $+\infty$ ergibt sich, wenn praktisch alle überlebt haben[11]. Wenn die Zahl der Überlebenden gleich der Zahl der Gestorbenen ist, erhalten wir ein *Odds* von 1.

Die *Odds* eignen sich damit *ein bisschen* besser als die Wahrscheinlichkeiten als abhängige Variable in einem Regressionsmodell. Denn egal wie hoch der absolute Wert ist, den wir mit einer Linearkombination vorhersagen, er wird nicht außerhalb des Definitionsbereichs der *Odds* liegen. Eine Linearkombination lässt aber prinzipiell auch negative Werte zu, negative *Odds* gibt es jedoch nicht. Das Problem lässt sich dadurch umgehen, dass man den (natürlichen) Logarithmus der *Odds* verwendet. Diese – *Logit* genannten – Werte haben wir in der letzten Spalte von Tabelle 9.1 berechnet.

Schauen Sie sich die Werte der *Logits* genau an: Während die *Odds* nach unten begrenzt sind, sind die logarithmierten Werte nach oben und unten offen. Der Logarithmus von 1 ist 0. Der Logarithmus von Zahlen unter 1 ergibt negative Zahlen, die gegen $-\infty$ streben, je mehr man sich der 0 annähert. Der Logarithmus von Zahlen über 1 strebt jedoch gegen $+\infty$. Achten Sie auch auf die Symmetrie der Werte. Bei einer Wahrscheinlichkeit von .5 ist die Chance 1 : 1 oder *fifty:fifty*. Der logarithmierte Wert liegt bei 0. Wenn Sie nun die Wahrscheinlichkeiten oberhalb und unterhalb von .5 betrachten, sehen Sie, dass sich bei gleichen Abständen der Wahrscheinlichkeiten beim Logarithmus des *Odds* nur das Vorzeichen ändert.

Das *Logit* ist nicht begrenzt und symmetrisch um den Ursprung. Es ist daher sehr gut dazu geeignet, mit einer Linearkombination dargestellt zu werden,

---

[11] Nur wenn Sie wie hier von nur hundert Personen pro Gruppe ausgehen, ist der Maximal-Wert der *Odds* bei 100.

9.2 Grundkonzepte

und eignet sich damit als abhängige Variable in einer logistischen Regression. Unglücklicherweise ist das *Logit* nicht unbedingt einfach zu interpretieren. Sie werden vermutlich nicht auf sehr viel Verständnis stoßen, wenn Sie Ihrem Auftraggeber mitteilen, dass die logarithmierte Überlebenschance der männlichen Titanic-Passagiere −1.31 beträgt, die der weiblichen dagegen +1.00. Durch einfaches Umformen von (9.2) können die Werte der *Logits* jedoch wieder in Wahrscheinlichkeiten umgerechnet werden:

$$P(Y=1) = \frac{e^L}{1+e^L} \tag{9.3}$$

mit L dem *Logit* und e der Eulerschen Zahl ($e \approx 2.718$).

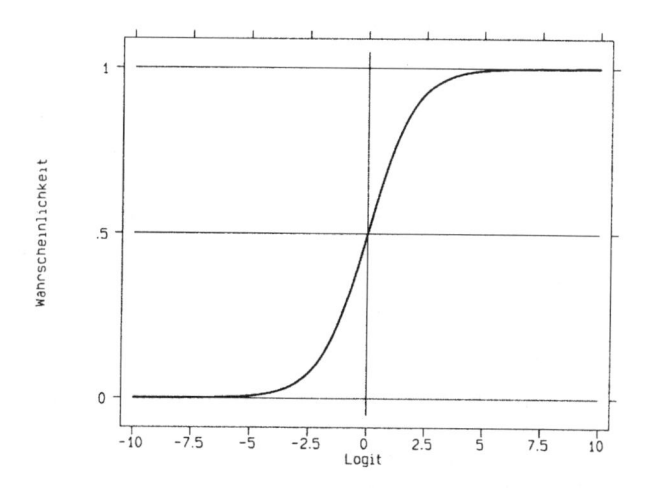

Abbildung 9.1: Wahrscheinlichkeiten gegen Logits

In Abbildung 9.1[12] haben wir diese Umrechnung einmal für einige *Logits* vorgenommen. Dabei zeigt sich eine weitere interessante Eigenschaft der *Logits*: Während der Wertebereich des *Logits* nach oben und unten offen ist, bleiben die Werte der aus den *Logits* berechneten Wahrscheinlichkeiten innerhalb der Grenzen von 0 und 1. Bei *Logits* zwischen etwa −2.5 und 2.5 erhöhen sich die Wahrscheinlichkeiten relativ stark, je mehr man sich jedoch den Grenzwerten der Wahrscheinlichkeit nähert, desto weniger verändern sich die Wahrscheinlichkeiten. Anders ausgedrückt: Die Wahrscheinlichkeiten nähern sich *asympthotisch* den Werten 0 und 1 an, überschreiten diese Grenzen jedoch *niemals*. Hieraus folgt, dass die auf der Basis einer Linearkombination vorhergesagten *Logits* stets in Wahrscheinlichkeiten innerhalb der erlaubten Grenzen von 0 und 1 umgerechnet werden können.

---
[12] *grlogit.do*

Insgesamt können wir festhalten, dass sich die logarithmierte Chance gut als abhängige Variable für unser Regressionsmodell eignet. Die Gleichung für ein solches Modell würde damit lauten:

$$\hat{L}_i = b_0 + b_1 x_{1i} + b_2 x_{2i} + \ldots + b_{K-1} x_{K-1,i} \tag{9.4}$$

Dies ist das so genannte logistische Regressionsmodell oder *Logit*-Modell. Die formale Interpretation der b-Koeffizienten dieses Modells ist identisch mit derjenigen der linearen (OLS-) Regression: Mit der Erhöhung einer X-Variable um eine Einheit steigen die vorhergesagten Werte – die logarithmierten Chancen – um b Einheiten.

Bevor wir die logistische Regression anwenden können, mag es von Interesse sein, sich einige Gedanken über das Verfahren zu machen, mit dem die b-Koeffizienten der Gleichung (9.4) bestimmt werden. Bei der linearen Regression hatten wir als Schätzverfahren das *OLS*-Verfahren angewandt. Für die logistische Regression wird stattdessen das *Maximum-Likelihood*-Verfahren verwendet. Die Logik dieses Verfahrens ist etwas anspruchsvoller als im Fall von OLS, wenn auch das grundsätzliche Prinzip ähnlich ist: Man sucht diejenigen b-Koeffizienten, die in einer bestimmten Hinsicht optimal sind. Wir wollen Ihnen das Verfahren im folgenden Exkurs ein wenig näher erläutern. Zum Verständnis der daran anschließenden Abschnitte ist das Durcharbeiten des Exkurses aber nicht erforderlich!

9.2.2 Exkurs: Das Maximum-Likelihood-Prinzip

Bei der linearen Regression hatten wir das OLS-Verfahren zur Bestimmung der b-Koeffizienten erläutert. Prinzipiell wäre es denkbar, die logarithmierte Chance für jede Kombination der unabhängigen Variablen zu berechnen und diese als abhängige Variable in einem OLS-Regressionsmodell zu verwenden. Ein solches Verfahren wäre jedoch aus Gründen, die hier nicht vertieft werden können nicht so *effizient* wie das Schätzverfahren, dass bei der logistischen Regression angewandt wird: das *Maximum-Likelihood*-Prinzip[13]. Mit Hilfe dieser Technik werden die b-Koeffizienten so bestimmt, dass die Anteilswerte, die Sie beobachtet haben, maximal wahrscheinlich werden. Was ist hiermit gemeint? Zur Beantwortung dieser Frage wollen wir zunächst einen kleinen Umweg machen:

Auf Seite 253 hatten wir Ihnen mitgeteilt, dass der Anteil von Überlebenden der Titanic 32.3 Prozent beträgt. Nehmen Sie einmal an, Sie hätten diesen Wert in einer Stichprobe der Passagiere ermittelt. In diesem Fall könnten Sie sich fragen, wie wahrscheinlich ein solcher Prozentanteil ist, wenn der *wahre* Anteil der Überlebenden aller Passagiere 60 Prozent betrüge? Zur

---

[13]Eine ausgezeichnete Einführung in das *Maximum-Likelihood*-Prinzip findet sich bei Andreß et al. (1997:40-45). Sie diente als Vorlage für die nachfolgende Darstellung.

9.2 Grundkonzepte

Beantwortung dieser Frage sollten Sie sich Folgendes überlegen: Sie „ziehen" einen einzelnen Passagier aus der Grundgesamtheit. Wenn der Anteil von Überlebenden in der Grundgesamtheit 60 Prozent beträgt, so wird dieser Passagier mit einer Wahrscheinlichkeit von .6 ein Überlebender sein und mit einer Wahrscheinlichkeit von .4 ein Opfer. Nun „ziehen" Sie eine zweite Person aus der Grundgesamtheit. Diese zweite Person kann wieder ein Überlebender oder ein Opfer sein, wobei die Wahrscheinlichkeiten dieselben bleiben (wenn Sie „mit Zurücklegen" ziehen). „Ziehen" Sie nun nochmals eine Person aus der Grundgesamtheit und machen Sie danach eine kleine Pause.

In dieser Pause sollten Sie sich Abbildung 9.2 betrachten. In der Abbildung haben wir alle möglichen Stichproben mit drei Beobachtungen aufgeführt. Insgesamt erhalten wir $2^n = 2^3 = 8$ Stichproben vom Umfang $n = 3$. In der ersten Stichprobe haben wir nur Überlebende (Ü) gezogen. Die Wahrscheinlichkeit eine Stichprobe mit drei Überlebenden zu ziehen beträgt $.6 \times .6 \times .6 = .6^3 = .216$. In der zweiten, dritten und fünften Stichprobe haben wir jeweils zwei Überlebende und ein Opfer (O) gezogen. Jede dieser drei Stichproben hat die Wahrscheinlichkeit $.6 \times .6 \times .4 = .6^2 \times .4^1 = .144$. Insgesamt beträgt die Wahrscheinlichkeit einer solchen Stichprobe damit $.144 \times 3 = .432$.

Die Wahrscheinlichkeit der Stichproben 4, 6 und 7 beträgt jeweils $.6 \times .4 \times .4 = .6 \times .4^2 = .096$. Insgesamt beträgt die Wahrscheinlichkeit für derartige Stichproben somit $.096 \times 3 = .288$. Schließlich wäre da noch die Stichprobe 8, deren Wahrscheinlichkeit bei $.4 \times .4 \times .4 = .4^3 = .064$ liegt. Wenn wir für die Stichproben aus der Abbildung die Frage stellen, wie wahrscheinlich es ist, dass Einer von Drei überlebt, so lautet die Antwort: So wahrscheinlich, wie die Stichproben 4, 6 und 7 zusammen, also .288.

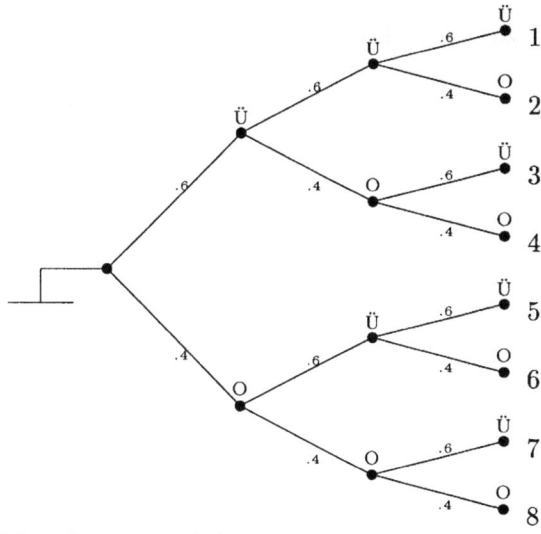

Abbildung 9.2: Stichproben eines dichotomen Merkmals vom Umfang 3

Allgemein beträgt die Wahrscheinlichkeit eine Stichprobe vom Umfang n zu ziehen, in der ein dichotomes Merkmal h-mal auftritt

$$P(h|\pi, n) = \binom{n}{h} \pi^h (1 - \pi)^{n-h} \tag{9.5}$$

Dabei gibt π den Anteil des dichotomen Merkmals in der Grundgesamtheit wieder. Der Ausdruck $\binom{n}{h}$, steht für $\frac{n!}{h!(n-h)!}$. Mit ihm wird die Anzahl möglicher Stichproben in denen das dichotome Merkmal h-mal auftritt, berechnet. Die Wahrscheinlichkeit der Stichproben 4, 6 und 7 in unserer Abbildung lässt sich mit dieser Formel in Stata berechnen:

```
. display comb(3,1) * .6^1 * .4^2
.288
```

In der Praxis sind wir meist nicht an dieser Ziffer interessiert, sondern an π, dem Anteil des Merkmals in der Grundgesamtheit. π ist zwar nicht bekannt, bei gegebener Stichprobe können wir uns jedoch überlegen, welcher Wert von π die gegebene Stichprobe am wahrscheinlichsten macht. Hierzu könnten wir in Gleichung (9.5) verschiedene Werte für π einsetzen und dann den Wert auswählen, der die höchste Wahrscheinlichkeit aufweist. Formal bedeutet dies, wir suchen nach demjenigen Wert von π, für den die *Likelihood*

$$\mathcal{L}(\pi|h, n) = \binom{n}{h} \pi^h (1 - \pi)^{n-h} \tag{9.6}$$

maximal wird[14]. Dabei können wir auf die Berechnung von $\binom{n}{h}$ verzichten, da dieser Term für alle Werte von π konstant ist.

Beispiel: Sie können dies für die Stichprobe 2 aus Abbildung 9.2 auf der vorherigen Seite (2 Überlebende und 1 Opfer) von Hand durchspielen. Erstellen Sie sich hierzu einen künstlichen Datensatz mit hundert Beobachtungen:

```
. clear
. set obs 100
```

Bilden Sie nun die Variable *pi*, in der Sie eine Serie von möglichen Werten für π ablegen:

```
. generate pi = _n/100
```

Da h und n aus der Stichprobe bekannt sind, können Sie die *Likelihood* für die unterschiedlichen Werte von π berechnen:

```
. generate L = pi^2 * (1 - pi)^(3-2)
```

---

[14] Die *Likelihood* wird mit derselben Formel berechnet wie oben in (9.5) die Wahrscheinlichkeit. Die Ergebnisse von (9.5) addieren sich jedoch für alle möglichen Werte von h zum Wert 1 auf, während dies bei den Werten von $\mathcal{L}$ für alle denkbaren Werte von π nicht der Fall ist. Sprachlich unterscheidet man darum die *Likelihood* von der Wahrscheinlichkeit.

9.2 Grundkonzepte

Mit Hilfe einer Grafik können Sie dann untersuchen, für welches π die *Likelihood* maximal wird:

```
. graph L pi, c(l) sort border xlabel(0(.2)1) xtick(0(.1)1) ylabel
```

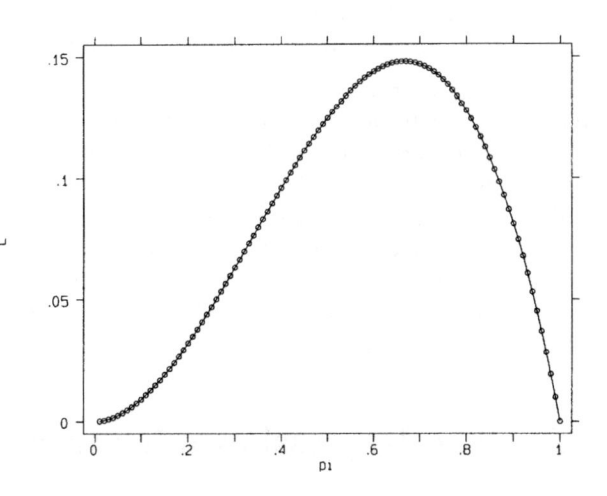

Das Maximum der *Likelihood* liegt etwa bei $\pi = .66$. Dies ist die *Maximum-Likelihood*-Schätzung des Anteils der Überlebenden in der Grundgesamtheit, wenn die vorliegende Stichprobe zwei Überlebende und ein Opfer enthält.

Wie schätzt man mit dem *Maximum-Likelihood*-Prinzip die b-Koeffizienten unseres Regressionsmodells aus Gleichung (9.4)? Die Antwort ist einfach. Anstatt die Werte für π direkt einzusetzen, berechnen wir π mit Hilfe unseres Regressionsmodells. Hierzu setzen wir (9.4) in (9.3) ein

$$\pi = \hat{P}(Y=1) = \frac{e^{b_0+b_1 x_{1i}\dots+b_{K-1} x_{K-1,i}}}{1+e^{b_0+b_1 x_{1i}\dots+b_{K-1} x_{K-1,i}}} \quad (9.7)$$

und dies wiederum in (9.6):

$$\mathcal{L}(b_k|f,n,m) = \hat{P}(Y=1)^h \times \left(1-\hat{P}(Y=1)\right)^{n-h}$$
$$= \left(\frac{e^{b_0+b_1 x_{1i}+\dots+b_{K-1} x_{K-1,i}}}{1+e^{b_0+b_1 x_{1i}+\dots+b_{K-1} x_{K-1,i}}}\right)^h \times \left(1-\frac{e^{b_0+b_1 x_{1i}+\dots+b_{K-1} x_{K-1,i}}}{1+e^{b_0+b_1 x_{1i}+\dots+b_{K-1} x_{K-1,i}}}\right)^{n-h} \quad (9.8)$$

Danach können Sie versuchen, diese Funktion durch ausprobieren unterschiedlicher Werte von b_k zu maximieren. Besser ist es jedoch wie bei der OLS-Regression, die erste Ableitung nach b_k zu bilden und die resultierende

Normalgleichung nullzusetzen. Das mathematische Vorgehen wird zusätzlich erleichtert, wenn die *Log-Likelihood*, d.h. ln $\mathcal{L}$, verwendet wird. Eine analytische Lösung wie bei der linearen OLS-Regression werden Sie jedoch bei diesem Vorgehen nicht finden. Aus diesem Grund werden zur Maximierung der *Log-Likelihood* iterative Algorithmen angewandt, die man etwas despektierlich als „raffiniertes Ausprobieren" umschreiben könnte.

Das *Maximum-Likelihood*-Prinzip wurde hier für die logistische Regression mit dichotomen abhängigen Variablen vorgestellt. Prinzipiell ist das Verfahren jedoch für beliebige Variablen und Modelle anwendbar. Hierzu wird die Gleichung (9.6) an die jeweilige Verteilungsannahme angepasst. Anschließend wird in (9.6) die Gleichung für die Wahrscheinlichkeiten des Modells eingesetzt. Die resultierende *Likelihood*-Funktion wird dann mit einem möglichst allgemeinen und schnellen Schätzalgorithmus maximiert. Die Logik dieses Vorgehens ist in Stata im Befehl „ml" implementiert, der ausführlich in Gould/Sribney (1999) beschrieben wird.

9.3 Logistische Regression mit Stata

Wir wollen unser Titanic-Beispiel nun für einen Augenblick zugunsten eines anderen Anwendungsbeispiels zurückstellen. Bitte nehmen Sie an, Sie hätten die Vermutung, dass mit zunehmendem Haushaltseinkommen und zunehmendem Alter der Befragten die Wahrscheinlichkeit steigt, in einer Eigentumswohnung oder einem eigenen Haus zu wohnen. Außerdem rechnen Sie damit, dass der Anteil von Personen mit Wohneigentum[15] in Westdeutschland höher ist als in Ostdeutschland. Bitte laden Sie nun unseren Datensatz *data1.dta*.

```
. use data1, clear
```

Zur Überprüfung Ihrer Vermutung können Sie ein logistisches Regressionsmodell des Wohneigentums gegen die unabhängigen Variablen Alter, Haushaltseinkommen und einer Ost-West-Variable berechnen. Der Stata-Befehl zur Berechnung der logistischen Regression lautet „logit". Die Syntax des Befehls ist denkbar einfach, da sie derjenigen aller Modellbefehle in Stata entspricht: Hinter dem Befehl kommt der Name der abhängigen Variable, danach eine Variablenliste mit den Namen der unabhängigen Variablen.

Bezüglich der abhängigen Variable muss eine Besonderheit beachtet werden: Mindestens eine Kategorie der abhängigen Variable sollte 0 sein, da „logit" die logarithmierte Chance modelliert, dass die abhängige Variable von Null verschieden ist. Üblich ist es eine abhängige Variable mit den Werten 0 und 1 zu verwenden, wobei die mit 1 versehene Kategorie allgemein als *Erfolg*

---

[15] Im Folgenden werden wir statt vom Wohnen in einer Eigentumswohnung oder einem Eigenheim verkürzt vom *Wohneigentum* sprechen. So verstanden können auch Kinder Wohneigentum haben. Für Haushaltseinkommen verwenden wir das Wort *Einkommen*.

9.3 Logistische Regression mit Stata

(*success*) bezeichnet wird. Entsprechend spricht man von der mit 0 bezeichneten Kategorie als *Misserfolg* (*failure*). Für unser Beispiel sollten Sie darum die Variable *eigent* mit den Werten 1 für Wohneigentümer und 0 für Mieter bilden. Dies geschieht am effektivsten durch[16]:

. generate eigent = wohnst == 1 if wohnst ~=.

Die Ost-West-Variable bilden wir analog zur entsprechenden Variable bei der linearen Regression (Seite 191) durch:

. generate ost = bul >=11 & bul<=16 if bul ~=.

Für unser Regressionsmodell erscheint es außerdem sinnvoll, zunächst aus der im Datensatz vorhandenen Variable für das Geburtsjahr eine Variable für das Alter zu bilden.

. generate alter = 1997-gebjahr

Darüber hinaus ist es empfehlenswert, die beiden metrischen unabhängigen Variablen *alter* und *hhein* zu zentrieren, d.h. von jedem Wert den Mittelwert der Variable abzuziehen. Der Mittelwert zentrierter Variablen ist Null, was die Interpretation von Regressionsmodellen an vielen Stellen erleichtert[17]. Die Zentrierung der Variablen *alter* und *hhein* kann z.B. durch folgende Befehle erfolgen[18]:

. summarize alter if hhein~=. & eigent~=. & ost ~=.
. generate agez = alter - r(mean) if hhein~=. & eigent~=. & ost ~=.
. summarize hhein if alter~=. & eigent~=. & ost ~=.
. generate hheinz = hhein - r(mean) if alter~=. & eigent~=. & ost ~=.

Anschließend können Sie die logistische Regression berechnen:

. logit eigent agez hheinz ost

Die Ergebnistabelle ähnelt stark der Ergebnistabelle, die Sie bei der linearen Regression kennen gelernt haben. Unten in der Tabelle finden Sie den Koeffizientenblock mit den Koeffizienten für die unabhängigen Variablen und der Konstanten. Oben links finden Sie einen Iterationsblock mit einigen Ergebnissen, welche die *Maximum-Likelihood*-Berechnung betreffen, und oben rechts finden Sie einen Modellfit-Block. Analog zu unseren Erläuterungen der linearen Regression, werden wir in den folgenden Abschnitten diese Blöcke im Einzelnen besprechen.

```
Iteration 0:   log likelihood = -2091.5129
Iteration 1:   log likelihood = -1930.1372
Iteration 2:   log likelihood = -1927.6031
Iteration 3:   log likelihood = -1927.5995
```

---

[16] Dieser Befehl wird ausführlich auf Seite 80 behandelt. Zur Ermittlung der Zuordnung der Werte einer Variable zu den Beschriftungen dient der Befehl „label list" (Abschnitt 5.3 auf Seite 94).
[17] Zur weiteren Begründung vgl. Aiken/West (1991).
[18] Die hier angewandten Stata-Befehle erläutern wir auf Seite 223. Zum Ausdruck *r(mean)* lesen Sie bitte Kapitel 4.

```
Logit estimates                                   Number of obs   =      3200
                                                  LR chi2(3)      =    327.83
                                                  Prob > chi2     =    0.0000
Log likelihood = -1927.5995                       Pseudo R2       =    0.0784

------------------------------------------------------------------------------
  eigent |      Coef.   Std. Err.       z     P>|z|     [95% Conf. Interval]
---------+--------------------------------------------------------------------
    agez |   .0189757   .0021862     8.680    0.000     .0146907    .0232606
   hheinz|   .0003236   .0000208    15.541    0.000     .0002828    .0003644
     ost |  -.0582997   .0864511    -0.674    0.500    -.2277408    .1111413
   _cons |  -.6023515   .0462412   -13.026    0.000    -.6929826   -.5117203
------------------------------------------------------------------------------
```

9.3.1 Der Koeffizientenblock

Im Folgenden sollen unterschiedliche Möglichkeiten der Interpretation der b-Koeffizienten der logistischen Regression verdeutlicht werden. Die b-Koeffizienten finden sich in der ersten Spalte des Koeffizientenblocks[19]. Formal geben die b-Koeffizienten an, wie sich die vorhergesagten Werte bei einem Anstieg der zugehörigen unabhängigen Variable um eine Einheit verändern. Dies entspricht der Interpretation der b-Koeffizienten der linearen Regression, nur sind die vorhergesagten Werte diesmal keine Mittelwerte der abhängigen Variable, sondern logarithmierte Chancen eines *Erfolgs*. Für den Regressionskoeffizienten von *agez* lautet die Interpretation z.B.: „Die logarithmierte Chance auf Wohneigentum steigt im Schnitt um 0.0189757, wenn das Alter um ein Jahr ansteigt." Die Interpretation des Regressionskoeffizienten von *hheinz* lautet entsprechend. Bezogen auf den Regressionskoeffizienten von *ost* können wir sagen: „Mit jedem Anstieg der Variable *ost* um eine Einheit *fällt* die logarithmierte Chance auf Wohneigentum im Schnitt um 0.0582997." Da *ost* jedoch nur einmal um eine Einheit steigen kann, lässt sich das auch kürzer formulieren: „Ostdeutsche haben durchschnittlich eine um ca. 0.06 kleinere logarithmierte Chance auf Wohneigentum als Westdeutsche." Die Regressionskonstante gibt den vorhergesagten Wert für diejenigen Befragten an, die bei allen anderen unabhängigen Variablen den Wert 0 aufweisen. Auf Grund der Zentrierung bedeutet dies im vorliegenden Fall: „Die logarithmierte Chance auf Wohneigentum beträgt für westdeutsche Befragte mittleren Alters und mittleren Einkommens −.6023153."

Insgesamt erscheinen die Informationen über die Veränderungen der logarithmierten Erfolgschancen ein wenig fremd. Aus diesem Grund bedient man

---

[19]In der zweiten Spalte finden sich die Standardfehler der Regressionskoeffizienten, mit deren Hilfe Signifikanztests sowie Konfidenzintervallgrenzen berechnet werden. Die Interpretation dieser Angaben deckt sich mit den entsprechenden Angaben in der linearen Regression (Abschnitt 8.5 auf Seite 231). Bezüglich der *Signifikanz* der Koeffizienten ist jedoch zu beachten, dass deren Beurteilung im Rahmen der logistischen Regression üblicherweise mit einem *Likelihood-Ratio*-Test erfolgt (Abschnitt 9.5 auf Seite 286).

sich zur Interpretation der Koeffizienten unterschiedlicher Hilfskonstruktionen, die wir nun vorstellen.

9.3.1.1 Vorzeicheninterpretation

Am einfachsten ist es, sich auf die Interpretation der Vorzeichen und der relativen Größe der Koeffizienten zu beschränken. Ein positives Vorzeichen des Regressionskoeffizienten bedeutet, dass die Wahrscheinlichkeit oder Chance von Wohneigentum mit der jeweiligen unabhängigen Variable ansteigt, ein negatives Vorzeichen bedeutet, dass die entsprechende Wahrscheinlichkeit oder Chance fällt. Das Ausmaß der Veränderung ist dabei umso stärker, je höher der Betrag des Regressionskoeffizienten ist. Über das genaue Ausmaß der Veränderung der Wahrscheinlichkeit lassen sich indes keine Rückschlüsse ziehen. In unserem Beispiel steigt die Wahrscheinlichkeit von Wohneigentum mit dem Alter und dem Einkommen. Im Osten ist die Wahrscheinlichkeit von Wohneigentum niedriger als im Westen.

9.3.1.2 Interpretation mit Odds-Ratios

Mit Hilfe der Modellgleichung wollen wir zunächst die vorhergesagten *logarithmierten Chancen* der Westdeutschen mit mittlerem Einkommen und mittlerem Alter berechnen. Auf der zentrierten Einkommensvariable (*hheinz*) haben die Befragten, deren Einkommen genau dem Durchschnitt (3861.43 DM) entspricht, den Wert 0. Gleiches gilt für die zentrierte Altersvariable (*agez*), bei der die Befragte mittleren Alters (45.18 Jahre) den Wert 0 haben. Schließlich haben auch westdeutsche Befragte auf der Variable *ost* den Wert 0. Bei der Berechnung der vorhergesagten *Logits* nach (9.4) fallen damit alle Koeffizienten bis auf die Konstante aus der Gleichung. Die vorhergesagten logarithmierten Chancen (*Logits*) der Westdeutschen mittleren Alters und Einkommens entsprechen deshalb der Regressionskonstanten.

Durch exponieren können die wenig informativen logarithmierten Chancen in Chancen (*Odds*) umgerechnet werden[20]:

. display exp(_b[_cons])
.54752264

Entsprechend können Sie die Chance derjenigen berechnen, die genau ein Jahr älter als der Durchschnitt sind:

. display exp(_b[_cons] + _b[agez]*1)
.55801145

Die Chance auf Wohneigentum der Älteren ist somit ein wenig größer, als diejenige der Befragten mit durchschnittlichem Alter. Für den Vergleich der

---

[20]Das Rechnen mit den gespeicherten Koeffizienten haben wir ausführlich in Abschnitt 8.1.2.1 auf Seite 182 beschrieben.

beiden Chancen können wir das *Odds-Ratio* (Seite 257) verwenden. Im vorliegenden Fall beträgt es:

. display exp(_b[_cons] + _b[agez])/exp(_b[_cons])
1.0191568

Das heißt: Wenn das Alter um ein Jahr über den Durchschnitt ansteigt (also von 45.18 auf 46.18 Jahre), steigt die Chance auf Wohneigentum um das 1.02-fache. Ein Anstieg des Alters von 1 über dem Durchschnitt auf 2 über dem Durchschnitt führt zu einer weiteren Multiplikation der *Chance* mit 1.02 usw. Da die *Chance* mit jeder Einheit des Alters um das 1.02-fache ansteigt, spricht man im Zusammenhang mit dem *Odds-Ratio* auch vom multiplikativen Einheitseffekt – im Gegensatz zum additiven Einheitseffekt der b-Koeffizienten[21].

Der Rechenaufwand zur Bestimmung der *Odds-Ratios* lässt sich erheblich reduzieren, wenn man Folgendes bedenkt: Allgemein haben wir zur Bestimmung des *Odds-Ratios* zunächst die *Odds* für einen bestimmten Wert von X ausgerechnet, anschließend für den Wert $X + 1$. Danach haben wir beide Ergebnisse durcheinander dividiert. Dies lässt sich wie folgt darstellen:

$$Odds\text{-}Ratio = \frac{e^{b_0+b_1(X+1)}}{e^{b_0+b_1 X}} = \frac{e^{b_0+b_1 X}e^{b_1}}{e^{b_0+b_1 X}} = e^{b_1} \qquad (9.9)$$

Sie erhalten das *Odds-Ratio* daher auch direkt durch Exponieren des b-Koeffizienten.

Viele Anwender der logistischen Regression präferieren die Interpretation der Ergebnisse in Form der *Odds-Ratios*. Aus diesem Grund können die *Odds-Ratios* in Stata auch direkt anstelle der b-Koeffizienten angezeigt werden. Hierfür stehen zwei Wege zur Verfügung: *Erstens* können die *Odds-Ratios* durch die Option „or" des „logit"-Befehls angefordert werden[22]:

. logit eigent agez hheinz ost, or

Zweitens kann statt des Befehls „logit" der Befehl „logistic" verwendet werden. Der Befehl „logistic" funktioniert identisch zu „logit", berichtet aber die *Odds-Ratios* statt der b-Koeffizienten.

. logistic eigent agez hheinz ost

9.3.1.3 Wahrscheinlichkeitsinterpretation

Die dritte Möglichkeit zur Interpretation der Koeffizienten liefert Ihnen die Gleichung (9.3). Dort haben wir Ihnen gezeigt, wie Sie *Logits* in Wahrscheinlichkeiten umrechnen können. Mit Stata können Sie auch diese Wahrschein-

---

[21] Zur logarithmierten Chance werden pro Einheit der X-Variable jeweils b Einheiten hinzuaddiert, während die Chance jeweils mit dem *Odds-Ratio* multipliziert wird.

[22] Diese Option kann auch dann eingesetzt werden, wenn die Ergebnisse des zuletzt berechneten Modells nur nochmals angezeigt werden sollen: „logit, or".

9.3 Logistische Regression mit Stata

lichkeiten in der gewohnten Weise berechnen. Zum Beispiel wäre die Wahrscheinlichkeit über Wohneigentum zu verfügen für Westdeutsche mittleren Alters und Einkommens:

```
. display exp(_b[_cons])/(1 + exp(_b[_cons]))
.3538059
```

Das heißt der geschätzte Anteil von Wohneigentümern beträgt bei den Befragten mittleren Alters und Einkommens ca. 35 Prozent.

Mit dem Befehl „predict" bilden Sie eine neue Variable, welche für jede Beobachtung die vorhergesagten Wahrscheinlichkeiten enthält. Hierzu geben Sie den Befehl zusammen mit dem Namen der Variable an, welche die vorhergesagten Wahrscheinlichkeiten enthalten soll[23]:

```
. predict Phat
```

Das Problem bei der Interpretation der Wahrscheinlichkeiten besteht darin, dass die Wahrscheinlichkeiten nicht gleichmäßig mit jeder Erhöhung der unabhängigen Variable ansteigen. Betrachten Sie sich z.B. einmal folgende drei Wahrscheinlichkeiten, bei denen wir das Alter jeweils um zehn Jahre angehoben haben:

```
. display exp(_b[_cons] + _b[agez]*10)/(1 + exp(_b[_cons]) + _b[agez]*10)
.38101555
. display exp(_b[_cons] + _b[agez]*20)/(1 + exp(_b[_cons]) + _b[agez]*20)
.41527213
. display exp(_b[_cons] + _b[agez]*30)/(1 + exp(_b[_cons]) + _b[agez]*30)
.45704036
```

Zwischen den Westdeutschen mit durchschnittlichen Alter und den um zehn Jahre älteren steigt die Wahrscheinlichkeit für Wohneigentum um .02720965 an. Danach steigt die Wahrscheinlichkeit zunächst um .03425658 und dann um .04176823 an. Eine Erhöhung des Alters um jeweils zehn Jahre führt damit nicht zu einer gleichbleibenden Veränderung der vorhergesagten Wahrscheinlichkeit.

Eine naheliegende Möglichkeit mit diesem Problem umzugehen, ist die grafische Darstellung der Wahrscheinlichkeiten in einem *Conditional-Effects*-Plot. Wie in Abschnitt 8.4.2 auf Seite 222 dargestellt, handelt es sich hierbei um eine Grafik der vorhergesagten Werte für unterschiedliche Ausprägungen der unabhängigen Variablen. So könnte man z.B. eine Variable mit den vom Einkommen abhängigen vorhergesagten Wahrscheinlichkeiten der Westdeutschen mittleren Alters generieren[24]:

---

[23] Wir verwenden den Namen *Phat*, um anzudeuten, dass es sich um vorhergesagte *Wahrscheinlichkeiten* handelt. Mit der Option *xb* des „predict"-Befehls können Sie auch die vorhergesagten *logits* berechnen lassen. In diesem Fall würden wir *Lhat* als Variablennamen verwenden.

[24] Bei mittlerem Alter ist der Wert der zentrierten Altersvariable 0. Alter fällt deshalb aus der Gleichung. Gleiches gilt für die Variable *ost*.

```
. generate Phat2 = exp(_b[_cons]+_b[hheinz]*hheinz)/
  (1+exp(_b[_cons]+_b[hheinz]*hheinz))
```

und diese in einer Grafik darstellen:

```
. graph Phat2 hhein, connect(l) symbol(i) sort
```

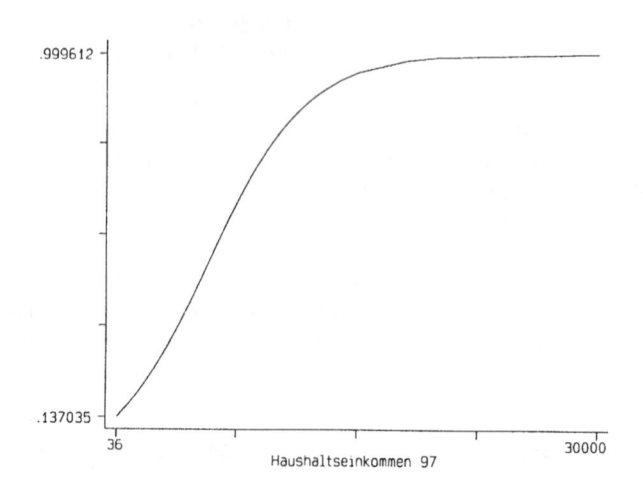

Die Grafik zeigt deutlich, dass der Anstieg der Wahrscheinlichkeiten nicht für alle Werte des Einkommens identisch ist. Je nach Einkommen steigt die Wahrscheinlichkeit von Wohneigentum stark oder schwach.

9.3.2 Der Iterationsblock

Im oberen linken Teil der Ausgabe des „logit"-Befehls (siehe Seite 265) finden Sie einige mit dem Wort *Iteration* beginnende Zeilen. Derartige Angaben sind typisch für Modelle, deren Koeffizienten nach dem *Maximum-Likelihood*-Prinzip ermittelt werden. Wie in unserem Exkurs zu diesem Verfahren ausgeführt, gibt es bei Anwendung des *Maximum-Likelihood*-Prinzips keine mathematische Gleichung, mit der die b-Koeffizienten unmittelbar berechnet werden können. Stattdessen werden die Koeffizienten durch gezieltes und wiederholtes (*iteratives*) Ausprobieren bestimmt. Vereinfacht ausgedrückt wird dieses Ausprobieren so lange wiederholt, bis sich die in den einzelnen Iterationen ausgegebenen Werte[25] praktisch nicht mehr verändern. Die Zwischenergebnisse dieser Versuche werden im Iterationsblock ausgegeben.

Die erste und letzte Angabe des Iterationsblocks ähneln in gewisser Weise den Angaben des Anova-Blocks der linearen Regression (Abschnitt 8.1.2.2 auf Seite 185). Im Anova-Block der linearen Regression fanden sich Angaben

---

[25] Lesern des Exkurses sei gesagt, dass es sich hier um die Werte von $\ln \mathcal{L}$ handelt.

9.3 Logistische Regression mit Stata

zur TSS, RSS und MSS. TSS war die Summe der quadrierten Residuen, wenn man alle Werte der abhängigen Variable durch das arithmetische Mittel vorhersagt. RSS war die Summe der quadrierten Residuen des Regressionsmodells und MSS war die Differenz zwischen TSS und RSS. MSS ist damit die Menge von Fehlern, die wir weniger machen, wenn wir das Regressionsmodell statt den Mittelwert zur Vorhersage der abhängigen Variable verwenden.

Im logistischen Regressionsmodell sind die Residuen zur Bestimmung der Regressionskoeffizienten ohne formale Bedeutung. Stattdessen wird eine Art Wahrscheinlichkeit – die *Likelihood* – für alle denkbaren Regressionskoeffizienten ermittelt, und dann werden diejenigen Koeffizienten ausgewählt, die insgesamt „am wahrscheinlichsten" sind. Der Logarithmus dieser Wahrscheinlichkeit wird im Iterationsblock ausgegeben. Zwei dieser Wahrscheinlichkeiten sind von besonderem Interesse: die erste und die letzte. Die erste *Likelihood* gibt an, wie wahrscheinlich es ist, dass alle b-Koeffizienten des logistischen Regressionsmodells außer b_0 gleich 0 sind ($\mathcal{L}_0$). Die letzte *Likelihood* gibt an, wie wahrscheinlich der Set der am Ende ausgewählten b-Koeffizienten ist ($\mathcal{L}_K$). Es ist klar, dass die Wahrscheinlichkeit für die am Ende ausgewählten b-Koeffizienten zumindest etwas größer sein sollte als die Wahrscheinlichkeit, dass alle b-Koeffizienten 0 sind. Je stärker sich die erste und letzte Wahrscheinlichkeit unterscheiden, desto größer ist der *Vorteil* des Modells mit den unabhängigen Variablen gegenüber dem „Nullmodell".

Insgesamt zeigt sich damit eine Art Analogie von TSS zu $\mathcal{L}_0$, von RSS zu $\mathcal{L}_K$ und von MSS zu $\mathcal{L}_0 - \mathcal{L}_K$.

Abgesehen von der ersten und letzten *Log-Likelihood* sind die übrigen Angaben im Iterationsblock von untergeordnetem Interesse. Es gibt jedoch eine Ausnahme. Das *Maximum-Likelihood*-Verfahren liefert unter bestimmten Umständen eine Lösung für die b-Koeffizienten, welche nicht optimal ist. Dies kann auftreten, wenn der Raum, in dem nach den Koeffizienten gesucht wird, *schwierig* ist. All das klingt reichlich abstrakt, und wir wollen dies hier auch nicht weiter vertiefen. Wichtig scheint uns aber, dass die Anzahl der Iterationen Hinweise auf einen *schwierigen* Suchraum geben können. Modelle, bei denen eine große Anzahl von Iterationen durchgeführt werden bevor die Lösung präsentiert wird, müssen als problematisch angesehen werden[26].

In solchen Fällen sollten Sie Ihren Datensatz ein wenig verändern. Löschen Sie einige zufällig ausgewählte Fälle und berechnen Sie Ihr Modell erneut; oder verändern Sie die Werte von einigen Variablen geringfügig und berechnen Ihr Modell nochmals. Bleiben die Ergebnisse konstant, können Sie einigermaßen beruhigt sein und die Ergebnisse Ihres ersten Modells interpretieren. Verändern sich die Ergebnisse deutlich wird es problematisch. Dann sollten Sie weiterführende Literatur konsultieren (Long 1997, Gould/Sribney 1999).

---

[26] Eine genaue Zahl ab der die Anzahl der Iterationen als zu groß erscheinen lässt sich nicht angeben. Allgemein sollten Sie jedoch mit mehr Iterationen rechnen, wenn die Anzahl unabhängiger Variablen steigt.

9.3.3 Der Modellfit-Block

Eine bedeutende Maßzahl für den Modellfit der linearen Regression war r^2. Der Grund für die große praktische Bedeutung von r^2 liegt vermutlich darin, dass r^2 zum einen die festen Grenzen 0 und 1, zum anderen die klare Interpretation „Anteil erklärter Varianz" aufweist. In der logistischen Regression gibt es *keine* vergleichbare allgemein akzeptierte Maßzahl. Vielmehr wurde eine Reihe von Maßzahlen und Konzepten vorgeschlagen, von denen wir Ihnen hier einige vorstellen wollen.

Beginnen wollen wir mit der Maßzahl, die sich bereits im Modellfit-Block der Ausgabe von „logit" befindet: dem *Pseudo-r^2* (p^2). Dabei ist es jedoch bereits missverständlich, von *dem* Pseudo-r^2 zu sprechen. Es gibt eine ganze Reihe von verschiedenen Pseudo-r^2-Werten[27]. Deshalb sollte man stets angeben, von welchem Pseudo-r^2 jeweils die Rede ist. Derjenige, der von Stata ausgegeben wird, wurde von McFadden (1973) vorgeschlagen, weshalb wir ihn mit p^2_{MF} bezeichnen wollen.

McFaddens p^2_{MF} wird in direkter Analogie zum r^2 der linearen Regression berechnet. Gemäß Gleichung (8.13) ist $r^2 = \frac{MSS}{TSS} = 1 - \frac{RSS}{TSS}$. Entsprechend ist:

$$p^2_{MF} = \frac{\ln \mathcal{L}_0 - \ln \mathcal{L}_K}{\ln \mathcal{L}_0} = 1 - \frac{\ln \mathcal{L}_K}{\ln \mathcal{L}_0} \qquad (9.10)$$

mit $\mathcal{L}_0$ der *Likelihood*, dass alle Koeffizienten außer der Konstanten 0 sind und $\mathcal{L}_K$ der *Likelihood* des berechneten Modells. Wie bei r^2 liegt p^2_{MF} in den Grenzen von 0 und 1. Die inhaltliche Interpretation ist allerdings ungleich problematischer. „Je höher desto besser" ist praktisch das einzige, was man zu p^2_{MF} sagen kann. In unserem Beispiel (Seite 265) ist p^2_{MF} mit ca. .08 eher klein.

Neben McFaddens Pseudo-r^2 wird als weitere Kennziffer für die Güte des Gesamtmodells der *Likelihood-Ratio-χ^2* Wert ($\chi^2_\mathcal{L}$) ausgegeben. Dieser beruht ebenfalls auf der Differenz zwischen der ersten und letzten Angabe des Iterationsblocks. Anders als bei p^2_{MF} wird diese Differenz aber nicht auf die Werte zwischen 0 und 1 standardisiert, sondern lediglich mit -2 multipliziert:

$$\chi^2_\mathcal{L} = -2(\ln \mathcal{L}_0 - \ln \mathcal{L}_K) \qquad (9.11)$$

Der Grund für die Multiplikation mit -2 liegt darin, dass $\chi^2_\mathcal{L}$ durch diese Multiplikation einer χ^2-Verteilung folgt. Damit kann $\chi^2_\mathcal{L}$ ähnlich dem F-Wert der linearen Regression zur Untersuchung folgender Hypothese herangezogen werden: „Die Einbeziehung der unabhängigen Variable in das Regressionsmodell erhöht die Wahrscheinlichkeit des Modells nicht" oder anders formuliert:

---

[27]Vgl. Veall/Zimmermann (1994) für einen Überblick.

9.3 Logistische Regression mit Stata

„Alle Koeffizienten außer der Konstanten sind in der Grundgesamtheit gleich Null." Die Wahrscheinlichkeit für das Zutreffen dieser Hypothese wird ebenfalls im Modellfit-Block ausgewiesen („Prob > chi2"). Sie ist im vorliegenden Fall praktisch 0. Wir können daher davon ausgehen, dass mindestens einer der beiden b-Koeffizienten in der Grundgesamtheit nicht 0 ist. Ebenfalls wie beim F-Test in der linearen Regression reicht die Zurückweisung der Nullhypothese in *keinster* Weise aus, um mit den Ergebnissen zufrieden zu sein.

Wie auch bei der linearen Regression sollte die Beurteilung der Anpassung eines Modells nicht allein auf Grund der Maßzahlen im Modellfit-Block erfolgen. Dieser Hinweis ist im Rahmen der logistischen Regression sogar noch etwas ernster zu nehmen, da es hier keine allgemein akzeptierte Maßzahl wie r^2 gibt. Aus diesem Grund wollen wir Ihnen im Folgenden einige weitere Maßzahlen erläutern.

9.3.3.1 Klassifikationstabellen

Der *Fit* des linearen Regressionsmodells wurde in erster Linie auf der Basis der Residuen $(y - \hat{y})^2$ beurteilt. In der logistischen Regression kann man die Residuen als den Unterschied zwischen den wahren Werten und den so genannten *klassifizierten* Werten auffassen. Bei der Klassifikation wird jeder Beobachtung einer der beiden Werte der abhängigen Variable zugewiesen. Üblicherweise wird einer Beobachtung der Wert 1 zugewiesen, wenn das Modell eine Wahrscheinlichkeit von über .5 vorhersagt. Bei vorhergesagten Wahrscheinlichkeiten von unter .5 wird der Beobachtung eine 0 zugewiesen. Von Hand durchgeführt sieht dies z.B. so aus[28]:

```
. generate eighat = Phat >= .5 if Phat ~=.
```

Die so erzeugten *klassifizierten* Werte der abhängigen Variable werden typischerweise in einer Klassifikationstabelle dargestellt. Hierbei handelt es sich um eine einfache Kreuztabelle der klassifizierten Werte mit den Originalwerten:

```
. tabulate eighat eigent, cell column
```

Aus dieser Tabelle kann nun eine Vielzahl von Werten abgelesen werden. Vor allem bei Medizinern von großer Bedeutung ist die *Sensitivität* und die *Spezifizität* des Modells. Hierbei handelt es sich um die Spaltenprozentsätze in der Hauptdiagonalen der oben erzeugten Tabelle. Sensitivität ist der Anteil der als Wohneigentümer klassifizierten Beobachtungen unter den Beobachtungen, die tatsächlich Wohneigentümer sind. Spezifizität ist der Anteil der als Mieter klassifizierten Beobachtungen unter denjenigen, die tatsächlich Mieter sind.

In den Sozialwissenschaften gebräuchlicher ist der so genannte *Count r^2*. Hierbei handelt es sich um den Anteil der insgesamt korrekt vorhergesagten

---
[28] Die Variable *Phat* enthält die vorhergesagten Wahrscheinlichkeiten des Regressionsmodells. Wir haben Sie auf Seite 269 mit „predict Phat" erzeugt.

Beobachtungen. Diese können Sie durch Addition der Gesamtanteile in der Hauptdiagonalen der oben erzeugten Tabelle ermitteln. Einfacher geht es allerdings mit dem Befehl „lstat", mit dem Sie obige Tabelle in etwas anderer Anordnung, sowie die Sensitivität, die Spezifizität, den *Count* r^2 und einige weitere Angaben erhalten:

```
. lstat

Logistic model for eigent

               -------- True --------
Classified |       D            ~D       |    Total
-----------+-----------------------------+-----------
     +     |      324           189      |     513
     -     |      829          1858      |    2687
-----------+-----------------------------+-----------
   Total   |     1153          2047      |    3200
snip ✄
Correctly classified                          68.19%
-------------------------------------------------------
```

Die Klassifikationstabelle zeigt, das wir insgesamt 513 Beobachtungen mit dem Wert 1 klassifiziert haben. Bei 324 Beobachtungen entspricht dies dem wahren Wert, bei 189 nicht. Den Wert 0 haben wir 2687 Beobachtungen zugewiesen, was sich 1858-mal als korrekt erwiesen hat. Insgesamt zutreffend klassifiziert haben wir damit $r^2_{count} = \frac{324+1858}{3200} = 68.19$ Prozent der Beobachtungen. Diese Angabe findet sich am Ende der Ausgabe von „lstat".

Damit sieht unser Modell nicht allzu schlecht aus. Aber Achtung: Auch ohne Kenntnis der unabhängigen Variable sind Sie in der Lage, einige Fälle korrekt zu klassifizieren. Wenn Sie nichts weiter wissen als die Verteilung der abhängigen Variable, machen Sie die wenigsten Fehler, wenn Sie allen Beobachtungen die häufigere Kategorie zuweisen. Würden wir im vorliegenden Fall alle Beobachtungen als Mieter vorhersagen, lägen wir bereits in $\frac{2047}{3200} = 63.97$ Prozent der Fälle richtig. Aus dem Vergleich der korrekten Klassifikationen anhand der Randverteilung und der korrekten Klassifikationen mit Kenntnis der unabhängigen Variablen lässt sich das so genannte *Adjusted Count* r^2 berechnen (vgl. Long 1997:108):

$$r^2_{AdjCount} = \frac{\sum_j n_{jj} - max_c(n_{+c})}{n - max_c(n_{+c})} \quad (9.12)$$

Dabei steht n_{+c} für die Summe der Spalte c und $max_c(n_{+c})$ für die Spalte mit dem höheren Wert von n_{+c}. $\sum_j n_{jj}$ ist die Summe der Fälle in der Hauptdiagonalen der Klassifikationstabelle, d.h. die Anzahl der korrekt klassifizierten Fälle. In unserem Beispiel erhalten wir ein $r^2_{AdjCount}$ von:

```
. display ((324 + 1858) - 2047)/(3200 - 2047)
.11708586
```

9.3 Logistische Regression mit Stata

Das bedeutet: Unter Kenntnis der unabhängigen Variablen verringern sich die Fehler bei der Vorhersage um 12 Prozent im Vergleich zur Vorhersage allein auf Grund der Randverteilung der abhängigen Variable[29].

9.3.3.2 Pearson-Chi-Quadrat

Eine zweite Gruppe von Maßzahlen basiert auf den so genannten Pearson-Residuen. Zu deren Verständnis ist es zunächst notwendig, sich den Begriff des „Kovariaten-Musters" (*Covariate-Pattern*) zu verdeutlichen. Als Kovariaten-Muster bezeichnet man jede mögliche Kombination der unabhängigen Variablen eines Modells. In unserem Beispiel sind dies alle möglichen Kombinationen der Werte des Haushaltseinkommens und des Alters. Jedes Kovariaten-Muster tritt genau m_j-mal auf, wobei j alle auftretenden Kovariaten-Muster durchnummeriert. Durch:

```
. predict cpatt, number
. list cpatt agez hheinz ost
```

können Sie sich die in unserem Beispiel auftretenden Kovariaten-Muster zusammen mit der laufenden Nummer (Variable *cpatt*) betrachten.

Die Pearson-Residuen basieren nun auf einem Vergleich der Anzahl von *Erfolgen*[30] y_j innerhalb des Musters j mit der vorhergesagten Anzahl von *Erfolgen* $m_j \hat{P}_j$ innerhalb desselben Musters. Konkret ist das Pearson-Residuum:

$$r_{P(j)} = \frac{(y_j - m_j \hat{P}_j)}{\sqrt{m_j \hat{P}_j (1 - \hat{P}_j)}} \qquad (9.13)$$

wobei $\hat{P}_j$ die vorhergesagte Wahrscheinlichkeit eines *Erfolgs* für das Muster j bedeutet. Die Multiplikation von $\hat{P}_j$ mit der Anzahl der Fälle pro Muster m_j ergibt die vorhergesagte Anzahl von Erfolgen im Muster j. Da die Anzahl von Erfolgen in einem Kovariaten-Muster durch das Modell nur unterschätzt oder überschätzt werden kann, gibt es für jedes Kovariaten-Muster genau ein Residuum.

Durch:

```
. predict pres, resid
```

können Sie eine Variable mit den Pearson-Residuen bilden. Die Summe des Quadrats dieser Variable über alle Kovariaten-Muster ergibt die *Pearson-Chi-Quadrat* Statistik. Einen formalen Test dieser Statistik erhalten Sie durch:

```
. lfit
```

---

[29] Den *Adjusted Count* r^2 sowie verschiedene andere Maßzahlen (u.a. *AIC* und *BIC*) des Modellfits erhalten Sie durch das *Ado*-Paket „fitstat" von Scott Long und Jeremy Freese. Dieses können Sie über das SSC-Archiv beziehen (siehe Abschnitt 12.3.2 auf Seite 389).

[30] Gemeint sind die Beobachtungen mit dem Wert 1 auf der abhängigen Variablen.

```
Logistic model for eigent, goodness-of-fit test

       number of observations =        3200
    number of covariate patterns =     3193
          Pearson chi2(3189) =       3230.21
                 Prob > chi2 =        0.3008
```

Die dem Test zu Grunde liegende Hypothese ist die Übereinstimmung vorhergesagter und beobachteter Häufigkeiten. Eine hohe Wahrscheinlichkeit für einen solchen χ^2-Wert signalisiert geringe Unterschiede zwischen den beobachteten und geschätzten Häufigkeiten. Umgekehrt signalisiert eine niedrige Wahrscheinlichkeit, dass die Differenz zwischen beobachteten und geschätzten Werten nicht durch Zufallsprozesse erklärt werden kann. Seien Sie vorsichtig, wenn Sie diese Wahrscheinlichkeit als „Signifikanz" interpretieren: Eine Wahrscheinlichkeit von χ^2 unter .05 zeigt zwar, dass das Modell die Wirklichkeit offenbar nicht abbildet, Werte über 5 Prozent bedeuten aber nicht zwangsläufig, dass das Modell akzeptabel ist. Denn auch eine Wahrscheinlichkeit von – sagen wir – 6 Prozent dafür, dass die Differenz zwischen beobachteten und geschätzten Werten rein zufällig ist, ist noch recht klein.

Wenn die Zahl der Kovariaten-Muster (hier: 3193) nahe an der Zahl der im Modell enthaltenen Beobachtungen (hier: 3200) liegt, ist der χ^2-Test weniger gut geeignet. Hosmer und Lemeshow (1989:140-145) haben deshalb eine Veränderung des Tests vorgeschlagen, bei dem die Daten nach den vorhergesagten Wahrscheinlichkeiten geordnet werden und in g annähernd gleich große Gruppen aufgeteilt werden. Für jede Gruppe wird dann die Häufigkeit der tatsächlich beobachteten *Erfolge* in dieser Gruppe mit der durch das Modell geschätzten Häufigkeit verglichen. Eine hohe Wahrscheinlichkeit der hieraus resultierenden Prüfgröße signalisiert ebenfalls eine geringe Differenz von beobachteten und geschätzten Häufigkeiten.

Den Hosmer-Lemeshow-Test erhalten Sie, wenn Sie das Kommando „lfit" zusammen mit der Option „group()" verwenden. Innerhalb der Klammern wird die Anzahl der Gruppen angegeben, in welche die Daten unterteilt werden sollen. Häufig wird $g = 10$ verwendet.

```
. lfit, group(10)
```

9.4 Diagnostik der logistischen Regression

Im logistischen Regressionsmodell wird ein linearer Zusammenhang zwischen der logarithmierten Chance eines *Erfolgs*[31] und jeder unabhängigen Variable unterstellt. Die Koeffizienten eines solchen Modells bilden die Wirklichkeit jedoch nur dann in sinnvoller Weise ab, wenn diese Linearitätsannahme

---
[31] Unter *Erfolg* verstehen wir hier alle Werte der abhängigen Variable, die nicht 0 sind.

auch tatsächlich zutrifft. Bevor ein logistisches Regressionsmodell interpretiert werden kann, ist es darum notwendig, die Gültigkeit dieser Annahme zu überprüfen. Hierzu dient der erste Teil der im Folgenden beschriebenen Diagnoseverfahren.

Der zweite Teil behandelt das Problem einflussreicher Beobachtungen. Hierunter werden Beobachtungen verstanden, welche das Ergebnis eines statistischen Verfahrens stark beeinflussen. Meistens handelt es sich bei einflussreichen Beobachtungen um einige wenige Ausreißer. Dies ist problematisch, weil dann die inhaltlichen Schlussfolgerungen stark von diesen wenigen Beobachtungen abhängen. Manchmal stellen sich die Ausreißer als fehlerhaft eingegebene Daten heraus, häufiger geben diese Ausreißer aber Hinweise über fehlende Variablen im Modell.

9.4.1 Linearität

Als ersten Anhaltspunkt für die Entdeckung nichtlinearer Beziehungen haben wir bei der linearen Regression *Scatterplots* der abhängigen Variable gegen alle unabhängigen Variablen verwendet, wobei die Form der Beziehung mit Hilfe eines *Scatterplot-Smoothers* verdeutlicht wurde. Entsprechende *Scatterplots* können Sie auch für die logistische Regression verwenden, allerdings müssen Sie hierbei zwei Besonderheiten beachten. *Erstens* ist der im Rahmen der linearen Regression angewandte *Scatterplot-Smoother Median-Trace* bei dichotomen Variablen von geringem Nutzen, da der Median bei dichotomen Variablen praktisch nur die Werte 1 und 0 annehmen kann[32]. *Zweitens* muss die funktionale Form des *Scatterplots* nicht linear sein, da die Linearität nur bezüglich der *Logits* angenommen wird. Die funktionale Form zwischen den Wahrscheinlichkeiten und den unabhängigen Variablen ist S-förmig (Abbildung 9.1 auf Seite 259).

Anstelle des *Median-Trace* können Sie eine lokale *Mean*-Regression als *Scatterplot-Smoother* verwenden. Hierzu wird die X-Variable wie beim *Median-Trace* in Streifen unterteilt und für jeden dieser Streifen der arithmetische Mittelwert der abhängigen Variable berechnet. Diese Mittelwerte werden dann gegen die jeweilige unabhängige Variable in eine Grafik eingezeichnet. Damit die funktionale Form eines logistischen Regressionsmodells zutrifft, sollte die Grafik der lokalen *Mean*-Regression den S-förmigen Verlauf der Kurve von Abbildung 9.1 zeigen. Dabei ist jedoch zu berücksichtigen, dass die Abbildungen häufig nur einen kleinen Ausschnitt der S-Form zeigen. Beschränken sich die Mittelwerte in den Streifen auf Werte zwischen .2 und .8 sollte die *Mean*-Regression nahezu linear verlaufen. In jedem Fall problematisch sind allerdings U-förmige, umgekehrt U-förmige und andere nichtstetige Kurvenverläufe.

---

[32] Bei exakt gleicher Anzahl von 0 und 1 kann auch der Wert .5 auftreten.

Das Verfahren der *Mean*-Regression existiert nicht als eigenständiger Befehl in Stata, kann aber in einer vereinfachten Variante recht schnell von Hand durchgeführt werden[33]:

```
. generate groupage = autocode(alter,15,16,90)
. egen meigent = mean(eigent), by(groupage)
. graph eigent meigent alter, jitter(2) connect(.l) symbol(oi) sort
```

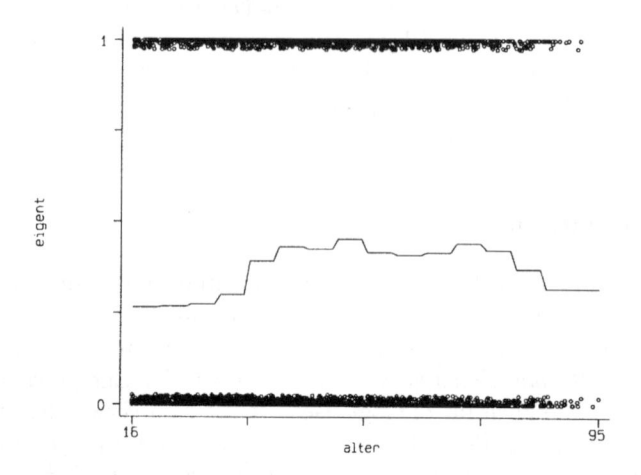

In der Grafik steigt der Mittelwert des Wohneigentums zunächst mit dem Alter an, bleibt dann konstant und geht bei den ältesten Befragten wieder zurück. Dies bezeichnet man als umgekehrt U-förmigen Zusammenhang. Dies entspricht nicht dem durch eine logistische Regression angenommenen Zusammenhang.

Zur Untersuchung der funktionalen Form eines Zusammenhangs noch besser geeignet ist der *Locally Weighted Scatterplot-Smoother* (LOWESS) von Cleveland (1979)[34]. Diesen *Smoother* erhalten Sie durch die Option „lowess" des Befehls „ksm". Auf die Darstellung der Berechnung dieses *Smoothers* wollen wir hier verzichten[35]. Es sei lediglich darauf hingewiesen, dass durch die Option „bwidth()" die Stärke der Glättung des *Smoothers* in Form einer Zahl zwischen 0 und 1 eingestellt wird. Hohe Zahlen führen zu einer stärkeren Glättung und umgekehrt. Darüber hinaus sei angemerkt, dass LOWESS ein rechenintensives Verfahren ist. Es wird deshalb einige Zeit[36] dauern, bis die

---

[33]Zur Funktion „autocode()" siehe Seite 150. Zum Befehl „egen" siehe Abschnitt 5.2.2 auf Seite 91.
[34]Neuerdings wird das Verfahren auch als *loess* bezeichnet. Wir verwenden die ältere Bezeichnung, da sie dem Namen der entsprechenden Stata-Option entspricht.
[35]Eine ausgezeichnete Darstellung der Logik des Verfahrens findet sich bei Cleveland (1994).
[36]Auf einem Pentium II-133 werden ca. drei Minuten benötigt.

9.4 Diagnostik der logistischen Regression

nachfolgende Grafik auf Ihrem Bildschirm erscheint[37]:

```
. ksm eigent alter, lowess jitter(2) bwidth(.5)
```

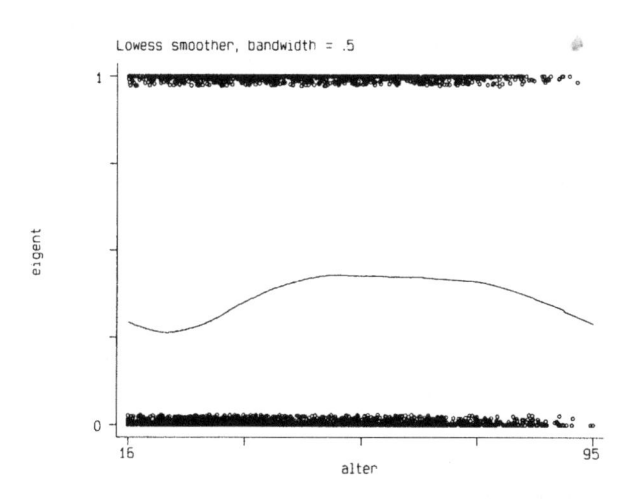

Auch diese Grafik zeigt einen umgekehrt U-förmigen Zusammenhang zwischen dem Wohneigentum und dem Alter. Die mittleren Altersgruppen haben eine höhere Wahrscheinlichkeit für Wohneigentum als die oberen und unteren Altersgruppen. Die – vermutlich noch bei Ihren Eltern wohnenden – jüngsten Befragten wohnen ebenfalls relativ häufig in Eigentumswohnungen oder -häusern.

Beide Grafiken zeigen einen Zusammenhang, der dem von der logistischen Regression geforderten S-förmigen Zusammenhang widerspricht. U-förmige Zusammenhänge können jedoch wie in der linearen Regression durch Bildung von Polynomen modelliert werden. Bevor Sie dies tun, sollten Sie jedoch überprüfen, ob der U-förmige Zusammenhang auch noch *unter Kontrolle* des Haushaltseinkommens sichtbar ist. Dies ist möglich, indem Sie die Logik der oben vorgeführten lokalen *Mean*-Regression im Regressionsmodell anwenden[38]. Hierzu ersetzen Sie die Altersvariable in Ihrem Regressionsmodell durch einen Set von *Dummy*-Variablen[39] für die gruppierte Version der Altersvariable von Seite 277:

```
. tabulate groupage, gen(aged)
. logit eigent aged2-aged15 hheinz ost
```

---

[37] In den Befehl können die üblichen Optionen des „graph"-Befehls aufgenommen werden.
[38] Zum nachfolgenden Verfahren vgl. Hosmer/Lemeshow (1989:90). Als Alternative können auch *Scatterplots* mit *Scatterplot-Smoothern* der abhängigen gegen eine unabhängige Variable für unterschiedliche Kombinationen der anderen unabhängigen Variablen verwendet werden (vgl. Schnell 1994:253). Ein dem *Component-Plus-Residual*-Plot (Seite 204) verwandtes Verfahren zeigt Fox (1997).
[39] Vgl. hierzu unten, Seite 289 sowie Abschnitt 8.4.1 auf Seite 220.

In dem hierdurch berechneten Regressionsmodell erhalten Sie insgesamt 14 b-Koeffizienten für die Altersvariable. Jeder dieser b-Koeffizienten sagt aus, um wie viel höher die logarithmierte Chance von Wohneigentum für die jeweilige Altersgruppe gegenüber den jüngsten Befragten ist. Wenn der Zusammenhang zwischen Alter und (logarithmierter Chance auf) Wohneigentum linear ist, sollten die b-Koeffizienten mit dem Alter kontinuierlich und gleichmäßig ansteigen. Bei den vorliegenden Koeffizienten scheint dies nicht der Fall zu sein. Am einfachsten kann dies jedoch beurteilt werden, wenn man den Anstieg der b-Koeffizienten grafisch darstellt. Hierzu müssen die b-Koeffizienten als Variable gespeichert werden. Dies geschieht mit den Befehlen:

```
. matrix b = e(b)'
. svmat b, names(b)
```

(Das Zeichen ' im Befehl „matrix" ist ein einfaches Anführungszeichen. Auf der Tastatur finden Sie es rechts neben dem „ä". Das Zeichen steht hier für eine spezifische Rechenoperation, die so genannte *Transponierung*. Diese wird weiter unten erläutert.)

Zur Erklärung: Die Koeffizienten von statistischen Modellen werden in Stata stets in einer Matrix, genauer: in dem Zeilenvektor *e(b)* gespeichert. Hierbei handelt es sich zunächst um nichts anderes als um die gespeicherten Ergebnisse, auf die wir Sie bereits mehrfach hingewiesen haben. Das besondere an Matrizen und Vektoren ist, dass sie gleich mehrere dieser gespeicherten Ergebnisse enthalten. Der Vektor *e(b)* ist z.B. eine Liste aller Koeffizienten des Regressionsmodells. Mit

```
. matrix list e(b)
```

können Sie sich *e(b)* näher betrachten.

Wie mit den gespeicherten Ergebnissen können Sie auch mit den Matrizen und Vektoren rechnen. Hierzu dienen die „matrix"-Kommandos[40]. Mit einem solchen „matrix"-Kommando haben wir oben den Zeilenvektor *e(b)* in den Spaltenvektor *b transponiert*, d.h. wir haben Zeilen zu Spalten und Spalten zu Zeilen gemacht[41]. Dies ist notwendig, weil im Zeilenvektor *e(b)* die Koeffizienten *nebeneinander* stehen. Im neu gebildeten Spaltenvektor *b* stehen die Koeffizienten dagegen *untereinander*.

Der Spaltenvektor *b* ist damit nichts anderes als eine Liste von Zahlen. Diese Liste von Zahlen wird nun mit dem Befehl „svmat" in eine Variable unseres Datensatzes geschrieben, wobei mit der Option „names" angegeben wird, wie die Variable heißen soll. Beachten Sie, dass Stata von sich aus noch die Ziffer 1 an den von Ihnen gewählten Namen anfügt[42].

---

[40] Einen Überblick über die „matrix"-Kommandos erhalten Sie mit „help matrix".

[41] Das im Stata zur Transponierung verwendete Zeichen ' entspricht dem für die Transponierung üblichen Zeichen in mathematischen Formeln.

[42] Dies geschieht, weil mit dem Befehl auch Matrizen mit mehreren Spalten als Variable gespeichert werden können. Dabei wird jede Spalte der Matrix zu einer Variable.

9.4 Diagnostik der logistischen Regression

Nach dem Befehl „svmat" enthält Ihr Datensatz die neue Variable *b1*. Diese Variable enthält die 14 *b*-Koeffizienten des Alters, den *b*-Koeffizient des Haushaltseinkommens und den *b*-Koeffizient der Konstante. Die ersten 14 Zahlen der Variable *b1* sind die Koeffizienten des Alters. Da die Koeffizienten nach dem Alter sortiert sind, genügt eine grafische Darstellung der Koeffizienten gegen die Fallnummer:

```
. generate index = _n
. graph b1 index in 1/14, connect(l)
```

Die Grafik zeigt eine abnehmende logarithmierte Chance auf Wohneigentum für die beiden letzten Altersgruppen. Insofern bleibt der leichte umgekehrt *U*-förmige Zusammenhang bestehen. Die Aufnahme eines quadratischen Terms für das Alter in das Regressionsmodell ergibt eine geringfügige (allerdings signifikante) Verbesserung des Modellfits. Wir werden darauf in Abschnitt 9.5 auf Seite 286 und auf Seite 289 zu sprechen kommen.

9.4.2 Einflussreiche Fälle

Einflussreiche Datenpunkte sind Beobachtungen, welche die *b*-Koeffizienten eines Regressionsmodells stark beeinflussen. Wie auf Seite 210 dargestellt, handelt es sich bei einflussreichen Beobachtungen um Beobachtungen, die *sowohl* eine ungewöhnliche Kombination von Werten der *X*-Variablen aufweisen (*Leverage*) *als auch* eine für ihre *X*-Werte ungewöhnliche Ausprägung der *Y*-Variable (Diskrepanz). Entsprechend wurde in der linearen Regression die Maßzahl *Cook's D* durch die Multiplikation von *Leverage* und Diskrepanz berechnet.

In der logistischen Regression ist die Anwendung dieses Konzeptes etwas problematischer als in der linearen Regression, da die Messung von *Leverage* und Diskrepanz hier nur näherungsweise möglich ist (Fox 1997:459). In Stata steht Ihnen die Annäherung an die *Leverage*-Werte durch[43]

. logit eigent agez hheinz ost
. predict leverage, hat

zur Verfügung.

Die standardisierten Residuen als Annäherung an die Diskrepanz erhalten Sie durch

. predict spres, rstandard

In der logistischen Regression sind alle standardisierten Residuen für Beobachtungen mit gleicher Kombination der unabhängigen Variablen identisch[44]. Dasselbe gilt auch für die *Leverage*-Werte. Damit diejenigen Kovariaten-Muster isoliert werden können, die sowohl hohe *Leverage*- als auch hohe Diskrepanz-Werte aufweisen, kann eine Grafik der standardisierten Residuen gegen die *Leverage*-Werte angefertigt werden. Fox (1997:461) verwendet eine Darstellung mit senkrechten Linien am zwei- und dreifachen des Mittelwerts der *Leverage*-Werte.

Zur Vorbereitung dieser Grafik berechnen wir zunächst den Mittelwert der Variable *leverage*.

. summarize leverage

Den Mittelwert sowie dessen zwei- und dreifachen Wert speichern wir nun in den lokalen Makros 'a', 'b' und 'c' ab[45].

. local a = r(mean)
. local b = 2 * r(mean)
. local c = 3 * r(mean)

Anschließend erstellen wir die Grafik der standardisierten Residuen gegen die *Leverage*-Werte. Zur Erstellung von senkrechten Linien („xline()") und zur Beschriftung der oberen Achse („tlabel()") greifen wir auf die eben definierten lokalen Makros 'a', 'b' und 'c' zurück. Als Plotsymbol verwenden wir die Nummer der Kovariaten-Muster. Diese stehen in der Variable *cpatt*, die wir auf Seite 275 erstellt haben:

. graph spres leverage, xline('a','b','c') yline(-2,0,2) symbol([cpatt])
  tlabel('a','b','c') rlabel(-2,2) border

.... Grafik auf der nächsten Seite ....

---

[43] Sie müssen das ursprüngliche Modell mit *agez* und *hheinz* als unabhängige Variablen erneut berechnen, da sich „predict" immer auf das zuletzt berechnete Regressionsmodell bezieht. Das zuletzt eingegebene Modell ist jenes mit den *Dummy*-Variablen für das Alter.

[44] Dies ergibt sich aus der auf Seite 275 dargestellten Definition des Pearson-Residuums.

[45] Zu lokalen Makros und „r(mean)" siehe Kapitel 4.

9.4 Diagnostik der logistischen Regression

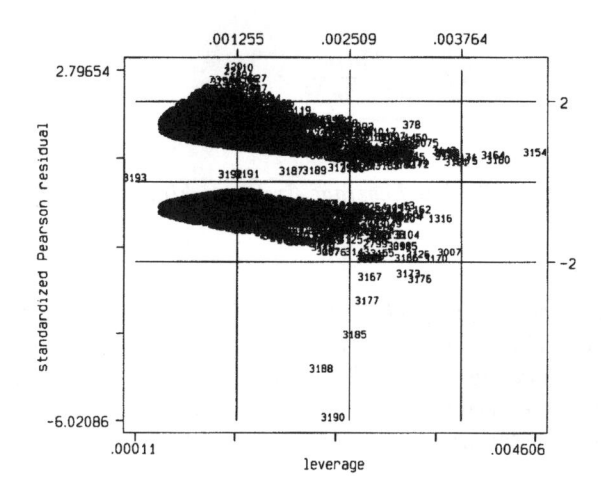

In der Grafik sind sieben Kovariaten-Muster besonders auffällig: Die beiden Muster mit den niedrigsten standardisierten Residuen und die fünf Muster mit standardisierten Residuen unter -2 und *Leverage*-Werten über dem doppelten des Durchschnitts. Der Befehl

. list cpatt eigent alter hhein ost if leverage > 'b' & spres < -2

zeigt, dass es sich bei Letzteren ausnahmslos um Beobachtungen aus Westdeutschland mit vergleichsweise hohem Einkommen handelt, die kein Wohneigentum aufweisen[46].

	cpatt	eigent	alter	hhein	ost
1347.	3176	0	35	12000	0
1537.	3173	0	38	11500	0
1951.	3160	0	46	10004	0
2045.	3185	0	48	14000	0
2367.	3167	0	55	10705	0
2401.	3177	0	56	12000	0

Damit scheint das Modell zur Erklärung solcher Fälle schlecht geeignet.

In der linearen Regression wurde der Einfluss einzelner Beobachtungen auf das Regressionsergebnis durch *Cook's D* bestimmt (Abschnitt 8.3.2.2 auf Seite 210). Dabei handelte es sich um die Multiplikation von *Leverage* und Diskrepanz. Eine analoge Maßzahl der logistischen Regression ist

---

[46] Die Liste zeigt sechs auffällige Beobachtungen, die Grafik dagegen nur fünf. Ursache dafür ist, dass das Plotsymbol *[varname]* so geplottet wird, dass der *untere* Rand des Textes den Wert wiedergibt. Das Residuum des Kovariaten-Musters 3160 liegt nur knapp unter -2, zusammen mit einer Reihe von Mustern knapp über -2. Es ist darum im Plot nicht sichtbar.

$$\Delta\beta = \underbrace{\frac{r^2_{P(j)}}{(1-h_j)^2}}_{Diskrepanz} \times \underbrace{h_j}_{Leverage} \qquad (9.14)$$

mit h_j als den Werten für den *Leverage*. In Stata können Sie diese Maßzahl durch

```
. predict db, dbeta
```

als Variable unter dem Namen *db* abspeichern. Als grafische Darstellung für $\Delta\beta$ wird meistens ein *Scatterplot* von $\Delta\beta$ gegen die vorhergesagten Wahrscheinlichkeiten verwendet, wobei für Beobachtungen mit „Erfolg" andere Farben oder Symbole verwendet werden als für diejenigen mit „Misserfolg". Für Letzteres leistet der „separate"-Befehl eine gute Hilfe[47]:

```
. separate db, by(eigent)
. graph db0 db1 Phat
```

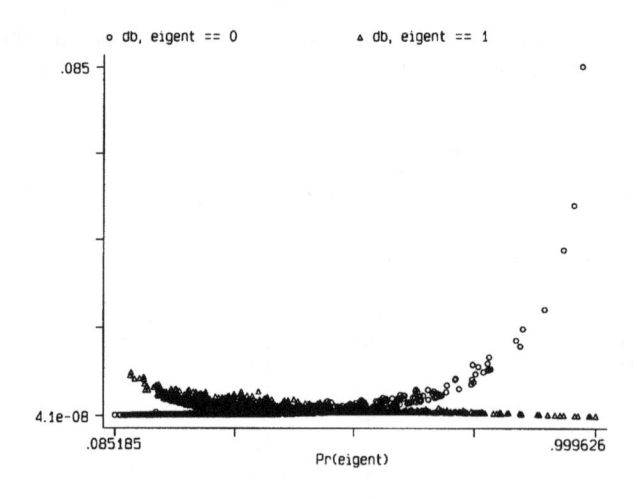

In diesem Plot formen die Punkte zwei Kurven. Die Kurve von links unten nach rechts oben besteht aus allen Mietern, die Kurve von links oben nach rechts unten aus allen Eigentümern. In der vorliegenden Abbildung sind einige Kovariaten-Muster von Mietern auffällig, für die vom Modell mit hoher Wahrscheinlichkeit Wohneigentum vorhergesagt wird. Zeichnet man statt der Plotsymbole die Nummern der Kovariaten-Muster in die Grafik ein, lässt sich feststellen, dass es sich um die Muster handelt, die bereits in der vorangegangenen Analyse auffällig waren.

---

[47]Zur Erklärung von separate wollen wir hier auf die Hilfefunktion verweisen: „help separate". Die Variable *Phat* haben wir auf Seite 269 mit „predict Phat" erzeugt.

9.4 Diagnostik der logistischen Regression

Aus den Pearson-Residuen lässt sich noch eine weitere Prüfgröße für einflussreiche Beobachtungen gewinnen. Wie in Abschnitt 9.3.3.2 auf Seite 275 dargestellt ist die Summe der quadrierten Pearson-Residuen eine Maßzahl für die Abweichung der vorhergesagten Werte von den beobachteten Werten. Der Beitrag jedes Kovariaten-Musters zu dieser Maßzahl entspricht demnach dem Quadrat des Pearson-Residuums. Teilt man diesen Beitrag durch $1-h_j$, so erhält man $\Delta\chi^2_{P(j)}$, eine Maßzahl, welche die Veränderung der Pearson-Chi-Quadrat Statistik angibt, wenn das Kovariaten-Muster j aus dem Datensatz entfernt wird. Der *Scatterplot* von $\Delta\chi^2_{P(j)}$ gegen die vorhergesagten Wahrscheinlichkeiten eignet sich gut zur Entdeckung von Antwortmustern, die durch das Modell schlecht vorhergesagt werden. Dabei ist es sinnvoll, den von Hosmer/Lemeshow (1989:163) genannten groben Schwellenwert für $\Delta\chi^2_{P(j)}$ von vier in die Grafik einzuzeichnen:

```
. predict dx2, dx2
. separate dx2, by(eigent)
. graph dx20 dx21 Phat, symbol([cpatt]) yline(4)
```

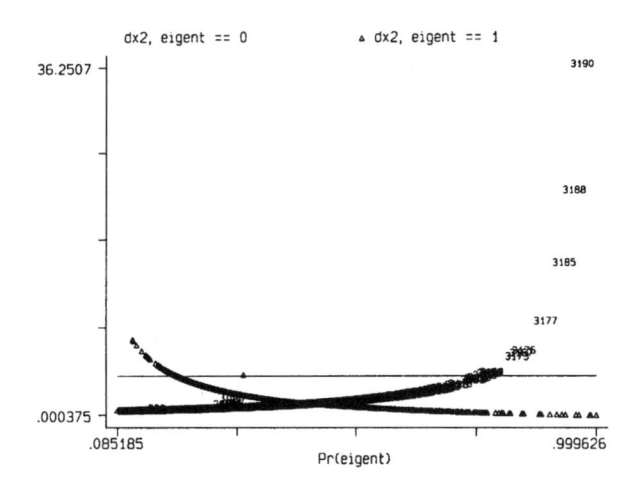

Wieder fallen einige Kovariaten-Muster besonders auf, und wieder handelt es sich dabei um „die üblichen Verdächtigen": Muster, für die fälschlicherweise Wohneigentum vorhergesagt wurde. Wenn Datenfehler ausgeschlossen werden können, so sollte man untersuchen, ob eine für das Modell wichtige Variable vergessen wurde. Vielleicht handelt es sich ja um eine „Subgruppe", für die der Zusammenhang zwischen Alter, Haushaltseinkommen und Wohneigentum schlichtweg nicht gilt.

9.5 Likelihood-Ratio-Test

Die meisten sozialwissenschaftlichen Datensätze sind Stichproben aus einer größeren Grundgesamtheit. Berechnet man für Stichproben die b-Koeffizienten einer logistischen Regression, so ist es wahrscheinlich, dass sich diese etwas von den *wahren* Werten in der Grundgesamtheit unterscheiden. Häufig wird deshalb die Frage gestellt, in welchem Bereich die b-Koeffizienten liegen, wenn man zufällige Stichprobenschwankungen berücksichtigt. Oft will man dabei sicher gehen, dass ein Koeffizient in der Grundgesamtheit nicht 0 ist, d.h. man möchte sicher sein, dass eine unabhängige Variable auch in der Grundgesamtheit einen Einfluss auf die abhängige Variable hat. Ist das der Fall, spricht man von einem *signifikanten* Effekt.

Eine Möglichkeit die *Signifikanz* eines Koeffizienten festzustellen, bietet der *Wald*-Test. Dieser wird im Koeffizientenblock der Ergebnisausgabe der logistischen Regression ausgegeben (Seite 265). Beim *Wald*-Test wird zunächst der b-Koeffizient durch eine Schätzung seines Standardfehlers („Std. Err")[48] geteilt. Vom Ergebnis dieser Berechnung wird angenommen, dass es einer Normalverteilung folgt. Anhand der Wahrscheinlichkeitsfunktion einer Normalverteilung lässt sich beurteilen, wie wahrscheinlich der beobachtete b-Koeffizient ist, wenn der wahre Wert in der Grundgesamtheit 0 ist. Der Vorteil dieser Prozedur besteht darin, dass ihr Ergebnis unmittelbar in der Ergebnistabelle der logistischen Regression zu Verfügung steht - Sie finden die entsprechenden Angaben in der mit „$P > |z|$" überschriebenen Spalte des Koeffizientenblocks[49]. Allerdings weißt der *Wald*-Test manche Regressionskoeffizienten fälschlicherweise als *nicht signifikant* aus (Hosmer/Lemeshow 1989:17).

Die Untersuchung der Signifikanz eines b-Koeffizienten erfolgt in der logistischen Regression deshalb üblicherweise mit dem *Likelihood-Ratio*-Test. Hierbei wird untersucht, ob sich die Güte eines Regressionsmodells durch eine – wie auch immer geartete – Erweiterung tatsächlich verbessert hat oder das Modell nur unnötig kompliziert gemacht wurde.

In Abschnitt 9.3.3 auf Seite 272 haben wir Ihnen die Berechnung von $\chi^2_{\mathcal{L}}$ vorgeführt. Dabei handelte es sich um eine Maßzahl, welche die *Likelihood* des berechneten Modells mit der *Likelihood* eines Modells vergleicht, in dem alle Koeffizienten außer der Konstanten auf 0 gesetzt werden. Je stärker sich die *Likelihood* unseres berechneten Modells von der des Nullmodells unterschied, desto höher war die Bedeutung unseres Modells einzuschätzen.

Hinter dem von Stata im Modellfit-Block ausgewiesenen $\chi^2_{\mathcal{L}}$-Wert steht die Frage, ob uns die Kombination aller unabhängiger Variablen einen Erkenntnisgewinn gegenüber dem Nullmodell verschafft. Dieselbe Logik lässt sich auch auf andere Fragestellungen anwenden, etwa auf: „Erhöht sich der *Fit*

---

[48] Zur Berechnung der Standardfehler vgl. Hosmer/Lemeshow (1989:28-29).
[49] Siehe die Ergebnistabelle auf Seite 265.

9.5 Likelihood-Ratio-Test

eines Modells des Wohneigentums gegen das Haushaltseinkommen, wenn wir als zusätzliche Variable das Alter einführen?" Zur Untersuchung dieser Fragestellung kann man analog zum Test des Gesamtmodells vorgehen, indem man die mit -2 multiplizierte Differenz zwischen der logarithmierten *Likelihood* des Modells ohne Alter ($\ln \mathcal{L}_{\text{ohne}}$) und dem entsprechenden Wert des Modells mit Alter ($\ln \mathcal{L}_{\text{mit}}$) berechnet:

$$\chi^2_{\mathcal{L}(\text{Diff})} = -2(\ln \mathcal{L}_{\text{ohne}} - \ln \mathcal{L}_{\text{mit}}) \tag{9.15}$$

Wie $\chi^2_{\mathcal{L}}$ folgt auch diese Prüfgröße einer χ^2-Verteilung, wobei die Anzahl der Freiheitsgrade die Differenz der Anzahl der Parameter zwischen den beiden Modellen ist.

Die Berechnung von $\chi^2_{\mathcal{L}(\text{Diff})}$ mit Stata erfolgt durch den Befehl „lrtest". In unserem Beispiel wollen wir „die Signifikanz" des Alterseffekts untersuchen. Dabei wird zunächst das Modell mit der zu untersuchenden Variable berechnet:

. logit eigent agez hheinz ost

Dieses Modell wird anschließend mit „lrtest" als *saturiertes*[50] Modell definiert:

. lrtest, saving(0)

Anschließend wird das reduzierte Modell berechnet.

. logit eigent hheinz ost

Durch die erneute Eingabe von „lrtest" wird schließlich der *Likelihood-Ratio*-Test zwischen diesem Modell und dem als *saturiert* bezeichneten Modell berechnet[51]:

. lrtest

Logit: likelihood-ratio test   chi2(1)   =   76.89
                                            Prob > chi2 =   0.0000

Die Wahrscheinlichkeit einen $\chi^2_{\mathcal{L}(\text{Diff})}$-Wert von 76.89 in unserer Stichprobe zu erhalten, wäre, wenn der Koeffizient des Alters in der Grundgesamtheit 0 ist, nur sehr klein. Wir können damit einigermaßen sicher sein, dass der Koeffizient des Alters in der Grundgesamtheit nicht 0 ist. Dies sagt jedoch

---

[50] Üblicherweise werden Modelle als *saturiert* bezeichnet, wenn sie so viele Variablen wie Beobachtungen enthalten. Wir verwenden den Begriff hier abweichend von diesem Sprachgebrauch, weil die Hilfefunktion von Stata diesen Begriff für das Modell mit dem vollen Set an unabhängigen Variablen verwendet.

[51] Genauer: „lrtest" ohne weitere Angabe berechnet den *Likelihood-Ratio*-Test für das zuletzt eingegebene Modell gegen das als *saturiert* definierte Modell. Mit „lrtest" können recht flexibel verschiedenste Modelle miteinander verglichen werden. Details erfahren Sie durch „help lrtest".

nichts darüber aus, wie stark der Einfluss des Alters auf das Wohneigentum ist.

Bei der Anwendung des *Likelihood-Ratio*-Tests ist zu beachten, dass mit dem Test nur Modelle verglichen werden können, die untereinander hierarchisch geschichtet sind. Dies bedeutet insbesondere, dass das als *saturiert* bezeichnete Modell alle Variablen des reduzierten Modells enthalten muss. Darüber hinaus bedeutet dies, dass beide Modelle auch für dieselben Beobachtungen berechnet werden müssen. Letzteres kann z.B. problematisch werden, wenn in Ihrem saturierten Modell Beobachtungen auf Grund von *Missings* ausgeschlossen werden, ein Teil der Beobachtungen jedoch durch das Auslassen einer Variable im reduzierten Modell wieder in das Modell aufgenommen werden[52]. Zu Ihrer Erinnerung gibt Stata in solchen Fällen die Warnung „observations differ" aus.

9.6 Verfeinerte Modelle

Wie schon das lineare Regressionsmodell lässt sich auch das logistische Regressionsmodell auf unterschiedliche Weise zur Untersuchung komplizierterer Kausalhypothesen erweitern. Drei solche Erweiterungen wollen wir im Folgenden kurz ansprechen: Die Spezifikation nichtlinearer Zusammenhänge, der Vergleich von Subgruppen (kategoriale Variablen) und die Untersuchung von zwischen Subgruppen variierenden Zusammenhängen (Interaktionseffekte). Dabei sei erwähnt, dass sich die Vorgehensweise zur Erweiterung des Modells nicht von derjenigen bei der linearen Regression unterscheidet. Insofern wollen wir in den folgenden Abschnitten lediglich einige vertiefende Beispiele der bereits im Rahmen der linearen Regression vorgestellten Konzepte präsentieren.

Nichtlineare Zusammenhänge

Im Rahmen der Diagnose unseres Regressionsmodells waren wir auf Anzeichen für einen U-förmigen Zusammenhang zwischen dem Alter und der logarithmierten Chance auf Wohneigentum gestoßen (Abschnitt 9.4.1 auf Seite 277). U-förmige Zusammenhänge sind indes nur *eine* Form von nichtlinearen Zusammenhängen. Relativ häufig treten auch logarithmische oder hyperbolische Zusammenhänge auf. Bei Letzteren ist jedoch zu beachten, dass die

---

[52] Nicht immer ist man an einem Test hierarchisch geschichteter Modelle interessiert. Sie könnten z.B. an einer unterschiedlichen Kombination unabhängiger Variablen interessiert sein oder am Vergleich von Modellen mit unterschiedlichen Stichproben. In solchen Fällen kann der oben genannte Test nicht angewendet werden. Sie können aber statt dessen auf *BIC* (*Bayesian Information Criterion*) oder *AIC* (*Akaike's Information Criterion*) zurückgreifen. Diese Maßzahlen liefert Ihnen z.B. der oben (Seite 275) beschriebene Befehl „fitstat". Eine ausgezeichnete Einführung in die statistischen Grundlagen dieser Kennziffern gibt Raftery (1995).

9.6 Verfeinerte Modelle

Modellannahme der logistischen Regression nur dann verletzt ist, wenn diese Zusammenhänge zwischen den *Logits* und den unabhängigen Variablen auftreten. Bezüglich der Wahrscheinlichkeiten werden logarithmische bzw. hyperbolische Zusammenhänge bis zu einem gewissen Ausmaß bereits durch den S-förmigen Verlauf der *Logit*-Transformation berücksichtigt.

Es gibt unterschiedliche Möglichkeiten zur Berücksichtigung von nichtlinearen Zusammenhängen. Wenn wir eine Vermutung darüber haben, *warum* Wohneigentum bei älteren Menschen seltener ist als bei Menschen mittleren Alters, so ist es das Beste, eine entsprechende Variable in das Regressionsmodell einzubauen. Wenn man z.B. vermutet, dass der beobachtete Rückgang eine Folge der so genannten *Altersversorgungswanderung* ist, so wäre es vielleicht sinnvoll, *Dummy*-Variablen für das Wohnen am Wohnort oder in der Wohnung der Kinder, in Altenwohnheimen, Altenheime usw. einzuführen. Träfe die Vermutung zu, würde der nichtlineare Verlauf im multiplen Modell verschwinden.

Liegen die Variablen, welche den nichtlinearen Verlauf erklären könnten, nicht vor, so kann der nichtlineare Verlauf auch direkt im Modell berücksichtigt werden. Eine Möglichkeit besteht darin, die entsprechende unabhängige Variable zu gruppieren und als Set von *Dummy*-Variablen in das Modell einzuführen. Eine derartige Strategie haben wir oben auf Seite 279 angewandt. Eine sparsamere Möglichkeit ist die Verwendung von Transformationen oder von Polynomen der unabhängigen Variablen. Dabei gelten dieselben Regeln wie bei der linearen Regression: Im Fall von hyperbolischen Zusammenhängen wird die X-Variable quadriert, im Fall von logarithmischen Zusammenhängen wird die X-Variable logarithmiert. Bei U-förmigen Zusammenhängen verwenden wir die quadrierte X-Variable zusätzlich zur Originalvariable.

Beispiel: Zur Modellierung des U-förmigen Zusammenhangs zwischen Wohneigentum und Alter würde man wie folgt vorgehen:

```
. generate agez2 = agez^2
. logit eigent agez agez2 hheinz ost
```

Die Ergebnisdarstellung dieses Regressionsmodells erfolgt am besten mit einem *Conditional-Effects*-Plot (Abschnitt 8.4.2 auf Seite 222).

Kategoriale unabhängige Variablen

Kategoriale Variablen werden auf die gleiche Weise in das logistische Regressionsmodell aufgenommen wie in das lineare Regressionsmodell[53]. Das heißt: Aus einer kategorialen Variable wird ein Set von *Dummy*-Variablen gebildet, die dann unter Auslassung einer *Referenzkategorie* in das Modell eingeführt werden.

---

[53]Eine ausführliche Erklärung zur Verwendung kategorialer Variablen in der Regression finden Sie in Abschnitt 8.4.1 auf Seite 220.

Als Beispiel wollen wir hier unsere eingangs begonnene Untersuchung der Titanic-Katastrophe fortsetzen (Abschnitt 9.1 auf Seite 250). Dabei ging es um die Frage, ob das in der Schifffahrt geltende Prinzip „Frauen und Kinder zuerst" bei der Rettung praktiziert wurde, oder ob sich, wie der Film „Titanic" suggeriert, feine Herren der ersten Klasse ihren Platz in den Rettungsbooten auf Kosten von Frauen und Kindern der dritten Klasse erkauft haben.

Oben hatten wir festgestellt, dass Frauen und Kinder augenscheinlich wirklich bessere Überlebenschancen hatten als Männer bzw. Erwachsene. Dies wollen wir nun etwas genauer untersuchen und dabei den Originaldatensatz verwenden:

. use titanic, clear

Dieser Datensatz enthält dichotome Variablen für das Alter (Erwachsene vs. Kinder), das Geschlecht und das Überleben sowie eine kategoriale Variable mit Kategorien für Reisende erster Klasse (1), Reisende zweiter Klasse (2) und Reisende dritter Klasse (3) sowie für Besatzungsmitglieder (4)[54].

Die These des Films „Titanic" läuft darauf hinaus, dass neben dem Geschlecht und dem Alter als Kriterium für einen Platz auf den Rettungsbooten auch die (Fahrschein-) Klasse herangezogen wurde. Die Überprüfung dieser Vermutung kann mit einem logistischen Regressionsmodell des Überlebens gegen das Alter, das Geschlecht und die Klasse erfolgen. Damit die unabhängige Variable *klasse* in das Regressionsmodell aufgenommen werden kann, muss sie in ein Set von *Dummy*-Variablen überführt werden. Wir wollen dies hier mit dem Befehl

. tabulate class, gen(klasse)

tun[55]. Dieser Befehl erzeugt Ihnen vier *Dummy*-Variablen mit den Namen *klasse1* bis *klasse4*[56]. Diese können Sie nun in Ihrem Regressionsmodell verwenden. Wie bei der linearen Regression müssen Sie dabei jedoch eine der Variablen als Referenzkategorie verwenden. Diese Variable wird dann nicht in das Modell eingeschlossen. Wir wollen hier die Passagiere der ersten Klasse als Referenzkategorie betrachten.

. logit survived age sex klasse2-klasse4

---

[54] Über die Zuordnung der Werte zu den inhaltlichen Kategorien informiert Sie der Befehl „label list". Siehe hierzu auch Seite 97.
[55] Eine andere Möglichkeit wäre der Befehl „xi", siehe Abschnitt 8.4.1 auf Seite 220.
[56] Das Ergebnis dieser Befehlszeile können Sie sich mit „for var klasse1-klasse4: tabulate class X" ansehen. Sie erhalten nach einander vier Kreuztabellen, bei denen die Zeilenvariable die bisherige Variable *class* ist und als Spaltenvariable der Reihe nach die Variablen *klasse1* bis *klasse4* eingesetzt werden. Eine ausführliche Beschreibung des „for" Kommandos finden Sie in Abschnitt 3.9.2 auf Seite 71.

9.6 Verfeinerte Modelle

```
snip ✂
Logit estimates                                 Number of obs   =     2201
                                                LR chi2(5)      =   559.40
                                                Prob > chi2     =   0.0000
Log likelihood = -1105.0306                     Pseudo R2       =   0.2020

------------------------------------------------------------------------------
  survived |      Coef.   Std. Err.       z     P>|z|     [95% Conf. Interval]
-----------+------------------------------------------------------------------
       age |  -1.061542   .2440257    -4.350   0.000    -1.539824   -.5832608
       sex |   -2.42006   .1404101   -17.236   0.000    -2.695259   -2.144862
    klasse2|  -1.018095   .1959976    -5.194   0.000    -1.402243   -.6339468
    klasse3|  -1.777762   .1715666   -10.362   0.000    -2.114027   -1.441498
    klasse4|  -.8576762   .1573389    -5.451   0.000    -1.166055   -.5492976
     _cons |   3.10538    .2981829    10.414   0.000     2.520952    3.689808
------------------------------------------------------------------------------
```

Gemäß der Vorzeicheninterpretation zeigt sich, dass die Überlebenschancen von Erwachsenen kleiner waren als die der Kinder und die Chancen der Männer kleiner als die der Frauen. Soweit zum Prinzip *„women and children first"*. Gleichzeitig zeigt sich jedoch auch, dass die Passagiere der ersten Klasse die größten Überlebenschancen hatten. Denn im Vergleich zu ihnen hatten alle anderen kleinere Überlebenschancen. Die kleinsten Überlebenschancen hatten die Passagiere der dritten Klasse, deren Überlebenschance sogar noch weit unter derjenigen der Besatzung lag. Zusammenfassend lässt sich damit feststellen, dass Frauen und Kinder zwar bevorzugt gerettet wurden, Geschlecht und Alter aber nicht die einzigen Kriterien für einen Platz auf den Rettungsbooten waren.

Lassen Sie uns nun für einen Augenblick so vorgehen, als wären die Daten eine Stichprobe von Titanic-Passagieren. Wäre dies der Fall, würden wir uns sicher fragen, ob es sein könnte, dass wir die hier ermittelten Koeffizienten der Klassen-*Dummies* erhalten, wenn es *in Wirklichkeit* gar keinen Zusammenhang zwischen dem Überleben und der Klassenzugehörigkeit gibt. Zur Antwort würde man dann den oben beschriebenen *Likelihood-Ratio*-Test verwenden. Hierzu speichern wir zunächst das zuletzt berechnete Modell als *saturiertes* Modell ab:

. lrtest, saving(0)

und berechnen anschließend das entsprechende Modell *ohne* die Klassen-*Dummies*:

. logit survived age sex

Ein Vergleich der beiden Modelle mit dem *Likelihood-Ratio*-Test zeigt, dass es höchst unwahrscheinlich ist, dass die Klassenvariable in der Grundgesamtheit gar keinen Einfluss hat:

. lrtest

```
Logit: likelihood-ratio test                    chi2(3)     =    119.03
                                                Prob > chi2 =    0.0000
```

Interaktionseffekte

Das im vorangegangenen Abschnitt berechnete logistische Regressionsmodell weißt noch eine Schwäche auf. Mit ihm wird angenommen, dass das Geschlecht bei Erwachsenen und Kindern dieselbe Rolle gespielt hat. Bei der Umsetzung des Prinzips *„women and children first"* sollten Kinder jedoch gleich welchen Geschlechts bevorzugt behandelt werden. Das Geschlecht sollte als Kriterium für einen Platz auf den Rettungsbooten in erster Linie bei erwachsenen Passagieren gelten.

Übertragen auf die Logik eines Regressionsmodells bedeutet dies, dass der Koeffizient des Geschlechts bei den Kindern kleiner sein sollte als bei den Erwachsenen. Nur bei den Erwachsenen sollte das Geschlecht ein Kriterium für einen Platz auf dem Rettungsboot sein, oder anders formuliert: Der Effekt des Geschlechts auf das Überleben variiert mit dem Alter. Solche zwischen Subgruppen variierenden Effekte von unabhängigen Variablen nennt man *Interaktionseffekte*.

Die Modellierung von *Interaktionseffekten* im logistischen Regressionsmodell entspricht derjenigen beim linearen Regressionsmodell. Interaktionseffekte werden durch Multiplikation der am Interaktionseffekt beteiligten Variablen gebildet:

```
. use titanic, clear
. tabulate class, gen(klasse)
. generate menage = sex * age
```

Anschließend kann der Interaktionseffekt in das Modell aufgenommen werden:

```
. logit survived sex age menage klasse2-klasse4
```

```
snip ><
Logit estimates                                 Number of obs   =      2201
                                                LR chi2(6)      =    577.41
                                                Prob > chi2     =    0.0000
Log likelihood = -1096.0213                     Pseudo R2       =    0.2085

------------------------------------------------------------------------------
  survived |      Coef.   Std. Err.       z     P>|z|     [95% Conf. Interval]
-----------+------------------------------------------------------------------
       sex |  -.7150863    .406223    -1.760    0.078    -1.511269    .0810961
       age |   .1099979    .335319     0.328    0.743    -.5472153    .7672111
    menage |  -1.902104   .4330925    -4.392    0.000    -2.750949   -1.053258
   klasse2 |  -1.033786   .1998153    -5.174    0.000    -1.425417   -.6421551
   klasse3 |  -1.810499   .1759416   -10.290    0.000    -2.155338    -1.46566
   klasse4 |  -.8033246   .1598088    -5.027    0.000    -1.116544   -.4901051
     _cons |   2.071621   .3528719     5.871    0.000     1.380005    2.763237
------------------------------------------------------------------------------
```

Für unsere Frage interessant sind hier lediglich die Koeffizienten von *sex*, *age* und *menage*. Die beiden Haupteffekte (*sex* und *age*) geben den Effekt für diejenigen Passagiere wieder, für welche die Interaktionvariable 0 ist. Der Haupteffekt von *sex* gibt damit an, um wie viel die logarithmierte Überlebenschance der männlichen Kinder unter derjenigen der weiblichen Kinder liegt. Es zeigt sich, dass männliche Kinder eine geringere Überlebenschance hatten als weibliche Kinder. Die gleiche Interpretation ist beim Haupteffekt von *age* anzuwenden. Bei weiblichen Passagieren erhöhte das Alter die Chance zu überleben, erwachsene Frauen hatten also eine größere Chance zu überleben als Mädchen.

Der Interaktionseffekt gibt an, um wie viel sich der Einfluss des Geschlechts verändert, wenn man Erwachsene statt Kinder betrachtet. Hatten männliche Kinder bereits eine um $-.72$ kleinere logarithmierte Überlebenschance als weibliche Kinder, so ergibt sich für männliche Erwachsene eine um $-.72 + (-1.90) = -2.62$ kleinere logarithmierte Chance als für weibliche Erwachsene. Damit betrug die Überlebenschance der Männer nur etwa ein vierzehntel ($e^{-2.62} = .07 = 1/14$) der Überlebenschance der Frauen[57].

9.7 Weiterführende Verfahren

Neben der logistischen Regression lässt sich mit Stata eine Vielzahl von verwandten Modellen berechnen. Der Platz in diesem Buch reicht nicht aus, um sie ausführlich darzustellen. Für die wichtigsten dieser Verfahren wollen wir jedoch in diesem Abschnitt kurz den Grundgedanken beschreiben. Zur Vertiefung wollen wir ausdrücklich auf die dem jeweiligen Befehl zugeordneten Einträge im alphabetisch geordneten *Stata Reference Manual* [R] verweisen. Dort finden Sie auch Auswahlbibliographien zu den einzelnen Verfahren.

9.7.1 Probit-Modelle

Im logistischen Regressionsmodell wurde versucht, die *Wahrscheinlichkeit* eines *Erfolgs* durch eine Linearkombination aus einer oder mehreren unabhängigen Variablen vorherzusagen. Um sicherzustellen, dass die vorhergesagten Wahrscheinlichkeiten innerhalb der Grenzen von 0 und 1 bleiben, wurde die Wahrscheinlichkeit des Erfolgs einer *Logit*-Transformation unterzogen. Die *Logit*-Transformation ist allerdings nicht die einzige Möglichkeit, dies zu erreichen. Ein mögliche Alternative ist die in *Probit*-Modellen genutzte *Probit*-Transformation.

Um eine Idee von dieser Transformation zu bekommen, sollte man sich zunächst die Dichtefunktion der *Standardnormalverteilung* in Abbildung 9.3[58] vergegenwärtigen. Sie können diese Grafik wie einen Kern-Dichte-Schätzer[59]

---
[57]Für eine ausführliche Anleitung zur Interpretation von Interaktionseffekten siehe auch Kühnel (1996).
[58]*grprobit.do*
[59]Siehe hierzu Abschnitt 7.2.3.3 auf Seite 163.

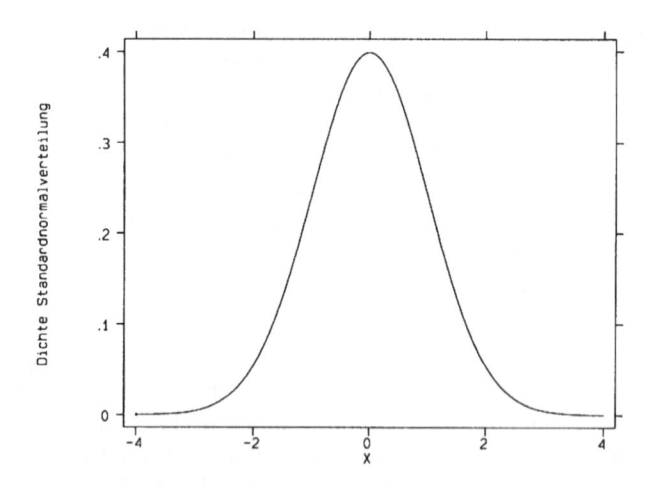

Abbildung 9.3: Dichtefunktion der Standardnormalverteilung

der Variable X interpretieren, d.h. in dieser Variable kommen Werte um 0 am häufigsten vor und je größer bzw. kleiner die Werte werden, desto seltener sind sie. Nehmen Sie nun an, Sie wählen aus der Variable X zufällig eine beliebige Beobachtung aus. Wie groß wäre dann die Wahrscheinlichkeit eine Beobachtung auszuwählen, welche einen Wert von kleiner -2 aufweist?

Da Werte unter -2 in der Variable X nicht allzu häufig auftreten, lautet die intuitive Antwort: nicht sehr wahrscheinlich. Wenn Sie es genau wissen wollen, können Sie diese Wahrscheinlichkeit anhand von Tabellen der Verteilungsfunktion der Standardnormalverteilung oder durch den Stata-Befehl

```
. display normprob(-2)
.02275013
```

ermitteln. Die Wahrscheinlichkeit, aus einer standardnormalverteilten Variable eine Beobachtung mit einem Wert von kleiner oder gleich -2 zu ziehen, beträgt demnach etwa .023. Die gleiche Berechnung können Sie für beliebige Werte von X wiederholen. Tun Sie dies, und tragen Sie die berechneten Wahrscheinlichkeiten gegen die Werte von X in einem *Scatterplot* ab. Dann ergibt sich die in Abbildung 9.4 auf der nächsten Seite[60] dargestellte Verteilungsfunktion der Standardnormalverteilung Φ. Die Funktion zeigt einen S-förmigen Verlauf, ähnlich dem der den *Logits* zugeordneten Wahrscheinlichkeiten.

Mit der Verteilungsfunktion der Standardnormalverteilung können Werte zwischen $-\infty$ und $+\infty$ in Werte zwischen 0 und 1 transformiert werden.

---

[60] *grprobit.do*

9.7 Weiterführende Verfahren

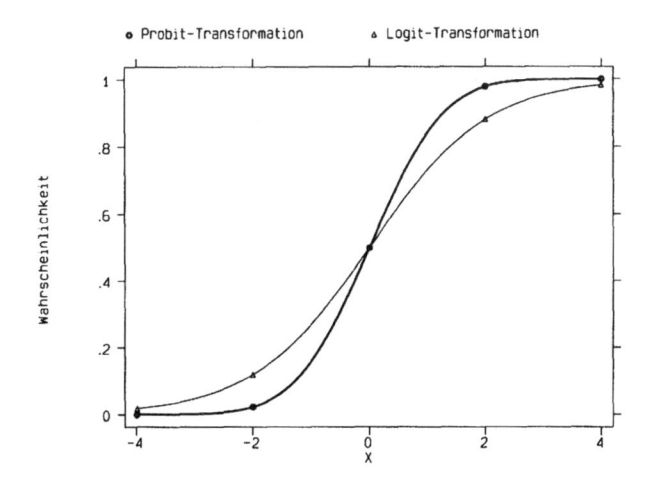

Abbildung 9.4: Verteilungsfunktion der Standardnormalverteilung

Entsprechend wandelt die Inverse der Verteilungsfunktion der Standardnormalverteilung (Φ^{-1}) die zwischen 0 und 1 liegenden Wahrscheinlichkeiten für einen Erfolg ($P(Y=1)$) ähnlich der *Logit*-Transformation in Werte zwischen $-\infty$ und $+\infty$ um. Die Werte dieser *Probit*-Transformation eignen sich ebenfalls als abhängige Variable eines linearen Modells. Dies ist das *Probit*-Modell:

$$\Phi^{-1}[\hat{P}(Y=1)] = b_0 + b_1 x_{1i} + b_2 x_{2i} + \ldots + b_{K-1} x_{K-1,i} \quad (9.16)$$

Die Schätzung der *b*-Koeffizienten dieses Modells erfolgt durch das *Maximum-Likelihood*-Prinzip. Die Interpretation der Koeffizienten entspricht derjenigen der bekannten Regressionsmodelle. Hier erhöht sich jedoch der Wert der inversen Verteilungsfunktion der Normalverteilung um jeweils *b* Einheiten. Durch die Verteilungsfunktion der Standardnormalverteilung können hieraus die Veränderungen der Erfolgswahrscheinlichkeiten berechnet werden. Die vorhergesagten Wahrscheinlichkeiten von *Probit*-Modellen sind dabei normalerweise weitgehend mit denen von *Logit*-Modellen identisch, und die Koeffizienten haben üblicherweise den .556- bis .1625-fachen Wert der Koeffizienten des *Logit*-Modells (Agresti 1990:103–104). Insofern handelt es sich beim *Probit*-Modell nicht um ein weiterführendes, sondern um ein alternatives Verfahren.

Der Stata-Befehl zur Berechnung von *Probit*-Modellen lautet „probit". Die Syntax des Befehl entspricht derjenigen aller Modellbefehle in Stata. Als Beispiel können Sie das zuletzt berechnete *Logit*-Modell (Seite 292) als *Probit*-Modell berechnen:

```
. probit survived sex age menage klasse2-klasse4
```

9.7.2 Multinomiale logistische Regression

Die multinomiale logistische Regression wird angewandt, wenn die abhängige Variable mehr als zwei Kategorien aufweist, die nicht in eine Rangordnung gebracht werden können. Ein Beispiel für eine solche Variable wäre z.B. die Parteipräferenz mit den Ausprägungen für die CDU/CSU[61], für die SPD und für die sonstigen Parteien.

Das Hauptproblem der Anwendung der multinomialen logistischen Regression besteht in der Interpretation der Koeffizienten. Darum wird sich der Schwerpunkt dieses Abschnittes damit befassen. Zum Verständnis dieses Problems ist es allerdings unumgänglich, eine zumindest intuitive Vorstellung der statistischen Grundlagen des Verfahrens zu erlangen. Diese sollen daher im Folgenden kurz angesprochen werden[62].

In der multinomialen logistischen Regression wird die Wahrscheinlichkeit für jede Ausprägung der abhängigen Variable vorhergesagt. Hierzu könnte man zunächst binäre[63] logistische Regressionen für jede Ausprägung der abhängigen Variable berechnen. In unserem Beispiel der Parteipräferenz könnte man zunächst drei getrennte logistische Regressionen berechnen: Eine logistische Regression mit der abhängigen Variable CDU vs. Nicht-CDU, eine logistische Regression mit der abhängigen Variable SPD vs. Nicht-SPD und schließlich eine Regression mit der abhängigen Variable der Sonstigen vs. den Nicht-Sonstigen:

$$\ln \frac{P(Y = \text{CDU})}{P(Y = \text{Nicht-CDU})} = b_0^{(1)} + b_1^{(1)} x_{1i} + b_2^{(1)} x_{2i} + \ldots + b_{K-1}^{(1)} x_{K-1,i}$$
$$\ln \frac{P(Y = \text{SPD})}{P(Y = \text{Nicht-SPD})} = b_0^{(2)} + b_1^{(2)} x_{1i} + b_2^{(2)} x_{2i} + \ldots + b_{K-1}^{(2)} x_{K-1,i}$$
$$\ln \frac{P(Y = \text{Sonst.})}{P(Y = \text{Nicht-Sonst.})} = b_0^{(3)} + b_1^{(3)} x_{1i} + b_2^{(3)} x_{2i} + \ldots + b_{K-1}^{(3)} x_{K-1,i}$$

(9.17)

Das eingeklammerte Superscript bedeutet, dass sich die b-Koeffizienten der einzelnen Regressionsgleichungen unterscheiden: $b_k^{(1)} \neq b_k^{(2)} \neq b_k^{(3)}$. Zur Vereinfachung der Notation werden wir $b_1^{(1)} \ldots b_{K-1}^{(1)}$ mit $\mathbf{b}^{(1)}$ bezeichnen und entsprechend die Sets der b-Koeffizienten aus den beiden anderen Gleichungen mit $\mathbf{b}^{(2)}$ bzw. $\mathbf{b}^{(3)}$.

Aus den drei getrennten Regressionen lässt sich für jede Ausprägung der abhängigen Variable eine vorhergesagte Wahrscheinlichkeit berechnen. Al-

---

[61]Im Folgenden verwenden wir die die Bezeichnung „CDU" anstelle von CDU/CSU.
[62]Eine detaillierte Darstellung der statistischen Grundlagen finden Sie bei Long (1997).
[63]Zur Unterscheidung von der multinomialen logistischen Regression bezeichnen wir die in den vorangegangenen Abschnitten beschriebene logistische Regression auf eine dichotome abhängige Variable als *binäre* logistische Regression.

9.7 Weiterführende Verfahren

lerdings addieren sich diese vorhergesagten Wahrscheinlichkeiten *nicht* zu 1. Dies sollte jedoch der Fall sein, da ja eine der drei Möglichkeiten – *SPD* oder *CDU* oder *Sonstige* – vorliegen *muss*[64].

Aus diesem Grund erscheint es sinnvoll, $b^{(1)}$, $b^{(2)}$ und $b^{(3)}$ gemeinsam zu bestimmen, und dabei die Vorschrift, dass sich die vorhergesagten Wahrscheinlichkeiten zu 1 aufaddieren müssen, einzuhalten. Leider ist ein Modell bei dem $b^{(1)}$, $b^{(2)}$ und $b^{(3)}$ gemeinsam bestimmt werden sollen nicht eindeutig lösbar. Um das Modell eindeutig berechnen zu können, muss die Zahl der zu berechnenden Koeffizienten reduziert werden. Dazu wird ein Teil der Koeffizienten auf einen arbiträren Wert gesetzt. Im multinomialen logistischen Regressionsmodell werden üblicherweise die Koeffizienten einer der Gleichungen auf 0 gesetzt. So kann man z.B. $b^{(1)} = 0$ setzen. Danach ist das Modell identifiziert und die verbleibenden Koeffizienten können nach dem *Maximum-Likelihood*-Prinzip berechnet werden. Allerdings muss die Nullsetzung von $b^{(1)}$ bei der Interpretation von $b^{(2)}$ und $b^{(3)}$ berücksichtigt werden. Dies ist die Ursache für die oben angesprochene Schwierigkeit bei der Interpretation der Koeffizienten.

Wir wollen die Interpretation der Koeffizienten deshalb hier an einem Beispiel vorführen. Bitte laden Sie hierzu *data1.dta*

```
. use data1, clear
```

und bilden Sie aus der Variable für die Parteiidentifikation (*np9402*) eine Variable mit Ausprägungen für die CDU, die SPD und die anderen Parteien. Eine Möglichkeit dies zu tun ist:

```
. generate partei = np9402
. recode partei 2 3 =1 1=2 4/8 = 3
. label define partei 1 "CDU" 2 "SPD" 3 "Sonst."
. label value partei partei
```

Hierdurch entsteht die Variable *partei* mit dem Wert 1 für die CDU/CSU, dem Wert 2 für die SPD und dem Wert 3 für die anderen Parteien. Befragte ohne Parteipräferenz haben einen *Missing*.

Der Stata-Befehl für die multinomiale logistische Regression lautet „mlogit". Die Syntax des Befehl entspricht der Syntax aller Modellbefehle, d.h. nach dem Befehl folgt erst die abhängige Variable und dann die Liste der unabhängigen Variablen. Mit der Option „base()" können Sie die Gleichung bestimmen, deren *b*-Koeffizienten auf 0 gesetzt wird. Mit

```
. mlogit partei bdauer gebjahr, base(1)
```

berechnen Sie eine multinomiale logistische Regression der Parteipräferenz gegen die Bildung (in Bildungsjahren) und das Geburtsjahr. Dabei werden

---

[64] Wir lassen hier die Möglichkeit keiner Parteipräferenz außer acht. Tut man dies nicht, so müsste man ein weiteres Regressionsmodell für diese Option berechnen. Danach sollten sich die vorhergesagten Wahrscheinlichkeiten der vier Regressionen zu 1 aufaddieren.

die b-Koeffizienten der Gleichung für die CDU auf 0 gesetzt. Die Ausgabe des Befehls ähnelt derjenigen der binären logistischen Regression:

snip ✂

```
Multinomial regression                  Number of obs   =      1360
                                        LR chi2(4)      =     92.69
                                        Prob > chi2     =    0.0000
Log likelihood = -1379.4301             Pseudo R2       =    0.0325

------------------------------------------------------------------------------
      partei |      Coef.   Std. Err.      z    P>|z|    [95% Conf. Interval]
-------------+----------------------------------------------------------------
SPD          |
      bdauer |  -.0039571   .0255271    -0.155  0.877   -.0539892    .0460751
     gebjahr |   .0126934   .0034126     3.720  0.000    .0060047    .019382
       _cons | -24.54483   6.627974    -3.703  0.000   -37.53542   -11.55424
-------------+----------------------------------------------------------------
Sonst.       |
      bdauer |   .1305466   .0295313     4.421  0.000    .0726663    .188427
     gebjahr |   .0352889   .0046591     7.574  0.000    .0261573    .0444206
       _cons | -71.04625   9.092251    -7.814  0.000   -88.86673   -53.22576
------------------------------------------------------------------------------
(Outcome partei==CDU is the comparison group)
```

Im Unterschied zur binären logistischen Regression ist der Koeffizientenblock in zwei Bereiche unterteilt. Der obere Bereich enthält die Koeffizienten der Gleichung für die SPD, der untere Teil die Koeffizienten der Gleichung für die anderen Parteien. Die Koeffizienten der Gleichung für die CDU wurden auf 0 gesetzt und werden darum nicht ausgewiesen.

Als Resultat der Setzung von $\mathbf{b}^{(CDU)} = 0$ sind die Koeffizienten der beiden anderen Gleichungen relativ zu den CDU-Anhängern zu interpretieren. Damit meinen wir, dass die Koeffizienten in der Gleichung für die SPD angeben, wie sich die logarithmierte Chance die SPD *und nicht die CDU* zu präferieren ändert, wenn sich die unabhängigen Variablen um eine Einheit erhöhen. In der Gleichung für die anderen Parteien geben die Koeffizienten die Veränderungen der logarithmierten Chance wieder, die anderen Parteien *und nicht die CDU* zu präferieren.

Die Interpretation der Koeffizienten der multinomialen logistischen Regression ist insofern problematisch, als die Vorzeicheninterpretation nicht angewandt werden kann. Das negative Vorzeichen der Bildungsdauer in der Gleichung für die SPD, bedeutet hier nicht zwingend, dass die Wahrscheinlichkeit einer Präferenz für die SPD mit der Bildung abnimmt. In unserem Regressionsmodell lässt sich dies am Beispiel des b-Koeffizienten für die Variable *gebjahr* aus der Gleichung für die SPD demonstrieren. Kürzen wir die Wahrscheinlichkeit die SPD zu präferieren mit P_{SPD} und die Wahrscheinlichkeit die CDU zu präferieren mit P_{CDU} ab, so lässt sich der oben angesprochene b-Koeffizient schreiben als

9.7 Weiterführende Verfahren

$$b_{gebjahr}^{(SPD)} = \ln\left(\frac{\hat{P}_{SPD|gebjahr+1}}{\hat{P}_{CDU|gebjahr+1}}\right) - \ln\left(\frac{\hat{P}_{SPD|gebjahr}}{\hat{P}_{CDU|gebjahr}}\right)$$

$$= \ln\left(\frac{\hat{P}_{SPD|gebjahr+1}}{\hat{P}_{SPD|gebjahr}} \times \frac{\hat{P}_{CDU|gebjahr}}{\hat{P}_{CDU|gebjahr+1}}\right). \quad (9.18)$$

Der b-Koeffizient des Geburtsjahrs in der Gleichung für die SPD ist damit zum einen abhängig von der Veränderung der Wahrscheinlichkeit für eine SPD-Präferenz mit dem Geburtsjahr, zum anderen aber auch von der entsprechenden Veränderung der Wahrscheinlichkeit für die CDU-Wahl. Anders als beim binären *Logit*-Modell ist die Veränderung der Wahrscheinlichkeit der CDU-Präferenz im multinomialen *Logit*-Modell jedoch nicht vollständig abhängig von der Veränderung der Wahrscheinlichkeit für die SPD-Parteipräferenz. Insofern ist der b-Koeffizient ausschließlich, hauptsächlich oder teilweise vom Wahrscheinlichkeitsverhältnis in der Basiskategorie abhängig.

Um Fehlinterpretationen der multinomialen logistischen Regression zu vermeiden, empfehlen wir Ihnen *Conditional-Effects*-Plots der vorhergesagten Wahrscheinlichkeiten zu verwenden[65]. Diese lassen sich – sofern keine großen Anforderungen an die optische Gestaltung der Grafik gestellt werden – meistens[66] – schnell erzeugen.

Hierzu bilden Sie zunächst mit „predict" die vorhergesagten Wahrscheinlichkeiten des Modells. Da es für jede Ausprägung der abhängigen Variable eine vorhergesagte Wahrscheinlichkeit gibt, müssen Sie für das Modell drei Variablennamen für die vorhergesagten Wahrscheinlichkeiten angeben.

```
. predict PCDU PSPD PAnd
```

Zur Illustration des Effekts des Geburtsjahrs werden diese Variablen gegen das Geburtsjahr aufgetragen, wobei die Bildungsdauer auf einen bestimmten Wert fixiert wird.

Wenn Sie die Bildungsdauer auf den höchsten Wert (18 Jahre) fixieren, können Sie feststellen, dass die Wahrscheinlichkeit SPD zu präferieren mit dem Geburtsjahr abnimmt, obwohl das Regressionsmodell einen („signifikant") positiven Effekt des Geburtsjahrs aufweist[67].

---

[65] Eine Alternative ist die *Method of Recycled Predictions*, die im Stata-Handbuch ([R] „mlogit") beschrieben wird. Eine weitere Möglichkeit ist die Berechnung von *Marginaleffekten*. Marginaleffekte lassen sich mit dem Ado-Paket „dmlogit" von Jeroen Weesie berechnen. Das *Ado*-Paket kann über das SSC-Archiv bezogen werden (siehe hierzu Abschnitt 12.3.3 auf Seite 390).

[66] Probleme ergeben sich, wenn viele metrische Variablen im Modell enthalten sind und als Folge die Fixierung der Werte der unabhängigen Variable zu wenig Beobachtungen für einen sinnvollen Plot übrig lassen. Die in [R] „mlogit" beschriebene *Method of Recycled Predictions* scheint uns die effektivste Art, dieses Problem zu lösen.

[67] In der Legende steht für die CDU Pr(partei==1), für die SPD Pr(partei==2) und für die Sonstigen Pr(partei==3).

```
. graph PCDU PSPD PAnd gebjahr if bdauer==18
```

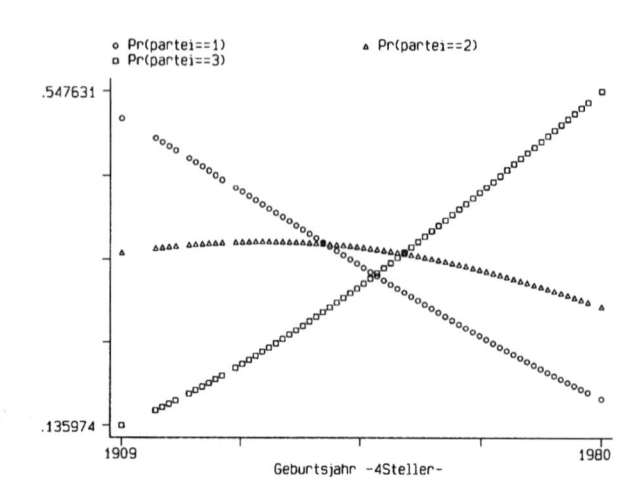

[Diagramm: Pr(partei==1), Pr(partei==2), Pr(partei==3) gegen Geburtsjahr -4Steller-, von 1909 bis 1980; y-Achse von .135974 bis .547631]

9.7.3 Ordinale Logit-Modelle

Ordinale *Logit*-Modell werden angewandt, wenn die abhängige Variable *ordinales* Skalenniveau aufweist. Das heißt die abhängige Variable hat mehr als zwei Ausprägungen, die sich in eine Rangordnung bringen lassen, wobei die Größe der Abstände zwischen den Werten bedeutungslos ist. Ein Beispiel wäre die Frage nach der Sorge über die Kriminalitätsentwicklung, auf welche mit *keine Sorgen, einige Sorgen* oder *große Sorgen* geantwortet werden kann. In einem Datensatz könnte man diesen Antworten z.B. die Werte 0, 1 und 2 zuweisen. Genausogut könnte man jedoch die Werte 0, 10 und 12 verwenden. Ein statistisches Modell sollte deshalb für beide Verkodungen der Variable dieselben Ergebnisse produzieren[68].

Zur Modellierung von ordinalen abhängigen Variablen stehen prinzipiell zwei Strategien zur Verfügung. Die erste Strategie verwendet die multinomiale logistische Regression, wobei den Koeffizienten bestimmte *Constraints* auferlegt werden (*Stereotype*-Modell). Die zweite Strategie ist eine Verallgemeinerung der binären logistischen Regression auf Variablen mit mehr als zwei Ausprägungen (*Proportional-Odds*-Modell)[69].

Die Logik des *Stereotype*-Modells ist schnell erklärt. In der multinomialen logistischen Regression wird für jede Ausprägung der abhängigen Variable ein

---

[68] Eine ausführliche Begründung der oben getroffenen Aussagen findet sich bei Schnell et al. (1999:136–143).

[69] Anderson (1984) diskutiert die Anwendungsbedingungen der beiden Modelltypen.

9.7 Weiterführende Verfahren

eigener Koeffizient ermittelt. Deshalb konnte die Bildungsdauer im Regressionsmodell auf Seite 298 einen negativen Effekt auf die Chance die SPD (und nicht die CDU) zu präferieren haben und gleichzeitig einen positiven Effekt, auf die Chance eine andere Partei (und nicht die CDU) zu präferieren. Wenn die abhängige Variable eine Rangordnung aufweist, wird man normalerweise jedoch keine Richtungsänderung der Effekte erwarten. Betrachten Sie hierzu das Beispiel der Variable für die Sorgen über die Kriminalitätsentwicklung (*np9506*). Diese Variable enthält die Werte 1 für *große Sorgen*, 2 für *einige Sorgen* und 3 für *keine Sorgen*. Bitte berechnen Sie einmal eine multinomiale logistische Regression dieser Variable gegen die Bildungsdauer. Bevor Sie dies tun, sollten Sie allerdings die Variable *np9506* spiegeln, damit hohe Werte großen Sorgen entsprechen und umgekehrt:

```
. generate sorgen = 4 - np9506
. mlogit sorgen bdauer, base(1)
```

Sie erhalten einen Koeffizienten von ca. −.05 in der Gleichung für *einige Sorgen* und −.11 in der Gleichung für die *großen Sorgen*. Hier ändert sich die Richtung der Koeffizienten nicht. Wenig erstaunlich, werden Sie sagen, denn wenn die Bildung die Chance, sich einige Sorgen (und nicht *keine Sorgen*) zu machen reduziert, so sollte die Bildung auch die Chance, sich *große Sorgen* (und nicht *keine Sorgen*) zu machen, reduzieren. Berechnet man eine multinomiale logistische Regression wird diese Vermutung allerdings ignoriert. Man kann solche Vermutungen jedoch in das Modell einführen, indem man die *b*-Koeffizienten mit so genannten *Constraints* belegt.

Durch *Constraints* kann man vor der Berechnung eines Modells bestimmte Strukturen der *b*-Koeffizienten festlegen. So könnte man z.B. festlegen, dass die Bildung die Chance sich *einige Sorgen* (und nicht *keine Sorgen*) zu machen in genau dem gleichen Maße reduziert, wie die Chance sich *große Sorgen* (und nicht *einige Sorgen*) zu machen. In diesem Fall müsste der Koeffizient der Bildung für die *großen Sorgen* genau doppelt so hoch sein wie der Koeffizient der Bildung für *einige Sorgen*. Durch den Befehl „constraint" können Sie diese Struktur dem „mlogit"-Befehl mitteilen. Mit

```
. constraint define 1 [3]bdauer = 2*[2]bdauer
```

definieren Sie den *Constraint* Nr. 1, der besagt, dass der Koeffizient der Variable *bdauer* in der dritten Gleichung genau zweimal so hoch sein soll wie der Koeffizient der Variable *bdauer* in der zweiten Gleichung. Durch die Option „constraints()" des „mlogit"-Befehls können Sie den *Constraint* Nr. 1 nutzen. Hierzu geben Sie innerhalb der Klammer die Nummer des *Constraints* an, den Sie verwenden wollen.

```
. mlogit sorgen bdauer, base(1) constraints(1)
```

Wenn Sie dieses Modell berechnen, werden Sie feststellen, dass es mit dem vorangegangenen nahezu identisch ist. Es ist aber viel sparsamer, da im Prinzip nur ein Koeffizient der Bildung berechnet werden muss. Der andere Koeffizient ergibt sich aus der ordinalen Struktur der abhängigen Variable und unserer Vermutung, dass die Bildung die Sorgen proportional erhöht.

Die Festsetzung spezifischer die ordinale Struktur der abhängigen Variable berücksichtigender *Constraints* ist ein Weg, die ordinale abhängige Variable zu modellieren. Dabei ist der vorgeführte *Constraint* nur ein Beispiel für zahlreiche Alternativen.

Ein anderer Ansatz wird dagegen vom *Proportional-Odds*-Modell verfolgt. Im *Proportional-Odds*-Modell wird der Wert der ordinalen Variable als Resultat der Kategorisierung einer zu Grunde liegenden metrischen Variable aufgefasst. Bezogen auf das Beispiel könnte man annehmen, dass die Antworten in der Variable *sorgen* nur grob die Einstellung gegenüber der Kriminalitätsentwicklung wiedergeben. Die Einstellung der Leute varriiert wahrscheinlich zwischen unendlich viel Sorge und überhaupt keine Sorge und kann dazwischen jeden beliebigen Wert annehmen. Durch die Antwortvorgaben *keine*, *einige* und *große* Sorgen wird die Variable schon bei der Befragung kategorisiert, wobei wir nicht genau wissen, bei welchen Werten (κ_1, κ_2) der Einstellung wir die Kategorisierung vornehmen. Alles was wir sagen können ist, dass unsere beobachtete ordinale Variable (Y) die Ausprägung $k = 1$ erhält, wenn die unbekannte Einstellung E plus einem Meßfehler u in unterhalb der unbekannten Grenze κ_1 liegt. Die beobachtete ordinale Variable erhält die Ausprägung $k = 2$, wenn sie zwischen den unbekannten Grenzen κ_1 und κ_2 liegt und die Ausprägung $k = 3$, wenn die Einstellung über κ_2 liegt.

Nun sollten Sie sich an die vorhergesagten Werte ($\hat{L}$) der binären logistischen Regression erinnern. Diese Werte lagen im Bereich von $-\infty$ bis $+\infty$. Insofern könnte man diese vorhergesagten Werte als die unbekannte metrische Einstellung E auffassen. Wären nun die Werte von κ_k bekannt, so könnte man, bei Annahme einer spezifischen Verteilung des Meßfehlers u, für jede Beobachtung die Wahrscheinlichkeit ermitteln, mit welcher Y die Ausprägung k erhält. In einem *Proportional-Odds*-Modell werden die Werte von κ_k sowie eine Linearkombination aus unabhängigen Variablen für Y geschätzt.

Ein Beispiel mag dies verdeutlichen. Der Befehl für das *Proportional-Odds*-Modell in Stata lautet „ologit". Die Syntax des Befehls folgt der aller Modellbefehle: Nach dem Befehl steht die abhängige Variable gefolgt von der Liste der unabhängigen Variablen. Wir wollen hier das gleiche Modell wie oben berechnen:

```
. ologit sorgen bdauer
```

snip ✂

```
------------------------------------------------------------------------------
  sorgen |      Coef.   Std. Err.       z    P>|z|     [95% Conf. Interval]
---------+--------------------------------------------------------------------
  bdauer |  -.0684365   .0179959    -3.803   0.000     -.1037078   -.0331652
---------+--------------------------------------------------------------------
   _cut1 |  -1.195727   .2154466           (Ancillary parameters)
   _cut2 |   .809241    .2151594
------------------------------------------------------------------------------
```

Der vorhergesagte Wert dieses Modells für Befragte mit zehn Bildungsjahren ist $S_{10} = -.068 \times 10 = -.68$. Die Wert für κ_1 und κ_2 werden unterhalb des Koeffizientenblocks ausgegeben. Die Wahrscheinlichkeit, dass Befragte mit einem vorhergesagten Wert von $-.68$ als Personen mit *einigen Sorgen* klassifiziert werden, entspricht der Wahrscheinlichkeit, dass $-.68 + u_j \leq -1.196$ ist, bzw. anders formuliert, der Wahrscheinlichkeit, dass $u_j \leq -1.128$ ist. Nimmt man an, der Fehler folge einer logistischen Verteilung, so ergibt sich diese Wahrscheinlichkeit durch $1/(1 + e^{-1.128}) = .76$.

9.8 Kurzzusammenfassung

- `logit y x1 x2` Berechnet eine logistische Regression der abhängigen Variable y auf die unabhängigen Variablen $x1$ und $x2$.
- `logit y x1 x2, or` Berechnet eine logistische Regression von y auf $x1$ und $x2$. In der Ergebnistabelle werden die *Odds-Ratios* aufgelistet.
- `logistic y x1 x2` Identisch mit „logit y x1 x2, or".
- `predict Phat` Speichert die vorhergesagten Wahrscheinlichkeiten des letzten Regressionsmodells in eine neue Variable mit dem Namen *Phat*. Der Name der neuen Variable ist beliebig.
- `predict statvar, statistic` Speichert die Werte einer ausgewählten Kennziffer des letzten Regressionsmodells in der neuen Variable *statvar*. Der Name der neuen Variable ist beliebig.
- `lfit` Berechnet den Pearsons-χ^2-Test.
- `lstat` Berechnet die Klassifikationstabelle.

Folgende Statistiken stehen im Anschluss an ein logistisches Regressionsmodell als Option von „predict" zur Verfügung:

`Xb`	Vorhergesagte Logits
`deviance`	Devianz-Residuen
`resid`	Pearson-Residuen
`rstandard`	standardisierte Pearson-Residuen
`dx2`	Hosmer-Lemeshow Einfluss-Statistik
`dbeta`	Pregibons Delta-Beta (Einfluss-Statistik)
`number`	Fortlaufende Nummer des Kovariaten-Musters

Kapitel 10

Daten lesen und schreiben

Nehmen Sie einmal an, Sie hätten die Hypothese, dass die von den Befragten im SOEP angegebenen Mietpreise von der Bevölkerungsdichte in dem jeweiligen Bundesland abhängen. Zur Überprüfung dieser Hypothese wäre es denkbar, die durchschnittlichen Mietpreise in Abhängigkeit von der Bevölkerungsdichte zu betrachten. Leider ist diese Überprüfung im vorliegenden Fall nicht so einfach, da Ihr Datensatz *data1.dta* keine Angaben zur Bevölkerungsdichte in den Bundesländern enthält.

Entsprechende Angaben finden sich aber im Statistischen Jahrbuch der Bundesrepublik Deutschland (Statistisches Bundesamt 1997). Dabei handelt es sich allerdings um Daten, die sich von den bisher verwendeten deutlich unterscheiden. Bisher haben Sie immer mit Dateien im Stata-Format gearbeitet, den so genannten *System-Files*. Kennzeichen dieser Dateien ist, dass sie mit den Befehl „use" in Stata eingelesen werden können. Bei den Angaben im Statistischen Jahrbuch ist dies offensichtlich nicht so.

In diesem Kapitel wollen wir Ihnen den Umgang mit Daten zeigen, welche nicht direkt in Stata eingelesen werden können. Dabei unterscheiden wir maschinenlesbare und nicht maschinenlesbare Daten. Maschinenlesbare Daten sind Dateien, die bereits auf einer Festplatte oder einer Diskette gespeichert sind, jedoch von Stata *nicht* mit „use" eingelesen werden können. Wie sie diese in Stata *importieren* können, erläutern wir Ihnen in Abschnitt 10.2. Daran anschließend werden wir die Eingabe von Daten in nicht maschinenlesbarer Form behandeln (10.3). Beispiele für nicht maschinenlesbare Daten sind die Angaben im Statistischen Jahrbuch oder auch ausgefüllte Fragebögen.

Zur Überprüfung der oben genannten Hypothese müssen Sie die Angaben über Bevölkerung und Fläche der Bundesländer den SOEP-Daten zuspielen. In Abschnitt 10.4 lernen Sie, wie das geht. Hinweise zum Abspeichern der von Ihnen erzeugten *System-Files* finden Sie in Abschnitt 10.5 und der letzte Abschnitt dieses Kapitels (10.6) gibt allgemeine Ratschläge zum Umgang mit sehr großen und *zu* großen Datensätzen.

Bevor wir mit dem Einlesen von Daten beginnen, möchten wir Ihnen im folgenden Abschnitt kurz zeigen, wie das fertige Ergebnis aussehen sollte. Wenn Sie mit den Begriffen *System-File* und *Datenmatrix* bereits vertraut sind, können Sie diesen Abschnitt überspringen.

10.1 Das Ziel: Die Datenmatrix

Bevor Sie beginnen, sollten Sie sich noch einmal den aus den vorangegangenen Kapiteln bekannten Datensatz *data1.dta* betrachten[1]:

```
. use data1.dta, clear
. describe
```

Wie Sie sehen, besteht der Datensatz aus 3340 Beobachtungen und 47 Variablen. Wie der Datensatz *in Wirklichkeit* aussieht, können Sie mit Hilfe des Befehls

```
. browse
```

begutachten. Dieser Befehl startet den Stata-Browser (Abbildung 10.1 auf der nächsten Seite)[2]. Der *Browser* ist ein eigenes Fenster mit einer Tabelle, die Text- und Zahlenfelder enthält. In der grau unterlegten Kopfzeile (der ersten Zeile der Tabelle) stehen die Namen der Variablen. In der grau unterlegten ersten Spalte erscheint eine fortlaufende Nummerierung von 1 bis 3340. In jeder *Zeile* dieser Tabelle befinden sich demnach Informationen zu jeder der 3340 befragten Personen (Fälle/Beobachtungen). Jede *Spalte* der Tabelle enthält die unterschiedlichen Ausprägungen einer Variable für alle 3340 Personen. Eine solche Tabelle wird als *Datenmatrix* bezeichnet[3].

In der ersten weißen Spalte steht die Personennummer. Für jede befragte Person steht hier eine andere Zahl. Wenn Sie die Zeile der Person mit der Personennummer 3994 verfolgen, können Sie der fünften Spalte entnehmen, dass diese Person im Jahre 1971 geboren wurde. In der zweiten Spalte des Datensatzes ist die Nummer des Interviewers vermerkt (*intnr*), der die Befragung durchgeführt hat.

In der zwölften Zeile (Personennummern 26437) fehlt die Angabe für den Interviewer. Anstelle dieser Angabe taucht ein Punkt im *Browser* auf. Dieser Punkt ist die Darstellung eines fehlenden Wertes. Da in allen *leeren* Zellen Punkte (*Missings*) verwendet werden, ist die Datenmatrix rechteckig. Das heißt sie hat für alle Fälle die gleiche Spaltenzahl[4].

---
[1] Bitte achten Sie darauf, dass Ihr Arbeitsverzeichnis *c:/kkstata* ist. Näheres hierzu auf Seite 11.
[2] Dieser Befehl funktioniert nur in den Stata-Versionen für Windows und Macintosh.
[3] Zur allgemeinen Darstellung einer Datenmatrix vgl. Schnell/Hill/Esser (1999:389).
[4] Zum Umgang mit fehlenden Werten siehe Seite 324 sowie Abschnitt 5.2.3 auf Seite 93.

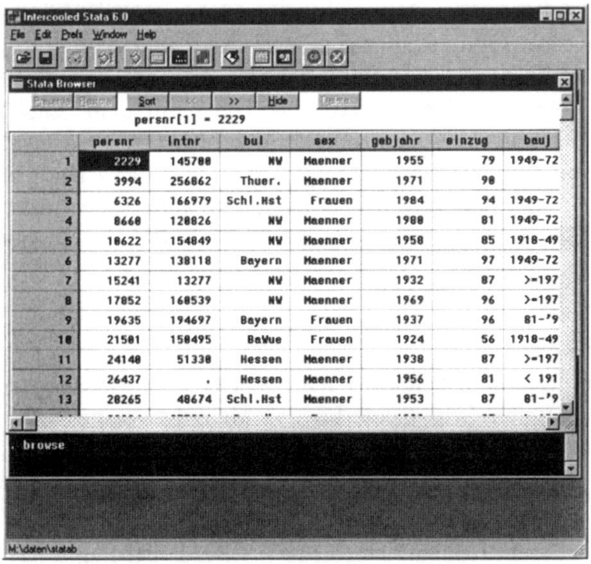

Abbildung 10.1: Der *Stata-Browser* unter Windows

Sie haben nun gesehen, wie die Datenstruktur aussehen sollte, damit der Datensatz in Stata sinnvoll bearbeitet werden kann. In den folgenden Abschnitten werden Sie lernen, wie Sie zu einer solchen Datenstruktur gelangen. Damit können Sie den *Browser* wieder schließen: Berühren Sie mit dem Mauszeiger das graue Feld links neben der Beschriftung *Stata-Browser* und wählen Sie dann **close** oder drücken Sie die Tastenkombination **Alt+F4**.

10.2 Import maschinenlesbarer Daten

Statistische Ämter und ähnliche Einrichtungen stellen inzwischen große Mengen von Daten auf maschinenlesbaren Datenträgern (z.B. CD-ROM) oder im Internet zur Verfügung[5]. Diese können von Wissenschaftlern für Sekundäranalysen[6] genutzt werden. Nur selten stehen die Datensätze, die Sie aus derartigen Datenarchiven bekommen, bereits als Stata-*System-Files* zur Verfügung. Häufig handelt es sich um *System-Files* anderer Datenanalysepakete, einer Datenbank (z.B. Dbase) oder eines Tabellenkalkulationsprogramms (z.B. Excel). Solche Dateien können Sie sehr leicht mit spezieller Software in Stata einlesen (Abschnitt 10.2.2).

---
[5] In Abschnitt 10.2.3 nennen wir Ihnen einige der wichtigsten Quellen für sozialwissenschaftliche Daten.
[6] Als Sekundäranalysen werden Analysen bezeichnet, die mit nicht selbst erhobenen Daten durchgeführt werden.

Relativ häufig liegen die Daten als so genannte ASCII-*Files* vor[7]. ASCII-*Files* können Sie auch ohne spezielle Software in Stata einlesen. Dazu müssen Sie natürlich wissen, dass die Datei wirklich im ASCII-Format vorliegt. Am einfachsten stellt man das Format einer Datei mit dem Stata-Befehl „type *Dateiname*" fest. Mit diesem Kommando wird Ihnen im Ausgabefenster der Inhalt der genannten Datei angezeigt, ohne dass diese Datei in den Stata-Arbeitsspeicher geladen wird. Sie können den Unterschied zwischen *System*- und ASCII-*Files* leicht sehen, wenn Sie folgende Befehle eingeben:

```
. type bevbl2.dta
. type bevbl2.sav
. type bevbl2.raw
```

Die Ausgabe der ersten beiden Befehle macht einen etwas wirren Eindruck. Nur der dritte Befehl bringt eine für den Menschen lesbare Ausgabe. Trotzdem enthalten aber alle Dateien die gleichen Daten.

Die Datei mit der Extension „.dta" ist ein Stata-*System-File*. In *System-Files* werden neben den einzelnen Werten auch Informationen über Datentypen und Variablenbeschriftungen gespeichert. Hierfür wird eine Art Verpackung aus speziellen Steuerzeichen verwendet. Diese bewirken, dass *System-Files* für einen Menschen – siehe die Ausgabe von „type *bevbl2.dta*" – nicht lesbar sind. Leider verwendet jedes Datenanalysepaket eine eigene Verpackung für diese Informationen. Deshalb kann nur Stata Stata-*System-Files* lesen. Mit SPSS-*System-Files* – die zweite Datei mit der Endung *sav* – kann Stata so wenig anfangen wie wir mit einer uns unbekannten Sprache.

Für einen Menschen lesbar ist die Ausgabe von „type *bevbl2.raw*". Dies ist ein guter Indikator dafür, dass es sich um einen reinen ASCII-*File* handelt, d.h. um eine Datei ohne programmspezifische Steuerzeichen.

10.2.1 Einlesen von ASCII- bzw. Textdateien

Zum Einlesen von ASCII-*Files* gibt es in Stata drei Kommandos: „infile", „insheet" und „infix". Die beiden letzten Kommandos sind vereinfachte Spezialfälle des „infile"-Kommandos. Haben Sie einmal den Umgang mit „infile" im Griff, werden Sie alle ASCII-*Files* problemlos einlesen können. Wir beginnen bei unserer Erklärung mit dem „insheet"-Kommando. In vielen Fällen ist es einfach, hilfreich und schnell anwendbar. Da aber nicht alle Datensätze mit diesem Kommando eingelesen werden können, erläutern wir Ihnen im Anschluss ausführlich die Nutzung des „infile"-Kommandos.

10.2.1.1 Einlesen von Daten im Spreadsheet-Format

In einer einfachen Form der ASCII-*Files* steht jede Beobachtung in einer eigenen Zeile, wobei die einzelnen Variablen durch *Kommata* oder *Tabula*-

---

[7] „ASCII" steht für „American Standard Code for Information Interchange"

10.2 Import maschinenlesbarer Daten

toren getrennt sind. Derartige Dateien werden von Tabellenkalkulationsprogrammen als ASCII-Exportdateien verwendet, weshalb das Format auch als *Spreadsheet*-Format bezeichnet wird.

Die Datei *bevbl1.raw* ist eine solche Datei:

```
. type bevbl1.raw

Hessen, 5763, 5837, 5923, 5967, 5981, 6010
Mecklenburg-Vorpommern, 1924,, 1865, 1843, 1832, 1823
Niedersachsen, 7387, 7476, 7578, 7648, 7715, 7780
Nordrhein-Westfalen, 17350, 17510, 17679, 17759, 17816, 17893
Rheinland-Pfalz, 3764, 3821, 3881, 3926, 3952, 3978
snip ✂
```

Die Datei *bevbl1.raw* enthält für acht Bundesländer die Bevölkerungszahlen von 1990 bis 1995[8]. Die erste Variable gibt Auskunft über das Bundesland, die zweite über die Bevölkerungszahl von 1990, die dritte über diejenige von 1991 usw. Jede Zeile beginnt mit dem Namen des Bundeslandes, setzt sich fort mit der Bevölkerungszahl 1990, 1991, 1992 usw. Jede Zeile ist in dieser Datei eine neue Beobachtung und die einzelnen Informationen sind mit Kommata voneinander getrennt. Für Mecklenburg-Vorpommern fehlt der Wert von 1991. Die beiden Kommata stehen deshalb direkt nebeneinander[9].

Datensätze im *Spreadsheet*-Format können durch „insheet" eingelesen werden. Das ist denkbar einfach. Für *bevbl1.raw* genügt z.B.

```
. insheet using bevbl1.raw, clear
```

Nach dem Kommando „insheet" wird mit „using" angegeben, welche Datei eingelesen werden soll[10]. Stata wählt die Variablennamen automatisch. Sie sehen in der Variablenliste jetzt sieben Variablen mit den Namen *v1–v7*. Wenn Sie andere Variablennamen haben wollen, können Sie diese zwischen „insheet" und „using" angeben:

```
. insheet buland bev90 bev91 bev92 bev93 bev94 bev95 using bevbl1, clear
```

Bei der Eingabe der Variablennamen weiß Stata mit Zahlen „umzugehen". Deshalb können Sie auch

```
. insheet buland bev90-bev95 using bevbl1.raw, clear
```

verwenden.

---

[8] Quelle: Statistisches Bundesamt (1997: 47)
[9] Ein *Spreadsheet*-Format liegt auch dann vor, wenn statt der Kommata Tabulatoren zwischen den Variablen stehen. Tabulatoren haben allerdings die Eigenschaft, für Menschen von Leerzeichen schwer unterscheidbar zu sein. Die Option „showtabs" des „type"-Befehls gibt Ihnen die notwendige Auskunft. Bitte vergegenwärtigen Sie sich die Wirkungsweise dieser Option anhand folgenden Beispiels:
```
. type bevbl5.raw
. type bevbl5.raw, showtabs
```
[10] Lautet die Extension der Dateien „.raw", kann Sie weggelassen werden.

Einige Tabellenkalkulationsprogramme speichern die Variablennamen in der ersten Zeile der Datei. Ist dies der Fall, verwendet „insheet" die erste Zeile als Variablennamen und alle übrigen Zeilen als Fälle. Die Datei *bevbl2.raw* enthält eine solche Zeile. Mit

```
. insheet using bevbl2.raw, clear
```

erhalten Sie den gleichen Datensatz, den Sie schon mit dem vorangegangenen Befehl angefordert haben.

So einfach „insheet" zu bedienen ist, so sehr müssen Sie auf den Zustand Ihrer Daten achten. Durch viele Kleinigkeiten kann das Lesen der Daten mit „insheet" große Verwirrung stiften:

1. Daten im *Spreadsheet*-Format werden meist von Programmen hergestellt. In deutschen Versionen solcher Programme werden häufig Kommata als Dezimaltrennzeichen verwendet. Sollten Kommata sonst als Feldtrennung verwendet werden, würden die Dezimalstellen in eine neue Variable geschrieben.

2. Die Felder der Tabellenkalkulationsprogramme enthalten oftmals Formeln und Bezüge zu anderen Feldern in der Tabelle. Beim unachtsamen Export in einen ASCII-*File* passiert es leicht, dass statt der gewünschten Werte lediglich Platzhalter exportiert werden. Befindet sich innerhalb einer Spalte ein solcher Platzhalter, wird diese Variable als *String*-Variable eingelesen[11]. Das gleiche Problem tritt auf, wenn Sie Leerzeichen oder Punkte als fehlende Werte verwenden. Bei „insheet" stehen die Feldtrennzeichen immer direkt nebeneinander, wenn zwischen ihnen ein Wert fehlt.

3. Sie können den „insheet"-Befehl nicht verwenden, wenn die einzelnen Variablen im ASCII-*File* mit Leerzeichen getrennt sind, irgendwelche Zeichen außer Komma und Tabulator als Feldtrennung verwendet wurden, keine Feldtrennungen vorhanden sind oder die Werte eines oder mehrerer Fälle über mehr als eine Textzeile hinausgehen. In solchen Fällen verwenden Sie „infile".

Einige dieser Schwierigkeiten können Sie beseitigen, indem Sie Ihre Datei in einem *Editor* bearbeiten. Dort können Sie Punkte als Dezimaltrennzeichen einsetzen oder Tabulatoren anstelle von Feldtrennungen wie Leerzeichen einfügen. Sie sollten dies aber nur tun, wenn sich der Vorgang automatisieren lässt, jeder Fall in einer Zeile steht und die Leerzeichen ausschließlich als Feldtrennung verwendet wurden. Das heißt innerhalb eines Textfeldes sollte kein Leerzeichen verwendet worden sein (z.B. Mecklenburg-Vorpommern und nicht Mecklenburg Vorpommern). Außerdem sind solche Vorgänge nicht nur *sehr* fehleranfällig, sie erlauben auch keine Dokumentation Ihrer Arbeit.

---

[11] Eine Beschreibung der Variablentypen findet sich in Abschnitt 5.4 auf Seite 97.

10.2 Import maschinenlesbarer Daten

Das mühsame Ersetzen müssten Sie jedes Mal wieder aufs Neue vornehmen, wenn Sie einen Fehler in Ihren Daten entdecken. Unsere Erfahrung ist: Es lohnt sich, den „infile"-Befehl zu lernen. Langfristig haben Sie mehr davon.

10.2.1.2 Einlesen von Daten im freien Format

Die meisten ASCII-*Files* liegen heutzutage im *freien Format* vor. Bei diesem Format stehen zwischen den einzelnen Variablen Leerzeichen, Tabulatoren, Kommata oder Zeilenwechsel. Ein Beispiel für dieses Format ist *bevbl3.raw*:

```
. type bevbl3.raw

Hessen                 5763
    5837    5923    5967
5981    6010
Mecklenburg-Vorpommern 1924    1892    1865    1843    1832    1823
Niedersachsen          7387    7476    7578    7648    7715    7780
Nordrhein-Westfalen   17350   17510   17679   17759   17816   17893
Rheinland-Pfalz        3764    3821    3881    3926    3952    3978
snip ><
```

Hier ist die Beobachtung *Hessen* aus einem Ihnen nicht bekannten Grund auf drei Zeilen verteilt. Im Unterschied zum *Spreadsheet*-Format können die Beobachtungen im freien Format also auf mehrere Zeilen verteilt sein. Dies hat eine wichtige Konsequenz: Stata kann nun nicht mehr automatisch feststellen, wie viele Variablen der Datensatz enthält. Diese Information muss daher vom Benutzer eingegeben werden.

ASCII-*Files* im freien Format werden mit dem Befehl „infile" eingelesen. Die Information über die Anzahl der Variablen wird dabei durch eine *Variablenliste* mitgeteilt. Die Datei *bevbl3.raw* wird z.B. durch

```
. infile str22 bl b90 b91 b92 b93 b94 b95 using bevbl3.raw, clear
```

oder

```
. infile str22 bl b90-b95 using bevbl3.raw, clear
```

eingelesen. Nach „infile" folgt die Variablenliste, danach das bereits aus „insheet" bekannte „using *Dateiname*"[12]. Die einzige Schwierigkeit beim Einlesen von *bevbl3.raw* ist die Variable für den Namen des Bundeslandes. Da es sich bei dieser Variable um einen Text handelt, muss diese Variable in der Variablenliste als *String*-Variable gekennzeichnet werden („str") (Abschnitt 5.4 auf Seite 97). Dabei muss jeweils angegeben werden, wie viele Buchstaben diese Variable höchstens enthalten soll. Im vorliegenden Fall ist *Mecklenburg-Vorpommern* mit 22 Zeichen das längste und deshalb *limitierende* Element. Wir verwenden darum „str22" als Speichertyp[13].

---

[12] Da das *Spreadsheet*-Format ein Spezialfall des freien Formats darstellt, kann der gleiche Befehl auch für die Dateien *bevbl1.raw* und *bevbl2.raw* verwendet werden.

[13] Statt die Buchstaben zu zählen, ist es meist einfacher, zuerst mehr Platz als nötig vorzusehen und den Datensatz später mit „compress" zu optimieren, vgl. Abschnitt 10.6 auf Seite 332.

Bei der vorliegenden Form des „infile"-Befehls wird alles, was nicht einem Leerzeichen, Tabulator, Komma oder Zeilenwechsel gleicht, als Variablenwert gelesen, bis eines der eben genannten Zeichen auftaucht. Diese Logik verbietet Leerzeichen innerhalb von *String*-Variablen und ist eine häufige Ursache für Fehlermeldungen.

Beispiel: In der Datei *bevbl4.raw* fehlt der Bindestrich bei *Mecklenburg-Vorpommern*. Wenn Sie den letzten Befehl wiederholen und als Dateiname *bevbl4.raw* einsetzen, erhalten Sie folgende Fehlermeldung:

```
. infile str22 bl b90 b91 b92 b93 b94 b95 using bevbl4, clear
'Vorpommern' cannot be read as a number for b90[2]
'Niedersachsen' cannot be read as a number for b90[3]
snip >≺
```

Was ist passiert? In dem Augenblick, in dem Sie ein Leerzeichen an einer unvorhergesehen Stelle haben, verschiebt sich die Zuweisung der Variablen. *Mecklenburg* wird als *String*-Variable mit maximal 22 Zeichen gelesen und mit dem Variablennamen *bl* abgespeichert. Das Leerzeichen zwischen *Mecklenburg* und *Vorpommern* wird als der Beginn einer neuen Variable verstanden. Stata versucht nun, *Vorpommern* als Zahlenwert der Variable *b90* zu lesen, scheitert und meldet dies. Der Fehler setzt sich über alle Zeilen hinweg fort, da bei „infile" die Werte so lange zu einem Fall gezählt werden, bis die Variablenliste zu Ende ist. Um dieses Problem zu vermeiden, sollten aus mehreren Worten bestehende *String*-Variablen in Anführungszeichen gesetzt werden[14].

Damit für jede Zeile die gleiche Anzahl von Variablen eingelesen wird, müssen fehlende numerische Werte mit einem Punkt markiert sein, fehlende Textfelder mit zwei direkt aufeinander folgenden Anführungszeichen.

10.2.1.3 Einlesen von Daten im festen Format

Daten im festen Format liegen vor, wenn die einzelnen Variablen an einer bestimmten Spalte des ASCII-*Files* beginnen und enden und abgesehen von dieser Position kein Trennzeichen zwischen den Variablen steht. Ein Beispiel für eine Datei im festen Format ist die Datei *bevbl6.raw*:

```
. type bevbl6.raw

Hessen                 5763583759235967598816010
Mecklenburg-Vorpommern1924189218651843183321823
Niedersachsen          7387747675787648771157780
Rheinland-Pfalz        3764382138813926395323978
snip >≺
```

Hier können die einzelnen Variablen nicht voneinander getrennt werden – außer man weiß, dass z.B. die Variable *b90* an der 23. Spalte der Datei beginnt und an der 26. endet.

---

[14]Probieren Sie den „infile"-Befehl einmal mit der Datei *bevbl5.raw*.

10.2 Import maschinenlesbarer Daten

Für derartige Dateien muss der Befehl „infile" zusammen mit einem so genannten *Dictionary* verwendet werden. Diese Technik kann jedoch auch für die anderen Datenformate verwendet werden. Sie ist damit die allgemeinste und weitaus effektivste Form der Dateneingabe.

Das *Dictionary* ist eine kleine Hilfsdatei[15], in der die Reihenfolge der Variablen festgelegt wird. Darüber hinaus können Variablenbeschriftungen und Kommentarzeilen eingefügt, sowie unwichtige Variablen oder Zeilen übersprungen werden. Eine einfache Version dieser Hilfsdatei könnte lediglich aus einer Zeile mit dem Namen der zu verwendenden Datei und der Auflistung der einzulesenden Variablen bestehen. Für die Datei *bevbl5.raw* könnte das *Dictionary* im einfachsten Fall wie folgt aussehen:

```
dictionary using bevbl5.raw {
  str22 bl
        b90
        b91
        b92
        b93
        b94
        b95
}
```

Dieses *Dictionary* listet lediglich die Variablennamen und im Fall der *String*-Variablen die entsprechende Kennzeichnung auf. Dies entspricht im Wesentlichen dem auf Seite 311 vorgestellten „infile"-Kommando.

Um die Wirkungsweise des *Dictionary* zu erschließen, bitten wir Sie obiges Beispiel in einen beliebigen Editor einzugeben und unter dem Namen *bevbl5.dct*[16] in Ihrem Datenverzeichnis abzuspeichern[17]. Danach wechseln Sie wieder zu Stata und geben folgenden Befehl ein:

```
. infile using bevbl5.dct, clear
```

Im Gegensatz zum Befehl auf Seite 311 enthält dieser Befehl *keine* Variablenliste. Außerdem wird hinter „using" auf das *Dictionary*, anstatt auf die Datei mit den Daten verwiesen[18].

---

[15] Ein *Dictionary* kann auch direkt vor die Zahlenreihen der ASCII-Daten geschrieben werden. In diesem Fall würde die Datei aber für andere Datenanalyseprogramme wertlos werden. Den *Dictionary* in einem Editor vor Datenreihen zu schreiben ist oft schwierig, da viele Editoren keine großen Datensätze einlesen können. Wir empfehlen deshalb, das *Dictionary* als externe Datei anzulegen.

[16] Sie finden das *Dictionary* auch unter dem Namen *bevbl5kk.dct* in unserem Dateipaket.

[17] Als Editor können Sie den in Stata zur Verfügung stehenden Editor verwenden, indem Sie den Befehl „doedit" eingeben, oder Sie verwenden ein Programm Ihrer Wahl. Beachten Sie aber bitte, dass der unter Windows-Zubehör gelieferte Editor alle Dateien mit der Extension „.txt" abspeichert. Sie müssen bei **Speichern-unter** den Dateityp **Alle Dateien** auswählen, um ein Dateinamen ohne Extension Ihrer Wahl einzugeben.

[18] Die Dateinamenerweiterung „dct" können Sie weglassen, da Stata automatisch eine Datei mit dieser Erweiterung erwartet. Stata geht nämlich bei jeder Eingabe des „infile"-Befehls *ohne* Variablenliste davon aus, dass hinter *using* ein *Dictionary* angegeben wird, das die notwendigen Informationen über den Datensatz enthält.

Im vorliegenden Beispiel erscheint dieses Vorgehen nicht nur unnötig kompliziert, es ist es auch. Trotzdem kann es sehr nützlich sein, ein solches *Dictionary* zu verwenden. Einerseits ermöglicht es eine sehr detaillierte Beschreibung des Datensatzes, andererseits können Daten im festen Format nur so eingelesen werden.

Der folgende Syntaxauszug zeigt Ihnen in allgemeiner Stata-Schreibweise die wichtigsten Gestaltungsmöglichkeiten eines *Dictionary*[19]:

```
dictionary using filename {
            [* comments may be included freely]
            [_firstlineoffile(#)]
            [_lines(#)]
            [_line(#)]
            [_column(#)]
            [type] varname[:lblname] [%infmt] ["variable label"]
    }
```

Beginnen wir mit der vorletzten Zeile. Wie Sie aus Kapitel 3 wissen, sind alle in eckige Klammern eingeschlossenen Teile optional. Vorgeschrieben ist also nur ein Variablenname. Darüber hinaus können Sie zu jeder Variable den *storage-type* (siehe Abschnitt 5.4 auf Seite 97) schreiben, eine Variablenbeschriftung („variable label") vergeben und die Breite der Variable bestimmen („infmt"). Darüber hinaus können Sie die Behälternamen für die einzelnen Ausprägungen der Variablen angeben („lblname").

Mit „_column" können Sie markieren, bei welcher Spalte Ihrer Datei eine bestimmte Variable beginnt[20]. Das Ende der Variable kann durch die Spezifikation des Formats bestimmt werden. Um zu spezifizieren, dass die Variable *b90* in der Datei *bevbl6.raw* in der 23. Spalte beginnt und vier Spalten breit ist, würde man z.B. Folgendes angeben:

```
_column(23) b90 %4f
```

Als Formattyp haben wir %4f gewählt, da die Bevölkerungszahlen nicht mehr als vier Zeichen enthalten. Mit den anderen Variablen verfährt man entsprechend.

Die drei *line*-Optionen beziehen sich auf die Zeilen Ihrer Datei. Mit der Zeile „_firstlineoffile" legen Sie fest, in welcher Zeile Ihre Daten beginnen. Oftmals enthalten Dateien eine Überschrift, Quellenhinweise oder Bemerkungen zur Art der Datenerhebung. Diese müssen Sie nicht aus der Originaldatei entfernen, vielmehr werden diese Zeilen beim Einlesen übersprungen. Mit „_lines"

---

[19] Stata lässt noch einige weitere Optionen zu, die aber selten notwendig sind und deshalb an dieser Stelle nicht dargestellt werden. Einen Überblick mit Beispielen gibt das Kommando „help infile2".

[20] Sie können mit „_column" auch wenige Variablen aus einer sehr grossen Datei *herausfischen* und in Stata einlesen.

10.2 Import maschinenlesbarer Daten

können Sie angeben, aus wie vielen Zeilen ein Fall besteht. Dies ist bei Daten im festen Format notwendig, wenn eine Beobachtung auf mehrere Zeilen aufgeteilt ist und bei Daten im freien Format hilfreich, wenn nicht alle Zeilen eines Falles eingelesen werden sollen. Aus welchen Zeilen die Werte eingelesen werden sollen, bestimmen Sie mit „_line". Die Werte hinter dieser Option beziehen sich immer auf die Zeilen innerhalb eines Falls.

Bevor Sie nun verwirrt beschließen, diesen Befehl auf keinen Fall zu benutzen, zeigen wir Ihnen ein *Dictionary* zum Einlesen von *bevbl6.raw*. Wir empfehlen Ihnen, es abzuschreiben, den Datensatz damit einzulesen und anschließend einige Veränderungen am *Dictionary* durchzuspielen. Sie werden dabei rasch merken, dass die Dinge keineswegs so kompliziert sind, wie sie aussehen.

```
dictionary using bevbl6.raw {
    * Eine Moeglichkeit bevbl8.raw einzulesen
    * Es gibt andere. Probieren Sie es!
    str22 bl  %22s  "Bundesland"
    * Der Beginn von b90 wird durch die Breite von bl ermittelt.
    * Auf die Angabe von Column koennen wir deshalb verzichten.
    b90 %4f  "Bevoelkerung 1990"
    b91 %4f  "Bevoelkerung 1991"
    b92 %4f  "Bevoelkerung 1992"
    b93 %4f  "Bevoelkerung 1993"
    b94 %4f  "Bevoelkerung 1994"
    b95 %4f  "Bevoelkerung 1995"
}
```

Für Daten im festen Format bietet der Befehl „infix" eine, allerdings weniger flexible, Alternative zum „infile"-Befehl. Daten im festen Format müssen in jedem Fall mit einem *Dictionary* eingelesen werden. Der „infix"-Befehl erlaubt allerdings eine andere – einfachere – Struktur im *Dictionary*. Die Struktur ist so einfach, dass sie bei kleineren Datensätzen sogar direkt im Kommando eingegeben werden kann. Da Datensätze im festen Format ohne Trennzeichen heute nur noch in absoluten Ausnahmefällen auftreten, wollen wir auf diesen Befehl hier nicht näher eingehen und es bei einem Beispiel belassen:

. infix str22 bl 1-22 bev90 23-26 bev95 43-46 using bevbl6.*raw*, clear

10.2.2 Einlesen von System-Files anderer Programme

Viele frei zugängliche Datensätze stehen im SAS-, SPSS- oder Excel-Format zur Verfügung. Um diese und andere Formate in Stata einlesen zu können, bieten sich zwei Möglichkeiten an: Entweder Sie benutzen ein Datentransformationsprogramm oder Sie exportieren die Daten als ASCII-*File* aus dem Programm, in dem Sie gespeichert waren[21].

---

[21] Dies setzt allerdings voraus, dass Ihnen das Programm zur Verfügung steht, in dessen Format die Daten abgespeichert sind.

Ein Tabellenkalkulationsprogramm wie Excel steht Ihnen auf den meisten Rechnern zur Verfügung. Sollte Ihr Datensatz ebenfalls im Excel-Format vorliegen, empfiehlt sich folgende Vorgehensweise: Sie lesen den Datensatz in das Tabellenkalkulationsprogramm ein und speichern ihn dann als ASCII-Datensatz im *Spreadsheet*-Format ab[22].

Die mit Abstand bequemste Art, *System-Files* anderer Datenanalyseprogramme in das Stata-Format zu konvertieren, stellen entsprechende Software-Programme dar. Zwei solcher Programme sind derzeit auf dem Markt erhältlich: *Stat/Transfer* von Circle Systems und *DBMS/COPY* von Conceptual Software. Für Stata-Datensätze scheint derzeit das Programm Stat/Transfer vorteilhafter zu sein, da es in der Lage ist, den entstehenden Datensatz hinsichtlich der *Storage-Types* (Abschnitt 5.4) zu optimieren.

10.2.3 Exkurs: Woher nehmen, wenn nicht stehlen?

Der Reiz quantitativer sozialwissenschaftlicher Datenanalyse steht und fällt mit der Verfügbarkeit von Daten. Diese Daten können nach der Art ihres Entstehungsprozesses und ihrer Aggregatebene unterschieden werden. Hinsichtlich des Entstehungsprozesses wird zwischen prozessproduzierten Daten und Erhebungsdaten unterschieden. Prozessproduzierte Daten fallen im alltäglichen Arbeitsprozess von Ämtern, Behörden oder sonstigen Einrichtungen an. Beispiele sind die Zahlen der Eheschließungen und Ehescheidungen, die an den Standesämtern bzw. Gerichten notiert werden. Als Erhebungsdaten werden alle Informationen bezeichnet, die durch eine Befragung oder spezielle Zählung gesammelt werden[23]. Prozessproduzierte Daten und Erhebungsdaten werden von statistischen Ämtern oder ähnlichen Einrichtungen regelmäßig abgedruckt und mittlerweile zu einem großen Teil auch auf maschinenlesbaren Datenträgern (z.B. CD-ROM) oder im Internet zur Verfügung gestellt.

Bei den von solchen Einrichtungen zur Verfügung gestellten Daten handelt es sich in der Regel um Aggregatdaten. Das heißt die Angaben beziehen sich nicht auf einzelne Personen, sondern auf größere Aggregate wie Gemeinden, Bundesländer oder Nationen[24]. Diese Quellen erlauben in der Regel eine Auswahl der interessierenden Themenfelder, im Falle internationaler Varianten erlauben sie in der Regel eine Länderauswahl und die Auswahl der Zeitpunkte. Danach können Sie sich die gewünschte Tabelle zusammenstellen. Diese Tabellen können nun entweder ausgedruckt oder in verschiedene Formate exportiert werden. Standardmäßig bieten die meisten Programme einen Export

---

[22] In viele Programmen geschieht dies durch „Speichern unter **Nur Text** (Tabs getrennt)".

[23] Dazu gehören z.B. die Arbeitsstättenzählung oder der Mikrozensus.

[24] Ein Beispiel für den leichten Zugang zu Aggregatdaten liefern die Datenbanken der OECD und des Statistischen Bundesamtes. Die maschinenlesbare Aufbereitung erleichtert die Dateneingabe erheblich. Sie erspart seitenweises Abtippen langer Zahlenreihen und damit Fehler bei der Eingabe.

in gängige Tabellen- und Datenbankformate an (z.B. Excel oder Dbase), sowie die Möglichkeit die Daten im ASCII-Format abzuspeichern. Auf diese Weise können die Informationen relativ problemlos in Stata importiert werden. Ob ein Datensatz im ASCII-Format vorliegt oder nicht, können Sie mit Hilfe des oben verwendeten „type"-Befehls feststellen.

Individualdaten aus sozialwissenschaftliche Erhebungen stehen (zumindest manchmal) für Sekundäranalysen zur Verfügung. Die Möglichkeit auf diese Daten zuzugreifen, unterscheidet sich stark zwischen den Ländern, in denen sie erhoben werden. So stehen z.B. in den USA alle mit öffentlichen Geldern erhobenen Daten der wissenschaftlichen Nutzung zur Verfügung[25]. In der BRD wird die Herausgabe der Datensätze denjenigen überlassen, die die Daten erheben[26]. Ein Blick in diese Datenarchive lohnt sich immer, denn zu kaum einer Fragestellung wurden noch keine Daten erhoben.

10.3 Dateneingabe

Zu Beginn dieses Kapitels hatten wir eine Hypothese formuliert, nach der die Mietpreise von der Bevölkerungsdichte in den einzelnen Bundesländern abhängig sind. Tabelle 10.1 auf der nächsten Seite enthält die Bevölkerungsziffern von verschiedenen Bundesländern. Solche und andere nicht maschinenlesbare Daten müssen in eine Datenmatrix eingelesen werden, bevor sie mit Stata bearbeitet werden können. Innerhalb von Stata gibt es hierzu zwei Möglichkeiten: Die Eingabe über den *Dateneditor* und den Befehl „input".

Beginnen wollen wir mit der Eingabe über den Dateneditor. Diese Form der Dateneingabe ist sehr einfach. Leider gibt es sie *nur* für die verschiedenen Windows Betriebssysteme und für Macintosh. Außerdem ist sie schlecht replizierbar. Und da Replizierbarkeit eines der wichtigsten Grundprinzipien der Datenanalyse ist, werden wir den Dateneditor hier nur kurz vorstellen.

10.3.1 Dateneingabe über den Editor

Bitte beginnen Sie diesen Abschnitt mit einem leeren Arbeitsspeicher.

. clear

Sie öffnen den Dateneditor durch die Eingabe des Befehls

. edit

---

[25] Das Datenarchiv für sozialwissenschaftliche Daten befindet sich in Ann Arbor (Michigan, USA) und kann über *http://www.icpsr.umich.edu/archive1.html* erreicht werden.

[26] Die sozialwissenschaftlichen Daten, die zur Sekundäranalyse freigegeben sind, werden im Zentralarchiv in Köln aufbereitet und archiviert. Zu erreichen ist das Zentralarchiv über *http://www.za.uni-koeln.de/*. Dort finden sich auch diverse Hinweise auf andere Datenarchive und sozialwissenschaftliche Einrichtungen.

Tabelle 10.1: Durchschnittliche Bevölkerungzahlen 1990 und 1995 nach Bundesländern (in Tausend)

Land	bev90	bev95
Hessen	5717	5994
Hansestadt Hamburg	1640	1707
Hansestadt Bremen	679	680
Mecklenburg-Vorpommern	1924	1823
Niedersachsen	7387	7780
Nordrhein-Westfalen	17350	17893
Rheinland-Pfalz	3764	3978
Saarland	1073	1084
Sachsen	4764	4567
Sachsen-Anhalt	2874	2739

Quelle: Statistisches Bundesamt (1997:47).

Daraufhin erhalten Sie ein Fenster mit einer leeren Datenmatrix. Das obere linke Eck der Datenmatrix ist blau unterlegt; dies ist die derzeit *aktive* Zelle. Den Inhalt der aktiven Zelle können Sie verändern. Welche Variable und welche Beobachtung mit dieser Zelle aktiviert werden, sehen Sie in der Zeile oberhalb der Datenmatrix. Sie zeigt Ihnen an, bei welcher Variable und welcher Beobachtung Sie sich gerade befinden und ermöglicht Ihnen die Eingabe eines Variablenwertes.

Im oberen linke Eck sehen Sie „var1[1] = ". Hier tragen Sie den Wert der ersten Variable (*var1*) für die erste Beobachtung („[1]") ein. Wenn Sie die **Pfeil-nach-unten**-Taste drücken, sehen Sie, dass die blaue Markierung ebenfalls nach unten wandert. Sie bleiben innerhalb der Variable 1, der Wert in der eckigen Klammer verändert sich aber. Jede Zeile ist also eine neue Beobachtung.

Bitte tippen Sie nun in das Feld „var1[1]" – sagen wir – den Wert 5717 ein. Bestätigen Sie dann Ihre Eingabe mit der Eingabetaste. Hierdurch wird die Zahl 5717 in das erste Feld geschrieben, die zweite Beobachtung wird zum aktiven Feld und die Variable wird mit einem Namen versehen. Sie können nun direkt den Variablenwert für die zweite Beobachtung eingeben, z.B. 1640.

Wenn Sie nun mit dem Mauszeiger das erste Feld der zweiten Spalte berühren, dort einen Wert eingeben (z.B. 5994) und diese Eingabe bestätigen, erscheint für die zweite Beobachtung ein Punkt in der Spalte zwei. Dieser Punkt ist ein Platzhalter für einen fehlenden Wert. Sobald für eine Beobachtung ein Wert eingetragen wird, ergänzt das Programm die restlichen Felder mit fehlenden Werten. Wenn Sie die Dateneingabe fortsetzen, werden diese einfach überschrieben.

Bevor wir dieses Beispiel beenden, **doppel-klicken** Sie mit dem Mauszeiger noch das graue Feld mit der Beschriftung „var1". Auf dem Bildschirm erscheint ein Fenster, in das Sie eine Beschriftung für die Variable eingeben können. Hier verändern Sie – wenn nötig – auch den Namen der Variablen. Schreiben Sie in die erste Zeile „v1" und in die zweite Zeile „Beispiel" und bestätigen Sie Ihre Eingabe mit **OK**.

Jetzt schließen Sie den Editor; dazu berühren Sie mit dem Mauszeiger die graue Taste neben der Beschriftung **Stata-Editor** und wählen das Feld **Close**; oder Sie drücken die Tastenkombination **Alt+F4**. Dadurch gelangen Sie wieder zurück zu den „normalen" Stata-Fenstern. Sie können den Datensatz nun wie jeden anderen Stata-*System-File* behandeln.

10.3.2 Der „input"-Befehl

Eine vielleicht ungewohnte aber besser replizierbare Methode, Daten in Stata „hineinzubekommen", ist die Eingabe mit dem „input"-Befehl. Bei sehr kleinen Dateien mit wenigen Fällen und wenigen Variablen, kann dies durchaus auch die schnellste Methode sein[27]. Der Hauptvorteil dieser Methode ist aber, dass sie innerhalb von *Do-Files* verwendet werden kann.

Zu Beginn verwenden wir den Befehl „input", um die Daten der Tabelle 10.1 auf Seite 318 einzugeben. Bitte sorgen Sie zunächst für einen leeren Arbeitsspeicher

```
. clear
```

und starten Sie dann die Dateneingabe mit „input". Direkt hinter dem Befehl listen Sie alle Variablennamen auf, für die Sie Werte eingeben wollen, z.B.

```
. input bev90 bev95
```

Nach dieser Eingabe erscheinen die beiden Variablennamen sowie die Zahl „1." auf dem Bildschirm:

```
       bev90 bev95
1.
```

„1." ist die Eingabeaufforderung des „input"-Befehls. Sie werden aufgefordert, die Werte für die erste Beobachtung einzugeben. Laut Tabelle 10.1 auf der vorherigen Seite sind dies die Zahlen 5717 und 5994. Bitte schreiben Sie diese Zahlen, getrennt durch ein Leerzeichen, in das Eingabefenster und bestätigen Sie Ihre Eingabe mit der Eingabetaste. Danach erscheint auf dem Schirm die Eingabeaufforderung für die zweite Beobachtung „2.".

Bitte geben Sie nun in auf diese Weise alle Zahlen aus der Tabelle ein. Wenn Sie damit fertig sind, beenden Sie die Dateneingabe mit dem Befehl „end".

---
[27] Falls Sie selbst Daten erhoben haben, sollten Sie unbedingt zusätzlich den Abschnitt 10.3.3 lesen.

```
snip ✂
10.  2874     2739
11. end
```

Nach der Eingabe von „end" kehren Sie zur normalen Stata-Eingabeaufforderung zurück.

Natürlich wäre es schöner, wenn eine zusätzliche Variable für das Bundesland eingegeben worden wäre. Sie können das aber noch nachholen. Wiederholen Sie den „input"-Befehl und geben dabei einen neuen Variablennamen an. Aber Vorsicht: Die Variable Bundesland enthält keine Zahlen sondern Text. Wenn Sie wollen, dass Stata diesen Text auch als Text erkennt, müssen Sie vor dem Variablennamen den Hinweis auf eine *String*-Variable anbringen („str") und dabei angeben, wie viele Buchstaben diese Variable höchsten enthalten soll[28]. Wir verwenden folgenden „input"-Befehl

```
. input str22 land
```

Danach geben Sie für jeden Fall den Namen des Bundeslandes ein[29]:

```
 1. Hessen
 2. Hansestadt Hamburg
 3. Hansestadt Bremen
 4. Mecklenburg-Vorpommern
 5. Niedersachsen
 6. Nordrhein-Westfalen
 7. Rheinland-Pfalz
 8. Saarland
 9. Sachsen
10. Sachsen-Anhalt
```

Auf „end" können Sie diesmal verzichten. Stata weiß nun, dass der Datensatz 10 Beobachtungen enthält. Betrachten Sie Ihr Produkt mit dem Befehl zur Auflistung aller Fälle:

```
. list
```

Leider hat die neu eingegebene Variable einen Schönheitsfehler: In Fall zwei und Fall drei steht jeweils nur *Hansestadt*. Man weiß also nicht, welcher der beiden Fälle Bremen, welcher Hamburg ist. Ursache dafür ist das Leerzeichen im Namen dieser beiden Bundesländer. Das Leerzeichen ist für Stata der Hinweis auf den Beginn einer neuen Variable. Da oben aber nur eine Variable im „input"-Befehl genannt wurde, wird *Hamburg* bzw. *Bremen* ignoriert. Um so etwas zu vermeiden, sollten Sie Anführungszeichen um Textfelder setzen, die ein oder mehrere Leerzeichen enthalten. Für den Augenblick können Sie diesen Schönheitsfehler aber auch mit „replace" beheben (vgl. Abschnitt 5.4 auf Seite 97):

---

[28] Siehe hierzu auch oben, Seite 311 sowie Abschnitt 5.4 auf Seite 97.
[29] Bitte beachten Sie: Die Zahlen sind die Eingabeaufforderung des „input"-Befehls und werden nicht eingegeben. Sie geben lediglich die Namen der Bundesländer ein.

```
. replace land = "Hansestadt Hamburg" in 2
. replace land = "Hansestadt Bremen" in 3
```
Abschließend noch drei Hinweise:

1. Für fehlende Werte geben Sie grundsätzlich einen Punkt ein.
2. Wenn Sie Ihren Datensatz für die übrigen Bundesländer ergänzen wollen, geben Sie „input" ohne Angabe weiterer Variablennamen ein. Sie werden dann von Stata aufgefordert Werte für die Beobachtung Nr. 11 einzugeben.
3. Wenn Sie zu den bereits eingegebenen Bundesländern Informationen über weitere Jahre (also weitere Variablen) hinzufügen wollen, geben Sie den Befehl „input" mit einem weiteren Variablennamen ein, z.B. „input *bev99*".

10.3.3 Der Codeplan

In den vorangegangenen Abschnitten haben wir Ihnen die Dateneingabe gedruckter Daten bzw. das Einlesen von bereits maschinenlesbaren Daten erläutert. Sie haben also die Wahl, wie Sie die Daten Ihrer – sagen wir – 942 Fragebögen in Stata eingeben: Direkt in Stata, zuerst in Excel oder in einem eigens für eine Dateneingabe vorgesehenen Programm. Welches Programm Sie auch immer verwenden, wichtig ist, dass Sie *vor* der Dateneingabe darüber nachdenken, welche Werte den Antworten auf einem Fragebogen zugeordnet werden – und vor allem auch darüber, welche Werte den fehlenden Antworten zugeordnet werden.

Sie haben oben bereits mehrfach gesehen, wie wichtig es ist, genau über die Anzahl, das Format und die Postion der Variable in einem Datenfile Bescheid zu wissen. Ohne diese Angaben sind Ihre Erhebungsdaten für Sie, Stata und all diejenigen, die später mit Ihren Daten rechnen werden, nutzlos. Die Übersicht über diese Angaben wird als „Codeplan" bezeichnet. Wie ein solcher Codeplan erstellt wird, möchten wir Ihnen anhand des in Abbildung 10.2 auf der nächsten Seite gezeigten Fragebogenauszugs und des dazugehörenden Codeplans (Abbildung 10.3 auf Seite 323) der Konstanzer Absolventenbefragung veranschaulichen[30]. Wir haben den Auszug so gewählt, dass die gängigen *Problemfälle* einer Kodierung erfasst werden.

Jeder Codeplan sollte mindestens folgende Angaben enthalten: den Variablennamen, den Variablenlabel, die einzelnen Ausprägungen mit den zugeordneten Ziffern und u.U. die Spalten, in denen die Ziffern in den Rohdaten zu finden sind.

---
[30] Absolventenbefragung der Fakultät für Verwaltungswissenschaft 1997, genauere Angaben finden Sie bei Kreuter 2000.

1. In welchem Jahr haben Sie Ihr Studium der Verwaltungswissenschaft begonnen?

   19____

2. Haben Sie vor dem Beginn Ihres Studiums der Verwaltungswissenschaft ein anderes Fach studiert?

   nein ☐
   ja ☐

   Falls Sie ein anderes Fach studiert haben, welches war das?

   _____

3. Haben Sie einen Arbeitsaufenthalt absolviert?

   nein ☐   weiter mit Frage 6
   ja ☐

   Bei welchem Unternehmen oder bei welcher Institution haben Sie Ihren Arbeitsaufenthalt absolviert?

   Name: _____

4. War das Unternehmen oder die Institution, bei der Sie Ihren Arbeitsaufenthalt absolvierten,

   ... eine Universität? ☐
   ... eine andere Bildungseinrichtung? ☐
   ... eine öffentliche Einrichtung oder Verwaltung? ☐
   ... eine internationale Organisation? ☐
   snip
   ... ein Medienunternehmen? ☐
   ... eine Bank oder Versicherung? ☐
   ... ein sonstiges Unternehmen? ☒
   ... eine sonstige Einrichtung? ☐

5. Gab es zu dem Zeitpunkt, zu dem Sie Ihren Arbeitsaufenthalt absolvierten, in diesem Unternehmen bzw. dieser Institution weitere Studenten oder Absolventen der Verwaltungswissenschaft?

   ja ☐
   nein ☐
   weiß nicht ☐

6. Wann haben Sie Ihren ersten Arbeitsplatz nach dem Abschluss des Studiums der Verwaltungswissenschaft angetreten?

   schon vor dem Erhalt des Diploms ☐
   sofort nach dem Erhalt des Diploms ☐
   ___ Monate nach dem Erhalt des Diploms ☐
   habe bislang keinen Arbeitsplatz angetreten ☐

   Falls Sie bislang keinen Arbeitsplatz angetreten haben, dann weil (Mehrfachantworten möglich)

   ...Sie keinen Arbeitsplatz gefunden haben? ☐
   ...Sie eine Aus- oder Weiterbildung absolvieren? ☐
   ...Sie nicht berufstätig sein wollen? ☒
   snip
   ...Sie bisher nur Gelegenheitsjobs gefunden haben? ☐

7. Wie wichtig sind für Ihren derzeitigen Beruf Kenntnisse in den folgenden Bereichen?

	sehr wichtig	wichtig	unwichtig
Methoden emp. Sozialforschung	☐	☐	☐
Volkswirtschaft	☐	☐	☐
Betriebswirtschaft	☐	☐	☐
Jura	☐	☐	☐
EDV	☐	☐	☐
Statistik	☐	☐	☐
Politikwissenschaft	☐	☐	☐

Abbildung 10.2: Konstanzer Absolventenbefragung 1997 (veränderter Auszug)

10.3 Dateneingabe

Variable	Variablenlabel	Codes	Spalte
lfn	Befragtennummer		1-3
v1	Jahr des Studienbeginns (Coder: Jahreszahl 4-stellig eingeben) Angabe verweigert	[-1]	4-7
v2	Vorheriges Studium eines anderen Fachs Ja Nein Angabe verweigert	[1] [2] [-1]	8-9
v2b	Zuvor studiertes Fach (Coder: Eintrag klassifizieren) Geisteswissenschaften Medizin *snip* ⋈ Sonstiges Angabe verweigert Trifft nicht zu	[1] [2] [15] [-1] [-2]	10-11
v3	Auslandsaufenthalt Ja Nein Angabe verweigert	[1] [2] [-1]	12-13
v3b	Unternehmen/Institution (Coder: Eintrag eingeben) Angabe verweigert Trifft nicht zu	[-1] [-2]	14-33
v4	Art des Unternehmens/der Institution Universität Andere Bildungseinrichtung *snip* ⋈ Bank/Versicherung Sonstiges Unternehmen Sonstige Einrichtung Angabe verweigert Trifft nicht zu	[1] [2] [11] [12] [13] [-1] [-2]	34-35
v5	Andere Studenten im selben Unternehmen Ja Nein Weiß nicht Angabe verweigert Trifft nicht zu	[1] [2] [3] [-1] [-2]	36-37

Variable	Variablenlabel	Codes	Spalte
v6	Antritt des Arbeitsplatzes Schon vor Erhalt des Diploms Sofort nach Erhalt des Diploms Monate nach Erhalt des Diploms Habe bislang keinen Arbeitsplatz angetreten Angabe verweigert	[1] [2] [3] [4] [-1]	38-39
v6a	Zeitspanne bis zum Arbeitsantritt (Coder: Eintrag eingeben) Trifft nicht zu	[-2]	40-42
v6b_1	Grund: keinen Arbeitsplatz gefunden Ja Nein Angaben verweigert Trifft nicht zu	[1] [2] [-1] [-2]	43-44
v6b_2	Grund: Aus/Weiterbildung Ja Nein Angaben verweigert Trifft nicht zu	[1] [2] [-1] [-2]	45-46
snip ⋈			
v6b_5	Grund: Nur Gelegenheitsjobs Ja Nein Angaben verweigert Trifft nicht zu	[1] [2] [-1] [-2]	51-52
v7_1	Relevanz Methoden Sehr wichtig Wichtig Unwichtig Angabe verweigert	[1] [2] [3] [-1]	53-54
snip ⋈			
v7_7	Politikwissenschaft Sehr wichtig Wichtig Unwichtig Angabe verweigert	[1] [2] [3] [-1]	65-66

Abbildung 10.3: Codeplan des Fragebogens von Abbildung 10.2 auf der vorherigen Seite

Die erste Variable, die Sie in Ihren Codeplan eintragen sollten, ist eine *Identifikationsnummer* für jeden Befragten. Das kann eine laufende Nummer sein, die Sie auf jeden Fragebogen kurz notieren, wenn Sie die Daten eingeben. Nur mit Hilfe dieser Identifikationsnummer können Sie später anhand des Fragebogens prüfen, ob Sie sich bei der Dateneingabe vertan haben. Je nachdem wie viele Personen Sie befragt haben, müssen Sie ausreichend viele Stellen im Codeplan notieren. In unserem Beispiel würde eine dreistellige Zahl genügen.

Der Fragebogen beginnt mit der Frage nach dem Studienbeginn. Hier können Sie einfach die Zahlen übertragen, die im Fragebogen eingetragen wurden. Wir empfehlen Ihnen, die Jahrhundertangabe mit in den Datensatz einzugeben. Möglicherweise wird die Befragung zu einem späteren Zeitpunkt wiederholt. Bei einer Zusammenführung der alten und neuen Erhebungsdaten sollten die Jahreszahlen eindeutig sein. In diesem Fall notieren Sie vier Stellen auf Ihrem Codeplan.

Die zweite Frage nach einem möglichen Studium vor Beginn des Verwaltungswissenschaftlichen Studiengangs hat nur zwei Antwortmöglichkeiten. Ihnen können zwei beliebige Zahlen zugeordnet werden. Es empfiehlt sich jedoch, *nicht* die Werte 0 und 1 zu vergeben. Zwar verlangen einige statistische Verfahren, dass dichotome Variablen auf diese Weise kodiert werden, doch können Sie entsprechende Variablen später immer noch bilden. Bei der Dateneingabe besteht bei der Variable aber gar keine Dichotomie. Und zwar deshalb nicht, weil sicher einige Befragte hier keine Antwort geben werden. Streng genommen gibt es also drei Antworten: *Ja, Nein* und *Angabe verweigert*. Wir empfehlen Ihnen daher die Werte 1 für *Ja* und 2 für *Nein* zu verwenden. Um zu erfahren, welchen Wert die „Antwort" *Angabe verweigert* erhält, lesen Sie bitte weiter.

Die Nachfrage auf Frage 2 wird nur von einem Teil der Befragten beantwortet. Da in der Datenmatrix für jeden Befragten bei jeder Variablen ein Wert zu finden sein soll, müssen Sie auch einen Code für *fehlende Werte* vorsehen. Denkbar wäre es, den in Stata üblichen Code für fehlende Werte zu verwenden und einen Punkt zu vergeben. Sie würden damit aber notwendige Informationen verschenken. Ähnlich wie bei Frage 2 könnten die Befragten auch bei der Nachfrage einen Arbeitsaufenthalt absolviert haben, den Namen des Unternehmens aber nicht preisgeben. Würden Sie generell nur einen Punkt als fehlenden Wert vergeben, könnte bei der Auswertung nicht mehr nachvollzogen werden, aus welchem Grund die Angabe fehlt. Deshalb sollte man Codes verwenden, die für alle Variablen Auskunft darüber geben, warum der Wert an dieser Stelle fehlt. In vielen Datensätzen wird 97 für *Weiß nicht*, 98 für *Angabe verweigert* und 99 für *Trifft nicht zu* verwendet. Diese Kodierung ist dann nicht praktikabel, wenn die tatsächlichen Antworten solche Zahlen enthalten können. In unserem Beispiel wäre das bei der Frage nach dem Jahr des Studienabschlusses der Fall. Gelöst wird dieses Problem meist dadurch, dass die *Missing-Value-Codes* immer eine Stelle mehr einnehmen, als die Antwortkategorien (997, 998, 999 usw.). Diese Art der Kodierung ist dann zwar eindeutig, besitzt aber den Nachteil, dass sie sich zwischen den Variablen unterscheidet.

Eine einheitliche Kodierung erleichtert den Umgang mit fehlenden Werten erheblich. Eine möglich Alternative sind negative Werte als Codes. In den meisten Fällen werden Sie keine negativen Werte als Antwortmöglichkeiten haben und können so zum Beispiel die Werte -1, -2 oder -3 als *Missing-Value-Codes* für alle Variablen verwenden[31]. Bitte beachten Sie, dass Sie in diesem Fall (ebenso wie bei der Verwendung von 97, 98 und 99) immer zwei Stellen im Codeplan reservieren müssen. In diesem Beispiel also auch zwei Stellen für die Frage 2.

Die Teilfrage nach dem vorherigen Studienfach hat keine explizite Numerierung im Fragebogen. Günstig ist es, sie als Variable 2b in den Datensatz aufzunehmen. So entspricht die Variablenbezeichnung den Fragebogennummern und gleichzeitig wird deutlich, dass diese Teilfrage zu Frage 2 gehört.

Die Angabe bei Frage 2b ist ein Textfeld. Für den Umgang mit Textfeldern stehen Ihnen zwei Möglichkeiten zur Verfügung. Sie können entweder die Antworten schon bei der Eingabe kodieren oder den Text direkt in Stata eingeben. Für welche der beiden Möglichkeiten Sie sich entscheiden, hängt in erster Linie von den Fragen ab. In der Beispielfrage 2b ist die Zahl der möglichen Antwortkategorien beschränkt. Sie könnten also jedem auftretenden Studienfach eine Nummer zuweisen, diese Zuweisung während der Dateneingabe notieren und lediglich die Nummer in den Datenfile eingeben. Ein solches Vorgehen ist aber nur möglich, wenn Sie die Daten alleine eingeben. Sobald mehrere Personen gleichzeitig Daten eingeben, müssen die Codes vorher festgelegt sein. Dies ist bei Studienfächern durchaus denkbar. Sie könnten deshalb, wie in unserem Beispiel gezeigt, vorab eine Liste mit allen denkbaren Fächern aufstellen und diese numerieren. Sollte der Antworttext jedoch eine unabsehbare Menge an Möglichkeiten bieten, wird die Erstellung einer Liste vor Beginn der Dateneingabe schwierig, wenn nicht unmöglich. Die Teilfrage 3b ist ein gutes Beispiel dafür. Hier empfiehlt es sich, den Text direkt in Stata einzulesen. Reservieren Sie deshalb genügend Platz in Ihrem Codeplan (z.B. 20 Zeichen).

Frage 3 wird wie Frage 2 mit *Ja* oder *Nein* beantwortet. Gerade diese beiden Ausprägungen tauchen in den meisten Fragebogen vielfach auf. Wir empfehlen Ihnen daher, sich einmal für eine Kodierung zu entscheiden und diese dann jedes Mal zu verwenden. In diesem Beispiel würden wir ebenfalls wieder 1 für *Ja*, 2 für *Nein* und -1 für *Weiß nicht* verwenden.

Frage 4 ist prinzipiell einfach in der Dateneingabe. Sie reservieren zwei Stellen in Ihrem Codeplan und numerieren von 1 bis 13 durch. Bei langen Liste passiert es jedoch leicht, dass Sie den Überblick bei der Dateneingabe verlie-

---

[31] Mit negativen Werten werden Sie dann konfrontiert, wenn Sie z.B. Skalen von -3 bis $+3$ verwenden. Diese können Sie auch mit Werten von 1 bis 7 codieren. Welche Variante geeigneter erscheint hängt wie sooft von Ihrer Fragestellung ab.

ren. Aus diesem Grund stehen auf vielen Fragebögen die Kodierungen direkt hinter den Kästchen. Bei *schriftlichen* Befragungen ist von diesem Vorgehen allerdings abzuraten, da zum einen die Befragten die Nummern als Rangfolge interpretieren könnten und zum anderen der Fragebogen überladen und einem Amtsformular immer ähnlicher wird[32]. Um nicht immer wieder aufs Neue zählen zu müssen, empfehlen wir Ihnen daher, den Fragebogen einmal auf Folie zu kopieren und die Codes auf die Folie hinter die Kästchen zu schreiben. Bei der Eingabe können Sie die Folie dann einfach über das ausgefüllte Fragebogenblatt legen[33].

Auf dem Fragebogen unterscheidet sich die Reihenfolge der *Ja-* und *Nein-*Antwortkategorien in Frage 5 und Frage 3. Trotzdem ist es sinnvoll, auch für solche Fälle einheitliche Kodierungen zu verwenden, also 1 für *Ja* und 2 für *Nein*[34].

Frage 6 ist eine Mischung aus Antwortvorgaben und freier Zahlenantwort. Wenn Sie hier für die ersten beiden Antwortvorgaben z.B. die Zahlen 1 und 2 verwenden und dann die offene Monatsangabe eintragen, werden Sie nicht mehr zwischen *Vor dem Erhalt des Diploms* und 1 *Monat nach dem Erhalt* unterscheiden können. Es empfiehlt sich daher, den ersten Teil der Frage 6 in zwei Teile aufzusplitten. Im ersten Teil kodieren Sie Antworten auf jede der vier Möglichkeiten. Die Frage nach den Monaten wird dann mit 3 kodiert und weist mit dieser Antwortkategorie lediglich auf die Befragten hin, die hier Monate angegeben haben. Um wie viele Monate es sich hierbei handelt, wird dann in Variable *v6a* notiert.

Im zweiten Abschnitt von Frage 6 sind Mehrfachantworten erlaubt. Da Sie einer Variable aber immer nur einen inhaltlichen Wert zuweisen können, müssen Sie in solchen Fällen so viele Variablen bilden, wie Fragen gestellt wurden. Inhaltlich bedeutet dies nichts anderes, als dass hier einzelne Fragen gestellt werden, die alle mit *Ja* oder *Nein* beantwortet werden können. Im Codeplan haben wir deshalb die Variablen *v6b_1* bis *v6b_5* vorgesehen. Gleiches gilt für das Beispiel aus Frage 7. Auch hier handelt es sich eigentlich um sieben Einzelfragen (*v7_1* bis *v7_7*), die mit jeweils drei verschiedenen Möglichkeiten beantwortet werden können.

10.4 Zusammenführung von Datensätzen

Nicht immer stehen Ihnen alle notwendigen Informationen zu einem Themenbereich in einem Datensatz zur Verfügung, mitunter aber in verschiedenen

---

[32] Zur Gestaltung von Fragebögen siehe Fowler (1984).
[33] Sollten Sie ein professionelles Dateneingabeprogramm verwenden, erübrigt sich dieser Hinweis.
[34] Wenn Sie auf die Sorgfalt Ihrer Dateneingeber nicht hundertprozentig vertrauen können, nummerieren Sie die drei Antwortkategorien jedoch besser fortlaufend durch und markieren sich diese Variable als eine, die Sie später umkodieren werden (vgl. Kapitel 5).

10.4 Zusammenführung von Datensätzen

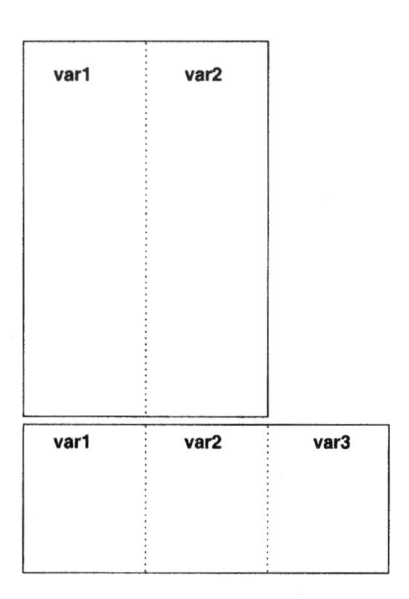

Abbildung 10.4: Schematische Funktionsweise von „append"

kleineren Datensätzen. Das ist z.B. bei den Daten unserer Eingangshypothese der Fall. Da wäre zum einen mit *data1.dta* der Auszug aus dem SOEP und zum anderen ein kleiner Datensatz mit den Bevölkerungsdichten der Bundesländer – von dem Sie jetzt wissen, wie sie ihn erstellen können. Um die Analyse durchführen zu können, müssen beide Datensätze jedoch noch zusammengeführt werden.

Allgemein stehen in Stata drei Kommandos für diese und ähnliche Aufgaben zur Verfügung: „append", „merge" und „joinby". Der Befehl „joinby" wird allerdings nur in absoluten Ausnahmefällen benötigt, weshalb wir hier auf die Hilfefunktion oder das Handbuch verweisen wollen. Die Befehle „append" und „merge" sind dagegen von allgemeinen Interesse.

10.4.1 Der Befehl „append"

Mit dem Befehl „append" wird an einen bereits im Arbeitsspeicher vorhandenen Datensatz ein weiterer Datensatz *unten* „angeklebt". Das heißt Sie erweitern Ihre Datenmatrix um eine oder mehrere Zeilen bzw. Beobachtungen. Dabei werden gleiche Variablen untereinander geschrieben, neue Variablen kommen in eine neue Spalte (vgl. Abbildung 10.4).

Die Struktur und Funktionsweise von „append" ist einfach. Die Syntax des Befehls lautet:

```
append using filename [, nolabel ]
```

| var1 | var2 | var3 | var4 |

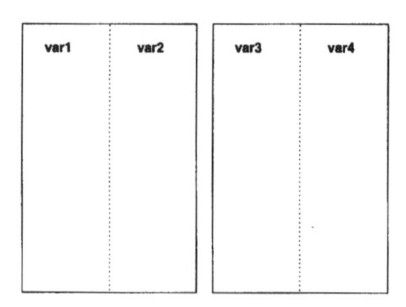

Abbildung 10.5: Schematische Funktionsweise von „merge"

Lassen Sie uns dies an einem Beispiel verdeutlichen. Unter den Datensätzen zu diesem Buch finden Sie zwei Dateien mit Informationen über die Bevölkerungszahlen der Jahre 1990 und 1995 von zehn (*bl10.dta*) bzw. sechs Bundesländern (*bl6.dta*). In der zweiten Datei stehen Ihnen zusätzlich Werte zur Bevölkerungszahl des Jahres 1993 zur Verfügung.

Bitte laden Sie nun zuerst den ersten Datensatz in den Arbeitsspeicher und sehen Sie sich ihn mit „list" an.

. use bl10.*dta*, clear
. list

Mit „append" können Sie nun die Werte der übrigen Bundesländer *unten* anfügen:

. append using bl6.*dta*
. list

Im neuen Datensatz stehen nun die Bevölkerungszahlen der Jahre 1990 und 1995 von allen 16 Bundesländern. Für das Jahr 1993 sind dagegen nur für die letzten sechs Fälle Daten vorhanden.

10.4.2 Der Befehl „merge"

Diente „append" dazu, einen Datensatz *unten* an den im Arbeitsspeicher befindlichen Datensatz anzuhängen, erledigt „merge" dies *seitlich*. Durch „merge" werden dem Datensatz damit neue Variablen hinzugefügt (vgl. Abbildung 10.5).

Obwohl syntaktisch ähnlich, ist „merge" viel schwieriger und riskanter als „append". Dies wird im folgenden Beispiel deutlich.

In einem weiteren Datensatz unseres Datenpakets stehen Ihnen zusätzlich zu den Bevölkerungszahlen auch die Flächen der Bundesländer zur Verfügung (*blqm.dta*). Da man diese Angaben zur Berechnung der Bevölkerungsdichte

10.4 Zusammenführung von Datensätzen

benötigt, wollen Sie Ihrem Datensatz diese Variable ebenfalls zuspielen. Dazu müssen Sie *blqm.dta* seitlich an Ihren existierenden Datensatz anhängen.

Die Vorgehensweise ähnelt derjenigen von „append". Wieder wird einem Datensatz im Arbeitsspeicher – im Folgenden *Master* genannt – ein Datensatz von der Festplatte zugespielt. In unserem Beispiel wird dem *Master*-Datensatz blbev.dta der Datensatz *blqm.dta* zugespielt. Aber der Reihe nach: Bitte geben Sie folgende Befehle ein (und betrachten Sie das Ergebnis nach jedem Befehl mit „list")

```
. use blbev.dta, clear
. merge using blqm.dta
. list land bev95 bula qm
```

Wie gewünscht sehen Sie nun zwei weitere Variablen in Ihrem Datensatz. Leider ist das Ergebnis grotesk. Und zwar aus folgenden Gründen:

1. Die Flächen und Bevölkerungszahlen gehören zu unterschiedlichen Bundesländern. Die Verwendung von „merge using" ohne weiteren Zusatz setzt voraus, dass in beiden Datensätzen die Fälle in der gleichen Reihenfolge untereinander stehen. Dies ist in unserem Beispiel *nicht* der Fall. Sie müssen deshalb zuerst beide Datensätze nach der Variablen, welche die Bundeslandinformation enthält, sortieren und wieder abspeichern.

    ```
    . use blqm.dta, clear
    . sort bula
    . save blqm2.dta
    . use blbev.dta
    . sort land
    . merge using blqm2.dta
    . list land bev95 bula qm
    ```

2. Für die ersten acht Bundesländer zeigt dieses Vorgehen den gewünschten Erfolg. Doch dann verschieben sich die beiden Spalten. Ein solches Problem kann Ihnen begegnen, wenn die Datensätze eine unterschiedliche Fallzahl haben. Hier hilft eine so genannte Schlüsselvariable. Schlüsselvariablen ermöglichen Ihnen eine eindeutige Zuordnung gleicher Fälle aus beiden Datensätzen. In diesem Beispiel verwenden wir die Variable Bundesland als Schlüsselvariable. Mit dieser Variable sind die Fälle eindeutig gekennzeichnet und sie ist in beiden Datensätzen vorhanden. Damit Sie die Variable Bundesland als Schlüssel verwenden können, muss diese Variable in beiden Datensätzen den gleichen Variablennamen haben. Nennen Sie die Schlüsselvariable in einem der beiden Datensätze um und wiederholen Sie dann die Befehlsfolge von oben mit dem Hinweis auf die Schlüsselvariable.

    ```
    . use blqm.dta, clear
    . generate str22 land = bula
    ```

```
. sort land
. save blqm2.dta, replace
. use blbev.dta
. sort land
. merge land using blqm2.dta
. list land bev95 bula qm
```
Nun stimmt die Zusammenführung.

Zur Ergebniskontrolle wird bei einem „merge"-Befehl automatisch eine Kontrollvariable gebildet: „_merge". Diese Variable steht stets in der letzten Spalte des neuen Datensatzes und gibt an, aus welchem der beiden Datensätze die Informationen kommen. Der Hilfetext von Stata lautet dazu wie folgt:

snip ✂

```
_merge==1    obs. from master data
_merge==2    obs. from using data
_merge==3    obs. from both master and using data
```

Sie erinnern sich, wir haben oben den Datensatz, der sich zu Beginn der Operation im Arbeitsspeicher befindet als *Master* bezeichnet. Der Datensatz der Festplatte wird als *Using* bezeichnet. Mit „tab _merge" sehen Sie, dass für 14 der 16 Bundesländer die Informationen über die Fläche zugespielt wurden. Für das Saarland und Mecklenburg-Vorpommern fehlen diese Informationen. Diese Fälle enthalten darum lediglich Informationen aus den *Master*-Daten.

10.4.3 Das Zuspielen von Aggregatdaten zu Individualdaten

Einleitend hatten wir die These aufgestellt, dass die im SOEP angegebenen Mietpreise unter anderem von der Bevölkerungsdichte der jeweiligen Bundesländer abhängen. Wir wollen nun den Datensatz zur Bearbeitung dieser Hypothese erstellen.

Zur Bearbeitung unserer Hypothese ist es notwendig, Informationen über ein Aggregat – die Bundesländer – den in diesen Aggregaten lebenden Befragten zuzuspielen. Derartiges ist gar nicht so selten. Denken Sie z.B. an Schüler, denen Informationen über ihre Schulen zugespielt werden sollen, oder an Personen denen Informationen über ihre Haushalte zugespielt werden sollen.

Die Lösung dieser Aufgabe erfolgt ebenfalls mit „merge". Beachten Sie jedoch, dass dieses Mal *jedem* in Baden-Württemberg lebenden Befragten die ihm entsprechenden Informationen aus dem Bundesländerdatensatz zugespielt werden müssen (vgl. Abbildung 10.6 auf der nächsten Seite).

In der Datei *blinfo.dta* sind Informationen über die Flächen und die Bevölkerungszahlen der Bundesländer gespeichert. Wenn Sie diese Informationen den

10.5 Datensätze speichern und exportieren

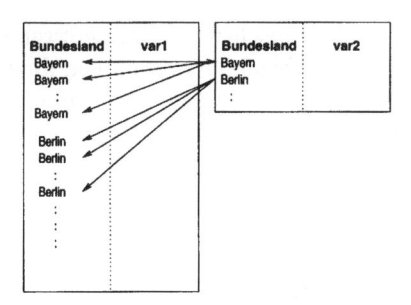

Abbildung 10.6: Zuspielen von Aggregatdaten zu Individualdaten

SOEP-Daten zuspielen wollen, müssen Sie zunächst wieder dafür sorgen, dass die Datensätze eine gleichlautende Schlüsselvariable enthalten und nach dieser Schlüsselvariable sortiert sind. Dies bedeutet, dass die *Using*-Datei eine Variable *bul* mit einer Kodierung entsprechend dem SOEP enthalten muss. Der Einfachheit halber haben wir die Datei *blinfo.dta* entsprechend vorbereitet. Sie können die beiden Datensätze wie folgt zusammenfügen:

```
. use data1.dta, clear
. sort bul
. merge bul using blinfo.dta
. list persnr bul land miete qm
```

Auch hier können Sie mit „tab _merge" die Zusammenführung kontrollieren. Sie sehen, dass Sie 3165 Personen Informationen zum Bundesland zuspielen konnten, 176 Personen hingegen nicht. Dies sind Personen aus Mecklenburg-Vorpommern oder Ostberlin, für die im Datensatz *blinfo.dta* keine Information vorhanden ist.

10.5 Datensätze speichern und exportieren

Sie haben sich nun viel Mühe gegeben, einen Datensatz zu konstruieren, mit dem Sie und Ihre Kollegen angenehm arbeiten können. Das Speichern dieses Datensatzes ist dagegen unkompliziert: Mit „save *Dateiname*" speichern Sie den Datensatz als *Stata-System-File*. Mit der Option „replace" können Sie eine Vorgänger-Version desselben Datensatzes überschreiben.

Das Abspeichern birgt also keine besonderen Schwierigkeiten. Unmittelbar vor dem Abspeichern sollten Sie sich jedoch noch über drei Punkte Gedanken machen:

1. Sofern nichts anderes angegeben wird, werden Variablen stets als *float*-Variablen erzeugt (vgl. Abschnitt 5.4 auf Seite 97). Diese Variablen

benötigen meist mehr Speicherplatz als notwendig. Mit dem Befehl „compress" werden alle Variablen hinsichtlich ihres Speicherbedarfs optimiert, ohne dass dabei Informationen verloren gehen. Sie sollten darum vor jedem Abspeichern „compress" verwenden.

2. Das Arbeiten mit einem Datensatz ist oft sehr viel angenehmer, wenn die Variablen in einer gewissen Ordnung sind. Logische Variablennamen sollten in der Regel alphabetisch geordnet sein, sprechende Variablennamen dagegen inhaltlich. Mit dem Befehl „order" können Sie beides erreichen.

3. Neben den Variablen und Werten kann auch der Datensatz mit einem *Label* versehen werden. Der Befehl hierzu lautet „label data". Das Datenlabel wird bei der Ausgabe von „describe" oben rechts angezeigt. In *data1.dta* lautet es z.B.: *(SOEP'97 (Kohler/Kreuter))*

Bisher haben wir stets darüber gesprochen, welche Möglichkeiten es gibt, Daten von anderen Formaten in Stata einzulesen. Es soll jedoch auch Leute geben, die das Gegenteil wollen: einen Stata-Datensatz in ein anderes Programm einlesen. Natürlich lässt sich auch dieses Problem mit den in Abschnitt 10.2.2 auf Seite 315 beschriebenen Softwareprogrammen lösen. Da jedoch praktisch alle Datenanalysepakete ASCII-*Files* lesen können, bietet sich der Weg über diese an.

Sie können mit Stata ASCII-*Files* im *Spreadsheet*-Format und im freien Format abspeichern. Zum Abspeichern im *Spreadsheet*-Format dient „outsheet", zum Abspeichern im freien oder festen Format „outfile". Beide Befehle funktionieren praktisch identisch: Nach dem Befehl kann eine Variablenliste angegeben werden, danach steht zwingend das Kennwort „using", dem die Eingabe des Dateinamens folgt.

Bei beiden Befehlen werden *String*-Variablen durch Anführungszeichen eingeschlossen. Sollte dies nicht erwünscht sein, so kann die Option „noquote" verwendet werden. *Wichtig:* Variablen mit Wertelabel werden als *String*-Variable gespeichert. Durch die Option „nolabel" wird dies vermieden.

10.6 Große Datensätze, große Probleme

Stata lädt stets den gesamten Datensatz in den Arbeitsspeicher. Aus diesem Grund setzt der Arbeitsspeicher der Größe der bearbeitbaren Datensätze gewisse Grenzen, die – werden sie überschritten – zu zwei Problemen führen[35]:

---

[35] Die Fehlermeldung *matsize to small* ist dagegen kein Anzeichen für einen zu großen Datensatz. Diese Fehlermeldung kann in den meisten Fällen problemlos vermieden werden. Sieher hierzu „help matsize".

10.6 Große Datensätze, große Probleme

1. eine sehr niedrige Rechengeschwindigkeit, begleitet von heftigen Geräuschen der Festplatte,

2. das Auftreten der Fehlermeldung: „no room to add more variables"

Unglücklicherweise kann das erste Problem auch im Zusammenhang mit kleineren Datensätzen auftreten. Zum besseren Verständnis des Umgangs mit großen und zu großen Datensatz hier zunächst einige Grundlagen über die Verwaltung von Arbeitsspeicher in modernen Betriebssystemen. Daran anschließend einige Hinweise zur Verwendung zu großer Datensätze.

Regeln zum Umgang mit dem Arbeitsspeicher

Der Arbeitsspeicher gehört zur Hardwareausstattung Ihres Computer. Er besteht aus zwei Teilen, dem physikalischen und dem virtuellen Arbeitsspeicher. Der physikalische Arbeitsspeicher besteht aus speziellen Chips (RAM), die sich schnell etwas merken und das „Gemerkte" wieder abrufen können. Der virtuelle Arbeitsspeicher ist eine Datei auf der Festplatte (*Swap-File*), die im Prinzip wie der Arbeitsspeicher funktioniert – nur viel langsamer.

Stata lädt seine Daten also in den Arbeitsspeicher. Ob die Daten dann in den Speicherchips oder dem *Swap-File* landen, entscheidet das Betriebssystem. Klar ist: Landen die Daten im Arbeitsspeicher, kann der Prozessor schnell darauf zugreifen, landen sie im *Swap-File* dauert es lange. Dies ist das erste Problem[36].

Um sinnvoll mit Stata arbeiten zu können, müssen die Datensätze nach Möglichkeit in den Speicherchips gehalten werden. Als Regel kann man davon ausgehen, dass der *Swap-File* nur verwendet wird, wenn die Speicherchips voll sind. Angefüllt werden die Speicherchips aber nicht nur durch Stata-Daten. Zuallererst benötigt das Betriebssystem einen Teil des Arbeitsspeichers für sich selbst. Darüber hinaus wird jedes aufgerufene Programm Platz im Arbeitsspeicher benötigen, die einen mehr, die anderen weniger[37]. Daraus resultiert die erste Regel zur Vermeidung von Problem 1:

- Schließen Sie alle Anwendungen, die Sie nicht unbedingt benötigen.

Das Schließen von Anwendungen ändert leider nichts am zweiten Problem, der Fehlermeldung „no room to add more variables". Diese Fehlermeldung

---

[36] Den Zugriff auf den *Swap-File* können Sie sogar hören, da in diesem Fall sehr viel Schreib- und Lesevorgänge auf der Festplatte stattfinden.

[37] Als *arbeitsspeicherintensiv* gelten Internet-*Browser* wie Netscape sowie die verschiedenen Office-Pakete. Dasselbe gilt für Rechtschreibhilfen, die den Text bei der Eingabe korrigieren.

tritt auf, wenn der Arbeitsspeicher zu klein ist, um sich noch eine weitere Variable merken zu können[38]. Dabei ist jedoch zu berücksichtigen, dass Stata den Arbeitsspeicher nur entsprechend Ihrer Vorgaben benutzt. Informationen darüber, um wie viel Arbeitsspeicher es sich momentan dabei handelt, erhalten Sie durch

```
. memory
```

```
     Total memory                          15,360,000 bytes    100.00%

     overhead (pointers)                            0             0.00%
     data                                           0             0.00%
                                           ------------
     data + overhead                                0             0.00%

     programs, saved results, etc.                704             0.00%
                                           ------------
     Total                                        704             0.00%

     Free                                  15,359,296           100.00%
```

In der Zeile *Total memory* wird angegeben, wie viel Arbeitsspeicher für Stata reserviert ist. Hier sind es 15.360.000 bytes, bzw. 15 Mb. Die übrigen Zeilen geben an, wie der Arbeitsspeicher von Stata genutzt wird. Die Menge des für Stata reservierten Arbeitsspeicher kann verändert werden. Durch

```
. set memory 20m
```

werden z.B. 20 Mb bzw. 20.480.000 bytes reserviert. Allerdings kann der Befehl nur bei leerem Arbeitsspeicher eingegeben werden.

Erscheint die Fehlermeldung „no room to add more variables", ist der für Stata reservierte Arbeitsspeicher zu klein. Zur Vermeidung des zweiten Problems sollten Sie daher folgende Regel beachten:

- Die für Stata reservierte Menge an Arbeitsspeicher sollte deutlich größer als der Datensatz sein.

Um wie viel größer der reservierte Arbeitsspeicher sein sollte, hängt davon ab, was Sie vorhaben. Zur Bildung neuer Variablen benötigen Sie mehr Platz als zur Analyse der Daten. Sollten Sie mit kategorialen Variablen arbeiten, werden Sie wahrscheinlich viele *Dummy*-Variablen bilden, die ebenfalls viel Platz benötigen. Ein Anhaltspunkt ist, dass Sie für jede neue Variable $\frac{4 \times n}{1024}$ Mb Arbeitsspeicher benötigen[39].

---

[38] Viele Stata-Prozeduren bilden temporäre Variablen. Deshalb kann die Fehlermeldung auch dann auftreten, wenn Sie gar keine neue Variable bilden oder einlesen wollen.

[39] Diese Formel geht davon aus, dass Sie neue Variablen entsprechend der Voreinstellung als *floats* erzeugen. Ausführliche Informationen hierzu finden Sie im Internet unter *http://www.stata.com/support/faqs/data/howbig.html*.

10.6 Große Datensätze, große Probleme

Um auf jeden Fall genügend Arbeitsspeicher zur Verfügung zu haben, neigen viele Benutzer dazu, für Stata sehr viel Arbeitsspeicher zu reservieren. Dies ist jedoch nicht unbedingt eine gute Idee, da es dazu führen kann, dass Stata den *Swap-File* nutzt. Der *Swap-File* wird nämlich immer dann genutzt, wenn der reservierte Arbeitsspeicher größer ist als der physikalische Arbeitsspeicher. Aber auch die Annäherung an diese Grenze birgt die Gefahr der Nutzung eines *Swap-Files*, da dadurch die Wahrscheinlichkeit des Überlaufens des physikalischen Arbeitsspeichers steigt. Daraus folgt:

- Die für Stata reservierte Menge an Arbeitsspeicher sollte deutlich kleiner sein als der physikalische Arbeitsspeicher.

Die Verwendung zu großer Datensätze

Im Idealfall ist die Menge an reservierten Arbeitsspeicher so gross, dass der jeweilige Datensatz gut hineinpasst und so klein, dass die Verwendung des *Swap-Files* unwahrscheinlich ist. Bei bestimmten Datensätzen ist die Einhaltung dieser Regeln nicht möglich, d.h. um den Datensatz einlesen zu können, benötigen Sie so viel Arbeitsspeicher, dass stets der *Swap-File* genutzt wird. Wenn Sie oft mit solchen Datensätzen arbeiten, haben wir nur einen Rat: kaufen Sie sich mehr physikalischen Arbeitsspeicher. Handelt es sich um eine Ausnahmesituation, haben wir folgende Vorschläge:

1. Benötigen Sie alle Variablen des Datensatzes? Wenn nicht, lesen Sie nur diejenigen Variablen ein, die Sie benötigen:

   `. use persnr sex - zimmer using data1, clear`

2. Benötigen Sie alle Fälle des Datensatzes? Wenn nicht, lesen Sie nur diejenigen Fälle ein, die Sie benötigen:

   `. use data1 if sex==1 in 1/1000, clear`

3. Braucht Ihr Datensatz mehr Speicherplatz als notwendig? Versuchen Sie doch einmal, Ihren Datensatz scheibchenweise einzulesen und zu optimieren. Dazu lesen Sie zunächst nur bestimmte Fälle oder Variablen ein, optimieren dann den Speicherbedarf dieses Teildatensatz mit „compress" und speichern ihn unter einem neuen Namen ab. Das wiederholen Sie mit den übrigen Variablen bzw. Fällen und fügen die einzelnen Teildatensätze mit „merge" bzw. „append" zusammen (Abschnitt 10.4 auf Seite 326)[40].

---

[40] Falls Sie vorab nicht wissen, welche Variablen oder wie viele Fälle in Ihrem Datensatz zu finden sind, betrachten Sie den Datensatz mit „describe using *data1.dta*". Auch wenn ein Datensatz nicht in den Arbeitsspeicher eingelesen wird, können Sie den „describe"-Befehl anwenden. Wichtig ist nur, dass Sie „using" in die Befehlskette einfügen, sonst glaubt das Programm, Sie wünschen eine Beschreibung der Variable *data1.dta* des Datensatzes im Arbeitsspeicher.

4. Enthält der Datensatz viele identische Beobachtungen? Dann sollten Sie den Datensatz in einen *häufigkeitsgewichteten* Datensatz umwandeln (Seite 64).

Erst wenn all dies nicht hilft, sollten Sie den *Swap-File* nutzen. Tun Sie dies jedoch niemals interaktiv. Schreiben Sie auf jeden Fall einen *Do-File* (das machen Sie sowieso) und überprüfen Sie Ihren *Do-File* an einem kleinen Teildatensatz. Läuft der *Do-File* fehlerfrei, können Sie ihn auf den großen Datensatz anwenden. Bevor Sie sich daran machen, sollten Sie noch

. set virtual on

eingeben. Der Stata-Datensatz wird dann in einer Art und Weise behandelt, die das Abspeichern im *Swap-File* beschleunigt. In jedem Fall ist es das Beste, den *Do-File* unmittelbar vor dem Feierabend, dem Wochenende oder dem Jahresurlaub zu starten.

10.7 Kurzzusammenfassung

- . type *filename* Zeigt den Inhalt von *filename* im Stata-Ausgabefenster.
- . insheet using *filename* Liest *filename* in den Arbeitsspeicher. Voraussetzung ist eine Variablentrennung durch Kommata oder Tabulatoren.
- . infile *varlist* using *filename* Liest *filename* mit „freien" Format in den Arbeitsspeicher. Die Anzahl der Variablen wird in *varlist* genannt.
- . infile using *filename*.dct Liest Daten im „freien" Format in den Arbeitsspeicher und verwendet dabei ein *Dictionary*, welches Angabe über Lage, Beschriftung und Type der einzelnen Variablen enthält.
- . infix 1-22 x1 23-24 x2 25-27 x3 using *filename* Liest Daten im „festen" Format, wenn für jede Variable die erste und letzte Spalte genannt wird.
- . input *varlist* Erlaubt die interaktive Dateneingabe. Besonders empfehlenswert bei kleinen Datensätzen. Mit „end" wird die Eingabe beendet.
- . append using *filename* Ergänzt den bereits im Arbeitsspeicher befindlichen Datensatz umd die Beobachtungen aus dem genannten Datensatz.
- . merge *key* using *filename* Erweitert den bestehenden Datensatz um weitere Variablen aus der genannten Datei. Es sollte immer eine Schlüsselvariable spezifiziert werden.
- . set memory 20m Verändert die Menge des verwendbaren Arbeitsspeichers. Die zur Verfügung stehende Menge kann mit „memory" betrachtet werden.
- . compress Komprimiert den Datensatz.

Kapitel 11

Do-Files für Fortgeschrittene und eigene Programme

Bei einer umfangreichen Datenanalyse wird es immer wieder vorkommen, dass Sie auf Befehlszeilen zurückgreifen wollen, die Sie zu einem vorherigen Zeitpunkt geschrieben haben. Zum Beispiel wenn Sie Ihre Analyse wiederholen oder mit anderen Daten replizieren wollen, oder wenn Ihr Datensatz eine Reihe ähnlicher Variablen enthält, die gleich behandelt werden sollen, oder wenn Sie im Rahmen Ihrer Analysen immer wieder bestimmte Maßzahlen berechnen oder Grafiken zeichnen, für die es in Stata keine vorgefertigten Befehle gibt. In all diesen Situationen ergibt sich meist rasch das Bedürfnis, Schreibarbeit zu sparen. Diesem Bedürfnis können Sie nachgeben, wenn Sie sich ein wenig mit dem Handwerkszeug der Programmierung befassen. Im Verlauf dieses Kapitels werden wir Ihnen solche Werkzeuge vorstellen.

Eines dieser Werkzeuge wird in vielen Programmiersprachen als „Makro" bezeichnet. In einem Makro werden typischerweise Zeichen oder Befehlszeilen, die man wiederholt benutzen möchte, zusammengefasst und unter einem „Makronamen" gespeichert[1]. Die Zeichen oder Zeilen stehen danach immer dann zur Verfügung, wenn der Makroname genannt wird. Anstatt also Befehlszeilen, Wörter oder Zeichen mehrmals zu schreiben, schreiben Sie nur noch den Makronamen. In Stata stehen Ihnen vier verschiedene Formen solcher Makros zur Verfügung: lokale Makros, *Do-Files*, Programme und *Ado-Files*. Diese werden wir in Abschnitt 11.2 ausführlich erläutern.

---

[1] In manchen Programmen werden Makros unter bestimmten Tastenkombinationen gespeichert, diese sind jedoch auch nichts anderes als der „Name" eines Makros.

Ein weiteres Werkzeug mit dessen Hilfe Sie Schreibarbeit sparen können, sind so genannte „Schleifen". In Schleifen werden fast identische Stata-Befehle mehrmals wiederholt. Die Wiederholung der Stata-Befehle erfolgt jedoch nicht durch das mehrmalige Nennen eines Makronamens, unter dem die entsprechenden Befehlszeilen gespeichert sind. Vielmehr werden die Befehle automatisch hintereinander ausgeführt und dabei minimal verändert. Einer speziellen Variante solcher Schleifen sind Sie bereits in Abschnitt 3.9.2 auf Seite 71 begegnet: dem „for"-Befehl. Ausführlich werden wir die Konstruktion von Schleifen in Abschnitt 11.3 erläutern.

Im Abschnitt 11.4 dieses Kapitels zeigen wir Ihnen, wie Sie lokale Makros, Programme und Schleifen verwenden können, um eigene Stata-Befehle zu schreiben.

Bei der Vorstellung des Handwerkszeug der Programmierung werden wir uns auf *sehr* einfache Anwendungsbeispiele beschränken und praktische Anwendungsmöglichkeiten lediglich andeuten. Dies soll Ihnen das Verständnis der zu Grunde liegenden Konzepte erleichtern, ohne dass Sie durch komplexe inhaltliche Fragestellungen abgelenkt werden. Falls Sie jedoch zur Zeit nicht an einer eigenen Datenanalyse arbeiten, an der Sie die in diesem Kapitel vorgestellten Werkzeuge üben können, liefern wir Ihnen im folgenden Abschnitt zunächst drei Anwendungsbeispiele, in denen die beschriebenen Programmierwerkzeuge sinnvoll eingesetzt werden könnten. Wie dies geschieht sollten Sie sich am Ende dieses Kapitels selbst überlegen. Unsere eigenen Lösungen haben wir in entsprechende Do-Files geschrieben, die wir unserem Dateipaket beigelegt haben.

11.1 Drei Anwendungsbeispiele

Anwendungsfall 1

Nehmen Sie einmal an, Sie arbeiten mit unserem Panel-Datensatz *data2.dta*. Der Datensatz enthält für 1288 Befragte die Antworten aus jeder Erhebungswelle des SOEPs. Dabei ist der Datensatz so organisiert, dass die Antworten aus jeder Erhebungswelle in einer anderen Variable stehen. Die Struktur dieses Datensatzes können Sie sich durch folgende Befehle ansehen[2]:

. use data2, clear
. *describe* bul*
. list bul* in 1

Die Variable „Bundesland" taucht 14-mal in dieser Datei auf. In *bul84* finden sich die Angaben von 1984, in *bul85* die von 1985, in *bul86* die Angaben von 1986 usw.

---
[2]Bitte achten Sie darauf, dass Ihr Arbeitsverzeichnis *c:/kkstata* ist. Näheres hierzu auf Seite 11.

11.1 Drei Anwendungsbeispiele

Nehmen Sie nun an, Sie möchten das Bundesland nach dem Muster der Variable *region* von Seite 82 zu den vier Regionen *Nord, Süd, Ost* und *West* zusammenfassen. In diesem Fall müssten Sie die auf Seite 82 beschriebenen Befehle eingeben, und zwar zunächst für die Variable des Jahres 1984:

```
. label define region 1 "Nord" 2 "West" 3 "Sued" 4 "Ost"
. gen reg84 = 0
. label variable reg84 "Region 1984"
. label value reg84 region
. replace reg84 = 1 if bul84 >= 1 & bul84 <= 4
. replace reg84 = 2 if bul84 >= 5 & bul84 <= 7
. replace reg84 = 3 if bul84 == 8 | bul84 == 9
. replace reg84 = 4 if bul84 >= 11
. replace reg84 = . if bul84 == 0
```

Danach wiederholen Sie dies für die Angaben aus dem Jahr 1985, 1986 usw. – und nach 113 Befehlen haben Sie Ihre Variablen erzeugt und beschriftet. Natürlich werden Sie diese Befehle nicht alle interaktiv eintippen, sondern den obigen Block in einen *Do-File* schreiben. Dann können Sie den gesamten Block einfach 14-mal kopieren und brauchen in jedem Block nur noch die Jahreszahlen in den Variablennamen verändern. Das ist jedoch immer noch recht viel Arbeit und vergleichsweise fehleranfällig.

Was passiert, wenn Sie nun zu der Überzeugung gelangen, dass es besser wäre, Hessen zur Region *West* zu rechnen, und den Berlinern den Wert 5 statt des *Missings* zuzuweisen? Und sollte nicht auch die Wohnungsgröße rekodiert werden? Sie ahnen wahrscheinlich, worauf wir hinaus wollen. Es erscheint insgesamt ein wenig unhandlich, einen *Do-File* zu haben, in dem praktisch nur ein Befehl immer wieder wiederholt wird. Es muss eine elegantere Lösung geben! Vielleicht werden Sie an das Präfix „for" denken, und tatsächlich lässt sich das Problem mit „for" lösen. Aber es gibt eine bessere Lösung, für die Sie jedoch Kenntnisse über lokale Makros und Schleifen benötigen. Unseren Lösungsvorschlag finden Sie im ausführlich kommentierten *Do-File crregion.do*.

Anwendungsfall 2

Im Datensatz *data2.dta* finden Sie die Variablen *ap5602* bis *np9402*, in denen die Angaben über die Parteiidentifikation eines Befragten für jede Erhebungswelle gespeichert sind. Um Ihre weiteren Analysen zu vereinfachen, sollten die Namen aller Variablen der Parteiidentifikation umbenannt werden, so dass sie mit *pid* anfangen und das Erhebungsjahr enthalten[3].

---

[3] Eine solche Umbenennung ist hilfreich, wenn Sie die Daten mit „reshape" in das *lange* Format umwandeln wollen, zum Beispiel um einige Analysemethoden für Paneldaten anzuwenden. Sie haben das lange Format bereits auf Seite 245 kennen gelernt. Dieses Format zeichnet sich dadurch aus, dass für jede Person so viele Zeilen vorhanden sind wie Erhebungsjahre.

Falls Sie eine solche Umbenennung nur ein einziges Mal durchführen, werden
Sie schreiben:

```
. rename ap5602 pid84
. rename bp7902 pid85
. rename cp7902 pid86
usw.
```

Falls Sie solche Umbenennungen regelmäßig durchführen müssen, erleichtern Ihnen *Programme* und *Schleifen* die Arbeit. Der Datei *umben.do* können Sie unsere Lösung entnehmen.

Anwendungsfall 3

Es könnte sein, dass Sie auf Grund persönlicher Vorlieben in logistischen Regressionen lieber die Maßzahl $Pseudo - r^2$ von Aldrich und Nelson angeben (Aldrich/Nelson 1984:57), als diejenige von McFadden, die von Stata ausgegeben wird (McFadden 1973).

Dazu könnten Sie im Anschluss an die logistische Regression den Befehl

```
. display p2 = `e(chi2)'/(`e(chi2)' + `e(N)')
```

eingeben. Statt diesen Befehl jedes Mal nachzuschlagen und „von Hand" zu berechnen, könnte es sich lohnen, einen kleinen *Ado-File* zu schreiben, der diese Aufgabe erfüllt. Wenn Sie diesen *Ado-File* an eine Stelle auf Ihrer Festplatte speichern, an der Stata ihn finden kann, können Sie zukünftig nach jeder logistischen Regression den Namen dieses *Ado-Files* eingeben und bekommen dann den $Pseudo - r^2$ nach Aldrich und Nelson angezeigt. Unsere Version dieses *Ado-Files* können Sie mit Hilfe des Stata-Befehls „net install ado" über die Internet-Adresse *http://www.stata.com/datenanalyse* installieren[4].

11.2 Makros

Unter einem Makro wollen wir hier ein Werkzeug verstehen, mit dem Zeichen oder Befehlszeilen so unter einem Namen abgespeichert werden können, dass anstelle der Zeichen oder Zeilen der Namen des Makros genannt werden kann. In Stata stehen Ihnen drei Formen so verstandener Makros zur Verfügung. Diese sollen im Folgenden näher beschrieben werden. Wir beginnen zunächst mit den lokalen Makros (Abschnitt 11.2.1), die Ihnen vermutlich bereits aus Kapitel 4 bekannt sein dürften. Hier wollen wir lokale Makros etwas systematischer besprechen. In Abschnitt 11.2.2 wenden wir uns den Möglichkeiten zu, mit denen Sie *mehrere* Stata-Befehle speichern und wiederholt abrufen können. Eine Möglichkeit haben Sie in Kapitel 2 kennen gelernt, die

---

[4]Hinweise zur Installation von Ado-Files finden Sie in Kapitel 12.

Do-Files[5]. Eine andere Möglichkeit sind Programme oder wenn Sie wollen „mehrzeilige" Makros (vgl. Abschnitt 11.2.3).

Ein Unterschied von Programmen und *Do-Files* ist der *Aufbewahrungsort*. *Do-Files* werden in einer Datei auf der Festplatte aufbewahrt, Programme dagegen im Arbeitsspeicher des Computers. Wenn Sie Programme längerfristig aufbewahren wollen, können Sie diese in *Do-Files* schreiben (vgl. Abschnitt 11.2.4) oder in so genannte *Ado-Files*, eine spezielle Form von *Do-Files* (vgl. Abschnitt 11.2.5).

11.2.1 Lokale Makros

Lokale Makros haben wir bereits in Kapitel 4 angesprochen und an verschiedenen Stellen dieses Buches zum längerfristigen Aufbewahren interner Resultate angewandt. In diesem Abschnitt wollen wir lokale Makros als eine Möglichkeit vorstellen, Schreibarbeit zu sparen. In ein lokales Makro werden *Zeichenketten* gespeichert, die immer wieder zur Verfügung stehen. Bei der *Definition* des lokalen Makros wird diesen Zeichen ein Makroname zugewiesen. Nach der Definition können Sie anstelle der Zeichen den Makronamen eingeben.

Die *Definition* eines lokalen Makros erfolgt mit dem Befehl „local". Lassen Sie uns diesen Befehl nutzen, um folgendes lokale Makro mit dem Namen „a" zu definieren:

```
. local a "eink bdauer gebjahr"
```

Hiermit wird die Zeichenkette „eink bdauer gebjahr" dem Makronamen „a" zugewiesen. Zur leichteren Unterscheidung von Makronamen und Zeichenkette haben wir die Zeichenkette in Anführungszeichen gesetzt, ein Maßnahme auf die Sie auch verzichten können. Die Anführungszeichen benötigen Sie nur, wenn Sie Leerzeichen *vor* dem ersten Zeichen oder *nach* dem letzten Zeichen der Zeichenkette mit in die Definition aufnehmen wollen.

Wenn Sie den Inhalt des lokalen Makros „a" *verwenden* wollen, müssen Sie Stata mitteilen, dass es sich bei „a" um den Namen eines lokalen Makros handelt und nicht etwa um den Namen einer Variable. Zu diesem Zweck wird vor den Namen des lokalen Makros das Zeichen ' (ein französisches *Accent grave*) und nach dem lokalen Makro das Zeichen ' (ein einfaches Anführungszeichen) gesetzt. Auf deutschen Tastaturen finden Sie das *Accent grave* in der oberen rechten Ecke der Tastatur. Bevor das Zeichen angezeigt wird, müssen Sie die Leertaste drücken. Das einfache Anführungszeichen liegt auf deutschen Tastaturen rechts neben dem „ä".

Wann immer Stata auf ein lokales Makro trifft, wird das Makro augenblicklich durch seinen Inhalt ersetzt. Immer wenn Sie im Folgenden *eink bdauer gebjahr*

---
[5]Wir empfehlen Ihnen *dringend*, Kapitel 2 durchzuarbeiten, wenn Sie keine Vorstellung von der Funktionsweise von *Do-Files* haben.

tippen müssen, können Sie stattdessen einfach den Makronamen angeben, also z.B.

```
. summarize `a'
```

Bei diesem Befehl liest Stata „summarize eink bdauer gebjahr" und reagiert mit der entsprechenden Ausgabe. Wenn nicht, haben Sie wahrscheinlich die falschen Zeichen zur Kennzeichnung des lokalen Makros verwendet. Vergewissern Sie sich, dass Sie den französischen *Accent grave* und das einfache Anführungszeichen verwendet haben.

Durch lokale Makros lässt sich oft sehr viel Schreibarbeit sparen. Allerdings sollten Sie drei Dinge wissen, wenn Sie lokale Makros zu diesem Zweck verwenden:

1. Der Name eines lokalen Makros darf höchstens sieben Zeichen lang sein.

2. Die Zeichenkette eines lokalen Makros kann nur in einer Zeile stehen, die jedoch bis zu 18623 Zeichen lang sein kann.

3. Lokale Makros gelten nur innerhalb der Umgebung, in der sie definiert werden. Wenn Sie ein lokales Makro in einem *Do-File* definieren, steht das Makro nur solange zur Verfügung, wie der *Do-File* läuft. Ist der *Do-File* zu Ende, wird das Makro nicht länger gespeichert. Wenn Sie interaktiv ein lokales Makro definieren, erkennt Stata das Makro solange Sie interaktiv arbeiten. Sobald Sie einen *Do-File* starten, kann das interaktiv definierte Makro nicht verwendet werden. Erst wenn der *Do-File* zu Ende ist und Sie wieder interaktiv arbeiten, kann das interaktiv definierte Makro wieder verwendet werden[6]. Diese etwas *flüchtige* Eigenschaft von lokalen Makros ist entgegen dem ersten Eindruck ein großer Vorteil. Denn hierdurch können Sie in unterschiedlichen Kontexten die gleichen Makronamen verwenden, ohne Verwechslungen zu befürchten.

Rechnen mit lokalen Makros

Neben der Möglichkeit Schreibarbeit zu sparen, können lokale Makros zur Durchführung von Berechnungen verwendet werden. Hierzu stehen zwei Varianten zur Verfügung, wie die folgenden Beispiele zeigen.

```
. local m1 2+2
. local m2 = 2+2
```

Die Befehle unterscheiden sich durch das Gleichheitszeichen. Beide Befehle funktionieren und beide Befehle führen scheinbar zum selben Ergebnis:

---

[6]Neben lokalen Makros existieren auch globale Makros, die mit dem Befehl „global" definiert werden. Globale Makros gelten über eine Umgebung hinaus. In der Praxis sind globale Makros jedoch von untergeordnetem Interesse.

11.2 Makros

```
. display 'm1'
4
. display 'm2'
4
```

Aber es gibt einen Unterschied. Sie sehen diesen Unterschied, wenn Sie den Makronamen im „display"-Befehl mit Anführungszeichen einschließen:

```
. display "'m1'"
2+2
. display "'m2'"
4
```

Mit den Anführungszeichen wird „display" aufgefordert einen Text anzuzeigen, ohne Anführungszeichen zeigt „display" dagegen das Ergebnis einer Rechenaufgabe an[7]. Oben wurde daher mit „display" zunächst das Ergebnis der in den lokalen Makros gespeicherten Rechenaufgaben angezeigt. Das Ergebnis war beide Male 4. Lässt man sich den Inhalt der lokalen Makros dagegen als Text anzeigen, so zeigt sich, dass das erste Makro die Aufgabe, das zweite das Ergebnis enthält. Wenn das für spätere Berechnungen keinen Unterschied macht, sollten Sie die erste Variante verwenden – sie ist schneller und kann viel längere Inhalte speichern[8]. Aber seien Sie vorsichtig. Bedenken Sie stets, dass sich die Inhalte der beiden lokalen Makros unterscheiden. Spätestens wenn Sie multiplizieren, wird die Sache kritisch:

```
. display 2*'m1'
```

wird zu $2 \times 2 + 2 = 6$ und

```
. display 2*'m2'
```

zu $2 \times 4 = 8$.

Lokale Makros kombinieren

Man kann lokale Makros untereinander kombinieren. Hier einige Beispiele zur Illustration[9]:

```
. local a dir *.
. local b dta
. local c do
. 'a''b'
. 'a''c'
```

---

[7]Genauer: „display" zeigt das Ergebnis eines *Stata-Ausdrucks* an (vgl. Seite 58). Ohne Anführungszeichen können Sie „display" darum nur verwenden, wenn das, was angezeigt werden soll auch tatsächlich ein Ausdruck ist. Beachten Sie, dass eine Zahl bereits ein Ausdruck ist.

[8]Der Unterschied ist groß: das erste Makro kann 18623 Zeichen lang sein, das zweite nur 80 Zeichen.

[9]Achten Sie bevor Sie diese Befehlszeilen eingeben darauf, dass Ihr aktuelles Arbeitsverzeichnis unsere *Do-Files* und Datensätze enthält.

```
. local b 'a''b'
. display "'b'"
. 'b'
```

Verändern von lokalen Makros

Nehmen Sie nun an, Sie wollen zum bereits bestehenden Makro 'i', das die Zahl 5 enthält, die Zahl 1 hinzuaddieren. Der Befehl lautet:

```
. local i = 'i' + 1
```

In diesem Befehl muss das Makro 'i' auf der rechten Seite der Gleichung stehen und in die Zeichen ' und ' eingeschlossen werden. Der Grund hierfür ist, dass 'i' durch die Zahl 5 ersetzt wird, der Befehl wird also umgesetzt in „local i = 5 + 1".

11.2.2 Do-Files

Wie bereits erwähnt, haben lokale Makros den Nachteil, dass in ihnen nur eine einzige Zeile abgelegt werden kann. Die Zeichenkette in einem lokalen Makro kann darum keine Sequenz von mehreren Stata-Befehlen enthalten. Eine Ihnen wohl bereits bekannte Möglichkeit, eine Sequenz von Stata-Befehlen zu speichern, sind die *Do-Files*. Lassen Sie uns hier nochmals kurz demonstrieren, wie *Do-Files* funktionieren.

Nehmen Sie einmal an, Sie hätten den Wunsch, dass Ihr Computer von Zeit zu Zeit die Worte „hello, world" ausgibt[10]. Um das einmal zu erreichen, könnten Sie in Stata folgenden Befehl eingeben:

```
. display "hello, world"
hello, world
```

Allerdings müssten Sie diesen Befehl jedes Mal wiederholen, wenn Sie erneut die Ausgabe von „hello, world" wünschen. Das ist – wir geben es zu – nicht weiter schlimm, denn allzu lang ist der Befehl ja nicht. Aber der Befehl könnte ja auch länger sein, und darum sollte man sich fragen, ob man nicht doch Schreibarbeit sparen könnte.

Schreiben Sie nun bitte folgenden *Do-File*[11] und speichern Sie ihn unter dem Namen *hello.do* in Ihrem Arbeitsverzeichnis ab[12]:

---

[10] Die folgende Darstellung orientiert sich an [U] „24.2".

[11] Sie können hierzu den Stata-*Do-File*-Editor oder jeden beliebigen anderen Editor verwenden.

[12] Wenn Sie mit Windows arbeiten und den unter **Start - Programme - Zubehör** abgelegten Editor verwenden, müssen Sie bei **Speichern unter** den Dateityp **Alle Dateien** auswählen.

11.2 Makros

hello.do
```
display "Hello, world"
exit
```

Danach können Sie *hello.do* durch Eingabe von

```
. do hello
```

starten und erhalten dabei folgendes Ergebnis:

```
. display "Hello, world"
Hello, world
```

Wir erreichen damit das gleiche Ergebnis wie durch die Eingabe von „display "hello, world"", sparen uns aber die Eingabe einiger Zeichen. Und diese Ersparnis wäre ohne Zweifel noch größer, wenn der „display"-Befehl länger wäre oder mehr als ein Befehl in unserem *Do-File* stünde.

Einleitend hatten wir Makros als Möglichkeit bezeichnet, Zeichen oder Zeilen durch einen Makronamen zu ersetzen. Insofern handelt es sich bei unserem *Do-File* um ein Makro. Auf zwei Besonderheiten des Makros wollen wir hier hinweisen[13]: Die *Definition* des Makros erfolgt durch das Speichern des *Do-Files* in einer Datei mit einem bestimmten Namen auf der Festplatte des Computers. Der *Aufruf* des Makros erfolgt durch den Befehl „do" und den Namen der Datei.

11.2.3 Programme

Neben *Do-Files* bietet Ihnen der Befehl „program define" eine zweite Möglichkeit, mehrere Befehlszeilen gemeinsam zu speichern und abzurufen. Die Wirkungsweise von „program define" lässt sich am besten durch ein Beispiel verdeutlichen. Bitte geben Sie einmal folgenden Befehl ein:

```
. program define hello
```

Hierdurch beginnen wir die Definition eines Programms mit dem Namen *hello*[14]. Dabei ist zunächst noch völlig offen, welche Befehle in das Programm geschrieben werden sollen. Im Ergebnisfenster von Stata erscheint nun jedoch

```
1.
```

Dies ist die Aufforderung von Stata, den ersten Befehl einzugeben. Schreiben Sie jetzt einfach weiter:

```
display "Hello, world"
```

---

[13] Alles weitere zu *Do-Files* erfahren Sie in Kapitel 2.
[14] Statt *hello* können Sie auch andere Namen verwenden. Der Name darf aber höchstens acht Zeichen lang sein.

Wenn Sie diese Eingabe mit der Eingabetaste bestätigen, erscheint auf dem Bildschirm die Eingabeaufforderung für den zweiten Befehl, den das Programm ausführen soll. In unserem Beispiel wollen wir es aber bei der Anzeige von „hello, world" belassen. Schreiben Sie darum

```
end
```

in das Eingabefenster. Danach erhalten Sie wieder den üblichen Punkt als Eingabeaufforderung. Bevor wir erklären was bei dem Befehl „program define" genau vor sich geht, bitten wir Sie einmal das Wort „hello" in das Eingabefenster zu schreiben:

```
. hello
Hello, world
```

Sie geben „hello" ein, und Stata antwortet mit „Hello, world". Lassen Sie uns die nun erklären.

Mit dem Befehl „program define" werden Programme definiert. Anders als die *Do-Files* werden diese Programme jedoch im *Arbeitsspeicher* des Computers gespeichert und nicht in einer Datei auf der *Festplatte*. Wenn man etwas in das Stata-Eingabefenster schreibt, sucht Stata im Arbeitsspeicher nach einem Programm, welches „so heißt", wie „das", was eingegeben wurde. Wenn wir also „hello" in das Eingabefenster eingeben, durchsucht Stata den Arbeitsspeicher nach einem Programm mit dem Namen *hello* und findet darin das zuvor mit „program define" dort abgespeicherte Programm *hello*. Danach werden die zwischen „program define" und „end" stehenden Stata-Befehle ausgeführt.

Die Programme ähneln in vielem den bereits bekannten *Do-Files*. Es gibt jedoch Unterschiede:

- *Do-Files* werden in einer Datei auf der Festplatte des Computers gespeichert, Programme dagegen im Arbeitsspeicher.

- *Do-Files* bleiben erhalten, wenn Stata beendet oder der Computer ausgeschaltet wird, Programme gehen spätestens dann verloren, wenn Stata beendet wird.

- Ein *Do-File* wird durch Eingabe von *do Dateiname* aufgerufen, ein Programm durch Eingabe des Programmnamens.

- Stata sucht Programme im Arbeitsspeicher, *Do-Files* dagegen am angegebenen Ort auf der Festplatte. Programme müssen darum zuerst in den Arbeitsspeicher geladen werden, bevor sie aufgerufen werden können. *Do-Files* müssen am angegebenen Ort auf der Festplatte gespeichert sein.

- Bei *Do-Files* werden die Ergebnisse der aufgeführten Stata-Befehle *und* die Stata-Befehle angezeigt, bei Programmen werden *nur* die Ergebnisse angezeigt.

11.2 Makros

Betrachtet man sich die Liste der Unterschiede zwischen *Do-Files* und Programmen, so besteht der wichtigste Unterschied darin, dass *Do-Files* langfristig zur Verfügung stehen, Programme dagegen nur während einer Stata-Sitzung. Im folgenden Abschnitt werden wir uns daher mit Möglichkeiten befassen, Programme über einen längeren Zeitraum aufzubewahren. Zuvor ist es jedoch notwendig, sich mit einigen typischen Problemen zu befassen, die sich beim Speichern und Aufruf von Programmen ergeben können.

Das Problem der Neudefinition

Nehmen Sie einmal an, der Computer soll „Hi, back" statt „Hello, world" anzeigen:

```
. program define hello
hello already defined
r(110);
```

Stata kennt die Namen der Programme im Arbeitsspeicher und lässt nicht zu, dass diese überschrieben werden. Man muss darum zunächst die alte Version aus dem Arbeitsspeicher löschen, bevor man die neue erstellt:

```
. program drop hello
. program define hello
1. display "Hi, back"
2. end
. hello
Hi, back
```

Das Problem der Benennung

Das Programm soll nicht *hello* sondern *d* heißen:

```
. program define d
1. display "Hello, world"
2. end
. d

Contains data
  obs:             0
  vars:            0
  size:            0 (100.0% of memory free)
Sorted by:
```

Der Buchstabe „d" ist die Abkürzung für den Stata-Befehl „describe". Bei „describe" handelt es sich um ein so genanntes „internes Stata-Kommando". Interne Stata-Kommandos sind ebenfalls Programme, die in den Arbeitsspeicher geladen werden. Allerdings werden interne Stata-Kommandos bevorzugt ausgeführt, d.h. wenn Stata im Arbeitsspeicher nach einem Programm sucht, das „so heißt wie das, was eingegeben wurde", sucht es zunächst nach einem internen Stata-Kommando. Programme werden nur dann gesucht, wenn kein internes Stata-Kommando mit dem entsprechenden Namen gefunden wurde. Aus diesem Grund kann man zwar Programme mit dem Namen eines internen Kommandos definieren, aber nicht ausführen.

Um herauszufinden, ob es bereits ein Kommando mit einem bestimmten Namen in Stata gibt, geben Sie den entsprechenden Namen ein. Wenn Stata mit „unrecognized command" antwortet, können Sie den Namen für Ihr Programm verwenden.

Das Problem der Fehlerkontrolle

Stata kontrolliert die Syntax eines Programms erst wenn es ausgeführt wird:

```
. program define hello2
1.displai "Hello, world"
2.end
. hello2
unrecognized command: displai
r(199);
```

Hier wurde „displai" statt „display" geschrieben. Da die einzelnen Befehle bei der Ausführung eines Programms nicht wie bei *Do-Files* am Bildschirm wiederholt werden, ist es bei längeren Programmen oft schwer, einen falsch eingegebenen Befehl zu finden. Mit dem Befehl

```
. set trace on
```

kann man Stata jedoch anweisen, auch die Befehle eines Programms anzuzeigen. Damit lässt sich die Ausführung des Programms Befehl für Befehl verfolgen, und so der fehlerhafte Befehl leichter aufspüren. Der *Trace* produziert bei längeren Programmen allerdings eine enorme Menge an *Output*. Vergessen Sie daher nie, den *Trace* wieder auszuschalten, wenn Sie den Fehler in einem Programm gefunden haben:

```
. set trace off
```

11.2.4 Programme in Do-Files

Im vorangegangenen Abschnitt haben wir Programme interaktiv, d.h. durch Eingabe der entsprechenden Befehle im Eingabefenster des Arbeitsspeichers gespeichert. Einer der Nachteile dieses Verfahrens war, dass die so gespeicherten Programme spätestens mit dem Ende der Stata-Sitzung verloren gehen[15].

---

[15] Ein anderer Nachteil ist, dass es Ihnen kaum gelingen wird, ein längeres Programm ohne jeden Tippfehler einzugeben. Solche Tippfehler werden erst bemerkt, wenn das Programm ausgeführt wird. Zur Korrektur des Tippfehlers muss das gesamte Programm erneut geschrieben werden.

11.2 Makros

Wenn Sie ein Programm längerfristig aufbewahren wollen, müssen Sie die Definition des Programms in einen *Do-File* schreiben.

Um das Prinzip der Definition von Programmen in *Do-Files* kennen zu lernen, sollten Sie einmal Ihre oben auf Seite 345 erstellte Datei *hello.do* wie folgt umschreiben:

————————————————————————————————————*hello.do*
```
program define hello
    display "hello, again"
end
exit
```
————————————————————————————————————

Dieser *Do-File* enthält eine neue Variante des Programms *hello* aus dem vorangegangenen Abschnitt. Die Variante besteht darin, dass unser Programm nun „hello, again" anzeigen soll. Wichtiger ist aber, dass wir die Definition des Programms nun in einen *Do-File* geschrieben haben[16]. Wir müssen die Definition des Programms darum nicht jedes Mal neu schreiben, wenn wir Stata verlassen haben, sondern es reicht, einfach den *Do-File* auszuführen. Lassen Sie uns das ausprobieren. Bitte speichern Sie den *Do-File* ab und führen Sie ihn aus:

```
. do hello
```

Wenn Sie alle unsere Schritte nachvollzogen haben, werden Sie dadurch eine Fehlermeldung erhalten.

```
. do hello
. program define hello
hello already defined
r(110);
```

Der Grund für die Fehlermeldung ist, dass Stata die Namen der in den Arbeitsspeicher geladenen Programme kennt und nicht zulässt, dass diese überschrieben werden. Da wir oben das Programm „hello" interaktiv definiert haben, befindet sich dieses bereits im Arbeitsspeicher. Sie müssen diese ältere Version zunächst aus dem Arbeitsspeicher löschen, bevor Sie die neue erstellen können. Am besten geschieht dies direkt im *Do-file* durch „capture program drop hello". Durch „program drop hello" wird das Programm „hello" aus dem Arbeitsspeicher gelöscht und durch „capture" wird sichergestellt, dass keine Fehlermeldung erfolgt, wenn es gar kein derartiges Programm gibt[17]. Bitte ändern Sie *hello.do* deshalb in

---

[16] Die Liste der Befehle zwischen „program define" und „end" haben wir dabei etwas eingerückt. Dies hilft uns den Anfang und das Ende der Programmdefinition zu finden. Für Stata spielt das Einrücken keine Rolle.

[17] Vgl. die entsprechende Argumentation zum Befehl *capture log close* in Abschnitt 2.2.3 auf Seite 43.

―――*hello.do*
```
capture program drop hello
program define hello
    display "hello, again"
end
exit
```
―――

Speichern Sie diese Änderungen und versuchen Sie es noch einmal. Nach der Eingabe von

`. do hello`

erhalten Sie:

```
. capture program drop hello
. program define hello
1 . display "hello, again"
2 . end
. exit

end of do-file
```

Beachten Sie, dass das Programm *hello* nicht ausgeführt wurde. Das Programm wurde durch die Befehle im *Do-File* ja nur in den Arbeitsspeicher gespeichert. Wir können das Programm jetzt aber interaktiv ausführen:

```
. hello
hello, again
```

Natürlich können wir den Aufruf des Programms auch direkt in den *Do-File* schreiben. Das sieht dann so aus:

―――*hello.do*
```
capture program drop hello
program define hello
    display "hello, again"
end
hello              /* <- Hier wird das Programm aufgerufen */
exit
```
―――

In diesem Fall wird das Programm durch den *Do-File* zuerst im Arbeitsspeicher abgelegt und danach direkt ausgeführt:

```
. do hello
```

snip ✂

```
. hello
hello, again

. exit

end of do-file
```

11.2.5 Ado-Files

Eine weitere Möglichkeit der Speicherung von Programmen bieten so genannte *Ado-Files*, kurz *Ados*. Die Wirkungsweise des Speicherns von Programmen in *Ados* wird deutlich, wenn Sie zunächst noch einmal einen Schritt zurückgehen. Bitte löschen Sie zunächst einmal das Programm *hello* aus dem Arbeitsspeicher:

```
. program drop hello
```

Danach sollten Sie erneut *hello.do* in Ihren Editor laden. Bitte entfernen Sie nun die Befehle zum Löschen und zum Aufruf des Programms in *hello.do*. Die Datei *hello.do* sollte danach wie folgt aussehen:

―――*hello.do*
```
program define hello
        display "hello, again"
end
exit
```
―――

Nach dem Speichern kann der *Do-File* mit „run hello" ausgeführt werden:

```
. run hello
```

Der Befehl „run" entspricht dem Befehl „do". Der einzige Unterschied besteht darin, dass nach der Eingabe von „run" die einzelnen Befehlszeilen des *Do-Files* nicht auf dem Bildschirm erscheinen. Durch die Eingabe von „run hello" wird *hello.do* daher *leise* ausgeführt und dabei das Programm *hello* in den Arbeitsspeicher geladen. Danach können Sie das Programm interaktiv ausführen:

```
. hello
hello, again
```

Nun zu den *Ado-Files*: Wenn wir einen *Do-File* statt mit der Erweiterung „.do" mit der Erweiterung „.ado" versehen, werden die beiden gerade dargestellten Schritte automatisch ausgeführt. Dabei genügt die Eingabe des Namens des *Ado-Files*. Sie sollten das probieren. Speichern Sie Ihren *Do-File* mit der Extension „.ado" unter dem Namen *hello.ado* und geben Sie danach Folgendes ein:

```
. program drop hello
. hello
hello, again
```

Es funktioniert. Um zu verstehen warum, müssen wir uns die „Dinge", die nach der Eingabe von „hello" ablaufen, genauer ansehen. Im Allgemeinen führt Stata nach der Eingabe eines Kommandos folgende Schritte aus:

1. Stata prüft, ob *hello* ein internes Kommando ist. Wäre dies der Fall gewesen, hätte Stata dieses Kommando ausgeführt. Da *hello* aber kein internes Kommando ist, folgt der nächste Schritt.

2. Stata prüft, ob *hello* ein Programm im Arbeitsspeicher ist. Wäre dies der Fall, würde das Programm ausgeführt. Da wir das Programm *hello* unmittelbar vor der Eingabe des Befehls „hello" aus dem Arbeitsspeicher gelöscht haben, konnte Stata kein Programm mit dem Namen *hello* im Arbeitsspeicher finden. Stata geht darum zum nächsten Schritt.

3. Stata sucht nach der Datei *hello.ado*. Dabei sucht Stata an unterschiedlichen Speicherplätzen auf der Festplatte, zum Schluss im aktuellen Arbeitsverzeichnis. Wenn Stata die Datei *hello.ado* findet, gibt sich Stata selbst den Befehl „run hello.ado" und untersucht anschließend, ob das Programm *hello* nun im Arbeitsspeicher ist. Ist dies – wie hier – der Fall wird das Programm ausgeführt. Ist dies nicht der Fall gibt Stata die Fehlermeldung „unrecognized command" aus.

Der zweite Schritt ist übrigens der Grund, weshalb wir oben den Befehl „capture program drop hello" aus dem *Do-File* entfernt haben. Wenn sich ein Programm mit dem Namen „hello" im Arbeitsspeicher befindet, wird dieses Programm ausgeführt, ohne dass der *Ado-File* bzw. der Befehl „capture program drop" beachtet wird. Als Konsequenz muss man Programme, die durch *Ado-Files* definiert werden, zuerst aus dem Arbeitsspeicher löschen, bevor eine etwaige Änderung am Programm wirksam werden kann. Wenn Sie *hello.ado* so umschreiben,

―――――――――――――――――――――――――――――――――――――*hello.ado*
```
program define hello
        display "hello, world"
end
exit
```
―――

und anschließend „hello" eingeben, ändert sich noch nichts:

```
. hello
hello, again
```

Erst wenn Sie das alte Programm aus dem Arbeitsspeicher löschen, wird der *Ado-File* neu eingelesen. Um das Programm aus dem Arbeitsspeicher zu löschen, können Sie den bekannten „program drop"-Befehl verwenden oder den Befehl „discard". Letzterer löscht alle Programme aus dem Arbeitsspeicher[18].

```
. discard
. hello
hello, world
```

―――――――――――――――――――

[18] Obige Formulierung ist nicht ganz korrekt. Der Befehl „discard" löscht keine Programme aus dem Arbeitsspeicher, sondern weist Stata an, Programme neu in den Arbeitsspeicher einzulesen. Dieser Unterschied ist wichtig, wenn Programme in *Do-Files* definiert werden. Programme, zu denen kein *Ado-File* existiert, können Sie nicht mit „discard" löschen, sondern nur mit „program drop".

Die Wirkungsweise des Speicherns von Programmen in *Ado-Files* ist hochinteressant. Lassen Sie uns dies nochmals zusammenfassen: Wenn wir den Befehl „hello" in der Kommandozeile eingeben, findet Stata entweder das Programm *hello* im Arbeitsspeicher und führt das Programm aus, oder Stata findet das Programm *nicht* im Arbeitsspeicher. In diesem Fall sucht Stata nach *hello.ado*, lädt das Programm in den Arbeitsspeicher und führt das Programm aus. Das Programm wird also in jedem Fall ausgeführt, und zur Ausführung genügt es in jedem Fall, lediglich den Befehl „hello" einzugeben. Der Befehl „hello" wirkt also wie ein ganz normaler Stata-Befehl. Mehr noch, der Befehl „hello" ist ein ganz normaler Stata-Befehl: ein so genannter *externer* Stata-Befehl.

Allgemein unterscheidet Stata externe und interne Kommandos. Wir haben den Begriff der internen Kommandos im Vorangegangenen bereits einige Male erwähnt. Nun sind wir in der Lage, diesen etwas genauer zu bestimmen. Interne Kommandos sind in der Programmiersprache *C* programmierte Befehle, die für die unterschiedlichen Hardware-Plattformen und Betriebssysteme kompiliert (d.h. in Maschinensprache übersetzt) wurden. Unter Windows finden sich diese Kommandos tief im Inneren der Datei *wstata.exe*. Externe Kommandos sind dagegen die gerade vorgestellten *Ado-Files* – also Programme, die in *Do-Files* mit der Extension „.ado" gespeichert werden. Die überwiegende Mehrzahl der Stata-Befehle sind *Ado-Files*. Wenn Sie den Befehl „adopath" eingeben, erhalten Sie eine Liste von Verzeichnissen, in denen Stata nach *Ado-Files* sucht[19]. Sie können sich die *Ado-Files* in diesen Verzeichnissen mit jedem beliebigen Editor betrachten und so den Aufbau der *Ado-Files* studieren.

11.3 Schleifen

Wann immer man in Stata mehrere fast identische Befehle wiederholen muss, kann man eine so genannte „Schleife" verwenden. Eine spezielle Form einer Schleife ist der Befehl „for", den wir in Abschnitt 3.9.2 auf Seite 71 ausführlich beschrieben haben. Dort hatten wir „for" z.B. dazu verwendet, zehn gleichverteilte Zufallsvariablen mit den Namen $r1, r2, \ldots r10$ zu erstellen (Seite 71):

```
. use data1, clear
. for numlist 1/10: generate rX=uniform()
```

In einer etwas anspruchsvolleren Variante des „for"-Befehls hatten wir eine Liste von Variablen zentriert (Seite 72):

```
. for varlist gebjahr bauj: summarize X \ generate Xz = X - r(mean)
```

---

[19] Die Verzeichnisstruktur der *Ado-Files* wird ausführlich in Abschnitt 12.3.3 auf Seite 391 beschrieben.

Zur Erinnerung: In beiden hier dargestellten „for"-Befehlen werden die hinter dem Doppelpunkt stehenden Befehle mehrmals durchgeführt. Dabei wird der Platzhalter „X" durch ein Element der vor dem Doppelpunkt stehenden *forlist* ersetzt. Der Befehl wird dabei so oft wiederholt, bis alle Elemente der *forlist* einmal verwendet wurden.

Den gleichen Effekt wie mit „for" können Sie auch mit dem Befehl „while" erzielen. Der Befehl „while" ist zwar zunächst etwas komplizierter, dafür aber viel allgemeiner, schneller und bei komplizierteren Schleifen auch einfacher zu handhaben. Grundsätzlich sollte man zwei Formen der Schleifen mit „while" unterscheiden. Erstens eine Schleife über einen Laufindex. Eine solche Schleife entspricht einem „for"-Befehl mit einer Nummernliste als *forlist*, wie im ersten der oben aufgeführten „for"-Befehle. Die zweite Form ist eine Schleife über so genannte „positionale Argumente". Dies entspricht einem „for"-Befehl über eine Variablenliste wie im zweiten Beispiel. Wir wollen zunächst den einfacheren Fall einer Schleife über einen Laufindex betrachten und erst danach den häufiger auftretenden Fall einer Schleife über die positionalen Argumente.

11.3.1 Schleifen über einen Laufindex

Zur ersten Illustration von „while" sollten Sie Folgendes eingeben:

```
. local i 1
. while 'i' <= 10 {
```

Danach erscheint die Ziffer „2" auf dem Bildschirm. Bevor wir dies erklären, bitten wir Sie nun zunächst folgende Zeilen einzugeben:

```
display 'i'
local i = 'i' + 1
}
```

Bitte achten Sie darauf, dass Sie am Ende jeder Zeile die Eingabetaste drücken, wobei sich die auf dem Bildschirm erscheinende Ziffer jeweils um 1 erhöht. Nach der Eingaben der Mengenklammer } hinter die Ziffer 4 und dem Drücken der Eingabetaste erhalten Sie folgende Ausgabe:

```
1
2
3
4
5
6
7
8
9
10
```

11.3 Schleifen

Auf Ihrem Bildschirm stehen die Zahlen von 1 bis 10 geschrieben. Lassen Sie uns nun erklären wie das kommt. Der Befehl „while" beginnt eine Schleife. Er hat folgende Syntax:

```
while Ausdruck {
    ...
}
```

Die beiden oben eingegebenen Mengenklammern gehören mithin zu „while". Die öffnende Klammer zeigt den Beginn einer Schleife an, die schließende Klammer das Ende einer Schleife. Insgesamt bedeutet der Befehl Folgendes: *Führe die innerhalb der Schleife aufgeführten Befehle so lange aus, bis der vor der Schleife angegebene Ausdruck falsch ist.*

In der oben eingeführten Schleife steht *vor* der Schleife der Ausdruck 'i' $<=$ *10*. Da wir vor dem Beginn der Schleife das lokale Makro 'i' auf den Wert 1 festgelegt haben, ist dieser Ausdruck wahr – die Zahl 1 ist kleiner als 10. Aus diesem Grund werden die Befehle in der Schleife ausgeführt: Der Wert des lokalen Makros 'i' wird angezeigt, und der Inhalt des Makros 'i' um 1 erhöht. Natürlich ist 'i' danach immer noch kleiner als 10. Der Ausdruck vor der Schleife bleibt also wahr, und die Befehle in der Schleife werden nochmals ausgeführt. Das geht so weiter, bis 'i' nach einiger Zeit den Wert 11 erreicht. Dann ist der Ausdruck vor der Schleife falsch, die Befehle innerhalb der Schleife werden nicht mehr ausgeführt und die Ausführung der Befehle in der Schleife beendet. Stata erwartet dann die Ausführung des nächsten Befehls.

Mit Hilfe der gerade erklärten Schleifenkonstruktion lässt sich der „for"-Befehl zur Erzeugung der zehn Zufallsvariablen relativ einfach durch „while" ersetzen. Bei der interaktiven Eingabe eines derart einfachen „for"-Befehls werden Sie das allerdings normalerweise nicht tun. Anders verhält es sich beim Einsatz von „for" in *Do-Files*. Hier empfiehlt es sich, wegen der höheren Geschwindigkeit stets „while" zu verwenden. Noch offensichtlicher wird der Vorteil von „while", wenn mehr als ein Befehl innerhalb der Schleife steht. In diesem Fall ist es immer besser, „while" statt „for" zu verwenden. Nachfolgend darum ein Beispiel für die Verwendung von „while" in einem *Do-File*. Es handelt sich hierbei um die Ersetzung des „for"-Befehls zur Erzeugung der zehn Zufallszahlen in „while". Im Gegensatz zu oben werden die erzeugten Variablen jedoch gleich mit einem Variablenlabel versehen.

——————————————————————————————————*crrandom.do*
```
* Erzeugung von 10 gleichverteilten Zufallsvariablen
local i = 1
while 'i' <= 10 {
  generate rand'i' = uniform()
  label variable rand'i' "Zufallszahl 'i'"
  local i = 'i' + 1
}
exit
```

Wenn Sie diesen *Do-File* abschreiben und laufen lassen, werden Sie feststellen, dass die Befehle innerhalb der Schleife nicht am Bildschirm angezeigt werden. Mit „describe" können Sie sich jedoch davon überzeugen, dass die zehn gewünschten Variablen erstellt wurden.

11.3.2 Schleifen über positionale Argumente

Um Schleifen über positionale Argumente zu erklären, müssen wir zunächst erklären, was positionale Argumente sind. Wir wollen dies wieder an einem kleinen Beispiel tun. Bitte erstellen Sie dazu den hier abgedruckten *Do-File* und speichern Sie diesen unter dem Namen *argument.do* in Ihrem Arbeitsverzeichnis ab:

---*argument.do*
```
display "'0'"
display "'1'"
display "'2'"
display "'3'"
exit
```

Mit diesem *Do-File* wird Stata angewiesen, zunächst den Inhalt des lokalen Makros mit dem Namen *'0'* als Text anzuzeigen[20], danach den Inhalt von *'1'*, *'2'* und *'3'*. Sie können diesen *Do-File* mit

`. do argument.do`

aufrufen. In diesem Fall erhalten Sie jedoch nur die Wiederholung der eingetragenen Befehle. Interessanter ist die Eingabe folgender Zeile:

`. do argument DIES SIND ARGUMENTE`

Dies ergibt folgende Ausgabe:

```
. display "'0'"
DIES SIND ARGUMENTE

. display "'1'"
DIES

. display "'2'"
SIND

. display "'3'"
ARGUMENTE

. exit

end of do-file
```

[20]Beachten Sie, dass wir den Befehl „display" hier verwenden um den Inhalt als Text anzuzeigen. Dies wird durch die Anführungszeichen deutlich gemacht. Ohne Anführungszeichen zeigt „display" das Ergebnis einer Rechenaufgabe an, was nur möglich ist, wenn das, was angezeigt werden soll, auch wirklich eine Rechenaufgabe ist.

11.3 Schleifen

Beim Aufruf von Programmen, *Do-Files* oder *Ado-Files* werden alle Zeichen hinter dem eigentlichen Aufruf als *Argumente* bezeichnet. Diese Argumente werden in lokalen Makros mit festgelegtem Namen abgelegt. Der Makroname '0' wird für den gesamten Text, der nach dem Aufruf eingegeben wurde, verwendet. In unserem Beispiel steht das lokale Makro '0' daher für „DIES SIND ARGUMENTE". Der Befehl „display "'0'"" wird von Stata darum als „display "DIES SIND ARGUMENTE"" gelesen – mit der Folge, dass genau dieser Text angezeigt wird. Dem ersten Argument, d.h. dem gesamten Text bis zum ersten Leerzeichen (oder Komma), wird das lokale Makro mit dem Namen '1' zugewiesen. Hier ist das erste Argument das Wort „DIES", aus „display "'1'"" wird mithin „display "DIES"". Entsprechend wird das zweite Argument – „SIND" – dem lokalen Makro '2' zugewiesen, das dritte Argument dem lokalen Makro '3' usw. Die lokalen Makros '1', '2', usw. werden als „positionale Argumente" bezeichnet[21].

Interessant sind die positionalen Argumente, weil man ihre Position auf einfache Weise mit dem Befehl „macro shift" verschieben kann. Dadurch kann man die positionalen Argumente in Schleifen verwenden – allerdings nicht im interaktiven Modus, da hier keine positionalen Argumente existieren können. Ein Beispiel für eine solche Schleife über positionale Argumente ergibt sich, wenn Sie den zuvor erstellten *Do-File* mit dem Namen *argument.do* wie folgt umschreiben:

―――*argument.do*
```
while "'1'" ~= "" {
        display "'1'"
        macro shift
}
exit
```
―――

Sie sollten diese Veränderungen ausprobieren, bevor Sie weiterlesen:

```
. do argument DIES SIND ARGUMENTE
```

Im Anschluss erhalten Sie folgenden Ausdruck:

```
. while "'1'" ~= "" {
  2.         display "'1'"
  3.         macro shift
  4. }
DIES SIND ARGUMENTE
```

Lassen Sie uns zuerst auf den Inhalt der Schleife eingehen und erst danach die Schleifenbedingung erklären. In der Schleife wird jeweils nur ein positionales Argument angezeigt – das Erste. Das erste positionale Argument ist nach dem oben beschriebenen zunächst „DIES".

―――――――――――――――――
[21] Das Makro '0' ist dagegen kein positionales Argument.

Nach der Anzeige des Arguments steht der Befehl „macro shift". Durch diesen Befehl werden die Argumente um eine Stufe nach *unten* verschoben, d.h. der Inhalt von '*3*' wird zum Inhalt von '*2*', der Inhalt von '*2*' wird zum Inhalt von '*1*' und der Inhalt von '*1*' *verschwindet*[22]. Wird die Schleife dann zum zweiten Mal ausgeführt, wird wieder das erste positionale Argument angezeigt. Nun enthält das Argument allerdings das Wort „SIND".

Was passiert, wenn keine Argumente mehr übrig sind? In diesem Fall muss mit der Schleifenbedingung erreicht werden, dass die Ausführung der Schleife beendet wird. Die Schleifenbedingung lautet im Beispiel:

```
while "'1'" ~= ""
```

Beim ersten Durchlauf der Schleife wird diese Bedingung zu

```
"DIES" ~= ""
```

Da "DIES" nicht das Gleiche ist wie "", ist diese Bedingung *wahr*. Die Schleife wird deshalb begonnen. Wenn kein Argument mehr übrig ist, wird die Bedingung dagegen zu

```
"" ~= ""
```

Da "" dasselbe ist wie "", ist dies falsch. Die Schleife wird beendet, und Stata beginnt mit dem ersten Befehl nach der Schleife.

Derartige Schleifen sind angenehm, da sie für jede beliebige Anzahl von Argumenten gleich gut funktionieren. Sie können es ja einmal mit folgenden Befehlen versuchen:

```
. do argument hello
. do argument hier sind viel mehr Argumente als oben - insgesamt 10
```

Betrachten wir nun, wie man mit einer Schleife über ein positionales Argument den „for"-Befehl zur Zentrierung einer Variablenliste von Seite 353 in eine „while"-Schleife übersetzen kann. Hierzu benötigen wir einen *Do-File* oder ein Programm zur Übergabe der Argumente. Wir wollen hier zunächst abermals einen *Do-File* verwenden.

――――――――――――――――――――――――――――― *crzentr.do*
```
use data1, clear
while "'1'" ~= "" {
        summarize '1'
        generate '1'z = '1' - r(mean)
        macro shift
}
exit
```
―――――――――――――――――――――――――――――――――――――――

Bitte schreiben Sie auch diesen *Do-File* ab und speichern Sie ihn unter dem Namen *crzentr.do* in Ihrem Arbeitsverzeichnis ab. Rufen Sie den *Do-File* danach mit

――――――――――

[22] Der Inhalt von '*1*' wird nicht zum Inhalt von '*0*'. '*0*' ist kein positionales Argument. Sein Inhalt bleibt von „macro shift" unberührt.

11.4 Selbst programmierte Stata-Befehle

```
. do crzentr gebjahr bauj
```

auf. Dies hat den gleichen Effekt wie obiger „for"-Befehl. Die Befehle innerhalb der Schleife werden jedoch nicht am Bildschirm wiederholt. Mit „describe" können Sie sich davon überzeugen, dass die gewünschten Variablen erzeugt wurden.

Das hier gezeigte Vorgehen ist nicht sonderlich elegant. Besser ist es, in dem *Do-File* ein Programm zu definieren, welches die Schleife enthält. Dieses Programm wird dann direkt innerhalb des *Do-Files* aufgerufen. Dies sähe dann wie folgt aus:

——— *crzentr.do*
```
use data1, clear

* Definition des Programms
capture program drop zentr
program define zentr
    while "'1'" ~= "" {
        summarize '1'
        generate '1'z = '1' - r(mean)
        macro shift
    }
end

* Aufruf des Programms
zentr gebjahr bauj
exit
```
———

Dieses Vorgehen hat den offensichtlichen Vorteil, dass Sie den *Do-File* einfach mit „do crzentr" aufrufen können und sich dabei nicht um die Argumente kümmern müssen. Darüber hinaus können Sie hierdurch im selben *Do-File* noch beliebig viele weitere Schleifen über positionale Argumente verwenden.

11.4 Selbst programmierte Stata-Befehle

Im vorangegangenen Abschnitt haben Sie die grundlegenden Möglichkeiten kennen gelernt, mit Stata Schreibarbeit zu sparen. Diese Möglichkeiten lassen sich an unterschiedlichen Stellen der Arbeit mit Stata einsetzen, meistens dienen sie jedoch der effizienteren Gestaltung von *Do-Files*. Im Folgenden wollen wir einen Schritt weiter gehen und Ihnen zeigen, wie man diese und andere Werkzeuge verwendet um Stata-Kommandos in Form von *Ado-Files* zu schreiben.

Ado-Files bestehen wie eingangs beschrieben aus nichts anderem als einer Definition eines Programms. Wird der Name eines *Ado-Files* in Stata eingegeben wird dieses Programm in den Arbeitsspeicher geschrieben und danach direkt ausgeführt. Im Ergebnis funktioniert ein *Ado-File* darum wie jeder normale Stata-Befehl, oder, wie wir oben gesagt haben, der *Ado-File* ist ein normaler Stata-Befehl.

Damit ein *Ado-File* auch tatsächlich ausgeführt werden kann, müssen Sie ihn an einer Stelle auf Ihrer Festplatte speichern, wo ihn Stata finden kann. Ein solcher Platz ist das persönliche *Ado*-Verzeichnis. Der Befehl „adopath" zeigt Ihnen, wo sich das persönliche *Ado*-Verzeichnis auf Ihrem Rechner befindet[23].

Wir werden in diesem Abschnitt in vergleichsweise knapper Form die Programmierung eines *Ados* anhand eines Beispiels vorführen. Darin können nicht alle Fallstricke der Programmierung behandelt werden. Betrachten Sie die folgenden Ausführungen daher als ein Art „Lausbubenleiter" mit der Sie den Stamm eines Obstbaumes erklimmen. Um die Früchte zu ernten, müssen Sie sich die besten Äste selbst suchen. Dabei stehen Ihnen alle Stata-Befehle und die im vorhergehenden Abschnitt beschriebenen Programmierwerkzeuge zur Verfügung. Eine ausführliche Einführung in die Programmierung von Stata geben die Stata Internet-Kurse *nc141* und *nc142* (vgl. Abschnitt 12.1 auf Seite 383). Bevor Sie sich die Mühe machen, ein eigenes Stata-Kommando zu programmieren, sollten Sie stets auch sorgfältig untersuchen, ob Ihnen nicht jemand anderes die Arbeit abgenommen hat. Hierzu dient insbesondere das Archiv der Statalist und die übrigen in Abschnitt 12.3.3 auf Seite 390 beschriebenen Fundstellen.

In Abschnitt 7.2.3.3 auf Seite 163 haben wir Ihnen gezeigt, wie Sie eine Grafik mit überlagerten Kern-Dichte-Schätzern erstellen können. Die Befehle, die wir dazu benötigt haben, haben wir für Sie in einen *Do-File* mit dem Namen *denscomp.do* geschrieben. Sie finden diesen in unserem Dateipaket.

denscomp.do
```
use data1, clear
generate logein = log(eink)
generate x = log(_n * 500) in 1/50
kdensity logein if sex==1, gen(fx1) at(x) nograph
kdensity logein if sex==2, gen(fx2) at(x) nograph
label variable fx1 "Maenner"
label variable fx2 "Frauen"
label variable x "LOG(Einkommen)"
graph fx1 fx2 x, c(ll) s(TS) xlab ylab bor ti(Einkommen nach Geschlecht) /*
*/ l1t(Dichte) sort
exit
```

Sie finden diesen *Do-File* in unserem Dateipaket. Wenn Sie den *Do-File* laufen lassen, können Sie sich die Grafik nochmals am Bildschirm betrachten. Im Folgenden wird es nun darum gehen, die gleiche Grafik mit nur einem Befehl zu erstellen. Der Befehl sollte ungefähr folgende Syntax haben:

```
denscomp varname, by(byvarname) at(atvarname) [graph-options]
```

---

[23]Unter Windows handelt es sich normalerweise um *c:/ado/personal*. Weitere Informationen hierzu erhalten Sie in Abschnitt 12.3.3 auf Seite 390.

11.4 Selbst programmierte Stata-Befehle

wobei wir für obige Grafik „varname" durch *eink*, „byvarname" durch *sex*, „atvarname" durch *x* und „graph-options" durch die entsprechenden Grafik-Optionen ersetzen würden[24].

Bevor Sie mit der Programmierung beginnen, sollten Sie in einem Editor die erste Fassung des *Ado-Files* erstellen und unter dem Namen *denscomp.ado* speichern. Diese erste Fassung ist nahezu identisch mit obigem *denscomp.do*. Der Einfachheit halber können Sie darum *denscomp.do* unter dem Namen *denscomp.ado* speichern. Danach sollten Sie folgende Änderungen vornehmen:

1. Löschen Sie den „use"-Befehl sowie die beiden „generate"-Befehle zur Erzeugung der Variablen *logein* und *x*.

2. Schreiben Sie den Befehl „program define denscomp" in die erste Zeile der Datei.

3. Schreiben Sie den Befehl „version 6.0" in die zweite Zeile der Datei[25].

4. Schreiben Sie den Befehl „end" zur Kennzeichnung des Endes des Programms in die vorletzte Zeile der Datei[26].

Die Urfassung von *denscomp.ado* sollte danach wie folgt aussehen:

denscomp.ado
```
program define denscomp
    version 6.0
    kdensity logein if sex==1, gen(fx1) at(x) nograph
    kdensity logein if sex==2, gen(fx2) at(x) nograph
    label var fx1 "Maenner"
    label var fx2 "Frauen"
    label var x "LOG (Einkommen)"
    graph fx1 fx2 x, c(ll) s(TS) xlab ylab bor /*
    */ ti("Einkommen nach Geschlecht") l1t(Dichte) sort
end
exit
```

Nach diesen ersten Veränderungen ist es sinnvoll zu untersuchen, ob alles noch funktioniert. Derartige Funktionskontrollen sollten Sie nach jedem größeren

---

[24] Wenn Sie sicher sind, dass Sie ein solches Programm verwenden, wird Ihnen vielleicht auch das sehr viel leistungsfähigere Paket STB-46, gr33 von Thomas Steichen gefallen. Hinweise zur Installation dieses Pakets geben wir in Abschnitt 12.3.1 auf Seite 386. Die hier entwickelte Version des Programms können Sie mit „net from http://www.stata.com/datenanalyse" und „net install denscomp" installieren. Ausführliche Erklärungen zu diesen Befehlen finden Sie in Abschnitt 12.3.1 auf Seite 386.

[25] Sie kennen diesen Befehl bereits aus dem Kapitel zu den *Do-Files*. Hiermit wird angegeben, für welche Stata-Version dieses Programm geschrieben ist. Dies garantiert, dass Ihr Programm auch unter späteren Versionen von Stata noch fehlerfrei abläuft.

[26] Also vor den Befehl „exit". Der Befehl „exit" beendet den *Ado-File*, nicht das Programm.

Arbeitsschritt vornehmen. Es fällt dann viel leichter, eventuelle Fehler ausfindig zu machen. Speichern Sie diesen *Ado-File* also für den Moment in Ihrem aktuellen Arbeitsverzeichnis und geben Sie dann „denscomp" ein:

```
. denscomp
```

Wenn Sie oben *denscomp.do* laufen ließen, erhalten Sie jetzt die Fehlermeldung

```
fx1 already defined
r(110);
```

Der Grund ist, dass in *denscomp.do* die beiden Variablen *fx1* und *fx2* gebildet werden und im Datensatz verbleiben. Bei der Ausführung von *denscomp.ado* sollen diese Variablen erneut gebildet werden. Da sie bereits vorhanden sind bekommen Sie eine Fehlermeldung. Sie müssen die Variablen *fx1* und *fx2* darum zuerst löschen, bevor Sie *denscomp.ado* aufrufen.

```
. drop fx1 fx2
```

Wenn Sie *denscomp.do* oben nicht laufen ließen, erhalten Sie wahrscheinlich die Fehlermeldung[27]

```
logein not found
r(111);
```

Der Grund ist, dass in *denscomp.ado* die Variable *logein* verwendet wird. Diese ist jedoch nicht in Ihrem Datensatz, wenn Sie *denscomp.do* nicht haben laufen lassen. Bitte geben Sie darum Folgendes ein:

```
. use data1, clear
. generate logein = log(eink)
. generate x = log(_n * 500) in 1/50
```

Nach diesen Schritten können Sie es nochmal versuchen:

```
. denscomp
```

Nun müsste die Grafik auf dem Bildschirm erscheinen. Wir haben die Grafik also mit nur einem Befehl erzeugt. Allerdings erzeugt „denscomp" die Grafik immer nur mit stets denselben Variablen und Optionen. Im Folgenden wollen wir den Befehl „denscomp" Schritt für Schritt verallgemeinern.

11.4.1 Weitergabe von Variablenlisten

Der erste Schritt zur Verallgemeinerung von *denscomp.ado* ist, die Grafik für beliebige Variablen anzeigen zu lassen. Dies könnte z.B. durch ein positionales Argument erfolgen. Dazu würden wir die Variable *logein* durch das positionale Argument '1' ersetzen.

---

[27]Wenn Sie die Fehlermeldung „no variables defined" erhalten, haben Sie keinen Datensatz geladen. Bitte laden Sie einen Datensatz und geben Sie erneut „denscomp" ein.

11.4 Selbst programmierte Stata-Befehle

Ein anderer – besserer – Weg erfolgt mit dem Befehl „syntax". Mit *syntax* teilen wir einem Programm mit, wie der Befehl aufgebaut ist, mit dem das Programm aufgerufen wird. In unserem Beispiel gehen wir zunächst davon aus, dass das Programm durch den Befehlsnamen und einen Variablennamen aufgerufen wird. Diesen Aufbau teilen wir dem Programm durch den im nachstehenden Ausschnitt unseres *Ados* hervorgehobenen „syntax"-Befehl mit. Ihre *Ado-File* beginnt jetzt mit folgenden Zeilen:

――――――――――――――――――――――――――― *denscomp.ado*
```
program define denscomp
    version 6.0
    syntax varname(numeric)
snip ✄
```
―――――――――――――――――――――――――――

Eine Nebenbemerkung: Aus Platzgründen drucken wir im Folgenden stets nur den Ausschnitt des *Ado-Files* ab, an dem wir Änderungen vornehmen. Die Änderungen selbst werden wir *kursiv* setzen. Die übrigen Teile des *Ados* ersetzen wir durch das Zeichen „*snip* ✄". Damit Sie nicht den Überblick verlieren haben wir die Rohfassung von *denscomp.ado* auf Seite 377 einmal im Ganzen abgedruckt.

Durch obigen „syntax"-Befehl wird dem *Ado* mitgeteilt, dass er durch ein Kommando aufgerufen wird, in dem zunächst der Name einer numerischen Variable angegeben wird. Gegenüber der Verwendung eines positionalen Arguments hat „syntax varname(numeric)" den Effekt, dass Stata Fehler bei der Eingabe des Variablennamens unmittelbar registriert. Da das Programm einen Variablennamen erwartet, kann es direkt überprüfen, ob der eingegebene Text ein Variablenname ist. Verschreibt man sich beim Aufruf des Programms oder gibt man versehentlich den Namen einer *String*-Variable an, so teilt Stata diesen Fehler mit, *bevor* innerhalb unseres Programms „kdensity" aufgerufen wird. Die Fehlermeldung erfolgt aus diesem Grund etwas schneller.

Neben einer ersten Syntaxkontrolle ist der zentrale Zweck von „syntax" die Weitergabe von Programmargumenten an das Programm. Unser oben verwendeter „syntax"-Befehl bewirkt, dass Stata den beim Programmaufruf eingegebenen Variablennamen in das lokale Makro '*varlist*' schreibt. Mit diesem Wissen können wir anstelle der konkreten Variable (*logeink*) oder einem positionalen Argument '*1*' das lokale Makro '*varlist*' in unserem Programm verwenden.

――――――――――――――――――――――――――― *denscomp.ado*
```
program define denscomp
    version 6.0
    syntax varname(numeric)
    kdensity 'varlist' if sex ==1, gen(fx1) at(x) nograph
    kdensity 'varlist' if sex ==2, gen(fx2) at(x) nograph
snip ✄
```
―――――――――――――――――――――――――――

Der Aufruf des Programms erfolgt nach diesen Änderungen nunmehr mit „denscomp logein". Sie können das ausprobieren. Hierzu müssen Sie *denscomp.ado* zunächst speichern, danach mit „discard" die alte Version des Programms aus dem Arbeitsspeicher löschen und schließlich die beiden Variablen *fx1* und *fx2* löschen. Erst danach wird Ihr Programm fehlerfrei laufen.

Bevor wir weitermachen noch ein Hinweis. Der Vorteil von *syntax* gegenüber der Lösung mit einem positionalen Argument tritt in unserem Beispielprogramm nicht sehr deutlich zutage. Deutlicher wird der Unterschied, wenn man ein Programm schreibt, in dem man eine Variablenliste erlauben möchte. Dann würde man den Befehl

```
syntax varlist
```

verwenden. Dies hätte den Effekt, dass die Variablen der *Variablenliste* beim Aufruf des Programms nicht einzeln aufgeführt werden müssten, sondern die allgemeinen Möglichkeiten für Variablenlisten (Abschnitt 3.2 auf Seite 55) genutzt werden könnten[28].

11.4.2 Weitergabe von Optionen

Durch die zuletzt vorgenommene Änderung ist das Programm etwas allgemeiner geworden. Nach wie vor werden allerdings immer nur die Verteilungen von Männern und Frauen miteinander verglichen. Wir sollten die Möglichkeit haben, die Grafik auch zum Vergleich anderer Subgruppen anzufordern. Wünschenswert wäre eine *Option*, in der die Variable angegeben werden kann, für deren Ausprägungen der Vergleich stattfinden soll. Diese Option könnte z.B. „by(varname)" heißen. Es fragt sich nun, wie man dem Programm diese Option weitergeben kann.

Hierzu wird wieder der Befehl „syntax" verwendet. Wie oben angedeutet, teilen wir einem Programm mit „syntax" den gewünschten Befehlsaufbau mit. Damit die Option „by(varname)" zugelassen ist, ergänzen wir den „syntax"-Befehl wie folgt:

denscomp.ado
```
program define denscomp
      version 6.0
      syntax varname(numeric), by(varname)
      snip ✂
```

Durch diese Änderung erwartet das Programm *denscomp* nun, dass es mit einem Befehl aufgerufen wird, bei dem nach dem Namen einer numerischen

---

[28]Durch den Befehl „tokenize 'varlist'" kann man die einzelnen Variablen der Variablenliste auf die positionalen Argumente verteilen. Die erste Variable der *varlist* ist dann das lokale Makro *'1'*, die zweite das lokale Makro *'2'* usw. Diesen Befehl benötigen Sie, wenn Sie eine Schleife über die Variablen der Variablenliste konstruieren möchten.

11.4 Selbst programmierte Stata-Befehle

Variable eine *Option* angegeben wird. Dies wird durch das *Komma* im „syntax"-Befehl erreicht. Da die Liste der Optionen – wir sprechen von einer Liste, obwohl hier zunächst nur eine Option erlaubt wurde – nicht in eckige Klammern gesetzt wurde, *muss* die Option angegeben werden. Hätten wir

```
syntax varname(numeric) [, by(varname)]
```

verwendet, wäre die Option nicht zwingend vorgeschrieben. Die Verwendung der eckigen Klammer im „syntax"-Befehl entspricht damit derjenigen der Syntax-Diagramme in der *Online*-Hilfe (vgl. Seite 53).

Wir erlauben mit dem „syntax"-Befehl lediglich eine einzige Option: „by()". Innerhalb der Klammern von „by()" werden wieder nur Variablennamen zugelassen, allerdings diesmal auch String-Variablen. Wie oben wird „syntax" unmittelbar eine Fehlermeldung erzeugen, wenn wir in „by()" versehentlich den Namen einer Variable angeben, die nicht im Datensatz existiert. Und wie oben wird „syntax" den in „by()" angegebenen Variablennamen wieder in ein lokales Makro schreiben, diesmal in *'by'*. Damit lässt sich das Programm wie folgt umschreiben:

denscomp.ado
```
program define denscomp
   version 6.0
   syntax varname(numeric), by(varname)
   kdensity 'varlist' if 'by'==1, gen(fx1) at(x) nograph
   kdensity 'varlist' if 'by'==2, gen(fx2) at(x) nograph
snip ✂
```

Natürlich können Sie dieselbe Logik auch für die Option „at()" anwenden. Auch „at()" wird ja nicht in jedem Datensatz „at(*x*)" heißen dürfen. Auf jedenfall muss in „at()" aber eine numerische Variable stehen. Wir schreiben daher

denscomp.ado
```
program define denscomp
   version 6.0
   syntax varname(numeric), by(varname) at(varname numeric)
   kdensity 'varlist' if 'by'==1, gen(fx1) at('at') nograph
   kdensity 'varlist' if 'by'==2, gen(fx2) at('at') nograph
snip ✂
```

Nun ist es an der Zeit, die Änderungen auszuprobieren. Bitte speichern Sie Ihre Datei und geben Sie anschließend in Stata die Befehle

```
. discard
. drop fx1 fx2
. denscomp logeink, by(sex) at(x)
```

ein[29]. Sie sollten damit die bereits bekannte Grafik erhalten. Wenn dem so ist, können Sie weiterlesen. Wenn nicht, sollten Sie Ihre Datei sorgfältig auf Schreibfehler überprüfen. Um festzustellen, welche Programmzeile fehlerhaft ist, können Sie den auf Seite 348 beschriebenen Befehl *set trace on* verwenden. Eine weitere Hilfe zum Auffinden von Fehlern (sog. *Bugs*) ist es, wenn man sich verdächtige Programmzeilen mit „display" anzeigen lässt. Hierzu muss das Programm durch Zeilen wie diese ergänzt werden:

―――*denscomp.ado*
```
snip ✂
display "kdensity 'varlist' if 'by'==1, gen(fx1) at('at') nograph"
kdensity 'varlist' if 'by'==1, gen(fx1) at('at') nograph
snip ✂
```

Danach wird das Programm aufgerufen und die Ausgabe der „display"-Befehle untersucht. Wurde der Fehler gefunden, werden die „display"-Befehle wieder gelöscht. Vergessen Sie bei der Fehlersuche aber nicht, nach jeder Änderung am *Ado-File* die Befehle „discard" und „drop fx1 fx2" einzugeben.

11.4.3 Weitergabe von „if" und „in"

Bevor wir an den Feinschliff unseres *Ado-Files* gehen, wollen wir Ihnen noch eine einfache – wenn auch nicht ganz optimale[30] – Art zeigen, *If*- und *In*-Bedingungen in das Programm einzuführen. Ausgangspunkt ist wieder „syntax":

―――*denscomp.ado*
```
program define denscomp
   version 6.0
   syntax varname(numeric) [if] [in] , by(varname) at(varname numeric)
   snip ✂
```

Durch die Einträge „[if]" und „[in]" lässt man *If*- und *In*-Bedingungen zu. Da beide in eckigen Klammern stehen, sind beide Elemente jedoch nicht vorgeschrieben. Wieder speichert „syntax" die eingegebene *If*- oder *In*-Bedingung in ein lokales Makro, und zwar in *'if'* bzw. *'in'*. Dabei wird der gesamte Ausdruck, einschließlich der Kennwörter „if" bzw. „in" in das Makro geschrieben.

Bislang haben wir die Eingabe der *If*- und *In*-Bedingungen lediglich erlaubt. Nun müssen beide Bedingungen noch im Programm wirksam werden. Das

―――――――――――――――――――――――――――――――
[29] Zur Erinnerung: Den Befehl „discard" benötigen Sie, um den *Ado-File* der aktuell in Ihrem Arbeitsspeicher ist zu entfernen. Erst dann wird die Veränderung wirksam!

[30] Die vorgestellte Technik erfordert das Abspeichern und Wiedereinlesen des Datensatzes auf der Festplatte. Dies ist recht zeitintensiv. Elegantere Arten zur Einführung von *If*-Bedingungen können Sie in fast jedem beliebigen offiziellen Stata-*Ado-File* selbst studieren. Sie finden diese in den auf Seite 391 beschriebenen Verzeichnissen.

11.4 Selbst programmierte Stata-Befehle

Einfachste ist es, mit dem Befehl „keep" alle Fälle, für welche die Bedingungen nicht zutreffen, zu löschen und die folgenden Aktionen nur für die restlichen Daten durchzuführen. Allerdings sollte man dann vorher den Datensatz mit „preserve" speichern. Dadurch werden Datenverluste vermieden.

Damit das Löschen nur dann erfolgt, wenn „if" oder „in" angegeben wurde, benötigen Sie noch ein weiteres allgemeines Programmierwerkzeug: die *Verzweigung*. Verzweigungen sind neben Schleifen das zweite grundsätzliche Merkmal von Programmen. Sie werden mit dem Befehl „if" erstellt. Die Syntax von „if" ist derjenigen der Schleifen ähnlich:

```
if Ausdruck {
    ...
}
```

Die Ähnlichkeit von „if" und „while" ist nicht zufällig. Bei „while" werden die Befehle innerhalb der Schleife so lange ausgeführt, bis der Ausdruck vor der Schleife falsch ist. Bei „if" werden die Befehle innerhalb der Verzweigung genau dann einmal ausgeführt, wenn der Ausdruck vor der Verzweigung wahr ist.

Verzweigungen sollten *auf keinen Fall* mit dem Befehlsbaustein „if" verwechselt werden. Der Befehl

```
. summarize eink if sex == 1
```

führt dazu, dass der Befehl „summarize" für diejenigen Fälle ausgeführt wird, für welche die Variable *sex* den Wert 1 hat. Der Befehl

```
. if sex == 1 { summarize eink }
```

führt dagegen dazu, dass „summarize" entweder ausgeführt wird oder nicht. Der Befehl „summarize" wird ausgeführt, wenn für *den ersten Fall* des Datensatzes in der Variable Geschlecht der Wert 1 notiert ist. Ist dies der Fall, wird der Befehl „summarize" für alle Personen ausgeführt, unabhängig von ihrem Geschlecht. Der Befehl wird nicht ausgeführt, wenn das Geschlecht des *ersten Falles* im Datensatz nicht 1 ist.

In den meisten Anwendungen des *If*-Befehls wird die Verzweigungsbedingung durch einen Ausdruck mit einem *lokalen* Makro gebildet. Meistens wird der Befehl zur Überprüfung von Programmargumenten verwendet. Die Anwendung von „if" zusammen mit einem Ausdruck, der einen Variablennamen enthält, beruht fast immer auf einem Missverständnis[31]!

Verzweigungen können durch den Befehl „else" erweitert werden. Durch „else" kann spezifiziert werden, was geschehen soll, wenn der Ausdruck vor der Verzweigung falsch ist.

Mit Hilfe der Verzweigung kann die Vorgehenslogik für unser Problem in folgenden Programmcode übersetzt werden:

---

[31] Insbesondere ehemalige SPSS Anwender neigen dazu, den Stata *If*-Befehl mit dem SPSS *If*-Befehl zu verwechseln.

_____denscomp.ado
```
program define denscomp
   version 6.0
   syntax varname(numeric) [if] [in], by(varname) at(varname numeric)
   if "`if'" ~= "" | "`in'" ~= "" {
       preserve
       quietly keep `if' `in'
   }
   snip ✂
```
_____

Das heißt: Wenn *'if'* oder *'in'* nicht leer sind, wird der Datensatz mit „preserve" gespeichert, und anschließend nur der Teil der Daten im Arbeitsspeicher belassen, für den die in *'if'* und/oder *'in'* gespeicherten Bedingungen wahr sind. Beim Ende – oder Abbruch – des Programms wird automatisch der „restore"-Befehl durchgeführt, so dass keine Datenverluste zu befürchten sind.

Sie sollten auch diese letzte Änderung auf jeden Fall ausprobieren. Zum Beispiel durch:

. discard

. drop fx1 fx2

. denscomp logein if bul<=5, by(sex) at(x)

11.4.4 Bilden von Variablen unbekannter Anzahl

Bis jetzt wurden nur die grundlegenden Eigenschaften des *Ado-Files* festgelegt. Nun muss der *Ado-File* noch verallgemeinert werden. Dieser Feinschliff ist meist der aufwändigste Teil der Programmierung von Stata-Befehlen.

Lassen Sie uns zu Beginn der Darstellung den momentanen Stand der Dinge betrachten. Bitte speichern Sie Ihren aktuellen *Ado-File* und starten Sie dann den *Ado* mit dem Aufruf:

. discard

. drop fx1 fx2

. denscomp logein, by(est)

Beachten Sie, dass wir diesmal den Erwerbsstatus (*est*) als Variable in der Option „by()" verwendet haben. Das sollte prinzipiell funktionieren[32]:

.... Grafik auf der nächsten Seite ....

---

[32] Sollte Ihr Programm trotz hartnäckiger Fehlersuche nicht fehlerfrei funktionieren, können Sie auf unsere Datei *denscomp2.do* zurückgreifen. Diese enthält die Version unseres Programms, mit der wir untenstehende Grafik erzeugt haben. Sie können dieses verwenden, indem Sie Ihren *Ado-File* einfach durch die Programmdefinition innerhalb von *denscomp2.do* ersetzen.

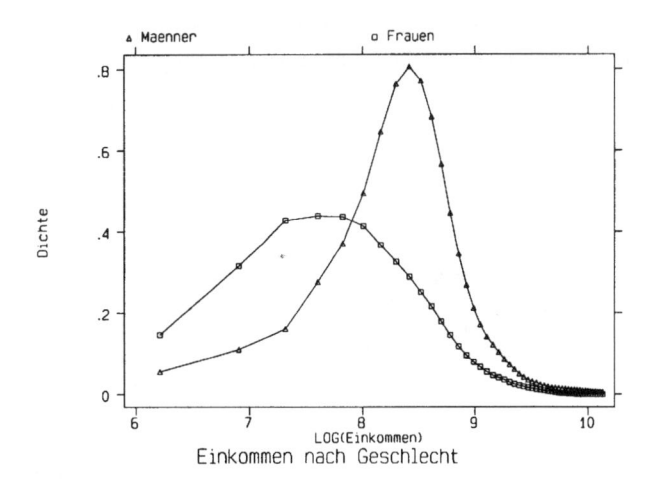

11.4 Selbst programmierte Stata-Befehle

[Abbildung: Dichtekurven des Log-Einkommens nach Geschlecht (Männer, Frauen)]

Einkommen nach Geschlecht

Allerdings ist hier irgendetwas falsch. Die Abbildung zeigt nur zwei Dichtekurven, erwartet haben wir jedoch eine Kurve für jeden einzelnen Erwerbsstatus, insgesamt also sechs. Laut Beschriftung zeigt die Grafik auch noch immer das Einkommen von Männern und Frauen an, statt des Einkommens von Personen mit unterschiedlichem Erwerbsstatus.

Offenbar gibt es noch etwas zu tun. Beginnen wollen wir hier mit dem ersten Problem: Warum werden nur zwei Dichtekurven angezeigt? Die Ursache hierfür liegt in den Zeilen

_____ *denscomp.ado*
```
snip ✂
  kdensity 'varlist' if 'by'==1, gen(fx1) at('at') nograph
  kdensity 'varlist' if 'by'==2, gen(fx2) at('at') nograph
snip ✂
```
_____

Mit diesen Zeilen wird die Dichte für die Ausprägungen 1 und 2 der in „by()" angegebenen Variable berechnet. Wenn wir den Befehl

`. denscomp logeink, by(est)`

eingeben, wird das lokale Makro 'by' durch *est* ersetzt und daher nur die Dichte für die beiden ersten Ausprägungen des Erwerbsstatus berechnet.

Das Problem besteht nun darin, dass wir nicht wissen wie viele Kategorien die Variable in „by()" aufweist. Daraus folgt, dass wir nicht wissen, wie oft wir den *kdensity*-Befehl in unserem Programm ausführen müssen.

Sicher ahnen Sie die Lösung des Problems. Wenn wir die Anzahl der Kategorien wüßten, könnten wir in unserem Programm eine Schleife konstruieren, welche den *kdensity*-Befehl für jede Kategorie der Variable in „by()"

durchführt und dann aufhört, wenn keine Kategorien mehr übrig sind. Wie können wir herausfinden, wie viele Kategorien vorliegen?

Sie kennen die Antwort! Wir haben sie in Abschnitt 5.1.3 auf Seite 83 ausführlich beschrieben. Sie lautet:

denscomp.ado
```
snip ✂
  sort 'by'
  quietly by 'by': gen groups = 1 if _n == 1
  quietly replace groups = sum(groups)
  kdensity 'varlist' if 'by'==1, gen(fx1) at('at') nograph
  kdensity 'varlist' if 'by'==2, gen(fx2) at('at') nograph
snip ✂
```

Hierdurch erhalten Sie die Variable *groups*, die für jede Kategorie der Variable in *'by'* einen Wert enthält. In der letzten Beobachtung von *groups* steht die Anzahl der Kategorien[33]. Danach ist die Konstruktion der Schleife einfach. Notieren Sie sich zunächst die Anzahl der Kategorien in einem lokalen Makro mit dem Namen *'K'* ...

denscomp.ado
```
snip ✂
  replace groups = sum(groups)
  local K = groups[_N]
  kdensity 'varlist' if 'by'==1, gen(fx1) at('at') nograph
snip ✂
```

... und konstruieren Sie anschließend eine Schleife über einen Laufindex *'i'*, in der Sie den „kdensity"-Befehl für jede Kategorie der zuvor gebildeten Variable *groups* ausführen[34]:

denscomp.ado
```
snip ✂
  local K = groups[_N]
  local i 1
  while 'i' <= 'K' {
      kdensity 'varlist' if groups=='i', gen(fx'i') at('at') nograph
      local i = 'i' + 1
  }
  label variable fx1 "Maenner"
snip ✂
```

---

[33] Beachten Sie, dass diese Angabe nicht zwangsläufig in der *By*-Variable selbst steht. Die Variable *est* z.B. hat eine Ausprägung 7, trotzdem aber nur 6 Kategorien. Die Kategorie 5 ist nicht besetzt.

[34] Die beiden „kdensity"-Befehle werden durch die Schleife ersetzt.

11.4 Selbst programmierte Stata-Befehle

Beachten Sie, dass der Befehl „kdensity" nun so oft ausgeführt wird, wie die Variable *groups* Kategorien hat. Entsprechend viele *fx*-Variablen werden erzeugt, in der ersten Runde *fx1*, in der zweiten Runde *fx2* usw. Da die Anzahl der *fx*-Variablen nun nicht mehr feststeht, müssen wir auch den Grafik-Befehl diesen neuen Gegebenheiten anpassen. Dafür ist es das Beste, innerhalb der Schleife eine Liste der *fx*-Variablen zusammenzustellen und diese in einem lokalen Makro – sagen wir *'yvars'* – zu speichern:

--*denscomp.ado*
```
snip ><
  while 'i' <= 'K' {
    kdensity 'varlist' if groups=='i', gen(fx'i') at('at') nograph
    local yvars "'yvars' fx'i'"
    local i = 'i' + 1
  }
snip ><
```

Das lokale Makro *'yvars'* können wir dann anstelle von *fx1* und *fx2* im Grafik-Befehl einsetzen:

--*denscomp.ado*
```
snip ><
  graph 'yvars' 'at', c(ll) s(TS) xlab ylab bor /*
  */ ti("Einkommen nach Geschlecht") llt(Dichte) sort
snip ><
```

Nun ist es wieder Zeit für eine Fehlerkontrolle:

```
. drop fx*
. discard
. denscomp logeink, by(est)
```

Das sieht nun schon besser aus. Weniger schön ist allerdings, dass nur ein Teil der Datenbereiche mit Linien verbunden wird. Außerdem bleibt noch das Problem der Beschriftung der Grafik. Es wartet also immer noch ein bisschen Arbeit auf uns.

11.4.5 Veränderbare Voreinstellungen

Die erste Frage ist nun, wie die Grafik beschriftet werden sollte. Als Voreinstellung schlagen wir vor, dass der Grafiktitel „Variablenname by By-Variable" heißen sollte, wobei für das Wort *Variablenname* der Name der Variable eingesetzt wird, von der die Dichte betrachtet wird und für *By-Variable* der Namen der Variable in der Option „by()". Als *Y*-Achsen Titel scheint „Density" angemessen. Die Bedeutung der Datenbereiche erklären wir in der Legende durch Spezifikation der Gruppen, die jeweils dargestellt werden.

Lassen Sie uns mit dem Grafiktitel beginnen. Eine einfache Art das gewünschte Ergebnis zu erzielen, ist die Veränderung des Grafik-Befehls:

denscomp.ado
```
snip >—<
  graph 'yvars' 'at', c(ll) s(TS) xlab ylab bor /*
  */ ti("'varlist' by 'by'") llt(Dichte) sort
snip >—<
```

Das hat aber den Nachteil, dass wir immer an diesen Titel gebunden wären. Damit wir den Titel beim Aufruf des Programms ändern können, müssen wir eine entsprechende Option zulassen:

denscomp.ado
```
snip >—<
  syntax varname(numeric) [if] [in] , by(varname) at(varname numeric) /*
  */ [TItle(string)]
snip >—<
```

Nun können wir beim Programmaufruf einen Titel eingeben. Da wir nicht dazu verpflichtet sein wollen einen Titel einzugeben, haben wir die Option in eckige Klammern gesetzt. Die beiden groß geschriebenen Buchstaben bewirken, dass wir beim Aufruf des Programms *title* mit *ti* abkürzen können.

Wie gehabt speichert der Befehl „syntax" alles innerhalb der Klammer in das lokale Makro *'title'*. Den können wir dann weiter unten verwenden:

denscomp.ado
```
snip >—<
  graph 'yvars' 'at', c(ll) s(TS) xlab ylab bor /*
  */ ti("'title'") llt(Dichte) sort
snip >—<
```

Nun haben wir aber keinen voreingestellten Titel mehr. Das ist auch nicht optimal (wenn auch durchaus nicht *unüblich*). Zu einem voreingestellten Titel ist es jetzt aber nur noch ein kleiner Schritt. Ergänzen Sie Ihr Programm durch folgende Zeile (die am besten direkt vor der Grafik stehen sollte):

denscomp.ado
```
snip >—<
  if "'title'" == "" {local title "'varlist' by 'by'"}
  graph 'yvars' x, c(ll) s(TS) xlab ylab bor /*
  */ ti("'title'") llt(Dichte) sort
snip >—<
```

11.4 Selbst programmierte Stata-Befehle

Das heißt wenn das lokale Makro 'title' leer ist, also nichts eingegeben wurde, wird es mit „varlist' nach 'by'" gefüllt.

Dasselbe Verfahren kann man auch für die anderen Merkmale der Grafik anwenden, z.B. den Y-Achsentitel:

_____denscomp.ado
```
snip ✂
   syntax varname(numeric) [if] [in], by(varname) at(varname numeric) /*
   */ [ TItle(string) LItitle(string) ]
snip ✂
   if "'title'" == "" {local title "'varlist' by 'by'" }
   if "'l1title'" == "" {local l1title "Density" }
   graph 'yvars' 'at', ti("'title'") l1t("'l1title'") sort
end
exit
```

Beachten Sie, dass wir in unserem Grafik-Befehl jetzt bis auf „sort" auch alle anderen Optionen weggelassen haben. Wir haben dies „getan", damit die Grafik, abgesehen von den explizit definierten Voreinstellungen, wie eine Stata-Standardgrafik aussieht. Gleichzeitig wollen wir aber alle Eigenschaften der Grafik beim Aufruf des Programms bestimmen können. Dazu ist noch eine Veränderung notwendig: Wir lassen ein *Wildcard*-Element bei den Optionen zu:

_____denscomp.ado
```
snip ✂
   syntax varname(numeric), by(varlist) at(varlist numeric) /*
   */ [ TItle(string) LItitle(string) * ]
snip ✂
   graph 'yvars' 'at', ti("'title'") l1t("'l1title'") 'options' sort
snip ✂
```

Das Sternchen „*" bedeutet, alles ist erlaubt. Sie können beim Aufruf des Programms zusätzlich zu den explizit erlaubten beliebige weitere Optionen eingeben. Diese beliebigen Optionen werden von „syntax" in das lokale Makro 'options' geschrieben, welches Sie anschließend im Grafik-Befehl einsetzen können.

Diese Änderungen sollten Sie jetzt unbedingt ausprobieren. Unglücklicherweise müssen Sie auf Grund der vorangegangenen Änderungen auch die Variable *groups* löschen, bevor Sie den Test durchführen können. Geben Sie also ein:

```
. drop fx* groups
. discard
. denscomp lögein, by(est) at(x) c(llllll)
```

Wenn Ihre Version von *denscomp.ado* fehlerfrei läuft, werden Sie feststellen, dass wir mit den letzten Änderungen auch das Problem der fehlenden Verbindungen von Datenbereichen in den Griff bekommen haben.

11.4.6 Syntaxkontrollen

Das *Wildcard*-Element im „syntax"-Befehl ist leider nicht ganz unproblematisch. Den Grund sehen Sie, wenn Sie

```
. drop fx* groups
. denscomp logeink, by(sex) hoppla
```

an der Kommandozeile eingeben. Obwohl dies offensichtlich sinnlos ist, wird der Befehl „syntax" keine Fehlermeldung anzeigen – schließlich haben wir durch „*" alles erlaubt. Das Programm wird also zunächst begonnen. Allerdings werden Sie am Ende doch eine Fehlermeldung bekommen: bei der Ausführung des Grafik-Befehls. Aus ihm wird im Programm:

```
graph fx1 fx2 x, ti("logeink by sex") l1t("Density") hoppla
```

Da *hoppla* keine gültige Grafikoption ist, wird der Befehl nicht ausgeführt. So weit so gut. Problematisch ist, dass zuvor sämtliche Dichten berechnet werden. Sie müssen also lange warten, bis Sie erfahren, dass etwas faul ist. In solchen Fällen ist es eine gute Idee, ziemlich am Anfang eines Programms die Eingabe auf mögliche Fehler zu untersuchen. Das macht das Programm zwar etwas langsamer, aber der Aufwand lohnt sich. Wir schlagen Folgendes vor[35]:

--*denscomp.ado*

```
snip ><
  local K = groups[_N]
  if "`options'" ~= "" {
     set graph off
     quietly tab groups, gen(_g)
     capture graph `_g*' `at', `options'
     set graph on
     if _rc ~= 0 {
        display in red "options invalid"
        exit _rc
     }
  }
  local i 1
snip ><
```

Wir haben diese Fehlerkontrolle nicht ganz an den Anfang gesetzt, da wir für sie die Variable *groups* benötigen. Diese muss darum zuerst gebildet werden. Mit den Befehlen selbst hat es Folgendes auf sich: Wenn wir außer „by()" und „at()", „title()" oder „l1title()" noch eine Option angegeben haben, macht Stata einen kleinen Umweg auf dem die Syntax dieser zusätzlichen Optionen überprüft wird. Auf dem Umweg wird zunächst die Grafikanzeige ausgeschaltet. Danach wird ein Grafik-Befehl erzeugt, in den die entsprechenden

---

[35] Das Programm enthält hier die Befehlskombination „tab *varname*, gen(*varname*)". Zur Erläuterung dieses Befehls vgl. Seite 220.

11.4 Selbst programmierte Stata-Befehle

Optionen eingesetzt werden. Läuft der Grafik-Befehl fehlerfrei, wird auch die Grafik weiter unten keine Probleme machen. Wichtig ist dabei, dass die Test-Grafik dieselbe Anzahl von Y-Variablen hat wie die eigentliche Grafik. Wir erreichen das, indem wir *Dummy*-Variablen für jede Kategorie der Variable in „by()" gegen die Variable in „at()" plotten. Die *Dummy*-Variablen erzeugen wir unmittelbar vor dem Grafik-Befehl durch *tab groups, gen(_g)*.

Wenn der Grafik-Befehl fehlschlägt, sollte das Programm jedoch noch nicht abbrechen, da sonst die Grafikanzeige ausgeschaltet bleibt. Deshalb haben wir ein *capture* vor den Befehl gesetzt und beenden das Programm erst nachdem wir die Grafikanzeige wieder angeschaltet haben. Zum Beenden des Programms nutzen wir eine Eigenschaft von „capture", die wir bis jetzt verschwiegen haben. Der Befehl „capture" speichert den *Return-Code* desjenigen Befehls vor dem „capture" steht. Der *Return-Code* ist 0, wenn der Befehl ohne Fehler durchgeführt werden konnte. In allen anderen Fällen wird irgendeine Zahl verwendet. In unserem Programm beginnt, wenn der *Return-Code* nicht Null ist, eine Verzweigung in der (in rot) die Meldung „options invalid" angezeigt wird. Danach wird das Programm beendet, wobei die Ziffer des *Return-Codes* ausgegeben wird.

Wenn Sie nun fehlerhafte Optionen eingeben, erhalten Sie viel schneller ein Fehlermeldung:

```
. drop fx* groups
. discard
. denscomp logein, by(est) at(x) hoppla
options invalid r(198);
```

11.4.7 Erweiterte Makrofunktionen

Jetzt fehlt noch die Beschriftung der Datenbereiche in der Legende. Das ist ein wenig trickreich. In der Voreinstellung von Stata werden die Variablenlabel der einzelnen Datenbereiche in der Legende oberhalb der Grafik ausgegeben. Wir können diese Voreinstellung nutzen, indem wir die einzelnen von *kdensity* erzeugten Variablen mit geeigneten Variablenbeschriftungen versehen. Im Idealfall sollte uns die Legende über die Kategorie der Variable in „by()" informieren. Sinnvoll wäre es, den *Value-Label* der Variable in „by()" als Variablenbeschriftung der unterschiedlichen Datenbereiche zu verwenden.

Dies können wir mit der *erweiterten* Makrofunktion „label" erreichen. In lokalen Makros können eine Reihe von Funktionen angewandt werden, die nur hier erlaubt sind: die so genannten *erweiterten Makrofunktionen*. Die allgemeine Syntax für erweiterte Makrofunktionen ist:

```
local makroname: extended macro function
```

Stata bekommt also durch den Doppelpunkt mitgeteilt, dass eine erweiterte Makrofunktion folgt. In unserem Fall könnten wir prinzipiell

```
local lab'i': label (groups) 'i'
```

innerhalb der Schleife verwenden. In der ersten Runde der Schleife würde dies bedeuten, dass das lokale Makro *'lab1'* durch den *Value-Label* für 1 der Variable *groups* gebildet wird. Das ist allerdings nicht besonders hilfreich, da für die Variable *groups* ja gar keine *Value-Label* definiert wurden. Was man benötigt ist das *Value-Label* der Variable in „by()" für diejenige Ausprägung, die der augenblicklichen Ausprägung von *groups* entspricht. Eine mögliche Strategie sind folgende drei Befehle innerhalb der Schleife:

denscomp.ado

```
snip >< 
  while 'i' <= 'K' {
      kdensity 'varlist' if groups=='i', gen(fx'i') at('at') nograph
      local yvars "'yvars' fx'i'"
      quietly summarize 'by' if groups == 'i'
      capture local lab'i': label ('by') 'r(mean)'
      lab var fx'i' "'lab'i''"
      local i = 'i' + 1
  }
  if "'title'" == "" {local title "'varlist' by 'by'"}
snip ><
```

Die drei neuen Befehle ersetzen die bisher nach der Schleife stehenden „label"-Befehle. Mit dem ersten Befehl berechnen wir den Mittelwert der Variable in „by()" für die Personen mit dem Wert *'i'* auf der Variable *groups*. Da jeder Kategorie von *groups* genau eine Kategorie der Variable in „by()" zugeordnet ist, entspricht dieser Mittelwert genau der entsprechenden Kategorie der *By*-Variable. Den Mittelwert verwenden wir dann, um den entsprechenden *Value-Label* der *By*-Variable im Makro *'lab'i'* zu speichern. Dabei verwenden wir „capture", weil wir ansonsten eine Fehlermeldung erhielten, wenn kein *Value-Label* vergeben wurde. Schließlich verwenden wir *'lab'i'* als Variablenlabel für den Datenbereich.

Mit dieser Änderung wäre eine erste Rohfassung des *Ado-Files* fertig. In Abbildung 11.1 auf der nächsten Seite finden Sie den bisher erreichten Stand auf einen Blick. Zu besserer Übersicht haben wir auch noch einige Kommentare eingefügt. Zum Überprüfen des bisher erreichten Stands müssen Sie nun auch die *Dummy*-Variablen _g*, die wir im Rahmen der Syntaxkontrolle gebildet haben, löschen:

```
. discard
. drop fx1 fx2 groups _g*
. denscomp logeink, by(bil) at(x) c(111111)
```

Bevor Sie den nächsten Abschnitt durcharbeiten sollte Ihr Programm möglichst fehlerfrei laufen, da das Auffinden von Fehlern nach dem nächsten Abschnitt noch schwieriger wird. Probieren Sie bitte auch möglichst verschiedene Kombinationen von Grafik-Optionen, *If*- und *In*-Bedingungen sowie unterschiedliche Variablen aus.

11.4 Selbst programmierte Stata-Befehle

```
program define denscomp
    version 6.0
    syntax varname(numeric) [if] [in], by(varname) at(varname numeric) /*
    */ [TItle(string) L1title(string) * ]

    * if/in
    if "`if'" ~= "" | "`in'" ~= "" {
        preserve
        quietly keep `if' `in'
    }

    * How many kategories of byvar?
    sort `by'
    quietly by `by': gen groups = 1 if _n == 1
    quietly replace groups = sum(groups)
    local K = groups[_N]

    * Check graph options
    if "`options'" ~= "" {
        set graph off
        quietly tab group, gen(_g)
        capture graph `_g*' `at', `options'
        set graph on
        if _rc ~= 0 {
            display in red "options invalid"
            exit _rc
        }
    }

    * Calculate Kernel-Densities
    local i 1
    while `i' <= `K' {
        kdensity `varlist' if groups == `i', gen(fx`i') at(`at') nograph
        local yvars "`yvars' fx`i'"
        quietly summarize `by' if groups == `i'
        capture local lab`i': label (`by') `r(mean)'
        lab var fx`i' "`lab`i''"
        local i = `i' + 1
    }

    * Graph Defaults
    if "`title'" == "" {local title "`varlist' by `by'"}
    if "`l1title'" == "" {local l1title "Density"}

    *Graph
    graph `yvars' `at', ti("`title'") l1t("`l1title'") `options' sort
end
exit
```

Abbildung 11.1: Rohfassung von *denscomp.ado*

11.4.8 Veränderungen am Datensatz vermeiden

Ein Programm, in dem neue Variablen erzeugt werden, erweist sich in der Praxis als lästig. Wer möchte schon vor jeder Wiederholung eines Programms Variablen des vorhergehenden Aufrufs löschen. Es wäre darum naheliegend, die neu gebildeten Variablen am Ende des Programms einfach wieder zu löschen – doch ist auch dies nicht sehr viel besser. Denn es setzt voraus, dass das Programm tatsächlich bis zum Ende läuft. Wird das Programm vom Benutzter unterbrochen, oder bricht das Programm mit einer Fehlermeldung ab, bleiben die bis dahin gebildeten Variablen im Datensatz.

Ein sinnvolleres Vorgehen knüpft an die Idee der lokalen Makros an. Lokale Makros haben nur innerhalb einer bestimmten Umgebung Gültigkeit. Entsprechend könnte man sich Variablen vorstellen, die lediglich innerhalb einer Umgebung existieren. Wenn man in einem Programm solche Variablen bildet, kann man sie im Programm verwenden, außerhalb des Programm existieren sie dagegen nicht.

Derartige Variablen werden von Stata als *temporäre Variablen* bezeichnet. Temporäre Variablen existieren lediglich innerhalb einer Umgebung. Sie werden in zwei Schritten definiert:

1. Hinzufügen der temporären Variablen zum Datensatz
2. Bilden der temporären Variablen

Temporäre Variablen werden mit dem Befehl *tempvar* zum Datensatz hinzugefügt. Die Bildung der temporären Variablen erfolgt mit den üblichen Befehlen. Die Variablennamen werden jedoch in die von den lokalen Makros her bekannten Anführungszeichen ' und ' eingeschlossen.

Möchte man in einem Programm z.B. die Variablen *x1* und *x2* erzeugen, so kann man wie folgt vorgehen:

--*xyz.ado*
```
    snip >-<
    tempvar x1 x2
    gen `x1' = Ausdruck
    gen `x2' = Ausdruck
    snip >-<
```

In unserem *Ado-File* ist diese Vorgehensweise jedoch schwierig, da wir zunächst noch nicht genau wissen, wie viele Variablen erzeugt werden. Sicher ist, dass wir die Variable *groups* erzeugen. Daneben erzeugen wir eine unbekannte Anzahl von Variablen für die einzelnen Dichten (*fx**). Wenn Grafik-Optionen angegeben werden, erzeugen wir schließlich eine zunächst unbekannte Anzahl von _*g**-Variablen. Aus diesem Grund müssen wir die temporären Variablen nach folgendem Muster erzeugen:

11.4 Selbst programmierte Stata-Befehle

xyz.ado
```
snip ✂
  tempvar x1
  gen 'x1' = Ausdruck
  tempvar x2
  gen 'x2' = Ausdruck
snip ✂
```

Hier wird jede temporäre Variable unmittelbar vor ihrer Bildung zum Datensatz hinzugefügt.

Der *Code* für die Variable *groups* lautet danach:

denscomp.ado
```
snip ✂
* How many kategories of byvar
tempvar groups
sort 'by'
quietly by 'by': gen 'groups' = 1 if _n = 1
quietly replace 'groups' = sum('groups')
local K = 'groups'[_N]
snip ✂
```

Bitte schließen Sie in Ihrem Programm auch alle anderen Vorkommnisse des Variablennamens *groups* mit den Zeichen ' und ' ein.

Der *Code* für die *fx*-Variablen lautet:

denscomp.ado
```
snip ✂
  while 'i' <= 'K' {
    tempvar fx'i'
    kdensity 'varlist' if 'groups'=='i', gen('fx'i'') at('at') nograph
  }
snip ✂
```

Beachten Sie die beiden einfachen Anführungszeichen. Das erste Zeichen markiert das Ende des lokalen Makros *'i'*, dass zweite das Ende der temporären Variable. Bitte ersetzen Sie *fx'i'* auch an allen anderen Stellen des Programms durch *'fx'i''*.

Der *Code* für die *_g*-Variablen ist etwas komplizierter, weil wir die *Dummy*-Variablen nicht einzeln in einer Schleife, sondern mit nur einem Befehl erzeugen. Da wir jedoch bereits wissen, wie viele Kategorien unsere „by()"-Variable hat, können wir dieses Wissen nutzen, um eine entsprechende Schleife zu konstruieren. Dabei ist es sinnvoll, die Namen der *Dummy*-Variablen wieder in einem lokalen Makro zu sammeln.

denscomp.ado

```
snip >─<
    * Check Graph Options
    if "`*'" ~= "" {
        set graph off
        local k 1
        while `k' <= `K' {
            tempvar _g`k'
            quietly gen `_g`k'' = `groups' == `k'
            local dummies "`dummies' `_g`k''"
            local k = `k' + 1
        }
        capture graph `dummies' `at', `options'
    }
snip >─<
```

Nach dem Ersetzen von _g durch `_g' ist die *Beta*-Version des *Ado-File* fertig. Spätestens diese *Beta*-Version sollte nun intensiven Tests unterzogen werden. Probieren Sie Ihren *Ado-File* zunächst mit unterschiedlichen Variablen. Testen Sie dann unterschiedlichste *If*- und *In*-Bedingungen. Zum Schluss sollten Sie noch unterschiedliche Grafik-Optionen versuchen. Wir sind uns ziemlich sicher, dass Sie dabei schnell Raum für Verbesserungen entdecken werden. Diese wollen wir Ihnen aber selbst überlassen.

11.4.9 Help-Files

Wenn Sie mit Ihrem Ado zufrieden sind, sollten Sie noch einen *Help-File* schreiben. *Help-Files* sind einfache ASCII-Dateien, die von Stata am Bildschirm angezeigt werden, wenn man

. help Befehlsname

eingibt.

Damit Stata den *Help-File* zu einem Befehl findet, sollte der *Help-File* denselben Namen wie der *Ado-File* haben, jedoch mit der Erweiterung „.hlp". Der *Help-File* für unser Beispiel müsste also *denscomp.hlp* heißen.

Damit bei der Anzeige des *Help-Files* am Bildschirm bestimmte Zeichen oder Worte hervorgehoben werden, benutzen Sie ein *Caret* (^) oder das *At*-Zeichen (@). Wenn in Ihrem Hilftext z.B. die Zeile

denscomp.hlp

```
snip >─<
^denscomp^ uses @kdensity@ to estimate densities of varname for categories of
by().
snip >─<
```

steht, so erscheint beim Aufruf der Hilfe durch „help denscomp" die Zeile „**denscomp** uses **kdensity** to estimate densities of varname for categories of by()"

auf dem Bildschirm. Der Unterschied zwischen dem *At*-Zeichen und dem Caret ist, dass Text innerhalb der *At*-Zeichen auf andere Hilfetexte verweist. In unserem Beispiel können Windows- und Macintosh-Anwender, wenn Sie das menübasierte Hilfesystem aufrufen, durch Klicken auf **kdensity** den Hilfetext von „kdensity" aufrufen.

In [U] „21.11.6" finden Sie weitere Informationen zu Hilfetexten, insbesondere auch eine Empfehlung zur Gliederung der Texte.

11.5 Kurzzusammenfassung

Die wichtigsten Formen von Makros in Stata sind:

- Lokale Makros. Sie enthalten beliebige Zeichen, die jedoch stets in einer Zeile stehen. Sie werden im Arbeitsspeicher abgespeichert und durch Nennung des Makronamens aufgerufen. Lokale Makros gelten nur innerhalb einer Umgebung.

- *Do-Files*. Sie enthalten mehrere Zeilen mit Stata-Befehlen und werden in einer Datei auf der Festplatte gespeichert. Der Aufruf von *Do-Files* erfolgt durch den Befehl „do" und der Nennung des Dateinamens.

- Programme. Sie enthalten mehrere Zeilen mit Stata-Befehlen und werden im Arbeitsspeicher gespeichert. Der Aufruf erfolgt durch Nennung des Programmnamens.

- *Ado-File*. Spezielle Form eines *Do-Files* mit der Dateinamenerweiterung „ado". *Ado-Files* enthalten eine Programmdefinition und werden durch Nennung des Dateinamens *leise* ausgeführt. Anschließend wird das im *Ado* definierte Programm aufgerufen. *Ado-Files* sind externe Stata-Befehle.

Folgende Befehle sollten Sie kennen, wenn Sie Programme erstellen wollen:

. `local a "text"` Definiert das lokalen Makro *'a'* mit dem Inhalt *text*. Die Anführungszeichen können weggelassen werden.

. `local a = Funktion` Definiert das lokalen Makro *'a'*, dessen Inhalt dem Ergebnis der Funktion entspricht.

. `program define progname` Definiert den Programmnamen *progname*. Alle danach eingegebenen Stata-Befehle werden unter dem Namen *progname* im Arbeitsspeicher abgespeichert.

. `end` Beendet das Abspeichern von Befehlen im Arbeitsspeicher.

. `while` Ausdruck { Befehle } Definiert eine Schleife. Die zwischen { und } stehenden Befehle werden so lange ausgeführt, bis der Ausdruck *falsch* ist.

. `if` Ausdruck { Befehle } Definiert eine Verzweigung. Die zwischen { und } stehenden Befehle werden einmal ausgeführt, wenn der Ausdruck *wahr* ist.

. `macro shift` Verschiebt die positionalen Argumente '*1*', '*2*' usw. um jeweils eine Position nach unten.

. `syntax` Syntaxdiagramm Überprüft die beim Aufruf eines Programms eingegebenen Argumente und schreibt diese in spezifische lokale Makros.

. `tokenize` '`makroname`' Verteilt die im lokalen Makro '*makroname*' gespeicherten Zeichen auf die positionalen Argumente.

Kapitel 12

Rund um Stata

12.1 Ressourcen mit Informationen

Zusätzlich zu den Handbüchern gibt es eine ganze Reihe von Ressourcen zum Erlernen und Vertiefen Ihrer Stata-Kenntnisse. Den vollständigsten und aktuellsten Zugang zu diesen Ressourcen bekommen Sie über die Hompage von Stata unter folgender Adresse: *http://www.stata.com*. Auf einige Ressourcen wollen wir besonders hinweisen:

- Das *Stata Technical Bulletin* (STB)[1] ist eine Zeitschrift, die sechsmal jährlich erscheint. In ihr werden Themen zur Datenanalyse mit Stata behandelt. Zusammen mit dem STB werden regelmäßig neue Programme für Stata veröffentlicht, die auch diejenigen nutzen können, welche die Zeitschrift selbst nicht abonniert haben[2].

- Die *Statalist*[3] ist eine Internet-Diskussionsgruppe, an der sich jeder beteiligen kann. Sie ist das Forum für knifflige Fragen zu Stata aber auch zu statistischen Verfahren allgemein[4]. Um teilzunehmen schicken Sie eine *email* an folgende Adresse: „majordomo@hsphsun2.harvard.edu". In der ersten Zeile dieser *email* steht lediglich „subscribe statalist <*Ihre email-Adresse*>". Die Betreff-Zeile bleibt leer. Um ihre Teilnahme zu beenden, schreiben Sie „unsubscribe statalist <*Ihre email-Adresse*>" an dieselbe Adresse. Die Teilnahme ist kostenfrei.

---
[1] *http://www.stata.com/support/stb/faq/*
[2] Siehe hierzu Abschnitt 12.3.1 auf Seite 386.
[3] *http://www.stata.com/support/faqs/res/statalist.html*
[4] Dort werden auch einfache Fragen gestellt und beantwortet. Trotzdem sollte man zuerst die Hilfefunktionen und die Handbücher konsultieren, bevor man eine Frage an die Statalist stellt.

- Der *Stata-Bookstore*[5] enthält Bücher über Stata oder über statistische Verfahren, die mit Stata erläutert werden. Die Bücher können online bestellt werden, allerdings ist mit erheblichen zusätzlichen Kosten für den Versand sowie für Zollgebühren zu rechnen.

- Die *Stata-NetCourses*[6] sind Kurse, die von Stata über das Internet durchgeführt werden. Die Kursleiter verschicken *emails* mit Lektionen und Aufgaben an alle Teilnehmer. Fragen der Teilnehmer an die Kursleiter können von allen Teilnehmern gelesen werden, ebenso deren Antworten. *NetCourses* gibt es für Anfänger und für Fortgeschrittene[7].

- Zusätzliche *Links*[8] verweisen zu einer Vielzahl weiterer Ressourcen, wie z.B. zu Webseiten mit Stata-Einführungen.

12.2 Pflege von Stata

Bisher gab es nur wenig neue Versionen des Stata-Programmpaketes. Die meisten der bisherigen Stata-Versionen waren über 2 Jahre auf dem Markt. Dies heißt jedoch nicht, dass Stata während dieser Zeit nicht verändert würde. Im Gegenteil: Stata wird in der Regel alle zwei Monate *verändert*, d.h. es werden Fehler beseitigt und *neue* Befehle hinzugefügt. Damit Ihre Installation von Stata auf dem neuesten Stand ist, sollten Sie diese Veränderungen mitmachen. Bei der „Pflege" von Stata entstehen Ihnen *keine* zusätzlichen Kosten.

Die Veränderungen von Stata können sich auf *interne* und *externe* Kommandos beziehen. *Interne* Kommandos sind Bestandteil der Datei *wstata.exe*[9]. Bei Veränderungen *interner* Kommandos muss diese Datei durch eine andere ersetzt werden. Externe Kommandos sind sog. *Ado-Files*, kurz *Ados*. Dabei handelt es sich um eine spezielle Art von *Do-Files*, die durch einige kleinere Tricks so verändert wurden, dass sie eine bestimmte Aufgabe für alle Datensätze erledigen können. Für den Benutzer funktionieren *Ados* wie ganz normale Stata-Befehle oder besser: die meisten Stata-Befehle sind *Ados*. Bei den meisten Veränderungen von Stata werden neue *Ados* hinzugefügt.

Bei den *Ados* ist zwischen offiziellen und inoffiziellen *Ados* zu unterscheiden. *Offizielle Ados* sind fester Bestandteil von Stata, d.h. jeder, der Stata installiert hat, besitzt sie. *Inoffizielle Ados* besitzen dagegen nur diejenigen Benutzer, die sie zusätzlich installieren.

---

[5] http://www.stata.com/bookstore/
[6] http://www.stata.com/info/products/netcourse/
[7] Die Teilnahme ist kostenpflichtig und nur mit Angabe einer Lizenznummer möglich.
[8] http://www.stata.com/links/resources.html
[9] Dies gilt für Stata für Windows. Andere Versionen von Stata verwenden andere Namen für die Datei der internen Kommandos, z.B. *stata* unter Linux.

12.2 Pflege von Stata

Wir beginnen unsere Erläuterung mit der Installation von Veränderungen in Form offizieller *Ados*. Im nächsten Abschnitt stellen wir Ihnen die Installation der inoffiziellen *Ados* vor.

Der Pflege der *offiziellen* Stata-Installation dient der Befehl „update". Im einfachsten Fall geben Sie zunächst folgenden Befehl ein:

. update query

Danach verbindet sich Stata mit dem Internet und zeigt Ihnen eine Ausgabe ähnlich der folgenden:

```
(contacting http://www.stata.com)

Stata executable
    folder:                C:\Stata\
    name of file:          wstata.exe
    currently installed:   17 Apr 2000
    latest available:      25 May 2000

Ado-file updates
    folder:                C:\Stata\ado\updates\
    names of files:        (various)
    currently installed:   29 Apr 2000
    latest available:      14 Aug 2000

Recommendation
    Type -update all-
------------------------------------------------------------------------
```

Der Befehl vergleicht die Daten der installierten Dateien mit denen der neuesten Versionen dieser Dateien. Im vorliegenden Fall sind die internen wie die externen Kommandos etwas veraltet. Es empfiehlt sich, beide zu erneuern. Dies geschieht durch:

. update all

In Fällen, in denen nur die externen Kommandos erneuert werden müssen, wird „update ado" eingegeben, für die Erneuerung interner Kommandos „update executable". Danach verbindet sich Stata erneut mit dem Internet, sucht nach den entsprechenden Dateien und kopiert Sie an die richtige Stelle auf ihrer Festplatte. Bezüglich der *Ados* hat sich die Sache damit erledigt. Handelte es sich um interne Kommandos, müssen Sie noch eine Kleinigkeit erledigen. Der Befehl „update all" speichert die Datei *wstata.bin* im Stata-Programmverzeichnis. Diese Datei muss in *wstata.exe* umbenannt werden. Hierzu müssen Sie jedoch Stata beenden und zunächst die alte *wstata.exe* in z.B. *wstata.old* umbenennen[10]. Die Datei *wstata.old* können Sie löschen, wenn Sie sicher sind, dass alles weiterhin fehlerfrei läuft. Eine Auflistung der durch das *Update* vorgenommenen Veränderungen bekommen Sie mit dem Kommando „help whatsnew".

---
[10]Windows-Nutzer können die Umbenennung zum Beispiel im Programm-Manager durchführen.

Die beschriebene Prozedur setzt voraus, dass Ihr Computer eine Verbindung zum Internet hat. Sollte dies nicht der Fall sein, stehen Ihnen zwei Möglichkeiten zur Verfügung:

- Sie fordern von Stata die neuste STB-Diskette an, auf der Sie die offiziellen *Updates* finden. Danach gehen Sie wie folgt vor: Legen Sie die Diskette in das Diskettenlaufwerk und verfahren Sie wie oben beschrieben. Verwenden Sie nun jedoch zusätzlich die Option „from()", wobei Sie innerhalb der Klammer die Laufwerkskennung Ihres Diskettenlaufwerks angeben (z.B. „update ado, from(a:/)").

- Sie können sich die offiziellen *Updates* als *Zip-Archiv*[11] aus dem Internet herunterladen. Entpacken Sie das Zip-Archiv mit einem Programm zum Entpacken von Zip-Archiven[12], wobei Sie darauf achten sollten, dass die Verzeichnisstrukur des Archivs erhalten bleibt. Danach gehen Sie wie oben beschrieben vor, verwenden nun jedoch die Option „from()" mit dem Namen des Verzeichnisses, in dass Sie das Zip-Archiv entpackt haben (z.B. „update ado, from(c:/temp)").

12.3 Zusätzliche Prozeduren

Das Schöne an *Ados* ist, dass sie von jedem Stata-Anwender relativ einfach selbst erstellt werden können[13]. Genau das hat Statistiker in aller Welt dazu verleitet, *Ados* für statistische Verfahren zu programmieren, für die es in Stata eigentlich keine Befehl gibt. Ist ein solcher *Ado* dann programmiert, kann ihn jeder Stata-Benutzer installieren und anschließend wie jeden normalen Stata-Befehl verwenden. Wie dies vonstatten geht, welche Arten von Erweiterungen es gibt und wie Sie neue *Ados* finden, zeigen wir Ihnen im folgenden Abschnitt.

12.3.1 STB-Ados

Die wichtigste Form der Stata-Erweiterungen sind die so genannten *STB-Ados*. In jeder Ausgabe des STB werden eine Reihe neuer *Ados* beschrieben. Die Software selbst kann auf unterschiedliche Weise kostenfrei vom Netz heruntergeladen oder gegen eine kleine Gebühr in Form einer Diskette bezogen werden[14].

---

[11] Die Archive finden Sie unter der Adresse *http://www.hsph.harvard.edu/statalist/stb/* oder unter *http://www.uc.pt/pessoal/ramalheira/stb.htm*

[12] z.B. mit dem für rein private Anwender kostenfreien *pkzip* der Firma *pkware*: *http://www.pkware.com/*

[13] In Kapitel 11 lernen Sie, wie das geht.

[14] Noch einmal die Adressen zum *download*: *http://www.hsph.harvard.edu/statalist/stb/* oder *http://www.uc.pt/pessoal/ramalheira/stb.htm*

12.3 Zusätzliche Prozeduren

STB-Ados haben gegenüber anderen Formen inoffizieller *Ados* gewisse Vorteile: Sie werden vom Herausgeber und den Lesern des STB geprüft, sie sind durch eine Hilfefunktion und durch einen Artikel im STB gut dokumentiert und Stata kennt die *STB-Ados*. Letzteres hat die praktische Konsequenz, dass Sie durch den Befehl „search" Hinweise auf existierende *STB-Ados* bekommen:

Nehmen Sie einmal an, Sie wollten die Ergebnisse Ihrer zahlreichen Regressionen wie in den meisten Publikationen üblich präsentieren: *t*-Statistik oder Standardfehler in Klammern unter jedem Koeffizienten, Sternchen zur Indizierung von signifikanten Ergebnissen und zusammenfassende Maßzahlen wie z.B. r^2 unter den Koeffizienten. Hierzu können Sie die entsprechenden Zahlen von Hand in eine entsprechende Tabelle in ihrem Textverarbeitungsprogramm übertragen. Das aber ist zeitaufwendig, fehlerintensiv und nicht reproduzierbar. Wenn Sie Glück haben, gibt es einen Stata-Befehl, der die Arbeit übernimmt. Die einfachste Art diesen zu finden, ist der Stata-Befehl „search". Versuchen Sie es einmal mit

```
. search regression output
```

Darauf erhalten Sie (mindestens) zwei Fundstellen:

```
STB-49  sg97.1 . . . . . . . . . . . . . . . . . . . . . .
Revision of outreg
        (help outreg if installed) . . . . . . . . . . . . . . J. L. Gallup
        5/99
        updated for Stata 6 and improved

STB-46  sg97 . . . . . . . . Formatting regression output for
published tables
        (help outreg if installed) . . . . . . . . . . . . . . J. L. Gallup
        11/98   STB Reprints Vol 8, pages 200--202
        takes output from any estimation command and formats it as
        in journal articles
```

Die erste Fundstelle bezieht sich auf die Ausgabe 49 des *Stata Technical Bulletin*. Darin findet sich offenbar ein Artikel oder besser *STB-Eintrag* mit dem Titel *Revision of outreg*. Diesem *STB-Eintrag* ist eine „Eintragsnummer" zugeordnet, *sg97.1*, die uns hier zunächst nicht weiter interessieren soll[15]. Wichtiger ist der Hinweis „(help outreg if installed)". Daran erkennt man, dass es sich um ein Programm handelt. Was das Programm leistet, wird unterhalb der Heftnummer näher angegeben. Im vorliegenden Fall handelt es sich bei dem Programm *outreg* offenbar um eine Verbesserung eines älteren Programms. Dieses wird im zweiten Eintrag näher beschrieben: Es handelt sich um ein Programm, welches die Ausgabe von Modellbefehlen so formatiert, wie es in Zeitschriftenartikeln üblich ist. Das könnte somit eine Lösung

---
[15] Die Eintragsnummer wird jedem *STB-Eintrag* nach einem feststehenden Schlüssel zugewiesen (vgl. *http://www.stata.com/support/stb/faq/#insert*). Bei *sg97.1* handelt es sich um die erste Ergänzung zum 97. Artikel der Kategorie *general statistics*.

des Problems sein. Mehr erfährt man, indem man den STB-Artikel liest oder das Programm installiert.

STB-Ados werden seit Version 6 von Stata mit dem Befehl „net" installiert. Die Installation erfolgt normalerweise in zwei Stufen:

1. Der Befehl „net from <*URL*>" verbindet Sie mit einer Adresse, auf der das Programm zu finden ist.
2. Der Befehl „net install <*Paketname*>" installiert das Programm[16].

Je nach Adresse und Paketname werden andere Programme installiert. Im einfachsten Fall verwenden Sie die Angaben in der Ausgabe des „search"-Befehls. Die Adresse unter der Sie *STB-Ados* finden, beginnt immer mit *http://www.stata.com/stb/*[17]. Danach wird die gewünschte STB-Ausgabe genannt. Das Kürzel *stb49* steht für die 49. Ausgabe, *stb2* für die 2. Ausgabe, *stb20* für die 20. usw. In unserem Beispiel müsste also

```
. net from http://www.stata.com/stb/stb49
```

eingegeben werden. Sie können diesen Befehl jedoch auch durch

```
. net stb-49
```

abkürzen. Danach verbindet sich Stata mit der entsprechenden Internet-Seite und zeigt eine Liste der Pakete an, welche installiert werden können:

```
--------------------------------------------------------------------------------
http://www.stata.com/stb/stb49/  STB-49 May 1999
--------------------------------------------------------------------------------

DIRECTORIES you could -net cd- to:
    ..                  Other STBs

PACKAGES you could -net describe-:
    dm45_1              Changing string variables to numeric: update
    dm65                A program for saving a model fit as a dataset
    dm66                Recoding variables using grouped values
    snip ><
    sg111               A modified likelihood ratio test command
    sg112               Nonlin. reg. models with power or exp. funcs of covars.
    sg64_1              Update to pwcorrs
    sg81_1              Multivariable fractional polynomials: update
    sg97_1              Revision of outreg
--------------------------------------------------------------------------------
```

Unter anderem findet sich hier das Paket „Revision of outreg" mit der Eintragsnummer „sg97_1". Die Eintragsnummer entspricht der Eintragsnummer

---

[16]Eine Übersicht über die Paketnamen erhalten Sie bereits nach der Eingabe von „net from <*URL*>".

[17]oder *http://www.uc.pt/pessoal/ramalheira/stata/stb/*

12.3 Zusätzliche Prozeduren

in der Ausgabe von „search" und stellt den Paketnamen dar, der zur Installation des Programms benötigt wird. Die Installation erfolgt demnach durch[18]:

. net install sg97_1

Die bisher beschriebene Vorgehensweise setzt voraus, dass Ihr Computer eine Verbindung zum Internet hat. Falls nicht, stehen Ihnen auch hier die beiden oben erwähnten Möglichkeiten zur Verfügung.

1. Entweder Sie verwenden die oben (Seite 385) beschriebene STB-Diskette und gehen Sie wie folgt vor: Legen Sie die Diskette in das Diskettenlaufwerk und verfahren Sie wie oben beschrieben. Als URL geben Sie nun jedoch den Laufwerksbuchstaben ihres Diskettenlaufwerks an, also in der Regel „net from a:"[19].

2. Oder: Sie holen sich an einem anderen Rechner das *Zip-Archiv* und entpacken es auf Ihrem Rechner, wobei Sie darauf achten sollten, dass die Verzeichnisstrukur des Archivs erhalten bleibt. Danach gehen Sie wie oben beschrieben vor. Als URL geben Sie nun jedoch den Namen des Verzeichnisses an, in das Sie das Zip-Archiv entpackt haben, also z.B. „net from c:/temp"[20].

Ob Ihre Installation erfolgreich war, sehen Sie, wenn Sie den Befehl „ado" eingeben. Nach Eingabe dieses Befehls erscheint eine Liste der auf Ihrem Rechner installierten zustäzlichen *Ados*. Mit „ado uninstall <*Paketname*>" können Sie einzelne Programmpakete wieder deinstallieren. Zum Beispiel

. ado unistall sg97_1

12.3.2 Statalist-Ados

Die zweite Quelle für Stata-Erweiterungen sind *Ados*, die im Rahmen der *Statalist* programmiert werden. Viele Diskussionen der Statalist münden in die Entwicklung von *Ados*, die vielleicht zu einem späteren Zeitpunkt im STB veröffentlicht werden oder gar zu einem Bestandteil des *offiziellen* Stata werden. Doch man braucht nicht unbedingt so lange zu warten. Denn seit 1997 werden Stata-*Ados*, die im Rahmen der Statalist entwickelt wurden an einem zentralen Platz archiviert: dem *Statistical Software Components (SSC-IDEAS)-Archiv*[21]. Die meisten Programme dieses Archivs lassen sich

---

[18]Vorher können Sie sich noch eine kurze Beschreibung des Pakets mit
. net describe sg97_1
ausgeben lassen.
[19]Windows-Nutzer können die Installation auch mit Hilfe des Stata-Menüs durchführen. Klicken Sie mit dem Mauszeiger auf **Help, STB and User-written Programs** und dann auf die Option „New packages from floppy drive".
[20]Für ältere Ausgaben des STB siehe Abschnitt 12.3.3.
[21] *http://ideas.uqam.ca/ideas/data/bocbocode.html*

ebenfalls mit dem „net"-Befehl installieren. Im Befehl „net from" wird hierzu die URL *http://fmwww.bc.edu/RePEc/bocode/* verwendet, an die dann der Anfangsbuchstabe des Befehls angehängt wird, der installiert werden soll. Im Befehl „net install" wird der Befehlsname als Paketname verwendet.

Beispiel: Im SSC-IDEAS Archiv findet sich eine verbesserte Version des Programms *outreg*. Um sie zu installieren, geben Sie

```
. net from http://fmwww.bc.edu/RePEc/bocode/o
. net install outreg, replace
```

ein. Die Option „replace" benötigen Sie nur, wenn Sie *outreg* bereits installiert haben.

Einige Pakete des Archivs lassen sich nicht mit dem Befehl „net install" installieren[22]. In diesem Fall verwenden Sie den Befehl „net get <*Paketname*>". Sie erhalten dann in den meisten Fällen ein Zip-Archiv. Dieses müssen Sie entpacken und wie in Abschnitt 12.3.3 beschrieben in Ihr *persönliches Ado-*Verzeichnis kopieren.

Wenn Sie häufiger Programme des *SSC-Ideas*-Archivs verwenden, sollten Sie in jedem Fall das Paket „*archutil*" (STB-54, ip29.1) installieren. Dieses Paket erleichtert die Installation von Programmen des Archivs erheblich. Zur Installation von *outreg* genügt dann z.B. die Eingabe von

```
. archinst outreg
```

12.3.3 Andere Ados

Neben den STB- und Statalist-*Ados* gibt es eine Vielzahl weiterer *Ados*. Sie können sich einen ersten Eindruck von der Fülle dieser *Ados* verschaffen, wenn Sie den verschiedenen Links nach der Eingabe von

```
. net from http://www.stata.com
```

folgen. Die meisten dieser *Ados* können Sie mit dem Befehl „net install" installieren, so dass das wesentliche Problem darin besteht, die passenden *Ados* zu finden. Bevor wir Ihnen beschreiben, wie Sie den benötigten *Ado* finden, sollten Sie jedoch noch lernen, wie Sie einen *Ado-File* installieren, wenn „net install" einmal nicht funktionieren sollte. Dieser Fall tritt ein, wenn

- der Rechner, auf dem Sie mit Stata arbeiten, keinen Zugang zum Netz hat.
- Sie einen *Ado* selbst programmiert haben.

---

[22] Sie erhalten dann die Fehlermeldung „nothing to install".

12.3 Zusätzliche Prozeduren

- ein *Ado* vom Autor nicht in einer geeigneter Weise aufbereitet wurde. Um ein *Ado*-Paket durch „net from" zu entdecken und mit „net install" installiert zu können, muss die URL eine Art Inhaltsverzeichnis – die Datei *stata.toc* – sowie Paketbeschreibungsdateien mit den URLs der zu installierenden Dateien enthalten. Werden diese Dateien nicht bereitgestellt, kann nicht mit „net" installiert werden.

- aus Sicherheitsgründen die Installation über „net install" verboten ist. Dies tritt auf, wenn die URLs der zu installierenden Dateien in einer Paketbeschreibungsdatei auf einen anderen Rechner verweist. In diesem Fall muss das Paket mit „net get" heruntergeladen und wie nachfolgend beschrieben *von Hand* installiert werden.

In jedem dieser Fälle können Sie sich die Dateien eines *Ado*-Pakets – wie auch immer – besorgen und *von Hand* installieren. Zu einem *Ado*-Paket gehören normalerweise zwei Dateien. Der *Ado-File* selbst und eine dazugehörende Hilfe-Datei. Der *Ado-File* hat die Extension „.ado", die Hilfe-Datei die Extension „.hlp". Zur Installation kopieren Sie beide Dateien in Ihr persönliches *Ado*-Verzeichnis.

Als persönliches *Ado*-Verzeichnis ist unter Windows normalerweise das Verzeichnis *c:/ado/personal* vorgesehen, mit dem Befehl „adopath" können Sie sich jedoch dessen vergewissern. Das Ergebnis kann dann wie folgt aussehen[23]:

```
adopath
  [1]  (UPDATES)    "C:\STATA\ado\updates/"
  [2]  (BASE)       "C:\STATA\ado\base/"
  [3]  (SITE)       "C:\STATA\ado\site/"
  [4]               "."
  [5]  (PERSONAL)   "c:\ado\personal/"
  [6]  (STBPLUS)    "c:\ado\stbplus/"
  [7]  (OLDPLACE)   "c:\ado/"
```

In den ersten beiden Pfaden (*UPDATES* und *BASE*) sind offizielle *Ados* gespeichert. Im dritten, als *SITE* bezeichneten Pfad, haben Netzwerkadministratoren die Möglichkeit, *Ados* zu speichern, die allen Nutzern zugänglich sein sollen. Der hier mit „." gekennzeichnete Pfad steht für Ihr aktuelles Arbeitsverzeichnis. Schließlich finden Sie die Adresse ihres persönlichen *Ado*-Verzeichnisses, in das Sie *Ados* „von Hand" kopieren. Vor allem die von Ihnen selbst geschriebenen *Ados* sollten Sie in dieses Verzeichnis speichern. In das *STBPLUS*-Verzeichnis werden die *Ados* gespeichert, wenn Sie mit dem Be-

---

[23]Diese Verzeichnisstruktur wird auf Ihrem Rechner angelegt, sobald Sie das erste Mal den Befehl „net install" gegeben haben. Falls Sie diesen Befehl bisher nicht verwendet haben, sollten Sie selbst das Verzeichnis „c:/ado/personal" anlegen und Ihren *Ado* dort speichern.

fehl „net from" arbeiten und *OLDPLACE* dient nur als Reserve für ältere *Ados*[24].

Nun aber zurück zur interessanteren Frage: Wie können Sie den „richten" *Ado-File* finden? Bezüglich der *STB-Ados* haben wir die Antwort bereits oben gegeben. Das *SSC-Ideas*-Archiv können Sie mit einem Internet-*Browser*[25] oder mit dem Befehl „archdesc" des *archutil*-Pakets durchsuchen. Als weitere Möglichkeit enthält die Stata-Hompage[26] Links zu verschiedenen Internet-Adressen mit Stata-Programmen[27].

Der Königsweg zu inoffiziellen Stata-*Ados* ist aber der Befehl „webseek"[28]. Er funktioniert wie der Befehl „search", mit dem Unterschied, dass eine Internet-Datenbank durchsucht wird, welche inoffizielle *Ados* enthält[29]. Als Ergebnis von *webseek* erhält man die URL des *Ados*, unter der man ihn mit dem „net"-Befehl installieren kann. Unter Windows und Macintosh öffnet sich dabei ein Hilfefenster, aus dem heraus man die *Ados* per Mausklick installieren kann.

12.4 Bezugsquellen

Dittrich & Partner Consulting GmbH
Kieler Straße 17
42697 Solingen

http://www.dpc.de

(Distributor für Deutschland, Italien, Österreich, Polen und die Schweiz)

Stata Corporation
702 University Drive East
College Station
Texas 77840

http://www.stata.com

---

[24] Die Reihenfolge der hier genannten Pfade entspricht auch der Reihenfolge in der *Ados* gesucht werden, wenn Sie einen Befehlsnamen eingeben (vgl. Abschnitt 11.2.5 auf Seite 351).
[25] *http://ideas.uqam.ca/ideas/search.html*
[26] *http://www.stata.com*
[27] *http://www.stata.com/links/resources.html*
[28] Der Befehl „webseek" ist erst seit Ende 1999 Bestandteil von Stata 6.0. Bitte installieren Sie die neueste Stata-Version, wenn der Befehl bei Ihnen nicht funktioniert.
[29] Zum Beispiel bekommen Sie mit „webseek kohler" die Fundstelle des von einem der Autoren geschriebenen *Ado-Files* zur Erstellung von *Biplots*. Mit „webseek kreuter" erhalten Sie die Fundstelle eines *Ado-File* zur Berechnung eines *Random-Groups*-Varianzschätzers für *Survey*-Daten. Sie können „webseek" natürlich auch mit jedem anderen Stichwort verwenden.

Literaturverzeichnis

ADM Arbeitskreis Deutscher Markt- und Sozialforschungsinstitute e.V., AG.MA Arbeitsgemeinschaft Media-Analyse e.V. (Hrsg.) (1999): *Stichproben-Verfahren in der Umfrageforschung. Eine Darstellung für die Praxis.* Opladen, Leske u. Budrich.

Agresti, Alan (1984): *Analysis of Ordinal Categorical Data.* New York, Wiley.

Agresti, Alan (1990): *Categorial Data Analysis.* New York usw., Wiley.

Aiken, Leona S. und Stephen G. West (1991): *Multiple Regression: Testing and Interpreting Interactions.* Newbury Park usw., Sage.

Aldrich, John und Forest Nelson (1984): *Linear Probability, Logit and Probit Models.* Beverly Hills usw., Sage.

Anderson, J. A. (1984): *Regression and Ordered Categorical Variables (with discussion).* Journal of the Royal Statistical Society, Series B, 46:1–30.

Andress, Hans-Jürgen, Jacques A. Hagenaars und Steffen Kühnel (1997): *Analyse von Tabellen und kategorialen Daten. Log-lineare Modelle, latente Klassenanalyse, logistische Regression und GSK-Ansatz.* Berlin usw., Springer.

Anscombe, Francis J. (1973): *Graphs in Statistical Analysis.* American Statistcian, 27:17–21.

Benninghaus, Hans (1998): *Einführung in die sozialwissenschaftliche Datenanalyse. 5. vollständig überarbeitete Auflage.* München u. Wien, Oldenbourg.

Berk, Kenneth N. und David E. Both (1995): *Seeing a Curve in Multiple Regression.* Technometrics, 37:385–398.

Bollen, Kenneth A. und Robert W. Jackman (1990): *Regression Diagnostics: An Expository Treatment of Outliers and Influential Cases.* in: Fox, John und Scott Long (Hrsg.): *Modern Methods of Data Analysis,* S. 257–291. Newbury Park, Sage.

Cleveland, William S. (1979): *Robust Locally Weighted Regression and Smoothing Scatterplots.* Journal of the American Statistical Association, 74:829–836.

Cleveland, William S. (1994): *The Elements of Graphing Data. Revised Edition.* Summit, Hobart.

COCHRANE, A.I., A.S. ST. LEGER und F. MOORE (1978): *Health Service „Input" and Mortality „Output" in Developed Countries.* Journal of Epidemiology and Community Health, 32:200–205.

COOK, R. DENNIS und SANFORD WEISBERG (1999): *Applied Regression Including Computing and Graphics.* New York usw., Wiley.

DIEKMANN, ANDREAS (1998): *Die Bedeutung der Sekundäranalyse zur Kontrolle von Forschungsergebnissen.* in: HAUG, WERNER, KLAUS ARMINGEON, PETER FARAGO und MARKUS ZÜRCHER (Hrsg.): *Statistik im Dienste der Öffentlichkeit*, Bern. Bundesamt für Statistik.

EFRON, BRADLEY und ROBERT J. TIBSHIRANI (1993): *An Introduction to the Bootstrap.* New York, Chapman & Hall.

EMERSON, JOHN D. und DAVID C. HOAGLIN (1983): *Stem-and-Leaf Displays.* in: HOAGLIN, DAVID C., MOSTELLER FREDERICK und JOHN W. TUKEY (Hrsg.): *Understanding Robust and Exploratory Data Analysis*, S. 7–30. Wiley.

FAHRMEIR, LUDWIG, RITA. KÜNSTLER, IRIS PIGEOT und GERHARD TUTZ (1997): *Statistik. Der Weg zur Datenanalyse.* Berlin usw., Springer.

FISHER, R.A. (1935): *The Logic of Inductive Inference.* Journal of the Royal Statistical Society, Series A, 98:39–54.

FOWLER, FLOYD J. (1984): *Survey Research Methods.* Beverly Hills usw., Sage.

FOX, JOHN (1991): *Regression Diagnostics.* Newbury Park usw., Sage.

FOX, JOHN (1997): *Applied Regression Analysis, Linear Models, and Related Methods.* Thousand Oaks usw., Sage.

FOX, JOHN (2000): *Nonparametric Simple Regression: Smoothing Scatterplots.* Thousand Oaks usw., Sage.

GOULD, WILLIAM und WILLIAM SRIBNEY (1999): *Maximum Likelihood Estimation with Stata.* College Station, Stata Press.

GREENE, WILLIAM (2000): *Econometric Analysis.* New York, Prentice Hall.

GUJARATI, DAMODAR N. (1995): *Basic Econometrics.* New York usw., McGraw-Hill.

HAGLE, TIMOTHY M. (1996): *Basic Math for Social Scientists. Problems and Solutions*, Bd. 109. Thousand Oaks usw., Sage.

HAIR, JOSEPH F., ROLPH E. ANDERSON, RONALD L. TATHAM und WILLIAM C. BLACK (1995): *Multivariate Data-Analysis with Readings. 4. Aufl.* London usw., Prentice-Hall International.

HAMILTON, LAWRENCE C. (1992): *Regression with Graphics. A Second Course in Applied Statistics.* Belmont, Duxburry Press.

HAND, DAVID J., FERGUS DALY, A. DAN FUNN und KEVIN J. MCCONWAY (1994): *A Handbook of Small Data Sets.* London, Chapman and Hall.

HOSMER, DAVID W. JR. und STANLEY LEMESHOW (1989): *Applied Logistic Regression.* New York usw., Wiley.

HOWELL, DAVID C. (1997): *Statistical Methods for Psychology.* Belmont usw., Duxbury Press.

HOX, JOOP J. (1995): *Applied Multilevel Analysis. 2. Auflage.* Amsterdam, TT-Publicaties.
HUFF, DARRELL (1954): *How to Lie with Statistics.* New York, Norton.
JOHNSTON, JOHN und JOHN E. DINARDO (1997): *Econometric Methods. 4. Auflage.* New York, McGraw-Hill.
KENNEDY, PETER (1997): *A Guide to Econometrics. 3. Auflage, 7. Reprint.* Cambridge, MIT Press.
KISH, LESLIE (1965): *Survey Sampling.* New York usw., Wiley.
KREFT, ITA und JAN DE LEEUW (1998): *Introducing Multilevel Modeling.* London, Sage.
KREUTER, FRAUKE (2000): *Absolventenbefragung des Fachbereichs Politik- und Verwaltungswissenschaft der Universität Konstanz.* Konstanz, http://www.ub.uni-konstanz.de/kops/volltexte/2000/521.
KÜHNEL, STEFFEN M. (1996): *Gruppenvergleiche in linearen und logistischen Regressionsmodellen.* ZA-Informationen, 39:130–160.
LEE, EUN SUL, RONALD N. FORTHOFER und RONALD J. LORIMOR (1989): *Analyzing Complex Survey Data.* Newbury Park usw., Sage.
LEHTONEN, RISTO und ERKKI J. PAKKINEN (1995): *Practical Methods for Design and Analysis of Complex Surveys.* New York usw., Wiley.
LEVY, PAUL S. und STANLEY LEMESHOW (1999): *Sampling of Populations: Methods and Applications.* New York usw., Wiley.
LIANG, KUNG-YEE und SCOTT L. ZEGER (1986): *Longitudinal Analysis Using Generalized Linear Models.* Biometrika, 73:13–22.
LONG, SCOTT J. (1997): *Regression Models for Categorical and Limited Dependent Variables.* Sage.
MALLOWS, COLIN L. (1986): *Augmented Partial Residuals.* Technometrics, 15:661–676.
MCFADDEN, DANIEL (1973): *Conditional Logit Analysis of Qualitative Choice Behavior.* in: ZAREMPKA, P. (Hrsg.): *Frontiers in Econometrics*, S. 105–142. New York, Academic Press.
MCPHERSON, KLIM (1997): *Health Services and Mortality in Developed Countries: A Comment.* Journal of Epidemiology and Community Health, 51:349.
MOONEY, CHRISTOPHER Z. und DUVAL ROBERT (1993): *Bootstrapping. A Nonparametric Approach to Statistical Inference.* Newbury Park usw., Sage.
MOSTELLER, FREDERICK und JOHN W. TUKEY (1977): *Data Analysis and Regression. A Second Course in Statistics.* Reading, Massachusetts usw., Addison-Wesley.
PANNENBERG, MARKUS, RAINER PISCHNER, ULRICH RENDTEL und GERT WAGNER (1998): *Sampling and Weighting.* in: *Desktop Companion to the German Socio-Economic Panel Study (GSOEP). Version 2.0*, S. 97–118. Berlin, DIW.

POPPER, KARL R. (1994): *Logik der Forschung. 10. Auflage.* Tübingen, J.C.B. Mohr.

RAFTERY, ADRIAN E. (1995): *Bayesian Model Selection in Social Research.* in: MARSDEN, PETER V. (Hrsg.): *Sociological Methodology Volume 25,* S. 111–163. Oxford, Blackwell.

SCHNELL, RAINER (1994): *Graphisch gestützte Datenanalyse.* München u. Wien, Oldenbourg.

SCHNELL, RAINER, PAUL B. HILL und ELKE. ESSER (1999): *Methoden der empirischen Sozialforschung. 6. Auflage.* München u. Wien, Oldenbourg.

SCHNELL, RAINER und FRAUKE KREUTER (2000): *Untersuchungen zur Ursache unterschiedlicher Ergebnisse sehr ähnlicher Viktimisierungssurveys.* Kölner Zeitschrift für Soziologie und Sozialpsychologie, 1:96–117.

SKINNER, C. J., D. HOLT und T. M. F. SMITH (Hrsg.) (1989): *Analysis of Complex Surveys.* Chichester usw., Wiley.

STATACORP (1999a): *Stata Graphics Manual, Release 6.* College Station, Stata Press.

STATACORP (1999b): *Stata Reference Manual, Release 6, Volume 1, A-G.* College Station, Stata Press.

STATACORP (1999c): *Stata Reference Manual, Release 6, Volume 2, H-O.* College Station, Stata Press.

STATACORP (1999d): *Stata Reference Manual, Release 6, Volume 3, P-St.* College Station, Stata Press.

STATACORP (1999e): *Stata Reference Manual, Release 6, Volume 4, Su-Z.* College Station, Stata Press.

STATACORP (1999f): *Stata User's Guide, Release 6.* College Station, Stata Press.

STATISTISCHES BUNDESAMT (Hrsg.) (1997): *Statistisches Jahrbuch 1997.* Stuttgart, Metzler-Poeschel.

STINE, ROBERT (1990): *An Introduction to Bootstrap Methods.* in: FOX, JOHN und J. SCOTT LONG (Hrsg.): *Modern Methods of Data Analysis,* S. 325–372. Newbury Park usw., Sage.

VEALL, MICHAEL R. und KLAUS F. ZIMMERMANN (1994): *Evaluation Pseudo-R^2's for Binary Probit Models.* Quality and Quantity, 28:150 – 164.

Index

Symbols
β ......*siehe* Regression (stand. Koeff.)
r^2 ..... *siehe* Determinationskoeffizient
* 41
/* */ 41
@ 71
#delimit 42
#review 35
_N 85
_all 55
_b[ ] 183
_n .... *siehe* Laufindex
'0' 357
'1' 357

A
Abbruch v. Befehlen ..... *siehe* Befehle (abbrechen)
Achsen .... *siehe* Grafik (Achsen)
Added-Variable-Plot 208–210
adopath 391
Ados
    Archiv 389
    Grundlagen 351–353
    Installation 388–389
    offizielle 384–386
    programmieren 359–380
    Statalist 389–390
    STB 386–389
    verschiedene 390–392
Aggregatdaten .... *siehe* Daten (Aggregatdaten)
Aggregation 84
AIC 275
Aldrich-Nelson-p^2 340
Alphabetisierungsrate 176
Anova . *siehe* Regression (Anova-Block)
Anscombe-Quartett .. 196–197, 201, 229
append 327–328
Arbeitsorganisation ..... *siehe* Do-Files (Organisation)
Arbeitsspeicher
    Definition 333
    Verwaltung 333–335
Arbeitsverzeichnis 68

Arbeitsverzeichnis ... *siehe* Verzeichnis (Arbeitsverzeichnis)
archutil 390
Arithmetisches Mittel 17, 151–153
ASCII-Files . *siehe* Daten (ASCII-Files)
Ausgabe unterdrücken ... *siehe* Befehle (Ausgabe unterdrücken)
Ausprägungen 136–137
autocode() (Funktion) 150
Autokorrelation ...... *siehe* Regression (Autokorrelation)
avplots 208
aweight (Gewichtungstyp) 64–65

B
Balkendiagramm 143–146
bands() (Grafik-Option) 202
bar (Grafik-Option) 102, 143–145
Bar-Chart ..... *siehe* Balkendiagramm
Beenden
    Stata 31–32
    von Do-Files ...... *siehe* Do-Files (beenden)
Befehle
    abbrechen 15
    abkürzen 54
    aufzeichnen .... *siehe* Log-Files (Befehle aufzeichnen)
    Ausgabe unterdrücken 84
    Befehlsende 42
    E-Typ 73
    eingegebene anzeigen 35
    einschränken 19, 58–61
    für Subgruppen 20–21, 69–71
    Optionen 21–22, 66–67
    R-Typ 73
    überlange .... *siehe* Do-Files (Zeilenwechsel)
    wiederholen 15
beta (Regressions-Option) 194
Beta-Koeffizienten .... *siehe* Regression (stand. Koeff.)
Bias .... *siehe* Verzerrung
BIC 275
bin() (Grafik-Option) 161–162

Binomialverteilung............261–262
BLUE .... *siehe* Regression (BLUE)
Bootstrap 233–234
`border` (Grafik-Option).............116
`box` (Grafik-Option).......102, 158–159
Box-Cox-Transformation.......230–231
Box-Plot....................158–160
`boxcox`...........................231
`browse`...........................306
Browser .... *siehe* Daten (Browser)
`bs`..............................234
`by`............................86, 88–90
`by` (Präfix) 20, 69–71, 84
`byte` (Storage-Type).................98

C

`capture`............................44
`cd`................................12
Chance .... *siehe* Odds
Chancenverhältnis ....*siehe* Odds-ratio
Chi-Quadrat
    Likelihood-Ratio..............142
    Pearson......................142
Codeplan ..... *siehe* Daten (Codeplan)
`collapse`.......................84, 103
Command + ... *siehe* Befehle (abbrechen)
Component-Plus-Residual-Plot.204–205
`compress` 99, 332, 335
Conditional-Effects-Plot 224–226
`connect()` (Grafik-Option).....111–116
Cooks-D.....................210–214
`cooksd` (Predict-Option)............210
Covariate-Pattern . *siehe* logist. Regression (Kovariaten-Muster)
`cplot` 177
`cprplot`..........................204
Cramer's V 142
Criterion-Variable ..... *siehe* Variablen (unabhängige)
Ctrl + Break *siehe* Befehle (abbrechen)
Ctrl + C ....*siehe* Befehle (abbrechen)

D

`datatypes`.........................98
Dateien
    anzeigen...................307–308
Dateinamen.....................68–69
Daten
    Aggregatdaten................330
    Archive 316–317
    ASCII-Files 307–315
    beschreiben................13–14
    beschriften...................332
    Browser 306–307
    Codeplan 321–326

Datenmatrix 306–307
Dictionary................312–315
Editor....................317–319
eingeben 319–321
festes Format............312–315
freies Format............311–312
gedruckte............305, 317–326
gewichten..................62–66
große.....................332–336
hierarchische...................88
importieren 315–316
komprimieren..................331
laden 13
maschinenlesbar 305, 307–317
sortieren 17
speichern 32, 331–332
Spreadsheet-Format 308–311
System-Files.................305
Titanic...................250–251
wiederherstellen................63
zusammenspielen.........326–331
zwischenspeichern..............63
Datentypen .... *siehe* Variablen (Storage-Types)
DBMS/Copy.....................316
Delimiter .. *siehe* Befehle (Befehlsende)
`describe`...........................13
Determinationskoeffizient..........188
`dfbeta`............................207
DFBeta......................206–208
Dichte.....................160, 163
Dictionary ... *siehe* Daten (Dictionary)
`dir`..............................12, 31
`discard`..........................352
Diskrepanz 212–213
Diskussionsforum .... *siehe* Statalist
`display` 342–343
`do`................................30
Do-Files
    Analyzing 45–47
    aus interaktiver Eingabe....34–40
    ausführen.....................30
    beenden 44–45
    Create.....................45–47
    Editoren 29–30, 35
    Ergebnisse aufzeichnen ......*siehe* Log-Files
    Fehlermeldungen 30–31
    Grundlagen.................29–31
    Kommentare...................41
    Master 47–51
    more ausschalten...............43
    Organisation................45–51
    Versionsangabe 43
    Zeilenwechsel 41–43
`doedit`........................29, 34

Index

Dokumentation .... *siehe* Do-Files
double (Storage-Type) 98
drop 14, 55
Dummy-Variablen ..... *siehe* Variablen
    (Dummy)
Durchschnitt ..... *siehe* Arithmetisches
    Mittel

E

e() 73
E-Typen .... *siehe* Befehle (E-Typ)
edit 317
Efficient .... *siehe* Effizienz
Effizienz 198–199
Eingabeaufforderung ..... *siehe* Fenster
    (Eingabe-Fenster)
endogene Variable ..... *siehe* Variablen
    (abhängige)
EPS .... *siehe* Grafik (EPS-Datei)
erase 52
Ergebnisfenster .... *siehe* Fenster
    (Ergebnis-Fenster)
erklärende Variable .... *siehe* Variablen
    (unabhängige)
estimates list 75
exit 32
exit (in Do-Files) 44
exogene Variable .... *siehe* Variablen
    (unabhängige)
expand 64
exportieren .... *siehe* Daten (speichern)
Extension 69

F

F-Test .... *siehe* Regression (F-Test)
Fälle
    ansprechen 87–90
    auflisten 14–15
    auswählen 17, 57–58
    Definition 13
    löschen 237
Fallnummer .... *siehe* Laufindex
fehlende Werte .... *siehe* missing
Fehler .... *siehe* Regression (Fehler)
Fehlermeldungen
    abfangen 44
    Fehler-Code 15
Fenster
    Review-Fenster 8
    Eingabefenster 8
    Ergebnis-Fenster 8
    Variablenfenster 8
    Voreinstellung ändern 9
    wechseln 30
festes Format ...... *siehe* Daten (festes
    Format)

Fisher's exakter Test 142
Fixed-Effects .... *siehe* Regression (für
    Paneldaten)
float() (Funktion) 100
float (Storage-Type) 98
for 71–72
freies Format .... *siehe* Daten (freies
    Format)
Funktionen 61
fweight (Gewichtungstyp) 62–64

G

Gamma Koeffizient 142
Gauss-Markov-Bedingungen 199
gen()(**tabulate**–Option) 222
generate 26–27, 77–90
Gewichtung ... *siehe* Daten (gewichten)
global 342
gphprint 132
Grafik
    3D 103
    Achsen 124–126
    Ausdruck 131–134
    Datenlabel 119–122
    Datenpunkte verbinden ... 111–116
    EPS-Datei 132, 134
    Gewichtung 209
    Gitterlinien 118
    laden 128
    Legende 122–124
    Legende löschen 126
    Merkmale 106
    multiple 103, 127–129
    PICT-Datei 132
    Rahmen 116
    Skalierung 116–118
    speichern 127–128
    Stifte 108
    Symbole 106–111
    Textgröße 129
    Typen 104
    WMF-Datei 132
    Wrapper 129–131
graph 28, 101–134
Gruppierung
    an Quantilen 148–149
    beliebige Klassenbreite 151
    gleiche Klassenbreite 149–151

H

Häufigkeit
    absolute 137–138
    bedingte relative 140–141
    relative 137–138
Häufigkeitstabelle 22–23
    eindimensional 137–139

zweidimensional 139–142
help................................26
Help-Files 380–381
Hilfe
    Befehle suchen 25
    zu Befehlen 25–26
hilite 130
hist 145
histogram(Grafik-Option) 102
Histogramm 160–163
Homoskedastizität .... siehe Regression
    (Homoskedastizität)
Hosmer-Lemeshow-Test ... siehe logist.
    Regression

I

Identifikationsnummer.............324
if....................................58
if (Verzweigung) 366–368
If-Bedingung .... siehe Befehle
    (einschränken)
iis................................246
importieren . siehe Daten (importieren)
in 57–58
In-Bedingung . siehe Fälle (auswählen)
Index (additiver) 81, 92
inefficient .... siehe Effizienz
infile.........................311–315
infix 315
input...........................319–321
insheet 309
inspect 136
Interaktionseffekte....222–226, 292–293
invnorm() (Funktion) 80

J

jitter() (Grafik-Option) 251
Jobs .... siehe Do-Files
joinby........................... 327

K

kdensity 163–168
keep 246
Kendall's Tau-b 142
Kern-Dichte-Schätzer 163–168
Kernel-Density-Estimate .... siehe
    Kern-Dichte-Schätzer
Kindersterblichkeit 176
Kommandozeile .... siehe Fenster
    (Eingabefenster)
Kommentare .... siehe Do-Files
    (Kommentare)
Konfidenzintervall 232–233
    bei Nichtnormalität 233–234
    in Klumpenstichproben ... 234–236
Kontingenztabelle . siehe Häufigkeitstabelle (zweidimensional)
Korrelationskoeffizient.............177
Kovariate .... siehe Variablen
    (unabhängige)
Kreuztabelle .. siehe Häufigkeitstabelle
    (zweidimensional)
ksm................................279
Kuchendiagramm 146

L

label
    define 24, 96
    list 97
    value 24, 96
    variable 23, 96
Laufindex......................84–85
Lebenserwartung................... 176
Legende .... siehe Grafik (Legende)
Leverage 212
Likelihood........................262
Likelihood-Ratio-Chi-Quadrat
    Kreuztabellen . siehe Chi-Quadrat
    logist. Regression .... siehe logist.
    Regression
Likelihood-Ratio-Test ..... siehe logist.
    Regression (LRT)
lineare Regression ...... siehe Regression
lineares Wahrscheinlichkeitsmodell siehe
    Regression (LPM)
Linearkombination 179
list................................14
local..................... 75, 341–345
Loess .... siehe LOWESS
log() (Funktion) 79
log
    close.......................34
    off 38
    on 39
    using........................34
Log-Files
    Aufzeichnung beenden .. 35, 40, 44
    Aufzeichnung starten....35, 43–44
    Aufzeichnung unterbrechen . 38–39
    Befehle aufzeichnen......... 37–40
Logarithmus........................79
logistic............................268
logistische Regression
    $\Delta\beta$....................283–284
    $\Delta\chi^2$..................284–285
    abh. Variable............ 255–260
    Ausreißer................ 281–285
    bei Nichtlinearität........ 288–289
    Count r^2 273–275
    Diagnostik 276–285
    Diskrepanz..................282
    Hosmer-Lemeshow-Test 276
    Iterationen 270–271

Index   401

    Klassifikation............273–275
    Koeffizienten.............266–270
    Kovariaten-Muster...........275
    Leverage.................281–282
    Likelihood-Ratio χ^2......272–273
    Linearität................277–281
    LRT................286–288, 291
    Marginaleffekte...............299
    Modellfit.................272–276
    multinomiale.............296–300
    Odds-Ratio-Interpretation 267–268
    ordinale..................300–303
    Pearson-χ^2...............275–276
    Pearson-Residuum........275–276
    Pseudo r^2....................272
    Schätzverfahren..........260–264
    Sensitivität..............273–274
    Spezifizität..............273–274
    Stata-Befehl..............264–266
    Vorzeicheninterpretation......267
    Wahrscheinlichkeitsinterpr.....268
logit..........................258–260
`logit`........................264–266
Logit-Modell..........*siehe* logistische
    Regression
LOWESS.......................278–279
LPM..........*siehe* Regression (LPM)
`lrtest`......................287, 291
`lstat`...........................274

M

`macro shift`..................357–359
Makrofunktionen..............375–376
Makros
    globale........................342
    lokal...........................75
    lokale....................341–345
`matchen`...................*siehe* Daten
    (zusammenspielen)
`matrix`...........................280
`matrix` (Grafik-Option).............103
Maximum....................151–152
Maximum-Likelihood-Prinzip..260–264
    Suchraum.....................271
Mean-Regression (lokale)......277–278
Median-Trace.....................202
`memory`..........................334
`merge`......................328–331
Minimum....................151–152
`missing` („tab"-Option).......138–139
Missing
    Aufhebung................93–94
    Definition......................15
    Werte...................324–325
    Zuweisung................20, 93
Mittelwert .*siehe* Arithmetisches Mittel

ML *siehe* Maximum-Likelihood-Prinzip
`mlogit`...........................297
`more`.............................43
MSS .. *siehe* Regression (Anova-Block)
Multikollinearität.....215–216, 221–222
`mvdecode`......................20, 93
`mvencode`.........................94

N

NetCourses.......................384
Normalverteilung
    Dichte...................293–294
    Verteilungsfunktion...........294
`normprob()` (Funktion)............294
`notes`............................95
Notiz..............................95
Nullmodell.......................271
Nummernliste........*siehe* Zahlenliste

O

Odds.........................256–258
Odds-Ratio..........256–257, 267–268
OLS ...*siehe* Regression (OLS-Prinzip)
`oneway` (Grafik-Option)...103, 159–160
Operatoren..................59–61
`operators`.....................59–60
`options`..........................66
`or` (Logit-Option).................268
Ordinary-Least-Squares..........*siehe*
    Regression (OLS-Prinzip)

P

Parameter...........*siehe* Regression
    (Koeffizienten)
partieller Regressionsplot........*siehe*
    Added-Variable-Plot
partieller Residuenplot..........*siehe*
    Comp.-Plus-Residual-Plot
`pctile`...........................148
Pearson-Chi-Quadrat
    Kontingenztabellen........*siehe*
    Chi-Quadrat (Pearson)
    logist. Regression....*siehe* logist.
    Regression
Pearson-Residuum *siehe* logist. Regres-
    sion (Pears.-Residuum)
`pen()` (Grafik-Option).............108
PICT.............*siehe* Grafik (PICT)
`pie` (Grafik-Option)...............102
Pie-Chart.....*siehe* Kuchendiagramm
positionale Argumente.......356–357
PostScript ...*siehe* Grafik (EPS-Datei)
`predict`..................28, 184, 269
Predictor-Variable.....*siehe* Variablen
    (abhängige)
Pregibons $\delta\beta$ ..*siehe* logist. Regression
    ($\delta\beta$)

preserve 63
probit 295
Probit-Modell 293–295
program define 345–350
program drop 347
Programme
    ändern 347
    Befehlsaufbau ... 362–366, 372–373
    benennen 347–348
    definieren 345–346
    Fehlerkontrolle 348, 366
    in Do-Files 348–350, 359
    Syntaxkontrolle 373–375
    und Do-Files 346–347
Protokolldatei .... siehe Log-Files
Pseudo r^2 ...... siehe logist.Regression
    (Pseudo r^2)
pwd 11, 31, 68
pweight (Gewichtungstyp) 65–66

Q
Q-Q-Plot 171–172
Quantil-Plot 168–171
Quantile 153–154
Quartile 153–154
quietly 84

R
r .... siehe Korrelationskoeffizient
r() 73
r(mean) 74
Random-Effects .. siehe Regression (für
    Paneldaten)
recode() (Funktion) 150
recode 91
regress 27
Regression
    Anova-Block 185–187
    Ausreißer 197, 205–215
    Autokorrelation 219
    bei Heteroskedastizität ... 230–231
    bei Nichtlinearität 227–230
    BLUE-Eigenschaften 198–199
    Diagnostik 196–219
    F-Test 188–189
    Fehler 199
    Fit 187–189
    für Paneldaten 238–246
    gespeicherte Koeffizienten 183–184
    Homoskedastizität 216–218
    Koeffizienten 182–185, 191–192
    Kontrolle 195–196
    lineare 27–28, 175–248
    Linearität 201–205
    logistische siehe logist. Regression
    LPM 250–255

OLS-Prinzip 179–181
Residuum .... siehe Resdiuum
Robuste 236–238
standard. Koeffizienten ... 193–195
Standardfehler 232–233
Stata-Befehl 181, 190–191
unvollständig 215–216
vorhergesagte Werte 183–184
Rekodieren siehe Variablen (rekodieren)
replace 26–27, 77–90
Reproduktion .... siehe Do-File
reshape 246
resid (Predict-Option) 185
Residual-vs.-Fitted-Plot 200–201
Residuum
    Definition 178
    Summe 179–181, 186–187
Response-Variable ..... siehe Variablen
    (abhängige)
restore 63
Resultate
    intern 73–76
return list 75
Review . siehe Fenster (Review-Fenster)
rlabel() (Grafik-Option) 124
rmiss() (egen-Funktion) 92
Root MSE 188
round() (Funktion) 217
rreg 238
RSS ... siehe Regression (Anova-Block)
rstud (Predict-Option) 217
rsum() (egen-Funktion) 92
rtick() (Grafik-Option) 125
run 52
rvfplot 200

S
SAS-Format siehe Daten (importieren)
save 32
saving() (Grafik-Option) 132
Scatterplot 106, 175–177
Scatterplot-Matrix 202–203
Scatterplot-Smoother 201–202
Schleifen
    mit for 71–72
    über Laufindex 354–356
    über posit. Argumente ... 356–359
search 25, 387
Sekundäranalysen 307
Sensitivität .... siehe logist. Regression
    (Sensitivität)
separate 130, 284
SOEP
    Beschreibung 13
    Variablennamen 95
SOEP .... siehe Daten (SOEP)

Index

sort 17
sort() (Grafik-Option) 114–116
Sortieren .... *siehe* Daten (sortieren)
Speicherprobleme *siehe* Arbeitsspeicher (Verwaltung)
Spezifizität .... *siehe* logist. Regression (Spezifizität)
Spreadsheet-Format .... *siehe* Daten (Spreadsheet-Format)
SPS-File .... *siehe* Do-Files
SPSS-Format *siehe* Daten (importieren)
SSC-IDEAS .... *siehe* Ados (Archiv)
Standardabweichung 151–153
star (Grafik-Option) 103
Stat/Transfer 316
Stata Technical Bulletin .... *siehe* STB
Statalist
    Anmeldung 383
    Programme 389–390
STB 383
Stichprobenstandardabweichung .. *siehe* Standardabweichung
Störgröße . *siehe* Residuum (Definition)
Storage-Types .... *siehe* Variablen (Storage-Types)
Streifenplot 159–160
Strg + Pause *siehe* Befehle (abbrechen)
string 98
String-Variable .... *siehe* Variablen (alphanumerisch)
Subgruppen .... *siehe* Befehle (für Subgruppen)
Subscribte .... *siehe* Fälle (ansprechen)
sum() (Funktion) 86
summarize 18, 151–152
summarize() („tab"-Option) ... 154–155
Summe (laufende) 86
svmat 280
svyreg 235
svyset 235
symbol() (Grafik-Option) 109
symplot 217
syntax 362–366, 372–373
Syntaxangabe 53–54
System-Files .... *siehe* Daten (System-Files)

T

T-Typen .... *siehe* Befehle (R-Typ)
tab1 139
tab2 142
table 155–158
tabulate 22, 137–142
tau-b .... *siehe* Kendall's Tau-b
tempvar 378–380
tis 246

tlabel() (Grafik-Option) 124
trace 348
trim() (Grafik-Option) 110
TSS ... *siehe* Regression (Anova-Block)
ttick() (Grafik-Option) 125
twoway (Grafik-Option) 103

U

unbiased .... *siehe* Verzerrung
uniform() (Funktion) 71
update 385
use 13
using 68

V

V .... *siehe* Cramer's V
Value labels .. *siehe* Werte (beschriften)
Variablen
    abhängige..................... 175
    alphanumerisch 98, 311–312
    Beschriftung 23–24, 94–97
    Dummy . 80–81, 144, 192, 220–222, 289–291
    erstellen 26–27, 77–94
    kategorial 220
    lagged 89
    löschen 14, 55
    Namen (erlaubte) 79
    ordnen 332
    Position 314–315
    quadrieren 229
    rekodieren 26–27, 77–94
    Storage-Types ... 97–100, 314, 316
    temporär 378–380
    transformieren 205, 226–231
    unabhängige 175
    Variablenliste 55–57
    zentrieren 39, 74, 192, 223–224
Variablenfenster .... *siehe* Fenster (Variablenfenster)
Variablenliste .... *siehe* Variablen (Variablenliste)
Variation 186
version 43
Verteilungen
    Beschreibung 135–172
    gruppierte 147–151
Verzeichnis
    Arbeitsverzeichnis 11
    Inhalt anzeigen 12
    wechseln 12
Verzerrung 198, 200
Verzweigung 366–368

W

Werte

beschriften 23–24, 96
Beschriftung anzeigen 97
Beschriftungen verändern 97
Werte verändern .... *siehe* Variablen
    (rekodieren)
while 353–359
WMF ...... *siehe* Grafik (WMF-Datei)
Wrapper .... *siehe* Grafik (Wrapper)

X

X .... *siehe* Variablen (unabhängige)
xi: 222
xlabel() (Grafik-Option) 124
xline() (Grafik-Option) 118
xscale() (Grafik-Option) 117
xtick() (Grafik-Option) 125
xtile 149
xtreg 246

Y

Y .... *siehe* Variablen (abhängige)
yhat ... *siehe* Regression (vorhergesagte
    Werte)
ylabel() (Grafik-Option) 124
yline() (Grafik-Option) 118
yscale() (Grafik-Option) 117
ytick() (Grafik-Option) 125

Z

Zahlenliste 67
Zeilenwechsel .... *siehe* Do-Files
    (Zeilenwechsel)
Zentralarchiv ... *siehe* Daten (Archive)
Zentrieren . *siehe* Variablen (zentrieren)
Zufallsgenerator 71, 79
Zusammenhang
    negativ 176
    nichtlinear 227–228
    positiv 176
    schwach 176–177
    U-förmig 197